Niermann · Dorn · Günsel
Grenzüberschreitende Mitarbeiterentsendung

Zusätzliche digitale Inhalte für Sie!

Dieses Buch bietet Ihnen mehr als nur eine gedruckte Version! Nutzen Sie die folgenden Möglichkeiten, die Ihnen für dieses Produkt in der NWB Datenbank zur Verfügung stehen.

Online-Version

Sie haben das gedruckte Exemplar Ihres Buches nicht zur Hand oder möchten etwas schnell recherchieren? Dann nutzen Sie die Online-Version Ihres Buches. Diese steht Ihnen nach Eingabe des folgenden Freischaltcodes direkt zur Verfügung.

Schalten Sie sich das Buch inklusive Mehrwert direkt frei.

Scannen Sie den QR-Code **oder** rufen Sie die Seite www.nwb.de auf.
Geben Sie den Freischaltcode ein und folgen Sie dem Anmeldedialog. Fertig!

Ihr Freischaltcode

BZKB-UUUU-VYNC-XXPK-JYVT-CT

www.nwb.de

Grenzüberschreitende Mitarbeiterentsendung

Wichtige Änderungen aus Gesetzgebung, Rechtsprechung und Verwaltung

Von
Walter Niermann,
Dipl. Finanzwirt, ausgewiesener Lohnsteuerexperte;
Leonard Dorn,
Dipl. Finanzwirt, Großbetriebsprüfer in der niedersächsischen Finanzverwaltung
und Sten Günsel,
Rechtsanwalt, Steuerberater, Partner, RSM Ebner Stolz, Stuttgart.

6., überarbeitete und erweiterte Auflage

nwb

ISBN 978-3-482-**58496**-1
6. Auflage 2024

Satz: PMGi Agentur für intelligente Medien GmbH, Hamm
Druck: **Elanders Waiblingen GmbH, Waiblingen**

Um eine gute Lesbarkeit zu gewährleisten, verwenden wir in Fachtexten in der Regel geschlechtsspezifische Personenbezeichnungen. Selbstverständlich sind damit alle Menschen gleichermaßen gemeint.

VORWORT

Die internationalen Märkte wachsen immer mehr zusammen, grenzüberschreitende Unternehmensaktivitäten werden zunehmend komplexer. Hiermit verbunden ist ein sich ständig ausweitender Einsatz von Mitarbeitern im Ausland bzw. die zeitweise oder permanente Beschäftigung ausländischer Mitarbeiter in Deutschland.

Auch die 6. – vollständig überarbeitete Neuauflage dieses Handbuchs – behandelt Steuerfragen rund um den internationalen Mitarbeitereinsatz. Ein besonderes Augenmerk liegt hierbei auf dem neuen BMF-Schreiben vom 12.12.2023 (IV B 2 - S 1300/21/100024 :005, BStBl 2023 I S. 2179), welches die steuerliche Behandlung des Arbeitslohns nach den Doppelbesteuerungsabkommen regelt. Ebenfalls von großer praktischer Bedeutung sind die Ausführungen zur Aufteilung des nicht direkt zuzuordnenden verbleibenden Arbeitslohns nach den Grundsätzen des BMF-Schreibens vom 8.10.2024 (IV C 5 - S 2367/23/10001 :001), dessen Grundsätze ab dem 1.1.2025 zu beachten sind.

Das Kapitel Verrechnungspreise trägt der vermehrten Dokumentationspflicht in der Praxis Rechnung. So ist die Verrechnungspreisdokumentation 30 Tage nach Bekanntgabe einer Prüfungsanordnung ab dem 1.1.2025 Pflicht. Dort darf auch die Dokumentation von Arbeitnehmerentsendungen nicht fehlen. Das Kapitel befasst sich mit der Dokumentation und den anderen vom Gesetzgeber auferlegten Pflichten zur Verrechnungspreisdokumentation von Mitarbeiterentsendungen.

Die fortschreitende Digitalisierung macht ein Remote Working in der ganzen Welt möglich. Die steuerlichen Konsequenzen sind dabei extrem vielfältig und komplex. Daher wird diese Sonderform des modernen Mitarbeitereinsatzes in einem eigenen Kapitel umfangreich dargestellt.

Das Werk wurde so im Vergleich zur Vorauflage um weitere Kapitel ergänzt und bietet einen Überblick über die aus der Sicht des Steuerpraktikers maßgebenden Rechtsnormen. Zudem wird auch auf Spezialfragen zu einzelnen Berufsgruppen eingegangen. Aktuelle BMF-Schreiben sowie Rechtsprechungen im nationalen wie internationalen Bereich wurden berücksichtigt. Instruktive Beispiele und Fallstudien sollen dabei helfen, die vielschichtigen steuerlichen Fragen rund um den grenzüberschreitenden Mitarbeitereinsatz zu erfassen und die in der täglichen Arbeit auftretenden Probleme zu bewältigen.

Erstmalig aufgenommen wird eine Darstellung des nationalen und internationalen Sozialversicherungsrechts (SV-Recht). Die Bestimmung des anzuwendenden SV-Rechts ist in der Praxis von hoher Bedeutung. Sie ist Grundlage der Planung, kann ein Deal-Breaker bei der Entscheidung sein und ist als Basisabsicherung von internationalen Einsätzen unentbehrlich. Das gilt auch für das Arbeiten vom Ausland aus, z. B. im Rahmen von Workation bzw. dem dauerhaften Arbeiten im Ausland. Bei Nichtbeachtung liegt im Regelfall ein Verstoß gegen die erhöhten AG-Fürsorgepflichten vor, der zu Ansprüchen gegen die Geschäftsleitung und Personalverantwortlichen führen kann. Die komplexe Materie wird in Abschnitt 10 übersichtlich dargestellt und für den Praktiker zugänglich gemacht. Beispiele führen an die Herausforderung heran und helfen bei der Umsetzung. Die relevante EuGH-Rechtsprechung zu A1-Bescheinigungen findet Berücksichtigung.

Abgerundet wird das Werk um eine Darstellung der Wechselwirkung von Sozialversicherungs- und Steuerrecht in Abschnitt 13. Dabei geht es um die Frage, wie in- und ausländische SV-Beiträge steuerlich zu behandeln sind. Dies beeinflusst das Netto der Arbeitnehmer ebenso wie die Effektivkosten des Arbeitgebers bei internationalen Einsätzen. Eine Checkliste soll dem Praktiker Hilfe gewähren, sich dieser Herausforderung zu nähern.

Wir hoffen, dass die gewählte Form der Darstellung das Verständnis der komplexen Vorschriften erleichtert und begrüßen weiterhin Anregungen und Hinweise, die der Verbesserung des Werkes dienen.

Herne im Oktober 2024 — Verlag und Verfasser

INHALTSVERZEICHNIS

Vorbemerkung

Die nachfolgenden Ausführungen beruhen auf der aktuellen Fassung des EStG, der aktuellen Rechtsprechung, den aktuellen Lohnsteuer-Richtlinien/Hinweisen und dem BMF-Schreiben v. 12.12.2023 (IV B 2 - S 1300/21/10024 :005, BStBl 2023 I S. 2179).

Die Ausführungen zur Sozialversicherung berücksichtigen insbesondere die aktuelle Fassung der SGB-Vorschriften, die EU-SV-Koordinationsvorschriften und deren Ausführungsbestimmungen, die aktuelle EuGH-Rechtsprechung und Verlautbarungen des GKV-Spitzenverbandes.

1. Besteuerung des Arbeitslohns für eine Tätigkeit im Ausland – Allgemeines (*Niermann*)

Viele Arbeitnehmer werden für ihren inländischen Arbeitgeber im Ausland tätig. In diesen Fällen ist zu prüfen,

- ob und in welchem Umfang der Arbeitslohn im Inland steuerpflichtig ist,
- ob eine Freistellung von der Lohnsteuer nach einem DBA oder
- auf Grund des Auslandstätigkeitserlasses (ATE)[1] in Betracht kommt.

Doppelbesteuerung bedeutet, dass

- Arbeitslohn in zwei oder mehreren Staaten für denselben Zeitraum besteuert wird. Wohnort und Arbeitsort liegen in verschiedenen Staaten. Die Besteuerung überschneidet sich, weil der eine Staat das Gesamteinkommen („Welteinkommen") des ansässigen Steuerpflichtigen besteuert („unbeschränkte Steuerpflicht") und der andere Staat die Einkünfte, die aus seinem Inland stammen, auch bei nicht ansässigen Personen besteuert („beschränkte Steuerpflicht").

Eine Doppelbesteuerung kann durch verschiedene einseitige oder mehrseitige Maßnahmen vermieden oder eingeschränkt werden:

- ein Staat kann einseitig darauf verzichten, bestimmte ausländische Einkünfte zu besteuern. Er kann aber auch die auf ausländische Einkünfte im Ausland erhobene Steuer auf die inländische Einkommensteuer anrechnen (§ 34c Abs. 1 EStG) oder die ausländische Steuer bei der Ermittlung der Einkünfte abziehen (§ 34c Abs. 2 und 3 EStG). Die Anrechnung der ausländischen Steuer ist punktgenau nur im Veranlagungsverfahren möglich;[2] im Lohnsteuerabzugsverfahren kommt die Bildung von Freibeträgen in Betracht. Soweit ein DBA nicht besteht, ist in Deutschland grund-

1 § 34c Abs. 5 EStG.

2 § 46 Abs. 2 Nr. 8 EStG.

sätzlich die Anrechnungsmethode (§ 34c Abs. 1 EStG) zur Vermeidung der Doppelbesteuerung anzuwenden, sofern der Steuerpflichtige ausländische Einkünfte erzielt hat. Art und Höhe der ausländischen Einkünfte werden nach deutschem Recht ermittelt.

- Doppelbesteuerung kann auch durch zwei- oder mehrseitige Maßnahmen vermieden werden, insbesondere durch „Abkommen zur Vermeidung der Doppelbesteuerung" (vgl. hierzu Abschnitt 3).
- Deutschland als Ansässigkeitsstaat vermeidet bei Einkünften aus unselbständiger Arbeit die Doppelbesteuerung regelmäßig durch Freistellung der Einkünfte unter Berücksichtigung des § 32b Abs. 1 Satz 1 Nr. 3 EStG (Progressionsvorbehalt). Die Steuerfreistellung setzt allerdings i. d. R. die ausländische Besteuerung voraus; diesbezüglich wird auf die Ausführungen zu § 50d Abs. 8, 9 und 12 EStG und zu den Rückfallklauseln in den DBA verwiesen.
- Nach einzelnen DBA-Bestimmungen werden die Einkünfte nicht von der Besteuerung ausgenommen; vielmehr wird die Doppelbesteuerung durch Steueranrechnung nach Maßgabe des § 34c EStG vermieden.[1] Dies gilt u. a. für Fälle der gewerbsmäßigen Arbeitnehmerüberlassung (z. B. DBA mit Dänemark, Frankreich, Italien, Norwegen, Polen oder Schweden) oder für Vergütungen des Bordpersonals von Schiffen und Luftfahrzeugen. In einigen Fällen sehen DBA die Anrechnungsmethode grundsätzlich vor (z. B. Art. 22 Abs. 1 DBA VAE; Art. 23 Abs. 1 Buchst. b Doppelbuchst. ee DBA Liechtenstein; Art. 22 Abs. 1 DBA Zypern; Art. 23 Abs. 2 Buchst. a DBA Mauritius). Die vollständige Anrechnung ausländischer Steuern i. S. des § 36 EStG stellt eine Ausnahme dar (z. B. Art. 15a Abs. 3 Buchst. a DBA Schweiz, Grenzgängerregelung). Es ist jedoch zu beachten, dass die Doppelbesteuerung stets durch die Freistellungsmethode (mit Progressionsvorbehalt) vermieden wird, wenn im einschlägigen DBA-Artikel dem anderen Staat ein sog. ausschließliches Besteuerungsrecht zugewiesen wird.[2]

1 Vgl. hierzu BFH, Urteil v. 15.3.2023 - I R 8/20, BStBl 2024 II S. 264.

2 Z. B. Art. 22 Abs. 2 i. V. mit Art. 14 Abs. 4 DBA Zypern.

2. Steuerpflicht und Steuerabzug (*Niermann*)

2.1 Unbeschränkte Steuerpflicht

Arbeitnehmer, die einen **Wohnsitz (§ 8 AO)** oder **gewöhnlichen Aufenthalt (§ 9 AO)** im Inland haben, sind mit dem aus ihrer Auslandstätigkeit erzielten Arbeitslohn unbeschränkt einkommensteuerpflichtig.[1] Der Steuerabzug ist vom Arbeitgeber nach den individuellen Lohnsteuerabzugsmerkmalen vorzunehmen.

Wohnsitz (§ 8 AO):

„Einen Wohnsitz hat jemand dort, wo er eine **Wohnung** unter Umständen **innehat**, die darauf schließen lassen, dass er die Wohnung **beibehalten und benutzen** wird."

- Mehrfacher Wohnsitz ist möglich; für unbeschränkte Steuerpflicht reicht ein Wohnsitz im Inland; die deutsche unbeschränkte Steuerpflicht besteht daher auch dann, wenn der Steuerpflichtige je eine Wohnung im Inland und im Ausland hat.
- Wohnsitz ist neben gewöhnlichem Aufenthalt möglich (nicht jedoch zwei gewöhnliche Aufenthalte gleichzeitig).
- Ehegatten können ihren Wohnsitz an verschiedenen Orten haben; allerdings hat ein Ehegatte, der nicht dauernd getrennt lebt, seinen Wohnsitz (auch) dort, wo seine Familie lebt.[2]
- Während eines mehrjährigen Auslandsaufenthalts zum Zwecke einer Berufsausbildung behält ein Kind seinen Wohnsitz in der Wohnung der Eltern im Inland im Regelfall nur dann bei, wenn es diese Wohnung zumindest überwiegend in den ausbildungsfreien Zeiten nutzt. Für die Beibehaltung eines Inlandswohnsitzes im Hause der Eltern bei mehrjährigen Auslandsaufenthalten reichen nur kurze, üblicherweise durch die Eltern-Kind-Beziehung begründete Besuche regelmäßig nicht aus. Dies ist bei lediglich kurzzeitigen Aufenthalten – zwei bis drei Wochen pro Jahr – nach der Lebenserfahrung der Fall. Für die Beibehaltung eines Wohnsitzes sind die tatsächlichen Verhältnisse ohne Rücksicht auf subjektive Momente oder Absichten entscheidend.[3]
- Ausländische Kinder, die bei Verwandten im Heimatland leben, haben regelmäßig ihren Wohnsitz im Ausland.[4]
- Die bloße Absicht, einen Wohnsitz zu begründen oder aufzugeben bzw. die An- oder Abmeldung bei der Ordnungsbehörde entfalten allein keine unmittelbare steu-

1 § 1 Abs. 1 EStG.

2 BFH, Urteil v. 6.2.1985 - I R 23/82, BStBl 1985 II S. 331.

3 BFH, Urteil v. 25.9.2014 - III R 10/14, BStBl 2015 II S. 655.

4 BFH, Urteil v. 22.4.1994 - BStBl 1994 II S. 447.

erliche Wirkung.[1] Die An- oder Abmeldung bei der Ordnungsbehörde kann aber im Allgemeinen als Indiz dafür gewertet werden, dass der Steuerpflichtige seinen Wohnsitz unter der von ihm angegebenen Anschrift begründet bzw. aufgegeben hat.

- Die Würdigung, dass ein bei einem deutschen Arbeitgeber vollzeitbeschäftigter sozialversicherungspflichtiger polnischer Arbeitnehmer, der keine Wohnung oder andere Räume zum dauerhaften Wohnen vorhält, sondern als Montagearbeiter europaweit für den Arbeitgeber unterwegs und lediglich zu Korrespondenzzwecken bei Familienangehörigen in deren inländischer Wohnung angemeldet ist, keinen Wohnsitz bzw. gewöhnlichen Aufenthalt in Deutschland hat, ist möglich und vertretbar.[2]
- Ein Steuerpflichtiger kann gleichzeitig mehrere Wohnsitze i. S. des § 8 AO haben. Diese können im Inland und/oder Ausland belegen sein. Ein Wohnsitz i. S. des § 8 AO setzt nicht voraus, dass der Steuerpflichtige sich während einer Mindestzahl von Tagen oder Wochen im Jahr tatsächlich in der Wohnung aufhält. Auch unregelmäßige Aufenthalte in einer Wohnung können zur Aufrechterhaltung eines dortigen Wohnsitzes führen. Ein inländischer Wohnsitz führt auch dann zur unbeschränkten Einkommensteuerpflicht, wenn er nicht den Mittelpunkt der Lebensinteressen des Steuerpflichtigen bildet.[3]

„Wohnung“:

- alle Räumlichkeiten, die zum Wohnen geeignet sind (z. B. auch möbliertes Zimmer, Gemeinschaftsbaracke, feststehender Campingwagen, der ständig zu Wohnzwecken und nicht nur vorübergehend zu Erholungszwecken genutzt wird). Eine bescheidene Bleibe genügt. Eine abgeschlossene Wohnung mit Küche und separater Waschgelegenheit ist nicht erforderlich. Ein Hotelzimmer wird auch bei langfristiger Nutzung nur in Ausnahmefällen als Wohnung anzusehen sein (aber Prüfung gewöhnlicher Aufenthalt!).

„innehat“:

- nach Belieben über die Wohnung verfügen können = tatsächliche Verfügungsmacht (= „Schlüsselgewalt“). Diese ist z. B. nicht mehr gegeben, wenn die Wohnung (weiter-)vermietet wird. Das Innehaben der Wohnung setzt die Möglichkeit der jederzeitigen Wohnnutzung voraus, die dann zu verneinen ist, wenn bei einer Wohn-

1 BFH, Urteil v. 14.11.1969 - III R 95/68, BStBl 1970 II S. 153.

2 BFH, Urteil v. 13.11.2014 - III R 38/12, HFR 2015 S. 584.

3 BFH, Urteil v. 24.7.2018 - I R 58/16, BFH/NV 2019 S. 104 zum Wohnsitz eines Piloten bei mehrjähriger Auslandsabordnung, bestätigt durch BFH, Urteil v. 23.10.2018 - I R 74/16, BFH/NV 2019 S. 388.

gemeinschaft die geringe Wohnungsgröße kein gemeinsames Wohnen gestattet („Standby-Zimmer" mehrerer Piloten)[1].

„beibehalten und benutzen":

- die Wohnung wird ständig oder doch mit einer gewissen Regelmäßigkeit und Gewohnheit benutzt (z. B. Nutzung einer Doppelhaushälfte im Inland regelmäßig zweimal jährlich zu bestimmten Zeiten über mehrere Wochen)[2]. Behält ein ins Ausland versetzter Arbeitnehmer eine Wohnung im Inland bei, deren Benutzung ihm jederzeit möglich ist und die so ausgestattet ist, dass diese ihm jederzeit als Bleibe dienen kann, so ist – widerlegbar – zu vermuten, dass er einen Wohnsitz im Inland hat.[3] Ein Wohnsitz setzt nicht voraus, dass der Steuerpflichtige von dort aus seiner täglichen Arbeit nachgeht. Ebenso wenig ist es erforderlich, dass der Steuerpflichtige sich während einer Mindestzahl von Tagen oder Wochen im Jahr in der Wohnung aufhält. Nach der Lebenserfahrung spricht es für die Beibehaltung eines Wohnsitzes, wenn jemand eine Wohnung, die er vor und nach einem Auslandsaufenthalt als einzige ständig nutzt, während desselben unverändert und in einem ständig nutzungsbereiten Zustand beibehält;[4] Ausstattung und Einrichtung sprachen im Streitfall für das Vorliegen eines Wohnsitzes.
- Wegen des engen sachlichen Zusammenhangs von Wohnsitz (§ 8 AO) und gewöhnlichem Aufenthalt (§ 9 AO) kommt der Frist von sechs Monaten (vgl. § 9 AO) auch Bedeutung für die Frage des „Beibehaltens" zu:[5]
  - Ein Wohnsitz wird auch dann begründet, wenn die Verfügungsmacht über die Wohnung zwar zeitlich von vornherein begrenzt ist, sich jedoch mindestens auf einen Zeitraum von mehr als sechs Monaten erstreckt. Dies gilt selbst dann, wenn die Wohnung aufgrund eines späteren Entschlusses vorzeitig aufgegeben wird.
  - Innehaben einer Wohnung auf unbestimmte Zeit mit jederzeitiger Kündigungsmöglichkeit kann nur zur Begründung eines Wohnsitzes genügen, wenn andere Umstände den Schluss zulassen, dass der Inhaber die Wohnung für mehr als sechs Monate beibehalten wird (z. B. Dauer des befristeten Arbeitsvertrags).
  - Wer eine Wohnung von vornherein in der Absicht nimmt, sie weniger als sechs Monate beizubehalten und zu benutzen, begründet dort keinen Wohnsitz; dies kann u. a. in den sog. „Trainee-Fällen" von Bedeutung sein.

1 BFH, Urteil v. 10.4.2013 - I R 50/12, BFH/NV 2013 S. 1909.

2 BFH, Urteil v. 23.11.1988 - II R 139/87, BStBl 1989 II S. 182.

3 BFH, Urteil v. 17.5.1995 - I R 8/94, BStBl 1996 II S. 2.

4 BFH, Urteil v. 19.3.1997 - BStBl 1997 II S. 447.

5 BFH, Urteil v. 30.8.1989 - BStBl 1989 II S. 956.

Ein Wohnsitz besteht nicht mehr, wenn die inländische Wohnung aufgegeben wird. Das ist z. B. der Fall bei Kündigung und Auflösung einer Mietwohnung, bei nicht nur kurzfristiger Vermietung des eigenen Einfamilienhauses/der Eigentumswohnung. Wird die inländische Wohnung zur bloßen Vermögensverwaltung zurückgelassen, endet der Wohnsitz mit dem Wegzug. Bloße Vermögensverwaltung liegt z. B. vor, wenn ein ins Ausland versetzter Arbeitnehmer sein Haus/seine Wohnung verkaufen oder langfristig vermieten will und dies in absehbarer Zeit auch tatsächlich verwirklicht.

Gewöhnlicher Aufenthalt (§ 9 AO) = kein fester Mittelpunkt im Inland:

„Den gewöhnlichen Aufenthalt hat jemand dort, wo er sich unter Umständen aufhält, die erkennen lassen, dass er an diesem Ort oder in diesem Gebiet nicht nur vorübergehend verweilt. Als gewöhnlicher Aufenthalt im Geltungsbereich dieses Gesetzes ist stets und von Beginn an ein zeitlich zusammenhängender Aufenthalt von mehr als sechs Monaten Dauer anzusehen; kurzfristige Unterbrechungen bleiben unberücksichtigt. Satz 2 gilt nicht, wenn der Aufenthalt ausschließlich zu Besuchs-, Erholungs-, Kur- oder ähnlichen Zwecken genommen wird und nicht länger als 1 Jahr dauert." (= Gesetzeszitat)

- Ein Aufenthalt von mehr als sechs Monaten im Inland führt also zu der unwiderlegbaren gesetzlichen Vermutung, dass unbeschränkte Steuerpflicht (und zwar von Anfang an) vorliegt. Kurzfristige Unterbrechungen (z. B. Urlaub) bleiben ohne Auswirkung; es erfolgt für die Prüfung des Sechsmonatszeitraums eine kalenderjahrübergreifende Betrachtung.
- Der Unterschied zum Wohnsitz liegt darin, dass keine Wohnung als fester Lebensmittelpunkt unterhalten werden muss, ja dass nicht einmal ein gleichbleibender Aufenthaltsort zu bestehen braucht.
- Grenzgänger, die täglich ins Ausland zurückkehren, begründen keinen gewöhnlichen Aufenthalt (da Nächte nicht im Inland). Grenzgänger, die hingegen nur zum Wochenende heimfahren, begründen einen gewöhnlichen Aufenthalt.[1]
- Ein zeitlich zusammenhängender Aufenthalt von mehr als sechs Monaten i. S. des § 9 Satz 2 AO kann auch dann vorliegen, wenn ein Arbeitnehmer während dieses Zeitraums mehrfach aufeinander folgend in das Inland entsandt wird, sofern objektive Umstände vorliegen, die für einen solchen Zusammenhang und eine Fortdauer des Anlasses sprechen. Der äußerlich erkennbare Zusammenhang eines Aufenthalts ist auch im Falle aufeinanderfolgender Entsendungen unter einzelfallbezogener zeitlicher Gewichtung der Gesamtaufenthaltsdauer auf der einen und der Unterbrechungsdauer auf der anderen Seite zu beurteilen. Die Festlegung einer konkreten

1 BFH, Urteil v. 25.5.1988 - II B 2/14, BStBl 1988 II. S. 944.

und in ihrem Maß an der Sechsmonatsgrenze orientierten Zeitgrenze für die (unschädliche) Abwesenheit ist abzulehnen.[1]

- Der gewöhnliche Aufenthalt im Inland ist grundsätzlich aufgegeben worden, wenn der Steuerpflichtige zusammenhängend mehr als sechs Monate im Ausland lebt.

BEISPIEL: Ein ausländischer Arbeitnehmer reist am 12.10.01 nach Deutschland ein, um bei der Versicherungsgesellschaft „Sekuritas“ tätig zu werden. Seine Aufenthaltsdauer ist zunächst unbestimmt; er wohnt im Hotel. Am 22.12.01 verlässt er das Inland zu einem Weihnachtsurlaub in Griechenland. Er kehrt am 3.1.02 ins Inland zurück, wo er bis zum 29.4.02 (Ausreisetag) bleibt. Ist der Arbeitnehmer unbeschränkt steuerpflichtig?

LÖSUNG: Das Wohnen im Hotelzimmer begründet keine Wohnung und keinen Wohnsitz. Gewöhnlicher Aufenthalt: Trotz der Urlaubsreise in das Ausland ist noch ein einheitlicher Aufenthalt im Inland anzunehmen. Nach § 108 Abs. 1 AO gelten für die Fristberechnung die §§ 187–193 BGB. Die Sechsmonatsfrist ist abhängig vom Ereignis der Einreise. Nach § 187 Abs. 1 BGB wird der Einreisetag nicht mitgerechnet. Bei einem unterbrochenen Inlandsaufenthalt wird gem. § 191 BGB die Frist nach Tagen berechnet. Es zählen nur volle Tage. Die Zeit des Auslandsaufenthaltes (hier: Weihnachtsurlaub in Griechenland) zählt nicht mit:

13.10.01 – 21.12.01 =	70 Tage
4.1.02 – 28.4.02 =	115 Tage
	185 Tage (> 180 Tage)

Durch den Aufenthalt von mehr als sechs Monaten in Deutschland erstreckt sich die unbeschränkte Steuerpflicht auf den gesamten Inlandsaufenthalt, also auch auf die ersten sechs Monate.

Zur Beurteilung der Frage, ob sich ein ausländischer Arbeitnehmer voraussichtlich länger als sechs Monate im Inland aufhalten wird, ist grundsätzlich auf die dem Arbeitnehmer erteilte Arbeitserlaubnis abzustellen. Hat die Arbeitserlaubnis eine Gültigkeit von mehr als sechs Monaten, ist der Arbeitnehmer auch dann als unbeschränkt steuerpflichtig zu behandeln, wenn er aus unvorhersehbaren Gründen (Krankheit, Tod in der Familie) vor Ablauf von sechs Monaten in sein Heimatland zurückkehrt.

Ist die Arbeitserlaubnis zunächst für eine Zeit von weniger als sechs Monaten erteilt worden und wird sie während des Aufenthalts verlängert, so wird der Arbeitnehmer ebenfalls von Anfang an unbeschränkt steuerpflichtig.

2.2 Exkurs: Steuerausgleich und Steuerschutz

Während einer Auslandstätigkeit werden zwischen Arbeitgeber und Arbeitnehmer oftmals Steuerausgleichsvereinbarungen geschlossen. Dabei sind der Steuerausgleich („Tax-Equalization“) sowie der Steuerschutz („Tax-Protection“) die üblichen Methoden.

1 BFH, Beschluss v. 19.6.2015 - BFH/NV 2015 S. 1386.

Die einer Entsendung zugrundeliegende Steuerausgleichsmethode ergibt sich regelmäßig aus der allgemeinen Entsenderichtlinie des Arbeitgebers. Diese wird ergänzt durch individuell geltende arbeitsvertragliche Regelungen.

Bei der „Tax-Equalization" soll der Arbeitnehmer unabhängig von den im Einsatzstaat geltenden Steuersätzen mit der gleichen Höhe an Steuern belastet werden, die zu entrichten wäre, wenn er im Heimatland verblieben wäre. Bei der „Tax-Protection" werden hingegen Steuernachteile im Einsatzstaat durch den Arbeitgeber ausgeglichen. Der Arbeitgeber übernimmt die Mehrsteuern, falls diese im Einsatzstaat höher als im Heimatland sind. Ist der Steuersatz im Einsatzstaat hingegen geringer als im Heimatland, kommt der Steuervorteil nicht dem Arbeitgeber, sondern dem Arbeitnehmer zugute. Bei beiden Verfahren kann dem Arbeitnehmer im Rahmen der Gehaltsabrechnung eine hypothetische Steuer (sog. „Hypo Tax") einbehalten werden. Der Arbeitgeber übernimmt dafür im Gegenzug die (im Einsatzstaat) anfallende tatsächliche Steuer.

Bei der hypothetischen Steuer handelt es sich nicht um die tatsächlich entrichtete Steuer im Heimat- oder Einsatzstaat, sondern um eine fiktive Rechengröße im Innenverhältnis zwischen Arbeitnehmer und Arbeitgeber. Diese mindert den Bruttoarbeitslohn. Soweit vom Arbeitgeber eine hypothetische Steuer einbehalten wird, liegt ein Gehaltsabschlag vor, in dessen Höhe steuerlich kein Arbeitslohn zufließt. Die vom Arbeitgeber für den Arbeitnehmer tatsächlich gezahlte Einkommensteuer ist in voller Höhe jeweils dem Staat (Ansässigkeits- oder Tätigkeitsstaat) als Arbeitslohn zuzuordnen, in dem sie anfällt.

In Fällen der grenzüberschreitenden Arbeitnehmertätigkeit ist zunächst zu prüfen, ob eine Netto- oder Bruttolohnvereinbarung getroffen wurde. Bei einer Nettolohnvereinbarung zahlt der Arbeitgeber dem Arbeitnehmer ein festgelegtes Nettogehalt aus. Er verpflichtet sich zugleich, sämtliche oder bestimmte gesetzliche Abgaben (Steuern und Sozialversicherungsbeiträge) für den Arbeitnehmer zu tragen. Sofern ein inländischer Arbeitgeber einen Nettolohn auszahlt, ist der Nettolohn des jeweiligen Lohnzahlungszeitraums auf einen Bruttolohn „hochzurechnen". Übernimmt der Arbeitgeber Einkommensteuernachzahlungen des Arbeitnehmers, führt dieser Betrag im Zeitpunkt der Zahlung ebenfalls zum Zufluss von Arbeitslohn. Dieser ist wiederum auf einen Bruttobetrag „hochzurechnen".[1] Aus der Summe der hochgerechneten Arbeitslöhne der einzelnen Lohnzahlungszeiträume errechnet sich der gesamte Brutto-Jahresarbeitslohn. Dieser beinhaltet sowohl laufende Arbeitslohnzahlungen als auch sonstige Bezüge. Der hochgerechnete Betrag ist als steuerpflichtiger Bruttoarbeitslohn bzw. als nach DBA steuerfreier Arbeitslohn in der elektronischen Lohnsteuerbescheinigung auszuweisen.

1 BFH, Urteil v. 3.9.2015 - VI R 11/14, BStBl 2016 II S. 31.

Ein Einkommensteuererstattungsanspruch, den der Arbeitnehmer im Rahmen einer Nettolohnvereinbarung an seinen Arbeitgeber abgetreten hat, ist im Rahmen des Lohnsteuereinbehalts nur durch einen Abzug vom laufenden (Brutto)Arbeitslohn und nicht etwa durch eine Verminderung des laufenden Nettolohns zu berücksichtigen. Eine Hochrechnung der Steuererstattung auf einen fiktiven Bruttobetrag ist laut BFH ebenfalls nicht möglich. Die Abtretung des Steuererstattungsanspruchs durch Abzug vom laufenden Bruttoarbeitslohn ist erst in dem Lohnzahlungszeitraum steuermindernd zu berücksichtigen, in dem das Finanzamt den Erstattungsbetrag tatsächlich an den Arbeitgeber gezahlt hat.[1] Übernimmt der Arbeitgeber, der mit dem Arbeitnehmer unter Abtretung der Steuererstattungsansprüche eine Nettolohnvereinbarung abgeschlossen hat, die Steuerberatungskosten für die Erstellung der Einkommensteuererklärungen des Arbeitnehmers, wendet er damit regelmäßig keinen Arbeitslohn zu.[2] Arbeitslohn liegt jedoch vor, soweit die Steuerberatungskosten anderen Einkunftsarten (z. B. Kapitalvermögen oder Vermietung und Verpachtung) zuzuordnen sind.

Sollte der Arbeitgeber im Inland nicht zum Lohnsteuerabzug verpflichtet sein und die Zahlung an den Arbeitnehmer in Form einer Nettolohnvereinbarung erfolgen, ist in die Veranlagung nur der im jeweiligen Kalenderjahr ausgezahlte Nettolohn einzubeziehen. Erst wenn die angefallenen Steuerbeträge später vom ausländischen Arbeitgeber ersetzt werden, ist dieser Betrag im Rahmen der Einkommensteuerveranlagung zusätzlich zu versteuern. Eine Hochrechnung erfolgt in diesen Fällen nicht. Erhält der Arbeitnehmer ausnahmsweise von seinem Arbeitgeber bereits während des laufenden Kalenderjahrs Zuschüsse, um seine gegenüber dem Finanzamt fälligen Vorauszahlungen leisten zu können, liegt auch insoweit zugeflossener Arbeitslohn vor. Entsprechendes gilt, wenn der Arbeitgeber die Vorauszahlungen im abgekürzten Zahlungsweg direkt an das für die Veranlagung des Arbeitnehmers zuständige Finanzamt überweist. Eine Hochrechnung ist hier ebenfalls nicht vorzunehmen.[3]

Hiervon zu unterscheiden sind Treuhandmodelle, bei denen die Arbeitnehmer freiwillig Beiträge in ein gemeinsames Treuhandvermögen leisten, ohne dass der Arbeitgeber eine Zuschuss- oder Insolvenzpflicht hat und aus diesem Treuhandvermögen die ausländischen Steuern beglichen werden. In diesen Fällen gelten die in das gemeinsame Treuhandvermögen (sog. Steuertopf) von den Arbeitnehmern eingebrachten Beträge, die aus dem geschuldeten Arbeitslohn finanziert werden, als sog. Einkommensverwendung. Denn der Arbeitnehmer hat mit der Einbringung der Beträge Rechtsansprüche gegenüber einem fremden Dritten (Treuhandvermögen) erworben. Damit führen die eingebrachten Beträge nicht zu einer Minderung des Bruttoarbeitslohnes. Die Auftei-

1 BFH, Urteil v. 30.7.2009 - VI R 29/06, BStBl 2010 II S. 148.

2 BFH, Urteil v. 9.5.2019 - VI R 28/17, BStBl 2019 II S. 785.

3 BMF, Schreiben v. 12.12.2023 - V B 2 - S 1300/21/10024 :005, BStBl 2023 I S. 2179, Rz. 329–334.

lung des ungekürzten Bruttoarbeitslohnes in einen steuerpflichtigen und steuerfreien Teil erfolgt nach allgemeinen Grundsätzen. Im Gegenzug bewirkt die Finanzierung der anfallenden Steuer im Ausland oder in Deutschland aus dem Treuhandvermögen keinen Zufluss von Arbeitslohn; es liegt eine steuerlich unbeachtliche Einkommensverwendung vor.

2.3 Exkurs Betriebliche Altersversorgung

2.3.1 Folgen einer Arbeitnehmerentsendung ins Ausland bei betrieblicher Altersversorgung

Beiträge für eine Direktversicherung sowie Zuwendungen an Pensionskassen und Pensionsfonds sind bis zu 8 % der Beitragsbemessungsgrenze in der gesetzlichen Rentenversicherung der Arbeiter und Angestellten nach nationalem Recht steuerfrei (für 2024: 8 % von 90.600 € = 7.248 €). Diese Steuerbefreiung ist auch bei Arbeitnehmerentsendungen ins Ausland einschlägig. Bis zu 7.248 € jährlich werden die Beiträge für 2024 daher auch im Rahmen des Progressionsvorbehalts in Deutschland nicht der Besteuerung unterworfen.

Soweit die Beiträge den steuerfreien Höchstbetrag übersteigen, kommt es auf das jeweilige DBA an. Steht das Besteuerungsrecht nach dem DBA dem anderen Staat zu und vermeidet Deutschland als Ansässigkeitsstaat die Doppelbesteuerung durch Freistellung, unterliegen diese Arbeitslohnbestandteile dem Progressionsvorbehalt.[1]

BEISPIEL: Der Arbeitgeber entsendet einen Arbeitnehmer vom 1.1.2024 bis 31.12.2024 in einen Staat, mit dem Deutschland ein DBA abgeschlossen hat. Er zahlt zugunsten dieses Arbeitnehmers 8.000 € in eine Pensionskasse ein.

LÖSUNG: Von diesem Betrag sind 7.248 € bereits nach innerstaatlichem deutschem Recht steuerfrei. Die restlichen 752 € (8.000 € abzüglich 7.248 €) unterliegen in Deutschland wegen des abgeschlossenen DBA ebenfalls nicht dem Lohnsteuerabzug. Sie werden jedoch im Rahmen der Einkommensteuerveranlagung über den Progressionsvorbehalt bei der Besteuerung weiterer in Deutschland steuerpflichtiger Einkünfte berücksichtigt. § 50d Abs. 8 EStG und die in diesem Zusammenhang geltende 10.000 €-Grenze sind zu beachten.

2. Grenzen der nachgelagerten Besteuerung von Einkünften aus ausländischen Altersvorsorgesystemen

Leistungen aus einem US-amerikanischen Altersvorsorgeplan "401(k) pension plan" sind sonstige Einkünfte gem. § 22 Nr. 5 Satz 1 EStG. Die Einkünfte sind nach § 22 Nr. 5 Satz 2 EStG in Höhe des Unterschiedsbetrags zwischen Kapitalauszahlung und Einzahlungen zu besteuern, sofern der Steuerpflichtige während der Ansparphase nicht der

1 BMF, Schreiben v. 23.12.2013 - IV C 5 - S 2333/13/10002, Rz. 49–57.

inländischen Besteuerung unterlag, sodass die in dieser Vorschrift abschließend aufgezählten steuerrechtlichen Freistellungen oder sonstigen Förderungen von Beiträgen nicht gewährt werden konnten.

Die Regelungen in § 22 Nr. 5 Sätze 1 und 2 EStG ermöglichen laut BFH weder nach ihrem Wortlaut noch im Wege rechtsfortbildender Analogie, die nach US-amerikanischem Steuerrecht während der Ansparphase tatsächlich gewährte Freistellung der Beiträge in den "401(k) pension plan" zum Anlass zu nehmen, die Leistungen hieraus im Inland nachgelagert zu besteuern.[1]

Diese Sichtweise teilt das FG Münster in einer aktuellen Entscheidung. Dies führte im Streitfall dazu, dass der im Auszahlungsbetrag enthaltene Ertragsanteil vom Finanzgericht in Höhe des halben Unterschiedsbetrags zwischen Einzahlungen des Arbeitgebers und ausgezahlter Versicherungsleistung steuerfrei belassen wurde. Hiergegen hat das Finanzamt Revision eingelegt.[2]

1 BFH, Urteil v. 28.10.2020 - X R 29/18, BStBl 2021 II S. 675.

2 FG Münster, Urteil v. 18.10.2022 - 11 K 2273/18 E, Az. beim BFH: X R 23/22.

2.3.2 Beschränkte Steuerpflicht (Ausländische Arbeitnehmer im Inland ohne Wohnsitz und gewöhnlichem Aufenthalt)

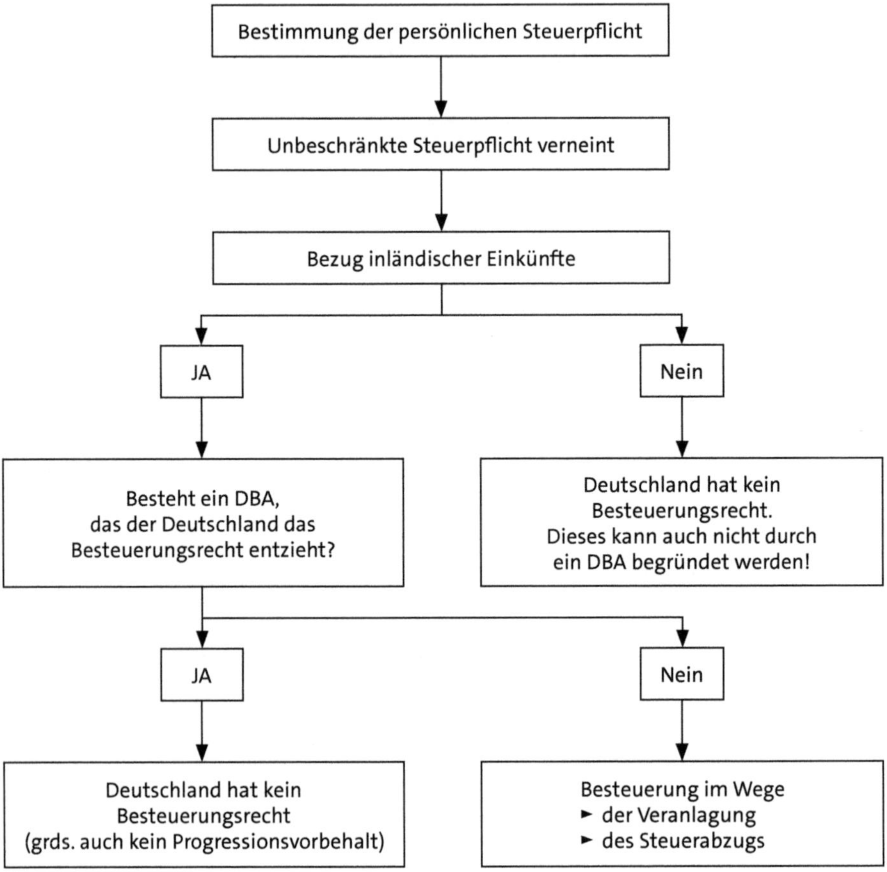

Arbeitnehmer ohne Wohnsitz oder gewöhnlichen Aufenthalt im Inland sind mit **ihren inländischen Einkünften** aus nichtselbständiger Arbeit **beschränkt einkommensteuerpflichtig.**[1] Inländische Einkünfte liegen vor, wenn

- die nichtselbständige Arbeit vom Arbeitnehmer im Inland ausgeübt oder verwertet wird oder worden ist.[2]

HINWEIS:

Unter bestimmten Voraussetzungen werden auf Antrag auch natürliche Personen als unbeschränkt einkommensteuerpflichtig behandelt, die im Inland weder einen Wohnsitz noch ihren gewöhnlichen Aufenthalt haben, soweit sie inländische Einkünfte im vorstehenden Sinne erzielen.[3]

Die nichtselbständige Tätigkeit wird im Inland ausgeübt, wenn der Arbeitnehmer im Geltungsbereich des Einkommensteuergesetzes persönlich tätig wird.[4] Bei Ausübung der Tätigkeit im Inland kommt es nicht darauf an, ob ein inländischer oder ein ausländischer Arbeitgeber den Arbeitslohn zahlt.

Was bedeutet „ [...] nichtselbständige Tätigkeit **verwertet** wird oder worden ist"?

- Eine Verwertung im Inland liegt vor, wenn der Arbeitnehmer das Arbeitsergebnis einer außerhalb des Geltungsbereichs des Einkommensteuergesetzes ausgeübten Tätigkeit seinem Arbeitgeber im Inland zuführt/nutzbar macht:

BEISPIELE: Der von einer inländischen Reederei beschäftigte nicht unbeschränkt steuerpflichtige Kapitän erzielt keine inländischen Einkünfte, soweit sich sein unter einer ausländischen Flagge fahrendes Schiff außerhalb der deutschen Hoheitsgewässer aufhält.[5]

Der Angestellte (= Arbeitnehmer) einer inländischen Firma hat keine steuerpflichtigen Einnahmen, wenn er nur allgemeine Kontaktpflege im Ausland betreibt. Die Übermittlung von Marktanalyseberichten führt hingegen zu einer inländischen Verwertung.[6]

Die Tätigkeit von ausländischen Arbeitnehmern deutscher Luftverkehrsgesellschaften auf ausländischen Flughäfen wird nicht im Inland verwertet. Das Arbeitsergebnis wird dem Arbeitgeber im Ausland zugeführt.[7]

Die Leistungen eines ausländischen Ingenieurs für ein deutsches Ingenieurbüro bei der Errichtung eines Gebäudes im Ausland werden nicht im Inland verwertet.[8]

Der Verwertungstatbestand setzt also voraus, dass die nichtselbständige Arbeit an einem anderen Ort als dem Ort der Ausübung der Tätigkeit verwertet wird. Es ist steuer-

1 § 1 Abs. 4 i.V. mit § 49 Abs. 1 Nr. 4 EStG.
2 § 49 Abs. 1 Nr. 4 Buchst. a EStG.
3 Vgl. hierzu die Ausführungen im Abschnitt 5 „Besteuerung beschränkt steuerpflichtiger Arbeitnehmer".
4 R 39d Abs. 1 Satz 1 LStR.
5 BFH, Urteil v. 12.11.1986 - I R 38/83, BStBl 1987 II S. 377.
6 BFH, Urteil v. 12.11.1986 - I R 69/83, BStBl 1987 II S. 379.
7 BFH, Urteil v. 12.11.1986 - I R 320/83, BStBl 1987 II S. 381.
8 BFH, Urteil v. 12.11.1986 - I R 320/83, BStBl 1987 II S. 383.

lich ohne Bedeutung, ob der Arbeitnehmer für einen inländischen Arbeitgeber tätig ist und der Arbeitslohn vom Inland ausgezahlt wird. Hieraus folgt für die Praxis:

- Zunächst muss festgestellt werden, welche Tätigkeiten im Einzelnen vom Arbeitnehmer ausgeübt werden und welche Bedeutung diese Tätigkeiten für das inländische Unternehmen haben. Nur bei genauer Kenntnis der Tätigkeit des Arbeitnehmers lässt sich beurteilen, ob (und inwieweit) der Arbeitnehmer das Ergebnis seiner ausländischen Tätigkeit seinem inländischen Arbeitgeber im Inland oder Ausland zuführt.
- Bei verschiedenartigen Tätigkeiten des Arbeitnehmers ist auf die einzelne Tätigkeit abzustellen.[1] Sollte im Einzelfall eine gemischte Tätigkeit (teilweise Verwertung im Inland) vorliegen, ist das Arbeitsentgelt im Schätzungswege aufzuteilen.
- Für die Frage, an welchem Ort (Inland oder Ausland) der Arbeitnehmer seinem Arbeitgeber das Ergebnis seiner Tätigkeit zuführt, kommt es entscheidend darauf an, wo der Arbeitnehmer den Erfolg seiner Tätigkeit seinem Arbeitgeber nutzbar macht. Insoweit obliegt den Beteiligten eine erhöhte Mitwirkungspflicht wegen eines Auslandssachverhalts.[2]

BEISPIEL: Ein lediger Wissenschaftler wird im Rahmen eines Forschungsvorhabens in Südamerika tätig. Seinen inländischen Wohnsitz hat er aufgegeben. Er übergibt entsprechend den getroffenen Vereinbarungen seinem inländischen Arbeitgeber einen Forschungsbericht. Der Arbeitgeber sieht von einer kommerziellen Auswertung der Forschungsergebnisse ab.

LÖSUNG: Der Wissenschaftler ist mit den Bezügen, die er für die Forschungstätigkeit von seinem Arbeitgeber erhält, beschränkt einkommensteuerpflichtig; sie unterliegen deshalb dem Lohnsteuerabzug für beschränkt steuerpflichtige Arbeitnehmer.

Zu beachten ist:

Der Steuerabzug ist von einem inländischen Arbeitgeber oder einem ausländischen Verleiher (§ 38 Abs. 1 Satz 1 Nr. 1 und 2 EStG) vorzunehmen. Inländischer Arbeitgeber ist, wer im Inland einen Wohnsitz, seinen gewöhnlichen Aufenthalt, seinen Sitz, eine Betriebsstätte oder einen ständigen Vertreter hat. Ausländischer Verleiher ist, wer einem Dritten Arbeitnehmer gewerbsmäßig zur Arbeitsleistung im Inland überlässt, ohne inländischer Arbeitgeber zu sein. Liegen dem Arbeitgeber keine ELStAM vor, hat er die Steuerabzugsbeträge nach Steuerklasse VI einzubehalten.

HINWEIS:

Beschränkt steuerpflichtige Arbeitnehmer ohne Wohnsitz bzw. gewöhnlichen Aufenthalt im Inland können seit 2020 gem. § 39 Abs. 3 Satz 3 EStG in das ELStAM-Verfahren und in den betrieblichen Lohnsteuerjahresausgleich einbezogen werden. Voraussetzung für die Teilnahme von Ar-

1 BFH, Urteil v. 12.11.1986 - I R 320/83, BStBl 1987 II S. 379.

2 § 90 Abs. 2 AO.

beitnehmern am ELStAM-Verfahren ist die Zuteilung einer Identifikationsnummer (IDNr). Diese ist vom Arbeitnehmer beim Betriebsstättenfinanzamt des Arbeitgebers zu beantragen. Die Zuteilung einer Identifikationsnummer kann auch der Arbeitgeber beantragen, wenn ihn der Arbeitnehmer dazu bevollmächtigt hat. Wurde dem Arbeitnehmer bereits eine Identifikationsnummer zugeteilt, teilt das Betriebsstättenfinanzamt diese auf Anfrage des Arbeitnehmers mit. Der Arbeitgeber ist auch berechtigt, eine Anfrage im Namen des Arbeitnehmers zu stellen.[1]

Hat der Arbeitgeber für den Arbeitnehmer für das Jahr 2022 eine Lohnsteuerbescheinigung übermittelt und versichert der Arbeitgeber, dass das Dienstverhältnis nach Ablauf des Jahres 2022 fortbestanden und der Arbeitnehmer trotz Aufforderung pflichtwidrig seine Identifikationsnummer bisher nicht mitgeteilt hat, teilt das zuständige Finanzamt die Identifikationsnummer des Arbeitnehmers auf formlose schriftliche Anfrage des Arbeitgebers mit. Die Anfrage hat den Namen, das Geburtsdatum sowie die Anschrift des Arbeitnehmers zu enthalten. Von einer Pflichtwidrigkeit ist auch auszugehen, wenn der Arbeitnehmer der Aufforderung ohne Begründung nicht nachkommt. Eine Mitteilung erfolgt bei Vorliegen der oben genannten Voraussetzungen auch dann, wenn die Identifikationsnummer dem Arbeitnehmer erstmals zuzuteilen ist. Einer Bevollmächtigung oder Zustimmung des Arbeitnehmers bedarf es insoweit nicht. Unabhängig davon kann der Arbeitgeber generell die Zuteilung bzw. die Mitteilung der steuerlichen Identifikationsnummer des Arbeitnehmers beim zuständigen Finanzamt beantragen, wenn ihn der Arbeitnehmer hierzu nach § 80 Abs. 1 AO bevollmächtigt hat.[2] Legt der Arbeitnehmer dem Arbeitgeber die steuerliche Identifikationsnummer schuldhaft nicht vor und kann der Arbeitgeber diese entsprechend den Verfahren nach Rz. 2 oder Rz. 3 des BMF-Schreibens v. 23.1.2024[3] nicht erhalten, hat er regelmäßig die Lohnsteuer nach Steuerklasse VI zu ermitteln.[4] Dies gilt insbesondere für

- Betriebsrentner und Versorgungsempfänger, die im Ausland ansässig sind und denen die Unterlagen zur Erteilung einer steuerlichen Identifikationsnummer zugeschickt wurden, diese jedoch bisher noch nicht beantragt haben
- Arbeitnehmer – insbesondere auch aus dem Ausland –, die nur für kurze Zeit vom Arbeitgeber beschäftigt werden und die dem Arbeitgeber ihre steuerliche Identifikationsnummer bisher nicht mitgeteilt haben (mit Ausnahme der im BMF-Schreiben v. 7.11.2019 - IV C 5 - S 2363/19/10007 :001, BStBl 2019 I S. 1087 unter Abschnitt 3 bezeichneten Fälle).[5]

1 BMF, Schreiben v. 7.11.2019 - IV C 5 - S 2363/19/10007 :001, BStBl 2019 I S. 1087.
2 § 39 Abs. 3 Satz 2 und 4 EStG.
3 BMF, Schreiben v. 23.1.2024 - IV C 5 - S 2295/21/10001 :001, BStBl 2024 I S. 211.
4 § 39c Abs. 1 Satz 1 EStG i.V. mit § 38b Abs. 1 Satz 2 Nr. 6 EStG.
5 Vgl. hierzu BMF, Schreiben v. 23.1.2024 - IV C 5 - S 2295/21/10001 :001, BStBl 2024 I S. 211.

Besonderheit bei Vorruhestandsgeldern:

Auch Vorruhestandsgelder, die an inzwischen in ihre Heimatländer zurückgekehrte Personen gezahlt werden, die nicht mehr unbeschränkt einkommensteuerpflichtig sind, gehören zu den der deutschen Besteuerung unterliegenden Einkünften aus nichtselbständiger Arbeit. Denn auch diese Bezüge sind letztlich Einkünfte aus einer Tätigkeit, die im Inland ausgeübt oder verwertet worden ist.

Da Vorruhestandsgelder der Versorgung des Steuerpflichtigen dienen, steht das Besteuerungsrecht allerdings regelmäßig, jedoch nicht immer dem Ansässigkeitsstaat im Zeitpunkt der Zahlung der Vorruhestandsgelder zu (Art. 18 OECD-MA). Entsprechendes gilt auch für die in der Praxis häufig gezahlten Betriebsrenten.

Künstler, Berufssportler, Schriftsteller, Journalisten u. s. w.:

Einkünfte von beschränkt steuerpflichtigen Künstlern, Berufssportlern, Schriftstellern, Journalisten und Bildberichterstattern, die ihre Tätigkeit bei einem inländischen Arbeitgeber im Rahmen eines Arbeitsverhältnisses nichtselbständig ausüben, sind – wie alle anderen beschränkt steuerpflichtigen Arbeitnehmer auch – dem Lohnsteuerabzug zu unterwerfen.

Wegen der Möglichkeit einer pauschalen Lohnsteuererhebung bei kurzfristig – höchstens sechs Monaten – beschäftigten Künstlern.[1] Die pauschale Lohnsteuer bemisst sich nach den gesamten Einnahmen des Künstlers einschließlich der Beträge i. S. des § 3 Nr. 13 und 16 EStG. Abzüge, z. B. für Werbungskosten, Sonderausgaben und Steuern, sind nicht zulässig. Die pauschale Lohnsteuer beträgt 20 % der Einnahmen, wenn der Künstler die Lohnsteuer trägt. Übernimmt der Arbeitgeber die Lohnsteuer und den Solidaritätszuschlag von 5,5 % der Lohnsteuer, so beträgt die Lohnsteuer 25,35 % der Einnahmen; sie beträgt 20,22 % der Einnahmen, wenn der Arbeitgeber nur den Solidaritätszuschlag übernimmt. Der Solidaritätszuschlag beträgt zusätzlich jeweils 5,5 % der Lohnsteuer. Diese Regelung ist erstmals anzuwenden für Einnahmen, die nach dem 30.6.2013 zufließen.[2]

Beschränkte Steuerpflicht bei Homeoffice oder mobilem Arbeiten ab 2024:

Grenzüberschreitend tätige Arbeitnehmer, die im Inland weder einen Wohnsitz noch ihren gewöhnlichen Aufenthalt haben, unterliegen in Deutschland mit ihren Lohneinkünften grundsätzlich der beschränkten Einkommensteuerpflicht, soweit die Tätigkeit im Inland ausgeübt oder verwertet wird. Die Ausübung setzt hierbei ein persönliches Tätigwerden im Inland voraus, das bei Tätigkeit in einem ausländischen Homeoffice oder auf Dienstreisen im Ausland nicht vorliegt. Übt daher ein Arbeitnehmer, der im

1 Vgl. BMF, Schreiben v. 31.7.2002 - IV C 5 -S 2369 - 5/02, BStBl 2002 I S. 707.

2 BMF, Schreiben v. 28.3.2013 - IV C 5 - S 2332/09/10002, BStBl 2013 I S. 443.

Inland weder einen Wohnsitz noch seinen gewöhnlichen Aufenthalt hat, die Tätigkeit nicht im Inland, sondern an einem anderen Ort im anderen Vertragsstaat oder außerhalb des Territoriums der Vertragsstaaten aus (typischerweise im Homeoffice oder im Wege des mobilen Arbeitens, z. B. in einer Ferienwohnung oder auf einer Dienstreise), entfällt – unter Zugrundelegung der bisherigen Rechtsprechung – in vielen Fällen eine (deutsche) beschränkte Einkommensteuerpflicht der Einkünfte bzw. Einkunftsteile, die auf die Tätigkeit im anderen Vertragsstaat oder in Drittstaaten entfallen.

Deutschland hat zum Zwecke der Verwaltungsvereinfachung – etwa im Verhältnis zu Luxemburg – eine Bagatellregelung vereinbart, wonach es abweichend von den vorstehenden Grundsätzen bei einem ausschließlichen Besteuerungsrecht des (regelmäßigen) Tätigkeitsstaates verbleibt, wenn der Arbeitnehmer die Tätigkeit an nicht mehr als – so im Falle Luxemburgs – 19 Tagen in seinem Ansässigkeitsstaat oder einem anderen Staat ausübt und dieser Teil des Arbeitslohns tatsächlich vom Tätigkeitsstaat besteuert wird.[1] Derartige Bagatellregelungen werden von deutscher Seite bisher nicht umfassend im innerstaatlichen Recht abgebildet, sodass nach Deutschland einpendelnde Arbeitnehmer hiervon nicht profitieren können, da die fehlende tatsächliche Besteuerung in Deutschland zur Nichtanwendbarkeit der Regelung führt.

Um für bestehende und zukünftige DBA-Regelungen, die aufgrund der Mobilisierung der Arbeitswelt zu erwarten sind, das Hindernis des Fehlens einer umfassenden beschränkten Steuerpflicht zu beheben, fingiert § 49 Abs. 1 Nr. 4 Buchst. a EStG i. d. F des Wachstumschancengesetzes für den Fall, dass ein Abkommen zur Vermeidung der Doppelbesteuerung oder eine bilaterale Vereinbarung eine Zuweisung eines Besteuerungsrechts für den eigentlichen Tätigkeitsstaat im Rahmen der oben beschriebenen Bagatellregelung vorsieht, eine inländische Ausübung oder Verwertung und führt damit in diesen Fällen zu einer beschränkten Steuerpflicht. Die Änderung des § 49 Abs. 1 Nr. 4 Buchst. a EStG ist erstmals auf Einkünfte aus nichtselbstständiger Arbeit anzuwenden, die nach dem 31.12.2023 zufließen. Die Regelung spiegelt letztlich bestehende konkrete Vereinbarungen mit anderen Staaten, um Deutschland zu ermöglichen, ein grundsätzlich zugestandenes Besteuerungsrecht auch tatsächlich auszuüben. Die abkommensrechtliche Regelung wirkt damit auch mit Blick auf ihre verwaltungsentlastende Wirkung bei „Einpendlern“: Soweit sie einschlägig ist, wird eine Aufteilung zwischen Ansässigkeitsstaat und Tätigkeitsstaat (hier: Deutschland), entbehrlich. Ohne die Sicherstellung der beschränkten Steuerpflicht wäre weiterhin eine Aufteilung des „Besteuerungssubstrats“ ausschließlich anhand der in dem jeweiligen Tätigkeitsstaat ausgeübten Tätigkeit vorzunehmen (so die amtliche Gesetzesbegründung).

1 Vgl. hierzu BMF, Schreiben v. 14.6.2011 - IV B 3 -S 1301 LUX/10/10003, BStBl 2011 I S. 576).

Beschränkte Steuerpflicht für Geschäftsführer, Prokuristen und Vorstandsmitglieder (§ 49 Abs. 1 Nr. 4 Buchst. c EStG):

Einkünfte aus Arbeitnehmertätigkeit können – soweit es sich nicht um Zahlungen aus öffentlichen Kassen handelt – bei nicht in Deutschland ansässigen Arbeitnehmern grundsätzlich nur dann im Inland besteuert werden, wenn die Tätigkeit in der Bundesrepublik ausgeübt oder dort verwertet wird bzw. worden ist.

Hierdurch entstanden für Einnahmen, die im Ausland ansässige Beschäftigte für inländische Unternehmen erhielten, in Deutschland Besteuerungslücken. Die Einführung von § 49 Abs. 1 Nr. 4 Buchst. c EStG ab 2001 bewirkte, dass Deutschland ein ihm auf Grund eines DBA bereits zugewiesenes Besteuerungsrecht tatsächlich ausüben kann. Dies betrifft vor allem die Einkünfte im Ausland ansässiger und für eine Gesellschaft mit Geschäftsleitung im Inland tätiger Geschäftsführer, Prokuristen und Vorstandsmitglieder, die ihre Geschäftsführertätigkeit vom Ausland aus per E-Mail, Telefon oder FAX erledigen. Zuvor konnte Deutschland das ihm nach einigen DBA zugewiesene Besteuerungsrecht hier allenfalls über den sog. Verwertungstatbestand ausüben, der jedoch durch die Rechtsprechung einschränkend ausgelegt wurde. Durch die Gesetzesänderung wurde die Grundlage dafür geschaffen, dass die Einkünfte in Deutschland besteuert werden, wenn Deutschland nach dem einschlägigen DBA als Quellenstaat das Besteuerungsrecht zugewiesen bekommen hat. Die Regelung greift im Verhältnis zu Belgien, Dänemark, Kasachstan, Niederlande (seit 2016), Österreich, Polen, Schweden und Schweiz. In diesen DBA ist geregelt, dass das Besteuerungsrecht für Vergütungen an den hier infrage stehenden Personenkreis ausdrücklich dem Staat zugewiesen wird, in dem die Kapitalgesellschaft ihren Sitz hat.

Beschränkte Steuerpflicht von Abfindungen (§ 49 Abs. 1 Nr. 4 Buchst. d EStG):

Zu den inländischen Einkünften eines beschränkt einkommensteuerpflichtigen Arbeitnehmers ohne Wohnsitz oder gewöhnlichen Aufenthalt in Deutschland gehören seit 2004 auch steuerpflichtige Abfindungen für die Auflösung des Dienstverhältnisses, soweit die für die zuvor ausgeübte Tätigkeit bezogenen Einkünfte der inländischen Besteuerung unterlegen haben.

Damit ist jedoch noch nicht entschieden, dass auf die gezahlte Abfindung in Deutschland tatsächlich Steuern entrichtet werden müssen, da nach der Mehrzahl der geltenden DBA das Besteuerungsrecht für Abfindungen dem Ansässigkeitsstaat zugewiesen wird.[1] **Ab 2017 ist § 50d Abs. 12 EStG zu beachten, der auch für beschränkt steuerpflichtige Arbeitnehmer gilt.**

1 Hinweis auf BFH, Urteil v. 10.7.1996 - I R 83/95, BStBl 1997 II S. 341; vgl. aber auch Kapitel 3.2.6 (Abkommensrechtliche Besonderheiten).

Besteuerung des Bordpersonals von Luftfahrzeugen (§ 49 Abs. 1 Nr. 4 Buchst. e EStG):

Nach Art. 15 Abs. 3 OECD-MA und der entsprechenden Regelung in den DBA hat Deutschland bei dem Bordpersonal von Luftfahrtunternehmen, deren Geschäftsleitung sich im Inland befindet, das Besteuerungsrecht, auch soweit die Tätigkeit nicht im Inland ausgeübt wird. Der ausländische Ansässigkeitsstaat stellt die Einkünfte nach dem DBA von seiner Besteuerung frei, wenn er die Doppelbesteuerung durch die Freistellungsmethode vermeidet.

Für Einkünfte des in Deutschland nicht ansässigen Bordpersonals von Luftfahrzeugen, die von Unternehmen mit Geschäftsleitung im Inland betrieben werden, wurde daher zur Realisierung des sich aus Art. 15 Abs. 3 OECD-MA für Deutschland ergebenden Steueranspruchs ab 2007 in § 49 Abs. 1 Nr. 4 Buchst. e EStG ein neuer Besteuerungstatbestand geschaffen.

Seit 2007 liegen beschränkt steuerpflichtige Einkünfte vor, wenn die Tätigkeit an Bord eines im internationalen Luftverkehr eingesetzten Luftfahrzeugs ausgeübt wird, das von einem Unternehmen mit Geschäftsleitung im Inland betrieben wird. Ohne § 49 Abs. 1 Nr. 4 Buchst. e EStG i. d. F. des JStG 2007 blieben die Einkünfte in diesen Fällen völlig steuerfrei. Eine Aufteilung der Einkünfte in einen steuerpflichtigen und einen steuerfreien Teil ist zudem entbehrlich. Durch das Abstellen auf die im internationalen Luftverkehr eingesetzten Luftfahrzeuge wird vermieden, dass auch das beschränkt steuerpflichtige, im Ausland ansässige Bordpersonal von inländischen Unternehmen erfasst wird, das auf Flügen eingesetzt wird, die ausschließlich im Hoheitsgebiet dieses ausländischen Staates durchgeführt werden (z. B., wenn ein in Deutschland ansässiges Unternehmen einen in den USA wohnenden Hubschrauberpiloten für Flüge über den Grand Canyon beschäftigt). Für Einkünfte aus solch einer Tätigkeit weist auch Art. 15 Abs. 1 OECD-MA und die entsprechenden DBA dem Tätigkeitsstaat das Besteuerungsrecht zu.

Wichtig: Neue Pauschalierungsmöglichkeit seit 2020

Der Arbeitgeber kann seit 2020 unter Verzicht auf den Abruf von elektronischen Lohnsteuerabzugsmerkmalen die Lohnsteuer für Bezüge von kurzfristigen, im Inland ausgeübten Tätigkeiten beschränkt steuerpflichtiger Arbeitnehmer, die einer ausländischen Betriebsstätte dieses Arbeitgebers zugeordnet sind, mit einem Pauschsteuersatz von 30 % des Arbeitslohns erheben. Eine kurzfristige Tätigkeit liegt vor, wenn die im Inland ausgeübte Tätigkeit 18 zusammenhängende Arbeitstage nicht übersteigt. Diese Neuregelung ist insbesondere für Banken und Versicherungen von Bedeutung, die im Ausland an Stelle von Tochterunternehmen regelmäßig Betriebsstätten unterhalten und deshalb zivilrechtlicher Arbeitgeber der in den ausländischen Betriebsstätten angestellten Mitarbeiter sind.[1]

Entsprechendes gilt m. E. für quartalsweise Besprechungen von jeweils nicht mehr als 18 Tagen Dauer.

1 § 40a Abs. 7 EStG i. d. F. des Bürokratieentlastungsgesetzes III v. 22.11.2019, BGBl 2019 I S. 1746, BStBl 2019 I S. 1313.

3. Freistellung von der Steuerpflicht durch DBA (*Niermann*)

3.1 Allgemeines

Bei unbeschränkter Steuerpflicht kann für den Arbeitslohn aus einer im Ausland ausgeübten Tätigkeit eine Befreiung

- nach einem Doppelbesteuerungsabkommen (DBA) oder
- nach dem Auslandstätigkeitserlass (ATE)

in Betracht kommen. Deutschland hat mit anderen Staaten bilaterale DBA geschlossen. Eine aktuelle Zusammenstellung der gültigen DBA nebst Hinweisen auf etwaige Änderungen wird einmal jährlich im BStBl I veröffentlicht.[1]

Die DBA gehen innerstaatlichem Recht vor.[2] Sie begründen aber keine selbständigen (neuen) Steueransprüche, sondern engen lediglich nationale Ansprüche ein. So richtet sich die unbeschränkte Einkommensteuerpflicht eines Arbeitnehmers, stets nach den Voraussetzungen des deutschen Steuerrechts,[3] auch wenn er Wohnsitze im In- und Ausland hat.

BEISPIEL: Ein ausländischer Arbeitnehmer ist für einen deutschen Arbeitgeber im Inland tätig. Aus diesem Grund hat er im Inland eine Wohnung gemietet. Außerdem hat er noch im Ausland eine Wohnung, in der auch seine Familie lebt und in die er regelmäßig mehrmals jährlich zurückkehrt.

LÖSUNG: Mit der gemieteten Wohnung begründet er einen Wohnsitz im Inland (§ 8 AO) und ist deshalb unbeschränkt steuerpflichtig. DBA-rechtlich besteht eine sog. „Doppelansässigkeit"; dazu später mehr.

Für den Arbeitgeber erlangt die Frage nach einer Doppelbesteuerung dann Bedeutung, wenn er

- einen ausländischen Arbeitnehmer beschäftigt oder
- einen inländischen Arbeitnehmer in das Ausland entsendet.

Die Anwendung der DBA setzt voraus, dass der Arbeitnehmer **abkommensberechtigt** ist. Das bedeutet, der Arbeitnehmer muss **in einem** der beiden **Vertragsstaaten ansässig** sein. Die Staatsangehörigkeit zu einem der Vertragsstaaten ist dagegen i. d. R. nicht Voraussetzung. Ist der Arbeitnehmer in keinem der beiden Vertragsstaaten ansässig, kommt eine Anwendung des DBA mit dem Tätigkeitsstaat nicht in Betracht.

---

1 Zuletzt zum Stand der DBA zum 1.1.2024: BMF, Schreiben v. 15.1.2024 - IV B 2 - S 1301/21/10048 :003, BStBl 2024 I S. 193.

2 Vgl. § 2 AO.

3 Vgl. § 1 Abs. 1 EStG.

BEISPIEL: Ein Arbeitnehmer mit Wohnsitz in den Niederlanden (= Ansässigkeitsstaat im Sinne des DBA) ist für einen deutschen Arbeitgeber teils in den Niederlanden und teils in Belgien tätig.

LÖSUNG: Die Besteuerung des Arbeitslohns für die Tätigkeit in den Niederlanden bestimmt sich nach dem DBA Niederlande. Für die Lohneinkünfte aus der Tätigkeit in Belgien kann das DBA Belgien keine Anwendung finden, da der Arbeitnehmer weder in Deutschland noch in Belgien ansässig ist. Die Besteuerung dieser Einkünfte richtet sich – aus deutscher Sicht – ebenfalls nach dem DBA Niederlande.

Bestimmung der Ansässigkeit:

Für die Anwendung eines DBA ist der Staat zu bestimmen, in dem der Arbeitnehmer und ggf. der Arbeitgeber ansässig sind. Eine Person kann zwar in beiden Vertragsstaaten – etwa aufgrund eines doppelten Wohnsitzes – unbeschränkt steuerpflichtig sein, hingegen nur in einem der beiden Vertragsstaaten als ansässig im Sinne eines DBA gelten. Die abkommensrechtliche Bestimmung der Ansässigkeit hat keine Auswirkung auf eine bestehende inländische Steuerpflicht nach dem Einkommensteuergesetz und kann sich während eines Veranlagungszeitraums auch ändern. Die unbeschränkte Steuerpflicht auf Antrag nach § 1 Abs. 3 EStG begründet keine Ansässigkeit in Deutschland.[1]

Verfügt die Person nur in einem Staat über eine ständige Wohnstätte, so gilt sie nur in diesem Staat als ansässig. Verfügt die Person in beiden Staaten über eine ständige Wohnstätte, so gilt sie nur in dem Staat als ansässig, zu dem sie die engeren persönlichen und wirtschaftlichen Beziehungen hat (Mittelpunkt der Lebensinteressen). Dabei sind die persönlichen und wirtschaftlichen Beziehungen nach objektiven Anhaltspunkten des jeweiligen Einzelfalls gegeneinander abzuwägen.[2] Werden im Veranlagungsverfahren im Rahmen der erhöhten Mitwirkungspflichten nach § 90 Abs. 2 AO die hierfür erforderlichen Informationen nicht vorgelegt, sind die für den Steuerpflichtigen nachteiligen steuerlichen Konsequenzen zu ziehen.[3] Wirtschaftliche Beziehungen richten sich grundsätzlich nach den Einnahmen und dem Vermögen einer Person. Hierfür sind sämtliche Einnahmequellen und deren Herkunft festzustellen. Bei einer Arbeitnehmertätigkeit ist neben dem Ort der Tätigkeitsausübung und dem zivilrechtlichen Arbeitsverhältnis auch zu berücksichtigen, ob der Arbeitnehmer befristet in einem anderen Staat tätig wird bzw. ob auf eine Absicht geschlossen werden kann, in den Vertragsstaat der bisherigen Wohnstätte zurückzukehren. Wird in einem Vertragsstaat eine Wohnstätte beibehalten und besteht in demselben Staat ein ruhendes Arbeitsverhältnis, ist bei einer befristeten Entsendung mit Rückkehrzusage davon auszugehen,

1 BMF, Schreiben v. 12.12.2023 - V B 2 - S 1300/21/10024 :005, BStBl 2023 I S. 2179, Rz. 8 und 9.

2 BFH, Urteil v. 31.10.1990 - I R 24/89, BStBl 1991 II S. 562.

3 BFH, Urteil v. 15.2.1989 - X R 16/86, BStBl 1989 II S. 462.

dass eine Rückkehrabsicht besteht und damit wirtschaftliche Interessen in diesem Staat vorliegen. In diesem Zusammenhang sind die Dauer der befristeten Tätigkeit im anderen Staat sowie die Dauer der zuvor in dem Vertragsstaat der beibehaltenen Wohnstätte ausgeübten Tätigkeit im Hinblick auf die berufliche Verwurzelung in die Beurteilung miteinzubeziehen. Auf der Vermögensebene ist insbesondere die Belegenheit von Grundbesitz und sonstigem Vermögen (z. B. Gesellschaftsbeteiligungen, Aktiendepot, Bankguthaben, Barmittel, Fahrzeuge) zu berücksichtigen. Je nach Intensität der Vermögensverwaltung kann auch der Ort von Bedeutung sein, von dem aus die Person ihr Vermögen verwaltet. Das Vermögen ist anhand seiner wirtschaftlichen Bedeutung gegenüber der Einnahmenseite abzuwägen.

Die Dauer des befristeten Aufenthalts im Tätigkeitsstaat kann bei Innehaben einer weiteren ständigen Wohnstätte in diesem Vertragsstaat als Indiz bei der Gewichtung der persönlichen Interessen herangezogen werden. Bei einer befristeten Entsendung von fünf Jahren oder mehr besteht eine widerlegbare Vermutung, dass sich die gewichtigeren persönlichen Beziehungen einer Person in den Entsendestaat verlagern. Bei einer Entsendung von bis zu einem Jahr besteht hingegen die widerlegbare Vermutung, dass die persönlichen Beziehungen einer Person in dem Staat der beibehaltenen Wohnstätte verbleiben. Bei einer Kettenentsendung ins Ausland geht die Finanzverwaltung davon aus, dass der Mittelpunkt der Lebensinteressen regelmäßig im Inland verbleibt.[1]

BEISPIEL: Der Arbeitnehmer begründet während seines auf neun Monate befristeten Aufenthalts im ausländischen Tätigkeitsstaat einen Wohnsitz. Die Wohnung im bisherigen Ansässigkeitsstaat steht ihm und ggf. seiner Familie jederzeit zur Nutzung zur Verfügung. Das Arbeitsverhältnis zum bisherigen Arbeitgeber besteht fort.

a) Der Arbeitnehmer ist alleinstehend

b) Die Familie ist dem Arbeitnehmer in den Tätigkeitsstaat gefolgt.

LÖSUNG: Der Mittelpunkt der Lebensinteressen befindet sich – unabhängig vom Familienstand – in aller Regel weiterhin im bisherigen Ansässigkeitsstaat,[2] da bei einem auf kurze Zeit befristeten Aufenthalt im Tätigkeitsstaat und dem Fortbestehen des bisherigen Arbeitsverhältnisses die persönlichen und wirtschaftlichen Beziehungen zum bisherigen Ansässigkeitsstaat zumeist gewichtiger sind als die zum anderen Staat. Dies bedeutet jedoch nicht, dass sich der Mittelpunkt der Lebensinteressen bei einem vorübergehenden Aufenthalt von über einem Jahr zwangsläufig in den anderen Staat verlagern muss. Vielmehr ist stets das Gesamtbild der Verhältnisse zu würdigen.

BEISPIEL: Der Arbeitnehmer begründet während seines unbefristeten Aufenthalts im ausländischen Tätigkeitsstaat einen Wohnsitz. Die Familie ist dem Arbeitnehmer in den Tätigkeitsstaat gefolgt. Die Wohnung im bisherigen Ansässigkeitsstaat steht der Familie jederzeit zur Nutzung zur Verfügung.

---

1 BMF, Schreiben v. 12.12.2023 - V B 2 - S 1300/21/10024 :005, BStBl 2023 I S. 2179, Rz. 21.

2 BFH, Urteil v. 23.10.1985 - I R 274/82, BStBl 1986 II S. 133.

LÖSUNG: Der Mittelpunkt der Lebensinteressen befindet sich in diesem Fall i. d. R. im Tätigkeitsstaat.

Verfahrensweise bei Freistellung des Arbeitslohns vom Lohnsteuerabzug aus deutscher Sicht:

Ist in dem betreffenden DBA vorgesehen, dass eine Freistellung nur **auf Antrag** zulässig ist, darf der Arbeitgeber vom Steuerabzug nur absehen, wenn das Betriebsstättenfinanzamt eine **Bescheinigung über die Freistellung vom Steuerabzug** ausgestellt hat. In diesen antragsgebundenen Fällen kann die Haftung des Arbeitgebers auch durch einen nachträglichen, nicht fristgebundenen Antrag auf Erteilung einer Freistellungsbescheinigung vermieden werden. Eine solche Antragsabhängigkeit sehen die DBA Albanien Art. 28 (anzuwenden ab 1.1.2012), Algerien Art. 28, Aserbaidschan Art. 29 Abs. 1, Australien Art. 28 (anzuwenden ab 1.1.2017), Belarus Art. 28, Bulgarien Art. 27 (anzuwenden ab 1.1.2011), China Art. 28 (anzuwenden ab 1.1.2017), Costa Rica Art. 28 (anzuwenden ab 1.1.2017) Frankreich Art. 25 b, Georgien Art. 27, Ghana Art. 28, Großbritannien (DBA 2011) Art. 29, Irland Art. 28 (anzuwenden ab 1.1.2013), Italien Art. 29, Japan Art. 27 (anzuwenden ab 1.1.2017), Kroatien Art. 27, Liechtenstein Art. 30 (anzuwenden ab 1.1.2013), Luxemburg neu Art. 26 (anzuwenden ab 1.1.2010), Mauritius Art. 28 (anzuwenden ab 1.1.2013), Mazedonien Art. 27 (anzuwenden ab 1.1.2011), Norwegen Art. 28 (anzuwenden bis 31.12.2014; ab 1.1.2015 Anrechnungsmethode), Österreich (DBA 2000) Art. 27, Philippinen Art. 28 (anzuwenden ab 1.1.2016), Polen (DBA 2003) Art. 29, Schweden Art. 44, Singapur (DBA 2004) Art. 28, Slowenien Art. 27, Syrien Art. 27 (anzuwenden ab 1.1.2011), Türkei Art. 27 neues DBA (in Kraft getreten ab 1.8.2012, rückwirkend anzuwenden, ab 1.1.2011), Ungarn Art. 26 (anzuwenden ab 1.1.2012), USA Art. 29, Usbekistan Art. 27, Vereinigte Arabische Emirate Art. 26; (anzuwenden rückwirkend ab 1.1.2009), Zypern Art. 26 des neuen DBA (anzuwenden ab 1.1.2012) vor.

Sieht das einschlägige DBA hingegen **keinen Antrag** vor, kann der Arbeitgeber bereits dann den Lohnsteuerabzug unterlassen, wenn die im DBA genannten Tatbestandsvoraussetzungen vorliegen.[1] Er ist zudem nicht gehindert, eine Lohnsteuer-Anrufungsauskunft nach § 42e EStG zu stellen.

Freistellungsbescheinigungen werden vom Betriebsstättenfinanzamt auf Antrag des Arbeitgebers oder Arbeitnehmers erteilt. Das Finanzamt hat in der Bescheinigung den Zeitraum anzugeben, für den sie gilt. Der Zeitraum darf **drei Jahre** nicht überschreiten und soll mit Ablauf eines Kalenderjahres enden.[2] Die Bescheinigung ist vom Arbeitgeber als Beleg zum Lohnkonto zu nehmen. Das Wohnsitzfinanzamt des betroffenen Arbeitnehmers wird über freigestellte bzw. freizustellende Arbeitslöhne durch eine

1 BFH, Urteil v. 10.5.1989 - I R 50/85, BStBl 1989 II S. 755.

2 R 39.5 LStR.

Kontrollmitteilung unterrichtet (zwecks Anwendung des Progressionsvorbehalts[1] und Sicherstellung der beim Arbeitnehmer regelmäßig durchzuführenden Einkommensteuer-Pflichtveranlagung[2]).

Seit 2004 können auch ausländische Arbeitnehmerverleiher eine Freistellungsbescheinigung erhalten, damit die ausländischen Arbeitnehmer nicht darauf angewiesen sind, die Erstattung der einbehaltenen Lohnsteuer zu beantragen,[3] der Zweifel an der unterschiedlichen Behandlung in- und ausländischer Arbeitgeber geäußert hatte).

Lässt der Arbeitgeber Arbeitslohn für eine Auslandstätigkeit steuerfrei, so ist er verpflichtet, das folgende Verfahren zu beachten:

- Der begünstigte Arbeitslohn ist im Lohnkonto und in der Lohnsteuerbescheinigung getrennt vom übrigen Arbeitslohn anzugeben.[4]
- Die Freistellungsbescheinigung des Betriebsstätten-Finanzamts ist als Beleg zum Lohnkonto des Arbeitnehmers zu nehmen.[5]
- Für Arbeitnehmer, die zu irgendeinem Zeitpunkt während des Kalenderjahrs begünstigten Arbeitslohn bezogen haben, darf der Arbeitgeber weder die Lohnsteuer nach dem voraussichtlichen Jahresarbeitslohn (sog. permanenter Jahresausgleich) ermitteln noch einen betrieblichen Lohnsteuerjahresausgleich durchführen.[6]

Wirkungsweise der Freistellungsbescheinigung:

Die Freistellungsbescheinigung versetzt den Arbeitgeber bei grenzüberschreitender Beschäftigung von Arbeitnehmern in die Lage, ohne Haftungsrisiko von der Vornahme des Lohnsteuerabzugs abzusehen. Dies gilt freilich nur dann, wenn der im Antrag dargestellte Sachverhalt mit dem späteren Geschehensablauf übereinstimmt. Die Wirkung einer Freistellungsbescheinigung (= Haftungsausschluss des Arbeitgebers) ist allerdings auf das Lohnsteuerabzugsverfahren beschränkt. **Das Wohnsitzfinanzamt ist im Veranlagungsverfahren** daher **nicht an eine fehlerhaft erteilte Freistellungsbescheinigung gebunden.**[7] Die Freistellungsbescheinigung hat somit die gleiche Rechtsqualität wie eine vom Betriebsstättenfinanzamt erteilte Anrufungsauskunft, deren Bindungswirkung sich ebenfalls nicht auf das Einkommensteuer-Veranlagungsverfahren erstreckt.[8] Der Arbeitnehmer kann daher Vertrauensschutz für das Einkommensteuer-Veranla-

1 Vgl. § 32b Abs. 1 Satz 1 Nr. 3 EStG.
2 Vgl. § 46 Abs. 2 Nr. 1 EStG.
3 Vgl. hierzu BFH, Beschluss v. 4.9.2002, BStBl 2003 II S. 306.
4 § 4 Abs. 2 Nr. 5 LStDV.
5 § 4 Abs. 1 Nr. 3 LStDV.
6 § 39b Abs. 2 i.V. mit § 42 b Abs. 1 Satz 3 Nr. 6 EStG.
7 BFH, Urteil v. 12.3.1985 - I R 86/80, BStBl 1985 II S. 500.
8 BFH, Urteil v. 9.10.1992 - VI R 97/90BStBl, 1993 II S. 166.

gungsverfahren nur dadurch erreichen, dass er eine – kostenpflichtige – verbindliche Auskunft bei seinem Wohnsitzfinanzamt beantragt.[1] Dies sollte insbesondere in Erwägung gezogen werden, wenn es um höhere Gehälter geht. In der Praxis wird hiervon aber nur selten Gebrauch gemacht.

WICHTIGER HINWEIS:

In der Lohnsteuerbescheinigung ist als steuerfreier Arbeitslohn auf Grund der Auslandstätigkeit nur der Betrag zu bescheinigen, der ohne DBA steuerpflichtig wäre; deshalb sind vor allem die vom Arbeitgeber steuerfrei ersetzten Reisekosten (Auslösungen) in den zu bescheinigenden Betrag nicht mit einzubeziehen.

Werden in der Lohnsteuerbescheinigung Arbeitnehmerbeiträge zur Sozialversicherung angegeben, so dürfen darin keine Beiträge enthalten sein, die auf Arbeitslohn beruhen, der nach einem DBA vom Lohnsteuerabzug befreit ist, da diese Arbeitnehmerbeiträge nicht als Sonderausgaben abgezogen werden dürfen (§ 10 Abs. 2 Satz 1 Nr. 1 EStG). Das Verfassungsrecht verpflichtet den Gesetzgeber auch dann nicht, hiervon eine Ausnahme zu machen, wenn im Tätigkeitsstaat keine steuerliche Entlastung für die Aufwendungen gewährt wird.[2] Im Streitfall übte der Kläger seine nichtselbständige – steuerfreie Einnahmen vermittelnde – Tätigkeit weder in einem Mitgliedstaat der EU noch in einem Vertragsstaat des Abkommens über den EWR bzw. in der Schweizerischen Eidgenossenschaft aus.

In Abgrenzung hierzu hatte der EUGH entschieden, dass das Sonderausgabenabzugsverbot nach § 10 Abs. 2 Satz 1 Nr. 1 EStG für Sozialversicherungsbeiträge, die im unmittelbaren Zusammenhang mit nach DBA steuerfreien Einnahmen aus nichtselbständiger Arbeit stehen, unionsrechtswidrig ist (EuGH, Urteil v. 22.6.2017 - Rs. C-20/16 „Bechtel und Bechtel“ FAAAG-48704). Die Verwaltung hatte in einem BMF-Schreiben zur Umsetzung dieser Entscheidung Stellung genommen.[3]

Als Folge der EUGH-Entscheidung regelt § 10 Abs. 2 Satz 1 Nr. 1 EStG i. d. F. des Art. 2 des Gesetzes v. 11.12.2018 (BGBl 2018 I S. 2338) in allen offenen Fällen Folgendes: Vorsorgeaufwendungen i. S. des § 10 Abs. 1 Nr. 2, 3 und 3a EStG sind zu berücksichtigen, soweit

a) sie in unmittelbarem wirtschaftlichen Zusammenhang mit in einem Mitgliedstaat der EU oder einem Vertragsstaat des Abkommens über den EWR erzielten Einnahmen aus nichtselbständiger Tätigkeit stehen,

b) diese Einnahmen nach einem Abkommen zur Vermeidung der Doppelbesteuerung im Inland steuerfrei sind und

1 Vgl. hierzu grundlegend BMF, Schreiben v. 12.12.2017 - IV C 5 - S 2388/14/10001, BStBl 2017 I S. 1656 NWB GAAAG-68015.

2 BFH, Urteil v. 14.12.2022 - X R 25/21 NWB XAAAJ-38606.

3 BMF, Schreiben v. 11.12.2017 - IV C 3 - S 2221/14/10005 :003, BStBl 2017 I S. 1624.

c) der Beschäftigungsstaat keinerlei steuerliche Berücksichtigung von Vorsorgeaufwendungen im Rahmen der Besteuerung dieser Einnahmen zulässt.

Der Arbeitgeber ist bis zur Ausschreibung der Lohnsteuerbescheinigung berechtigt, bei der jeweils nächstfolgenden Lohnzahlung bisher noch nicht erhobene Lohnsteuer nachträglich einzubehalten, wenn er erkennt, dass die Voraussetzungen für den Verzicht auf die Besteuerung nicht vorgelegen haben. Macht er von dieser Berechtigung keinen Gebrauch, so ist er zu einer Anzeige an das Betriebsstättenfinanzamt verpflichtet (§ 41 c Abs. 1 Satz 1 Nr. 2 und Abs. 4 EStG).

Sind vom begünstigten Arbeitslohn dennoch Steuerabzugsbeträge einbehalten worden, kann der Arbeitnehmer die Freistellung von der Besteuerung auf Grund eines DBA im Rahmen seiner Einkommensteuerveranlagung bei seinem Wohnsitzfinanzamt beantragen (§ 46 Abs. 2 Nr. 8 EStG).

3.2 Zuweisung des Besteuerungsrechts

3.2.1 Grundsatz

Deutschland wendet in seinen Abkommen auf Einkünfte, die für eine nichtselbständige Arbeit im Ausland bezogen werden, regelmäßig (aber nicht immer) die „Freistellungsmethode" an. Die Arbeitslöhne werden in diesen Fällen in Deutschland nicht als steuerpflichtige Einkünfte erfasst, unterliegen jedoch dem „Progressionsvorbehalt" (§ 32b Abs. 1 Satz 1 Nr. 3 EStG). Progressionsvorbehalt bedeutet, dass auf das zu versteuernde Einkommen (ohne den steuerfreien Arbeitslohn auf Grund der Auslandstätigkeit) ein besonderer (höherer) Steuersatz angewendet wird (genauso wie bei den steuerfreien Aufstockungsbeträgen bei Altersteilzeit).

Die Vergütungen aus nichtselbständiger Arbeit werden grundsätzlich im Ansässigkeitsstaat des Arbeitnehmers besteuert, es sei denn, die Tätigkeit wird im anderen Vertragsstaat (Tätigkeitsstaat) ausgeübt. Wird die Arbeitnehmertätigkeit im anderen Staat ausgeübt, steht grundsätzlich diesem Staat das Besteuerungsrecht für die hierfür bezogenen Vergütungen zu (sog. Arbeitsortprinzip). Die Begriffe „Gehälter, Löhne und ähnliche Vergütungen aus unselbständiger Arbeit" sind im OECD-MA nicht definiert. Soweit sich aus dem anzuwendenden DBA nichts anderes ergibt oder die zuständigen Behörden der beiden Staaten nicht eine andere Bedeutung vereinbaren, ist die Bedeutung maßgebend, die dem Begriff nach dem Recht des Anwenderstaates – bei Tätigkeiten in Deutschland somit nach deutschem Recht – zukommt. In Deutschland sind die Vorschriften der §§ 1 und 2 LStDV einschlägig. Zur Abgrenzung selbständiger von nichtselbständiger Arbeit wird auf H 19.0 bis H 19.2 LStH verwiesen. Im Falle einer unterschiedlichen Auslegung der Begriffe durch die Vertragsstaaten (Qualifikationskonflikt) ist § 50d Abs. 9 Satz 1 Nr. 1 EStG zu prüfen.

HINWEIS:

Vergütungen, die der Mitunternehmer einer Personengesellschaft für seine Tätigkeit im Dienst der Gesellschaft bezieht, gehören für Deutschland als Anwenderstaat zu den Unternehmensgewinnen. Und zwar unabhängig davon, ob es sich um Vergütungen des im Inland ansässigen Gesellschafters einer ausländischen Personengesellschaft oder um Vergütungen des im Ausland ansässigen Gesellschafters einer inländischen Personengesellschaft handelt.[1] Eine Zuordnung von Tätigkeitsvergütungen zu den Unternehmensgewinnen scheidet jedoch aus, wenn eine Personenhandelsgesellschaft oder eine Partnerschaftsgesellschaft zur Körperschaftsbesteuerung optiert hat. Soweit ein Dienstverhältnis i. S. des § 1 LStDV vorliegt und die Leistungen der Gesellschaft an den Gesellschafter aufgrund dieses Dienstverhältnisses erbracht werden, führen die Vergütungen zu Einkünften aus nichtselbständiger Arbeit i. S. des § 19 EStG.[2]

Art. 15 OECD-Musterabkommen (für Einkünfte aus unselbständiger Arbeit):

1. Vorbehaltlich der Art. 16 (z. B. Aufsichtsratsvergütungen), 18 (Ruhegehälter) und 19 (Öffentlicher Dienst) können Gehälter, Löhne und ähnliche Vergütungen, die eine in einem Vertragsstaat ansässige Person aus unselbständiger Arbeit bezieht, nur in diesem Staat besteuert werden, es sei denn, die Arbeit wird im anderen Vertragsstaat ausgeübt. Wird die Arbeit dort ausgeübt, so können die dafür bezogenen Vergütungen im anderen Staat besteuert werden (Besteuerungsrecht = Tätigkeitsstaat).
2. Ungeachtet des Abs. 1 können Vergütungen, die eine in einem Vertragsstaat ansässige Person für eine im anderen Vertragsstaat ausgeübte unselbständige Arbeit bezieht, nur im erstgenannten Staat besteuert werden (Besteuerungsrecht zurück an den Ansässigkeitsstaat), wenn
   a) der Empfänger (= Arbeitnehmer) sich im anderen Staat insgesamt nicht länger als 183 Tage innerhalb eines Zeitraums von zwölf Monaten, der während des betreffenden Steuerjahres beginnt oder endet, aufhält (die älteren DBA stellen aber für die Berechnung der 183-Tage-Frist noch nicht auf einen Zwölfmonatszeitraum, sondern auf das Steuerjahr des Tätigkeitsstaates oder das Kalenderjahr ab) **und**
   b) die Vergütungen von einem Arbeitgeber oder für einen Arbeitgeber gezahlt werden, der nicht im anderen Staat ansässig ist, **und**
   c) die Vergütungen nicht von einer Betriebsstätte getragen werden, die der Arbeitgeber im anderen Staat hat.
3. Ungeachtet der vorstehenden Bestimmungen dieses Artikels können Vergütungen für unselbständige Arbeit, die an Bord eines Seeschiffes oder Luftfahrzeugs, das im

1 Wegen weiterer Einzelheiten vgl. BMF, Schreiben v. 26.9.2014 - , BStBl 2014 I S. 1258.
2 Vgl. hierzu BMF, Schreiben v. 10.11.2021 - IV B 5 - S 1300/09/10003, BStBl 2021 I S. 2212.

internationalen Verkehr betrieben wird, oder an Bord eines Schiffes, das der Binnenschifffahrt dient, ausgeübt wird, in dem Vertragsstaat besteuert werden, in dem sich der Ort der tatsächlichen Geschäftsleitung des Unternehmens befindet.

Nach Art. 15 OECD-MA hat also i. d. R. der Staat, in dem die nichtselbständige Arbeit ausgeübt wird (= Tätigkeitsstaat) neben dem Ansässigkeitsstaat auch ein Besteuerungsrecht für die Vergütungen aus nichtselbständiger Arbeit. Über Art. 23 OECD-MA aber verzichtet Deutschland als Ansässigkeitsstaat regelmäßig durch die sog. „Freistellungsmethode (mit Progressionsvorbehalt)" auf sein Besteuerungsrecht. Hält sich aber der Arbeitnehmer nur vorübergehend im Tätigkeitsstaat auf, verbleibt das Besteuerungsrecht unter den vorgenannten Voraussetzungen beim Ansässigkeitsstaat.

MERKE:

Der Ort der Arbeitsausübung befindet sich grundsätzlich dort, wo sich der Arbeitnehmer zur Ausführung seiner Tätigkeit persönlich aufhält. Unerheblich hierfür ist, woher bzw. wohin die Zahlung des Arbeitslohns geleistet wird oder wo der Arbeitgeber ansässig ist. Der Arbeitnehmer hat in diesen Fällen den Nachweis über die Ausübung der Tätigkeit in dem anderen Staat und deren Zeitdauer durch Vorlage geeigneter Aufzeichnungen (z. B. Stundenprotokolle, Terminkalender, Reisekostenabrechnungen) zu führen.

WICHTIGER HINWEIS:

Stimmen der Staat der Tätigkeit und der Ansässigkeit überein, ergibt sich ein uneingeschränktes Besteuerungsrecht für den Ansässigkeitsstaat.

BEISPIEL: ▶ Ein Arbeitnehmer mit Wohnsitz in den Niederlanden wird für seinen inländischen Arbeitgeber teilweise in den Niederlanden tätig.

LÖSUNG: ▶ Bei den auf die Tätigkeit in den Niederlanden entfallenden Einkünften des Arbeitnehmers handelt es sich zwar um inländische Einkünfte i. S. des § 49 Abs. 1 Nr. 4 EStG, wenn die Tätigkeit im Inland verwertet wird. Das Besteuerungsrecht für diese Einkünfte wird aber durch Art. 14 Abs. 1 Satz 1 DBA Niederlande den Niederlanden zugesprochen, da der Arbeitnehmer dort ansässig ist und auch seine Tätigkeit dort ausübt. Unerheblich hierbei ist, dass der Arbeitslohn von einem Arbeitgeber mit Sitz in der Bundesrepublik Deutschland bezogen wird.

3.2.2 Vorübergehender Aufenthalt

Nach Art. 15 Abs. 2 OECD-MA bleibt bei einer nur vorübergehenden Tätigkeit in dem anderen Vertragsstaat das Besteuerungsrecht beim Ansässigkeitsstaat, wenn

- der Arbeitnehmer sich in dem anderen Staat insgesamt nicht länger als 183 Tage innerhalb eines Zeitraums von zwölf Monaten, der während des betreffenden Steuerjahres beginnt oder endet, aufhält. Die älteren DBA stellen aber für die Berechnung der 183-Tage-Frist nicht auf den vorgenannten Zwölfmonatszeitraum, sondern auf das Steuerjahr des Tätigkeitsstaates oder das Kalenderjahr ab;
- die Vergütungen von einem Arbeitgeber oder für einen Arbeitgeber gezahlt werden, der nicht in dem anderen Staat ansässig ist;

- die Vergütungen nicht von einer Betriebsstätte oder einer festen Einrichtung getragen werden, die der Arbeitgeber in dem anderen Staat hat.

WICHTIG:

Alle drei Voraussetzungen müssen gleichzeitig erfüllt sein. Fehlt eine dieser Voraussetzungen, hat der Tätigkeitsstaat ein Besteuerungsrecht und Deutschland als Ansässigkeitsstaat verzichtet regelmäßig auf sein Besteuerungsrecht (aber Progressionsvorbehalt!).

BEISPIELE: A hält sich mehr als 183 Tage des maßgebenden Steuerjahres im Tätigkeitsstaat auf.

Das Besteuerungsrecht hat der Tätigkeitsstaat.

B hält sich nicht länger als 183 Tage des maßgebenden Steuerjahrs im Tätigkeitsstaat auf, wird jedoch von einem Arbeitgeber entlohnt, der im Tätigkeitsstaat ansässig ist.

Das Besteuerungsrecht hat der Tätigkeitsstaat.

C hält sich nicht länger als 183 Tage des betreffenden Steuerjahres im Tätigkeitsstaat auf, die Vergütung wird jedoch von einer Betriebsstätte getragen, die der Arbeitgeber im Tätigkeitsstaat unterhält.

Das Besteuerungsrecht hat der Tätigkeitsstaat.

MERKE:

Sind danach die Einkünfte in der Bundesrepublik Deutschland freizustellen, unterliegen sie dem Progressionsvorbehalt (§ 32b Abs. 1 Satz 1 Nr. 3 EStG).

Für Künstler, Sportler, Flug- und Schiffspersonal, Geschäftsführer, Hochschullehrer, Lehrer, Studenten, Schüler, Lehrlinge und sonstige Auszubildende enthalten die DBA zum Teil besondere, unterschiedliche Regelungen.

Besonderheiten bei Grenzgängern:

Besonderheiten gelten nach den DBA mit Frankreich, Österreich und der Schweiz auch für Grenzgänger. Das sind Arbeitnehmer, die im Grenzbereich eines Staates wohnen, aber im Grenzgebiet des angrenzenden Staates tätig sind und sich regelmäßig morgens über die Grenze zur Arbeitsstätte begeben und abends wieder zum Wohnsitz zurückkehren.

Durch den Aufenthalt im Ausland nur während der Arbeitszeit wird dort weder ein Wohnsitz noch ein gewöhnlicher Aufenthalt noch Ansässigkeit begründet. Gelegentliche Übernachtungen am Arbeitsort und Unterbrechungen der Grenzüberschreitung durch Urlaub und Erkrankung sind unbeachtlich.

Nach den DBA mit den o. g. Staaten steht das **Besteuerungsrecht für Grenzgänger dem Wohnsitzstaat** zu. Voraussetzung hierfür ist, dass die Tätigkeit innerhalb bestimmter Grenzzonen ausgeübt wird. Diese betragen für:

- Frankreich: 20 km bzw. 30 km. Für die deutsche Seite gelten 20 km diesseits und jenseits der Grenze, wohingegen für die in Frankreich ansässigen Arbeitnehmer 30 km gelten. Wegen weiterer Einzelheiten vgl. BMF-Schreiben v. 3.4.2006 (IV B 6 -S 1301

FRA - 26/06, BStBl 2006 I S. 304), mit dem eine deutsch-französische Verständigungsvereinbarung (auch Konsultationsvereinbarung genannt) zur Grenzgängerregelung, die durch die deutsch-französische Konsultationsvereinbarung (KonsVerFRAV) v. 20.12.2010 (BStBl 2011 I S. 104) umgesetzt wurde veröffentlicht wurde. Das ab 2016 anzuwendende Zusatzabkommen v. 31.3.2015 zum DBA Frankreich ändert nicht die Grenzgängerregelung; es wurde ein „Grenzgänger-Fiskalausgleich" zwischen beiden Staaten vereinbart, durch den das seit Jahren bestehende Ungleichgewicht zu Lasten Deutschlands wegen steuerlicher Mindereinnahmen beseitigt wird. § 50d Abs. 8 EStG ist zu beachten.[1] Zur Anwendung der Grenzgängerregelung in Coronazeiten vgl. BMF-Schreiben v. 25.5.2020 (IV B 3 - S 1301-FRA/19/10018 :007, BStBl 2020 I S. 535) sowie BMF-Schreiben v. 25.6.2021 (IV B 3 - S 1301-FRA/19/10018 :007, BStBl 2021 I S. 904).

- Österreich: 30 km. Wegen weiterer Einzelheiten vgl. BMF-Schreiben v. 18.4.2019 (IV B 3 - S 1301-AUT/07/10015-02, BStBl 2019 I S. 456). Zur Anwendung der Grenzgängerregelung in Coronazeiten vgl. BMF-Schreiben v. 18.6.2021 (IV B 3 - S 1301-AUT/20/10001 :002, BStBl 2021 S. 813).
- Schweiz: Für die Grenzgänger aus der Schweiz gilt unabhängig von der Entfernung eine Sonderregelung.[2] Der Tätigkeitsstaat darf eine Quellensteuer erheben, die 4,5 % des Bruttobetrags der steuerpflichtigen Vergütungen nicht übersteigen darf. Die Quellensteuer wird im Wohnsitzstaat angerechnet. Die Begrenzung der im Abzugsweg erhobenen Steuer auf 4,5 % setzt allerdings die Vorlage einer Ansässigkeitsbescheinigung der zuständigen Finanzbehörde voraus.[3] Zur Anwendung der Grenzgängerregelung in Coronazeiten vgl. BMF-Schreiben v. 23.6.2021 (IV B 2 - S 1301-CHE/07/10015-16, BStBl 2021 S. 818).

Arbeitnehmer, die in Frankreich bzw. Österreich **außerhalb** der 20 km bzw. 30 km Zone leben und im Inland arbeiten, werden von der Grenzgängerregelung nicht erfasst. Sie sind mit ihrem in Deutschland erzielten Arbeitslohn beschränkt steuerpflichtig.

Die Eigenschaft als Grenzgänger erfordert im Grundsatz eine tägliche Rückkehr zum Wohnort. In der Verständigungsvereinbarung mit Frankreich und in entsprechenden Regelungen zum DBA Österreich ist bestimmt, dass die Grenzgängereigenschaft abweichend vom allgemeinen Grundsatz dann nicht verlorengeht, wenn der Grenzgänger an

1 BFH, Urteil v. 10.10.2018 - I R 67/16, BFH/NV 2019 S. 394.

2 Vgl. hierzu ggf. das grundlegende BMF, Schreiben v. 19.9.1994 - IV C 6 - S 1301 Schz - 60/94, BStBl 1994 I S. 683 sowie das BMF, Schreiben v. 7.7.1997 - S 1301, BStBl 1997 I S. 723.

3 BMF, Schreiben v. 20.10.2006 - IV B 5 - S 1301 CHE - 55/06, BStBl 2007 I S. 68; vgl. auch BMF, Schreiben v. 4.1.2017 - IV B 2 - S 1301-CHE/07/10019-04, BStBl 2017 I S. 31) zur Konsultationsvereinbarung zur Auslegung von Art. 19 DBA Schweiz.

nicht mehr als 45 Arbeitstagen im Kalenderjahr nicht an seinen Wohnsitz zurückkehrt oder außerhalb der Grenzzone für den Arbeitgeber tätig ist.

Im Verhältnis zur Schweiz gilt eine 60-Tage-Grenze (vgl. hierzu auch die deutsch-schweizerische Konsultationsvereinbarungsverordnung (KonsVerCHEV) v. 20.12.2010, BStBl 2011 I S. 1042). Überschreiten die Tage der Nichtrückkehr oder der Tätigkeit außerhalb der Grenzzone 60 Arbeitstage im Jahr, so steht das Besteuerungsrecht für die gesamten Arbeitseinkünfte dem Tätigkeitsstaat zu. Seit dem 1.1.2015 wird bei der Berechnung der 60-Tages-Grenze im Verhältnis zur Schweiz bei einem unterjährigen Arbeitgeberwechsel auf die arbeitnehmerbezogene Sichtweise abgestellt. Das bedeutet, dass die maximal unschädliche Anzahl an Nichtrückkehrtagen nicht mehr für jedes Arbeitsverhältnis gesondert ermittelt wird, sondern alle Nichtrückkehrtage innerhalb eines Kalenderjahres zusammenzurechnen sind.[1] Nach Auffassung des BFH gilt dies auch für Veranlagungszeiträume vor 2015.[2]

Eine Nichtrückkehr aufgrund der Arbeitsausübung liegt namentlich dann vor, wenn die Rückkehr an den Wohnsitz aus beruflichen Gründen nicht möglich oder nicht zumutbar ist. Bei Benutzung eines Kraftfahrzeugs ist eine Rückkehr der unselbstständig erwerbstätigen Person nach Arbeitsende an ihren Wohnsitz insbesondere nicht zumutbar, wenn die kürzeste Straßenentfernung für die einfache Wegstrecke über 100 Kilometer beträgt. Bei Benutzung öffentlicher Verkehrsmittel ist eine Rückkehr nach Arbeitsende an den Wohnsitz insbesondere nicht zumutbar, wenn die schnellste Verbindung zu den allgemein üblichen Pendelzeiten für die einfache Wegstrecke länger als 1,5 Stunden beträgt. Von einem Nichtrückkehrtag ist bei vorliegender Unzumutbarkeit der Rückkehr nur auszugehen, wenn die unselbstständig erwerbstätige Person glaubhaft macht, dass sie tatsächlich nicht an ihren Wohnsitz zurückgekehrt ist. Diese Konsultationsvereinbarung findet Anwendung für Sachverhalte ab dem 1.1.2019.[3]

In diesem Zusammenhang hat der BFH klargestellt: Schließt sich unmittelbar im Anschluss an eine „reguläre" Tagesschicht in einem Krankenhaus während der Nacht an einzelnen Wochentagen oder an Wochenenden eine Rufbereitschaft (sog. Pikettdienst außerhalb des Betriebs) an, und schließt sich daran wiederum unmittelbar eine weitere „reguläre" Tagesschicht an, ist nur von einem einzelnen Nichtrückkehrtag auszugehen. Das gilt auch dann, wenn sich die Arbeitsausübung tatsächlich über eine oder sogar mehrere Tagesgrenzen hinaus erstreckt hat. Unbeachtlich ist, ob die Rufbereitschaft im arbeitsrechtlichen Sinne als Arbeitszeit anzusehen ist; entscheidend ist allein die arbeitsvertragliche Verpflichtung hierzu. Das wurde im Streitfall dem klagenden Arbeit-

1 BMF, Schreiben v. 18.12.2014 - IV B 2 - S 1301-CHE/07/10015-02, BStBl 2015 I S. 22.

2 BFH, Urteil v. 30.5.2018 - I R 62/16, BFH/NV 2019 S. 62.

3 BMF, Schreiben v. 25.10.2018 - IV B 2 - S 1301-CHE/07/10015-09, BStBl 2018 I S. 1103.

nehmer, einem in Deutschland wohnenden Chefarzt einer Schweizer Klinik, zum Verhängnis. Durch die Sichtweise des BFH erreichte er **nicht** die erforderliche Zahl von Nichtrückkehrtagen. Konsequenz: Er musste sein Gehalt in Deutschland versteuern.[1]

Tage, an denen der Arbeitnehmer von einer Geschäftsreise aus dem Drittland tatsächlich an seinen Wohnsitz zurückkehrt, rechnet der BFH nicht zu den Nichtrückkehrtagen. Entsprechendes gilt für Geschäftsreisen an Wochenend- und Feiertagen, sofern die Arbeit an diesen Tagen nicht ausdrücklich im Arbeitsvertrag vereinbart ist und der Arbeitgeber für die an diesen Tagen geleistete Arbeit weder einen anderweitigen Freizeitausgleich noch ein zusätzliches Entgelt gewährt, sondern lediglich die Reisekosten übernimmt. Das wurde im Streitfall dem klagenden Arbeitnehmer, einem in Deutschland wohnenden Vizedirektor einer Schweizerischen Aktiengesellschaft, zum Verhängnis. Durch die Sichtweise des BFH erreichte er nicht die erforderliche Zahl von Nichtrückkehrtagen. Konsequenz: Er musste sein Gehalt in Deutschland versteuern.[2]

Es besteht das gemeinsame Verständnis mit der Schweiz, dass Arbeitstage, an denen eine Grenzgängerin oder ein Grenzgänger i. S. des Art. 15a Abs. 2 Satz 1 DBA ganztägig am Wohnsitz im Ansässigkeitsstaat arbeitet, nicht als Arbeitstage gelten, an welchen die Person nach Arbeitsende aufgrund ihrer Arbeitsausübung nicht an den Wohnsitz zurückkehrt. Diese Arbeitstage gelten somit nicht als Nichtrückkehrtage i. S. des Art. 15a Abs. 2 Satz 2 DBA.[3] Der Grenzgängerbegriff setzt nach Auffassung des BFH keine Mindestanzahl an Grenzüberquerungen pro Woche oder Monat voraus. Das Verhandlungsprotokoll der Vertragsstaaten regelt zwar, dass bei geringfügigen Arbeitsverhältnissen eine regelmäßige Rückkehr ausscheidet, wenn sich der Arbeitnehmer nicht mindestens an einem Tag pro Woche oder fünf Tagen pro Monat von seinem Wohnsitz an seinen Arbeitsort und zurück begibt. Diese Vereinbarung zwischen Deutschland und der Schweiz hält der BFH jedoch angesichts des Wortlauts des DBA für rechtswidrig und damit für unbeachtlich.[4]

In Deutschland darf vom Lohnsteuerabzug bei Grenzgängern auf Grund eines DBA nur abgesehen werden, wenn eine Freistellungsbescheinigung des Betriebsstättenfinanzamts vorliegt.

Die frühere Grenzgängerregelung mit Belgien (Grenzzone: 20 km) ist ab 2004 weggefallen. Belgische Arbeitnehmer, die in Deutschland arbeiten, sind daher regelmäßig in Deutschland zu besteuern. Allerdings dürfen die in Belgien freizustellenden Einkünfte

1 BFH, Urteil v. 13.11.2013 - I R 23/12, BStBl 2014 II S. 508.

2 BFH, Urteil v. 30.9.2020 - I R 37/17 NWB SAAAH-75188.

3 BMF, Schreiben v. 26.7.2022 - IV B 2 - S 1301-CHE/21/10019 :016, BStBl 2022 I S. 1227.

4 BFH, Urteil v. 21.6.2022 - I R 32/19 NWB ZAAAJ-27157, bestätigt durch BFH, Urteil v. 28.6.2022 - I R 24/21 NWB PAAAJ-27156.

bei der Festsetzung der belgischen Gemeindesteuer berücksichtigt werden. Als Ausgleich wird die deutsche Einkommen-/Lohnsteuer um 8 % gemindert (unabhängig vom Wohnsitz des Arbeitnehmers in der ehemaligen belgischen Grenzzone). Die pauschale Anrechnung erfolgt nur, soweit Belgien als Ansässigkeitsstaat des Arbeitnehmers anzusehen ist und Deutschland als Quellenstaat für die der deutschen Steuer zugrundeliegenden Einkünfte nach Art. 15 DBA Belgien das Besteuerungsrecht hat und Belgien diese Einkünfte grundsätzlich nach Art. 23 Abs. 2 Nr. 1 DBA Belgien freistellt. Bemessungsgrundlage für den Solidaritätszuschlag ist die so geminderte Lohnsteuer. **Ausdrücklich ausgenommen von der Minderung der deutschen Steuer sind in Belgien wohnende Geschäftsführer einer deutschen Kapitalgesellschaft (Hinweis auf Art. 16 DBA Belgien), da diese nicht der belgischen Gemeindesteuer unterliegen.**

Die DBA mit den Ländern Dänemark, Luxemburg, Niederlande, Polen und Tschechien enthalten keine Grenzgängerregelung. Die Besteuerung dieser Personen richtet sich deshalb nach den allgemein geltenden Grundsätzen, wonach der Tätigkeitsstaat das Besteuerungsrecht hat. Im Verhältnis zu **Luxemburg** wurden die Grundsätze für die steuerliche Behandlung von Grenzpendlern in einer Verständigungsvereinbarung geregelt;[1] bei **bis zu 20 Arbeitstagen pro Kalenderjahr** in Deutschland bleibt das (vollständige) Besteuerungsrecht für die Lohneinkünfte eines deutschen Arbeitnehmers im Tätigkeitsstaat Luxemburg.

Tätigkeiten im Homeoffice:

Erbringt der Arbeitnehmer an einem Arbeitstag seine Tätigkeit nicht ausschließlich im anderen Staat, sondern auch im Ansässigkeitsstaat oder in Drittstaaten (z. B. an Reisetagen oder bei stundenweiser Tätigkeit im Homeoffice und am betrieblichen Arbeitsplatz), so ist das Arbeitsentgelt für diesen Arbeitstag zeitanteilig aufzuteilen. Dies muss ggf. im Schätzungswege erfolgen. Hierbei ist die tatsächliche Arbeitszeit für diesen Tag zugrunde zu legen.[2]

Um für bestehende und zukünftige DBA-Regelungen, die aufgrund der stetig wachsenden Mobilisierung der Arbeitswelt zu erwarten sind, das Hindernis des Fehlens einer umfassenden beschränkten Steuerpflicht zu beheben, fingiert § 49 Abs. 1 Nr. 4 Buchst. a EStG i. d. F. des Wachstumschancengesetzes für den Fall, dass ein Abkommen zur Vermeidung der Doppelbesteuerung oder eine bilaterale Vereinbarung die Zuweisung eines Besteuerungsrechts für den eigentlichen Tätigkeitsstaat vorsieht, eine inländische Ausübung oder Verwertung und führt damit in diesen Fällen zu einer beschränkten Steuerpflicht. Die Regelung spiegelt letztlich bestehende konkrete Vereinbarungen mit

1 BMF, Schreiben v. 14.6.2011 - IV B 3 -S 1301 LUX/10/10003, BStBl 2011 I S. 576.

2 BMF, Schreiben v. 12.12.2023 - V B 2 - S 1300/21/10024 :005, BStBl 2023 I S. 2179, Rz. 244–247 sowie Rz. 350 und 351.

anderen Staaten, um Deutschland zu ermöglichen, ein grundsätzlich zugestandenes Besteuerungsrecht auch tatsächlich auszuüben. Soweit die abkommensrechtliche Bagatellregelung einschlägig ist, wird eine Aufteilung zwischen Ansässigkeitsstaat und Tätigkeitsstaat entbehrlich. Ohne die Sicherstellung der beschränkten Steuerpflicht wäre weiterhin eine Aufteilung des „Besteuerungssubstrats" ausschließlich anhand der in dem jeweiligen Tätigkeitsstaat ausgeübten Tätigkeit vorzunehmen.[1]

HINWEIS:

Deutschland hatte unter anderem mit Belgien Konsultationsvereinbarungen zu Arbeitstagen getroffen, an denen pandemiebedingt im Homeoffice gearbeitet wird.[2] Die Anwendung der Konsultationsregelung ist auf den Zeitraum v. 11.3.2020 bis zum 30.6.2022 begrenzt.[3] Mit anderen Staaten wurden entsprechende Vereinbarungen getroffen.[4] Die Anwendung der Konsultationsregelung ist ebenfalls auf den Zeitraum v. 11.3.2020 bis zum 30.6.2022 begrenzt.[5]

183-Tage-Regelung/Maßgebendes Steuerjahr/Zeitliche Voraussetzung:

Nach einigen Abkommen (z. B. DBA Frankreich, Italien, Schweden) ist die 183-Tage-Klausel auf **Leiharbeitnehmer nicht anzuwenden**. Beide Vertragsstaaten haben das Besteuerungsrecht. Die Doppelbesteuerung wird durch Anrechnung der Steuer des Tätigkeitsstaates im Ansässigkeitsstaat vermieden.

Da in vielen (vor allen Dingen älteren) Abkommenstexten ausdrücklich auf die **Aufenthaltsdauer während eines bestimmten Steuerjahres** abgestellt wird, ist die 183-Tage-Frist für jedes Steuerjahr gesondert zu prüfen.

BEISPIEL: Arbeitnehmer hält sich ununterbrochen von August bis Mai des nächsten Kalender- (= Steuer-)jahres in einem DBA-Staat (z. B. Schweden) auf.

LÖSUNG: Die Aufenthaltsdauer insgesamt ist zwar länger als 183 Tage. Eine Freistellung kommt gleichwohl nicht in Betracht, da er sich in keinem der beiden Steuerjahre länger als 183 Tage im DBA-Staat aufgehalten hat.

Weicht das Steuerjahr des Vertragsstaates vom Steuerjahr Deutschlands (= Kalenderjahr) ab, ist jeweils das Steuerjahr des Vertragsstaates maßgebend, in dem die Tätigkeit ausgeübt wird.

BEISPIEL A: Indien hat ein vom Steuerjahr Deutschlands abweichendes Steuerjahr vom 1.4. bis 31.3. Der in Deutschland ansässige Arbeitnehmer A ist für seinen inländischen Arbeitgeber, der keine Betriebsstätte in Indien unterhält, in der Zeit vom 1.2. bis 20.8. in Indien tätig.

1 Vgl. hierzu Niermann, DB 2023 S. 1944.

2 BMF, Schreiben v. 7.5.2020 - IV B 3 - S 1301-Bel/20/10002 :001, BStBl 2020 I S. 524.

3 BMF, Schreiben v. 25.3.2022 - IV B 3 - S 1301-Bel/20/10002 :001, BStBl 2022 I S. 324.

4 Vgl. für die Niederlande BMF, Schreiben v. 8.4.2020 - IV B 3 - S 1301 -NDL/20/10004 :001, BStBl 2020 I S. 477.

5 BMF, Schreiben v. 4.4.2022 - IV B 3 - S 1301-NDL/20/10004 :001, BStBl 2022 I S. 607.

LÖSUNG: Der Aufenthalt erstreckt sich auf 2 Steuerjahre.

1.2.	bis 31.3. (l. Steuerjahr) =	59 Tage
1.4.	bis 20.8. (2. Steuerjahr) =	142 Tage

Da der Aufenthalt in keinem der maßgebenden Steuerjahre länger als 183 Tage dauert, verbleibt bei Vorliegen der weiteren Voraussetzungen das Besteuerungsrecht bei Deutschland.

BEISPIEL B: Der in Indien ansässige Arbeitnehmer B ist für seinen in Indien ansässigen Arbeitgeber, der keine Betriebsstätte in Deutschland unterhält, in der gleichen Zeit (1.2. bis 20.8.) in Deutschland tätig.

LÖSUNG: In dem maßgebenden Steuerjahr Deutschlands (= Kalenderjahr) beträgt der Aufenthalt 201 Tage und damit mehr als 183 Tage, so dass auch hier Deutschland das Besteuerungsrecht zusteht. Da sich im Inland weder eine Betriebsstätte noch ein ständiger Vertreter befindet, ist der ausländische Arbeitgeber nicht zum Lohnsteuerabzug verpflichtet. Für den Arbeitnehmer ist vielmehr eine Einkommensteuerveranlagung durchzuführen.

Folgende Vertragsstaaten, mit denen Deutschland in den DBA das Steuerjahr als Bezugszeitraum hat, haben ein vom Steuerjahr Deutschlands (= Kalenderjahr) abweichendes Steuerjahr:

Bangladesch	1.7. bis 30.6.
Indien	1.4. bis 31.3.
Iran	21.3. bis 20.3.
Namibia	1.3. bis 28./29.2.
Neuseeland	1.4. bis 31.3.
Pakistan	1.7. bis 30.6.
Sri Lanka	1.4. bis 31.3.
Südafrika	1.3. bis 28./29.2.

Nach nahezu allen neueren DBA z. B. mit Albanien, Algerien, Armenien (ab 2018), Aserbaidschan, Australien (ab 2017), Bulgarien, Belarus, China (ab 2017), Costa Rica (ab 2017), Finnland (ab 2018), Georgien, Ghana, Irland, Israel (ab 2017), Japan (ab 2017), Kanada, Kasachstan, Kirgisistan, Korea, Kroatien, Liberia, Liechtenstein, Luxemburg (ab 2014), Malaysia, Malta, Mauritius, Mazedonien, Mexiko, Niederlande (ab 2016), Norwegen, Philippinen (ab 2016), Polen, Rumänien, Russland, Singapur, Slowenien, Spanien, Syrien, Tadschikistan, Taiwan, Türkei, Turkmenistan (ab 2018), Ungarn, Uruguay, Usbekistan, Vereinigtes Königreich und Zypern ist statt auf das Kalenderjahr auf einen „Zeitraum von zwölf Monaten" abzustellen (dies entspricht dem aktuellen OECD-MA). Hierbei sind alle denkbaren Zwölfmonatszeiträume in Betracht zu ziehen, auch wenn sie sich zum Teil überschneiden. Wenn immer sich der Arbeitnehmer in einem Zwölfmonatszeitraum an mehr als 183 Tagen in dem anderen Vertragsstaat aufhält, steht dem anderen Vertragsstaat für die Einkünfte, die auf diese Tage entfallen, das Besteuerungsrecht zu.

BEISPIEL: A ist für seinen deutschen Arbeitgeber zwischen dem 1.1.01 und dem 28.2.01 sowie vom 1.5.01 bis zum 30.4.02 für jeweils 20 Tage im Monat in Polen tätig.

LÖSUNG: Das Besteuerungsrecht für die Vergütungen, die innerhalb des Zeitraums vom 1.5.01 bis 30.4.02 auf Tage entfallen, an denen sich A in Polen aufhält, hat Polen, da sich A innerhalb eines Zwölfmonatszeitraums dort insgesamt an mehr als 183 Tagen aufgehalten hat. Gleiches gilt für den Zeitraum 1.1.01 bis zum 31.12.01, da sich A auch innerhalb des Zwölfmonatszeitraums vom 1.1.01 bis 31.12.01 an insgesamt mehr als 183 Tagen (= 200 Tage) in Polen aufgehalten hat. Deutschland stellt insoweit die Vergütung des A unter Beachtung des § 50d Abs. 8 EStG und des Progressionsvorbehalts frei.

Ermittlung des 183-Tage-Zeitraums:

Bei der Ermittlung der 183 Tage ist grundsätzlich nicht die Dauer der Tätigkeit, sondern die **körperliche Anwesenheit im Tätigkeitsstaat maßgebend**. Nach einigen DBA ist aber die Dauer der **Ausübung** der nichtselbständigen Arbeit im Tätigkeitsstaat maßgebend (Art. 15 Abs. 2 Nr. 1 DBA Belgien; Art. 15 Abs. 2 Buchst. a DBA Dänemark). Es kommt also zumeist darauf an, ob der Arbeitnehmer an mehr als 183 Tagen im Tätigkeitsstaat anwesend war. Dies ist auch bei einer nur kurzfristigen Anwesenheit an einem Tag der Fall. Als Tage der Anwesenheit im Tätigkeitsstaat werden grundsätzlich u. a. mitgezählt:

- der Ankunfts- und Abreisetag;

BEISPIEL: Ein Arbeitnehmer wird für seinen inländischen Arbeitgeber vorübergehend in Portugal tätig. Er reist mit dem PKW und beginnt die Fahrt am 5.3.; am 7.3 um 18.00 Uhr überschreitet er die portugiesische Grenze.

LÖSUNG: Die Fristberechnung beginnt am 7.3, weil Zeiten des Transits außerhalb des Tätigkeitsstaates nicht mitgezählt werden.

Mitgerechnet werden außerdem

- alle Tage der Anwesenheit im Tätigkeitsstaat unmittelbar vor, während und unmittelbar nach der Tätigkeit, z. B. Samstage, Sonntage, öffentliche Feiertage,
- Tage der Anwesenheit im Tätigkeitsstaat während Arbeitsunterbrechungen, z. B. bei Streik, Aussperrung, Ausbleiben von Lieferungen, Krankheit (außer wenn diese der Abreise des Arbeitnehmers entgegensteht und er sonst die Voraussetzungen für die Befreiung im Tätigkeitsstaat erfüllt hätte),
- Urlaubstage, die unmittelbar oder in einem engen zeitlichen Zusammenhang vor, während und nach der Tätigkeit im Tätigkeitsstaat verbracht werden; Urlaub zählt nicht zur Auslandstätigkeit, wenn er nach dem Auslandseinsatz im Inland oder in einem Drittland verbracht wird.

Tage der Unterbrechung der Tätigkeit, die ausschließlich außerhalb des Tätigkeitsstaates verbracht werden, werden nicht mitgezählt. Auch Tage des Transits in einem Durchreisestaat zählen nicht als Aufenthaltstage für diesen Staat.

HINWEIS:

Im Verhältnis zu Belgien gilt die Besonderheit, dass für die Berechnung der Tage der Arbeitsausübung übliche Arbeitsunterbrechungen mitgezählt werden. Daraus folgt, dass z. B. Tage wie Samstage, Sonntage, Krankheits- und Urlaubstage, auch wenn sie nicht im Tätigkeitsstaat verbracht werden, mitzuzählen sind, soweit sie auf den Zeitraum der Auslandstätigkeit entfallen (Art. 15 Abs. 2 Nr. 1 DBA Belgien). Kehrt der Arbeitnehmer täglich zu seinem Wohnsitz im Ansässigkeitsstaat zurück, so ist er dennoch täglich im Tätigkeitsstaat anwesend.[1]

BEISPIEL: ► Ein inländischer Arbeitgeber erhält einen Auftrag zur Durchführung von Straßenbauarbeiten in den Niederlanden. Sieben Monate lang wird ein im Inland wohnender Arbeitnehmer arbeitstäglich zur Baustelle gefahren; abends kehrt er ins Inland zurück.

LÖSUNG: ► Der auf die Tätigkeit in den Niederlanden entfallende Arbeitslohn ist dort zu besteuern, weil sich der Arbeitnehmer dort (zur Arbeitsausübung) mehr als 183 Tage aufgehalten hat. Entsprechendes gilt umgekehrt für die zur Ausübung ihrer Berufsarbeit täglich aus den Niederlanden nach Deutschland einreisenden Arbeitnehmer.

Soweit die Arbeitsleistung in einem Sich-zur-Verfügung-Halten (z. B. Bereitschaftsdienst, Zeiträume der Arbeitsfreistellung im Zusammenhang mit der Beendigung des Dienstverhältnisses) besteht, ohne dass es zu einer Tätigkeit kommt, wird die Arbeitsleistung dort erbracht, wo sich der Arbeitnehmer während der Dauer des Sich-zur-Verfügung-Haltens tatsächlich aufhält.

Hält sich der Arbeitnehmer bei seiner Arbeitsausübung (physisch) nicht in einem der beiden Vertragsstaaten, sondern in einem Drittstaat auf, so steht demjenigen Vertragsstaat, in dem der Arbeitnehmer üblicherweise seiner Arbeit nachgeht, kein Besteuerungsrecht an den auf die Drittstaatentätigkeit entfallenden Teil der Arbeitsvergütung zu. Denn sein Besteuerungsrecht setzt eine Arbeitsausübung auf seinem Staatsgebiet voraus, woran es bei einer Arbeitsausübung in Drittstaaten fehlt. Damit steht in derartigen Fällen dem Ansässigkeitsstaat des Arbeitnehmers das Recht zu, die Einkünfte aus einer in Drittstaaten ausgeübten nichtselbständigen Arbeit zu besteuern.[2]

ZUSAMMENFASSENDES BEISPIEL ZUR ERMITTLUNG DES 183-TAGE-ZEITRAUMS ► A ist für seinen deutschen Arbeitgeber vom 1.1. bis 15.6. (166 Tage mit Übernachtung) in Österreich tätig. Eine Betriebsstätte des Arbeitgebers in Österreich besteht nicht.

► Unmittelbar im Anschluss an seine Tätigkeit verbringt er dort vom 16.6. bis 15.7. seinen Urlaub.

1 BFH, Urteil v. 10.7.1996 - I R 4/96, BStBl 1997 II S. 15.

2 BFH, Urteil v. 16.1.2019 - I R 66/17, BFH/NV 2019 S. 1067.

- Das Besteuerungsrecht für den Arbeitslohn hat Österreich, weil sich A länger als 183 Tage im Kalenderjahr (= Steuerjahr) in Österreich aufgehalten hat (Art. 15 DBA Österreich). Der Urlaub, den A unmittelbar im Anschluss an seine Tätigkeit in Österreich verbringt, wird in die Aufenthaltsdauer eingerechnet. Deutschland stellt die Einkünfte unter Progressionsvorbehalt frei (Art. 23 Abs. 1 DBA Österreich).
- In der Zeit vom 22.11. bis 10.12. (19 Tage) verbrachte er einen Urlaub in Österreich.
- Trotz des Wortlauts des Art. 15 DBA Österreich, der nur auf die Dauer des Aufenthalts im DBA-Staat abstellt, ist der Urlaubsaufenthalt nicht mit in die Berechnung der 183-Tage-Frist einzubeziehen, da er nicht im zeitlichen Zusammenhang (unmittelbarer Anschluss) mit der Auslandstätigkeit stand.
- Im Anschluss an seine Tätigkeit in Österreich verbringt er seinen Urlaub in einem Drittstaat oder im Inland.
- Der Arbeitnehmer hält sich nicht mehr als 183 Tage im Steuerjahr in Österreich auf; das Besteuerungsrecht verbleibt bei Vorliegen der übrigen Voraussetzungen beim Ansässigkeitsstaat Deutschland.

Besonderheit: Berufskraftfahrer

Berufskraftfahrer halten sich während der Arbeitsausübung in oder bei ihrem Fahrzeug auf. Das Fahrzeug ist daher ihre „regelmäßige Arbeitsstätte“ (aber nicht im reiskostenrechtlichen Sinne). Der Ort der Arbeitsausübung des Berufskraftfahrers bestimmt sich nach dem jeweiligen Aufenthalts- oder Fortbewegungsort des Fahrzeugs. Zu den Berufskraftfahrern zählen auch Auslieferungsfahrer, nicht aber Reisevertreter. Fahrten zwischen der Wohnung und dem Standort des Fahrzeugs gehören nicht zur beruflichen Tätigkeit des Berufskraftfahrers im Sinne der DBA.

Zu unterscheiden sind folgende Sachverhalte:

1. Der Berufskraftfahrer und der Arbeitgeber sind im Inland ansässig; der Arbeitslohn wird nicht von einer ausländischen Betriebsstätte getragen

Soweit die Vergütungen aus nichtselbständiger Arbeit auf Tätigkeiten des Berufskraftfahrers **in Deutschland** entfallen, ist der Anwendungsbereich der DBA nicht betroffen. Die Vergütungen des Berufskraftfahrers unterliegen der inländischen **unbeschränkten Einkommensteuerpflicht.**

Soweit der Berufskraftfahrer seine Tätigkeit in einem **anderen Staat** ausübt, ist anhand der **183-Tage-Klausel** zu prüfen, welchem der beiden Vertragsstaaten das Besteuerungsrecht für die auf das Ausland entfallenden Einkünfte zusteht. Die Berechnung der 183-Tage-Frist ist dabei für jeden Vertragsstaat gesondert durchzuführen. Dabei führt die von einem Berufskraftfahrer ausgeübte Fahrtätigkeit dazu, dass auch Anwesenheitstage der Durchreise in einem Staat bei der Ermittlung der 183-Tage-Frist als volle Tage der Anwesenheit in diesem Staat zu berücksichtigen sind. Durchquert der Fahrer an einem Tag mehrere Staaten, so zählt dieser Tag somit für Zwecke der Ermittlung der 183-Tage-Frist in jedem dieser Staaten als voller Anwesenheitstag.

BEISPIEL: Der in München wohnhafte Berufskraftfahrer A nimmt seine Fahrt morgens in München auf, und fährt über Österreich nach Italien. Von dort kehrt er am selben Tage über die Schweiz nach München zurück.

LÖSUNG: Bei Berufskraftfahrern sind auch Tage der Durchreise als volle Anwesenheitstage im jeweiligen Staat zu berücksichtigen. Für die Ermittlung der 183-Tage-Frist ist damit für Österreich, Italien und die Schweiz jeweils ein Tag zu zählen.

2. Der Berufskraftfahrer ist im Inland ansässig; der Arbeitgeber ist im Ausland ansässig oder der Arbeitslohn wird von einer ausländischen Betriebsstätte getragen

In den Fällen, in denen der Berufskraftfahrer in Deutschland, sein Arbeitgeber aber in dem anderen Vertragsstaat ansässig ist, steht **Deutschland** das **Besteuerungsrecht** für die Vergütungen des Berufskraftfahrers aus unselbständiger Arbeit zu, soweit die Vergütungen auf **Tätigkeiten** des Berufskraftfahrers im **Inland** entfallen.

Soweit der Berufskraftfahrer seine Tätigkeit in dem Staat ausübt, in dem der Arbeitgeber ansässig ist, ist die Anwendung des Art. 15 Abs. 2 OECD-MA ausgeschlossen, da die Voraussetzungen des Art. 15 Abs. 2 Buchst. b OECD-MA nicht vorliegen. Mit jedem **Tätigwerden** des Berufskraftfahrers im **Ansässigkeitsstaat** des **Arbeitgebers** steht **diesem** als Tätigkeitsstaat das **Besteuerungsrecht** insoweit zu (Art. 15 Abs. 1 OECD-MA).

Übt der Berufskraftfahrer seine Tätigkeit in einem **Drittstaat** aus, d. h. weder in Deutschland noch in dem Staat, in dem der Arbeitgeber ansässig ist, steht das Besteuerungsrecht für die auf den Drittstaat entfallenden Arbeitsvergütungen im Verhältnis zum Ansässigkeitsstaat des Arbeitgebers **Deutschland** als **Ansässigkeitsstaat** des **Berufskraftfahrers** zu (Art. 21 Abs. 1 OECD-MA). Besteht mit dem jeweiligen Drittstaat ein DBA, ist im Verhältnis zu diesem Staat nach diesem DBA zu prüfen, welchem Staat das Besteuerungsrecht zusteht. Soweit die Tätigkeit im jeweiligen Drittstaat an nicht mehr als 183 Tagen ausgeübt wird, verbleibt das Besteuerungsrecht regelmäßig bei Deutschland. Das sieht der BFH letztlich genauso.[1]

Die vorgenannten Ausführungen gelten entsprechend für die Fälle, in denen der Berufskraftfahrer in Deutschland ansässig ist, die Arbeitsvergütungen aber von einer Betriebsstätte im Ausland getragen werden.

BEISPIEL: A, ansässig im Inland, ist für seinen in Österreich ansässigen Arbeitgeber als Berufskraftfahrer tätig. Im Jahr 01 war A das ganze Jahr über im Inland tätig. Lediglich zwei Arbeitstage hat A in Österreich und zwei Arbeitstage in Italien verbracht. A ist kein Grenzgänger im Sinne von Art. 15 Abs. 6 DBA Österreich.

1 BFH, Beschluss v. 1.6.2022 - I R 45/18, BStBl 2022 II S. 646 sowie BFH, Urteil v. 28.6.2023 - I R 43/20 NWB MAAAJ-50498.

LÖSUNG: Deutschland hat als Ansässigkeitsstaat des A das Besteuerungsrecht für die Arbeitsvergütungen, die auf die Arbeitstage entfallen, an denen A seine Tätigkeit in Deutschland ausgeübt hat (Art. 15 Abs. 1 DBA Österreich). Zudem hat Deutschland das Besteuerungsrecht für die Arbeitsvergütungen, die auf die in Italien verbrachten Arbeitstage entfallen, da sich A nicht mehr als 183 Tage in Italien aufgehalten hat (Art. 15 Abs. 1, 2 DBA Italien). Dagegen wird Österreich das Besteuerungsrecht für die Arbeitsvergütungen zugewiesen, die auf die Tage entfallen, an denen A in Österreich seine Tätigkeit ausgeübt hat (Art. 15 Abs. 1 DBA Österreich). Insoweit stellt Deutschland die Einkünfte unter Beachtung des § 50d Abs. 8 EStG und des Progressionsvorbehalts frei (Art. 23 Abs. 1 DBA Österreich).

Die auf Urlaubstage und auf arbeitsfreie Tage (Wochenenden, Feiertage) entfallenden Einkünfte eines im Inland wohnenden Berufskraftfahrers sind nicht in vollem Umfang, sondern lediglich anteilig der deutschen Besteuerung zu unterwerfen und im Übrigen in dem Verhältnis von der deutschen Besteuerung freizustellen, in dem ausländischen Staaten wegen der dort geleisteten Arbeit das Besteuerungsrecht zusteht.[1]

Personal auf Schiffen und Flugzeugen:

Für Vergütungen des Bordpersonals von Seeschiffen und Luftfahrzeugen im internationalen Verkehr und des Bordpersonals von Schiffen im Binnenverkehr enthalten die Abkommen entsprechend dem Art. 15 Abs. 3 OECD-MA i. d. R. gesonderte Bestimmungen. Soweit die Regelungen dem Art. 15 Abs. 3 OECD-MA entsprechen, können Vergütungen für unselbständige Arbeit, die an Bord eines Seeschiffes oder Luftfahrzeuges, das im internationalen Verkehr betrieben wird, oder an Bord eines Binnenschiffes ausgeübt wird, in dem Vertragsstaat besteuert werden, in dem sich der Ort der tatsächlichen Geschäftsleitung des die Schifffahrt oder Luftfahrt betreibenden Unternehmens i. S. des Art. 8 OECD-MA befindet. Die Vorschrift folgt der Regelung für Unternehmensgewinne aus Schiffen und Luftfahrzeugen; insbesondere kann der Vertragsstaat die Vergütungen an das Bordpersonal besteuern, bei dem sie die Bemessungsgrundlage für die Gewinnbesteuerung mindern.

3.2.3 Begriff des Arbeitgebers im Sinne des DBA

Sofern der im Inland ansässige Arbeitnehmer für seinen zivilrechtlichen Arbeitgeber bei einem nicht verbundenen Unternehmen im Ausland tätig ist (z. B. im Rahmen einer Dienst- oder Werkleistung), ist regelmäßig davon auszugehen, dass der zivilrechtliche Arbeitgeber auch der Arbeitgeber im Sinne des DBA ist. Entsprechendes gilt für einen im Ausland ansässigen Arbeitnehmer, der für seinen (ausländischen) zivilrechtlichen Arbeitgeber im Inland tätig ist.

1 BFH, Urteil v. 31.3.2004 - I R 88/03, BStBl 2004 II S. 936.

Arbeitnehmerentsendung zwischen verbundenen Unternehmen: Eine grenzüberschreitende Arbeitnehmerentsendung ist die Entsendung eines Arbeitnehmers für eine bestimmte Zeit seitens eines Unternehmens (entsendendes Unternehmen) an ein anderes Unternehmen (aufnehmendes Unternehmen) derselben multinationalen Unternehmensgruppe in einem anderen Staat. Dabei kann Arbeitgeber im Sinne des DBA nicht nur der zivilrechtliche Arbeitgeber, sondern auch eine andere natürliche oder juristische Person sein, die die Vergütung für die ihr geleistete unselbständige Tätigkeit wirtschaftlich trägt oder nach Fremdvergleichsgrundsätzen hätte tragen müssen.

Das aufnehmende Unternehmen wird zum wirtschaftlichen Arbeitgeber im abkommensrechtlichen Sinne, wenn der Arbeitnehmer – etwa weil das aufnehmende Unternehmen über Art und Umfang der täglichen Arbeit entscheidet und ggf. erforderliche Arbeitsmittel zur Verfügung stellt – in das aufnehmende Unternehmen eingebunden ist und dieses Unternehmen den Arbeitslohn infolge seines eigenen betrieblichen Interesses an der Entsendung des Arbeitnehmers für die ihm geleistete unselbständige Arbeit wirtschaftlich trägt oder nach dem Fremdvergleichsgrundsatz hätte tragen müssen. Hierbei ist es unerheblich, ob die Vergütungen unmittelbar dem betreffenden Arbeitnehmer ausgezahlt werden, oder ein anderes Unternehmen mit diesen Arbeitsvergütungen in Vorlage tritt.[1] Eine „willkürliche" Weiterbelastung des Arbeitslohns führt jedoch nicht zur Begründung der Arbeitgebereigenschaft, ebenso wie eine unterbliebene Weiterbelastung die Arbeitgebereigenschaft beim aufnehmenden Unternehmen nicht verhindern kann.

Für die Entscheidung, ob der Arbeitnehmer in das aufnehmende Unternehmen eingebunden ist, ist das Gesamtbild der Verhältnisse maßgebend. Hierbei ist insbesondere zu berücksichtigen, ob das aufnehmende Unternehmen die Verantwortung oder das Risiko für die durch die Tätigkeit des Arbeitnehmers erzielten Ergebnisse trägt und der Arbeitnehmer den fachlichen Weisungen des aufnehmenden Unternehmens unterworfen ist. Eine Einbindung des Arbeitnehmers in das aufnehmende Unternehmen führt allein jedoch nicht dazu, dass das aufnehmende Unternehmen die Vergütungen wirtschaftlich trägt oder hätte tragen müssen (wirtschaftlicher Arbeitgeber). Hierzu bedarf es zusätzlich der Prüfung, in wessen Interesse der Arbeitnehmer tätig geworden ist. Zur Beurteilung dieser Interessenlage zeigt das neue BMF-Schreiben umfangreiche Aspekte auf. Sie ist vom Steuerpflichtigen darzulegen und durch geeignete Nachweise zu belegen.[2]

Ist ein Arbeitnehmer sowohl für seinen inländischen zivilrechtlichen Arbeitgeber als auch für ein weiteres im Ausland ansässiges verbundenes Unternehmen tätig, können

1 BFH, Urteil v. 21.8.1985 - 1 R 63/80, BStBl 1986 II S. 4.

2 BMF, Schreiben v. 12.12.2023 - V B 2 - S 1300/21/10024 :005, BStBl 2023 I S. 2179, Rz. 160–166.

abkommensrechtlich beide Unternehmen „Arbeitgeber“ des betreffenden Arbeitnehmers sein. Besetzt etwa das entsendende Unternehmen ständig Arbeitsplätze beim aufnehmenden Unternehmen im Rotationsverfahren, ist ebenfalls davon auszugehen, dass die Entsendung den Interessen beider Unternehmen dient. Ein solches Rotationsverfahren liegt typischerweise vor, wenn den Entsendungen ein Personaleinsatz- und Entwicklungskonzept der multinationalen Unternehmensgruppe dergestalt zugrunde liegt, dass das aufnehmende Unternehmen bei Stellenbesetzungen nicht frei entscheiden kann, sondern bestimmte Positionen mit Arbeitnehmern des entsendenden Unternehmens zu besetzen hat oder für zu entsendende Arbeitnehmer geeignete Positionen schaffen muss.[1] Dient eine Arbeitnehmerentsendung ausschließlich oder fast ausschließlich dazu, die deutsche Besteuerung zu vermeiden, prüft die Finanzverwaltung im Einzelfall, ob ein Missbrauch rechtlicher Gestaltungsmöglichkeiten nach § 42 AO vorliegt.

Zu einem Wechsel der Arbeitgeberstellung bedarf es weder einer förmlichen Änderung des Dienstvertrages zwischen dem Arbeitnehmer und dem entsendenden Unternehmen noch ist der Abschluss eines zusätzlichen Arbeitsvertrages zwischen dem Arbeitnehmer und dem aufnehmenden Unternehmen oder eine im Vorhinein getroffene Verrechnungspreisabrede zwischen den betroffenen verbundenen Unternehmen erforderlich.[2]

Ist der Arbeitnehmer allerdings z. B. in seiner Funktion als Verwaltungsratsmitglied oder Geschäftsführer nicht in die Hierarchie des aufnehmenden Unternehmens eingebunden, wird er ausschließlich als Arbeitnehmer des entsendenden Unternehmens tätig, während im Verhältnis zum aufnehmenden Unternehmen die für ein Arbeitsverhältnis kennzeichnende Abhängigkeit fehlt. In diesen Fällen bleibt das entsendende Unternehmen der Arbeitgeber im Sinne des DBA.

Für die Entscheidung, ob der Arbeitnehmer in das aufnehmende Unternehmen eingebunden ist, ist das Gesamtbild der Verhältnisse maßgebend. Hierbei sind insbesondere folgende Kriterien zu berücksichtigen:

- Wer entscheidet über Art und Umfang der täglichen Arbeit?
- Wer stellt die Arbeitsmittel?
- In wessen Räumlichkeiten wird die Arbeit erbracht?
- Wer entscheidet über die Höhe der Bezüge (mit wem wurde die Gehaltsvereinbarung abgeschlossen)?
- Welchen Zeitraum umfasst das Tätigwerden im aufnehmenden Unternehmen?

1 Vgl. hierzu im einzelnen BMF, Schreiben v. 12.12.2023 - V B 2 - S 1300/21/10024 :005, BStBl 2023 I S. 2179, Rz. 172–177.

2 BFH, Urteil v. 23.2.2005 - I R 46/03, BStBl 2005 II S. 547.

Soweit die vorstehenden Kriterien zu keiner eindeutigen Entscheidung führen, sind auch folgende nachgeordnete Kriterien zu berücksichtigen:

- Wer entscheidet über die Teilnahmeberechtigung an einem etwaigen Erfolgsbonus- und Aktienerwerbsplan des Konzerns?
- Wer trägt das Risiko für eine Lohnzahlung im Nichtleistungsfall?
- Gegenüber wem erwachsen Abfindungs- und Pensionsansprüche?
- Wer entscheidet über die Urlaubsgewährung?
- Wer hat das Recht der Entscheidung über Kündigung oder Entlassung? Gelten die Kündigungsgründe des Staates des Personalentsenders oder jene des Staates des Personalverwenders?
- Mit wem hat der Arbeitnehmer Meinungsverschiedenheiten aus dem Dienstvertrag – gegebenenfalls gerichtlich – auszutragen?
- Wer ist für die Sozialversicherungsbelange des Arbeitnehmers verantwortlich?

HINWEIS:

Ist ein Arbeitnehmer sowohl für seinen inländischen zivilrechtlichen Arbeitgeber als auch für ein weiteres im Ausland ansässiges verbundenes Unternehmen tätig, können abkommensrechtlich beide Unternehmen „Arbeitgeber" des betreffenden Arbeitnehmers sein. Voraussetzung ist, dass nach den vorgenannten Grundsätzen beide Unternehmen für die jeweils anteiligen Vergütungen als Arbeitgeber im Sinne des DBA anzusehen sind. Dies kann z. B. der Fall sein, wenn sowohl das entsendende als auch das aufnehmende Unternehmen ein Interesse an der Entsendung haben, weil der Arbeitnehmer Planungs- Koordinierungs- oder Kontrollfunktionen für das entsendende Unternehmen ausübt.[1] Es liegen in einem solchen Fall zwei Arbeitsverhältnisse vor, die mit ihren (zeit-)anteiligen Vergütungen getrennt zu beurteilen sind.[2]

Vereinfachungsregelung:

Bei einer Arbeitnehmerentsendung zwischen international verbundenen Unternehmen von nicht mehr als drei Monaten (auch jahresübergreifend für sachlich zusammenhängende Tätigkeiten) spricht eine widerlegbare Anscheinsvermutung dafür, dass das aufnehmende Unternehmen mangels Einbindung des Arbeitnehmers nicht als wirtschaftlicher Arbeitgeber anzusehen ist. Die Anscheinsvermutung kann im Einzelfall entkräftet werden. Ergibt sich nach den tatsächlich feststellbaren Verhältnissen eine Eingliederung in das aufnehmende Unternehmen, ist dieses auch bei Tätigkeiten von bis zu drei Monaten als Arbeitgeber im Sinne des DBA anzusehen.[3] Maßgeblich sind stets die tatsächlichen Verhältnisse des Einzelfalls.

1 BMF, Schreiben v. 9.11.2001 - IV B 4 - S 1341- 20/01, BStBl 2001 I S. 796, Tz. 3.1.1.

2 Bestätigt durch BFH, Urteil v. 4.11.2021 - VI R 22/19, BStBl 2022 II S. 562; vgl. hierzu Niermann, GmbHR 2022 S. 708.

3 BMF, Schreiben v. 12.12.2023 - V B 2 - S 1300/21/10024 :005, BStBl 2023 I S. 2179, Rz. 158.

WICHTIGER HINWEIS ZUM LOHNSTEUERABZUG BEI ARBEITNEHMERÜBERLASSUNG IN VERBUNDENEN UNTERNEHMEN:

Seit 2004 ist für das Lohnsteuerabzugsverfahren maßgebender inländischer Arbeitgeber bei einer Arbeitnehmerentsendung auch das in Deutschland ansässige aufnehmende Unternehmen, das den Arbeitslohn für die ihm geleistete Arbeit wirtschaftlich trägt (§ 38 Abs. 1 Satz 2 EStG). Zunächst bestand in den Fällen einer grenzüberschreitenden Arbeitnehmerüberlassung eine Lohnsteuerabzugsverpflichtung des in Deutschland ansässigen und aufnehmenden Unternehmens nur dann, wenn es die Lohnkosten tatsächlich wirtschaftlich trug.[1] Insbesondere bei verbundenen Unternehmen bedeutet „wirtschaftlich tragen", dass das ausländische Unternehmen vom inländischen Unternehmen einen finanziellen Ausgleich für die Arbeitnehmerüberlassung beansprucht und erhält. Vom Gesetzestext wurden zunächst nicht ausdrücklich die Fälle erfasst, in denen das ausländische verbundene Unternehmen (oft die Muttergesellschaft) auf einen finanziellen Ausgleichanspruch gegenüber dem inländischen Unternehmer verzichtete, obwohl unter Fremden üblicherweise ein Ausgleich beansprucht worden wäre. Durch einen Verzicht auf eine Ausgleichsforderung konnten internationale Konzerne eine Lohnsteuerabzugsverpflichtung für die nach Deutschland entsandten Arbeitnehmer umgehen.

WICHTIGE NEUREGELUNG SEIT 2020:

Seit 2020 ist in den Fällen der internationalen Arbeitnehmerentsendung das in Deutschland ansässige aufnehmende Unternehmen inländischer Arbeitgeber im lohnsteuerlichen Sinne, wenn es den Arbeitslohn für die ihm geleistete Arbeit wirtschaftlich trägt oder nach dem Fremdvergleichsgrundsatz hätte tragen müssen (§ 38 Abs. 1 Satz 2 EStG i. d. F. des Gesetzes zur weiteren steuerlichen Förderung der Elektromobilität und zur Änderung weiterer steuerlicher Vorschriften vom 12.12.2019, BGBl 2019 I S. 2451).

Die Regelung ist insbesondere bei grenzüberschreitenden Arbeitnehmerentsendungen zwischen Konzern- oder anderweitig verbundenen Unternehmen von Bedeutung. Es ist letztlich nicht erforderlich, dass das deutsche Unternehmen dem Arbeitnehmer den Arbeitslohn im eigenen Namen und für eigene Rechnung auszahlt.

BEISPIEL: In Deutschland (GmbH) und in den Niederlanden (B.V.) sind zwei Schwestergesellschaften tätig. Die GmbH erhält einen Großauftrag, den sie mit ihrem derzeitigen Personal nicht erfüllen kann. Die GmbH schließt daher mit der B.V. einen Vertrag, auf dessen Grundlage Fachkräfte der B.V. auf Anforderung der GmbH für diese im Inland tätig werden. Die Arbeitnehmer erhalten ihr Gehalt für den gesamten Zeitraum von der niederländischen Gesellschaft. Diese belastet das Gehalt auf Grund der von vornherein getroffenen Vereinbarung an die deutsche GmbH weiter.

LÖSUNG: Die im Tätigkeitsstaat Deutschland ansässige GmbH ist wirtschaftlich als Arbeitgeber im Sinne des DBA Niederlande anzusehen, sodass Deutschland – unabhängig von der Aufenthaltsdauer der Arbeitnehmer – das Besteuerungsrecht hat. Die deutsche GmbH hat auch als inländischer Arbeitgeber die lohnsteuerlichen Arbeitgeberpflichten zu erfüllen, da sie den Arbeitslohn für die ihr geleistete Arbeit auf Grund der Weiterbelastung wirtschaftlich trägt. Unerheblich ist, dass die niederländische Gesellschaft den Arbeitnehmern den Arbeitslohn auszahlt.

1 Vgl. FG München, Urteil v. 22.4.2016 - 8 K 3290/14 NWB FAAAG-42220.

Die Lohnsteuer entsteht bereits im Zeitpunkt der Arbeitslohnzahlung an den Arbeitnehmer, wenn das inländische Unternehmen auf Grund der Vereinbarung mit dem ausländischen Unternehmen mit einer Weiterbelastung rechnen kann. In diesem Zeitpunkt ist die Lohnsteuer vom inländischen Unternehmen zu erheben (R 38.3 Abs. 5 Satz 4 LStR). Diese Regelung ist zwar in der Praxis nicht unproblematisch, erscheint letztlich jedoch systematisch zutreffend, da Deutschland im Zeitpunkt der Arbeitslohnzahlung das Besteuerungsrecht hat. Würde man für den Lohnsteuerabzug auf den Zeitpunkt der Weiterbelastung durch das ausländische Unternehmen abstellen, wären zudem verfahrenstechnische Schwierigkeiten zu gewärtigen, wenn zwischen der Arbeitslohnzahlung und der Weiterbelastung ein Jahreswechsel liegt (Lohnsteuerbescheinigung für das Jahr des Lohnzuflusses beim Arbeitnehmer erforderlich).

FORTSETZUNG DES VORHERIGEN BEISPIELS: Die niederländische B.V. belastet den im Dezember 01 an die Arbeitnehmer ausgezahlten Arbeitslohn erst im Januar 02 an die deutsche GmbH weiter.

LÖSUNG: Die deutsche GmbH hat die Lohnsteuer bereits im Zeitpunkt der Arbeitslohnzahlung durch die niederländische B.V. im Dezember 01 zu erheben, da sie auf Grund der mit der B.V. getroffenen Vereinbarung mit einer Weiterbelastung des Lohnaufwands rechnen kann (R 38.3 Abs. 5 Satz 4 LStR). Die deutsche GmbH wird der niederländischen B.V. im Zeitpunkt der Weiterbelastung des Gehalts im Januar 02 auf Grund der abgeführten Steuerabzugsbeträge in aller Regel einen entsprechend geringeren Betrag überweisen.

Arbeitgeber im Rahmen einer Poolvereinbarung:

Schließen sich verbundene Unternehmen zu einem Pool zusammen, handelt es sich steuerlich um eine Innengesellschaft. Das gegebene zivilrechtliche Arbeitsverhältnis bleibt in diesen Fällen unverändert bestehen. Maßgeblich für die Anwendung des DBA ist dieses Arbeitsverhältnis.

BEISPIEL: Fünf europäische Landesgesellschaften eines international tätigen Maschinenbau-Konzerns schließen sich zusammen, um für Notfälle eine Einsatzgruppe von Technikern zusammen zu stellen, die je nach Bedarf in Notfällen in den einzelnen Ländern tätig werden sollen. Jede Landesgesellschaft stellt hierfür drei Techniker; die Kosten der Gruppe werden nach einem Umsatzschlüssel auf die Gesellschaften verteilt.

LÖSUNG: Arbeitgeber im Sinne des DBA ist der jeweilige zivilrechtliche Arbeitgeber (Landesgesellschaft) des Technikers.

Weitere Besonderheiten beim gewerblichen Arbeitnehmerverleih:

Gewerbliche Arbeitnehmerüberlassung liegt bei Unternehmen vor, die als Verleiher Dritten (Entleiher) Arbeitnehmer (Leiharbeitnehmer) gewerbsmäßig zur Arbeitsleistung überlassen. Bei einer grenzüberschreitenden Arbeitnehmerüberlassung nimmt grundsätzlich der Entleiher die wesentlichen Arbeitgeberfunktionen wahr. Der Leiharbeitnehmer ist regelmäßig in den Betrieb des Entleihers eingebunden. Dementsprechend ist mit Aufnahme der Tätigkeit des Leiharbeitnehmers beim Entleiher i. d. R. dieser als Arbeitgeber im Sinne des DBA anzusehen.

Bei einer doppel- oder mehrstöckigen gewerblichen Arbeitnehmerüberlassung ist grundsätzlich der letzte Entleiher in der Kette als wirtschaftlicher Arbeitgeber nach DBA anzusehen.[1]

Sofern ein Arbeitnehmer nur gelegentlich bei einem fremden Dritten eingesetzt wird, kann entweder eine Arbeitnehmerüberlassung oder eine Tätigkeit zur Erfüllung einer Lieferungs- oder Werkleistungsverpflichtung vorliegen. Folgende Kriterien sind bei der Prüfung insbesondere zu beachten:

- Wer trägt die Verantwortung oder das Risiko für die durch die Tätigkeit des Arbeitnehmers erzielten Ergebnisse? Hat der Entleiher im Falle von Beanstandungen das Recht, den Arbeitnehmer an den Verleiher zurückzuweisen?
- Wer hat das Recht, dem Arbeitnehmer Weisungen zu erteilen?
- Unter wessen Kontrolle und Verantwortung steht die Einrichtung, in der der Arbeitnehmer seine Tätigkeit ausübt?
- Wer stellt dem Arbeitnehmer im Wesentlichen die Werkzeuge und das Material zur Verfügung?
- Wer bestimmt die Zahl und die Qualifikation der Arbeitnehmer?
- Wer trägt das Lohnkostenrisiko im Falle der Nichtbeschäftigung?

Nach einigen DBA ist die 183-Tage-Klausel auf Leiharbeitnehmer nicht anwendbar (z. B. Protokoll Ziffer 5 zu Art. 15 DBA Albanien, Art. 15 Abs. 3 DBA Algerien, Art. 15 Abs. 3 DBA Aserbaidschan, Art. 14 Abs. 3 DBA Bulgarien, Art. 15 Abs. 3 DBA Costa Rica, Art. 15 Abs. 4 DBA Dänemark, Art. 14 Abs. 3 DBA Finnland, Art. 15 Abs. 3 DBA Kasachstan, Art. 15 Abs. 3 DBA Korea, Art. 15 Abs. 3 DBA Kroatien, Art. 15 Abs. 3 DBA Polen, Art. 15 Abs. 3 DBA Rumänien, Art. 15 Abs. 4 DBA Schweden, Protokoll Ziffer 4 zum DBA Slowenien, Art. 14 Abs. 3 DBA Tadschikistan, Art. 14 Abs. 3 DBA Ungarn, Art. 14 Abs. 3 DBA Uruguay, Art. 14 Abs. 3 DBA Zypern. In diesen Fällen bleibt es beim Besteuerungsrecht des Tätigkeitsstaates nach den Art. 15 Abs. 1 OECD-MA entsprechenden Vorschriften der DBA, unabhängig davon, wie lange der Arbeitnehmer in diesem Staat tätig ist. Der Ansässigkeitsstaat Deutschland vermeidet die Doppelbesteuerung, die sich durch die Anwendung der oben genannten Regelungen ergibt, grundsätzlich durch Anrechnung der ausländischen Steuer.

Art. 13 Abs. 6 DBA Frankreich; Protokoll Ziffer 13 zum DBA Italien und Protokoll Ziffer 5 zum DBA Norwegen sehen vor, dass im Fall des gewerblichen Arbeitnehmerverleihs

1 Vgl. hierzu die instruktiven Abgrenzungsbeispiele im BMF, Schreiben v. 12.12.2023 - V B 2 - S 1300/21/10024 :005, BStBl 2023 I S. 2179, Rz. 193–212.

beiden Vertragsstaaten das Besteuerungsrecht zusteht. Die Doppelbesteuerung wird hier ebenfalls durch Steueranrechnung im Ansässigkeitsstaat vermieden (Art. 20 Abs. 1 Buchst. c DBA Frankreich, Protokoll Ziffer 13 zum DBA Italien, Protokoll Ziffer 5 zum DBA Norwegen) vermieden.

Art. 15 Abs. 3 DBA Österreich regelt, dass Art. 15 Abs. 2 Buchst. b (Arbeitgeber im Sinne des DBA) für den Fall der gewerblichen Arbeitnehmerüberlassung dann keine Anwendung findet, wenn sich der Arbeitnehmer nicht länger als 183 Tage im anderen Staat aufhält. Damit wird dem Ansässigkeitsstaat des Arbeitnehmers das Besteuerungsrecht auch dann zugewiesen, wenn der Entleiher seinen Sitz im Tätigkeitsstaat hat und sich der Arbeitnehmer an nicht mehr als 183 Tagen im anderen Staat aufgehalten hat. Die Regelung des DBA wird durch Nr. 6 des Protokolls dahingehend flankiert, dass die 183-Tage-Regelung nur dann nicht zur Anwendung kommt, wenn der Verleiher im anderen Staat eine Betriebsstätte unterhält, die die Vergütungen trägt. Steht nach diesen Regeln Österreich als Tätigkeitsstaat das Besteuerungsrecht zu, vermeidet Deutschland die Doppelbesteuerung durch Anwendung der Freistellungsmethode nach Art. 23 Abs. 1 Buchst. a DBA Österreich.

Zur Vermeidung einer Doppelbesteuerung während des laufenden Jahres lässt die Finanzverwaltung aus Billigkeitsgründen zu, dass entsprechend der Regelung in § 39a Abs. 1 Satz 1 Nr. 5c EStG das Vierfache der voraussichtlich abzuführenden ausländischen Abzugsteuer für das Lohnsteuerabzugsverfahren als Freibetrag gebildet wird, wenn der Arbeitnehmer durch geeignete Unterlagen glaubhaft macht, dass es im Ausland zum Steuerabzug kommen wird oder bereits gekommen ist; auf vergleichbare Nicht-DBA-Fälle, in denen es zu einer doppelten Besteuerung kommt, ist dies analog anzuwenden.[1] Der Freibetrag darf die Einnahmen, die unter die Anrechnungsmethode fallen, nicht übersteigen.

Gelegentliche Arbeitnehmerüberlassung zwischen fremden Dritten:

Eine gelegentliche Arbeitnehmerüberlassung liegt grundsätzlich dann vor, wenn der zivilrechtliche Arbeitgeber, dessen Unternehmenszweck nicht die Arbeitnehmerüberlassung ist, mit einem nicht verbundenen Unternehmen vereinbart, den Arbeitnehmer für eine befristete Zeit bei letztgenanntem Unternehmen tätig werden zu lassen und das aufnehmende Unternehmen entweder eine arbeitsrechtliche Vereinbarung (Arbeitsverhältnis) mit dem Arbeitnehmer schließt oder als wirtschaftlicher Arbeitgeber anzusehen ist. Bezogen auf die vom Entleiher gezahlten Vergütungen ist in diesen Fällen regelmäßig der Entleiher als Arbeitgeber im Sinne des DBA anzusehen. Ein an das überlassende Unternehmen gezahlter Gewinnzuschlag ist nicht Teil des Arbeitslohns.

1 Bayerisches Landesamt für Steuern, Schreiben v. 28.5.2013 - S 2360.1.1-3/4 St32, IStR 2013 S. 476, DB 2013 S. 1636 NWB XAAAE-36826.

Ansässigkeit des Arbeitgebers:

Der Arbeitgeber (im Sinne des DBA) darf im Tätigkeitsstaat nicht ansässig (im Sinne des DBA) sein, wenn das Besteuerungsrecht bei Aufenthalten des Arbeitnehmers bis zu 183 Tagen beim Wohnsitzstaat des Arbeitnehmers bleiben soll. Danach kann der Arbeitslohn sowohl von einem Arbeitgeber des Ansässigkeitsstaates des Arbeitnehmers als auch von einem Arbeitgeber, der in einem Drittstaat ansässig ist, gezahlt werden.

HINWEIS:

Die inländische Betriebsstätte eines ausländischen Unternehmens kann nicht Arbeitgeber i. S. dieser Abkommen sein.[1] Das gilt umgekehrt auch für ausländische Betriebsstätten eines deutschen Unternehmens, die kein abkommensrechtlicher Arbeitgeber sein können.[2]

BEISPIEL: Ein Arbeitnehmer mit Wohnsitz im Inland ist bei einer im Inland gelegenen Betriebsstätte eines japanischen Unternehmens beschäftigt. Der Arbeitnehmer wird vorübergehend im Stammhaus in Japan tätig.

LÖSUNG: Soweit der Arbeitslohn auf die Tätigkeit in Japan entfällt, ist er in Deutschland steuerfrei. Das Besteuerungsrecht steht Japan zu, weil der Arbeitgeber (im Sinne des DBA) in Japan ansässig ist.

BEISPIEL: A, wohnhaft in Köln, ist vom 1.10.01 bis 31.5.02 für seinen deutschen Arbeitgeber in Österreich tätig. Eine Betriebsstätte des Arbeitgebers in Österreich besteht nicht.

LÖSUNG: Österreich hat kein Besteuerungsrecht für den Arbeitslohn. Die 183-Tage-Frist ist für jedes Kalenderjahr (= Steuerjahr) getrennt zu ermitteln. A ist weder im Kj 01 noch im Kj 02 länger als 183 Tage in Österreich. Da der Arbeitslohn von einem deutschen Arbeitgeber getragen wird und nicht zu Lasten einer österreichischen Betriebsstätte des Arbeitgebers geht, bleibt das Besteuerungsrecht bei der Bundesrepublik Deutschland.

3.2.4 Betriebsstättenvorbehalt

Werden die Löhne von einer im Vertragsstaat befindlichen Betriebsstätte oder festen Einrichtung des Arbeitgebers getragen, ist auch bei einem Aufenthalt des Arbeitnehmers in dem Vertragsstaat bis zu 183 Tagen ein Besteuerungsrecht des Tätigkeitsstaates gegeben. Maßgebend ist der sich aus dem jeweiligen DBA ergebende Betriebsstättenbegriff. Eine Betriebsstätte kann zivilrechtlich nicht Arbeitgeber sein. Dies gilt unabhängig davon, welchem Vertragsstaat die maßgeblichen Personalfunktionen i. S. des § 1 Abs. 5 AStG zuzuordnen sind.

Der **Betriebsstätten**begriff im Sinne des DBA wird in jedem Fall durch die sog. **feste Geschäftseinrichtung**, in der die Tätigkeit des Unternehmens ganz oder teilweise aus-

1 BFH, Urteil v. 29.1.1986 - BStBl 1987 II S. 442/513.

2 FG Niedersachsen, Urteile v. 16.12.2021 - 11 K 14196/20, 11 K 14197/20 und 11 K 14198/20, www.rechtsprechung.niedersachsen.de.

geübt wird, erfüllt, wenn sie mindestens sechs Monate besteht. Die in DBA verwendeten Begriffe „Betriebsstätte" und „feste Einrichtung" sind weitgehend deckungsgleich; das gilt auch für die zeitliche Dauer.[1] Zu weiteren Einzelheiten im Übrigen wird auf die „Grundsätze der Verwaltung für die Prüfung der Aufteilung der Einkünfte bei Betriebsstätten international tätiger Unternehmen",[2] unter Berücksichtigung der Änderungen durch die BMF-Schreiben v. 20.11.2000 (IV B 4 - S 1300 222/00, BStBl 2000 I S. 1509), v. 29.9.2004 (IV B 4 - S 1300 - 296/04, BStBl 2004 I S. 917) und v. 25.8.2009 (IV B 5 -S 1341/07/10004, BStBl 2009 I S. 888) sowie die „Verwaltungsgrundsätze-Arbeitnehmerentsendung", BMF-Schreiben v. 9.11.2001 (BMF v. 09.11.2001 - IV B 4 -S 1341- 20/01 BStBl 2001 I S. 796) verwiesen.

Im Übrigen gelten als Betriebsstätte insbesondere:

- Ort der Leitung
- Zweigniederlassung
- Geschäftsstelle
- Fabrikationsstätte
- Vertreterbetriebsstätte

Aber auch **Bau- und Montagestellen** können ab einer bestimmten – in den DBA unterschiedlich festgelegten – Zeitdauer **(von null bis zwölf Monaten)** als sog. DBA-Betriebsstätten anzusehen sein. Die Zeitdauer wird nicht auf das Kalenderjahr oder Steuerjahr begrenzt. Bei Überschreiten der in den DBA bestimmten Dauer gilt die Bau- oder Montagestelle ab Beginn als Betriebsstätte.

Eine selbständige Tochtergesellschaft (z. B. GmbH) ist nicht Betriebsstätte der Muttergesellschaft, kann aber ggf. eine Vertreterbetriebsstätte begründen oder selbst Arbeitgeber sein.

BEISPIEL: Ein Arbeitnehmer ist bei einer Betriebsstätte seines deutschen Arbeitgebers vom 1.1. bis 31.3. in Frankreich tätig. Der Arbeitslohn wird wirtschaftlich von der Betriebsstätte getragen.

LÖSUNG: Das Besteuerungsrecht für den Arbeitslohn hat Frankreich. Der Arbeitnehmer ist zwar weniger als 183 Tage in Frankreich tätig, da der Arbeitslohn aber zu Lasten einer französischen Betriebsstätte des Arbeitgebers geht, bleibt das Besteuerungsrecht Deutschlands nicht erhalten. Frankreich kann daher als Tätigkeitsstaat den Arbeitslohn besteuern. Deutschland stellt die Einkünfte unter Anwendung des Progressionsvorbehalts steuerfrei.

BEISPIEL: Ein in Japan ansässiger Arbeitnehmer wird für fünf Monate an eine im Inland gelegene Betriebsstätte seines japanischen Arbeitgebers entsandt. Der auf diese Tätigkeit entfallende

1 BFH, Urteil v. 28.6.2006, BStBl 2007 II S. 74.

2 Betriebsstätten-Verwaltungsgrundsätze; s. BMF-Schreiben v. 24.12.1999 - IV B 4 - S 1300 - 111/99, BStBl 1999 I S. 1076.

Arbeitslohn wird von dem Unternehmen dem Lohnaufwand der Betriebsstätte zugerechnet und der Arbeitnehmer der Betriebsstätte organisatorisch unterstellt.

LÖSUNG: Obwohl der Aufenthalt 183 Tage im Kalenderjahr nicht überschreitet, ist der auf die Inlandstätigkeit entfallende Arbeitslohn steuerpflichtig, weil der Arbeitslohn von der im Inland gelegenen Betriebsstätte des Arbeitgebers getragen wird. Zum Lohnsteuerabzug ist die Betriebsstätte verpflichtet. Sie ist inländischer Arbeitgeber i. S. des § 38 Abs. 1 EStG.

BEISPIEL: Ein inländisches Unternehmen unterhält in der Zeit vom 1.8.01 bis 15.6.02 eine Baustelle (Montagestelle) in Belgien. Ein Arbeitnehmer ist während der gesamten Zeit dort tätig. Seinen inländischen Wohnsitz hat er während der Beschäftigungsdauer beibehalten. Der Arbeitslohn wird zu Lasten der Betriebsstätte gezahlt.

LÖSUNG: Der Arbeitnehmer hat sich während der maßgebenden Steuerjahre jeweils nicht länger als 183 Tage im Tätigkeitsstaat aufgehalten. Da aber nach dem DBA Belgien Bauausführungen und Montagen, deren Dauer neun Monate überschreiten, als Betriebsstätten gelten (Art. 5 Abs. 2 Nr. 7) und die Entlohnung zu Lasten der Betriebsstätte erfolgt, hat Belgien das Besteuerungsrecht (Art. 15). Unmaßgeblich ist, dass sich die Dauer der Bauausführung (Montage) über zwei Steuerjahre erstreckt.

BEISPIEL: Ein anderer Arbeitnehmer wird auf der v.g. Baustelle nur gelegentlich eingesetzt. Insgesamt war er dort in 01 an 12 Tagen und in 02 an 20 Tagen beschäftigt. Die Betriebsstätte wurde mit den anteiligen Arbeitslöhnen belastet.

LÖSUNG: Das Besteuerungsrecht hat ebenfalls der Tätigkeitsstaat Belgien.

BEISPIEL: Ein niederländischer Arbeitnehmer ist vom 1.2.01 bis 1.12.01 (Dauer der gesamten Bauausführung) auf einer Baustelle des niederländischen Arbeitgebers im Inland tätig.

LÖSUNG: Deutschland hat das Besteuerungsrecht für die Lohneinkünfte des niederländischen Arbeitnehmers, da er an mehr als 183 Tagen hier tätig ist. Unmaßgeblich ist, dass die Baustelle keine Betriebsstätte im Sinne des DBA Niederlande ist (Voraussetzung zwölf Monate, Art. 5 Abs. 3). Gleichwohl hat der niederländische Arbeitgeber den Steuerabzug durchzuführen, da er inländischer Arbeitgeber ist (§ 38 Abs. 1 EStG i.V. mit § 12 AO – Bauausführung mit einer Dauer von mehr als sechs Monaten).

Maßgebend für den Begriff „Betriebsstätte" ist die Definition in dem jeweiligen Abkommen. Nach mehreren DBA ist z. B. eine Bau- oder Montagestelle (anders als nach § 12 AO) erst ab einem Zeitraum von zwölf Monaten eine Betriebsstätte (vgl. z. B. Art. 5 Abs. 2 Buchst. g DBA Schweiz). Der Arbeitslohn wird zu Lasten einer ausländischen Betriebsstätte gezahlt, wenn die Vergütungen wirtschaftlich gesehen von der Betriebsstätte getragen werden. Nicht entscheidend ist, wer die Vergütungen ausbezahlt oder wer die Vergütungen in seiner Buchführung abrechnet. Entscheidend ist allein, ob und ggf. in welchem Umfang die im Ausland ausgeübte Tätigkeit nach dem jeweiligen DBA (z. B. Art. 7 DBA Schweiz) der ausländischen Betriebsstätte zuzuordnen ist und die Vergütung deshalb wirtschaftlich zu Lasten der ausländischen Betriebsstätte geht.[1] Wenn

1 BFH, Urteil v. 24.2.1988 - I R 143/84, BStBl 1988 II S. 819.

der Arbeitslohn lediglich Teil von Verrechnungen für Lieferungen oder Leistungen mit der Betriebsstätte ist, wird der Arbeitslohn als solcher nicht von der Betriebsstätte getragen. Zusammenfassend lässt sich festhalten, dass der Arbeitslohn wirtschaftlich von der ausländischen Betriebsstätte getragen wird, wenn er eine abzugsfähige Betriebsausgabe bei der Ermittlung des dieser Betriebsstätte zuzurechnenden Gewinns ist.

HINWEIS:

Wird ein Arbeitnehmer, der einer ausländischen Betriebsstätte zuzuordnen ist, im deutschen Stammhaus seines Arbeitgebers tätig, steht dem Tätigkeitsstaat wegen der dortigen Ansässigkeit des Arbeitgebers grundsätzlich das Besteuerungsrecht zu. Dies gilt auch dann, wenn die Tätigkeit nur von kurzer Dauer ist. Ab 2020 ist eine Pauschalierung der Lohnsteuer mit 30 % möglich (§ 40a Abs. 7 EStG).

Bestehen einer Betriebsstätte:

Eine Steuerbefreiung nach dem Betriebsstättenvorbehalt kommt nur dann in Betracht, wenn die Betriebsstätte in dem Zeitpunkt, in dem sich der Arbeitnehmer in dem betreffenden Staat aufhält, besteht. Eine Betriebsstätte entsteht, sobald das Unternehmen beginnt, seine Tätigkeit durch eine feste Geschäftseinrichtung auszuüben. Dies ist der Fall, sobald das Unternehmen in der Geschäftseinrichtung die Tätigkeit vorbereitet, für die die Einrichtung auf Dauer bestimmt ist. Die Zeit, während der die feste Einrichtung selbst vom Unternehmen errichtet wird, bleibt unberücksichtigt, wenn sich diese Tätigkeit wesentlich von derjenigen unterscheidet, der die Geschäftseinrichtung auf Dauer dienen soll.

Die Betriebsstätte endet mit der Aufgabe der Verfügungsmacht über die feste Geschäftseinrichtung oder mit der Einstellung jeder durch sie ausgeübten Tätigkeit, d. h. in dem Zeitpunkt, in dem alle Handlungen im Zusammenhang mit der früheren Tätigkeit der Betriebsstätte eingestellt werden (Geschäftsabwicklung). Eine vorübergehende Unterbrechung des Betriebes gilt jedoch nicht als Stilllegung. Wird die feste Geschäftseinrichtung an ein anderes Unternehmen verpachtet, so dient sie i. d. R. nur der Ausübung der Tätigkeit dieses Unternehmens, nicht aber derjenigen des Verpächters; im Allgemeinen besteht dann diese Betriebsstätte des Verpächters nicht mehr.

BEISPIEL: Das inländische Unternehmen ist Hersteller von Großanlagen (Walzstraßen). Ein ausländischer Auftraggeber bestellt eine fertig montierte Anlage (Werklieferungsvertrag). Teile der Anlage werden teils im Inland vom Unternehmen selbst, teils im Ausland durch Subunternehmer des Abnehmerlandes hergestellt. Anschließend wird die Anlage durch Arbeitnehmer des inländischen Unternehmens im Auftragsstaat montiert. Durch die Dauer der eigentlichen Montagearbeiten wird im ausländischen Staat eine Betriebsstätte i. S. des Art. 5 Abs. 2 OECD-MA begründet. Zur Überwachung der von den ausländischen Subunternehmen in deren Fabrikationsstätten zu erstellenden Anlagenteile werden Arbeitnehmer des inländischen Unternehmens eingesetzt. Die Überwachungstätigkeit ist den eigentlichen Montagearbeiten vorgelagert und überschreitet nicht 183 Tage. Die anderen Arbeitnehmer, die zur Montage und zum

Probelauf abgestellt sind, halten sich dort ebenfalls nicht länger als 183 Tage im Steuerjahr des Tätigkeitsstaates auf.

LÖSUNG: Eine Betriebsstätte beginnt bei Bauausführungen mit Aufnahme der vorbereitenden Arbeiten und bleibt solange bestehen, bis die Arbeit abgeschlossen und endgültig eingestellt ist. Unter den Betriebsstättenvorbehalt fallen somit die Tätigkeit während der Montage sowie der Probelauf und die endgültige Abnahme. Hierbei werden die Löhne sämtlicher auf der Betriebsstätte eingesetzter Arbeitnehmer im Tätigkeitsstaat der Besteuerung unterworfen. Die auf die Zeit der Überwachungstätigkeit in den Fabrikationsstätten der ausländischen Subunternehmer entfallenden Arbeitslöhne fallen aber nicht unter den Betriebsstättenvorbehalt des Art. 15 Abs. 2 Buchst. c OECD-MA. Denn zu diesem Zeitpunkt besteht noch keine Betriebsstätte, weil vor Ort noch keine vorbereitenden Handlungen vorgenommen wurden.

Wichtig: Homeoffice ist grundsätzlich keine lohnsteuerliche Betriebsstätte im Inland

Die Finanzverwaltung klargestellt, dass die Tätigkeit eines Arbeitnehmers im Homeoffice i. d. R. nicht zur Begründung einer Betriebsstätte des Arbeitgebers führt.[1]

Das gilt auch bei

- Übernahme der Kosten für das Homeoffice und dessen Ausstattung durch den Arbeitgeber;
- Abschluss eines Mietvertrags über häusliche Räume des Arbeitnehmers zwischen Arbeitgeber und Arbeitnehmer; etwas anderes gilt allerdings, wenn der Arbeitgeber befugt ist, die Räume anderweitig zu nutzen (z. B. durch das Recht zum Entsenden anderer Arbeitnehmer);
- Fällen, in denen dem Arbeitnehmer kein anderer Arbeitsplatz durch den Arbeitgeber zur Verfügung gestellt wird.

Vorsicht: Eine Betriebsstätte kann jedoch vorliegen, wenn ein Arbeitnehmer Leitungsfunktionen mit „Außenwirkung“ innehat.

3.2.5 Zuordnung des Arbeitslohns auf die Auslandstätigkeit (bis einschließlich 2024)

Ist der Arbeitslohn in Deutschland nach einem DBA freizustellen, ist zunächst zu prüfen, inwieweit die Vergütungen unmittelbar der Auslandstätigkeit oder der Inlandstätigkeit zugeordnet werden können. Soweit eine unmittelbare Zuordnung nicht möglich ist, ist der verbleibende tätigkeitsbezogene Arbeitslohn aufzuteilen. Die Aufteilung hat bereits der Arbeitgeber im Lohnsteuerabzugsverfahren vorzunehmen. Darüber hinaus hat er den steuerfrei belassenen Arbeitslohn in der Lohnsteuerbescheinigung anzugeben. Das Lohnsteuerabzugsverfahren ist zwar ein Vorauszahlungsverfahren, des-

1 BMF, Schreiben v. 5.2.2024 - IV D 1 - S 0062/23/1003 :001, BStBl 2024 I S. 177, www.bundesfinanzministerium.de.

sen Besonderheiten und Regelungen nicht in das Veranlagungsverfahren hineinwirken,[1] jedoch ist zu berücksichtigen, dass der Arbeitgeber auch nach Erstellung der Lohnsteuerbescheinigung für die zutreffende Anmeldung und Abführung der Lohnsteuer haftet und verpflichtet ist, etwaige Änderungen nach § 41c Abs. 4 EStG anzuzeigen. Das Finanzamt ist nicht gehindert, im Einkommensteuerveranlagungsverfahren die vorgenommene Aufteilung zu überprüfen; es ist nicht an eine fehlerhaft erteilte Freistellungsbescheinigung gebunden.[2] Im Übrigen gilt Folgendes:

- Gehaltsbestandteile, die unmittelbar aufgrund einer konkreten inländischen oder ausländischen Arbeitsleistung gewährt werden, sind vorab direkt zuzuordnen. Dies können z. B. Reisekosten, Überstundenvergütungen, Zuschläge für Sonntags-, Feiertags- und Nachtarbeit, Auslandszulagen, die Gestellung einer Wohnung im Tätigkeitsstaat, Kosten für Orientierungsreise, Sprachunterricht, interkulturelle Schulungen, Aufwendungen für Visa sowie Arbeits- oder Aufenthaltsgenehmigungen, für interkulturelles Training in Bezug auf den rechtlichen, kulturellen, sozialen und wirtschaftlichen Rahmen am Einsatzort (Ausnahmen s. R 19.7 Abs. 2 Satz 4 LStR) oder medizinische Untersuchungen für die Auslandstätigkeit und sonstige Auslagen oder Unterstützungsleistungen für die mitumziehende Familie sein. Daran schließt sich die Würdigung an, ob überhaupt steuerpflichtiger Arbeitslohn vorliegt oder ob nicht Leistungen im ganz überwiegend betrieblichen Interesse bzw. steuerfreie Aufwandserstattungen vorliegen. Der Gesamtarbeitslohn abzüglich der direkt zugeordneten Gehaltsbestandteile ist der verbleibende Arbeitslohn.
- Die Übernahme von Steuerberatungskosten durch den Arbeitgeber in den Fällen des internationalen Arbeitnehmereinsatzes ist grundsätzlich dergestalt direkt zuzuordnen, dass die Kosten für die Erklärungsabgabe im Heimatstaat ausschließlich der Tätigkeit im Heimatstaat und die Kosten für die Erklärungsabgabe im Einsatzstaat ausschließlich der Tätigkeit im Einsatzstaat zuzurechnen sind. Erfolgt die Übernahme der Steuerberatungskosten jedoch im ausschließlichen wirtschaftlichen Zusammenhang mit der im Inland oder im Ausland ausgeübten Tätigkeit (z. B. aufgrund ausdrücklicher und auf die Dauer der Entsendung beschränkter Vereinbarung im Entsendevertrag), so ist der hieraus resultierende Lohn ausschließlich dieser Tätigkeit zuzuordnen. Betreffen die Aufwendungen jedoch nur Arbeitgeberleistungen (z. B. Erstellung der Lohnabrechnung und Lohnsteuer-Anmeldung, Steuerausgleichsberechnungen) handelt es sich um nicht zu Arbeitslohn führende Leistungen im ganz überwiegenden eigenbetrieblichen Interesse des Arbeitgebers.[3]

1 BFH, Urteil v. 13.1.2011 - VI R 61/09, BStBl 2011 II S. 479.

2 BFH, Urteil v. 13.3.1985 - BStBl 1985 II S. 500.

3 BMF, Schreiben v. 12.12.2023 - V B 2 - S 1300/21/10024 :005, BStBl 2023 I S. 2179, Rz. 344 und 345.

- Übernimmt der Arbeitgeber nur in Fällen des internationalen Einsatzes während eben dieses Einsatzes Aufwendungen für den Arbeitnehmer im Tätigkeitsstaat (etwa für Unterbringung, Verpflegung, Umzug oder den Firmenwagen) oder im Ansässigkeitsstaat (z. B. für die Beibehaltung der bisherigen Wohnung) sowie für Fahrten zwischen beiden Staaten, liegt insoweit i. d. R. Arbeitslohn vor, der abkommensrechtlich dem Tätigkeitsstaat zuzuordnen ist.[1]
- Der nicht direkt zuordenbare, verbleibende Arbeitslohn ist aufzuteilen. Zum verbleibenden Arbeitslohn gehören z. B. neben den laufenden Vergütungen auch Zusatzvergütungen, die auf die nichtselbständige Arbeit des Arbeitnehmers innerhalb des gesamten Berechnungszeitraums entfallen (z. B. Weihnachts- und Urlaubsgeld). Hat sich das vereinbarte Gehalt während des Kalenderjahres verändert, so ist dieser Veränderung Rechnung zu tragen. Grundlage für die Berechnung des steuerfreien Arbeitslohns ist die Zahl der tatsächlichen Arbeitstage innerhalb eines Kalenderjahres. Den tatsächlichen Arbeitstagen ist das für die entsprechende Zeit bezogene und nicht direkt zugeordnete Arbeitsentgelt zuzuordnen. Für Gehaltsbestandteile, die nicht direkt der inländischen oder ausländischen Tätigkeit zugordnet werden können (sog. verbleibender Arbeitslohn), werden **für den laufenden Lohnsteuerabzug** folgende Aufteilungsalternativen zugelassen:
  - Aufteilung nach tatsächlichen Arbeitstagen im gesamten Beschäftigungszeitraum innerhalb des Kalenderjahres. Dies geschieht anhand einer Prognose am Ende des jeweiligen Lohnzahlungszeitraums;
  - Aufteilung nach tatsächlichen Arbeitstagen im einzelnen Lohnzahlungszeitraum;
  - Aufteilung nach vereinbarten Arbeitstagen im gesamten Beschäftigungszeitraum innerhalb eines Kalenderjahres. Hier werden die vereinbarten Arbeitstage im Kalenderjahr zu den tatsächlichen Arbeitstagen im Ausland ins Verhältnis gesetzt. Vereinbarte Arbeitstage sind die Kalendertage abzüglich der Tage, an denen der Arbeitnehmer laut Arbeitsvertrag nicht zur Arbeit verpflichtet ist (z. B. Urlaubs- und Wochenendtage);
  - Aufteilung nach vereinbarten Arbeitstagen im einzelnen Lohnzahlungszeitraum.

Ändert sich die Prognose in Bezug auf die tatsächlichen oder vereinbarten Arbeitstage in einem folgenden Lohnzahlungszeitraum, ist der neu ermittelte Aufteilungsmaßstab ab diesem Lohnzahlungszeitraum anzuwenden. Sonstige Bezüge, wie z. B. Urlaubs- und Weihnachtsgeld, sind stets nach den tatsächlichen oder vereinbarten Arbeitstagen im gesamten Beschäftigungszeitraum des Kalenderjahres aufzuteilen.

1 BMF, Schreiben v. 12.12.2023 - V B 2 - S 1300/21/10024 :005, BStBl 2023 I S. 2179, Rz. 343.

HINWEIS:

Der Arbeitgeber muss sich für eine der vier vorstehenden Aufteilungsalternativen entscheiden. Ein Wechsel zwischen den Alternativen ist innerhalb des Jahres nicht zulässig!

Am Ende des Kalenderjahres bzw. bei Beendigung des Arbeitsverhältnisses im Laufe des Jahres sind dem Arbeitgeber die letztlich für die Aufteilung maßgebenden tatsächlichen Arbeitstage im Inland und im Ausland bekannt. Bei unbeschränkt steuerpflichtigen Arbeitnehmern mit ganzjähriger Beschäftigung und ohne Änderung der Steuerklasse kann der Arbeitgeber vor Übermittlung der Lohnsteuerbescheinigung an die Finanzverwaltung – anstelle der Korrektur von zwölf Lohnabrechnungen – eine einzige Korrektur unter Anwendung der Jahrestabelle bis Ende Februar des Folgejahres vornehmen.

Bei nicht ganzjähriger Beschäftigung eines unbeschränkt steuerpflichtigen Arbeitnehmers sowie bei beschränkt steuerpflichtigen Arbeitnehmern ist eine einzige Korrektur unter Anwendung der Jahrestabelle nicht zulässig. In diesem Fall sind die einzelnen Lohnabrechnungen zu korrigieren, sobald die tatsächlichen Arbeitstage im Inland und im Ausland im Beschäftigungszeitraum des laufenden Kalenderjahres feststehen.

Die vorstehenden Regelungen gelten **im Lohnsteuerabzugsverfahren** für die Aufteilung des Arbeitslohns nach DBA sowie ATE spätestens ab dem Kalenderjahr 2019. Zuvor wurde es in DBA-Fällen nicht beanstandet, wenn die Aufteilung des nicht direkt zuzuordnenden Arbeitslohns nach vereinbarten Arbeitstagen und in ATE-Fällen nach dem Verhältnis der Kalendertage erfolgte.[1]

- Der nicht direkt zuordenbare, verbleibende Arbeitslohn ist aufzuteilen. Zum verbleibenden Arbeitslohn gehören z. B. neben den laufenden Vergütungen auch Zusatzvergütungen, die auf die nichtselbständige Arbeit des Arbeitnehmers innerhalb des gesamten Berechnungszeitraums entfallen (z. B. Weihnachts- und Urlaubsgeld). Hat sich das vereinbarte Gehalt während des Kalenderjahrs verändert, so ist dieser Veränderung Rechnung zu tragen. Grundlage für die Berechnung des steuerfreien Arbeitslohns **im Rahmen der Veranlagung** ist die Zahl der tatsächlichen Arbeitstage innerhalb eines Erdienungszeitraums.
- Die tatsächlichen Arbeitstage sind alle Tage innerhalb eines Kalenderjahres, an denen der Arbeitnehmer seine Tätigkeit tatsächlich ausübt und für die er Arbeitslohn bezieht. Krankheitstage mit oder ohne Lohnfortzahlung, Urlaubstage und Tage des ganztägigen Arbeitszeitausgleichs sind folglich keine Arbeitstage. Dagegen können auch Wochenend- oder Feiertage grundsätzlich als tatsächliche Arbeitstage zu zählen sein, wenn der Arbeitnehmer an diesen Tagen seine Tätigkeit tatsächlich ausübt

1 Vgl. hierzu BMF, Schreiben v. 14.3.2017 - IV C 5 - S 2369/10/10002, BStBl 2017 I S. 473.

und diese durch den Arbeitgeber vergütet wird. Eine solche Vergütung liegt auch vor, wenn dem Arbeitnehmer ein entsprechender Arbeitszeitausgleich gewährt wird. Es kommt weder auf die Zahl der Kalendertage (365) noch auf die Anzahl der vertraglich vereinbarten Arbeitstage an.

BEISPIEL: Ein Arbeitnehmer (AN) ist grundsätzlich an 250 Werktagen zur Arbeit verpflichtet und verfügt über einen Anspruch von 30 Urlaubstagen (= vereinbarte Arbeitstage: 220). Die tatsächlichen Tage verändern sich wie folgt:

Vereinbarte Arbeitstage	220
AN überträgt 10 Urlaubstage vom Vorjahr	./. 10
AN überträgt 20 Urlaubstage ins Folgejahr	+ 20
AN ist 30 Tage krank mit Lohnfortzahlung	./. 30
AN ist 30 Tage krank ohne Lohnfortzahlung	./. 30
Tatsächliche Arbeitstage	170

BEISPIEL 2: C ist laut Arbeitsvertrag von montags bis freitags verpflichtet zu arbeiten. Er macht eine Auslandsdienstreise von Freitag bis Montag, wobei C auch am Samstag und Sonntag für seinen Arbeitgeber tätig ist. Von seinem Arbeitgeber erhält C für Samstag eine Überstundenvergütung und für Sonntag einen ganztägigen Freizeitausgleich, den er bereits am Dienstag in Anspruch nimmt. Außer Dienstag sind alle Tage als Arbeitstage zu zählen, da C an diesen Tagen tatsächlich und entgeltlich gearbeitet hat. An dem Dienstag wurde jedoch tatsächlich keine Tätigkeit ausgeübt.

Das aufzuteilende Arbeitsentgelt ist in Bezug zu den tatsächlichen Arbeitstagen zu setzen. Daraus ergibt sich ein Arbeitsentgelt pro tatsächlichen Arbeitstag. Das aufzuteilende Arbeitsentgelt pro tatsächlichen Arbeitstag ist mit den tatsächlichen Arbeitstagen zu multiplizieren, an denen der Arbeitnehmer seine Tätigkeit im anderen Staat ausgeübt hat.

BEISPIEL 1 (GRUNDFALL ZUR AUFTEILUNG NACH TATSÄCHLICHEN ARBEITSTAGEN): A ist vom 1.1.01 bis 31.7.01 für seinen deutschen Arbeitgeber in Österreich tätig. Die vereinbarten Arbeitstage des A belaufen sich auf 220 Tage. Tatsächlich hat A jedoch in Österreich an 145 Tagen und in Deutschland an 95 Tagen gearbeitet (240 Tage). Der aufzuteilende Arbeitslohn beträgt 120.000 €.

LÖSUNG: Unter Berücksichtigung der Rückfallklauseln stellt Deutschland Einkünfte i. H. von 145/240 x 120.000 € = 72.500 € unter Progressionsvorbehalt steuerfrei und unterwirft 95/240 x 120.000 = 47.500 € der deutschen Besteuerung.

BEISPIEL 2 (ZWEISTUFIGE ERMITTLUNG DES STEUERFREIEN ARBEITSLOHNS): A ist vom 1.1.01 bis 31.7.01 für seinen deutschen Arbeitgeber in Japan tätig. Seinen Familienwohnsitz in Deutschland behält er bei. Er erhält im Jahr 01 einen Arbeitslohn einschließlich Weihnachtsgeld und Urlaubsgeld i. H. von 80.000 €. Für die Tätigkeit in Japan erhält er zusätzlich eine Zulage i. H. von 30.000 €. A ist im Jahr 01 vertraglich an 200 Tagen zur Arbeit verpflichtet, übt seine Tätigkeit jedoch tatsächlich an 220 Tagen (davon 140 in Japan) aus.

LÖSUNG: Deutschland hat für den Arbeitslohn, der auf die Tätigkeit in Japan entfällt, kein Besteuerungsrecht, da sich A länger als 183 Tage (210 Tage; hier: Kalenderjahr) im Kalenderjahr 01 in Japan aufgehalten hat (Art. 15, 23 Abs. 1 Buchst. a DBA Japan). Der steuerfreie Arbeitslohn berechnet sich wie folgt:

Die Zulage i. H. von 30.000 € ist der Auslandstätigkeit unmittelbar zuzuordnen und deshalb im Inland steuerfrei. Der übrige Arbeitslohn i. H. von 80.000 € ist nach den tatsächlichen Arbeitstagen aufzuteilen. Die tatsächlichen Arbeitstage im Jahr 01 sollen hier 220 Tage betragen. Den tatsächlichen Arbeitstagen im Jahr 01 ist das im Jahr 01 aufzuteilende Arbeitsentgelt i. H. von 80.000 € gegenüberzustellen. Es ergibt sich ein aufzuteilendes Arbeitsentgelt pro tatsächlichem Arbeitstag i. H. von 363,64 €. Dieses Entgelt ist mit den tatsächlichen Arbeitstagen zu multiplizieren, die auf die Tätigkeit in Japan entfallen, hier 140 Tage. Von den 80.000 € Arbeitslohn sind daher 140 x 363,64 € = 50.910 € im Inland steuerfrei. Der insgesamt steuerfreie Arbeitslohn i. H. von 80.910 € (30.000 € + 50.910 €) ist nach Abzug von Werbungskosten, die in unmittelbarem wirtschaftlichen Zusammenhang mit der Tätigkeit in Japan angefallen sind, freizustellen und nur im Wege des Progressionsvorbehalts zu berücksichtigen (sofern § 50d Abs. 8 oder 9 EStG nicht anzuwenden ist). Der übrige Arbeitslohn i. H. von 29.090 € ist im Inland steuerpflichtig.

Dabei ist zu beachten, dass Vergütungen grundsätzlich dem Zeitraum zugeordnet werden müssen, in dem sie erdient bzw. für den sie gezahlt wurden. Aus Vereinfachungsgründen kann bei der Übertragung von Urlaubstagen in ein anderes Kalenderjahr von diesem Grundsatz abgewichen werden. Die Vereinfachungsregelung greift jedoch nicht bei der finanziellen Abgeltung von Urlaubsansprüchen.

BEISPIEL 3 (WIRTSCHAFTLICHE ZUORDNUNG ZUM ERDIENUNGSZEITRAUM): Der ausschließlich in Deutschland ansässige D übt seine Tätigkeit für einen deutschen Arbeitgeber im Rahmen einer Werkleistungsverpflichtung im Jahr 01 an 30 Tagen bei Kunden in Deutschland und an 200 Tagen bei Kunden in der Schweiz aus. Im Jahr 02 wird er ausschließlich in der Schweiz tätig. Er erhält im Februar 02 eine allgemeine Prämienzahlung für das Jahr 01.

LÖSUNG: Die Prämienzahlung ist nach den Verhältnissen des Erdienungszeitraums (Jahr 01) aufzuteilen und zu 200/230 unter Progressionsvorbehalt von der deutschen Besteuerung auszunehmen.

BEISPIEL 4 (AUFTEILUNG BEI URLAUBSÜBERTRAGUNG): B ist in 01 und 02 für seinen deutschen Arbeitgeber sowohl im Inland als auch in Schweden tätig. Seinen Familienwohnsitz in Deutschland behält er bei. In beiden Jahren hält sich B länger als 183 Tage in Schweden auf. Die vereinbarten Arbeitstage des B belaufen sich in den Kalenderjahren 01 und 02 auf jeweils 220 Tage zuzüglich der vertraglichen Urlaubstage von je 30 Tagen. Der Urlaub von 01 und 02 wurde vollständig in 02 genommen. Die tatsächlichen Arbeitstage in 01 betrugen in Schweden 230 Tage, auf das Inland entfielen 20 Arbeitstage. In 02 entfielen 150 tatsächliche Arbeitstage auf Schweden und 40 tatsächliche Arbeitstage auf das Inland. Der aufzuteilende Arbeitslohn beträgt 50.000 € in 01 und 60.000 € in 02.

LÖSUNG: Deutschland hat für den Arbeitslohn, der auf die Tätigkeit in Schweden entfällt, kein Besteuerungsrecht, da sich B länger als 183 Tage in 01 und 02 in Schweden aufgehalten hat (Art. 15, 23 Abs. 1 Buchst. a DBA Schweden). Der steuerfreie Arbeitslohn berechnet sich wie folgt:

Jahr 01: Die tatsächlichen Arbeitstage (250) setzen sich aus den vertraglich vereinbarten Arbeitstagen (220) und aus den in 01 nicht genommenen Urlaubstagen (30) zusammen. Die so ermittelten 250 tatsächlichen Arbeitstage sind dem aufzuteilenden Arbeitsentgelt von 50.000 € gegenüberzustellen. Das aufzuteilende Arbeitsentgelt pro Arbeitstag beträgt 200 €. Dieser Betrag ist mit den Arbeitstagen zu multiplizieren, an denen sich B tatsächlich in Schweden aufgehalten hat. Von den 50.000 € Jahresarbeitslohn sind in 01 daher 46.000 € (230 Tage x 200 €) im Inland unter Beachtung des § 50d Abs. 8 und 9 EStG steuerfrei und nach Abzug von Werbungskosten, die im Zusammenhang mit der in Schweden ausgeübten Tätigkeit angefallen sind, beim Progressionsvorbehalt zu berücksichtigen. Der übrige Arbeitslohn in Höhe von 4.000 € ist im Inland steuerpflichtig.

Jahr 02: Wegen des aus dem Kalenderjahr 01 übertragenen Urlaubs sind nur 190 tatsächliche Arbeitstage angefallen. Aus Vereinfachungsgründen kann die wirtschaftliche Zuordnung des auf den Urlaub des Jahres 01 entfallenden Arbeitslohns verzichtet werden. Bei einem Jahresarbeitslohn von 60.000 € im Kalenderjahr 02 ergibt sich ein Arbeitslohn pro Kalendertag von 315,79 € (60.000/190). Im Kalenderjahr 02 sind danach insgesamt 47.369 € (375,79 x 150 tatsächliche Arbeitstage) im Inland unter Beachtung des § 50d Abs. 8 und 9 EStG steuerfrei und beim Progressionsvorbehalt zu berücksichtigen. Der verbleibende Betrag i. H. von 12.631 € ist im Inland steuerpflichtig.

BEISPIEL 5 (FINANZIELLE ABGELTUNG VON URLAUBSANSPRÜCHEN): Sachverhalt wie Beispiel 4. Der im Jahr 01 in das Jahr 02 übertragene Urlaub wird jedoch nicht beansprucht, sondern vom Arbeitgeber im Juli 02 mit einer Einmalzahlung i. H. von 10.000 € abgegolten. Der Arbeitnehmer übte seine Tätigkeit an 150 Arbeitstagen in Schweden und an 70 Arbeitstagen in Deutschland aus.

LÖSUNG: **Jahr 01:** Lösung wie in Beispiel 4.

Jahr 02: B hat im Jahr 02 tatsächlich an 220 Arbeitstagen seine Tätigkeit ausgeübt. Der Urlaub, der mit der Einmalzahlung abgegolten wurde, ist wirtschaftlich dem Jahr 01 zuzuordnen. Folglich sind für diese Einmalzahlung die Verhältnisse des Jahres 01 entscheidend. Im Jahr 02 ergibt sich deshalb folgender steuerfrei zu stellender Arbeitslohn:

	60.000 € x 150/220 =	40.909 €
+	10.000 € x 230/250 =	9.200 €
		50.109 €

Der übrige Arbeitslohn (70.000 € - 50.109 € = 19.891 €) unterliegt der deutschen Besteuerung.

Hält sich der Arbeitnehmer an einem Arbeitstag nicht ausschließlich im anderen Staat auf (z. B. an Reisetagen), so ist das Arbeitsentgelt für diesen Arbeitstag zeitanteilig aufzuteilen. Dies muss ggf. im Schätzungswege erfolgen. Hierbei ist die für diesen Tag tatsächliche Arbeitszeit zugrunde zu legen. Darüber hinaus ist bei der Aufteilung zu berücksichtigen, dass tatsächliche Arbeitszeiten, die in Transitländern verbracht werden, dem Ansässigkeitsstaat zuzuordnen sind (Ausnahme Berufskraftfahrer, bei denen die Fahrtätigkeit im Transitland Teil der eigentlichen Berufstätigkeit ist).

Einmalige Zahlungen (z. B. Jubiläumszuwendungen) sind ebenfalls aufzuteilen, wenn es sich um eine Nachzahlung für eine frühere aktive Tätigkeit handelt und die Zahlung auf die Auslands- und Inlandstätigkeit entfällt. Für die Steuerbefreiung kommt es nicht darauf an, zu welchem Zeitpunkt und wo die Vergütung bezahlt wird, sondern allein darauf, dass sie dem Arbeitnehmer für eine Auslandstätigkeit bezahlt wird.[1]

BEISPIEL: Der Arbeitnehmer erhält anlässlich seiner 20-jährigen Betriebszugehörigkeit eine Jubiläumszuwendung von 10.000 €. Fünf Jahre war er in einem DBA-Staat für seinen Arbeitgeber tätig.

LÖSUNG: Bei der Jubiläumszuwendung handelt es sich i. H. von 2.500 € um steuerfreien Arbeitslohn (1/4 der Betriebszugehörigkeit wurden „begünstigt" in einem DBA-Staat verbracht). § 50d EStG ist zu beachten!

Eine Nachzahlung für eine frühere aktive Tätigkeit liegt aber nicht vor, wenn die einmalige Zahlung ganz oder teilweise der Versorgung dient.[2] Da Vorruhestandsgelder der Versorgung dienen, steht das Besteuerungsrecht grundsätzlich dem Ansässigkeitsstaat im Zeitpunkt der Zahlung der Vorruhestandsgelder zu.

Der Arbeitgeber hat die Lohnsteuer bei jeder Lohnzahlung einzubehalten (§ 38 Abs. 3 EStG). Ist ein Arbeitnehmer in einem Lohnzahlungszeitraum sowohl begünstigt als auch nicht begünstigt tätig gewesen und ist der Jahresarbeitslohn nicht bekannt, so ist der um die direkt den einzelnen Tätigkeiten zuzuordnenden Bezüge bereinigte laufende Monatslohn nach dem Verhältnis der tatsächlichen Arbeitstage des Monats aufzuteilen.

BEISPIEL: Tatsächlicher Monatslohn 5.000 €; davon entfallen auf Mehrarbeitsvergütungen während der begünstigten Auslandstätigkeit 500 € und während der Inlandstätigkeit 300 € (vereinbarter Monatslohn: 4.200 €). Tatsächliche Arbeitstage des betreffenden Monats = 20 Tage, davon Auslandstätigkeit zwölf Tage.

LÖSUNG: Von dem nicht direkt zuzuordnenden Arbeitslohn kann der Arbeitgeber (12/20 von 4.200 € =) 2.520 € steuerfrei belassen.

Zu beachten ist ferner:

Werbungskosten, die im wirtschaftlichen Zusammenhang mit dem begünstigten (steuerfreien) Arbeitslohn stehen, dürfen bei der Ermittlung der im Inland zu besteuernden Einkünfte nicht abgezogen werden (§ 3c EStG).

1 BFH, Urteil v. 5.2.1992 - I R 158/90, BStBl 1992 II S. 660 NWB EAAAA-94172.

2 BFH, Urteil v. 12.10.1978, BStBl 1979 II S. 64 und BFH, Urteil v. 5.2.1992 - I R 158/90, BStBl 1992 II S. 660 NWB EAAAA-94172.

Maßgebende Lohnsteuertabelle bei zeitweiser Tätigkeit in Deutschland

Besteht ein Arbeitsverhältnis nicht während eines vollen Monats, so ist der während dieser Zeit bezogene Arbeitslohn auf die einzelnen Kalendertage umzurechnen. Die Lohnsteuer ergibt sich aus dem mit der Zahl der Kalendertage vervielfachten Betrag der Lohnsteuer-Tagestabelle. Man spricht in diesen Fällen steuerlich von einem Teillohnzahlungszeitraum. Durch die Anwendung der Lohnsteuer-Tagestabelle kommt es zu einer höheren steuerlichen Belastung als bei Anwendung der Lohnsteuer-Monatstabelle.

Wenn der Arbeitnehmer in einem Kalendermonat nur zeitweise in Deutschland tätig ist, galt bis Ende 2022, dass bei fortbestehendem Dienstverhältnis auch solche in den Lohnzahlungszeitraum fallende Arbeitstage mitzuzählen waren, für die der Arbeitnehmer keinen steuerpflichtigen Arbeitslohn bezogen hat.[1] Danach entstand lohnsteuerlich kein Teillohnzahlungszeitraum, wenn ein unbeschränkt steuerpflichtiger Arbeitnehmer für seinen Arbeitgeber eine Auslandstätigkeit, die nach einem DBA oder nach dem Auslandstätigkeitserlass steuerfrei ist, während des Monats beginnt oder aufgibt. Entsprechendes gilt, wenn ein beschränkt steuerpflichtiger Arbeitnehmer für seinen Arbeitgeber im Lohnzahlungszeitraum zeitweise in Deutschland und zeitweise im Ausland tätig wird.

Ab 2023 werden – bei unveränderter Rechtslage – bei der Bemessung des Lohnzahlungszeitraums Arbeitstage, an denen der Arbeitnehmer Arbeitslohn bezogen hat, der nicht dem inländischen Lohnsteuerabzug unterliegt, nicht mehr mitgezählt (z. B. Bezug von steuerfreiem Arbeitslohn nach DBA oder nur tageweise Beschäftigung im Inland). Dies bedeutet eine erheblich höhere Lohnsteuerbelastung für die Betroffenen.[2] Hinzuweisen ist in diesem Zusammenhang auf eine alternative Berechnungsmöglichkeit für die in derartigen Fällen einzubehaltende Lohnsteuer.[3]

Variante 1: Bei der Ermittlung der für die Lohnsteuerberechnung maßgeblichen Tage werden die Nichtarbeitstage im Verhältnis der Arbeitstage in Deutschland zu den Gesamtarbeitstagen mit berücksichtigt.

BEISPIEL ZUR VARIANTE 1: Der Arbeitnehmer ist bei einem monatlichen Bruttoarbeitslohn von 10.000 € in einem Kalendermonat an insgesamt zwölf Tagen im Ausland sowie an acht Tagen in Deutschland tätig. Somit sind 6.000 € (12/20 von 10.000 €) in Deutschland steuerfrei und 4.000 € (8/20 von 10.000 €) in Deutschland steuerpflichtig. Der Aufenthaltsort des Arbeitnehmers an Urlaubs-, Krankheits- und Wochenendtagen wurde vom Arbeitgeber nicht ermittelt.

1 R 39b.5 Abs. 2 Satz 3 LStR 2015.

2 R 39b.5 Abs. 2 Satz 4 LStH 2024.

3 H 39b.5 LStH 2024 Stichwort „Teilweise steuerpflichtiger Arbeitslohn im Inland".

Die Umrechnung des Arbeitslohns zur tageweisen Lohnsteuerberechnung ist nach dem Verhältnis der Arbeitstage in Deutschland zu den Gesamtarbeitstagen vorzunehmen (30 Kalendertage x 8/20 = 12 Tage). Damit ist für einen Betrag von 333,33 € (= 4.000 € : 12 Tage) die Tageslohnsteuer zu ermitteln und diese mit zwölf zu vervielfachen.

Variante 2: Bei der Ermittlung der für die Lohnsteuerberechnung maßgeblichen Tage wird vom Arbeitgeber konkret berücksichtigt, an welchen Tagen der Arbeitnehmer sich in Deutschland aufgehalten hat (Arbeitstage und Nichtarbeitstage). Der Arbeitnehmer hat diese Gesamttage gegenüber dem Arbeitgeber glaubhaft zu machen.

BEISPIEL ZUR VARIANTE 2: Im Grundsatz wie Variante 1. Der Arbeitnehmer hat sich jedoch nachweislich an 20 Tagen in Deutschland aufgehalten.

Die Umrechnung des Arbeitslohns zur tageweisen Lohnsteuerberechnung ist unter Berücksichtigung der Kalendertage vorzunehmen, an denen sich der Arbeitnehmer tatsächlich in Deutschland aufgehalten hat (Arbeitstage und Nichtarbeitstage). Damit ist für einen Betrag von 200 € (= 4.000 € : 20 Tage) die Tageslohnsteuer zu ermitteln und diese mit zwanzig zu vervielfachen.

Vereinfachungsregelung:

Um die Anwendung in der Praxis zu erleichtern, können die Gesamtarbeitstage im jeweiligen Kalendermonat pauschal mit 20 Arbeitstagen angesetzt werden. Bei der Ermittlung der für die Lohnsteuerberechnung maßgeblichen Tage kann das Verhältnis der Kalendertage zu den Gesamtarbeitstagen pauschal mit 30/20 (= Faktor 1,5) berechnet werden. Die bei der Ermittlung der für die Lohnsteuerberechnung maßgeblichen Tage sind abzurunden.

BEISPIEL: Ein Arbeitnehmer ist bei einem monatlichen Bruttoarbeitslohn von 10.000 € in einem Kalendermonat an insgesamt 13 Tagen im Ausland sowie an sieben Tagen in Deutschland tätig. Vom Bruttoarbeitslohn von 10.000 € sind somit in Deutschland 6.500 € (= 13/20) steuerfrei und 3.500 € (= 7/20) steuerpflichtig.

Die Umrechnung des Arbeitslohns zur tageweisen Lohnsteuerberechnung kann mit dem Faktor 1,5 vorgenommen werden (sieben Arbeitstage x 1,5 = 10,5 Kalendertage, abgerundet zehn Kalendertage). Damit ist für einen Betrag von 350 € (= 3.500 € : 10) die Tageslohnsteuer zu ermitteln und diese mit zehn zu vervielfachen.

3.2.6 Ermittlung des steuerfreien und des steuerpflichtigen Arbeitslohns ab 2025[1]

Zahlt der Arbeitgeber seinem Arbeitnehmer Arbeitslohn, der nach einem DBA teilweise steuerfrei und teilweise steuerpflichtig ist, so hat der Arbeitgeber für den nach § 38 Absatz 3 EStG vorzunehmenden Lohnsteuerabzug zunächst den im jeweiligen Zeitraum, für den im Einzelfall Arbeitslohn gezahlt wird, direkt zuordenbaren Arbeitslohn zu ermitteln und entsprechend als steuerfrei oder steuerpflichtig zu behandeln. Sodann hat

1 Im folgenden Auszug aus BMF, Schreiben v. 8.10.2024 - IV C 5 - S 2367/23/10001 :001 NWB VAAAJ-76448, Rz. 1 ff.

der Arbeitgeber den verbleibenden und nicht direkt zuordenbaren Arbeitslohn in einen steuerfreien und einen steuerpflichtigen Teil aufzuteilen.

Als unmittelbar aufgrund einer konkreten inländischen oder ausländischen Arbeitsleistung direkt zuordenbarer Arbeitslohn kommen z. B. Reisekosten, Überstundenvergütungen, Zuschläge für Sonntags-, Feiertags- und Nachtarbeit, Auslandszulagen, die Gestellung einer Wohnung im Tätigkeitsstaat und Unterstützungsleistungen für die mitumziehende Familie in Betracht (siehe auch Rn. 227 des BMF-Schreibens vom 12. Dezember 2023, a. a. O.).

Der Gesamtarbeitslohn abzüglich des direkt zugeordneten Arbeitslohns ist der verbleibende Arbeitslohn. Zum verbleibenden Arbeitslohn gehören z. B. neben den laufenden Vergütungen auch Zusatzvergütungen, die auf die nichtselbständige Arbeit des Arbeitnehmers innerhalb des Erdienungszeitraums entfallen (z. B. sonstige Bezüge wie Weihnachts- und Urlaubsgeld).

Aufteilung des verbleibenden laufenden Arbeitslohns

Nach dem BMF-Schreiben vom 12. Dezember 2023 (a. a. O.) ist der nicht direkt zuordenbare, verbleibende Arbeitslohn im Lohnsteuerabzugsverfahren und bei der Veranlagung zur Einkommensteuer stets nach den im In- und Ausland verbrachten tatsächlichen Arbeitstagen innerhalb eines Erdienungszeitraums aufzuteilen. Der für die Aufteilung des laufenden Arbeitslohns maßgebliche Erdienungszeitraum ist in der Regel das Kalenderjahr (siehe Rn. 237 f. des BMF-Schreibens vom 12. Dezember 2023, a. a. O.).

Während des Kalenderjahres werden beim laufenden Lohnsteuerabzug für den einzelnen Kalendermonat zur Aufteilung des nicht direkt zuordenbaren Arbeitslohns im Hinblick darauf, dass die endgültigen Werte zu diesem Zeitpunkt nicht bestimmt werden können, folgende Alternativen zugelassen:

a) Aufteilung nach tatsächlichen Arbeitstagen im gesamten Beschäftigungszeitraum innerhalb eines Kalenderjahres

Anhand der am Ende des einzelnen Kalendermonats bekannten Tatsachen (bei vorzeitigen Lohnabrechnungen vgl. auch Rn. 11 und 16) werden im Rahmen einer Prognose die voraussichtlichen tatsächlichen Tage im In- und Ausland ermittelt und ins Verhältnis zu den voraussichtlichen Gesamtarbeitstagen des gesamten Beschäftigungszeitraums innerhalb des Kalenderjahres gesetzt. Die maßgeblichen Tage können dadurch ermittelt werden, dass die möglichen Arbeitstage nach Abzug der bekannten Urlaubstage sowie bereits angefallener Krankheitstage angesetzt werden. Künftige Krankheitstage sind nur dann zu berücksichtigen, wenn sie nach den bekannten Verhältnissen voraussichtlich anfallen werden, z. B. nach Angabe in einer vorliegenden Arbeitsunfähigkeitsbescheinigung. Dieser Aufteilungsmaßstab wird auf den einzelnen Kalendermonat angewandt.

b) Aufteilung nach tatsächlichen Arbeitstagen im einzelnen Kalendermonat

Alternativ können die tatsächlichen Arbeitstage des einzelnen Kalendermonats für die Aufteilung des Arbeitslohns herangezogen werden.

c) Aufteilung nach pauschal angesetzten Arbeitstagen im gesamten Beschäftigungszeitraum innerhalb eines Kalenderjahres

Alternativ können für die Aufteilung des Arbeitslohns pauschal 20 Arbeitstage je Kalendermonat im In- und Ausland angesetzt werden und diese mit den tatsächlichen ausgeübten Arbeitstagen im In- und Ausland ins Verhältnis gesetzt werden. Der pauschale Ansatz der Gesamtarbeitstage verringert sich verhältnismäßig, wenn der Arbeitnehmer typischerweise an weniger als 5 Arbeitstagen in der Kalenderwoche tätig ist (Teilzeitarbeit). Dieser Aufteilungsmaßstab wird auf den einzelnen Kalendermonat angewandt. Ändert sich die Prognose zu den voraussichtlich anfallenden Arbeitstagen im In- und Ausland (z. B. wegen Verlängerung der Entsendung oder einer Erhöhung von Homeoffice-Tagen im Ausland), ist der neu ermittelte Aufteilungsmaßstab ab diesem Kalendermonat anzuwenden.

d) Aufteilung nach pauschal angesetzten Arbeitstagen im einzelnen Kalendermonat

Alternativ können auch die pauschal mit 20 angesetzten Gesamtarbeitstage des einzelnen Kalendermonats für die Aufteilung des Arbeitslohns herangezogen werden. Der pauschale Ansatz der Gesamtarbeitstage verringert sich verhältnismäßig, wenn der Arbeitnehmer typischerweise an weniger als 5 Arbeitstagen in der Kalenderwoche tätig ist (Teilzeitarbeit).

e) Aufteilung nach vereinbarten Arbeitstagen im einzelnen Kalendermonat

Die für den Kalendermonat vereinbarten Arbeitstage im In- und Ausland werden mit den tatsächlichen ausgeübten Arbeitstagen im Ausland ins Verhältnis gesetzt. Dieser Aufteilungsmaßstab wird für die Aufteilung des Arbeitslohns des konkreten Kalendermonats angewandt.

Die vertraglich vereinbarten Arbeitstage sind die Kalendertage pro Kalendermonat abzüglich der Tage, an denen der Arbeitnehmer laut Arbeitsvertrag nicht verpflichtet ist, zu arbeiten (z. B. Urlaubs- und Wochenendtage) oder für die ein erkrankter Arbeitnehmer keine Lohnfortzahlung erhält. Es kommt weder auf die Zahl der Kalendertage (365), noch auf die Steuertage im Kalenderjahr (360) an. In einem anderen Staat verbrachte Tage, die nicht zu den vereinbarten Arbeitstagen rechnen (z. B. Aufenthalt aus privaten Gründen), werden bei der Berechnung der steuerfreien Einkünfte nicht berücksichtigt.

f) Abrechnung nach einheitlichen Grundsätzen

Innerhalb eines Dienstverhältnisses während des Kalenderjahres darf der Arbeitgeber nur nach einheitlichen Grundsätzen abrechnen. Zwischen den Alternativen a bis e darf nicht unterjährig gewechselt werden.

Ermittlung der Verhältnisse zur Lohnabrechnung

Der Zeitpunkt für die Ermittlung der Verhältnisse zur Lohnabrechnung ist der Tag, an dem der Zeitraum endet, für den jeweils der laufende Arbeitslohn gezahlt wird (R 39b.5 Absatz 1 Satz 3 i.V.m. Absatz 2 Satz 1 LStR). Für Lohnzahlungen und Lohnabrechnungen vor dem Ende des vorgenannten Zeitraums können aus Vereinfachungsgründen die zu diesem Zeitpunkt bekannten Verhältnisse zu Grunde gelegt werden (R 39b.5 Absatz 1 Satz 4 i.V.m. Absatz 2 Satz 1 LStR).

Änderung der Verhältnisse

Ändert sich die Prognose für die Anzahl der tatsächlichen Arbeitstage in einem folgenden Kalendermonat, ist der neu ermittelte Aufteilungsmaßstab ab diesem Kalendermonat anzuwenden. Die bisher vorgenommenen Lohnabrechnungen können bis zur Überprüfung am Ende des Kalenderjahres oder bei Beendigung des Dienstverhältnisses unverändert bleiben.

Beginn und Beendigung des Dienstverhältnisses während des Kalendermonats

Beim Beginn oder bei einer Beendigung des Dienstverhältnisses im Laufe eines Kalendermonats ist regelmäßig ein verkürzter Lohnzahlungszeitraum zu beachten. Zu den Einzelheiten siehe R 39b.5 Absatz 2 Satz 3 und 4 LStR und H 39b.5 (Teilweise steuerpflichtiger Arbeitslohn im Inland) LStH. Dies gilt unabhängig davon, ob der Arbeitnehmer der unbeschränkten oder der beschränkten Einkommensteuerpflicht unterliegt.

Zuordnung und Aufteilung von sonstigen Bezügen

Kann ein sonstiger Bezug (§ 38a Absatz 1 Satz 3 EStG und R 39b.2 Absatz 2 LStR) entweder dem steuerfreien oder dem steuerpflichtigen Teil direkt zugeordnet werden (z. B. projektbezogene Erfolgsvergütung im Zusammenhang mit einer steuerbefreiten Tätigkeit im Ausland oder Sonderzahlung für eine Tätigkeit im Inland), erfolgt eine vollständige Steuerfreistellung (mit Progressionsvorbehalt) oder eine vollständige Besteuerung im Inland. Ist eine solche Zuordnung nicht möglich (z. B. für Urlaubs- oder Weihnachtsgeld), ist eine Aufteilung im Kalenderjahr nach dem Anteil an den Gesamtarbeitstagen im Beschäftigungszeitraum des Kalenderjahres vorzunehmen. Die sonstigen Bezüge sind im Kalenderjahr des Zuflusses nach den Verhältnissen des Erdienungszeitraums aufzuteilen; vgl. Rn. 236 ff. des BMF-Schreibens vom 12. Dezember 2023 (a. a. O.).

Maßgeblich für diese Aufteilung sind die dem Arbeitgeber bekannten Tatsachen zum Ende des Kalendermonats des Zuflusses (R 39b.6 Absatz 1 Satz 2 LStR). Aus Vereinfachungsgründen können jedoch auch die im Zeitpunkt der Lohnabrechnung bekannten Tatsachen zu Grunde gelegt werden.

Lohnsteuerberechnung bei einem verkürzten Lohnzahlungszeitraum (sog. Teillohnzahlungszeitraum)

Bei monatlichen Lohnzahlungen können die zur Umrechnung des Arbeitslohns zur tageweisen Lohnsteuerberechnung maßgeblichen Tage (sog. Steuertage) nach dem Verhältnis der Kalendertage zu den Gesamtarbeitstagen ermittelt werden; Bruchteile können auf volle Tage abgerundet werden. Es bestehen keine Bedenken, die Gesamtarbeitstage pauschal mit 20 Arbeitstagen anzusetzen, so dass für Zwecke der Umrechnung des Arbeitslohns der voraussichtlich tatsächliche Arbeitstag mit dem Faktor 1,5 angesetzt werden kann (30 Kalendertage / 20 Gesamtarbeitstage). Der pauschale Ansatz der Gesamtarbeitstage verringert sich verhältnismäßig, wenn der Arbeitnehmer typischerweise an weniger als 5 Arbeitstagen in der Kalenderwoche tätig ist (Teilzeitarbeit).

Alternativ kann der Arbeitgeber auch die Anwesenheitstage des Arbeitnehmers im Inland (Arbeitstage und Nichtarbeitstage) als Steuertage berücksichtigen. In diesem Fall hat der Arbeitnehmer die Anwesenheitstage im Inland glaubhaft zu machen.

Überprüfung der im Kalenderjahr durchgeführten Lohnabrechnungen

Der Arbeitgeber hat den innerhalb eines Kalenderjahres durchgeführten Lohnsteuerabzug am Ende des Kalenderjahres oder bei Beendigung des Dienstverhältnisses zu überprüfen und bei Abweichungen zu korrigieren. Ab diesem Zeitpunkt ist der Arbeitgeber in der Lage, die tatsächlichen In- und Auslandstage im Beschäftigungszeitraum des Kalenderjahres zu ermitteln, die bei der Überprüfung der Lohnabrechnungen anzusetzen sind. Ein Wahlrecht wie unter Pkt. 2. Buchstaben a bis e dargestellt, besteht bei der (abschließenden) Überprüfung nicht. Es ist stets die Anzahl der tatsächlichen Arbeitstage im In- und Ausland zu berücksichtigen. Dies gilt sowohl für die Aufteilung des verbleibenden Arbeitslohns als auch für die Ermittlung der Lohnsteuer nach der sog. Tagestabelle bei Anwendung der Ermittlungsmethode nach R 39b.5 Absatz 2 Satz 3 und 4 LStR und H 39b.5 [Teilweise steuerpflichtiger Arbeitslohn im Inland] LStH. In Fällen der Ermittlung der sog. Steuertage nach Rn. 16b wären außerdem die Anwesenheitstage des Arbeitnehmers im Inland zu berücksichtigen.

Dabei ist die Korrektur des bisherigen Lohnsteuerabzugs bei unbeschränkt sowie bei beschränkt Steuerpflichtigen für den jeweiligen Kalendermonat vorzunehmen. Dies gilt unabhängig davon, ob das Dienstverhältnis das ganze Kalenderjahr oder nur einen Teil des Kalenderjahres bestanden hat. Soweit der Lohnsteuerabzug Abgeltungswirkung nach § 50 Absatz 2 Satz 1 EStG hat, wie bei beschränkt Steuerpflichtigen, hat die Korrektur besondere Bedeutung. Die Regelungen des § 41c EStG und R 41c.1 LStR sind anzuwenden. Auch bei einer Korrektur des bisherigen Lohnsteuerabzugs hat die Ermittlung der Lohnsteuer nach der sog. Tagestabelle für sämtliche Kalendermonate des Kalenderjahres bzw. des Beschäftigungszeitraums zu erfolgen (siehe R 39b.5 Absatz 2 Satz 3 und 4 LStR und H 39b.5 [Teilweise steuerpflichtiger Arbeitslohn im Inland] LStH).

Der Arbeitgeber hat die zu viel erhobene Lohnsteuer an den Arbeitnehmer zu erstatten. Noch nicht erhobene Lohnsteuer hat der Arbeitgeber nachträglich einzubehalten. Soweit der Arbeitgeber auf Grund einer Änderung des Lohnsteuerabzugs nach Ablauf des Kalenderjahres nachträglich Lohnsteuer erstattet oder einbehält, handelt es sich um Lohnsteuer des abgelaufenen Kalenderjahres, die zusammen mit der übrigen einbehaltenen Lohnsteuer des abgelaufenen Kalenderjahres in einer Summe in der Lohnsteuerbescheinigung zu übermitteln oder anzugeben ist. Die nachträglich erstattete bzw. einbehaltene Lohnsteuer ist für den Anmeldungszeitraum, gegebenenfalls getrennt nach den Kalenderjahren in denen der Arbeitslohn bezogen wird oder als bezogen gilt, anzugeben und abzuführen, in dem sie erstattet oder einbehalten wurde (§ 41a Absatz 1 Satz 1 Nummer 1 EStG).

Zusammenfassendes Beispiel einer ganzjährigen Beschäftigung mit Abrechnung nach den voraussichtlichen tatsächlichen Arbeitstagen im Kalenderjahr und Überprüfung

Sachverhalt

Der in Deutschland wohnende Arbeitnehmer B arbeitet im Kalenderjahr 01 i. d. R. an 5 Tagen pro Woche und erhält einen Arbeitslohn von monatlich 5.000 €. Darüber hinaus erhält er im Juli 01 eine Erfolgsprämie (sonstiger Bezug) für das laufende Kalenderjahr von 10.000 € und im Dezember 01 ein Weihnachtsgeld (sonstiger Bezug) von 8.000 €. Arbeitsvertraglich stehen ihm 30 Urlaubstage zu. Es ist geplant, dass B im Kalenderjahr 01 insgesamt an 60 Tagen im Ausland tätig werden soll.

Im Oktober 01 erkrankt B und fällt tatsächlich an 10 Arbeitstagen aus. Nach seiner Rückkehr im Oktober 01 stellt sich heraus, dass B an zusätzlichen 20 Arbeitstagen ins Ausland reisen soll, so dass im Kalenderjahr 01 voraussichtlich 80 Auslandsarbeitstage anfallen werden. Um bestehende Projekte abzuschließen, entscheidet sich B im Dezember 01 dazu, 5 Urlaubstage in das Kalenderjahr 02 zu übertragen.

Der auf die Tätigkeit im Ausland entfallende Arbeitslohn ist nach dem anzuwendenden DBA im Inland steuerfrei. Weil der ausgezahlte Arbeitslohn nicht direkt zugeordnet werden kann, ist er durch eine Verhältnisrechnung aufzuteilen.

Der Arbeitgeber ermittelt den Aufteilungsmaßstab für die einzelnen Kalendermonate nach den voraussichtlichen tatsächlichen Arbeitstagen im gesamten Beschäftigungszeitraum innerhalb eines Kalenderjahres (vgl. Rn. 5).

Zusammenfassung für das Kalenderjahr 01

Voraussichtliche Urlaubstage nach Kenntnis des Arbeitgebers bis November:	30
voraussichtliche Urlaubstage nach Kenntnis des Arbeitgebers ab Dezember:	25
(B darf 5 Urlaubstage in das Kalenderjahr 02 übertragen)	
Krankheitstage im Oktober:	10
voraussichtliche tatsächliche Auslandstage nach Kenntnis des Arbeitgebers bis September:	60
voraussichtliche tatsächliche Auslandstage nach Kenntnis des Arbeitgebers ab Oktober:	80
Arbeitslohn monatlich:	5.000 €
Erfolgsprämie für das laufende Kalenderjahr (ausgezahlt im Juli):	10.000 €
Weihnachtsgeld (ausgezahlt im Dezember):	8.000 €

Berechnung

Ermittlung des Aufteilungsmaßstabs

Prognosezeitpunkt	**Mögliche Arbeitstage p. a.**	**Voraussichtliche Urlaubstage p. a.**	**Tatsächlich angefallene Krankheitstage p. a.**	**Verbleibende tatsächliche Arbeitstage p. a.**	**Anteil Ausland (steuerfrei)**	**Anteil Inland (steuerpflichtig)**
ab Januar	254	30	0	224	60/224	164/224
ab Oktober (Krankheit und Erhöhung der Auslandstage)	254	30	10	214	80/214	134/214
ab Dezember (Übertrag Urlaub nach 02)	254	25	10	219	80/219	139/219

Ermittlung des steuerfreien und des steuerpflichtigen Arbeitslohns (während des laufenden Kalenderjahres)

Monat	**Bruttoarbeitslohn in €**	**Steuerfreier Anteil**	**Steuerfreier Bruttoarbeitslohn in €**	**Steuerpflichtiger Anteil**	**Steuerpflichtiger Bruttoarbeitslohn in €**
Januar	5.000,00	60/224	1.339,29	164/224	3.660,71
Februar	5.000,00	60/224	1.339,29	164/224	3.660,71
März	5.000,00	60/224	1.339,29	164/224	3.660,71
April	5.000,00	60/224	1.339,29	164/224	3.660,71
Mai	5.000,00	60/224	1.339,29	164/224	3.660,71
Juni	5.000,00	60/224	1.339,29	164/224	3.660,71
Juli lfd. Arbeitslohn	5.000,00	60/224	1.339,29	164/224	3.660,71
Juli sonst. Bezug	10.000,00	60/224	2.678,57	164/224	7.321,43
August	5.000,00	60/224	1.339,29	164/224	3.660,71
September	5.000,00	60/224	1.339,29	164/224	3.660,71
Oktober	5.000,00	80/214	1.869,16	134/214	3.130,84
November	5.000,00	80/214	1.869,16	134/214	3.130,84
Dezember lfd. Arbeitslohn	5.000,00	80/219	1.826,48	139/219	3.173,52
Dezember sonst. Bezug	8.000,00	80/219	2.922,37	139/219	5.077,63

Infolge des anhand der Prognose für das Kalenderjahr 01 ermittelten Aufteilungsmaßstabs wird in jedem Kalendermonat sowohl steuerfreier als auch steuerpflichtiger Arbeitslohn bezogen. Folglich ist die Lohnsteuer in jedem Kalendermonat nach der sog. Tagestabelle zu ermitteln (siehe R 39b.5 Absatz 2 Satz 3 und 4 LStR und H 39b.5 (Teilweise steuerpflichtiger Arbeitslohn im Inland) LStH).

Für die Umrechnung des im Kalendermonat bezogenen steuerpflichtigen Arbeitslohns zur tageweisen Lohnsteuerberechnung ist das nach der Prognose für die ganzjährige Beschäftigung ermittelte Verhältnis der Arbeitstage in Deutschland zu den Gesamtarbeitstagen zugrunde zu legen.

Für den einzelnen Monat ergeben sich – am Beispiel des Monats Januar 01 – folgende Ermittlungsschritte:

30 Tage x 164/224 = 21,96 Tage, abgerundet auf 21 Tage

Für einen Betrag von 174,32 € (3.660,71 € / 21 Tage) ist die Tageslohnsteuer zu ermitteln und diese mit 21 zu vervielfachen.

Am Ende des Kalenderjahres errechnet sich für das gesamte Kalenderjahr 01 folgender Anteil an steuerfreiem bzw. steuerpflichtigen Arbeitslohn, der nicht direkt zuordenbar ist:

Anteil steuerfrei:	80/219
Anteil steuerpflichtig:	139/219

Mit diesem Aufteilungsmaßstab ist für jeden Kalendermonat eine Überprüfung, und gegebenenfalls eine Berichtigung der bisherigen Lohnabrechnungen vorzunehmen. Dieser vorgenannte Aufteilungsmaßstab gilt auch für den im Juli 01 und Dezember 01 zugeflossenen sonstigen Bezug. Eine Korrektur nach den Berechnungsgrundsätzen des § 42b EStG ist nicht zulässig.

Ermittlung des steuerfreien und des steuerpflichtigen Arbeitslohns (am Ende des Kalenderjahres)

Monat	**Bruttoarbeitslohn in €**	**Steuerfreier Anteil**	**Steuerfreier Bruttoarbeitslohn in € (bisheriger Wert)**	**Steuerpflichtiger Anteil**	**Steuerpflichtiger Bruttoarbeitslohn in € (bisheriger Wert)**
Januar	5.000,00	80/219	1.826,48 (1.339,29)	139/219	3.173,52 (3.660,71)
Februar	5.000,00	80/219	1.826,48 (1.339,29)	139/219	3.173,52 (3.660,71)
März	5.000,00	80/219	1.826,48 (1.339,29)	139/219	3.173,52 (3.660,71)
April	5.000,00	80/219	1.826,48 (1.339,29)	139/219	3.173,52 (3.660,71)
Mai	5.000,00	80/219	1.826,48 (1.339,29)	139/219	3.173,52 (3.660,71)

Monat	**Bruttoarbeitslohn in €**	**Steuerfreier Anteil**	**Steuerfreier Bruttoarbeitslohn in € (bisheriger Wert)**	**Steuerpflichtiger Anteil**	**Steuerpflichtiger Bruttoarbeitslohn in € (bisheriger Wert)**
Juni	5.000,00	80/219	1.826,48 (1.339,29)	139/219	3.173,52 (3.660,71)
Juli lfd. Arbeitslohn	5.000,00	80/219	1.826,48 (1.339,29)	139/219	3.173,52 (3.660,71)
Juli sonst. Bezug	10.000,00	80/219	3.652,97 (2.678,57)	139/219	6.347,03 (7.321,43)
August	5.000,00	80/219	1.826,48 (1.339,29)	139/219	3.173,52 (3.660,71)
September	5.000,00	80/219	1.826,48 (1.339,29)	139/219	3.173,52 (3.660,71)
Oktober	5.000,00	80/219	1.826,48 (1.869,16)	139/219	3.173,52 (3.130,84)
November	5.000,00	80/219	1.826,48 (1.869,16)	139/219	3.173,52 (3.130,84)
Dezember lfd. Arbeitslohn	5.000,00	80/219	1.826,48 (1.826,48)	139/219	3.173,52 (3.173,52)
Dezember sonst. Bezug	8.000,00	80/219	2.922.37 (2.922,37)	139/219	5.077,63 (5.077,63)

Da für den Monat Dezember 01 bereits der zutreffende Aufteilungsmaßstab angesetzt wird, führt die Überprüfung hier zu keiner Änderung. Für die Monate Januar 01 bis November 01 sind die Lohnabrechnungen hingegen zu korrigieren.

Am Beispiel des Monats Januar 01 ergibt sich folgende korrigierte Ermittlung:

30 Tage x 139/219 = 19,04 Tage, abgerundet auf 19 Tage

Für einen Betrag von 167,03 € (3.173,52 € / 19 Tage) ist die Tageslohnsteuer zu ermitteln und diese mit 19 zu vervielfachen.

Aufgrund der Differenz zum bisherigen Lohnsteuerabzug ist die Lohnabrechnung für den Monat Januar 01 zu korrigieren.

Beispiel für eine nicht ganzjährige Beschäftigung

Sachverhalt

Arbeitnehmer B ist beim Arbeitgeber A im Kalenderjahr 01 vom 1. Januar bis zum 31. Oktober beschäftigt (5 Arbeitstage pro Woche) und erhält einen Arbeitslohn von monatlich 5.000 €, der jeweils zum 25. eines Monats gezahlt wird. Es ist geplant, dass B im Kalenderjahr 01 vom 1. Februar bis zum 15. April an insgesamt 50 Tagen im Ausland tätig wird. Arbeitsvertraglich stehen ihm bis zum Ende des Dienstverhältnisses am 31. Oktober 01 insgesamt 25 Urlaubstage zu. B möchte vom 16. April bis 30. April an 10 Arbeitstagen Urlaub nehmen. Ab dem 1. Mai soll B wieder im Inland arbeiten (voraussichtlich an 20 Tagen im Monat).

Im Juli erhält B ein Urlaubsgeld (sonstiger Bezug) von 2.000 €. Am 2. September erkrankt B (19 Arbeitstage Krankheit). Vom 1. Oktober bis zum 24. Oktober nimmt B seinen Resturlaub (15 Arbeitstage). Am 25. Oktober arbeitet B im Inland. Um weitere Projekte zu betreuen, arbeitet B unvorhergesehen vom 26. Oktober bis zum 31. Oktober im Ausland in der Betriebsstätte seines Arbeitgebers (4 Arbeitstage), sodass im Beschäftigungszeitraum insgesamt 54 Auslandsarbeitstage bei der ausländischen Betriebsstätte anfallen.

Der auf die Tätigkeit im Ausland entfallende Arbeitslohn ist nach dem anzuwendenden DBA im Inland steuerfrei. Weil der ausgezahlte Arbeitslohn nicht direkt zugeordnet werden kann, ist er durch eine Verhältnisrechnung aufzuteilen.

Zusammenfassung für den Beschäftigungszeitraum 01

Voraussichtliche Urlaubstage nach Kenntnis des Arbeitgebers bis Oktober:	25
Krankheitstage im September:	19
voraussichtliche tatsächliche Auslandstage nach Kenntnis des Arbeitgebers bis September:	50
voraussichtliche tatsächliche Auslandstage nach Kenntnis des Arbeitgebers im Oktober:	54
Arbeitslohn monatlich:	5.000 €
Urlaubsgeld für das laufende Kalenderjahr, ausgezahlt im Juli:	2.000 €

Variante 1: Aufteilung nach den voraussichtlichen tatsächlichen Arbeitstagen des jeweiligen Kalendermonats

Ermittlung des Aufteilungsmaßstabs und Abrechnung nach den voraussichtlichen tatsächlichen Arbeitstagen des jeweiligen Kalendermonats:

Der Arbeitgeber ermittelt den Aufteilungsmaßstab für die einzelnen Kalendermonate nach den voraussichtlichen tatsächlichen Arbeitstagen des einzelnen Kalendermonats.

Prognosezeitraum	**Mögliche tatsächliche Arbeitstage im Monat**	**Voraussichtliche Urlaubstage im Monat**	**Tatsächlich angefallene Krankheitstage im Monat**	**Verbleibende tatsächliche Arbeitstage im Monat**	**Arbeitstage Ausland (steuerfrei)**	**Arbeitstage Inland (steuerpflichtig)**
Januar	20	0	0	20	0	20
Februar - März	20	0	0	20	20	0
April	20	10	0	10	10	0
Mai - August	20	0	0	20	0	20
im September (Krankheit)	20	0	19	1	0	1
im Oktober (Erhöhung der Auslandstage)	20	15	0	5	4	1
Summe	200	25	19	156	54	102

Ermittlung des steuerfreien und des steuerpflichtigen Arbeitslohns (während des Beschäftigungsverhältnisses):

Prognosezeitraum	**Mögliche tatsächliche Arbeitstage im Monat**	**Voraussichtliche tatsächliche Arbeitstage im Monat (Nenner für Ausland und Inland)**	**Voraussichtliche tatsächliche Arbeitstage Ausland im Monat (Zähler für Ausland)**	**Verbleibende voraussichtliche tatsächliche Arbeitstage Inland im Monat (Zähler für Inland)**	**Bruttoarbeitslohn Anteil Ausland (steuerfrei) in €**	**Bruttoarbeitslohn Anteil Inland (steuerpflichtig) in €**
Januar (nur Inland)	20	20	0	20	0	5.000
Februar (nur Ausland)	20	20	20	0	5.000	0
März (nur Ausland)	20	20	20	0	5.000	0

Prognosezeitraum	Mögliche tatsächliche Arbeitstage im Monat	Voraussichtliche tatsächliche Arbeitstage im Monat (Nenner für Ausland und Inland)	Voraussichtliche tatsächliche Arbeitstage Ausland im Monat (Zähler für Ausland)	Verbleibende voraussichtliche tatsächliche Arbeitstage Inland im Monat (Zähler für Inland)	Bruttoarbeitslohn Anteil Ausland (steuerfrei) in €	Bruttoarbeitslohn Anteil Inland (steuerpflichtig) in €
April	20	10	10	0	5.000	0
Mai	20	20	0	20	0	5.000
Juni	20	20	0	20	0	5.000
Juli lfd. Arbeitslohn	20	20	0	20	0	5.000
Juli sonst. Bezug (deshalb hier Prognose für den gesamten Beschäftigungszeitraum)	200	175	50	125	2.000 x 50/175 = 571,43	2.000 x 125/175 = 1.428,57
August	20	20	0	20	0	5.000
September (1 Arbeitstag im Inland)	20	1	0	1	0	5.000
Oktober (4 Arbeitstage im Ausland)	20	5	4	1	4.000	1.000

Für die Monate Januar 01, Mai 01, Juni 01, August 01 und September 01 ist die Lohnsteuer nach der sog. Monatstabelle zu berechnen, da an jedem Tag des Kalendermonats Arbeitslohn bezogen wird, der dem inländischen Lohnsteuerabzug unterliegt.

Für die Monate Februar 01, März 01 und April 01 ist keine Lohnsteuer einzubehalten, da an keinem Tag des Kalendermonats steuerpflichtiger Arbeitslohn bezogen wird.

Für die Monate Juli 01 und Oktober 01 ist die Lohnsteuer nach der sog. Tagestabelle zu ermitteln, da zusätzlich zum steuerpflichtigen Arbeitslohn auch Arbeitslohn bezogen wird, der nicht dem inländischen Lohnsteuerabzug unterliegt.

Am Ende des Beschäftigungszeitraums errechnet sich für den Beschäftigungszeitraum vom 1. Januar 01 bis 31. Oktober 01 folgender Anteil an steuerfreiem bzw. steuerpflichtigem Arbeitslohn, der nicht direkt zuordenbar ist:

Anteil steuerfrei:	54/156
Anteil steuerpflichtig:	102/156

Mit diesem Aufteilungsmaßstab ist für jeden Kalendermonat von Januar 01 bis Oktober 01 eine Überprüfung und ggf. eine Berichtigung der bisherigen Lohnabrechnungen vorzunehmen. Dieser vorgenannte Aufteilungsmaßstab gilt auch für den im Juli 01 zugeflossenen sonstigen Bezug.

Die Differenz beim steuerpflichtigen Arbeitslohn beruht auf den Änderungen der Verhältnisse während des Beschäftigungszeitraums, da der Arbeitgeber zunächst die voraussichtlichen tatsächlichen Arbeitstage des einzelnen Kalendermonats angesetzt hat. Da die Überprüfung nach den Verhältnissen des Beschäftigungszeitraums vom 1. Januar 01 bis zum 31. Oktober 01 abweichende Werte ergab, sind die einzelnen Lohnabrechnungen noch vor Übermittlung der Lohnsteuerbescheinigung durch den Arbeitgeber zu berichtigen (§ 41c Absatz 1 EStG). Eine Korrektur nach den Berechnungsgrundsätzen des § 42b EStG ist nicht zulässig.

Ermittlung des steuerfreien und des steuerpflichtigen Arbeitslohns (nach Beendigung des Beschäftigungszeitraums):

Monat	**Arbeitslohn in €**	**Steuerfreier Anteil**	**Steuerfreier Arbeitslohn in € (bisheriger Wert)**	**Steuerpflichtiger Anteil**	**Steuerpflichtiger Arbeitslohn in € (bisheriger Wert)**
Januar	5.000,00	54/156	1.730,77 (0)	102/156	3.269,23 (5.000)
Februar	5.000,00	54/156	1.730,77 (5.000)	102/156	3.269,23 (0)
März	5.000,00	54/156	1.730,77 (5.000)	102/156	3.269,23 (0)
April	5.000,00	54/156	1.730,77 (5.000)	102/156	3.269,23 (0)

Monat	Arbeitslohn in €	Steuerfreier Anteil	Steuerfreier Arbeitslohn in € (bisheriger Wert)	Steuerpflichtiger Anteil	Steuerpflichtiger Arbeitslohn in € (bisheriger Wert)
Januar	5.000,00	54/156	1.730,77 (0)	102/156	3.269,23 (5.000)
Februar	5.000,00	54/156	1.730,77 (5.000)	102/156	3.269,23 (0)
März	5.000,00	54/156	1.730,77 (5.000)	102/156	3.269,23 (0)
Mai	5.000,00	54/156	1.730,77 (0)	102/156	3.269,23 (5.000)
Juni	5.000,00	54/156	1.730,77 (0)	102/156	3.269,23 (5.000)
Juli lfd. Arbeitslohn + sonstiger Bezug	7.000,00	54/156	2.423,08 (0 + 571,43)	102/156	4.576,92 (5.000 + 1.428,57)
August	5.000,00	54/156	1.730,77 (0)	102/156	3.269,23 (5.000)
September	5.000,00	54/156	1.730,77 (0)	102/156	3.269,23 (5.000)
Oktober	5.000,00	54/156	1.730,77 (4.000)	102/156	3.269,23 (1.000)

Für die Monate Januar 01 bis Oktober 01 sind die Lohnabrechnungen zu korrigieren.

<u>Am Beispiel des Monats Januar 01 ergibt sich folgende korrigierte Ermittlung:</u>

30 Tage x 102/156 = 19,62 Tage, abgerundet auf 19 Tage

Für einen Betrag von 172,06 € (3.269,23 € / 19 Tage) ist die Tageslohnsteuer zu ermitteln und diese mit 19 zu vervielfachen. Aufgrund der Differenz zum bisherigen Lohnsteuerabzug ist die Lohnabrechnung für den Monat Januar 01 zu korrigieren.

Variante 2: Aufteilung nach den voraussichtlichen tatsächlichen Arbeitstagen des gesamten Beschäftigungszeitraums innerhalb eines Kalenderjahres

Ermittlung des Aufteilungsmaßstabs und Abrechnung nach den voraussichtlichen tatsächlichen Arbeitstagen des Beschäftigungszeitraums im Kalenderjahr (während des Beschäftigungsverhältnisses)

Der Arbeitgeber ermittelt den Aufteilungsmaßstab für die einzelnen Kalendermonate nach den voraussichtlichen tatsächlichen Arbeitstagen im gesamten Beschäftigungszeitraum. Für den steuerpflichtigen Arbeitslohn ist die Lohnsteuer in jedem Kalendermonat nach der sog. Tagestabelle zu ermitteln.

Prognosezeitpunkt	**Mögliche Arbeitstage**	**Voraussichtliche Urlaubstage**	**Tatsächlich angefallene Krankheitstage**	**Verbleibende tatsächliche Arbeitstage**	**Anteil Ausland (steuerfrei)**	**Anteil Inland (steuerpflichtig)**
Januar bis August	200	25	0	175	50/175	125/175
September (Krankheit)	200	25	19	156	50/156	106/156
Oktober (Erhöhung der Auslandstage)	200	25	19	156	54/156	102/156

Ermittlung des steuerfreien und des steuerpflichtigen Arbeitslohns

Monat	**Arbeitslohn in €**	**Steuerfreier Anteil**	**Steuerfreier Arbeitslohn in €**	**Steuerpflichtiger Anteil**	**Steuerpflichtiger Arbeitslohn in €**
Januar	5.000,00	50/175	1.428,57	125/175	3.571,43
Februar	5.000,00	50/175	1.428,57	125/175	3.571,43
März	5.000,00	50/175	1.428,57	125/175	3.571,43
April	5.000,00	50/175	1.428,57	125/175	3.571,43
Mai	5.000,00	50/175	1.428,57	125/175	3.571,43
Juni	5.000,00	50/175	1.428,57	125/175	3.571,43
Juli lfd. Arbeitslohn	5.000,00	50/175	1.428,57	125/175	3.571,43

Monat	Arbeitslohn in €	Steuerfreier Anteil	Steuerfreier Arbeitslohn in €	Steuerpflichtiger Anteil	Steuerpflichtiger Arbeitslohn in €
Juli sonst. Bezug	2.000,00	50/175	571,43	125/175	1.428,57
August	5.000,00	50/175	1.428,57	125/175	3.571,43
September	5.000,00	50/156	1.602,56	106/156	3.397,44
Oktober	5.000,00	54/156	1.730,77	102/156	3.269,23

Am Ende des Beschäftigungszeitraums errechnet sich für den Beschäftigungszeitraum vom 1. Januar 01 bis 31. Oktober 01 folgender Anteil an steuerfreiem bzw. steuerpflichtigem Arbeitslohn, der nicht direkt zuordenbar ist:

Anteil steuerfrei: 54/156

Anteil steuerpflichtig: 102/156

Mit diesem Aufteilungsmaßstab ist für jeden Kalendermonat von Januar 01 bis Oktober 01 eine Überprüfung und ggf. eine Berichtigung der bisherigen Lohnabrechnung vorzunehmen. Weil für den Kalendermonat Oktober 01 bereits der zutreffende Aufteilungsmaßstab angesetzt wird, führt die Überprüfung zu keiner Änderung.

Die Differenz beim steuerpflichtigen Arbeitslohn beruht auf den Änderungen der Verhältnisse während des Beschäftigungszeitraums. Da die Überprüfung nach den Verhältnissen des Beschäftigungszeitraums vom 1. Januar 01 bis zum 31. Oktober 01 abweichende Werte ergab, sind die einzelnen Lohnabrechnungen – ohne Oktober 01 – noch vor Übermittlung der Lohnsteuerbescheinigung durch den Arbeitgeber zu berichtigen (§ 41c Absatz 1 EStG). Eine Korrektur nach den Berechnungsgrundsätzen des § 42b EStG ist nicht zulässig.

Ermittlung des steuerfreien und des steuerpflichtigen Arbeitslohns (nach Beendigung des Beschäftigungszeitraums):

Monat	Arbeitslohn in €	Steuerfreier Anteil	Steuerfreier Arbeitslohn in €	Steuerpflichtiger Anteil	Steuerpflichtiger Arbeitslohn in € (bisheriger Wert)
Januar	5.000,00	54/156	1.730,77 (1.428,57)	102/156	3.269,23 (3.571,43)
Februar	5.000,00	54/156	1.730,77 (1.428,57)	102/156	3.269,23 (3.571,43)

Monat	Arbeitslohn in €	Steuerfreier Anteil	Steuerfreier Arbeitslohn in €	Steuerpflichtiger Anteil	Steuerpflichtiger Arbeitslohn in € (bisheriger Wert)
März	5.000,00	54/156	1.730,77 (1.428,57)	102/156	3.269,23 (3.571,43)
April	5.000,00	54/156	1.730,77 (1.428,57)	102/156	3.269,23 (3.571,43)
Mai	5.000,00	54/156	1.730,77 (1.428,57)	102/156	3.269,23 (3.571,43)
Juni	5.000,00	54/156	1.730,77 (1.428,57)	102/156	3.269,23 (3.571,43)
Juli lfd. Arbeitslohn + sonstiger Bezug	7.000,00	54/156	2.423,08 (1.428,57 + 571,43))	102/156	4.576,92 (3.571,43 + 1.428,57)
August	5.000,00	54/156	1.730,77 (1.428,57)	102/156	3.269,23 (3.571,43)
September	5.000,00	54/156	1.730,77 (1.602,56)	102/156	3.269,23 (3.397,44)
Oktober	5.000,00	54/156	1.730,77 (1.730,77)	102/156	3.269,23 (3.269,23)

Für die Monate Januar 01 bis September 01 sind die Lohnabrechnungen zu korrigieren.

Am Beispiel des Monats Januar 01 ergibt sich folgende korrigierte Ermittlung:

30 Tage x 102/156 = 19,62 Tage, abgerundet auf 19 Tage

Für einen Betrag von 172,06 € (3.269,23 € / 19 Tage) ist die Tageslohnsteuer zu ermitteln und diese mit 19 zu vervielfachen. Aufgrund der Differenz zum bisherigen Lohnsteuerabzug ist die Lohnabrechnung für den Monat Januar 01 zu korrigieren.

3.2.7 Abkommensrechtliche Besonderheiten

Organe von Kapitalgesellschaften:

Organe von Kapitalgesellschaften fallen regelmäßig in den Anwendungsbereich des Art. 15 OECD-MA. Sie üben ihre Tätigkeit grundsätzlich an dem Ort aus, an dem sie sich persönlich aufhalten.[1] Die entgegenstehende Entscheidung des Großen Senats des BFH-Urteils v. 15.11.1971 (GrS 1/71, BStBl 1972 II S. 68) über den Tätigkeitsort des Geschäftsführers einer GmbH am Sitz der Gesellschaft ist zum DBA Schweiz 1931/1959 ergangen und auf andere DBA nicht übertragbar. Zu beachten sind jedoch die in einigen DBA enthaltenen Sonderregelungen über Geschäftsführervergütungen, z. B. in den DBA mit Belgien, Dänemark, Kasachstan, Österreich, Niederlande (ab 2016), Polen[2], Schweden und der Schweiz (zur Schweiz vgl. BFH-Urteil v. 25.10.2006 (I R 81/04, BStBl 2010 II S. 778); bestätigt durch BFH-Urteil v. 11.11.2009 (I R 83/08, BStBl 2010 II S. 781). Dort wird das Besteuerungsrecht für die Vergütungen an diesen Personenkreis ausdrücklich dem Staat zugewiesen, in dem die Kapitalgesellschaft ihren Sitz hat; der Wohnsitzstaat stellt die betreffenden Einkünfte – unter Anwendung des Progressionsvorbehalts – frei.[3] Zum DBA Schweiz vgl. auch das BMF-Schreiben v. 25.4.2023 (IV B 2 - S 1301-CHE/21/10018 : 001, BStBl 2023 I S. 632). Hier ist zudem zu beachten: Die Grenzgängerregelung geht vor.[4]

BEISPIEL: G mit Wohnsitz in Belgien ist Geschäftsführer der B-GmbH, die ihren Sitz und ihre Geschäftsleitung in Frankfurt am Main hat. Er übt seine Tätigkeit regelmäßig in Belgien aus. An 30 Tagen im Jahr unternimmt er eine Dienstreise nach Frankfurt am Main.

LÖSUNG: Da G in Deutschland weder einen Wohnsitz noch einen gewöhnlichen Aufenthalt hat, ist er nicht unbeschränkt steuerpflichtig. Durch seine Tätigkeit als Geschäftsführer der B-GmbH erzielt er jedoch inländische Einkünfte, mit denen er in Deutschland der beschränkten Steuerpflicht unterliegt (§ 49 Abs. 1 Nr. 4 c EStG); auf den Umfang der persönlichen Tätigkeit im Deutschland kommt es auf Grund seiner Stellung als Organ der Kapitalgesellschaft nicht an. Art. 16 Abs. 1 DBA Belgien weist Deutschland das Besteuerungsrecht hinsichtlich der Vergütungen für die Tätigkeit als Geschäftsführer der B-GmbH zu, da der Sitz der Gesellschaft Frankfurt am Main ist.

Deutschland hat über § 49 Abs. 1 Nr. 4c EStG auch das Besteuerungsrecht für Vergütungen an Geschäftsführer, Prokuristen und Vorstandsmitglieder von Gesellschaften mit Geschäftsleitung in Deutschland, wenn diese ihren Wohnsitz oder gewöhnlichen Aufenthalt in einem Staat haben, mit dem Deutschland kein DBA abgeschlossen hat.

Sich-zur-Verfügung-Halten:

Soweit die Arbeitsleistung in einem Sich-zur-Verfügung-Halten (z. B. Bereitschaftsdienst, Zeiträume der Arbeitsfreistellung im Zusammenhang mit der Beendigung des Dienstverhältnisses) besteht, ohne dass es zu einer Tätigkeit kommt, wird die Arbeits-

1 BFH, Urteil v. 5.10.1994 - I R 67/93, BStBl 1995 II S. 95.

2 Vgl. hierzu BFH, Urteil v. 30.9.2020 - I R 76/17, BStBl 2021 II S. 275: der Sitzstaat der Gesellschaft hat auch das Besteuerungsrecht für eine an den Geschäftsführer gezahlte Abfindung.

3 BMF, Schreiben v. 3.12.2013 - IV B 2 - S 1301-CHE/07/10024-05, BStBl 2013 I S. 1610.

4 BFH, Urteil v. 25.10.2006 - I R 18/04 n.v NWB CAAAC-39282.

leistung dort erbracht, wo sich der Arbeitnehmer während der Dauer des Sich-zur-Verfügung-Haltens tatsächlich aufhält.[1]

Abfindungen:

Abfindungen, die dem Arbeitnehmer anlässlich seines Ausscheidens aus dem Arbeitsverhältnis gezahlt werden, sind regelmäßig den Vergütungen aus unselbständiger Arbeit zuzuordnen. Maßgeblich für die Besteuerung ist der Zeitpunkt der Auszahlung.[2] Dabei können Arbeitgeber und Arbeitnehmer den Zeitpunkt des Zuflusses einer Abfindung beim Arbeitnehmer in der Weise steuerwirksam gestalten, dass sie deren ursprünglich vorgesehene Fälligkeit vor ihrem Eintritt auf einen späteren Zeitpunkt verschieben. Die steuerwirksame Gestaltung des Zuflusses einer Abfindung ermöglicht es den Beteiligten somit grundsätzlich zu disponieren, in welchem Jahr die Abfindung besteuert wird.[3] Die Aufteilung der Abfindungszahlungen soll grundsätzlich nach der Dauer des Arbeitsverhältnisses beim Arbeitgeber erfolgen, da die Höhe der Abfindungszahlung i. d. R. von der Dauer des Arbeitsverhältnisses abhängt.[4]

Seit 2017 wird das deutsche Besteuerungsrecht zudem über § 50d Abs. 12 EStG abgesichert: Für Abfindungen, die anlässlich der Beendigung eines Dienstverhältnisses gezahlt werden, wird eine generelle Besteuerung des früheren Tätigkeitsstaates vorgesehen. Dies trägt dazu bei, Besteuerungskonflikte zu vermeiden und das Entstehen unbesteuerter, sog. „weißer Einkünfte“ zu verhindern. Trifft das DBA für Abfindungen, die anlässlich der Beendigung eines Dienstverhältnisses gezahlt werden, ausdrücklich eine abweichende Regelung, ist natürlich die abweichende Regelung anzuwenden. Die Freistellung im Ansässigkeitsstaat Deutschland entfällt ab 2017, wenn die Abfindungen im vormaligen Tätigkeitsstaat aufgrund eines abweichenden DBA-Verständnisses nicht besteuert werden.[5]

Im Verhältnis zu Belgien, Großbritannien, Luxemburg, Niederlanden und zur Schweiz wurde geregelt, dass sich die steuerliche Behandlung von Abfindungen danach richtet, welcher Charakter der Abfindungszahlung beizumessen ist. Während Abfindungen mit Versorgungscharakter als Ruhegehälter im Ansässigkeitsstaat besteuert werden können, steht das Besteuerungsrecht für Abfindungen, bei denen es sich um Lohn- oder Gehaltsnachzahlungen oder andere Vergütungen aus dem früheren Arbeitsverhältnis handelt oder die allgemein für das vorzeitige Ausscheiden aus dem Dienst gewährt werden, dem (früheren) Tätigkeitsstaat zu. Dabei ist im Verhältnis zu Belgien, Großbri-

1 BFH, Urteil v. 9.9.1970 - I R 19/69, BStBl 1970 II S. 867.

2 Vgl. hierzu BFH, Urteil v. 24.2.1988 - I R 143/84, BStBl II 1988 S. 819 und BFH, Urteil v. 10.07.1996 - I R 83/95, BStBl II 1997 S. 341.

3 BFH, Urteil v. 11.11.2009 - IX R 1/09, BStBl 2010 II S. 746.

4 BMF, Schreiben v. 12.12.2023 - V B 2 - S 1300/21/10024 :005, BStBl 2023 I S. 2179, Rz. 257.

5 BMF, Schreiben v. 12.12.2023 - V B 2 - S 1300/21/10024 :005, BStBl 2023 I S. 2179, Rz. 254–261.

tannien, Luxemburg den Niederlanden und der Schweiz eine – unterschiedlich ausgestaltete – zeitliche Aufteilung des Besteuerungsrechts in den Fällen vorgesehen, in denen der Arbeitnehmer in der Zeit vor dem Ausscheiden aus dem Dienst nicht nur in seinem (früheren) Tätigkeitsstaat, sondern auch in seinem Wohnsitzstaat oder in Drittstaaten tätig war. Im Verhältnis zu Österreich steht das Besteuerungsrecht für Abfindungen aus Anlass der Beendigung des Arbeitsverhältnisses sowie für Urlaubsentschädigungen stets dem Staat zu, der auch für die Bezüge aus der aktiven Zeit besteuerungsberechtigt war.[1]

Das mit Polen geschlossene DBA regelt, dass Gehälter, Löhne und ähnliche Vergütungen, die eine in Polen ansässige Person in ihrer Eigenschaft als bevollmächtigter Vertreter einer Gesellschaft bezieht, die in Deutschland ansässig ist, in Deutschland besteuert werden können. Diese Sonderregelung, in der die Besteuerungsbefugnis für Vergütungen einer Person in ihrer Eigenschaft als „bevollmächtigter Vertreter“ geregelt wird, gilt auch für Geschäftsführer einer deutschen GmbH, die ihren ausschließlichen Wohnsitz in Polen haben. Sie erfasst auch Abfindungen. Hiervon ausgehend wies der BFH Deutschland das Besteuerungsrecht für das Gehalt einer Geschäftsführerin mit ausschließlichem Wohnsitz in Polen zu, die ihre Tätigkeit teilweise in Deutschland, teilweise in Polen sowie in anderen Staaten ausgeübt hatte. Auch die an die Geschäftsführerin gezahlte Abfindung durfte (nur) in Deutschland besteuert werden.[2]

Konkurrenz- oder Wettbewerbsverbot:

Vergütungen an den Arbeitnehmer für ein Konkurrenz- oder Wettbewerbsverbot fallen unter Art. 15 OECD-MA. Die Arbeitsleistung, das Nicht-Tätig-Werden, wird in dem Staat erbracht, in dem sich der Arbeitnehmer während der Dauer des Verbotes aufhält. Hält sich der Arbeitnehmer während dieses Zeitraums in mehreren Staaten auf, ist das Entgelt entsprechend aufzuteilen. Auch der BFH geht im Urteil v. 12.6.1996 (XI R 43/94, BStBl 1996 II S. 516), davon aus, dass die Zahlungen für ein Konkurrenz- oder Wettbewerbsverbot auf die Zukunft gerichtet sind. Außerdem hat der BFH im Urteil v. 5.10.1994 (BFH, Urteil v. 5.10.1994 – I R 67/93, BStBl 1995 II S. 95) die Fiktion eines Tätigkeitsortes unabhängig von der körperlichen Anwesenheit des Arbeitnehmers abgelehnt.

Mit Österreich wurde eine Verständigungsvereinbarung geschlossen, die das Besteuerungsrecht für Vergütungen für ein Konkurrenz- oder Wettbewerbsverbot grundsätzlich dem früheren Tätigkeitsstaat zuweist.[3]

1 BMF, Schreiben v. 12.12.2023 - V B 2 - S 1300/21/10024 :005, BStBl 2023 I S. 2179, Rz. 262–266.
2 BFH, Beschluss v. 30.9.2020 - I R 76/17, BStBl 2021 II S. 275.
3 BMF, Schreiben v. 26.8.2010 - IV B 2 -S 1301 AUT/07/10015-01, BStBl 2010 I S. 645.

Tantiemen und andere jahresbezogene Erfolgsvergütungen

Unabhängig vom Zuflusszeitpunkt ist eine nachträglich gewährte Erfolgsvergütung nach den Verhältnissen des Zeitraums zuzuordnen, für die sie gewährt wird[1] und ggf. unter Beachtung des § 50d Abs. 8 EStG und des Progressionsvorbehalts von der inländischen Besteuerung freizustellen.

Antrittsgeld (Signing Bonus)

Eine bei Abschluss des Arbeitsvertrags fällige Einmalzahlung – sog. „Signing Bonus" – gehört zu den Einkünften aus nichtselbständiger Arbeit. Soweit dieser Bonus für eine konkrete noch auszuübende Tätigkeit gewährt wird, richtet sich das Besteuerungsrecht danach, wo die Tätigkeit erbracht werden soll.[2] Dementsprechend ist die Vergütung zunächst nach den voraussichtlich tatsächlichen Arbeitstagen des Erdienungszeitraums aufzuteilen. Die Steuer ist bis zum Ende des Erdienungszeitraums nach § 165 AO vorläufig festzusetzen. Muss das Antrittsgeld nach dem Arbeitsvertrag oder etwaiger Nebenabreden nicht zurückgezahlt werden, wenn der Arbeitnehmer das Unternehmen vorzeitig verlässt, fehlt es an einem Erdienungszeitraum, sodass grundsätzlich dem Ansässigkeitsstaat des Arbeitnehmers das Besteuerungsrecht zusteht.[3]

Zeitwertkonto (Arbeitszeitkonto):

Für Auszahlungen aus einem Zeitwertkonto (Arbeitszeitkonto) steht dem Vertragsstaat das Besteuerungsrecht zu, dem das Besteuerungsrecht in der Einbringungsphase aufgrund der ausgeübten Tätigkeit zustand.

Entgeltfortzahlungen im Krankheitsfall:

Entgeltfortzahlungen im Krankheitsfall einer österreichischen Bau-GmbH an österreichische Arbeitnehmer, die in Deutschland eingesetzt sind, unterliegen gem. Art. 18 Abs. 2 des Abkommens der österreichischen Besteuerung in dem Ausmaß, wie sie nach dem Entgeltfortzahlungsgesetz und dem Bauarbeiter-Urlaubs- und Abfertigungsgesetz mit den betreffenden öffentlich-rechtlichen Versicherungsträgern „rückverrechenbar" sind. Das heißt, dass Österreich nur für die Entgeltfortzahlungen an die Arbeitnehmer das Besteuerungsrecht hat, die von österreichischen Sozialversicherungseinrichtungen getragen werden.[4]

Nach Art. 18 Abs. 2 des DBA dürfen Zahlungen, die eine in einem Vertragsstaat ansässige Person aus der gesetzlichen Sozialversicherung des anderen Vertragsstaates erhält, abweichend von Art. 18 Abs. 1 des DBA nur in diesem anderen Staat besteuert werden

1 BFH, Urteil v. 27.1.1972 - I R 37/70, BStBl 1972 II S. 459.

2 BFH, Urteil v. 11.4.2018 - I R 5/16, BStBl 2018 II S. 761.

3 BMF, Schreiben v. 12.12.2023 - V B 2 - S 1300/21/10024 :005, BStBl 2023 I S. 2179, Rz. 249–251.

4 BMF, Schreiben v. 5.11.2018 - IV B 3 - S 1301-AUT/07/10018, BStBl 2018 I S. 1105.

(„Kassenstaatsprinzip“). Dies gilt unabhängig davon, ob die Zahlungen direkt von den Sozialversicherungseinrichtungen geleistet werden, oder die Zahlungen durch den Arbeitgeber erfolgen und diese dem Arbeitgeber von den Sozialversicherungseinrichtungen erstattet werden. Zu den Zahlungen aus der österreichischen gesetzlichen Sozialversicherung gehören auch Leistungen nach dem Entgeltfortzahlungsgesetz und dem Bauarbeiter-Urlaubs- und Abfertigungsgesetz. Nach dem DBA Deutschland-Italien können Ruhegehälter und Bezüge, die aufgrund der Sozialversicherungsgesetzgebung aus öffentlichen Kassen gezahlt werden, nur im Kassenstaat besteuert werden, wenn der Empfänger der Bezüge Staatsangehöriger dieses Staates ist, ohne zugleich Staatsangehöriger des anderen Vertragsstaates zu sein. Eine Zuordnung des Besteuerungsrechts für die aus der deutschen Sozialversicherung gezahlte Rente an einen in Italien ansässigen deutschen Staatsangehörigen an den Kassenstaat Deutschland wurde daher vom BFH nicht beanstandet.[1] Insoweit hat der BFH seine frühere Rechtsprechung aufgegeben.[2]

Optionsrecht auf den Erwerb von Aktien (Abkommensrechtliche Beurteilung)

Sowohl bei handelbaren als auch bei nicht handelbaren Aktienoptionen führt grundsätzlich erst die tatsächliche Ausübung („Exercise“) der Aktienoption zum Zufluss eines geldwerten Vorteils.[3] Stimmt der Zeitpunkt der Optionsausübung mit dem Zeitpunkt der Gutschrift der Aktien im Depot des Arbeitnehmers nicht überein, fließt der geldwerte Vorteil erst an dem Tag zu, an dem die Aktien in das Depot des Arbeitnehmers eingebucht werden.[4] Aus Vereinfachungsgründen kann auch auf den Tag der Ausbuchung oder den Vortag der Ausbuchung beim Überlassenden abgestellt werden.[5]

Für die Aufteilung des geldwerten Vorteils ist bei Aktienoptionen grundsätzlich zu unterscheiden, ob die Option einen Vergangenheits- oder einen Zukunftsbezug aufweist. Handelbare Aktienoptionen werden regelmäßig gewährt, um in der Vergangenheit geleistete Tätigkeiten zu honorieren. Unabhängig vom Zuflusszeitpunkt ist daher der geldwerte Vorteil nach den Verhältnissen des Zeitraums zuzuordnen, für den er gewährt wird. Der Vorteil ist ggf. unter Beachtung des § 50d Abs. 8 EStG und des Progressionsvorbehalts von der inländischen Besteuerung freizustellen.

Nicht handelbare Aktienoptionen stellen demgegenüber lediglich die Einräumung einer Chance dar. Der geldwerte Vorteil ist damit bei Zufluss als Vergütung für den ganzen

1 BFH, Urteil v. 17.8.2022 - I R 17/19, BStBl 2023 II S. 554.

2 BFH, Urteil v. 25.7.2011 - I B 37/11, BFH/NV 2011 S. 1879.

3 BFH, Urteil v. 24.1.2001 - I R 100/98, BStBl 2001 II S. 509 und 512 und BFH, Urteil v. 20.11.2008 - VI R 25/05, BStBl 2009 II S. 382.

4 BFH, Urteil v. 20.11.2008 - VI R 25/05, BStBl 2009 II S. 382 sowie BMF, Schreiben v. 16.11.2021 - IV C 5 - S 2347/21/10001 :006, BStBl 2021 I S. 2308, Rz. 25.

5 BMF, Schreiben v. 16.11.2021 - I R 100/98, BStBl 2021 I S. 2308, Rz. 21.

Erdienungszeitraum („Vesting-Period“) anzusehen. Der Erdienungszeitraum ist der Zeitraum zwischen der Optionsgewährung („Grant“) und der erstmalig tatsächlich möglichen Ausübung des Optionsrechts durch den Arbeitnehmer („Vesting“).[1] Befindet sich der Arbeitnehmer im Zeitpunkt der erstmals möglichen Ausübung des Optionsrechts bereits im Ruhestand, ist für die Aufteilung des geldwerten Vorteils nur der Zeitraum von der Gewährung des Optionsrechts bis zur Beendigung der aktiven Tätigkeit als Erdienungszeitraum heranzuziehen.[2]

BEISPIEL: Der Arbeitgeber räumt seinem Arbeitnehmer Anfang 03 das nicht handelbare, frühestens nach Ablauf von vier Jahren ausübbare Recht ein, 300 Aktien des eigenen Unternehmens zum Preis von 100 € pro Stück zu erwerben, was in 03 dem damaligen Börsenkurs entsprach. Ende 06 erwirbt der Arbeitnehmer diese Aktien bei einem aktuellen Börsenkurs von 50.000 € für insgesamt 30.000 €. Der Arbeitnehmer war während des gesamten Jahres 04 in Großbritannien eingesetzt gewesen. Der für diesen Zeitraum gezahlte Arbeitslohn war nach dem mit Großbritannien bestehenden DBA zu Recht steuerfrei belassen worden.

LÖSUNG: Der geldwerte Vorteil aus der Ausübung der Aktienoption (= 20.000 €) entfällt zu einem Viertel auf den nicht dem Besteuerungsrecht der Bundesrepublik unterliegenden Auslandseinsatz und ist mithin i. H. von 5.000 € steuerfrei. Die restlichen 15.000 € können als Entlohnung für eine mehrjährige Tätigkeit nach der sog. Fünftelregelung besteuert werden.

Bei virtuellen Aktienoptionen wird auf die tatsächliche Ausgabe von Aktien verzichtet und die finanziellen Auswirkungen entsprechend nachgebildet. Damit werden Neuemissionen sowie die damit verbundene Verwässerung des Aktienkurses und des Stimmrechts vermieden. Im Unterschied zu realen Aktienoptionsplänen besteht im Fall von virtuellen Aktienoptionen (Stock Appreciation Rights oder Phantom Stock Awards) bei Ausübung also kein Recht auf Lieferung von Aktien, sondern ein Recht auf Auszahlung eines Geldbetrages, der sich aus der Kursentwicklung ergibt. Wirtschaftlich betrachtet, stellen die Vergütungen aus den virtuellen Aktienoptionen ein Entgelt für die in der Vergangenheit geleistete Arbeit dar. Die vorgenannten Ausführungen bezüglich Zufluss und Aufteilung gelten entsprechend.

Es kann nicht ausgeschlossen werden, dass sich bei Optionsrechten Doppelbesteuerungen ergeben, weil der Zeitpunkt der Besteuerung von Aktienoptionen im nationalen Steuerrecht anderer Staaten vom deutschen Recht abweicht. Diese können nur mit Hilfe von Verständigungsvereinbarungen beseitigt werden.

HINWEIS:

Im Gegensatz zu Aktienoptionen handelt es sich bei Restricted Stocks oder Restricted Shares um direkte Übertragungen von Aktien, die gewissen Verfügungsbeschränkungen unterliegen (u. a. Ausschluss von Stimm- und Dividendenbezugsrechten sowie Veräußerungsverbot für einen bestimmten Zeitraum). In vielen Fällen erfolgt die Aktienübertragung nicht unmittelbar, sondern

1 Vgl. hierzu BFH, Urteil v. 21.12.2022 - I R 11/20, BStBl 2023 II S. 825.

2 BMF, Schreiben v. 12.12.2023 - V B 2 - S 1300/21/10024 :005, BStBl 2023 I S. 2179, Rz. 271–302.

den Arbeitnehmern wird zunächst in Aussicht gestellt, in einem späteren Jahr unentgeltlich Aktien ihres Arbeitgebers zu erhalten (Aktienanrechte, Stock Awards, Restricted Stock Units). Voraussetzung ist regelmäßig, dass der betreffende Arbeitnehmer zu diesem Stichtag noch bei dem Arbeitgeber (oder bei einem anderen Unternehmen im Konzernverbund) beschäftigt ist. Dabei werden häufig Sammel- oder Sperrdepots für die Mitarbeiter angelegt und eine entsprechende Anzahl an Aktien gutgeschrieben.

Sowohl bei direkten Aktienübertragungen als auch bei der Einräumung von Aktienanrechten setzt ein Lohnzufluss die Erlangung von wirtschaftlichem Eigentum beim Arbeitnehmer voraus. Wirtschaftliches Eigentum kann nicht unterstellt werden, wenn umfassende Verfügungsbeschränkungen (z. B. keine Stimm- und Dividendenbezugsrechte in Kombination mit einem Veräußerungsverbot) vereinbart wurden. Deshalb fließt dem Arbeitnehmer der geldwerte Vorteil erst in dem Zeitpunkt zu, in dem die Verfügungsbeschränkungen nicht mehr umfassend sind (z. B. bei Wegfall einzelner Beschränkungen). Dies gilt insbesondere auch, wenn eine Übertragung der Aktien in ihrer Wirksamkeit von der Zustimmung der Gesellschaft abhängig und eine Veräußerung der Aktien für den Arbeitnehmer rechtlich unmöglich ist (vinkulierte Namensaktien)[1]. Ein schuldrechtliches Veräußerungsverbot verhindert den Zufluss jedoch nicht, da die Veräußerung (ggf. unter Sanktionierung) rechtlich möglich ist.

Dagegen ist auch von wirtschaftlichem Eigentum auszugehen, wenn der Arbeitnehmer aufgrund einer Sperr- bzw. Haltefrist die Aktien lediglich für eine bestimmte Zeit nicht veräußern kann, ihm aber das Stimmrecht und der Dividendenanspruch unabhängig von der Vereinbarung einer Sperrfrist zustehen. Sperr- oder Haltefristen stehen einem Zufluss von Arbeitslohn in diesem Fall nicht entgegen.[2] Die Erlangung der wirtschaftlichen Verfügungsmacht erfordert nicht, dass der Arbeitnehmer in der Lage sein muss, den Vorteil sofort durch Veräußerung der Aktien in Bargeld umzuwandeln.

Wegen der Zukunftsbezogenheit bei dieser Form der Mitarbeiterbeteiligung wird das Besteuerungsrecht am geldwerten Vorteil auf den Zeitraum zwischen der Einräumung und der Erlangung der wirtschaftlichen Verfügungsmacht (i. d. R. bei Wegfall der Verfügungsbeschränkung) aufgeteilt. Dies entspricht somit dem Erdienenszeitraum.

Altersteilzeit nach dem Blockmodell:

Für den Arbeitnehmer besteht im Rahmen des Altersteilzeitgesetzes unter bestimmten Voraussetzungen die Möglichkeit, seine Arbeitszeit zu halbieren. Beim sog. Blockmodell schließt sich dabei an eine Phase der Vollzeitarbeit (Arbeitsphase) eine gleich lange Freistellungsphase an. Das Arbeitsverhältnis besteht bis zum Ende der Freistellungsphase weiter fort. Der Arbeitgeber zahlt dem Arbeitnehmer für die von ihm geleistete

1 Vgl. hierzu auch BFH, Urteil v. 30.6.2011 - VI R 37/09, BStBl 2011 II S. 923.

2 BFH, Urteil v. 30.9.2008 - VI R 67/05, BStBl 2009 II S. 282.

Tätigkeit Arbeitslohn. Dieser wird durch den sog. Aufstockungsbetrag erhöht. Den Anspruch auf Zahlung des Arbeitslohns während der Freistellungsphase erwirbt der Arbeitnehmer dabei durch seine Tätigkeit in den Zeiten der Vollzeitbeschäftigung.

Der Arbeitslohn und der Aufstockungsbetrag stellen während der Arbeits- und der Freistellungsphase Vergütungen dar, auf die die DBA-Regelungen entsprechend Art. 15 OECD-MA anzuwenden sind. Während der Freistellungsphase handelt es sich dabei einheitlich um nachträglich gezahlten Arbeitslohn.[1] Dieser ist entsprechend der Aufteilung der Vergütungen zwischen dem Wohnsitzstaat und dem Tätigkeitsstaat während der Arbeitsphase aufzuteilen.

BEISPIEL 1: A geht mit 57 Jahren in Altersteilzeit. Die erste Hälfte der Altersteilzeit ist er für seinen Arbeitgeber in Frankreich tätig (Besteuerungsrecht = Frankreich). Die Freistellungsphase der Altersteilzeit verbringt er an seinem deutschen Wohnsitz.

LÖSUNG: Für den Arbeitslohn (50 %) während der Freistellungsphase der Altersteilzeit hat Frankreich das Besteuerungsrecht, da die Zahlungen auf die frühere Tätigkeit zurückzuführen sind. Die Aufstockungsbeträge unterliegen sowohl in der aktiven als auch in der Freistellungsphase in Deutschland dem Progressionsvorbehalt (§ 32b Abs. 1 Nr. 1 g EStG).

BEISPIEL 2: A geht mit 57 Jahren in Altersteilzeit. Er ist für seinen Arbeitgeber stets in Deutschland tätig gewesen. Mit Beginn der Freistellungsphase gibt er seinen deutschen Wohnsitz auf und zieht nach Spanien.

LÖSUNG: Für den Arbeitslohn (50 %) während der Freistellungsphase der Altersteilzeit hat Deutschland das Besteuerungsrecht, da die Zahlungen auf die frühere Tätigkeit zurückzuführen sind. Anders wäre es bei Pensionszahlungen (= Versorgungszahlungen). Hierfür hat regelmäßig der Ansässigkeitsstaat das Besteuerungsrecht.

3.2.8 Vorrang von besonderen Verständigungsvereinbarungen

Verständigungsvereinbarungen in Einzelfällen zwischen den zuständigen Behörden der Vertragsstaaten bleiben durch die vorstehenden Regelungen unberührt. Zuständige Behörde auf deutscher Seite ist das Bundeszentralamt für Steuern.[2] Rechtsgrundlage für Verständigungsvereinbarungen sind die Verständigungsklauseln der DBA, die regelmäßig entsprechend Art. 25 OECD-MA ausgestaltet sind. Sie enthalten Bestimmungen, nach denen das BMF mit den zuständigen Behörden anderer Staaten unmittelbar verkehren kann, um eine Einigung über Einzelfälle oder über allgemeine Fragen herbeizuführen. Der Antrag auf Eröffnung eines Verständigungsverfahrens ist vom Steuerpflichtigen (regelmäßig vom Arbeitnehmer) bei der zuständigen Behörde des Ansässigkeitsstaates zu stellen. Einem Antrag auf Eröffnung des Verständigungsverfahrens steht nicht entgegen, dass nach innerstaatlichem deutschem Steuerrecht oder nach

1 BFH, Urteil v. 12.1.2011 - I R 49/10, BStBl 2011 II S. 446.

2 BMF, Schreiben v. 20.6.2011 - IV B 5 -O 1000/09/10507-04, BStBl 2011 I S. 674.

dem Recht des anderen Staates ein Rechtsbehelf anhängig ist oder der Rechtsweg noch nicht erschöpft ist.[1]

WICHTIG:

Einer Eröffnung des Verständigungsverfahrens wird nicht zugestimmt, wenn der Steuerpflichtige mehrere Jahre (i. d. R. drei Jahre) zwischen der Bekanntgabe der danach maßgebenden Besteuerungsmaßnahme und seinem Antrag hat verstreichen lassen und nicht besondere Umstände eine frühere Geltendmachung ausgeschlossen haben. Ein Antrag auf Eröffnung des Verständigungsverfahrens ist nur zulässig, wenn eine abkommenswidrige Besteuerung vorliegt oder droht. Eine Doppelbesteuerung braucht nicht nachgewiesen zu werden, es sei denn, das Abkommen sieht einen solchen Nachweis vor. Die Verständigungsvereinbarung kann nach § 175a AO ungeachtet der Bestandskraft deutscher Bescheide umgesetzt werden. Die Festsetzungsfrist endet insoweit nicht vor Ablauf eines Jahres nach dem Wirksamwerden der Verständigungsvereinbarung. Der Antrag auf Eröffnung eines Verständigungsverfahrens bei einer inländischen Finanzbehörde hemmt den Ablauf der Festsetzungsfrist nach Maßgabe des § 171 Abs. 3 AO, wenn damit gleichzeitig die Änderung des Steuerbescheids beantragt wird. Kosten, die den betroffenen Steuerpflichtigen im Zusammenhang mit einem Verständigungsverfahren entstehen, werden nicht ersetzt.

3.2.9 Progressionsvorbehalt

Der Progressionsvorbehalt besagt, dass bei unbeschränkt Steuerpflichtigen die nach DBA von der inländischen Steuer freigestellten Einkünfte in die Bemessung des Steuersatzes für das im Inland zu versteuernde Einkommen einzubeziehen sind.[2] Er ist in allen DBA vorgesehen. Die Anwendung des Progressionsvorbehalts setzt abkommensrechtlich lediglich voraus, dass das einschlägige DBA die Berücksichtigung des Progressionsvorbehalts nicht verbietet.[3]

Bei der Ermittlung des für den Progressionsvorbehalt zu berechnenden besonderen Steuersatzes sind die nach einem DBA steuerfreien ausländischen Einkünfte um die tatsächlich angefallenen Werbungskosten zu kürzen. Der Arbeitnehmer-Pauschbetrag von 1.030 € (ab 2023) kann nur abgezogen werden, soweit er nicht bereits bei den inländischen Einkünften berücksichtigt worden ist.[4] Bei einer nur zeitweise bestehenden unbeschränkten Steuerpflicht sind die ausländischen Einkünfte, die im Veranlagungszeitraum nicht der deutschen Einkommensteuer unterlegen haben, in den Progressionsvorbehalt einzubeziehen.[5]

1 Wegen weiterer Einzelheiten wird auf das BMF-Merkblatt zu internationalen Verständigungsverfahren v. 21.2.2024 (IV B 3 - S 1304/21/10005 :003 NWB DAAAJ-60143) hingewiesen.

2 § 32b Abs. 1 Satz 1 Nr. 3 EStG.

3 BFH, Urteil v. 19.12.2001 - I R 63/00, BStBl 2003 II S. 302.

4 § 32b Abs. 2 Nr. 2 EStG.

5 § 32b Abs. 1 Satz 1 Nr. 2 EStG.

Unterhält der Arbeitnehmer im Inland keinen Wohnsitz oder gewöhnlichen Aufenthalt und wird § 1 Abs. 3 EStG, § 1a EStG oder § 50 Abs. 2 Satz 2 Nr. 4 EStG angewendet, ist der Progressionsvorbehalt ebenfalls zu berücksichtigen.[1]

Einkünfte, die dem Progressionsvorbehalt unterliegen, sind nach deutschem Steuerrecht zu ermitteln.[2] Dies bedeutet, dass beispielsweise ausländische Werbungskostenpauschalen oder Steuerbefreiungsvorschriften nicht zu berücksichtigen sind.

Der BFH hat mit Beschluss v. 11.10.2023 (I S 53/20 OAAAJ-59381) entschieden, dass bei dem Progressionsvorbehalt unterliegenden ausländischen Einkünften selbst dann keine Übermaßbesteuerung vorliegt, wenn bei Zusammenrechnung der Auslandssteuer und der inländischen Steuererhöhung aufgrund des Progressionsvorbehalts rechnerisch eine Gesamtsteuerbelastung der ausländischen Einkünfte von mehr als 49 % entsteht. **Konsequenz:** Dem Wohnsitzstaat kann die Höhe der Steuerbelastung im Quellenstaat nicht entgegengehalten werden.

3.2.10 Abweichende Regelungen bei weiteren Einkünften aus nichtselbständiger Arbeit

Ruhegehälter (Pensionen) und ähnliche Vergütungen aus früheren Dienstverhältnissen werden i. d. R. vom Wohnsitzstaat (Art. 18 OECD-MA), Vergütungen einschließlich Ruhegehältern aus öffentlichen Kassen für die Ausübung öffentlicher Dienste i. d. R. vom Quellenstaat besteuert (Art. 19 OECD-MA).

Im Rahmen eines vereinfachten Verfahrens haben die betroffenen Firmen (Arbeitgeber) den Finanzbehörden nach dem Ansässigkeitsstaat der Versorgungsempfänger sortierte Listen zu übersenden, aus denen Versorgungsempfänger, Geburtsdaten, Rentenhöhen und -arten hervorgehen, und zu erklären, dass gegen eine Weiterleitung der Listen an die zuständigen ausländischen Finanzbehörden keine Einwendungen erhoben werden. Darüber hinaus werden die Finanzbehörden des betroffenen ausländischen Staates um Rückmeldung gebeten, sofern der Ruhegehaltsempfänger dort nicht mehr ansässig ist.

Mit verschiedenen Staaten wurden Sonderregelungen getroffen: Bei der Zahlung von als Arbeitslohn zu erfassenden Betriebsrenten an Empfänger mit Wohnsitz in den Niederlanden, ist vom deutschen Arbeitgeber grundsätzlich ein Lohnsteuerabzug vorzunehmen. Von diesem Lohnsteuerabzug wird allerdings nach dem DBA Niederlande bis zu einem Bruttobetrag von 15.000 € abgesehen. Der Betrag von 15.000 € (= Freigrenze) gilt für die Bruttobeträge (vor Abzug von Steuern und Sozialabgaben) aller von den Empfängern in den Niederlanden im jeweiligen Kalenderjahr aus Deutschland be-

1 § 32b Abs. 1 Satz 1 Nr. 5 EStG.

2 BFH, Urteil v. 20.9.2006 - IR 59/05, BStBl 2007 II S. 56.

zogenen Betriebsrenten und Sozialversicherungsrenten. Bezogene einmalige Leistungen (z. B. aufgrund eines Kapitalwahlrechts) können unabhängig von dieser Freigrenze stets in Deutschland besteuert werden. Das vorstehend erwähnte Merkmal „bezogen" ist erfüllt, soweit die mit der Leistung zusammenhängenden Beiträge oder Zahlungen in Deutschland zu einer Steuervergünstigung geführt haben (z. B. durch Rückstellungen, Steuerfreistellung der Beiträge, Sonderausgabenabzug oder Zulagen); bei Sozialversicherungsrenten kommt es hierauf nicht an.

Die vorstehenden Ausführungen gelten entsprechend im umgekehrten Fall, wenn also ein in Deutschland ansässiger Arbeitnehmer sog. Alterseinkünfte aus den Niederlanden bezieht. In diesem Fall wird eine Doppelbesteuerung in Deutschland durch Anrechnung der niederländischen Steuer auf die deutsche Steuer vermieden[1] zur steuerlichen Behandlung von Alterseinkünften nach Art. 17 des Abkommens v. 12.4.2012 zwischen der Bundesrepublik Deutschland und dem Königreich der Niederlande zur Vermeidung der Doppelbesteuerung und zur Verhinderung der Steuerverkürzung auf dem Gebiet der Steuern vom Einkommen).[2]

HINWEIS:

Einige neue DBA (z. B. Großbritannien, Spanien, Luxemburg, Niederlande) enthalten sog. Förderstaatsklauseln. Danach ist die Besteuerung von Betriebsrenten und Ruhegehältern in der Auszahlungsphase davon abhängig, in welchem Vertragsstaat eine Förderung in der Aufbauphase erfolgte. Der Begriff „Steuervergünstigung" ist weit auszulegen. Die steuerliche Entlastung kann beispielsweise in der Gewährung eines Sonderausgabenabzugs, der Steuerfreistellung von Beiträgen, in der Förderung durch Zulagen oder der gewinnmindernden Bildung von Pensionsrückstellungen im Rahmen der Besteuerung des Arbeitgebers zur Finanzierung einer Pensionszusage (Direktzusage) bestehen.

3.2.11 Verbot der virtuellen Doppelbesteuerung

Steht der Bundesrepublik Deutschland das Besteuerungsrecht nach einem DBA nicht zu, ist grundsätzlich nicht zu prüfen, ob der ausländische Staat sein Besteuerungsrecht auch tatsächlich ausübt. Der Verzicht eines Vertragsstaates auf das Besteuerungsrecht gilt – soweit sich aus dem Abkommen nichts Anderes u. a. in Form von DBA-Rückfallklauseln (hierzu siehe Abschnitt 3.2.11) ergibt – zwingend und ausnahmslos; das folgt aus dem Verbot der virtuellen Doppelbesteuerung.[3] Bei unbeschränkt Steuerpflichtigen

1 BMF, Schreiben v. 24.1.2017 - IV B 3 - S 1301-NDL/15/1002, BStBl 2017 I S. 147.

2 Vgl. außerdem BMF, Schreiben v. 27.7.2016 - IV C 3 - S 2255/07/10005 :004 / IV C 5 - S 2333/13/10003, BStBl 2016 I S. 759 zur steuerlichen Behandlung von Beiträgen und Leistungen im Zusammenhang mit der zweiten Säule der schweizerischen Altersvorsorge sowie BMF, Schreiben v. 11.12.2014 -IV B 4 - S 1301 - TÜR/0 :007, BStBl 2014 I S. 92 zur steuerlichen Behandlung von Alterseinkünften im Verhältnis zur Türkei.

3 BFH, Urteil v. 31.7.1974 - I R 27/73, BStBl 1975 II S. 61 und BFH, Urteil v. 20.10.1982 - I R 104/79, BStBl 1983 II S. 402.

sind weiterhin § 50d Abs. 8 und 9 EStG (vgl. hierzu auch die nachfolgenden Erläuterungen) zu beachten.

3.2.12 Rückfallklauseln

Um zu vermeiden, dass Vergütungen in keinem der beiden Vertragsstaaten einer Besteuerung unterliegen, enthalten einige Abkommen (vor allen Dingen aus der jüngeren Zeit) Klauseln, die eine Besteuerung zumindest in einem der beiden Staaten gewährleisten sollen. Diese Klauseln sind in den Abkommen unterschiedlich ausgestaltet; überwiegend handelt es sich um sog. Subject-to-tax-Klauseln oder um Remittance-base-Klauseln. Auf das erläuternde BMF-Schreiben v. 20.6.2013 (IV B 2 - S 1300/09/10006, BStBl 2013 I S. 980) mit einer beispielhaften Auflistung der in den einzelnen Abkommen enthaltenen Arten von Rückfallklauseln sei hingewiesen.

Subject-to-tax-Klausel (im Ergebnis handelt es sich um eine Rückfallklausel im DBA selbst):

In einigen Abkommen ist geregelt, dass Vergütungen für Zwecke des DBA nur dann als aus dem anderen Vertragsstaat stammend gelten, wenn sie dort besteuert werden. Ist dies nicht der Fall, fällt das Besteuerungsrecht an den Ansässigkeitsstaat zurück; ist Deutschland in solchen Fällen der Ansässigkeitsstaat, werden die Vergütungen nicht von der deutschen Besteuerung freigestellt.

Der BFH hat mit seinem Urteil v. 17.10.2007 (I R 96/06, BStBl 2008 II S. 953) entschieden, dass die im DBA Italien enthaltene Rückfallklausel dazu führt, dass in Italien nicht besteuerte Einkünfte von Deutschland besteuert werden dürfen. Ausdrücklich hebt er mit dieser Entscheidung sein vorangegangenes Urteil v. 17.12.2003 (I R 14/02, BStBl 2004 II S. 260) auf. Damit sind wirksame Rückfallklauseln in folgenden DBA enthalten: DBA Italien (Abs. 16 Buchst. d des Protokolls zum DBA), DBA USA 1989 (Art. 23 Abs. 2 letzter Satz), DBA USA 2006 (Art. 23 Abs. 4 Buchst. b zweiter Halbsatz), DBA Dänemark (Art. 24 Abs. 3), DBA Luxemburg (Art. 7 Abs. 2 und Art. 10 Abs. 3 für Einkünfte an Bord von Schiffen und Luftfahrzeugen), DBA Neuseeland (Art. 23 Abs. 3), DBA Norwegen (Art. 23 Abs. 3) , DBA Österreich (Art. 15 Abs. 4 für Arbeitnehmer), DBA Schweden (Art. 23 Abs. 1) DBA Schweiz (Art. 15 Abs. 4 Satz 2) und DBA Singapur 2004 (Art. 24 Abs. 1 Buchst. e).

Für Subject-to-tax-Klauseln gilt Folgendes: Unterliegen die Vergütungen nach den Bestimmungen des DBA der ausländischen Besteuerung, ist es für die Freistellung von der deutschen Besteuerung unbeachtlich, in welchem Umfang sie von der ausländischen Besteuerung erfasst werden oder ob dort alle Einkunftsteile im Rahmen der Veranlagung zu einer konkreten Steuerzahlungspflicht führen. Eine ausländische Besteuerung ist auch anzunehmen, wenn die ausländische Steuer auf Grund von Freibeträgen bzw.

auf Grund eines Verlustaugleichs oder Verlustabzugs entfällt oder wenn die betreffenden Vergütungen im Ergebnis zu negativen Einkünften bei der ausländischen Besteuerung führen.

Bei Bestehen der vorgenannten Klausel muss der Steuerpflichtige im Rahmen seiner erhöhten Mitwirkungspflicht nachweisen, dass die Vergütungen im Ausland der Besteuerung unterworfen wurden. Wird der Nachweis nicht erbracht, sind die ausländischen Vergütungen grundsätzlich in die Besteuerung im Inland einzubeziehen. Wird der Nachweis der Besteuerung erst zu einem späteren Zeitpunkt erbracht/nachgeholt, ist der Einkommensteuerbescheid zu ändern (§ 175 Abs. 1 Satz 1 Nr. 2 AO).

Im Freistellungsverfahren für den Lohnsteuerabzug kann der Nachweis der tatsächlichen Besteuerung im Tätigkeitsstaat häufig noch nicht erbracht werden, so dass der Arbeitgeber von den Rückfallklauseln nicht unmittelbar betroffen ist.

Remittance-base-Klausel:

Nach dem innerstaatlichen Recht einiger Staaten können ausländische Vergütungen von dort ansässigen Personen nur dann der dortigen Besteuerung unterworfen werden, wenn sie vom Ausland dorthin überwiesen („remitted") oder dort bezogen worden sind. Die Abkommen mit Großbritannien (Art. 24; DBA Großbritannien a. F.: Art. 2 Abs. 2), Irland (Art. 2 Abs. 2), Israel (Art. 2 Abs. 2), Jamaika (Art. 3 Abs. 3), Malaysia (Protokoll zum DBA, Ziffer 2), Singapur 2004 (Art. 22), Trinidad und Tobago (Protokoll zum DBA Ziffer 1 Buchst. a) sowie mit Zypern (Protokoll zum DBA Ziffer 2) sehen dem entsprechend vor, dass der Quellenstaat eine Freistellung oder Steuerermäßigung nur gewährt, soweit die Vergütungen in den Wohnsitzstaat überwiesen oder dort bezogen worden sind und damit der dortigen Besteuerung unterliegen. Der Quellenstaat beschränkt die von ihm zu gewährende Steuerbefreiung oder Steuerermäßigung auf die in den Wohnsitzstaat überwiesenen oder dort bezogenen Vergütungen. Besonderheiten der jeweils unterschiedlichen Klauseln sind zu beachten. Im vorstehenden Sinne hat der BFH auch zum DBA Singapur 1972 entschieden.[1] In dem Streitfall wurde ein Arbeitnehmer für seinen Arbeitgeber in Singapur für ein Gehalt von rund 77.000 € tätig. Von diesem Betrag wurden rund 54.000 € auf ein inländisches, deutsches Konto überwiesen und rund 23.000 € in Singapur ausbezahlt. Nach Auffassung des BFH kann eine Steuerbefreiung in Deutschland nur für den Teil der Einkünfte begehrt werden, die in den anderen Vertragsstaat (hier: Singapur) überwiesen oder dort bezogen werden. In Singapur wird der Arbeitnehmer nämlich nur unter Zugrundelegung des Betrags besteuert, der nach dorthin überwiesen oder dort bezogen wird, nicht aber unter Zugrundelegung des Gesamtbetrags der Einkünfte. Hintergrund dieser Regelung ist die Remittance-Base-Klausel im DBA mit Singapur, wonach dort ansässige oder als ansässig be-

1 BFH, Urteil v. 22.2.2006 - I R 14/05, BStBl 2006 II S. 743.

handelte Personen ausländische Einkünfte nur zu versteuern haben, wenn diese nach Singapur überwiesen oder dort empfangen werden.

Auch in den Fällen der Remittance-base-Klauseln setzt die Steuerfreistellung **im Veranlagungsverfahren den Nachweis der Besteuerung** durch den ausländischen Tätigkeitsstaat voraus.[1]

Rückfallklausel nach dem Einkommensteuergesetz:

Die nach einem DBA gebotene Freistellung von Einkünften aus nichtselbständiger Arbeit in Deutschland wird nach Einführung eines so genannten Treaty Overriding in § 50d Abs. 8 EStG seit 2004 davon abhängig gemacht, dass der Steuerpflichtige den Nachweis führt, dass diese Einkünfte im Tätigkeitsstaat tatsächlich besteuert worden sind oder dass der Tätigkeitsstaat auf sein Besteuerungsrecht verzichtet hat. Diese Einschränkung gilt unabhängig davon, ob nach dem einschlägigen DBA eine Rückfallklausel vorgesehen ist. Dieses Vorgehen hält der deutsche Steuergesetzgeber für unerlässlich, da in vielen Fällen das Besteuerungsrecht des Tätigkeitsstaates tatsächlich nicht ausgeübt wird, weil dieser häufig erst zu einem Zeitpunkt von dem steuerlich relevanten Sachverhalt erfährt, in dem keine Vollstreckungsmöglichkeiten gegen den Steuerpflichtigen mehr bestehen. Ohne die Regelung entstanden zuvor in vielen Fällen in keinem Staat besteuerte „weiße Einkünfte". Die Regelung des § 50d Abs. 8 EStG ist zudem nicht bereits beim Lohnsteuerabzug, sondern erst im Veranlagungsverfahren anzuwenden. Eine abkommensrechtliche Ansässigkeit in Deutschland wird in der Regelung des § 50d Abs. 8 EStG tatbestandlich nicht vorausgesetzt, entscheidend ist allein das Vorliegen einer unbeschränkten Steuerpflicht.[2]

Das Gesetz verpflichtet die Finanzverwaltung im Interesse der betroffenen Arbeitnehmer allerdings auch dazu, einen Einkommensteuerbescheid, in dem solche Einkünfte der deutschen Besteuerung unterworfen wurden, zugunsten des Steuerpflichtigen zu ändern, sobald dieser die tatsächliche Besteuerung im Ausland nachweist. Dadurch wird sichergestellt, dass eine ansonsten eintretende Doppelbesteuerung vermieden wird. Aufgrund der entsprechenden Anwendung von § 175 Abs. 1 Satz 2 Abgabenordnung beginnt die Festsetzungsfrist zugunsten des Steuerpflichtigen erst mit Ablauf des Kalenderjahres, in dem die Besteuerung im Tätigkeitsstaat erfolgt. Der betroffene Arbeitnehmer hat damit in jedem Fall ausreichend Zeit, die drohende Doppelbesteuerung durch einen entsprechenden Erstattungsantrag im Inland zu beseitigen.

§ 50d Abs. 8 EStG gilt nicht für Einkünfte aus Staaten, auf die der Auslandstätigkeitserlass anzuwenden ist. Entsprechendes gilt, wenn bereits das DBA Deutschland das Be-

1 BFH, Urteil v. 29.11.2000 - I R 102/99, BStBl 2001 II S. 195.

2 BFH, Beschluss v. 25.5.2016 - I B 139/11 NWB HAAAF-80029.

steuerungsrecht zuweist, weil der ausländische Staat von seinem Besteuerungsrecht keinen Gebrauch macht (= Rückfallklausel nach DBA). Der Nachweis über die Zahlung der festgesetzten ausländischen Steuern ist grundsätzlich durch Vorlage des Steuerbescheids der ausländischen Behörde sowie eines Zahlungsbelegs zu erbringen. Bei einem Selbstveranlagungsverfahren im ausländischen Staat genügen der Zahlungsbeleg und die Kopie der Steuererklärung. Eine Arbeitgeberbescheinigung genügt, wenn der Arbeitgeber nach ausländischem Recht zum Steuerabzug verpflichtet ist und die abgeführte Steuer Abgeltungswirkung hat (z. B. Spanien). Ein Verzicht des ausländischen Staates auf sein Besteuerungsrecht ist durch die Vorlage geeigneter Unterlagen nachzuweisen. Dabei kann es sich um einen Verzicht gegenüber Einzelpersonen, bestimmte Personengruppen oder um einen generellen Verzicht handeln.

Aus Vereinfachungsgründen wird die Freistellung von der deutschen Einkommensteuer unter Progressionsvorbehalt ohne Vorlage von Nachweisen nur gewährt, wenn der maßgebende nach deutschem Recht ermittelte Arbeitslohn in dem jeweiligen Veranlagungszeitraum insgesamt nicht mehr als 10.000 € beträgt.[1] Die Bagatellregelung von 10.000 € steht aber nicht pro Staat, sondern nur einmal je Veranlagungszeitraum zur Verfügung.

HINWEIS:

Der BFH hatte dem BVerfG die Frage zur Entscheidung vorgelegt, ob der Gesetzgeber durch eine solche Rückfallklausel (sog. Treaty Override) gegen Verfassungsrecht verstößt.[2] Das Bundesverfassungsgericht hält § 50d Abs. 8 EStG jedoch für verfassungsrechtlich zulässig.[3] Im Übrigen wird § 50d Abs. 8 EStG auch durch ein zeitlich nachfolgendes DBA, das keine entsprechende Rückfallklausel enthält, nicht verdrängt.[4]

In letzter Zeit geht Deutschland zudem verstärkt dazu über, entsprechende Klauseln zum Rückfall des Besteuerungsrechts an den Wohnsitzstaat bei „Keinmalbesteuerung" bereits in den jeweiligen DBA selbst zu verankern.

Anwendung des § 50d Abs. 9 EStG:

Bei Einkünften oder Einkunftsteilen, die nach einem DBA in einem ausländischen Staat besteuert werden können, wird bei einem unbeschränkt Steuerpflichtigen die Steuerfreistellung nach DBA unter den Voraussetzungen des § 50d Abs. 9 EStG nicht gewährt. Die Finanzverwaltung stellt klar, dass die Anwendung des § 50d Abs. 9 EStG nicht erfordert, dass Deutschland als Ansässigkeitsstaat anzusehen ist, sondern allein an die un-

1 Vgl. zu den Einzelheiten vgl. das BMF, Schreiben v. 12.12.2023 - V B 2 - S 1300/21/10024 :005, BStBl 2023 I S. 2179, Rz. 78.

2 BFH, Beschluss v. 10.1.2012 - I R 66/09, BFH/NV 2012 S. 1056.

3 BVerfG, Beschluss v. 15.12.2015 - 2 BvL 1/12; Pressemitteilung des BVerfG Nr. 9/2016 v. 12.2.2016.

4 BFH, Urteil v. 25.5.2016 - I R 64/13, DB 2016 S. 2036.

beschränkte Steuerpflicht im Inland anknüpft.[1] Aus Vereinfachungsgründen kann im Rahmen des Lohnsteuerabzugsverfahrens auf die Prüfung der Anwendung des § 50d Abs. 9 EStG weiterhin verzichtet werden.[2]

Kommt es bei unbeschränkt Steuerpflichtigen zu einer Nichtbesteuerung oder zu einer Besteuerung mit begrenztem Steuersatz, weil die Vertragsstaaten Einkünfte unterschiedlichen Abkommensbestimmungen zuordnen, da sie von unterschiedlichen Sachverhalten ausgehen, die Abkommensbestimmungen unterschiedlich auslegen oder Abkommensbegriffe nach ihrem nationalen Recht auslegen, besteuert Deutschland die Einkünfte nach § 50d Abs. 9 Satz 1 Nr. 1 EStG.

§ 50d Abs. 9 Satz 1 Nr. 2 EStG hebt die nach DBA vorgesehene Freistellung der Einkünfte auf, wenn der andere Vertragsstaat die Einkünfte nicht besteuern kann, weil dessen innerstaatliches Recht diese Einkünfte im Rahmen der beschränkten Steuerpflicht nicht erfasst.

Zum Verhältnis zwischen § 50d Abs. 8 und § 50d Abs. 9 Satz 1 Nr. 2 EStG: Der BFH hatte entschieden, dass **Lohneinkünfte eines Piloten**, der in Deutschland wohnt, aber an Bord eines Flugzeugs im internationalen Verkehr für eine irische Fluggesellschaft tätig ist, in Deutschland nicht besteuert werden können.[3] § 50d Abs. 8 EStG kam laut BFH nicht zur Anwendung, da der Steuerpflichtige darlegen konnte, dass Irland auf das ihm zustehende Besteuerungsrecht (bis einschl. 2010) verzichtet hatte. § 50d Abs. 9 Satz 1 Nr. 2 EStG war nicht einschlägig, da § 50d Abs. 8 EStG als „lex specialis" dieser Vorschrift vorging und folglich ihre Anwendung in Fallkonstellationen wie dem Streitfall ausgeschlossen war. Diese **BFH-Entscheidung** war in Fällen von in Deutschland ansässigem Flugpersonal britischer und irischer Fluggesellschaften ab dem Veranlagungszeitraum 2011 wegen zwischenzeitlich eingetretener nationaler Rechtsänderungen in Irland und dem neuem DBA Großbritannien, das in derartigen deutsch-britischen Fällen ein ausschließliches Besteuerungsrecht Deutschlands in seinem Art. 14 Abs. 3 vorsieht, nicht mehr anzuwenden.[4]

Überdies hat der Gesetzgeber – als Reaktion auf o. g. Rechtsprechung – **für alle noch offenen Fälle** das Verhältnis der beiden Vorschriften zueinander „klargestellt". **§ 50d Abs. 9 Satz 3 EStG i. d. F. des AmtshilfeRLUmsG** v. 26.6.2013, BGBl 2013 I S. 1809 – lässt Abs. 8 nur noch insoweit unberührt, als die Freistellung von Einkünften eingeschränkt wird.

1 BMF, Schreiben v. 12.12.2023 - V B 2 - S 1300/21/10024 :005, BStBl 2023 I S. 2179, Rz. 84.

2 BMF, Schreiben v. 14.3.2017 - IV C 5 - S 2369/10/10002, BStBl 2017 I S. 473, Tz. III.

3 BFH, Urteil v. 11.1.2012 - I R 27/11, IStR 2012 S. 313 NWB XAAAE-05754.

4 BMF, Schreiben v. 5.12.2012 - S 2411/10/10003, BStBl 2012 I S. 1248.

Das heißt: Sind die Tatbestandsvoraussetzungen von § 50d Abs. 8 EStG **nicht** erfüllt, ist in einem zweiten Schritt die Anwendung von § 50d Abs. 9 zu prüfen. „Weiße" Lohneinkünfte von unbeschränkt Steuerpflichtigen sind damit zukünftig ausgeschlossen.

BEISPIEL: K ist in Deutschland ansässig und sowohl bei seinem Arbeitgeber in Deutschland als auch bei einer Schwestergesellschaft in Schweden tätig. Im Jahr 01 hält sich K an 150 Tagen in Schweden auf. Der Arbeitslohn wird vom deutschen Arbeitgeber bezahlt und - soweit er auf die Tätigkeit in Schweden entfällt - der schwedischen Schwestergesellschaft weiterberechnet. Der Steuerberater beantragt die Freistellung des Arbeitslohns, der auf die Tätigkeit in Schweden entfällt, unter Hinweis auf Art. 15 Abs. 2 Buchst. b DBA Schweden (wirtschaftlicher Arbeitgeber). Die schwedische Einkommensteuer wird mit 0 € festgesetzt. Der Steuerberater weist nach, dass es in Schweden das Rechtsinstitut des wirtschaftlichen Arbeitgebers i. S. des DBA nicht gibt.

LÖSUNG: Die Höhe der in Schweden festgesetzten Steuer beträgt 0 €. Der Steuerpflichtige hat somit nachgewiesen, dass die festgesetzte Steuer „entrichtet" wurde (§ 50d Abs. 8 Satz 1 Alternative 2 EStG). Nach § 50d Abs. 9 Satz 1 Nr. 1 EStG kann die Steuerfreistellung in Deutschland dann nicht gewährt werden, wenn der andere Staat (hier: Schweden) die Bestimmungen des DBA so anwendet, dass die Einkünfte in diesem Staat von der Besteuerung auszunehmen sind.

Da die Nichtbesteuerung in Schweden ihre Ursache in einer nicht übereinstimmenden Anwendung von DBA-Bestimmungen hat (Qualifikationskonflikt), entfällt nach § 50d Abs. 9 Satz 1 Nr. 1 EStG die Freistellung des Arbeitslohns.

In Fällen der Besteuerung von in Deutschland ansässigem Flugpersonal irischer und britischer Fluggesellschaften, die in den Geschäftsleitungsstaaten der Fluggesellschaften nur **teilweise besteuert** wurden (so Rechtslage bis einschließlich 2010) hat der BFH zudem entschieden, dass der Tatbestand nach § 50d Abs. 9 Satz 1 Nr. 2 EStG nicht gegeben ist und damit Deutschland die Einkünfte nicht besteuern darf.[1]

WICHTIG:

Mit Blick auf die o. g. BFH-Entscheidungen zu den teilbesteuerten „Pilotenfällen" hat der Gesetzgeber ab 2017 § 50d Abs. 9 geändert. So gilt ab 2017 – entsprechend der bisherigen Verwaltungsauffassung – die unilaterale Rückfallklausel, wonach Deutschland als Ansässigkeitsstaat DBA-Einkünfte nicht freistellt, sondern die Anrechnungsmethode anwendet, wenn der Quellenstaat nicht oder nur ermäßigt besteuert, auch dann, wenn lediglich Teile der Einkünfte unbesteuert bleiben. Dies gilt auch dann, wenn eine DBA-Rückfallklausel nach ihrem Wortlaut nicht anwendbar ist.

1 BFH, Beschluss v. 19.12.2013 - I B 109/13, DStR 2014 S. 363 NWB MAAAE-55049; BFH, Urteil v. 20.5.2014 - I R 69/14, BFH/NV 2015 S 1395 NWB NAAAE-99374; BFH, Urteil v. 20.5.2015 - I R 68/14, BStBl 2016 II S. 90.

4. Freistellung von der Steuerpflicht durch Auslandstätigkeitserlass (ATE) (*Niermann*)

4.1 Allgemeines

Der Auslandstätigkeitserlass (ATE)[1] der ab 1984 an die Stelle des früheren Montageerlasses getreten war, wurde mit Wirkung ab 1.1.2023 überarbeitet und neu bekannt gegeben.[2] Rechtsgrundlage ist § 34c Abs. 5 EStG; dieser ermächtigt die obersten Finanzbehörden der Länder, die auf ausländische Einkünfte (§ 34d Nr. 5 EStG „ausländischer Arbeitslohn") entfallende deutsche Einkommensteuer mit Zustimmung des Bundesministeriums der Finanzen zu erlassen. Genau genommen handelt es sich um eine Billigkeitsmaßnahme. Hat der Arbeitgeber den Arbeitslohn nicht steuerfrei belassen, kann der Arbeitnehmer den Verzicht auf die Besteuerung bei seinem Wohnsitzfinanzamt beantragen.

Die Regelungen des ATE gelten nicht, wenn

- der Arbeitslohn unmittelbar oder mittelbar aus inländischen öffentlichen Kassen – einschließlich der Kassen des Bundeseisenbahnvermögens und der Deutschen Bundesbank – gezahlt wird; für das Merkmal der Zahlung aus einer inländischen öffentlichen Kasse gelten die Grundsätze von Abschnitt I in Verbindung mit Abschnitt III des BMF-Schreibens v. 13.11.2019 (IV C 5 -S 2300/19/10009 :003, BStBl 2019 I S. 1082). Etwas anderes gilt nur, wenn die Tätigkeit im Rahmen eines durch andere Träger bzw. weitere Institutionen, die keine inländische öffentliche Kasse sind (z. B. Institutionen der EU), kofinanzierten Projekts ausgeübt wird. Im Falle einer derartigen Mischfinanzierung sind die Zahlungen aufzuteilen. Das gilt bei unmittelbaren wie bei mittelbaren Zahlungen aus inländischen öffentlichen Kassen gleichermaßen.[3]

BEISPIEL ZUR KOFINANZIERUNG: Das Unternehmen (inländische öffentliche Kasse) entsendet seinen Arbeitnehmer im Rahmen eines zu 75 % mit Haushaltsmitteln des Bundes und zu 25 % mit Mitteln der EU dotierten Entwicklungshilfeprojekts für drei Jahre in den Staat S (kein DBA mit Deutschland). Der Arbeitnehmer behält seinen Wohnsitz in Deutschland bei und bezieht sein Gehalt weiterhin ausschließlich von der inländischen öffentlichen Kasse. Im Rahmen der unbeschränkten Einkommensteuerpflicht unterliegt der Arbeitslohn der Besteuerung. Der Auslandstätigkeitserlass findet grundsätzlich Anwendung, da eine Projektförderung aus inländischen öffentlichen Mitteln zu mindestens 75 % vorliegt). Soweit das Projekt aus einer inländischen öffentlichen Kasse finanziert wird, ist die Steuerbefreiung nach dem ATE ausgeschlossen. Soweit das Projekt aus Mitteln der EU finanziert wird, liegt hingegen kein Arbeitslohn aus in-

1 BMF, Schreiben v. 31.10.1983 - IV B 6, BStBl 1983 I S. 470.

2 BMF, Schreiben v. 10.6.2022 - IV C 5 - S 2293/19/10012 :001, BStBl 2022 I S. 997.

3 Vgl. BMF, Schreiben v. 13.11.2019 - IV C 5 - S 2300/19/10009 :003, BStBl 2019 I S. 1082, Rz. 12 f.

ländischen öffentlichen Kassen vor. Somit sind 25 % des Gehalts steuerfrei und unterliegen lediglich dem Progressionsvorbehalt.

- die Tätigkeit in einem Staat ausgeübt wird, mit dem ein DBA besteht, in das Einkünfte aus nichtselbständiger Arbeit einbezogen sind. ATE-Staaten sind z. Zt. u. a. Afghanistan, Brasilien, Chile, Dominikanische Republik, Libyen, Macau, Nigeria, Peru und Saudi-Arabien.[1]
- der Steuerpflichtige nicht nachweist, dass die Einkünfte aus nichtselbständiger Arbeit (Arbeitslohn abzüglich der damit in unmittelbarem wirtschaftlichen Zusammenhang stehenden Werbungskosten) in dem Staat, in dem die Tätigkeit ausgeübt wird, einer der deutschen Einkommensteuer entsprechenden Steuer in einer durchschnittlichen Höhe von mindestens 10 % unterliegen, und dass die auf die Einkünfte festgesetzte Steuer entrichtet wurde; zur Ermittlung der durchschnittlichen Steuerbelastung sind die Einkünfte aus nichtselbständiger Arbeit im Tätigkeitsstaat nach deutschem Steuerrecht zu ermitteln. Der Verzicht auf die Besteuerung im Steuerabzugsverfahren ist vom Arbeitgeber oder Arbeitnehmer beim Betriebsstättenfinanzamt zu beantragen (Freistellungsbescheinigung). Dabei ist glaubhaft zu machen, dass die nach deutschem Recht ermittelten Einkünfte im Tätigkeitsstaat voraussichtlich einer der deutschen Einkommensteuer entsprechenden Steuer unterliegen; der Nachweis über die Höhe der Besteuerung ist erst im Veranlagungsverfahren erforderlich. **Die Mindestbesteuerung von 10 % gilt seit dem 1.1.2023.**

Der Arbeitgeber darf nur dann vom Steuerabzug absehen, wenn das Betriebsstätten-Finanzamt eine Freistellungsbescheinigung erteilt hat. Der Antrag auf Ausstellung einer Bescheinigung kann vom Arbeitgeber oder vom Arbeitnehmer gestellt werden. Sammelanträge des Arbeitgebers sind m. E. nicht möglich. Die Freistellungsbescheinigung darf rückwirkend nur erteilt werden, solange der Arbeitgeber den Lohnsteuerabzug noch ändern darf (§ 41c EStG); andernfalls kann der Arbeitnehmer den Verzicht auf die Besteuerung bei seinem Wohnsitzfinanzamt beantragen (§ 46 Abs. 2 Nr. 8 EStG). Die Freistellungsbescheinigung ist als Beleg zum Lohnkonto zu nehmen. Der begünstigte Arbeitslohn ist im Lohnkonto und in der Lohnsteuerbescheinigung getrennt von dem übrigen Arbeitslohn anzugeben. Für Arbeitnehmer, die während des Kalenderjahres begünstigten Arbeitslohn bezogen haben, darf der Arbeitgeber weder die Lohnsteuer nach dem voraussichtlichen Jahresarbeitslohn (sog. permanenter Jahresausgleich) ermitteln noch einen betrieblichen Lohnsteuerjahresausgleich durchführen. Die abschließende Prüfung der Steuerfreistellung des Arbeitslohns erfolgt im Rahmen der Veranlagung zur Einkommensteuer. Soweit aufgrund der Freistellungsbescheinigung bereits im Rahmen des Steuerabzugsverfahrens auf die Besteuerung verzichtet wurde,

1 Abschnitt V.2 des BMF, Schreibens v. 10.6.2022 - IV C 5 - S 2293/19/10012 :00, BStBl 2022 I S. 997.

sind insbesondere die Nachweise zur Mindestbesteuerung von 10 % im Rahmen der Veranlagung zu erbringen.

BEISPIEL ZUR MINDESTBESTEUERUNG: Der Angestellte eines international tätigen Unternehmens im Bereich des Anlagenbaus erhält für seinen zehnmonatigen Einsatz zur Inbetriebnahme einer Fabrik im Staat S (kein DBA mit Deutschland) ein Gehalt i. H. von 110.000 €. Die nach dem Einkommensteuergesetz ermittelten Werbungskosten, die mit dieser begünstigten Tätigkeit in Zusammenhang stehen, betragen 10.000 €. Seinen Wohnsitz in Deutschland behält er bei. Auf das Gehalt zahlt er in S ausweislich des von ihm vorgelegten Steuerbescheides eine der deutschen Einkommensteuer entsprechende Steuer in Höhe von umgerechnet 9.000 €. Bezogen auf die Einkünfte von 100.000 € ergibt sich ein durchschnittlicher Steuersatz von 9 %. Da dieser unter 10 % liegt, findet die Steuerbefreiung nach dem neuem Auslandstätigkeitserlass keine Anwendung. Die im Ausland gezahlte Steuer kann unter den Voraussetzungen des § 34c EStG auf die deutsche Einkommensteuer angerechnet oder bei der Ermittlung der Einkünfte abgezogen werden.

Soweit nicht bereits vom Steuerabzug abgesehen worden ist, hat der Arbeitnehmer den Verzicht auf die Besteuerung bei seinem Wohnsitzfinanzamt im Rahmen der Veranlagung zu beantragen. Der Antrag auf Anwendung des Auslandstätigkeitserlasses ist spätestens bis zum Eintritt der Bestandskraft des Steuerbescheids zu stellen.

4.2 Sachliche Voraussetzungen

Begünstigt ist die Auslandstätigkeit für einen EU-/EWR-Arbeitgeber im Zusammenhang mit

1. der Planung, Errichtung, Einrichtung, Inbetriebnahme, Erweiterung, Instandsetzung, Modernisierung, Überwachung oder Wartung von Fabriken, Bauwerken, ortsgebundenen großen Maschinen oder ähnlichen Anlagen; außerdem ist das Betreiben der Anlagen bis zur Übergabe an den Auftraggeber begünstigt; nicht begünstigt sind insbesondere Sanierungs-, Restaurierungs-, Reinigungs- und Sicherungsarbeiten an Bauwerken ohne industrielle bzw. technische Nutzung,
2. dem Einbau, der Aufstellung, der Instandsetzung oder Wartung sonstiger Wirtschaftsgüter; diese Wirtschaftsgüter müssen ausschließlich von EU-/EWR-Arbeitgebern hergestellt oder instandgesetzt bzw. gewartet werden; zu den sonstigen Wirtschaftsgütern zählen auch Militärflugzeuge und -fahrzeuge,
3. dem Aufsuchen oder der Gewinnung von Bodenschätzen,
4. der Beratung ausländischer Auftraggeber oder Organisationen im Hinblick auf Vorhaben i. S. der Nummern 1, 2 oder 3 oder
5. der deutschen öffentlichen Entwicklungshilfe im Rahmen der Technischen oder Finanziellen Zusammenarbeit, wenn eine Projektförderung unmittelbar oder mittelbar aus inländischen öffentlichen Mitteln zu mindestens 75 % vorliegt.

Nicht begünstigt sind insbesondere die Tätigkeit des Bordpersonals auf Seeschiffen, die Produktion von Schiffen im Ausland, die finanzielle Beratung mit Ausnahme der vorstehenden Nr. 5, das Einholen von Aufträgen (Akquisition), ausgenommen die Beteiligung an Ausschreibungen sowie die Tätigkeit im Bereich der humanitären Hilfe.

HINWEIS:

Das FG Thüringen hatte in einem Aussetzungsverfahren zur Gewährung vorläufigen Rechtsschutzes entschieden: Arbeiten an Bauwerken aller Art sind begünstigt und nicht nur an industriellen Bauwerken. Hiervon ausgehend hatte es auch die Restauration von Gebäuden und Denkmalen im Ausland als begünstigt erachtet. Dabei ging es von einer hinreichenden volkswirtschaftlichen Bedeutung aus, wenn die Tätigkeit mindestens drei Monate ununterbrochen im Ausland ausgeübt wird. Dies ist laut BFH eine Rechtsauffassung, die jedenfalls nicht als eindeutig falsch zu beurteilen ist. Ergänzend wies das Gericht auf Folgendes hin: Da unklar sei, ob ein Steuererlass nach dem ATE voraussetzt, dass die Lohneinkünfte durch den ausländischen Tätigkeitsstaat tatsächlich besteuert worden sind, liege auch insoweit eine bislang nicht eindeutig geklärte Rechtsfrage vor. Diese sei nicht im Verfahren des einstweiligen Rechtsschutzes zu klären.[1] Diese Sichtweise ist ab 1.1.2023 überholt. Sanierungs-, Restaurierungs-, Reinigungs- und Sicherungsarbeiten an Bauwerken ohne industrielle bzw. technische Nutzung sind ab 2023 nicht begünstigt.

Wartungsarbeiten für Verkehrsflugzeuge im laufenden Flugbetrieb sind laut rechtskräftigem Urteil des FG Hessen nicht begünstigt. Die Wartung und Instandsetzung von bereits angeschafften Fliegern führe weder zu einer nachhaltigen Förderung gesamtwirtschaftlicher Ziele in Deutschland noch erfahre die Allgemeinheit hierdurch einen über das Normalmaß hinausgehenden Vorteil.[2]

4.3 Dauer der begünstigten Tätigkeit (Abschnitt II des Erlasses)

Die Auslandstätigkeit muss mindestens drei Monate ununterbrochen in Staaten ausgeübt werden, mit denen kein Abkommen zur Vermeidung der Doppelbesteuerung (DBA) besteht, in das Einkünfte aus nichtselbständiger Arbeit einbezogen sind.

Sie beginnt mit Antritt der Reise ins Ausland und endet mit der endgültigen Rückkehr ins Inland. Eine vorübergehende Rückkehr ins Inland oder ein kurzer Aufenthalt in einem Staat, mit dem ein DBA besteht, in das Einkünfte aus nichtselbständiger Arbeit einbezogen sind, gelten bis zu einer Gesamtaufenthaltsdauer von zehn vollen Kalendertagen innerhalb der Mindestfrist nicht als Unterbrechung der Auslandstätigkeit, wenn sie zur weiteren Durchführung oder Vorbereitung eines begünstigten Vorhabens notwendig sind. Dies gilt bei längeren Auslandstätigkeiten entsprechend für die jeweils letzten drei Monate.

1 BFH, Beschluss v. 5.10.2021 - I B 18/21 NWB EAAAI-04999.

2 FG Hessen, Urteil v. 23.3.2020 - 3 K 831/12 NWB HAAAH-54249.

Eine Unterbrechung der Tätigkeit im Falle eines Urlaubs oder einer Krankheit ist unschädlich, unabhängig davon, wo sich der Arbeitnehmer während der Unterbrechung aufhält. Zeiten der unschädlichen Unterbrechung sind bei der Dreimonatsfrist nicht mitzurechnen. Als unschädliche Unterbrechung gelten auch Freizeitblöcke (inklusive eingeschlossener arbeitsfreier Wochenenden und Feiertage) während einer begünstigten Auslandstätigkeit, wenn die Auslandstätigkeit insgesamt mindestens drei Monate in Staaten ausgeübt wird, mit denen kein DBA besteht, in das Einkünfte aus nichtselbständiger Arbeit einbezogen sind.

Corona-Billigkeitsregelung: Wird eine nach dem ATE begünstigte und für mindestens drei Monate geplante Auslandstätigkeit aufgrund der Corona-Krise unterbrochen oder beendet, ist das Nichterreichen der Mindestdauer von drei Monaten unschädlich. Die Steuerfreiheit des Arbeitslohns gilt in diesen Fällen für den tatsächlich weniger als drei Monate andauernden Auslandseinsatz. Wird eine im Ausland vorgesehene Tätigkeit wegen der Corona-Krise hingegen im Inland ausgeübt oder fortgesetzt, ist der hierauf entfallende Arbeitslohn nicht nach dem ATE steuerfrei.

4.4 Begünstigter Arbeitslohn (Abschnitt III des Erlasses)

Zum begünstigten Arbeitslohn gehören auch folgende steuerpflichtige Einnahmen, soweit sie für eine begünstigte Auslandstätigkeit gezahlt werden:

1. Zulagen, Prämien oder Zuschüsse des Arbeitgebers für Aufwendungen des Arbeitnehmers, die durch eine begünstigte Auslandstätigkeit veranlasst sind, oder die entsprechende unentgeltliche Ausstattung oder Bereitstellung durch den Arbeitgeber,
2. Weihnachtszuwendungen, Erfolgsprämien oder Tantiemen,
3. Arbeitslohn, der auf den Urlaub – einschließlich eines angemessenen Sonderurlaubs aufgrund einer begünstigten Tätigkeit – entfällt, Urlaubsgeld oder Zahlungen als Urlaubsabgeltung,
4. Lohnfortzahlungen aufgrund einer Erkrankung während einer begünstigten Auslandstätigkeit bis zur Wiederaufnahme dieser oder einer anderen begünstigten Tätigkeit oder bis zur endgültigen Rückkehr ins Inland.

Werden solche Zuwendungen nicht gesondert für die begünstigte Tätigkeit geleistet, so sind sie entsprechend dem BMF-Schreiben v. 14.3.2017 (IV C 5 - S 2369/10/10002, BStBl 2017 I S. 473) aufzuteilen.

Für Aufwendungen, die mit dem begünstigten Arbeitslohn in unmittelbarem wirtschaftlichem Zusammenhang stehen, gelten die Abzugsverbote nach § 3c Abs. 1 EStG und § 10 Abs. 2 Satz 1 Nr. 1 Halbsatz 1 EStG. Das heißt, dass z. B. Werbungskosten nicht berücksichtigt werden können, bei denen sich eine klar abgrenzbare Beziehung zu dem steuerfreien Arbeitslohn eindeutig feststellen lässt. So sind z. B. Kosten einer durch die Auslandstätigkeit begründeten Reisetätigkeit nicht als Werbungskosten vom steuerpflichtigen Arbeitslohn abziehbar. Sie mindern aber die beim Progressionsvorbehalt zu berücksichtigenden Einnahmen aus der Auslandstätigkeit. Der Kostenersatz durch den Arbeitgeber ist steuerfrei.

4.5 Progressionsvorbehalt (Abschnitt IV des Erlasses)

Der nach dem ATE begünstigte Arbeitslohn unterliegt dem Progressionsvorbehalt.

HINWEIS:

Einnahmen, die – wie z. B. die Reisekosten – bereits auf Grund besonderer gesetzlicher Vorschriften vom Arbeitgeber steuerfrei gezahlt werden dürfen (vgl. § 3 Nr. 16 EStG), werden vom ATE nicht erfasst; sie unterliegen deshalb auch nicht dem Progressionsvorbehalt. Das hat Auswirkungen auf die getrennte Erfassung des nach ATE und nach anderen Vorschriften begünstigten Arbeitslohns im Lohnkonto sowie in der Lohnsteuerbescheinigung.

WICHTIGER PRAXISHINWEIS:

Der BFH hatte entschieden, dass die Anwendung des ATE zeitlich erst durch die Festsetzungsverjährung und nicht bereits durch die Bestandskraft der Steuerfestsetzung begrenzt wird.[1] Dieser Sichtweise folgt die Finanzverwaltung ausdrücklich nicht.[2]

1 BFH, Urteil v. 17.6.2020 - I R 7/18 BStBl 2021 II S. 211.

2 BMF, Schreiben v. 10.6.2022 - IV C 5 - S 2293/19/10012 :001, BStBl 2022 I S. 997, letzter Satz, Rz. 19.

5. Besonderheiten rund um die beschränkte Steuerpflicht (*Niermann*)

5.1 Unbeschränkte Steuerpflicht auf Antrag

Auf Grund des sog. Schumacker-Urteils des EuGH werden beschränkt Steuerpflichtige, die ihre Einkünfte nahezu ausschließlich in Deutschland versteuern (90 % ihrer Gesamteinkünfte) oder nur geringfügige, nicht der deutschen Einkommensteuer unterliegende Einkünfte haben (ausländische Einkünfte – 2010 bis 2012 höchstens 8.004 €, 2013 höchstens 8.130 €, 2014 höchstens 8.354 €, 2015 höchstens 8.472 €, 2016 höchstens 8.652 €, 2017 8.820 €, 2018 höchstens 9.000 € jährlich, 2019 höchstens 9.168 €, 2020 höchstens 9.408 €, 2021 höchstens 9.744 €, 2022 höchstens 9.984 €, 2023 höchstens 10.908 €, 2024: 11.604 €), mit unbeschränkt steuerpflichtigen Arbeitnehmern gleichgestellt. Darüber hinaus werden EU-/EWR-Bürgern familienbezogene Entlastungen gewährt (u. a. Splittingtabelle/Steuerklasse III). Unberücksichtigt bleiben hierbei nicht der deutschen Einkommensteuer unterliegende Einkünfte, die im Ausland nicht besteuert werden, soweit vergleichbare inländische Einkünfte steuerfrei sind (§ 1 Abs. 3 Satz 4 EStG).

HINWEIS:

Seit 2015 gehört auch das niederländische Arbeitslosengeld zu den steuerfreien Einnahmen (§ 3 Nr. 2 Buchst. a und e EStG), so dass es (und vergleichbare Leistungen) nicht mehr in die Ermittlung der Einkunftsgrenzen nach § 1 Abs. 3 Satz 2 und § 1a Abs. 1 Satz 3 EStG einzubeziehen ist.

In die Prüfung der Einkunftsgrenzen nach § 1 Abs. 3 Satz 2 EStG sind auch die der Abgeltungsteuer unterliegenden Kapitaleinkünfte einzubeziehen.[1]

Zur EU/zum EWR gehören bekanntlich: Belgien, Bulgarien, Dänemark, Deutschland, Estland, Finnland, Frankreich, Griechenland, Großbritannien, Irland, Island (EWR), Italien, Lettland, Liechtenstein (EWR), Litauen, Luxemburg, Malta, Niederlande, Norwegen (EWR), Österreich, Polen, Portugal, Rumänien, Schweden, Slowakei, Slowenien, Spanien, Tschechien, Ungarn und Zypern. Zum 1.7.2013 ist Kroatien als weiteres Mitglied der EU beigetreten.

Im Einzelnen ergeben sich vereinfacht folgende Gruppen beschränkt Steuerpflichtiger:

Gruppe 1:

Der ausländische EU-/EWR-Bürger hat alleine in Deutschland einen Wohnsitz oder gewöhnlichen Aufenthalt (= unbeschränkte Steuerpflicht), zugleich besteht ein Familienwohnsitz in der EU/dem EWR.

1 BFH, Urteil v. 12.8.2015 - I R 18/14, BFH/NV 2016 S. 288.

Seit dem Veranlagungszeitraum 2008 wird die Zusammenveranlagung mit dem im EU-/EWR-Ausland lebenden Ehegatten nicht mehr von Einkunftsgrenzen abhängig gemacht, wenn der Steuerpflichtige unbeschränkt steuerpflichtig ist.[1]

Gruppe 2:

Der ausländische verheiratete EU/EWR-Bürger mit Wohnsitz in einem EU-/EWR-Staat hat in Deutschland keinen Wohnsitz oder gewöhnlichen Aufenthalt.

Zunächst hatte die Finanzverwaltung in einem ersten Schritt geprüft, ob die nicht der deutschen Einkommensteuer unterliegenden Einkünfte des Arbeitnehmers nicht mehr als 10 % betrugen oder den Grundfreibetrag nicht überstiegen. Wurde dies bejaht, wurde in einem zweiten Schritt geprüft, ob die gemeinsamen Einkünfte beider Ehegatten zu mindestens 90 % der deutschen Einkommensteuer unterliegen oder den doppelten Grundfreibetrag nicht übersteigen. Nachdem der BFH dieser zweistufigen Prüfung eine Absage erteilt hat,[2] führt auch der Fiskus nur noch eine einstufige Prüfung durch, bei der von vornherein auf die Einkünfte beider Ehegatten und den doppelten Grundfreibetrag abgestellt wird.

Beschränkt steuerpflichtige Arbeitnehmer, die in den **Niederlanden** ansässig sind, sind aufgrund einer **Sonderregelung** in dem DBA Niederlande auch dann mit ihrem Ehegatten zusammen zu veranlagen (= Steuerklasse III), wenn nur die in Deutschland steuerpflichtige Person die 90 %-Grenze bzw. die vorstehende Betragsgrenze erfüllt, nicht jedoch die Ehegatten gemeinsam diese sog. Wesentlichkeitsgrenzen erfüllen.[3]

BEISPIEL: Die Eheleute A und B leben in den Niederlanden. A ist als Arbeitnehmer in Deutschland beschäftigt. Seine Einkünfte aus nichtselbständiger Arbeit betragen im Jahr 2019 60.000 €. B erzielt in den Niederlanden aus einer selbständigen Tätigkeit Einkünfte i. H. von 20.0000 €.

A wird in Deutschland auf Antrag als unbeschränkt steuerpflichtig behandelt, da seine Einkünfte zu mindestens 90 % der deutschen Einkommensteuer unterliegen. Er wird mit B zusammen zur Einkommensteuer veranlagt, obwohl die Einkünfte beider Ehegatten nur zu 75 % (60.000 € im Verhältnis zu 80.000 €) der deutschen Einkommensteuer unterliegen und die ausländischen Einkünfte der B die Betragsgrenze von 18.336 € überschreiten. Für das Lohnsteuerabzugsverfahren erhält A auf Antrag die Steuerklasse III.

HINWEIS:

Der Gruppe 2 sind auch EU-/EWR-Staatsangehörige zuzuordnen, die ihren Wohnsitz/gewöhnlichen Aufenthalt in der Schweiz haben.[4]

1 Bestätigt durch BFH, Urteil v. 8.9.2010 - I R 28/10, BStBl 2011 II S. 269.

2 BFH, Urteil v. 6.5.2015 - I R 16/14, BStBl 2015 II S. 957.

3 Ziffer XVI des Protokolls Deutschland-Niederlande, BStBl 2016 I S. 69.

4 EuGH, Urteil v. 28.2.2013 - C-425/11 „Ettwein", BStBl 2013 II S. 896; BMF, Schreiben v. 16.9.2013 - IV C 3 - S 1325/11/10014, BStBl 2013 I S. 1325.

Gruppe 3:

Nicht-EU/EWR-Bürger mit ausländischem Wohnsitz.

Bei Einhaltung der 90%- bzw. 9.168€-Grenze (2019) werden diese Steuerpflichtigen als unbeschränkt steuerpflichtig behandelt. Familienbezogene Steuerentlastungen sind jedoch nicht möglich (damit Steuerklasse I/VI).

Gruppe 4:

Nicht von den Gruppen 1–3 erfasste übrige Arbeitnehmer.

Diese Steuerpflichtigen können nur die Steuerklassen I/VI (Grundtabelle) erhalten und neben Werbungskosten nur bestimmte Sonderausgaben geltend machen.

Wurde für das Lohnsteuerabzugsverfahren eine unzutreffende Bescheinigung über die Steuerklasse III erteilt, kann das Finanzamt die zu wenig erhobene Lohnsteuer nachfordern.[1]

5.2 Gewährung von kindbedingten Steuervergünstigungen

Ein Ausländer hat nur Anspruch auf Kindergeld, wenn er im Besitz einer Niederlassungserlaubnis oder Aufenthaltserlaubnis ist (§ 62 Abs. 2 EStG). Ausländischen Staatsangehörigen, die ausländerrechtlich nur geduldet sind, steht damit kein Kindergeld zu. Die Einschränkung des § 62 Abs. 2 EStG gilt nicht für Staatsangehörige der EU, des EWR und der Schweiz. Das Gleiche gilt für Staatsangehörige Bosnien-Herzegowinas, des Kosovo, Marokkos, Serbiens, von Montenegro, Tunesiens und der Türkei auf der Grundlage der jeweiligen zwischenstaatlichen Abkommen, wenn sie in Deutschland arbeitslosenversicherungspflichtig beschäftigt sind oder beispielsweise Arbeitslosengeld bzw. Krankengeld beziehen.

Die in Deutschland gezahlten Kindergeldbeträge gelten auch für Arbeitnehmer aus einem Mitgliedstaat der EU, aus Island, Liechtenstein, Norwegen und der Schweiz, deren Kinder in einem der genannten Staaten wohnen. Arbeitnehmer aus Bosnien-Herzegowina, dem Kosovo, Marokko, Montenegro, Serbien der Türkei und Tunesien erhalten für Kinder, die sich im Heimatland aufhalten, ein geringeres Kindergeld.

Kindergeld wird nicht gezahlt, wenn für das Kind Anspruch auf vergleichbare Leistungen im Ausland besteht. Auch diese Leistungen sind maximal bis zur Höhe des deutschen Kindergeldes der tariflichen Einkommensteuer hinzuzurechnen, wenn bei der Einkommensteuerveranlagung Freibeträge für Kinder abgezogen werden (§ 31 Sätze 5 und 6 EStG).

1 BFH, Urteil v. 23.9.2008 - I R 65/07, BStBl 2009 II S. 666.

Beschränkt Steuerpflichtige haben übrigens keinen Anspruch auf Kindergeld (vgl. § 62 EStG) bzw. auf die Freibeträge für Kinder (§ 50 Abs. 1 Satz 4 EStG). Bei **unbeschränkt Steuerpflichtigen auf Antrag** (vgl. Abschnitt 5.1) besteht ein Anspruch auf Kindergeld nur für die Monate, in denen der Steuerpflichtige inländische Einkünfte i. S. des § 49 EStG erzielt und nach § 1 Abs. 3 EStG veranlagt worden ist.[1]

5.3 Auswirkungen auf das Lohnsteuer-Abzugsverfahren und das Lohnsteuer-Ermäßigungsverfahren

Auf Antrag unbeschränkt steuerpflichtige Arbeitnehmer ohne Wohnsitz oder gewöhnlichen Aufenthalt in Deutschland haben ihrem Arbeitgeber vor Beginn des Kalenderjahres oder beim Eintritt in das Dienstverhältnis eine Bescheinigung zur Durchführung des Lohnsteuerabzugs vorzulegen. Die Bescheinigung wird auf Antrag des Arbeitnehmers vom zuständigen Betriebsstättenfinanzamt erteilt (§ 39 Abs. 2 EStG). In diese Bescheinigung trägt das zuständige Betriebsstättenfinanzamt die maßgebende Steuerklasse, die Zahl der Kinderfreibeträge und einen ggf. in Betracht kommenden Freibetrag oder Hinzurechnungsbetrag ein.

Der Arbeitnehmer hat grundsätzlich bereits im Lohnsteuer-Ermäßigungsverfahren eine Bescheinigung der zuständigen ausländischen Steuerbehörde vorzulegen, aus der die Summe der nicht der deutschen Einkommensteuer unterliegenden Einkünfte hervorgeht. Im Lohnsteuer-Ermäßigungsverfahren kann aber auf die Bestätigung der ausländischen Steuerbehörde auf dem amtlichen Vordruck verzichtet werden, wenn für einen der beiden vorangegangenen Veranlagungszeiträume bereits eine von der ausländischen Steuerbehörde bestätigte Anlage „Bescheinigung EU/EWR" bzw. „Bescheinigung außerhalb EU/EWR" vorliegt und sich die Verhältnisse nach Angaben des Steuerpflichtigen nicht geändert haben.[2]

Personen, die im Inland weder einen Wohnsitz noch einen gewöhnlichen Aufenthalt haben und die Voraussetzungen für eine unbeschränkte Steuerpflicht auf Antrag nicht erfüllen (= Beschränkt Steuerpflichtige), erhalten für den Lohnsteuerabzug ebenfalls eine Bescheinigung. Bei ihnen können aber lediglich folgende Aufwendungen als Freibetrag eingetragen werden:

- Werbungskosten (§ 9 EStG)
- Spenden (§ 10b EStG)
- den Freibetrag oder den Hinzurechnungsbetrag nach § 39 a Abs. 1 Satz 1 Nr. 7 EStG.

1 BFH, Urteil v. 24.10.2012 - V R 43/1, BStBl 2013 II S. 491.

2 BMF, Schreiben v. 25.11.1999 - BStBl 1999 I S. 990.

Der Arbeitnehmer-Pauschbetrag, der Sonderausgaben-Pauschbetrag und die Vorsorgepauschale werden automatisch berücksichtigt. Der Versorgungsfreibetrag und der Zuschlag zum Versorgungsfreibetrag (§ 19 Abs. 2 EStG) ist ggf. noch vom Arbeitgeber zu berücksichtigen.

5.4 Einkommensteuer-Veranlagung beschränkt steuerpflichtiger Arbeitnehmer

Beschränkt steuerpflichtige Arbeitnehmer, die EU-/EWR-Bürger sind und in einem EU-EWR-Staat wohnen, haben Anspruch auf eine Veranlagung zur Einkommensteuer. Ggf. kommt jedoch auch bei diesem Personenkreis die Anwendung des Progressionsvorbehalts in Betracht (§ 50 Abs. 2 Satz 2 Nr. 4 Buchst. b EStG i.V. mit § 32 b Abs. 1 Nr. 3 EStG). Einem in Deutschland als Arbeitnehmer beschränkt steuerpflichtigen US-amerikanischen Staatsangehörigen steht daher das Veranlagungswahlrecht auch dann nicht zu, wenn er in einem EU-/EWR-Mitgliedstaat wohnt. Ein Anspruch auf Gleichbehandlung mit einem beschränkt steuerpflichtigen deutschen Staatsangehörigen ergibt sich laut BFH auch nicht aus dem Diskriminierungsverbot des zwischen Deutschland und den USA abgeschlossenen DBA.[1]

Mit § 50 Abs. 2 Satz 2 Nr. 4 Buchst. a EStG besteht zudem ein Pflichtveranlagungstatbestand für die Fälle, in denen als Lohnsteuerabzugsmerkmal ein Freibetrag gebildet wurde. Diese Veranlagungspflicht ist auf Fälle begrenzt, in denen der im Kalenderjahr erzielte Arbeitslohn des Arbeitnehmers 12.174 € (2023) übersteigt.

Rechtsänderung ab 2020:

Bis Ende 2019 bestand in bestimmten Konstellationen eine Veranlagungspflicht nur für unbeschränkt steuerpflichtige Arbeitnehmer, nicht aber für beschränkt steuerpflichtige Arbeitnehmer. Gemäß § 46 Abs. 2 Nr. 2 EStG besteht für unbeschränkt Steuerpflichtige eine Veranlagungspflicht, wenn der Steuerpflichtige nebeneinander von mehreren Arbeitgebern Arbeitslohn bezogen hat. In dieser Konstellation ist der Lohnsteuerabzug in der Steuerklasse VI für das zweite Dienstverhältnis in vielen Fällen zu niedrig und es ergeben sich Nachzahlungen im Veranlagungsverfahren. Der Steueranspruch soll mit der Veranlagungspflicht gesichert werden.

Gemäß § 46 Abs. 2 Nr. 5 EStG besteht für unbeschränkt Steuerpflichtige eine Veranlagungspflicht, wenn die Lohnsteuer für einen sonstigen Bezug i. S. des § 34 Abs. 1 und 2 Nr. 2 und 4 EStG nach § 39b Abs. 3 Satz 9 EStG oder für einen sonstigen Bezug nach § 39c Abs. 3 EStG ermittelt wurde. Hintergrund für diese Regelung ist, dass der Arbeitgeber die Voraussetzungen für das Vorliegen außerordentlicher Einkünfte und der er-

1 BFH, Urteil v. 3.9.2020 - I R 80/16, BStBl 2021 II S. 237.

mäßigten Besteuerung oft nicht abschließend prüfen kann. Die abschließende Bewertung der Sachverhalte, bei denen es sich oft um hohe Abfindungszahlungen oder Entlassungsentschädigungen handelt, soll dem Finanzamt im Veranlagungsverfahren vorbehalten sein.

Gemäß § 46 Abs. 2 Nr. 5a EStG besteht für unbeschränkt Steuerpflichtige eine Veranlagungspflicht, wenn der Arbeitgeber die Lohnsteuer von einem sonstigen Bezug berechnet hat und dabei der Arbeitslohn aus früheren Dienstverhältnissen des Kalenderjahres außer Betracht geblieben ist. Dies ergibt sich aus dem auf der elektronischen Lohnsteuerbescheinigung zu vermerkenden Großbuchstaben „S". In diesen Fällen ist der Steuerabzug i. d. R. zu niedrig und es können sich hohe Nachzahlungen im Veranlagungsverfahren ergeben.

Mit der Einführung von § 50 Abs. 2 Satz 2 Nr. 4 Buchst. c EStG, der auf die jeweiligen Tatbestände des § 46 Abs. 2 EStG verweist, gelten diese Pflichtveranlagungstatbestände ab 2020 auch für beschränkt Steuerpflichtige.

Es wird damit sichergestellt, dass auch in diesen Fällen die zutreffende Einkommensteuer im Wege der Veranlagung ermittelt wird und sie insofern mit unbeschränkt steuerpflichtigen Arbeitnehmern gleichbehandelt werden.

5.5 Exkurs: Rechtsposition beschränkt Steuerpflichtiger bei zu Unrecht erhobener Lohnsteuer

Wird eine Zahlung des Arbeitgebers zu Unrecht dem Lohnsteuerabzug unterworfen, obwohl die Besteuerung abkommensrechtlich dem Wohnsitzstaat des Arbeitnehmers zugewiesen ist, besteht die Möglichkeit, einen Erstattungsantrag in analoger Anwendung des § 50c Abs. 3 Satz 1 Einkommensteuergesetz zu stellen, soweit für die entsprechenden Lohneinkünfte nicht bereits eine Veranlagung beantragt worden ist oder es sich um eine Pflichtveranlagung handelt.

Der Erstattungsanspruch ist gegen das Betriebsstättenfinanzamt des Arbeitgebers zu richten. Gegebenenfalls sind für den Erstattungsantrag besondere formelle Anforderungen (z. B. Fristen, die in den jeweiligen DBA geregelt sind), zu beachten. Genauso ist zu verfahren, wenn eine Zahlung des Arbeitgebers zu Unrecht dem Lohnsteuerabzug unterworfen wurde, obwohl weder eine unbeschränkte noch eine beschränkte Steuerpflicht des Arbeitnehmers im Inland bestanden hat.[1]

1 H 41c.1 LStH 2024 Stichwort „Erstattungsantrag".

5.6 Wechsel der Steuerpflicht während des Kalenderjahres

Ist eine Person während eines Kalenderjahres sowohl unbeschränkt als auch beschränkt steuerpflichtig (z. B. bei Wohnsitzverlegung ins Ausland unter Beibehaltung der inländischen Arbeitsstelle) werden die beschränkt steuerpflichtigen Einkünfte den unbeschränkt steuerpflichtigen Einkünften hinzugerechnet und die Veranlagung nach den für unbeschränkt Steuerpflichtige geltenden Vorschriften durchgeführt. Auf ausländische Einkünfte, die in dem betreffenden Veranlagungszeitraum nicht der deutschen Einkommensteuer unterlegen haben, ist der Progressionsvorbehalt anzuwenden (§ 32b Abs. 1 Satz 1 Nr. 2 EStG). Das ist verfassungsgemäß[1] und zwar sowohl in Fällen des Wegzugs als auch des Zuzugs[2]. Im Übrigen unterliegen ausländische Einkünfte auch bei einer zeitweise unbeschränkten Steuerpflicht dem Progressionsvorbehalt (§ 32b Abs. 1 Satz 1 Nr. 2 EStG).

BEISPIEL: Ein Arbeitnehmer verlegt am 31.5. seinen Wohnsitz von Deutschland in die USA. Dort lebt und arbeitet er ab diesem Zeitpunkt.

LÖSUNG: Der Arbeitnehmer ist bis zum 31.5. unbeschränkt steuerpflichtig. Die in den USA vom 1.6. bis 31.12. erzielten ausländischen Einkünfte unterliegen in Deutschland dem Progressionsvorbehalt (§ 32b Abs. 1 Satz 1 Nr. 2 EStG).

Bei der Berechnung der Lohnsteuer für einen „sonstigen Bezug", der einem (ehemaligen) Arbeitnehmer nach einem Wechsel von der unbeschränkten zur beschränkten Steuerpflicht in diesem Kalenderjahr zufließt, ist der während der unbeschränkten Steuerpflicht gezahlte Arbeitslohn laut BFH im maßgebenden Jahresarbeitslohn zu berücksichtigen. Das bedeutet Folgendes: Die Lohnsteuer auf einen sonstigen Bezug ist – vereinfacht dargestellt – der Differenzbetrag zwischen der Jahreslohnsteuer auf den voraussichtlichen laufenden Arbeitslohn dieses Jahres zuzüglich bereits gezahlter sonstiger Bezüge einerseits und der Jahreslohnsteuer auf den voraussichtlichen Gesamtjahresarbeitslohn einschließlich des aktuell zu besteuernden sonstigen Bezugs. Jahresarbeitslohn im Sinne dieser Vergleichsberechnung ist der Arbeitslohn, den der Arbeitnehmer (bei diesem Arbeitgeber) im Kalenderjahr (voraussichtlich) bezieht. Eine weiter gehende Differenzierung nach der Art der im Bezugszeitraum bestehenden persönlichen Steuerpflicht sieht das Gesetz bei einem Wechsel von der unbeschränkten zur beschränkten Steuerpflicht innerhalb eines Kalenderjahres nicht vor. Daher ist bei der Ermittlung des Jahresarbeitslohns zur Berechnung der auf den sonstigen Bezug entfallenden Lohnsteuer der im Kalenderjahr zuvor erzielte Arbeitslohn auch insoweit einzube-

1 Vgl. hierzu BFH, Urteil v. 19.12.2001 - I R 63/00, BStBl 2003 II S. 302.
2 Vgl. hierzu BFH, Urteil v. 19.11.2003, BStBl 2004 II S. 549.

ziehen, als er auf den Zeitraum entfällt, der vor dem Wegzug des Arbeitnehmers ins Ausland gezahlt wurde.[1]

Entsprechendes gilt naturgemäß für die umgekehrte Situation. Hier ist in die Ermittlung des Jahresarbeitslohns zur Berechnung der Lohnsteuer auf einen im Zeitraum der unbeschränkten Steuerpflicht zugeflossenen sonstigen Bezug der auf den vorherigen Zeitraum beschränkter Steuerpflicht entfallende Arbeitslohn einzubeziehen. Diese Rechtsprechung bedeutet in der Praxis eine oftmals nicht gering zu veranschlagende Steuermehrbelastung.

5.7 Topaktuell: Neue Antragsveranlagung für tarifermäßigt zu besteuernden Arbeitslohn

Für beschränkt steuerpflichtige Arbeitnehmer mit tarifermäßigt zu besteuerndem Arbeitslohn wird in § 50 Abs. 2 Satz 2 Nr. 4 Buchst. d EStG ab 2025 eine Antragsveranlagung ermöglicht.[2] Damit wird für außerordentliche Einkünfte i. S. des § 34 Abs. 1 und Abs. 2 Nr. 2 und 4 EStG auch Arbeitnehmern, die nicht Staatsangehörige eines EU/EWR-Staats sind und im Hoheitsgebiet eines dieser Staaten ihren Wohnsitz oder gewöhnlichen Aufenthalt haben, die Möglichkeit der Antragsveranlagung eröffnet. Letztlich wird hierdurch eine Schlechterstellung zum bisherigen Recht vermieden, die ansonsten durch das Aufheben der Regelungen zur Lohnsteuerberechnung im Zusammenhang mit tarifermäßigt zu besteuernden Arbeitslohn eintreten könnte.

1 BFH, Urteil v. 25.8.2009 - I R 19/03, BStBl 2010 II S. 150.

2 Art. 5 des Wachstumschancengesetzes v. 27.3.2024, BGBl I Nr. 108.

6. Auslandsreisekosten (*Niermann*)

Mit dem Gesetz zur Änderung und Vereinfachung der Unternehmensbesteuerung und des steuerlichen Reisekostenrechts v. 20.2.2013[1] wurden die bisherigen steuerlichen Bestimmungen umgestaltet. Die Finanzverwaltung hatte in einem umfangreichen Einführungsschreiben zur Anwendung des neuen Rechts Stellung genommen.[2] Dieses Schreiben wurde unter Beteiligung der Wirtschaftsverbände und unter Berücksichtigung erster in der Anwendungspraxis gewonnener Erkenntnisse aktualisiert und neu bekannt gemacht.[3] Die wichtigsten Regelungen werden im Folgenden vorgestellt:

Zentraler Punkt der ab 1.1.2014 geltenden Neuregelungen ist die gesetzliche Definition der ersten Tätigkeitsstätte, die an die Stelle der regelmäßigen Arbeitsstätte getreten ist. Die Definition der ersten Tätigkeitsstätte findet sich in § 9 Abs. 4 EStG. Als erste Tätigkeitstätte nennt das Gesetz die ortsfeste betriebliche Einrichtung

- des lohnsteuerlichen Arbeitgebers,
- eines verbundenen Unternehmens i. S. von § 15 AktG oder
- eines vom Arbeitgeber bestimmten Dritten,

der der Arbeitnehmer dauerhaft zugeordnet ist. Damit ist gesetzlich festgeschrieben, dass auch andere ortsfeste betriebliche Einrichtungen als die des lohnsteuerlichen Arbeitgebers als erste Tätigkeitsstätte in Betracht kommen. Von der Neuregelung ausdrücklich erfasst werden Sachverhalte, in denen der Arbeitnehmer statt beim eigenen Arbeitgeber bei unverändertem Arbeitsvertrag auf Dauer in einer ortsfesten betrieblichen Einrichtung eines der in § 15 AktG genannten Unternehmen tätig werden soll. Andere als die in § 15 AktG genannten Unternehmen fallen nicht unter diese Alternative, können jedoch Dritter im Sinne dieser Vorschrift sein.

Seit 2014 gilt: Nutzt der Arbeitgeber die in § 9 Abs. 4 Satz 1 EStG vorgegebene Möglichkeit, eine bestimmte ortsfeste betriebliche Einrichtung als erste Tätigkeitsstätte arbeits- oder dienstrechtlich festzulegen, folgt das Steuerrecht dieser Vorgabe. Das gilt auch, wenn – etwa bei Arbeitnehmern mit breitgefächertem Aufgabengebiet und damit verbundenen verschiedenartigen Tätigkeitsstätten – für die Zuordnung letztlich organisatorische Gründe maßgebend sind. Damit erhalten alle Beteiligten Rechts- und Planungssicherheit. Arbeitgeber und Arbeitnehmer haben es im Zuge der vertraglichen Vereinbarungen letztlich bis an die Grenzen des Gestaltungsmissbrauchs i. S. von § 42

1 BGBl 2013 I S. 285; BStBl 2013 I S. 188.

2 BMF, Schreiben v. 30.9.2013 - IV C 5 - S 2353/13/10004, BStBl 2013 I S. 1279; vgl. dazu Niermann, DB 2013 S. 2357.

3 BMF, Schreiben v. 24.10.2014 - IV C 5 - S 2353/14/10002, BStBl 2014 I S. 2412; vgl. dazu Niermann, DB 2014 S. 2793. Eine erneut überarbeitete Fassung des BMF-Schreibens datiert v. 25.11.2020 - IV C 5 - S 2353/19/10011 :006, BStBl 2020 I S. 1228.

AO in der Hand, die erste Tätigkeitsstätte mit steuerlicher Wirkung festzulegen. Insbesondere bei Gesellschafter-Geschäftsführern, Arbeitnehmer-Ehegatten und sonstigen, mitarbeitenden Familienangehörigen sollte allerdings darauf geachtet werden, dass die getroffenen Vereinbarungen dem sog. Fremdvergleich standhalten.

Bei grenzüberschreitender Arbeitnehmerentsendung zwischen verbundenen Unternehmen liegt beim aufnehmenden Unternehmen eine erste Tätigkeitsstätte dann vor, wenn der Arbeitnehmer im Rahmen eines eigenständigen Arbeitsvertrags mit dem aufnehmenden Unternehmen einer ortsfesten betrieblichen Einrichtung dieses Unternehmens unbefristet zugeordnet ist, die Zuordnung die Dauer des gesamten – befristeten oder unbefristeten – Dienstverhältnisses umfasst oder die Zuordnung über einen Zeitraum von 48 Monaten hinaus reicht.[1]

BEISPIEL: Der Arbeitnehmer A ist von der ausländischen Muttergesellschaft M für zwei Jahre an die inländische Tochtergesellschaft T entsandt worden. A hat mit T einen eigenständigen Arbeitsvertrag über zwei Jahre abgeschlossen, in dem er der inländischen Hauptniederlassung von T zugeordnet wurde.

LÖSUNG: A hat bei T seine erste Tätigkeitsstätte.

Das anders lautende BFH-Urteil v. 10.04.2014 (VI R 11/13; BStBl 2014 II S. 804) ist zur vor 2014 geltenden Rechtslage ergangen und damit ab 2014 überholt. Soweit der entsandte Arbeitnehmer im Rahmen eines eigenständigen Arbeitsvertrags beim aufnehmenden Unternehmen in dessen Interesse tätig wird und von diesem entlohnt wird, liegt – auch lohnsteuerlich – ein eigenständiges Dienstverhältnis vor. Im Rahmen dieses Dienstverhältnisses ist nach dem insoweit eindeutigen Gesetzeswortlaut auch die erste Tätigkeitsstätte zu bestimmen.

Erhält der entsandte Arbeitnehmer daneben auch vom entsendenden Unternehmen Arbeitslohn (fort-)gezahlt, liegt insoweit Arbeitslohn von dritter Seite vor, falls der Arbeitnehmer ausschließlich oder überwiegend im Interesse des aufnehmenden Unternehmens tätig wird und das entsendende Unternehmen keine eigenen wirtschaftlichen Ziele mit der Entsendung verfolgt.

Wird der Arbeitnehmer ganz oder teilweise auch im Interesse des entsendenden Unternehmens tätig, liegen ggfs. zwei lohnsteuerlich – und damit auch für die Anwendung des steuerlichen Reisekostenrechts – eigenständig zu beurteilende steuerliche Dienstverhältnisse vor.

Wird ein Arbeitnehmer bei grenzüberschreitender Arbeitnehmerentsendung zwischen verbundenen Unternehmen ohne Abschluss eines eigenständigen Arbeitsvertrags mit dem aufnehmenden Unternehmen in einer ortsfesten betrieblichen Einrichtung dieses

1 BFH, Urteil v. 17.12.2020 - VI R 21/18, BStBl 2021 II S. 506.

Unternehmens tätig, liegt beim aufnehmenden Unternehmen eine erste Tätigkeitsstätte nur dann vor, wenn der Arbeitnehmer vom entsendenden Unternehmen einer ortsfesten Einrichtung des aufnehmenden Unternehmens unbefristet zugeordnet ist, die Zuordnung die Dauer des gesamten – befristeten oder unbefristeten – Dienstverhältnisses umfasst oder die Zuordnung über einen Zeitraum von 48 Monaten hinaus reicht.[1]

BEISPIEL: Der Arbeitnehmer A ist von der ausländischen Muttergesellschaft M im Rahmen eines unbefristeten Arbeitsvertrags für zwei Jahre an die inländische Tochtergesellschaft T entsandt und für diesen Zeitraum der inländischen Hauptniederlassung von T zugeordnet worden. A hat mit T keinen eigenständigen Arbeitsvertrag abgeschlossen.

LÖSUNG: A hat bei T keine erste Tätigkeitsstätte, da er der inländischen Hauptniederlassung von T nicht dauerhaft i. S. von § 9 Abs. 4 Satz 1 i.V. mit Satz 3 EStG zugeordnet worden ist. Er übt für die Dauer seiner zweijährigen Tätigkeit bei T eine beruflich veranlasste Auswärtstätigkeit aus.

Fehlt es bei grenzüberschreitender Arbeitnehmerentsendung zwischen verbundenen Unternehmen an einer dauerhaften Zuordnung des Arbeitnehmers zu einer betrieblichen Einrichtung des aufnehmenden Unternehmens durch dienst- oder arbeitsrechtliche Festlegung (z. B. weil der Arbeitgeber ausdrücklich auf eine Zuordnung verzichtet hat oder ausdrücklich erklärt, dass organisatorische Zuordnungen keine steuerliche Wirkung entfalten sollen) oder ist die getroffene Festlegung nicht eindeutig, gelten die quantitativen Zuordnungskriterien des § 9 Abs. 4 Satz 4 EStG (vgl. hierzu die nachstehenden Ausführungen).

Ohne Nachweis oder Glaubhaftmachung einer eindeutigen Zuordnung des Arbeitnehmers zu einer betrieblichen Einrichtung durch dienst- oder arbeitsrechtliche Festlegung nach den vorstehenden Kriterien legt § 9 Abs. 4 Satz 4 EStG n. F. als erste Tätigkeitsstätte die betriebliche Einrichtung fest, an der der Arbeitnehmer

- typischerweise arbeitstäglich oder
- je Arbeitswoche zwei volle Arbeitstage oder mindestens ein Drittel seiner vereinbarten regelmäßigen Arbeitszeit dauerhaft tätig werden soll.

Dabei muss der Arbeitnehmer an der betrieblichen Einrichtung seine eigentliche berufliche Tätigkeit ausüben. Somit führt allein ein regelmäßiges Aufsuchen der betrieblichen Einrichtung, z. B. für kurze Rüstzeiten, zur Berichtsfertigung, zur Vorbereitung der Zustellroute, zur Wartung und Pflege des Fahrzeugs, zur Abholung oder Abgabe von Kundendienstfahrzeugen, Material, Auftragsbestätigungen, Stundenzetteln, Krankmeldungen, Urlaubsanträgen, nicht zu einer Qualifizierung der betrieblichen Einrichtung als erste Tätigkeitsstätte (amtliche Gesetzesbegründung in BT-Drucks. 17/10774 S. 15).

1 Vgl. § 9 Abs. 4 Satz 3 EStG.

BEISPIEL: Ein Kundendienstmonteur, der keiner betrieblichen Einrichtung dauerhaft zugeordnet ist, sucht jeden Morgen den Betrieb seines Arbeitgebers auf, um den Firmenwagen samt Material zu übernehmen, die Auftragsbestätigungen in Empfang zu nehmen und die Stundenzettel vom Vortag abzugeben.

LÖSUNG: Der Kundendienstmonteur hat keine erste Tätigkeitsstätte. Der Betrieb seines Arbeitgebers wird auch durch das arbeitstägliche Aufsuchen nicht zur ersten Tätigkeitsstätte, da er seine eigentliche berufliche Tätigkeit an diesem Ort nicht ausübt. Etwas Anderes gilt nur, wenn der Arbeitgeber den Arbeitnehmer dem Betriebssitz arbeitsrechtlich als erste Tätigkeitsstätte zuordnet.

6.1 Fahrtkosten

Bei beruflich veranlassten Fahrten im Rahmen einer Auswärtstätigkeit können die Fahrtkosten grundsätzlich **wie bisher bei Inlands- und Auslandsreisen** – nunmehr jedoch erstmals auf Grund der speziellen Vorschrift des § 9 Abs. 1 Satz 3 Nr. 4a Satz 1 EStG – **in Höhe der tatsächlich entstandenen und nachgewiesenen Aufwendungen als Werbungskosten** berücksichtigt werden. Entsprechendes gilt für einen steuerfreien Reisekostenersatz der Fahrtkosten durch den Arbeitgeber nach § 3 Nr. 13 bzw. § 3 Nr. 16 EStG.

Statt der tatsächlichen Aufwendungen kann aus Vereinfachungsgründen typisierend je nach Art des benutzten Verkehrsmittels auch ein pauschaler Kilometersatz – **bei Benutzung eines PKW 0,30 €**, für jedes andere motorbetriebene Fahrzeug 0,20 € für jeden gefahrenen Kilometer – angesetzt werden (§ 9 Abs. 1 Satz 3 Nr. 4a Satz 2 EStG) Die bis Ende 2013 geltenden pauschalen Kilometersätze von 0,13 € für Motorrad/Motorroller, 0,08 € für Moped/Mofa und 0,05 € für Fahrrad sind ab 2014 nicht mehr anwendbar. Wird der pauschale Kilometersatz angesetzt, ist eine Prüfung der tatsächlichen Fahrtkosten entbehrlich. Auch diese Regelungen gelten entsprechend für den steuerfreien Reisekostenersatz der Fahrtkosten durch den Arbeitgeber nach § 3 Nr. 13 bzw. § 3 Nr. 16 EStG.

Da die Berücksichtigung pauschaler Kilometersätze ab 2014 gesetzlich geregelt ist, hat der Arbeitnehmer einen Rechtsanspruch auf deren Ansatz. Somit entfällt künftig auch bei einer hohen Jahresfahrleistung die Prüfung einer unzutreffenden Besteuerung. Dies führt in diesem streitanfälligen Bereich zu einer nicht gering zu veranschlagenden Verfahrensvereinfachung für alle Beteiligten.

Die pauschalen Kilometersätze gelten unvermindert auch dann, wenn der Arbeitnehmer keine eigene Fahrzeug-Vollversicherung, sondern der Arbeitgeber eine Dienstreise-Kaskoversicherung für ein Kraftfahrzeug des Arbeitnehmers abgeschlossen hat. Daneben führt die Prämienzahlung des Arbeitgebers an die Dienstreise-Kaskoversicherung bei den Arbeitnehmern auch weiterhin nicht zum Lohnzufluss.[1]

Der Ansatz der pauschalen Kilometersätze anstelle der tatsächlichen Aufwendungen kommt jedoch nicht in Betracht, wenn der Arbeitnehmer ein regelmäßig verkehrendes Beförderungsmittel benutzt. Regelmäßig verkehrende Beförderungsmittel in diesem Sinn sind alle Beförderungsmittel, die der Personenbeförderung dienen und im öffentlichen Verkehr zu Land, zu Wasser oder in der Luft auf bestimmten Strecken (sog. Verbindungen oder Linien) und nach einem festgelegten Zeitplan (Fahrplan, Flugplan) fahren oder fliegen. Dies sind insbesondere die dem allgemeinen Personenverkehr dienenden Verkehrsmittel der Deutschen Bahn AG und anderer Verkehrsunternehmen, S- und U-Bahnen sowie Verkehrsflugzeuge. Insoweit können laut BFH lediglich die tatsächlich entstandenen Fahrt- oder Flugkosten steuerlich berücksichtigt werden.[2]

6.2 Verpflegungsmehraufwendungen

Da die steuerliche Berücksichtigung von Reisekosten **seit 2014** umfassend im Bereich der Werbungskosten geregelt ist, wurden auch die gesetzlichen Regelungen zur steuerlichen Berücksichtigung von Verpflegungsmehraufwendungen dorthin verlagert (§ 9 Abs. 4a EStG). Für den Geltungsbereich der nicht abzugsfähigen Betriebsausgaben wurde in § 4 Abs. 5 Satz 1 Nr. 5 EStG lediglich ein entsprechender Verweis auf diese Regelungen aufgenommen. Damit gelten die Änderungen im Bereich des Werbungskostenabzugs in gleicher Weise für den Abzug von Verpflegungsmehraufwendungen bei den Gewinneinkunftsarten.[3]

Um die steuerliche Berücksichtigung von Verpflegungsmehraufwendungen zu vereinfachen, wird die frühere dreistufige Staffelung der abziehbaren Pauschalen und Mindestabwesenheitszeiten durch eine zweistufige Staffelung ersetzt. Die Prüfung von Mindestabwesenheitszeiten bei mehrtägigen Auswärtstätigkeiten fällt für den An- und Abreistag weg. Die Berechnung der Dreimonatsfrist wird vereinfacht. Von den seit 2014 greifenden Änderungen profitieren insbesondere vorwiegend auswärts tätige Arbeitnehmer wie etwa Bauarbeiter, Kundendienstmonteure und andere Handwerker, Außendienstmitarbeiter, Handelsvertreter, Fahrer bei Speditionsunternehmen und/oder Kurierfahrer.

Für den **An- und Abreisetag bei einer mehrtägigen auswärtigen Tätigkeit im Inland** mit Übernachtung wird seit 2020 eine **Verpflegungspauschale von jeweils 14 €** berücksichtigt (§ 9 Abs. 4a Satz 3 Nr. 2 EStG). Eine Mindestabwesenheitszeit des Arbeitnehmers

1 BMF, Schreiben v. 9.9.2015 - IV C 5 - S 2353/11/10003, BStBl 2015 I S. 734.

2 BFH, Urteil v. 11.2.2021 - VI R 50/18, BStBl 2021 II S. 440.

3 Vgl. hierzu Niermann, DB 2014 S. 1708.

von der Wohnung und/oder der ersten Tätigkeitsstätte ist am An- und Abreisetag nicht mehr erforderlich. Unerheblich ist, ob die Tätigkeit von der Wohnung, der ersten Tätigkeitsstätte oder einer anderen Tätigkeitsstätte des Arbeitnehmers aus angetreten wird. Die Finanzverwaltung geht davon aus, dass eine mehrtägige auswärtige Tätigkeit mit Übernachtung auch dann vorliegt, wenn die berufliche Auswärtstätigkeit über Nacht ausgeübt wird und sich daran eine Übernachtung am Tage sowie eine weitere Tätigkeit über Nacht anschließt. Unerheblich ist auch, ob für die Übernachtung tatsächlich Übernachtungskosten anfallen (so z. B. bei Schlafen im Bus oder LKW).

Angesichts von sich oftmals auch über Nacht oder mehrere Tage erstreckenden An- und Abreisen bei auswärtigen beruflichen Tätigkeiten genügt es für die Qualifizierung als An- oder Abreistag i. S. des § 9 Abs. 4a Satz 3 Nr. 2 EStG, wenn der Arbeitnehmer an diesem, einem anschließenden oder vorhergehenden Tag außerhalb seiner Wohnung übernachtet. Als Wohnung im vorstehenden Sinn gilt nach § 9 Abs. 4a Satz 4 Halbsatz 2 EStG

- der Hausstand, der den Mittelpunkt der Lebensinteressen des Arbeitnehmers bildet und nicht nur gelegentlich aufgesucht wird oder
- die Zweitwohnung am Ort einer steuerlich anzuerkennenden doppelten Haushaltsführung (insbesondere zu berücksichtigen, wenn der Arbeitnehmer mehrere Wohnungen hat).

Bei einer Tätigkeit im Ausland treten an die Stelle der seit 2020 geltenden inländischen Pauschbeträge von 14 € bzw. 28 € **länderweise unterschiedliche Pauschbeträge**, die bei einer Abwesenheit von der Wohnung von 24 Stunden 120 % und in den übrigen Fällen 80 % der nach dem Bundesreisekostengesetz festgesetzten Auslandstagegelder betragen. **Damit gelten auch für Tätigkeiten im Ausland nur noch zwei – statt bisher drei – Pauschalen mit den entsprechenden Voraussetzungen wie bei den inländischen Pauschalen.** Der länderweise unterschiedliche Pauschbetrag bestimmt sich – wie bisher – nach dem Ort, den der Arbeitnehmer vor 24 Uhr Ortszeit zuletzt erreicht, oder, wenn dieser Ort im Inland liegt, nach dem letzten Tätigkeitsort im Ausland (§ 9 Abs. 4a Satz 5 EStG). Die Finanzverwaltung hat für 2020 neue Auslandsreisekostensätze bekannt gegeben.

HINWEIS:

Die ab 1.1.2024 geltenden Pauschalen sind dem BMF-Schreiben v. 21.11.2023 (IV C 5 - S 2353/19/10010 :005, BStBl 2023 I S. 2076) zu entnehmen.

Bei Schiffsreisen ist grundsätzlich das für Luxemburg geltende Tagegeld maßgebend. Für die Tage der Einschiffung und Ausschiffung ist stets – also in allen Fällen – das für den Hafenort geltende Tagegeld maßgebend.[1]

Bei Auslandsreisen ist ein steuerfreier Ersatz der Verpflegungsmehraufwendungen **nur in Form von pauschalen Auslandstagegeldern – wie bisher für die ersten drei Monate möglich** (§ 9 Abs. 4a Satz 6 EStG). Allerdings wird seit 2014 – und das ist neu – im Gesetz selbst eine rein zeitliche Bemessung der Unterbrechungsregelung eingeführt. Ab 2014 führt eine Unterbrechung der beruflichen Tätigkeit an derselben Tätigkeitsstätte für einen Zeitraum von mindestens vier Wochen stets zu einem Neubeginn der Dreimonatsfrist (§ 9 Abs. 4a Satz 7 EStG). Unerheblich ist künftig hingegen, aus welchem Grund (z. B. Krankheit, Urlaub, Tätigkeit an einer anderen Tätigkeitsstätte) die Tätigkeit unterbrochen wird. Bis Ende 2013 hatten urlaubs- oder krankheitsbedingte Unterbrechungen bei derselben Auswärtstätigkeit auf den Ablauf der Dreimonatsfrist keinen Einfluss. Insoweit erweist sich die neue Rechtslage ab 2014 für Betroffene als vorteilhaft. Sie gilt auch, wenn die Unterbrechung der beruflichen Tätigkeit schon vor dem 1.1.2014 begonnen hat.

Eine berufliche Tätigkeit an derselben Tätigkeitsstätte liegt nur vor, wenn der Arbeitnehmer an dieser mindestens an drei Tagen wöchentlich tätig wird. Die Dreimonatsfrist beginnt daher nicht, solange die auswärtige Tätigkeitsstätte an nicht mehr als zwei Tagen wöchentlich aufgesucht wird.

Bei beruflichen Tätigkeiten auf mobilen, nicht ortsfesten betrieblichen Einrichtungen wie z. B. Fahrzeugen, Flugzeugen, Schiffen findet die Dreimonatsfrist ebenfalls keine Anwendung. Entsprechendes gilt für eine Tätigkeit in einem weiträumigen Tätigkeitsgebiet.

Auch die Pauschalierungsvorschrift nach § 40 Abs. 2 Satz 1 Nr. 4 EStG – pauschale Lohnsteuererhebung mit 25 % – ist weiterhin anwendbar. Voraussetzung hierfür ist, dass diese die danach dem Arbeitnehmer zustehenden Verpflegungspauschalen ohne Anwendung der Kürzungsregelung nach § 9 Abs. 4a Satz 8–10 EStG um nicht mehr als 100 % übersteigen.

6.3 Übernachtungskosten

Die Übernachtungskosten können entweder in Form von Pauschbeträgen (wegen der seit 1.1.2024 geltenden Beträge[2] oder durch Einzelnachweis der entstandenen Kosten steuerfrei ersetzt werden. Steuerlich berücksichtigungsfähige Unterkunftskosten im

1 R 9.6 Abs. 3 Satz 4 Nr. 2 LStR.

2 Vgl. BMF, Schreiben v. 21.11.2023 - IV C 5 - S 2353/19/10010 :005, BStBl 2023 I S. 2076.

Rahmen einer auswärtigen beruflichen Tätigkeit erfordern allerdings, dass noch eine andere Wohnung besteht, für die dem Arbeitnehmer Aufwendungen entstehen, weil er dort seinen Lebensmittelpunkt hat oder seinen Lebensmittelpunkt wieder aufnehmen will.[1]

Benutzt der Arbeitnehmer ein Mehrbettzimmer gemeinsam mit Personen, die zu seinem Arbeitgeber in keinem Dienstverhältnis stehen (z. B. bei Mitnahme des Ehegatten), so sind die Aufwendungen maßgebend, die bei Inanspruchnahme eines Einzelzimmers im selben Haus entstanden wären. Führt auch die weitere Person eine Auswärtstätigkeit durch, so sind die tatsächlichen Unterkunftskosten gleichmäßig aufzuteilen.

Wird der Arbeitnehmer bei seiner Auswärtstätigkeit von Familienangehörigen begleitet, sind Aufwendungen für Übernachtungen laut BFH nur anteilig als Werbungskosten zu berücksichtigen. Das FG hatte den durch die Mitnahme der Familie privat veranlassten Mehraufwand im Wege einer modifizierten Aufteilung nach Köpfen ermittelt. Zunächst hatte es den Gesamtaufwand nach Köpfen verteilt. Im Anschluss wurde eine Korrektur in Höhe von 20% des Gesamtaufwands zugunsten des Erwerbsaufwands vorgenommen. Diese Vorgehensweise hat der BFH mitgetragen. Seine Begründung: Die Schätzung des FG sei im Revisionsverfahren nur hinsichtlich der Zulässigkeit, der Einhaltung der verfahrensrechtlichen Voraussetzungen sowie der Schlüssigkeit und Plausibilität des Schätzungsergebnisses überprüfbar. Das Schätzungsergebnis sei mit 53,3% beruflicher Veranlassung schlüssig, wirtschaftlich möglich und plausibel.[2]

Bei Übernachtungen im Ausland im Rahmen einer längerfristigen Auswärtstätigkeit gelten auch ab 2014 die bisherigen Grundsätze zur beruflichen Veranlassung und Notwendigkeit der entstandenen Aufwendungen unverändert weiter. Die Höchstgrenze von 1.000 € für monatliche Unterkunftskosten im Inland gilt hier nicht.

HINWEIS:

Seit 2008 sind die Übernachtungspauschalen beim Werbungskostenabzug nicht mehr anzuwenden. Ein Werbungskostenabzug setzt den Nachweis der tatsächlichen Aufwendungen voraus.

6.4 Auslösungen bei doppeltem Haushalt im Ausland

Wird ein (lediger oder verheirateter) Arbeitnehmer im Rahmen einer beruflich veranlassten doppelten Haushaltsführung an seiner regelmäßigen Arbeitsstätte im Ausland tätig, so bleiben Auslösungen des Arbeitgebers in der folgenden Höhe – **auch über den 1.1.2014 hinaus** – steuerfrei:

1 Rz. 114 des BMF, Schreibens v. 24.10.2014 - S 2353/08/10006: 005, BStBl 2015 I S. 34.

2 BFH, Urteil v. 3.7.2018 - VI R 55/16, BFH/NV 2018 S. 1145.

Kosten für die erste und letzte Fahrt:
Es gilt die gleiche Regelung wie bei einer doppelten Haushaltsführung im Inland, d. h. steuerfreie Erstattung der tatsächlich nachgewiesenen Kosten (Flugticket) oder 0,30 € je tatsächlich gefahrenen km.

Familien- bzw. Wochenendheimfahrten:
Es gilt ebenfalls die gleiche Regelung wie bei einer doppelten Haushaltsführung im Inland: 0,30 € je vollen Entfernungskilometer (= Entfernungspauschale) je Familienheimfahrt (höchstens 1 Fahrt pro Woche). Für 2021 gilt ein Betrag von 0,35 € und für die Jahre 2022 bis 2026 ein Betrag von 0,38 € je Entfernungskilometer (§ 9 Abs. 1 Nr. 5 Satz 9 EStG). Auf Grund des Wegfalls der früheren Zweijahresfrist ist ein steuerfreier Ersatz zeitlich unbegrenzt möglich.

Bei einer Auslandstätigkeit werden Heimfahrten oft auch mit dem Flugzeug durchgeführt. Steuerfrei ersetzbar sind in diesem Fall die tatsächlichen Kosten für das Flugticket. Der Ansatz der Entfernungspauschale kommt bei Benutzung eines Flugzeugs nicht in Betracht.

BEACHTE:

Aufwendungen für die Besuchsfahrten eines Ehepartners zur auswärtigen Tätigkeitsstätte des anderen Ehepartners sind laut BFH auch bei einer längerfristigen Auswärtstätigkeit keine Werbungskosten. Das soll selbst dann gelten, wenn der Arbeitnehmer eine für ihn beruflich veranlasste Fahrt zwischen seiner auswärtigen Tätigkeitsstätte und der Wohnung nicht selbst durchführen kann, weil seine Anwesenheit am auswärtigen Tätigkeitsort aus dienstlichen Gründen erforderlich ist.[1] Auch eine entsprechende Weisung oder Empfehlung des Arbeitgebers vermag hieran nichts zu ändern. Die Entscheidung überrascht. Bei umgekehrten Familienheimfahrten im Rahmen einer doppelten Haushaltsführung hatte der BFH bisher einen Werbungskostenabzug zugelassen, wenn der Arbeitnehmer aus beruflichen Gründen an einer Familienheimfahrt gehindert war. Dem folgt die Finanzverwaltung.[2]

Verpflegungsmehraufwendungen:

Ersatzleistungen des Arbeitgebers für die notwendigen Mehraufwendungen für Verpflegung in den ersten drei Monaten der Tätigkeit am neuen Beschäftigungsort im Ausland bleiben in Höhe des Auslandstagegeldes steuerfrei, das bei einer Reise in dieses Land in Betracht kommt.[3] Nach Ablauf der ersten drei Monate können die Verpflegungsmehraufwendungen nicht mehr steuerfrei ersetzt werden. Auch ein Werbungskostenabzug durch den Arbeitnehmer ist nach Ablauf des Dreimonatszeitraums ausgeschlossen. Geht der Tätigkeit am Beschäftigungsort unmittelbar eine beruflich veranlasste Auswärtstätigkeit am Beschäftigungsort voraus, so wird deren Dauer auf den Dreimonatszeitraum angerechnet.

1 BFH, Urteil v. 22.10.2015 - VI R 22/14, BStBl 2016 II S. 179.

2 R 9.11 Abs. 6 Nr. 2 Satz 3 LStR 2023.

3 Wegen der seit 1.1.2024 geltenden Beträge vgl. das BMF, Schreiben v. 21.11.2023 - IV C 5 - S 2353/19/10010 :005, BStBl 2023 I S. 2076.

Notwendige Kosten der Unterkunft:

Ersatzleistungen des Arbeitgebers für die notwendigen Kosten der Unterkunft am ausländischen Beschäftigungsort in den ersten drei Monaten der Tätigkeit am neuen Beschäftigungsort können ohne Einzelnachweis in Höhe des Auslandsübernachtungsgeldes steuerfrei ersetzt werden, das bei einer Auswärtstätigkeit in dieses Land in Betracht kommt.[1] Nach Ablauf der ersten drei Monate können die notwendigen Übernachtungskosten ohne Einzelnachweis nur noch i. H. von 40 % des Auslandsübernachtungsgeldes steuerfrei ersetzt werden.

Wird dem Arbeitnehmer am ausländischen Beschäftigungsort vom Arbeitgeber eine Unterkunft unentgeltlich zur Verfügung gestellt, so darf ein steuerfreies Übernachtungsgeld nicht gezahlt werden. Im Übrigen können die dem Arbeitnehmer am ausländischen Beschäftigungsort entstandenen und nachgewiesenen Kosten der Unterkunft steuerfrei ersetzt werden, soweit sie notwendig sind; Obergrenze sind hier laut Finanzverwaltung 60 qm x Durchschnittsmietzins am ausländischen Beschäftigungsort.

Das sieht der BFH anders. Eine Typisierung dahingehend, dass Unterkunftskosten, die den Durchschnittsmietzins einer 60 qm-Wohnung am Beschäftigungsort nicht überschreiten, notwendig in diesem Sinne sind – wie der BFH zu der bis einschließlich 2013 geltenden Fassung für Inlandssachverhalte angenommen hatte –, kommt für Auslandssachverhalte nicht in Betracht. Bei einer beamtenrechtlich zugewiesenen Dienstwohnung sind die Unterkunftskosten am ausländischen Beschäftigungsort daher in tatsächlicher Höhe als Werbungskosten im Rahmen einer doppelten Haushaltsführung abzugsfähig. Dies erscheint unmittelbar einsichtig, da der Beschäftigte im Streitfall als Botschafter für die Bundesrepublik Deutschland die Zuweisung durch den Arbeitgeber hinzunehmen hatte.[2]

HINWEIS:

Seit 2008 sind die Übernachtungspauschalen beim Werbungskostenabzug nicht mehr anzuwenden. Ein Werbungskostenabzug setzt somit den Nachweis der tatsächlich entstandenen, notwendigen Aufwendungen voraus.

6.5 Umzugskosten

Bei Auslandsumzügen kann der Arbeitgeber dem Arbeitnehmer – ebenso wie bei Inlandsumzügen – die Umzugskosten bei einem beruflich veranlassten Umzug in Höhe des Betrags steuerfrei ersetzen, der nach dem Bundesumzugskostengesetz als höchstmögliche Auslandsumzugskostenvergütung gezahlt werden könnte.

1 Wegen der ab 1.1.2024 geltenden Beträge vgl. das BMF, Schreiben v. 21.11.2023 - IV C 5 - S 2353/19/10010 :005, BStBl 2023 I S. 2076.

2 BFH, Urteil v. 9.8.2023 - VI R 20/21 NWB QAAAJ-51862.

Der Begriff „Auslandsumzug" umfasst nach dem Bundesumzugskostengesetz die Umzüge zwischen Inland und Ausland sowie die Umzüge im Ausland. Keine Auslandsumzüge im Sinne des Bundesumzugskostengesetzes sind Umzüge aus Anlass einer Einstellung, Versetzung oder Abordnung im Inland, wenn die bisherige oder die neue Wohnung im Ausland liegt. Wird folglich ein ausländischer Staatsangehöriger bei einer deutschen Firma eingestellt und zieht er aus diesem Grund vom Ausland in das Inland um, so handelt es sich zwar um einen beruflich veranlassten Umzug, aber nicht um einen Auslandsumzug im Sinne des Bundesumzugskostenrechts. Es gelten daher die gleichen Grundsätze wie bei einem Inlandsumzug.

Beruflich veranlasst ist ein Rückumzug ins Ausland nur dann, wenn ein ausländischer Arbeitnehmer für eine von vornherein befristete Tätigkeit nach Deutschland gekommen ist.[1] Wird hingegen ein ausländischer Arbeitnehmer unbefristet in das Inland versetzt und zieht er erst nach vielen Jahren bei Erreichen der Pensionsaltersgrenze wieder in sein Heimatland zurück, ist dieser Rückumzug nicht beruflich veranlasst.[2]

Maßgebend für die Höhe der Umzugskostenvergütung bei Auslandsumzügen ist die Auslandsumzugskostenverordnung. Hiernach können die entstehenden Beförderungsauslagen für das Umzugsgut (ggf. auch Einlagerungskosten), die Auslagen für die Umzugsreise des Umziehenden und der zur häuslichen Gemeinschaft gehörenden Personen sowie Wohnungsvermittlungs- und Wohnungsvertragsabschlussgebühren (ggf. auch Mietentschädigungen, wenn Mieten für die alte und neue Wohnung für einen Übergangszeitraum nebeneinander zu zahlen sind; längstens sechs Monate – neun Monate, wenn „alte" Wohnung im Ausland –) steuerfrei erstattet werden. Für sonstige Umzugsauslagen gibt es Pauschbeträge.

6.6 Mahlzeitengestellung durch den Arbeitgeber bei Auswärtstätigkeit

Übliche Mahlzeiten, die der Arbeitgeber oder auf dessen Veranlassung ein Dritter dem Arbeitnehmer anlässlich einer auswärtigen Tätigkeit zur Verfügung stellt, sind ab 2014 zwingend mit dem maßgebenden amtlichen Sachbezugswert nach der SvEV anzusetzen (§ 8 Abs. 2 Satz 8 EStG). Entsprechendes gilt für die im Rahmen einer beruflich veranlassten doppelten Haushaltsführung vom Arbeitgeber zur Verfügung gestellten „üblichen" Mahlzeiten. Das bis Ende 2013 in R 8.1 Abs. 8 Nr. 2 LStR enthaltene Wahlrecht zwischen der Bewertung der Mahlzeit mit dem ortsüblichen Endpreis am Abgabeort oder dem amtlichen Sachbezugswert ist ab 2014 weggefallen. Zuzahlungen des Arbeitnehmers zu den gestellten Mahlzeiten mindern die nach § 8 Abs. 2 Satz 8 EStG anzuset-

1 BFH, Urteil v. 4.12.1992 - BStBl 1993 II S. 722.

2 BFH, Urteil v. 8.11.1996 - BStBl 1997 II S. 207.

zende Bemessungsgrundlage. Als „üblich" gilt eine Mahlzeit, deren Preis 60 € nicht übersteigt. Hierbei sind auch die zur Mahlzeit eingenommenen Getränke einzubeziehen.

Mahlzeiten mit einem Preis von über 60 € dürfen nicht mit dem amtlichen Sachbezugswert bewertet werden. Bei einer solchen Mahlzeit wird typisierend unterstellt, dass es sich um ein „Belohnungsessen" handelt. Belohnungsessen sind mit dem tatsächlichen Preis als Arbeitslohn (§ 8 Abs. 2 Satz 1 EStG) anzusetzen.

Für die Prüfung der 60 €-Grenze kommt es auf den Preis (einschließlich Umsatzsteuer) an, den der Dritte dem Arbeitgeber in Rechnung stellt. Zuzahlungen des Arbeitnehmers sind bei der Prüfung der 60 €-Grenze nicht zu berücksichtigen. Ist der Preis der Mahlzeit in der Rechnung eines Dritten nicht beziffert, weil die Mahlzeit im Rahmen eines Gesamtpreises z. B. mit einer Fortbildungsveranstaltung berechnet wird, ist nach dem Gesamtbild der Verhältnisse im Einzelfall zu beurteilen, ob es sich um eine „übliche" Beköstigung i. S. des § 8 Abs. 2 Satz 8 EStG gehandelt hat oder ob ein höherer Wert der Mahlzeit als 60 € anzunehmen ist.

Die für eine unmittelbar vom Arbeitgeber abgegebene Mahlzeit maßgeblichen Grundsätze gelten auch, wenn eine Mahlzeit auf Veranlassung des Arbeitgebers von einem Dritten an den Arbeitnehmer abgegeben wird. Die Gestellung einer Mahlzeit ist vom Arbeitgeber veranlasst, wenn er Tag und Ort der Mahlzeitengestellung bestimmt. Das ist insbesondere dann der Fall, wenn

- er die Verpflegungskosten im Hinblick auf die beruflich veranlasste Auswärtstätigkeit des Arbeitnehmers dienst- oder arbeitsrechtlich erstattet und
- die Rechnung auf den Arbeitgeber ausgestellt ist[1] oder es sich um eine Kleinbetragsrechnung i. S. des § 14 UStG i.V. mit § 33 UStDV handelt, die im Original beim Arbeitgeber vorliegt.

Die Besteuerung der anlässlich einer auswärtigen Tätigkeit vom Arbeitgeber zur Verfügung gestellten Mahlzeit mit dem maßgebenden amtlichen Sachbezugswert unterbleibt, wenn der Arbeitnehmer für die auswärtige Tätigkeit eine Verpflegungspauschale abziehen kann.[2]

Seit 2014 werden die Pauschalen für Verpflegungsmehraufwendungen bei vom Arbeitgeber oder auf dessen Veranlassung von Dritten gestellten Mahlzeiten gekürzt. Die Kürzung beträgt im Wege gesetzlicher Typisierung für ein Frühstück 20 % und für ein Mittag- und Abendessen jeweils 40 % des Betrags der für den Tätigkeitsstaat geltenden Verpflegungspauschalen für eine 24-stündige Abwesenheit. Dabei darf der Kürzungs-

1 R 8.1 Abs. 8 Nr. 2 Satz 6 LStR.

2 § 8 Abs. 2 Satz 9 EStG.

betrag die ermittelte Verpflegungspauschale nicht übersteigen (§ 9 Abs. 4a Satz 8 EStG). Die Kürzung des Werbungskostenabzugs ist auch dann vorzunehmen, wenn der Arbeitgeber die dem Arbeitnehmer zustehende Reisekostenvergütung lediglich gekürzt ausbezahlt. Ein für die Gestellung der Mahlzeit vereinbartes und vom Arbeitnehmer tatsächlich gezahltes Entgelt mindert den Kürzungsbetrag. Es ist hierbei nicht zu beanstanden, wenn der Arbeitgeber das für die Mahlzeit vereinbarte Entgelt im Rahmen eines abgekürzten Zahlungsweges unmittelbar vom Nettolohn des Arbeitnehmers abzieht. Eine Verminderung der steuerfreien Reisekostenerstattung führt ebenfalls zu einer Minderung des Kürzungsbetrags nach § 9 Absatz 4a Satz 8 EStG.

Die Verpflegungspauschalen sind auch dann zu kürzen, wenn der Arbeitgeber dem Arbeitnehmer Mahlzeiten zur Verfügung stellt, diese vom Arbeitnehmer aber nicht eingenommen werden.[1] Aus welchen Gründen der Arbeitnehmer eine ihm von seinem Arbeitgeber zur Verfügung gestellte Mahlzeit nicht einnimmt, ist laut BFH unerheblich.

Die Kürzung des Werbungskostenabzugs ist auch dann vorzunehmen, wenn der Arbeitgeber den amtlichen Sachbezugswert der Mahlzeit pauschal besteuert hat.

Zu den vom Arbeitgeber zur Verfügung gestellten Mahlzeiten gehören auch die im Flugzeug, im Zug oder auf einem Schiff im Zusammenhang mit der Beförderung unentgeltlich angebotenen Mahlzeiten, sofern die Rechnung für das Beförderungsticket auf den Arbeitgeber ausgestellt ist und von diesem dienst- oder arbeitsrechtlich erstattet wird. Die Verpflegung muss dabei nicht offen auf der Rechnung ausgewiesen werden. Lediglich dann, wenn etwa anhand des gewählten Beförderungstarifs feststeht, dass es sich um eine reine Beförderungsleistung handelt, bei der keine Mahlzeiten unentgeltlich angeboten werden, liegt nach Auffassung der Finanzverwaltung keine Mahlzeitengestellung vor. Da die steuerliche Behandlung von Mahlzeitengestellungen in Flugzeug, Schiff oder Zug bisher nicht ausdrücklich geregelt war, beanstandet der Fiskus bis Ende 2014 nicht, wenn bei dieser Art von Mahlzeitengestellung bisher keine Kürzung der Verpflegungspauschale vorgenommen wurde.

Die Finanzverwaltung hat zudem klargestellt, dass auch ein vom Arbeitgeber zur Verfügung gestellter Snack oder Imbiss (z. B. belegte Brötchen, Kuchen, Obst), der während einer auswärtigen Tätigkeit gereicht wird, eine Mahlzeit sein kann, die zur Kürzung der Verpflegungspauschale führt. Eine feste zeitliche Grenze für die Frage, ob ein Frühstück, Mittag- oder Abendessen zur Verfügung gestellt wird, gibt es nicht. Maßstab für die Einordnung ist vielmehr, ob die zur Verfügung gestellte Verpflegung an die Stelle einer der genannten Mahlzeiten tritt, welche üblicherweise zu der entsprechenden Zeit eingenommen wird. Es muss sich somit um eine der im Gesetz genannten Mahlzeiten handeln. So handelt es sich beispielsweise bei Kuchen, der anlässlich eines Nachmit-

1 BFH, Urteil v. 7.7.2020 - VI R 16/18, BStBl 2020 II S. 783.

tagskaffees gereicht wird, nicht um eine der genannten Mahlzeiten. Konsequenz: Hier ist keine Kürzung der Verpflegungspauschale vorzunehmen. Entsprechendes gilt für die beispielsweise auf innerdeutschen Flügen gereichten kleinen Tüten mit Chips, Salzgebäck oder vergleichbare Knabbereien, die ebenfalls nicht zur Kürzung der Verpflegungsmehraufwandspauschale führen.

Die Kürzung der Verpflegungspauschale gilt auch für die Teilnahme des Arbeitnehmers an einer geschäftlich veranlassten Bewirtung im Sinne des § 4 Abs. 5 Satz 1 Nr. 2 EStG oder an einem außerhalb der ersten Tätigkeitsstätte gewährten Arbeitsessen,[1] wenn sein Arbeitgeber die Mahlzeit zur Verfügung stellt. Es kommt nicht darauf an, ob Vorteile aus der Gestellung derartiger Mahlzeiten zum Arbeitslohn zählen.

Nimmt der Arbeitnehmer hingegen an der geschäftlich veranlassten Bewirtung durch einen Dritten oder einem Arbeitsessen eines Dritten teil, fehlt es in aller Regel an einer durch den Arbeitgeber zur Verfügung gestellten Mahlzeit; in diesem Fall sind die Verpflegungspauschalen nicht zu kürzen.

6.7 Reisenebenkosten

Entstehen dem Arbeitnehmer bei einer beruflich veranlassten Auswärtstätigkeit Nebenkosten, so kann der Arbeitgeber diese in der nachgewiesenen oder glaubhaft gemachten Höhe steuerfrei ersetzen.[2] Die für die Erstattung erforderlichen Nachweise hat er als Belege zum Lohnkonto aufzubewahren. Zu den begünstigten Reisenebenkosten gehören die tatsächlichen Aufwendungen z. B. für:

- Beförderung und Aufbewahrung von Gepäck;
- Ferngespräche und Schriftverkehr beruflichen Inhalts mit dem Arbeitgeber oder Geschäftspartnern;
- Straßen- und Parkplatzbenutzung sowie Schadensbeseitigung infolge von Verkehrsunfällen, wenn die jeweils damit verbundenen Fahrtkosten als Reisekosten anzusetzen sind;

Verlust auf der Reise abhanden gekommener oder beschädigter Gegenstände, die der Arbeitnehmer auf der Reise verwenden musste, wenn der Verlust aufgrund einer reisespezifischen Gefährdung eingetreten ist. Berücksichtigt wird der Verlust bis zur Höhe des Wertes, der dem Gegenstand zum Zeitpunkt des Verlustes beigemessen wird. Private Telefongespräche, soweit sie der beruflichen Sphäre zugeordnet werden können.[3]

1 R 19.6 Abs. 2 LStR.
2 R 9.8 Abs. 3 LStR.
3 BFH, Urteil v. 5.7.2012 - VI R 50/10, BStBl 2013 II S. 282.

Die Reisenebenkosten sind durch geeignete Unterlagen nachzuweisen bzw. glaubhaft zu machen. Regelmäßig wiederkehrende Reisenebenkosten können zur Vereinfachung über einen repräsentativen Zeitraum von drei Monaten im Einzelnen nachgewiesen werden und dann in der Folgezeit mit dem täglichen Durchschnittsbetrag angesetzt werden. Zur Berücksichtigung von Reisenebenkosten bei LKW-Fahrern, die in ihrer Schlafkabine übernachten siehe BMF-Schreiben v. 4.12.2012 (IV C 5 – S 2353/12/10009, BStBl 2012 I S. 1249). Mit § 9 Abs. 1 Satz 3 Nr. 5b EStG wird typisierend eine gesetzliche Pauschale – i. H. von 9 € pro Kalendertag – für die den Arbeitnehmern, die ihre berufliche Tätigkeit vorwiegend auf Kraftfahrzeugen ausüben (Berufskraftfahrer), üblicherweise während einer mehrtägigen beruflichen Tätigkeit im Zusammenhang mit einer Übernachtung in dem Kraftfahrzeug des Arbeitgebers entstehenden Mehraufwendungen festgelegt. Alternativ kann weiterhin nach dem BMF-Schreiben v. 4.12.2012 (IV C 5 – S 2353/12/10009, BStBl 2012 I S. 1249) verfahren werden.

Nicht zu den Reisenebenkosten gehören z. B.:

1. Kosten für die persönliche Lebensführung wie Tageszeitungen, private Telefongespräche, Massagen, Minibar oder Pay-TV,
2. Ordnungs-, Verwarnungs- und Bußgelder, die auf einer Dienstreise verhängt werden;
3. Verlust von Geld oder Schmuck,
4. Anschaffungskosten für Bekleidung, Koffer oder andere Reiseausrüstungsgegenstände, weil sie nur mittelbar mit einer Auswärtstätigkeit zusammenhängen,
5. Essengutscheine, z. B. in Form von Raststätten- oder Autohof-Wertbons.

6.8 Werbungskostenabzugsverbot bei steuerfreien Auslandseinkünften

Werbungskosten, die mit der ausländischen Tätigkeit im Zusammenhang stehen, sind nach § 3c Abs. 1 EStG dem steuerfreien Arbeitslohn zuzuordnen und wirken sich daher nur im Rahmen des Progressionsvorbehalts aus (Umzugskosten, Reisekosten in das Ausland/im Ausland, Kosten der doppelten Haushaltsführung); dies gilt auch für vorab entstandene Werbungskosten (z. B. Bewerbungskosten für eine Stelle im Ausland)[1]. Werbungskosten, die mit der inländischen Tätigkeit im Zusammenhang stehen, sind dem steuerpflichtigen Arbeitslohn zuzuordnen (Fahrtkosten/Reisekosten im Inland). Soweit Werbungskosten auf die gesamte Tätigkeit entfallen, sind sie anteilig aufzuteilen (z. B. Gewerkschaftsbeiträge).

1 BFH, Urteil v. 6.10.1993 - BStBl 1994 II S. 113 und BFH, Urteil v. 20.9.2006 - I R 59/05, BStBl 2007 II S. 756.

Bedeutsam ist zudem folgende Schlussfolgerung des BFH: Falls Aufwendungen im Ergebnis weder in Deutschland noch in dem anderen Staat in die Bemessungsgrundlage der Ertragsteuer einbezogen worden sind, weil das Recht des anderen Staates den Abzug vorweggenommener Werbungskosten anders als das Recht regelt, kann eine hierdurch eingetretene Doppelbesteuerung nur im Wege eines Verständigungsverfahrens beseitigt werden. Dies kann jedoch nicht dazu führen, dass im Rahmen der Abkommensauslegung die der Sache nach zu den ausländischen Einkünften gehörenden Werbungskosten den deutschen Einkünften hinzugerechnet werden.

Zur Berücksichtigung von Werbungskosten hat der BFH mit seinem Urteil v. 11.2.2009 (I R 25/08, BStBl 2010 II S. 536) zu einem deutschen Referendar in den USA bekräftigt, dass der Umfang, in dem Werbungskosten den in Deutschland steuerfreien Einkünften zuzuordnen sind, vorrangig nach dem Veranlassungsprinzip zu ermitteln ist. Sind Ausgaben sowohl durch steuerpflichtige als auch durch steuerfreie Einnahmen veranlasst, weil – wie im Urteilsfall – für dieselbe Tätigkeit zusätzlich zum inländischen Arbeitslohn eine steuerfreie Tätigkeitsvergütung in dem anderen Staat (= Tätigkeitsstaat) gezahlt wurde, so sind die Werbungskosten für die Tätigkeit in dem anderen Staat auf die steuerfreien und steuerpflichtigen Einkünfte aufzuteilen; ein Teil dieser Aufwendungen wird bei den steuerpflichtigen Einkünften berücksichtigt; der andere Teil mindert die Progressionseinkünfte nach § 32b Abs. 1 Satz 1 Nr. 3 EStG. Das Aufteilungsverhältnis richtet sich dabei nach dem Anteil der steuerfreien Einnahmen zu den gesamten Einnahmen im Zeitraum der maßgeblichen Tätigkeit.[1]

6.9 Wegfall des Aufteilungs- und Abzugverbots für gemischt veranlasste Reisen

Der Große Senat des BFH hat seine Rechtsprechung zur Beurteilung gemischter Aufwendungen geändert. Damit sind Aufwendungen für gemischt veranlasste Reisen in größerem Umfang als früher als Werbungskosten abziehbar bzw. steuerfrei ersetzbar.[2]

Im Streitfall hatte ein im Bereich der Informationstechnologie beschäftigter Arbeitnehmer eine Computer-Messe in Las Vegas besucht. Von den sieben Tagen des USA-Aufenthalts waren nur vier Tage einem eindeutigen beruflichen Anlass zuzuordnen. Deshalb berücksichtigte das Finanzamt nur die Kongressgebühren, Kosten für vier Übernachtungen und Verpflegungsmehraufwendungen für fünf Tage. Das Finanzgericht erkannte darüber hinaus auch die Kosten des Hin- und Rückflugs zu 4/7 als Werbungskosten an. Der Große Senat ist der Auffassung seines Lohnsteuersenats und der Vorinstanz gefolgt und hat damit seine bisherige Rechtsprechung aufgegeben, die von einem all-

1 BFH, Urteil v. 26.3.2002 - VI R 26/00, BStBl 2002 II S. 823.

2 BFH, Beschluss v. 21.9.2009 - GrS 1/06, BStBl 2010 II S. 672.

gemeinen Aufteilungs- und Abzugsverbot für gemischt veranlasste Aufwendungen ausging. Danach können im Urteilsfall Aufwendungen für die Hin- und Rückreise bei beruflich und privat veranlassten Reisen grundsätzlich in abziehbare Werbungskosten und nicht abziehbare Aufwendungen nach Maßgabe der beruflich und privat veranlassten Zeitanteile der Reise aufgeteilt werden, wenn die beruflich veranlassten Zeitanteile feststehen und nicht von untergeordneter Bedeutung sind. Das unterschiedliche Gewicht der verschiedenen Veranlassungsbeiträge kann es allerdings erforderlich machen, einen anderen Aufteilungsmaßstab heranzuziehen oder ganz von einer Aufteilung abzusehen. Ein Abzug der Aufwendungen kommt nur dann – und zwar insgesamt – nicht in Betracht, wenn es an objektivierbaren Kriterien für eine Aufteilung fehlt.

Diese Rechtsprechungsänderung hat Auswirkungen auch auf die Beurteilung anderer gemischt veranlasster Aufwendungen. Von der Änderung der Rechtsprechung sind allerdings solche Aufwendungen für die Lebensführung nicht betroffen, die – z. B. Aufwendungen für bürgerliche Kleidung – durch die Vorschriften zur Berücksichtigung des steuerlichen Existenzminimums pauschal abgegolten oder als Sonderausgaben oder außergewöhnliche Belastungen abziehbar sind. Die Finanzverwaltung folgt dieser Rechtsprechung und katalogisiert die verschiedenen Werbungskosten in einer umfassenden Verwaltungsregelung s. BMF, Schreiben v. 6.7.2010 (IV C 3 -S 2227/07/ 10003:002, BStBl 2010 I S. 614):

1. Zu den nach wie vor nicht abziehbaren Kosten der privaten Lebensführung gehören insbesondere die Aufwendungen für die Wohnung, Ernährung, Kleidung, allgemeine Schulausbildung, Kindererziehung, persönliche Bedürfnisse des täglichen Lebens (Gesundheit, Pflege, Hygieneartikel), Zeitung, Rundfunk und Besuch kultureller und sportlicher Veranstaltungen. Auch Repräsentationsaufwendungen sowie Aufwendungen für gesellschaftliche Veranstaltungen sind steuerlich nicht zu berücksichtigen. Dabei ist ein persönlicher Anlass (z. B. Geburtstag) ein Indiz für nicht abziehbaren Repräsentationsaufwand. Steuerlich abziehbare Werbungskosten liegen in diesen Fällen nur dann vor, wenn die vorstehend erwähnten Aufwendungen ausschließlich oder nahezu ausschließlich beruflich veranlasst sind (z. B. doppelte Haushaltsführung, Verpflegungsmehraufwendungen bei beruflichen Reisen, typische Berufskleidung).

2. Bei einer untergeordneten privaten Mitveranlassung (< 10%) gemischter Aufwendungen sind die Aufwendungen in vollem Umfang als Werbungskosten abziehbar. Bei einer untergeordneten beruflichen Mitveranlassung (< 10%) sind sie hingegen in vollem Umfang nicht als Werbungskosten abziehbar.

3. Darüber hinaus ist die Aufteilung gemischter Aufwendungen in Werbungskosten und nicht abziehbare Kosten der Lebensführung nach objektiven – d. h. nach außen hin erkennbaren und nachvollziehbaren – Kriterien vorzunehmen. Dies können je

nach Sachverhalt Zeit- Mengen- oder Flächenanteile sowie eine Aufteilung nach „Köpfen“ sein. Auch eine Schätzung des beruflichen Anteils ist möglich.

Nimmt ein Arbeitnehmer aufgrund einer Weisung seines Arbeitgebers einen beruflichen Termin wahr, so können die Kosten der Hin- und Rückreise nach dem Beschluss des Großen Senats auch dann in vollem Umfang beruflich veranlasst sein, wenn der Steuerpflichtige den beruflichen Pflichttermin mit einem vorangehenden oder nachfolgenden Privataufenthalt verbindet. Dabei ist nicht entscheidend, ob der private Teil der Reise kürzer oder länger ist als der berufliche Teil. Bei sog. Auslandsgruppenreisen kommt ein teilweiser Abzug der Reisekosten als Werbungskosten in Betracht, wenn die beruflich und privat veranlassten Teile der Reise – insbesondere anhand des Zeitaufwands – voneinander abgegrenzt werden können. Voraussetzung: Die beruflich veranlassten Zeitanteile stehen fest und sind nicht von untergeordneter Bedeutung.[1] Dies gilt auch für den Bereich „Fortbildungskosten“ (Fortbildungskurs „Sportmedizin“ mit Freizeit von 09.15-15.45 Uhr[2]).

1 BFH, Urteil v. 21.4.2010 - VI R 5/07, BStBl 2010 II S. 687.

2 BFH, Urteil v. 21.4.2010 - VI R 66/04, BStBl 2010 II S. 685.

7. Mitarbeitereinsatz bei grenzüberschreitenden Bauleistungen (*Niermann*)

Für den Steuerabzug im Zusammenhang mit Bauleistungen hat der Gesetzgeber mit Wirkung ab 1.1.2002 eine zentrale Zuständigkeit im Bundesgebiet (siehe Umsatzsteuerzuständigkeitsverordnung) geschaffen, wenn der leistende Unternehmer seinen Wohnsitz im Ausland bzw. das leistende Unternehmen (Körperschaft oder Personenvereinigung) den Sitz oder die Geschäftsleitung im Ausland hat. Dies gilt auch für die Verwaltung der Lohnsteuer. Demzufolge kann ein im Ausland ansässiges Bauunternehmen im Inland nur eine lohnsteuerliche Betriebsstätte haben. Die zentrale Zuständigkeit gilt auch für die Besteuerung der Arbeitnehmer ausländischer Bauunternehmen, die im Inland tätig werden und ihren Wohnsitz im Ausland haben. Demzufolge sind die in der Umsatzsteuerzuständigkeitsverordnung genannten Finanzämter für die Besteuerung der inländischen Umsätze und des im Inland steuerpflichtigen Einkommens des Leistenden, für die Verwaltung der Lohnsteuer der Arbeitnehmer des Leistenden, für die Anmeldung und Abführung des Steuerabzugs nach § 48 EStG, für die Erteilung oder Ablehnung von Freistellungsbescheinigungen und für die Anrechnung oder Erstattung des Steuerabzugs nach § 48c EStG zuständig.

Die zentrale Zuständigkeit gilt auch für die Einkommensbesteuerung der Arbeitnehmer ausländischer Bauunternehmen, die im Inland tätig werden und ihren (Haupt-)Wohnsitz (und damit ihre Ansässigkeit) im Ausland haben, dabei ist für die zentrale Zuständigkeit der Wohnsitzstaat des jeweiligen Arbeitnehmers maßgeblich. Befindet sich in Deutschland lediglich der zweite Wohnsitz, bleibt es bei dieser Zentralzuständigkeit.

Das zentrale Finanzamt ist ferner gem. § 48a Abs. 3 Satz 4 EStG für den Erlass eines Haftungsbescheides gem. § 42d Abs. 6 EStG (= Entleiherhaftung) zuständig.[1]

1 Tz. 100 des BMF, Schreibens v. 19.7.2022 - IV C 8 - S 2272/19/10003 :002, BStBl 2022 I S. 1229.

8. Besteuerung von Vergütungen im Rahmen des Homeoffice (*Dorn*)

8.1 Einleitung

Bürotätigkeiten haben sich in den letzten Jahren vermehrt in das Homeoffice verlagert. Dabei kommt ein neuer Trend auf: „Arbeitnehmer reisen und arbeiten währenddessen im Homeoffice“. Das Fachwort dazu nennt sich „Workation“. Hierbei sind die steuerlichen Konsequenzen zu beachten.

8.2 Überblick

Das nachfolgende Schaubild gibt einen Überblick über die verschiedenen Sachverhaltskonstellationen beim Arbeiten im Homeoffice:

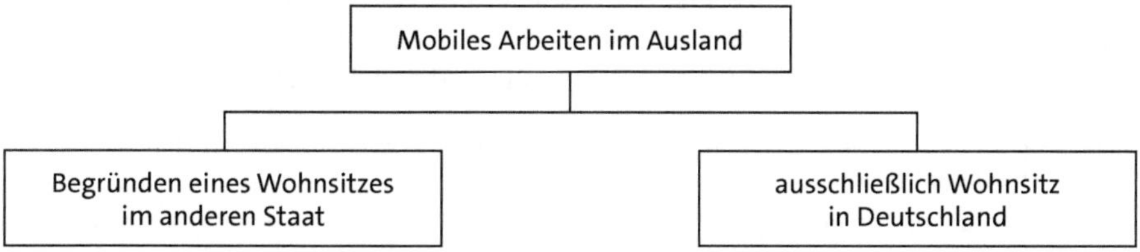

8.3 Mobiles Arbeiten und Begründen eines Wohnsitzes in einem anderen Staat

Hier sind wiederum zwei Möglichkeiten zu unterscheiden:

8.3.1 Aufgabe des Wohnsitzes in Deutschland

Wird der Wohnsitz in Deutschland aufgegeben, so geht die unbeschränkte Steuerpflicht nach § 1 Abs. 1 EStG verloren.

War der Steuerpflichtige mindestens zehn Jahre in Deutschland unbeschränkt steuerpflichtig, so kommt § 2 AStG in Betracht.[1]

1 § 2 AStG umfasst eine Erweiterung der beschränkten Steuerpflicht. So sind innerhalb des Jahres der Beendigung der unbeschränkten Steuerpflicht und in den folgenden zehn Jahren bestimmte Einkünfte unabhängig vom Katalog des § 49 EStG beschränkt steuerpflichtig und die Auslandseinkünfte erhöhen die Progression. Näheres zur erweitert beschränkten Steuerpflicht nach § 2 AStG ist in dem BMF, Schreiben v. 22.12.2023 - IV B 5 - S 1340/23/10001 :001 BStBl 2023 I Sondernummer 1/2023 S. 2 „Grundsätze zur Anwendung des Außensteuergesetzes“.

Ist der § 2 AStG nicht erfüllt, so kann es lediglich zu einer beschränkten Steuerpflicht kommen (der § 2 AStG wird ausführlich in dem Anwendungserlass zum Außensteuergesetzt beschrieben[1]).

Grenzüberschreitend tätige Arbeitnehmer, die im Inland weder ihren Wohnsitz noch ihren gewöhnlichen Aufenthalt haben, unterliegen in Deutschland mit den Einkünften aus nichtselbständiger Arbeit grundsätzlich der beschränkten Einkommensteuerpflicht (§ 1 Abs. 4 i.V. mit § 49 Abs. 1 Nr. 4 Buchst. a EStG in der geltenden Fassung), soweit die Tätigkeit im Inland ausgeübt oder verwertet wird. Die Ausübung setzt hierbei ein persönliches Tätigwerden im Inland voraus, das bei Tätigkeit in einem ausländischen Homeoffice nicht vorliegt. Der Tatbestand der Verwertung wird von der ständigen Rechtsprechung eng ausgelegt, so dass hiervon regelmäßig nicht ausgegangen werden kann.[2]

Zu beachten ist, dass auch bei der beschränkten Steuerpflicht grundsätzlich die physische Arbeit entscheidend ist. Dies ist der Ort des Homeoffice. Zur beschränkten Steuerpflicht siehe 2. Steuerpflicht und Steuerabzug Punkt 2.2 Beschränkte Steuerpflicht (ausländische Arbeitnehmer im Inland ohne Wohnsitz und gewöhnlichem Aufenthalt).

BEISPIEL: Ein Programmierer zieht nach Dubai. Er gibt seinen Wohnsitz in Deutschland auf. Dort arbeitet er im Homeoffice.

Eine beschränkte Steuerflicht nach § 49 Abs. 1 Nr. 4 Buchst. a EStG ist ausgeschlossen. Es ist der Ort der physischen Leistungserbringung entscheidend. Dieser liegt in Dubai.

Um für die bestehende und für zukünftige entsprechende DBA-Regelungen, die aufgrund der stetig wachsenden Mobilisierung der Arbeitswelt zu erwarten sind, das bestehende Hindernis des Fehlens einer umfassenden beschränkten Steuerpflicht zu beheben, wurde § 49 Abs. 1 Nr. 4 Buchst. a EStG ab dem 1.1.2024 um einen Satz ergänzt:

> *„Die nichtselbstständige Arbeit gilt dabei auch als im Inland ausgeübt oder verwertet, soweit die Tätigkeit im Ansässigkeitsstaat des Steuerpflichtigen oder in einem oder mehreren anderen Staaten ausgeübt wird und ein mit dem Ansässigkeitsstaat abgeschlossenes Abkommen zur Vermeidung der Doppelbesteuerung oder eine zwischenstaatliche Vereinbarung für diese im Ansässigkeitsstaat oder in einem oder mehreren anderen Staaten ausgeübte Tätigkeit Deutschland ein Besteuerungsrecht zuweist."*

Die dort vorgesehene Regelung fingiert für den Fall, dass ein Abkommen zur Vermeidung der Doppelbesteuerung oder eine bilaterale Vereinbarung eine Zuweisung eines Besteuerungsrechts für den eigentlichen Tätigkeitsstaat im Rahmen einer oben beschriebenen Bagatellregelung vorsieht, eine inländische Ausübung oder Verwertung

1 BMF, Schreiben v. 22.12.2023; BStBl 2023 I Sondernummer 1/2023 S. 2 NWB RAAAJ-44683.

2 Siehe auch BT-Drucks. 20/8628.

und führt damit in diesen Fällen zu einer beschränkten Steuerpflicht. Die Regelung spiegelt die (zukünftig) bestehenden konkreten Vereinbarungen mit anderen Staaten, um Deutschland zu ermöglichen, ein grundsätzlich zugestandenes Besteuerungsrecht auch tatsächlich auszuüben.[1]

Im Fall des DBA Luxemburg wurde im Rahmen des am 6.7.2023 unterzeichneten Änderungsprotokolls bereits eine solche Regelung vereinbart. In Art. 7 DBA Luxemburg wurde eine Bagatellregelung mit einer Anzahl von 34 Tagen in das DBA integriert. Danach bleibt es bei einem ausschließlichen Besteuerungsrecht des (regelmäßigen) Tätigkeitsstaats, wenn der Arbeitnehmer die Tätigkeit an nicht mehr als 34 Tagen in seinem Ansässigkeitsstaat oder einem anderen Staat ausübt und dieser Teil des Arbeitslohns tatsächlich vom Tätigkeitsstaat besteuert wird.[2]

HINWEIS:

In einem Fall des Wegzugs aus Deutschland ist auch die sog. „Wegzugsbesteuerung" zu prüfen. Folgende Sachverhalte können dafür in Betracht kommen:

- Bei Beteiligungen an Kapitalgesellschaften von mindestens 1 %, greift § 6 AStG. Die stillen Reserven der Anteile werden fiktiv aufgedeckt und eine Besteuerung i. S. des § 17 EStG der Gesellschaftsanteile kommt zum Tragen.
- Bei betrieblichem Vermögen kann eine Entstrickung vorliegen (§§ 4 Abs. 1 Satz 3, 6 Abs. 3a EStG).

8.3.2 Ausschließlicher Wohnsitz in Deutschland

Wird der Wohnsitz nach § 8 AO in Deutschland beibehalten, so bleibt es bei der unbeschränkten Steuerpflicht nach § 1 Abs. 1 EStG.

Auch hier sind wieder zwei Fälle zu unterscheiden:

8.3.2.1 Doppelbesteuerungsabkommen

Beim Bestehen eines DBA ist zunächst der Art. 15 OECD-MA exemplarisch zu prüfen, siehe dazu Kapitel 4.

Zunächst ist danach der grundsätzliche Tatbestand des Art, 15 Abs. 1 OECD-MA zu prüfen.
Art. 15 Abs. 1 OECD-MA
(1) Vorbehaltlich der Artikel 16, 18 und 19 können Gehälter, Löhne und ähnliche Vergütungen, die eine in einem Vertragsstaat ansässige Person aus unselbständiger Arbeit bezieht, nur in diesem Staat besteuert werden, es sei denn, die Arbeit wird im anderen

1 Siehe auch BT-Drucks. 20/8628.
2 BT-Drucks. 20/8628.

Vertragsstaat ausgeübt. Wird die Arbeit dort ausgeübt, so können die dafur bezogenen Vergütungen im anderen Staat besteuert werden.

Danach hat also abkommensrechtlich der Staat das Besteuerungsrecht, an dem die Arbeit physisch erbracht wird, der sog. Tätigkeitsstaat.

FALLBEISPIEL 1: Der in Indien lebende Programmierer (P) arbeitet ausschließlich remote in Indien für einen deutschen Arbeitgeber.

LÖSUNG: Hier wird die physische Arbeit in Indien erbracht. Daher hat Indien als Tätigkeitsstaat das Besteuerungsrecht.

FALLBEISPIEL 2 P muss jeweils eine Woche pro Monat in Deutschland arbeiten.

LÖSUNG: Hier wird P sowohl in Indien als auch in Deutschland physisch tätig. Das Besteuerungsrecht ist dementsprechend aufzuteilen.

Ist der Ansässigkeitsstaat der „andere" Staat, so sind die Arbeitnehmereinkünfte dort zu versteuern. Bleibt Deutschland der Ansässigkeitsstaat, ist diese 183-Tage-Regelung zu prüfen.

Diese findet sich in Art. 15 Abs. 2 Buchst. a OECD-MA:
Ungeachtet des Absatzes 1 können Vergütungen, die eine in einem Vertragsstaat ansässige Person für eine im anderen Vertragsstaat ausgeübte unselbständige Arbeit bezieht, nur im erstgenannten Staat besteuert werden, wenn

a) der Empfänger sich im anderen Staat insgesamt nicht länger als 183 Tage innerhalb eines Zeitraums von zwölf Monaten, der während des betreffenden Steuerjahres beginnt oder endet, aufhält und

b) die Vergütungen von einem Arbeitgeber oder für einen Arbeitgeber gezahlt werden, der nicht im anderen Staat ansässig ist, und

c) die Vergütungen nicht von einer Betriebsstätte getragen werden, die der Arbeitgeber im anderen Staat hat.

Damit fällt das Besteuerungsrecht zurück zum Ansässigkeitsstaat des Arbeitnehmers, wenn dieser unter 183 Tagen in dem jeweiligen Land tätig wird. Zusätzlich dürfen die Fälle des Arbeitgeber- und Betriebsstättenvorbehaltes nicht gegeben sein.

FALLVARIANTE 1 (GRUNDFALL): Der in Deutschland ansässige und angestellte Arbeitnehmer Karl Computer (K) fährt für 3 Wochen in die Niederlande um dort remote zu arbeiten.

LÖSUNG: Die Niederlande sind zwar in diesem Fall der Tätigkeitsstaat und somit kann es zu einer Begründung des Besteuerungsrecht nach Art. 15 Abs. 1 OECD-MA dort kommen. Allerdings ist K unter 183 Tagen Aufenthalt.

Da der Arbeitgeber nicht in den Niederlanden ansässig ist und auch dort keine Betriebsstätte unterhält, scheiden die Ausnahmen des Art. 15 Abs. 2 Buchst. b und c OECD-MA aus.

Damit hat Deutschland als Ansässigkeitsstaat weiterhin das Besteuerungsrecht, da K unter 183 Tagen Ansässigkeit in den Niederlanden bleibt.

Arbeitgebervorbehalt Art. 15 Abs. 2 Buchst. b OECD-MA

Unabhängig von der 183-Tage-Regelung hat der Tätigkeitsstaat nach Art. 15 Abs. 1 OECD-MA das Besteuerungsrecht, wenn der Arbeitgeber im Tätigkeitsstaat ansässig ist.

FALLBEISPIEL (SIEHE FALLBEISPIEL 2 OBEN): Der in Indien lebende Programmierer (P) arbeitet remote in Indien für einen deutschen Arbeitgeber. P muss jeweils eine Woche pro Monat in Deutschland arbeiten.

LÖSUNG: Hier wird P sowohl in Indien als auch in Deutschland physisch tätig.

Die 183-Tage-Regelung kommt nicht in Betracht, da der Arbeitgeber im Tätigkeitsstaat (Deutschland) ansässig ist (Arbeitgebervorbehalt).

Das Besteuerungsrecht ist dementsprechend aufzuteilen.

Betriebsstättenvorbehalt

Vergleichbar zum Arbeitgebervorbehalt ist in Art. 15 Abs. 2 Buchst. c OECD-MA der Betriebsstättenvorbehalt geregelt. Ist einer Betriebsstätte der Arbeitslohn zuzuordnen, so hat auch hier der Tätigkeitsstaat das Besteuerungsrecht, unabhängig von der 183-Tage-Regelung.

FALLBEISPIEL: Der Arbeitnehmer Florian Fleißig (F) lebt in der Schweiz. Dort begründet er mit seinem Homeoffice eine Betriebsstätte. Laut Betriebsvereinbarung muss er an zwei Tagen in Deutschland im Büro bei seinem Arbeitgeber arbeiten.

LÖSUNG: Da eine Betriebsstätte i. S. des Art. 5 OECD-MA gegeben ist, ist der Arbeitslohn ist zwischen Deutschland und Polen aufzuteilen.

Der Artikel 15 Abs. 3 OECD-MA behandelt noch eine Ausnahme von Flug- und Seepersonal. Als Sonderfall ist diese jedoch zu vernachlässigen.

Näheres zur 183-Tage-Regelung siehe unter „183-Tage-Regelung und Workation" Kapitel 2.3.2.

8.3.2.2 Kein Doppelbesteuerungsabkommen

Grundsätzlich hat Deutschland das Besteuerungsrecht für das Welteinkommen gem. § 2 Abs. 1 EStG.

In diesem Fall hat kein DBA nach § 2 Abs. 1 AO Vorrang. Damit sind die Einkünfte in Deutschland steuerpflichtig. Die ausländische Quellensteuer kann dabei ggf. nach § 34c EStG angerechnet werden.

8.4 Sonderfall: Arbeitgeber sitzt nicht im Ansässigkeitsstaat des Arbeitnehmers und ist nur im Inland ansässig

Nach Art. 15 Abs. 2 Buchst. b OECD-MA hat unabhängig von der 183-Tage-Regelung weiterhin der Tätigkeitsstaat das Besteuerungsrecht, wenn der Arbeitgeber seinen Sitz im Tätigkeitsstaat hat.

In diesem Fall hat der Ansässigkeitsstaat das Besteuerungsrecht, wenn sich der Arbeitnehmer im Homeoffice befindet. Arbeitet der Arbeitnehmer allerdings vor Ort im Ansässigkeitsstaat des Arbeitgebers, so hat dieses Land das Besteuerungsrecht.[1]

In diesem Fall ist der Arbeitslohn aufzuteilen. Für die Homeofficetage hat der Ansässigkeitsstaat das Besteuerungsrecht und für die Arbeit im Ansässigkeitsstaat der dortige Staat. Die Aufteilung erfolgt anhand der tatsächlichen Arbeitstage.

HINWEIS:

Erbringt der Arbeitnehmer an einem Arbeitstag seine Tätigkeit nicht ausschließlich im anderen Staat, sondern auch im Ansässigkeitsstaat oder in Drittstaaten (z. B. an Reisetagen, stundenweise Tätigkeit im Homeoffice und am betrieblichen Arbeitsplatz), so ist das Arbeitsentgelt für diesen Arbeitstag zeitanteilig aufzuteilen. Dies muss ggf. im Schätzungswege erfolgen. Hierbei ist die tatsächliche Arbeitszeit für diesen Tag zugrunde zu legen.[2]

BEISPIEL:[3] Der ausschließlich in Deutschland ansässige Arbeitnehmer Max ist bei einem niederländischen Arbeitgeber in einem Umfang von 40 Stunden pro Woche angestellt. Seine Tätigkeit verrichtet Max in den Niederlanden am betrieblichen Arbeitsplatz. Max arbeitet am Donnerstag vier Stunden an seinem Arbeitsplatz in den Niederlanden und wechselt dann für die restlichen vier Stunden ins Homeoffice nach Deutschland. Freitags arbeitet er vollständig von Zuhause aus (sechs Stunden).

Betrachtet man nun die Gesamtwoche ist folgendes festzustellen:

Max verrichtet seine Arbeit an fünf Tagen die Woche, von denen er 3,5 Tage von den Niederlanden aus arbeitet (Montag bis Mittwoch ganztägig und Donnerstag halbtägig). 1,5 Tage ist er im Homeoffice (Donnerstag halbtägig, Freitag ganztägig). Zu beachten ist, dass auch ein verkürzter Arbeitstag (hier: Freitag) als voller tatsächlicher Arbeitstag gilt.

1 BMF, Schreiben v. 12.12.2023 - IV B 2 - S 1300/21/10024 :005, BStBl 2023 I S. 2179, NWB CAAAJ-55688, Rz. 350.

2 BMF, Schreiben v. 12.12.2023 - IV B 2 - S 1300/21/10024 :005, BStBl 2023 I S. 2179, NWB CAAAJ-55688, Rz. 244.

3 Angelehnt an das Beispiel in BMF, Schreiben v. 12.12.2023 - IV B 2 - S 1300/21/10024 :005, BStBl 2023 I S. 2179, NWB CAAAJ-55688, Rz. 351.

Die Nachweisführung i. S. des § 50d Abs. 8[1] oder 9[2] EStG ist zu beachten.

Anteilig für im Inland ausgeübte Arbeitstage steht Deutschland als Ansässigkeitsstaat das Besteuerungsrecht gem. Art. 15 Abs. 1 Satz 1 Halbsatz 1 DBA Niederlande zu.

8.5 Zusammenfassung bei mobilem Arbeiten ohne Begründung eines Wohnsitzes im Ausland

Für das mobile Arbeiten ohne Begründung eines Wohnsitzes im Ausland empfiehlt sich folgende Vorgehensweise/Checkliste:

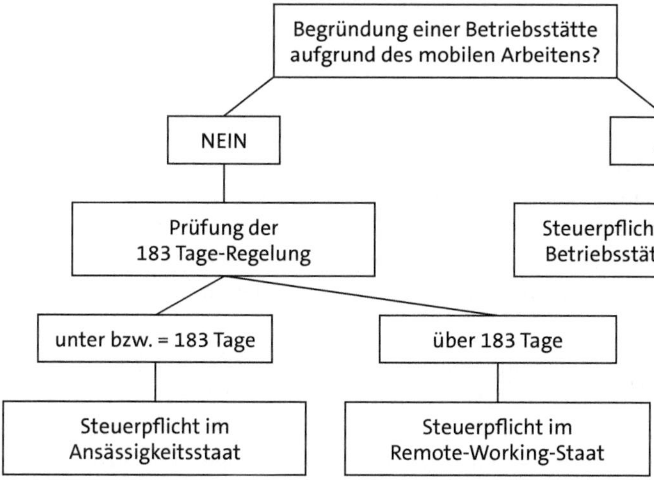

8.5.1 Begründung einer Betriebsstätte

Der oben beschriebene Betriebsstättenvorbehalt nach Art. 15 Abs. 2 Buchst. c des OECD-MA weist dem Tätigkeitsstaat unabhängig von der 183-Tage-Regelung das Besteuerungsrecht zu, wenn der Arbeitgeber dort eine Betriebsstätte begründet und der

1 Der § 50 d Abs. 8 EStG sieht eine Rückfallklausel für durch Doppelbesteuerungsabkommen steuerfrei gestellten Arbeitslohn vor. Der Steuerpflichtige muss nachweisen, dass die in dem ausländischen Staat festgesetzte Steuer auch tatsächlich entrichtet wurde. Wurde keine Steuer dort entrichtet, so nimmt Deutschland unabhängig von dem jeweiligen Doppelbesteuerungsabkommen eine Besteuerung weiterhin vor.

2 Auch der § 50d Abs. 9 EStG enthält eine weitere Rückfallklausel. Dabei handelt es sich um die sog. „Subject-to-tax-Klausel". Hiernach kann keine Freistellungs-, sondern die Anrechnungsmethode im Rahmen eines Doppelbesteuerungsabkommens angewandt werden, wenn die Einkünfte dort niedrig besteuert werden, die Steuer dort nicht erhoben wird oder der andere Staat aufgrund von Qualifikationskonflikten ganz oder teilweise auf seine Besteuerung verzichtet.

Arbeitslohn dieser zuzurechnen ist. Dabei ist die abkommensrechtliche Betriebsstätte maßgebend. Zur Betriebsstätte gilt dabei grundsätzlich der Art. 5 des OECD-MA 2017. Dieser wird ausführlich in Teil 3. Freistellung von der Steuerpflicht durch DBA – DBA Punkt 3.2.4 Betriebsstättenvorbehalt beschrieben. Im Folgenden werden die Besonderheiten bei diesem Punkt näher erläutert.

In den FAQ´s „Corona" (Steuern)[1] geht die Bundesfinanzverwaltung erstmalig darauf ein, ob das Homeoffice eine Betriebsstätte begründet.

Es wird betont, dass die vorübergehende Anordnung von Homeoffice-Tätigkeiten nicht zwangsläufig zur Begründung einer neuen Betriebsstätte führt. Unabhängig von der Hierarchieebene der betroffenen Arbeitskraft oder der Natur ihrer Tätigkeiten wird argumentiert, dass die temporäre Nutzung des Homeoffice nicht als Indikator für eine dauerhafte Verfügungsmacht des Arbeitgebers über die genutzten Räumlichkeiten betrachtet werden sollte.

Die Grundlage für diese Argumentation liegt in der Einordnung der pandemiebedingten Situation als Ausnahmeszenario. Es wird herausgestellt, dass die temporäre Umstellung auf das Homeoffice keine „gewöhnliche" Ausübung von Tätigkeiten gem. Art. 5 Abs. 5 OECD-MA darstellt. Eine differenzierte Analyse unterstreicht, dass die Anweisungen des Arbeitgebers aufgrund des Ausnahmecharakters der Pandemie nicht als rechtliche Grundlage für eine nachhaltige Änderung der Betriebsstättenregelungen interpretiert werden sollten.

Allerdings galt diese Begründung nur während der Corona-Krise im Zeitraum vom 11.3.2020 bis zum 30.6.2022. Im BMF, Schreiben v. 12.12.2023 - IV B 2 - S 1300/21/10024 :005 NWB CAAAJ-55688, Rz. 350 führt auch die Finanzverwaltung aus, dass dahingehend Art. 15 OECD-MA keine besonderen Regelungen im Bezug auf das Homeoffice vorsieht. Die allgemeinen Regelungen der Betriebsstätte nach § 12 AO und Art. 5 OECD-MA finden daher Anwendung. Allerdings wird mit dem BMF-Schreiben vom 5.2.2024[2] der AEAO zu § 12 AO dahingehend geändert, dass vom Grundsatz her die deutsche Finanzverwaltung beim häuslichen Arbeitszimmer nicht von einer Betriebsstätte ausgeht. Dieser Ansatz wird insbesondere unter dem Punkt Verfügungsmacht erläutert.

In Bezug auf die nationalen Regelungen sind m. E. insbesondere folgende Merkmale einer Betriebsstätte als kritisch anzusehen:

- Verfügungsmacht
- Feste Geschäftseinrichtung
- Verfügungsmacht

1 Siehe Bundesfinanzministerium unter https://go.nwb.de/ij3in, S. 23 f.

2 BStBl 2024 I S. 177.

Zum Bestehen einer Betriebsstätte ist grundsätzlich weiterhin das Stichwort „Verfügungsmacht des Arbeitsgebers“ von entscheidender Bedeutung.

Die Finanzverwaltung schließt sich dabei der Meinung des OECD-Musterkommentars (OECD-MK-2017) an.[1] Dieser sieht eine Verfügungsmacht als gegeben an, wenn eine regelmäßige und dauerhafte Nutzung für die Tätigkeit des Unternehmens vorliegt. Dies soll gegeben sein, wenn ein Unternehmen vom Arbeitnehmer verlangen kann im Homeoffice zu arbeiten.

Steht dem Arbeitnehmer ein Arbeitsplatz zur Verfügung, so scheidet das Vorliegen einer Betriebsstätte aus (Tz. 19 OECD-MK 2017 zu Art. 5).[2]

BEISPIEL: Der Arbeitnehmer Florian Fleißig (F) lebt in der Schweiz und arbeitete in Deutschland. Laut Betriebsvereinbarung stehen im bis zu 40 % Remote-Work in der Woche zu.
F nutzt diesen Vorzug einmal die Woche, um im Homeoffice zu arbeiten. Im Betrieb steht ihm ein Arbeitsplatz zur Verfügung.

Entscheidend ist hier, dass der Arbeitnehmer ein anderer Arbeitsplatz bei seinem Arbeitgeber zur Verfügung gestellt wurde. Damit ist keine Betriebsstätte nach Art. 5 des OECD-MA gegeben.

Nach Art. 5 Abs. 1 und 4 OECD-MA kann m. E. festgehalten werden, dass der Arbeitgeber typischerweise keine hinreichende Verfügungsmacht über die Betriebsstätte hat.

Nach ständiger Rechtsprechung des Bundesfinanzhofs (BFH) ist Voraussetzung für das Vorliegen einer Betriebsstätte i. S. des § 12 AO, dass der Unternehmer eine gewisse, nicht nur vorübergehende Verfügungsmacht über die betreffende Einrichtung besitzt.[3]

Dafür ist grundsätzlich erforderlich, dass er eine Rechtsposition innehat, die ohne seine Mitwirkung nicht ohne weiteres beseitigt oder verändert werden kann.[4]

Diese Rechtsposition muss weder ausdrücklich vereinbart noch auf einen bestimmten Raum oder Arbeitsplatz bezogen sein. Es genügt vielmehr, wenn aus tatsächlichen Gründen anzunehmen ist, dass dem Unternehmer irgendein für seine Tätigkeit geeigneter Raum zur ständigen Nutzung zur Verfügung gestellt wird.[5]

---

1 BMF, Schreiben v. 19.4.2023 - IV B 2 - S 1301/22/10002 :004, BStBl 2023 I S. 630 NWB JAAAJ-38106.

2 Rehfeld in GKGK, DBA (Online-Stand: 1.3.2023), Art. 5 OECD-MA Rz. 82.

3 BFH, Urteil v. 11.10.1990 - I R 77/88, BStBl 1990 II S. 166 NWB CAAAA-93101; BFH, Urteil v. 30.10.1996 - II R 12/92, BStBl 1997 II S. 12 NWB HAAAA-95733; BFH, Urteil v. 8.3.1988 - VIII R 270/81, BFH/NV 1988 S. 735 NWB DAAAB-30242.

4 BFH, Urteil v. 17.3.1982 - I R 189/79, BStBl 1982 II S. 624 NWB VAAAA-91758; BFH, Urteil v. 23.5.2002 - III R 8/00, BStBl 2002 II S. 512 NWB ZAAAA-89273.

5 BFH, Urteil v. 3.2.1993 - I R 80-81/91, BStBl 1993 II S. 462, 466 NWB EAAAB-04835.

BEISPIEL[1] Die US-amerikanische Kapitalgesellschaft S-Co. schließt mit der Speditions GmbH (S) einen befristeten Vertrag über den Betrieb und die Wartung von Elektro-LKẂ s ab.
Die S-Co. hat auf einem Speditions- und Werkstattgelände Räumlichkeiten, in denen etwa 50 Mitarbeiter in zwei bestimmten Gebäuden arbeiten. Die Mitarbeiter der S-Cokönnen das Speditionsgelände und die Lagerhallen nur mit einer Berechtigungskarte betreten und hatten Schlüssel für die genutzten Gebäude und Räume. Die Zusammenarbeit mit den Mitarbeitern der S ist häufig, und diesen wurde auf Anforderung Zugang zu allen Werkstatträumen gewährt.

LÖSUNG: Es handelt sich um eine Betriebsstätte.

Die Verfügungsmacht der S-Co. über die Einrichtungen auf dem Speditions- und Werkstattgelände wird nicht dadurch ausgeschlossen, dass die Mitarbeiter das Gelände erst nach Erhalt einer Berechtigungskarte betreten dürfen und zuvor jeweils kontrolliert werden. Die Anwesenheit der Mitarbeiter auf dem Speditions- und Werkstattgelände ist vertraglich vorgesehen, um die Verpflichtungen gegenüber S zu erfüllen. Die Kontrollmaßnahmen von Sbeschränken nicht grundsätzlich den Zugang, sondern dienen der Überprüfung. Eine Betriebsstätte entsteht trotz dieser Kontrollmaßnahmen, da eine Vielzahl von Mitarbeitern regelmäßig Zugang zu den zugewiesenen Räumen hat.

Dieses Urteil findet seine Anwendung auch auf die Problematik des Homeoffice als Betriebsstätte. Danach kann entsprechend auch bei einem Dritten eine Betriebsstätte gegeben sein, wenn dem Arbeitgeber ein Zutrittsrecht gewährt wird. Allerdings findet hier insbesondere die zeitliche Komponente Berücksichtigung.

In dem Urteil wurde insbesondere auf die örtliche Verfestigung nicht näher eingegangen. Dabei spielte die örtliche Komponente in dem Senatsurteil vom 4.6.2008[2] eine weitergehende Rolle.

BFH, URTEIL V. 4.6.2008, URTEILSFALL: Die Reinigungs-B.V.(R) ist eine niederländische Kapitalgesellschaft. Sie betreibt Reinigungsarbeiten an Gebäuden und Maschinen, einschließlich Flugzeugreinigung auf einem niederländischen Flughafen. In Deutschland führt sie als Subunternehmerin Reinigungsarbeiten an militärisch genutzten Flugzeugen auf einem NATO-Flughafen durch. Die Mitarbeiter haben Sicherheitsausweise und arbeiten unter Anleitung eines NATO-Mitarbeiters. Sie nutzen NATO-Bereiche, einen Aufenthaltsraum und Reinigungseinrichtungen, während die NATO-Fahrzeuge und Reinigungsmittel stellt. R hat keinen eigenen Raum auf dem Flughafengelände und keinen Einfluss auf die Arbeitsüberwachung.

LÖSUNG DES BFH: Nach Rechtsprechung des BFH muss für das Vorliegen einer Betriebsstätte nicht ausdrücklich ein bestimmter Raum oder Arbeitsplatz vereinbart sein. Es genügt, wenn aus tatsächlichen Gründen anzunehmen ist, dass dem Unternehmer irgendein für seine Tätigkeit geeigneter Raum zur ständigen Nutzung zur Verfügung steht. Das bloße Tätigwerden in Räumlichkeiten des Vertragspartners reicht jedoch nicht aus, um die erforderliche Verfügungsmacht zu begründen, selbst bei wiederholter oder dauerhafter Tätigkeit. Entscheidend ist, ob

1 Angelehnt an das BFH, Urteil v. 14.7.2004 - I R 106/03, BFH/NV 2005 S. 154.

2 BFH, Urteil v. 4.6.2008 - I R 30/07, BStBl 2008 II S. 922 NWB BAAAC-90149.

eine unternehmerische Tätigkeit in einer Geschäftseinrichtung oder Anlage mit fester örtlicher Bindung ausgeübt wird.

Im vorliegenden Fall kann nicht von einer Verfügungsmacht über die genutzten Räumlichkeiten auf dem NATO-Flughafen ausgegangen werden. Die Reinigungsarbeiten wurden in einer Halle durchgeführt, und ein Aufenthaltsraum wurde als Pausen- und Umkleideraum genutzt. Die Reinigungsmaschinen und Putzmittel wurden von der NATO gestellt. Weder die Halle noch andere Räumlichkeiten waren an R vermietet oder ihr zur Nutzung überlassen. Die Aktivitäten der R erschöpften sich in einem bloßen Tätigwerden in den Räumlichkeiten der NATO, und es fehlt an zusätzlichen Umständen, die auf eine örtliche Verfestigung der Tätigkeit hinweisen. Die Abläufe wurden nicht von R, sondern ausschließlich von der A koordiniert, und R betrieb kein Büro auf dem Flughafengelände. Daher können der NATO-Flughafen und seine Einrichtungen nicht als Betriebsstätten der R betrachtet werden.

Das Urteil lässt auch einen Rückschluss auf die Verfügungsmacht im Rahmen des Homeoffice nach nationalem Recht zu. Das Bestehen einer Verfügungsmacht setzt danach grundsätzlich voraus, dass der Unternehmer die betreffende Einrichtung jederzeit oder zumindest zu bestimmten Zeiten aufsuchen könne, ohne dass es eines konkreten Anlasses oder der einzelfallbezogenen Zustimmung einer anderen Person bedarf.[1]

Damit kann m. E. zunächst nicht davon ausgegangen werden, dass mit einer Arbeit im Homeoffice von einer Betriebsstätte ausgegangen werden kann, da bei den Räumen des Arbeitnehmers keine örtliche Verfestigung der Tätigkeit vorliegt.

BFH, Urteil v. 23.5.2002:

Der BFH hat dabei in seinem Urteil vom 23.5.2002[2] keine Verfügungsmacht über Räume in der Privatwohnung des Arbeitnehmers gesehen. In dem Urteil galt dies insbesondere dann, wenn keine vertragliche Grundlage dazu bestand.

URTEILSFALL:[3] Eine Spedition nutzt ein unentgeltlich zur Verfügung gestellten Büroraum in der Privatwohnung eines Fahrers, um Aufträge entgegenzunehmen und weiterzuleiten.

Ist damit eine Betriebsstätte gegeben?

LÖSUNG: Die bloße Mitbenutzung von Räumen und Einrichtungen begründet indes für sich genommen noch keine Betriebsstätte.[4] Insbesondere bei einem auch privat genutzten Raum, der Teil einer Wohnung ist, kann der Schluss gerechtfertigt sein, dass anderen Mitarbeitern des den Raum nutzenden Unternehmers nicht jederzeit uneingeschränkt Zutritt zu dem Raum gestattet werden würde.[5]

1 Rehfeld in GKGK, DBA (Online-Stand: 1.3.2023), Art. 5 OECD-MA Rz. 88.
2 BFH, Urteil v. 23.5.2002 - III R 8/00, BStBl 2002 II S. 512 NWB ZAAAA-89273.
3 BFH, Urteil v. 23.5.2002 - III R 8/00, BStBl 2002 II S. 512 NWB ZAAAA-89273.
4 BFH, Urteil v. 3.2.1993 - I R 80-81/91, BStBl 1993 II S. 462 NWB EAAAB-04835, unter II. C. 3. E, m. w. N.
5 BFH/NV 1999 S. 665.

Auch die Fachliteratur geht grundsätzlich nicht davon aus, dass nach dem nationalen Begriff der Betriebsstätte gem. § 12 AO durch das Homeoffice eine solche entstehen kann.[1]

Daher ist es erforderlich, dass eine konkrete oder tatsächliche Kontrolle über die betrieblichen Einrichtungen besteht, sei es durch Eigentumsrechte, Mietverhältnisse, Pachtverträge usw.[2]

Eine Anmietung des Homeoffice durch den Arbeitgeber weist auf eine Verfügungsmacht des Arbeitgebers und eine Betriebsstättenbegründung hin.[3]

Die deutsche Finanzverwaltung sieht allerdings grundsätzlich bei dem Home-Office keine Betriebsstätte als gegeben an.

Dies wurde durch die Änderung des AEAO zu § 12 AO[4] in Rz. 4 nochmals klargestellt.

Hier führt die Finanzverwaltung insbesondere aus:
„Die Tätigkeit eines Arbeitnehmers in dessen häuslichem Homeoffice begründet in der Regel keine Betriebstätte des Arbeitgebers. Auch abkommensrechtlich begründet ein häusliches Homeoffice nach deutscher Anwenderstaatsperspektive in der Regel keine Betriebstätte (feste Einrichtung gemäß Artikel 5 Abs. 1 und Abs. 4 OECD-MA). Dies gilt auch bei:

- Übernahme der Kosten für das Homeoffice und dessen Ausstattung durch den Arbeitgeber;
- Abschluss eines Mietvertrages über häusliche Räume des Arbeitnehmers zwischen Arbeitgeber (Mieter) und Arbeitnehmer (Vermieter), außer der Arbeitgeber ist im Einzelfall tatsächlich befugt, die Räume anderweitig zu nutzen (etwa durch ein Recht zum Entsenden anderer Arbeitnehmer in die Räume oder ein Recht zum Betreten der Räume außerhalb von Prüfungen zur Arbeitssicherheit);
- Fällen, in denen dem Arbeitnehmer kein anderer Arbeitsplatz durch den Arbeitgeber zur Verfügung gestellt wird.

Grund hierfür ist, dass der Arbeitgeber typischerweise nicht über eine ausreichende Verfügungsmacht über die häuslichen Räumlichkeiten des Arbeitnehmers verfügt. Anderes kann gelten, wenn ein Arbeitnehmer Leitungsfunktionen ausübt und diese Verfügungsmacht des Unternehmens vermitteln."

1 Drüen in Tipke/Kruse, AO/FGO (162. Erg.-Lfg. 2020), § 12 AO Rz. 14; Heinsen in Gosch, AO/FGO (155. Erg.-Lfg. 2020), § 12 AO Rz. 13; Musil in Hübschmann/Hepp/Spitaler, AO/FGO (159. Erg.-Lfg. 2020), § 12 AO Rz. 17.

2 So Offerhaus, NWB 33/2022 S. 2310 NWB SAAAJ-20130.

3 Lievenbrück/Droß/Dissen, NWB 19/2019 S. 1364 NWB HAAAH-13094.

4 BMF, Schreiben v. 5.2.2024 - IV D 1 - S 0062/23/10003 :001 BStBl 2024 I S. 177.

Damit sieht die deutsche Finanzverwaltung mangels Verfügungsmacht keine Betriebsstätte als gegeben an.

Insbesondere dann, wenn dem Arbeitnehmer der Zugang zum Homeoffice verwehrt werden kann, ist nach dem Verständnis der deutschen Finanzverwaltung daher nicht von einer Betriebsstätte auszugehen.[1]

Entgegen dieser strengen nationalen Auslegung des BFH und der Finanzverwaltung hat sich die OECD in ihrem Musterabkommen anders positioniert. Nach Auffassung der OECD kann sehr wohl in den Privaträumen eine Verfügungsmacht bestehen. Nach Tz. 18 f. OECD-MK 2017 zu Art. 5 ist dies möglich, sofern dauerhaft und entsprechend der Vorgaben des Unternehmens im ausländischen Homeoffice gearbeitet wird.[2]

Eine Betriebsstätte kann dann auch unter Umständen im Rahmen einer Ferienhausanmietung entstehen.[3]

Praxisprobleme i. R. d. unterschiedlichen Auslegung der Verfügungsmacht

Andere Länder machen die Verfügungsmacht von der tatsächlichen Erbringung der Arbeit im Homeoffice abhängig. So kann in Österreich bereits eine Betriebsstätte entstehen, wenn die Tätigkeit im Homeoffice zumindest i. H. von 50 % ausgeübt wird.[4]

Aus dieser doch sehr unterschiedlichen Auslegung im nationalen und internationalen Recht können m. E. zahlreiche Probleme entstehen, die sich in der Praxis wahrscheinlich nur im Rahmen von Verständigungsverfahren klären lassen.

FIKTIVES BEISPIEL ZUR VERDEUTLICHUNG: Ein Arbeitnehmer möchte in der Elternzeit seines Partners „Remote" arbeiten. Es handelt sich dabei um eine einfache Angestelltentätigkeit.

Er arbeitet im Homeoffice entsprechend den Vorgaben des Arbeitgebers. Im Rahmen der Elternzeit des Partners wird ein Ferienhaus in Südafrika für sieben Monate angemietet. Es handelt sich um Privaträume des Arbeitnehmers, der Arbeitgeber hat keinen Zugang.

LÖSUNG: Nach nationalem Verständnis liegt keine Betriebsstätte vor, da es an der Verfügungsmacht des Arbeitgebers an der privaten Unterkunft Arbeitnehmers mangelt.[5]

Nach internationalem Recht entsprechend Tz. 18 f. OECD-MK 2017 zu Art. 5 könnte Südafrika das Vorliegen einer Betriebsstätte annehmen, da der Arbeitnehmer entsprechend der Vorgaben des Unternehmens im ausländischen Homeoffice arbeitet.

Insofern würden sich hier beide Regelungen widersprechen.

---

1 So Hörnicke/Rötting, IWB 7/2024 S. 273 NWB BAAAJ-64085.

2 So Offerhaus, NWB 33/2022 S. 2310 NWB SAAAJ-20130.

3 So Offerhaus, NWB 33/2022 S. 2310 NWB SAAAJ-20130.

4 Vgl. öBMF, Schreiben v. 27.6.2019 - BMF-010221/0323-IV/8/2018 (EAS 3415); dazu Hummer/Zeintl, IWB 21/2020 S. 872 NWB SAAAH-63005.

5 BFH, Urteil v. 23.05.2002 - III R 8/00, BStBl 2002 II S. 512 NWB ZAAAA-89273.

Im „Worst-Case" käme es zu einer Doppelbesteuerung, da Deutschland mangels Betriebsstätte in Südafrika keine Freistellung der Einkünfte gewährt und Südafrika trotzdem eine Betriebsstättenbesteuerung vornimmt.

In der Praxis würde ein solcher Fall m. E. wahrscheinlich auf ein Verständigungsverfahren hinauslaufen.

Zeitliche Komponente

Für die Begründung einer Betriebsstätte spielt auch der zeitliche Aspekt eine Rolle. Insbesondere eine sechsmonatige Frist zur Begründung einer Betriebsstätte im Homeoffice ist dabei zu Rate zu ziehen.[1] Liegt dabei die Tätigkeit im Homeoffice unter diesen sechs Monaten, so ist erst einmal nicht von einer Betriebsstätte auszugehen.[2]

BEISPIEL: Ein Arbeitnehmer macht mit seiner Familie vier Wochen Urlaub in den Niederlanden. Drei Wochen davon nimmt er Urlaub. Eine Woche arbeitet er in den Niederlanden remote.

LÖSUNG: Zwar handelt es sich grundsätzlich bei der Urlaubsunterkunft um eine feste Geschäftseinrichtung.[3] Allerdings dürfte in diesem Fall bei der Begründung der Betriebsstätte an der Sechsmonatsfrist scheitern.

Ausschluss einer Betriebsstätte

Zunächst sollte geprüft werden, ob es sich um keine Betriebsstätte beim mobilen Arbeiten im Ausland handelt.

Der Artikel 5 Abs. 4 OECD-MA 2017 begründet den hauptsächlichen Ausschlussgrund:

„(4) Ungeachtet der vorstehenden Bestimmungen dieses Artikels gelten nicht als Betriebsstätten:

> eine feste Geschäftseinrichtung, die ausschließlich zu dem Zweck unterhalten wird, mehrere der unter den Buchst. a bis e genannten Tätigkeiten auszuüben, vorausgesetzt, dass eine derartige Tätigkeit, oder im Falle von Buchst. f die Gesamttätigkeit der festen Geschäftseinrichtung, vorbereitender Art ist oder eine Hilfstätigkeit darstellt."

Dabei wird eine Betriebsstätte ausgeschlossen, wenn dort eine Hilfstätigkeit ausgeübt wird.
Nach Ansicht der OECD (vgl. Tz. 19 OECD-MK 2017 zu Art. 5) führt eine Tätigkeit im Homeoffice nicht zu einer Betriebsstätte, wenn sie als Hilfstätigkeit oder Tätigkeiten der vorbereitenden Art zu qualifizieren ist.

1 So Offerhaus, NWB 33/2022 S. 2310 NWB SAAAJ-20130.

2 Ausnahmen bestehen allerdings bei wiederkehrender Tätigkeit, Vertriebs- und Leitungsfunktion.

3 Vgl. Offerhaus, NWB 33/2022 S. 2310 NWB SAAAJ-20130.

Hilfstätigkeiten begleiten die Haupttätigkeit oder folgen ihr zeitlich nach. Sie sind jedoch ihrer Art nach von der Haupttätigkeit verschieden. Die Haupttätigkeit eines Unternehmens ergibt sich aus dessen Aufgabenstellung.[1]

BEISPIEL: Ein Werbegrafiker arbeitet für ein inländisches Unternehmen. Das inländische Unternehmen ist im Bereich des Stahlhandels tätig. Er arbeitet eine Zeit lang in Frankreich ausschließlich im Homeoffice. Seinen Wohnsitz in Deutschland behält er bei.

Da es sich hier um eine Hilfstätigkeit i. S. des Art. 5 Abs. 4 OECD-MA handelt, ist keine Betriebsstätte in Frankreich gegeben.

Ein Besteuerungsrecht ist im Rahmen der 183-Tage-Regelung zu beurteilen. Grundsätzliches zur 183-Tage-Regelung siehe Kapitel Doppelbesteuerungsabkommen.

ABWANDLUNG: Der Werbegrafiker arbeitet bei einer Werbeagentur.

Da es sich bei der Grafikarbeit um eine Haupttätigkeit i. S. des Art. 5 Abs. 4 OECD-MA handelt, ist eine Betriebsstätte i. S. des Art. 5 Abs. 1 OECD-MA in Frankreich gegeben.

Damit hat, unabhängig von der 183-Tage-Regelung, Frankreich das Besteuerungsrecht.

HINWEIS:

Hierbei sind die einschlägigen Artikel des jeweiligen DBA maßgebend. Diese können im Zweifel stark variieren.

Sonderfall: Leitungsbetriebsstätte

Nach Art 5 Abs. 2 OECD-MA kann auch ein Ort der Leitung eine Betriebsstätte darstellen. Nach Tz. 71 OECD-MK zu Art. 5 kann mit dem Ort der Leitung regelmäßig kein Ausschluss durch eine Hilfstätigkeit i. S. des Art. 5 Abs. 4 vorliegen.

Da im Art. 5 Abs. 2 OECD-MA auf den Art. 5 Abs. 1 OECD-MA verwiesen wird, muss eine Verfügungsmacht des Arbeitgebers an der Betriebsstätte vorliegen. Nach Ansicht von Schuster/Verleger[2] ist dies jedoch regelmäßig nicht gegeben.

Fernab der grundsätzlichen Auslegung der Finanzverwaltung, dass ein Homeoffice keine Verfügungsmacht begründet[3] kann laut Finanzverwaltung in AEAO zu § 12 Nr. 4 doch eine Betriebsstätte im Zusammenhang mit einer Leitungsfunktion vorliegen: „Anderes kann gelten, wenn ein Arbeitnehmer Leitungsfunktionen ausübt und diese Verfügungsmacht des Unternehmens vermitteln."

Welche konkreten Bedingungen es für eine Leitungsfunktion erfordert bleibt hingegen in den Ausführungen der Finanzverwaltung offen.[4]

1 Vgl. BFH, Urteil v. 23.1.1985 - I R 292/81, BStBl 1985 II S. 417 NWB QAAAB-03081.

2 Schuster/Verleger, IWB 21/2020 NWB JAAAH-63034.

3 AEAO zu § 12 Nr. 4.

4 So Hörnicke/Rötting, IWB 7/2024 S. 273 NWB BAAAJ-64085.

Auch Hörnicke/Rötting in IWB Nr. 7 vom 12.4.2024 Seite 273 „Betriebsstätte durch Homeoffice, Workation oder Entsendung" schließt allerding im Regelfall eine Leitungsbetriebsstätte aus:
„Allein aufgrund wahrgenommener Leitungs- und Überwachungsfunktionen durch den Arbeitnehmer kann keine Verfügungsmacht des Arbeitgebers über das Homeoffice begründet werden, da sich auch ein leitender Angestellter auf Art. 13 GG berufen und dem Arbeitgeber ohne dessen Mitwirkung jederzeit die Nutzungsbefugnis seiner privaten Wohnung entziehen könnte."

In dem o. g. Artikel wird nur dann von einer Verfügungsmacht des Arbeitgebers gesprochen, wenn beispielsweise der Arbeitgeber vertraglich befugt ist, die Räumlichkeiten des Arbeitnehmers wegen besonderer Dringlichkeit zu betreten. Allerdings dürfte dies m. E. aufgrund der vorschreitenden Digitalisierung auch ausgeschlossen sein, da die wichtigen Unterlagen sich auf dem Laptop befinden und diese ohnehin durch bestimmte Programme geschützt sind.

BEISPIEL:[1] Der Geschäftsführer der A-GmbH wohnt in den Niederlanden. Laut seinem Arbeitsvertrag kann er die Tätigkeit auch von seinem Homeoffice aus ausüben.

LÖSUNG: Dem Arbeitnehmer ist freigestellt, ob er im Homeoffice arbeiten kann oder nicht. Daher mangelt es an der Verfügungsmacht. Es ist keine Leitungsbetriebsstätte nach Art. 5 Abs. 2 Buchst. a OECD-MA gegeben.

Auch ein ständiger Vertreter i. S. des § 13 AO kann nach dem BFH-Urteil vom 23.10.2018[2] ggf. vorliegen.

URTEILSFALL:[3] Die Geschäftsräume einer luxemburgischen Kapitalgesellschaft(L) in Luxemburg beherbergen Geschäftsunterlagen und einen Tresor für Gold. Der damalige Mehrheitsgesellschafter und Alleingeschäftsführer, M, leitet von dort aus die Geschäfte. M nutzt unter der Büroanschrift der L auch eine Wohnung, die er ständig bewohnt. Eine weitere Wohnung befindet sich wenige hundert Meter entfernt in der deutschen Grenzgemeinde, die M gemeinsam mit seiner damaligen Ehefrau nutzt.

Nach einer Steuerfahndungsprüfung vertritt das Finanzamt die Auffassung, dass L beschränkt körperschaftsteuerpflichtig ist. M ist durch seine geschäftlichen Aktivitäten in Deutschland, einschließlich der Nutzung der Wohnung, ständiger Vertreter i. S. des § 13 AO. Dies löst gem. § 2 Nr. 1 KStG i.V. mit § 49 Abs. 1 Nr. 2 Buchst. a EStG die beschränkte Körperschaftsteuerpflicht der L aus.

LÖSUNG: Die Legaldefinition des § 13 Satz 1 AO legt fest, dass ein ständiger Vertreter gem. § 2 Nr. 1 KStG und § 49 Abs. 1 Nr. 2 Buchst. a EStG eine Person ist, die nachhaltig die Geschäfte eines Unternehmens besorgt und dabei dessen Sachweisungen unterliegt. § 13 Satz 2 AO ergänzt dies, indem er festlegt, dass ein ständiger Vertreter insbesondere eine Person ist, die für

1 Siehe auch Schuster/Verleger, IWB 21/2020 S. 861 NWB JAAAH-63034.

2 BFH, Urteil v. 23.10.2018 - I R 54/16, BStBl 2019 II S. 365 NWB IAAAH-12518.

3 BFH, Urteil v. 23.10.2018 - I R 54/16, BStBl 2019 II S. 365 NWB IAAAH-12518.

ein Unternehmen nachhaltig Verträge abschließt oder vermittelt, Aufträge einholt oder einen Bestand von Gütern oder Waren unterhält und davon Auslieferungen vornimmt. Nach dem Wortlaut des Gesetzes können diese Voraussetzungen auch von Personen erfüllt werden, die als Organe einer juristischen Person tätig sind.

Der Vertreterbegriff gem. § 13 Satz 1 AO setzt ein Unternehmen und einen Vertreter voraus. Der Inhaber des genannten Unternehmens kann nicht gleichzeitig sein eigener (ständiger) Vertreter sein. Die Personenverschiedenheit von Unternehmer und (ständigem) Vertreter ist erforderlich. Die Organtheorie, die im Zivilrecht das Handeln der Organe der juristischen Person wie Eigenhandeln betrachtet, führt nicht dazu, dass im Falle der Tätigkeit eines Organs die Personenverschiedenheit fehlt. Die Organhandlungen gelten gemäß AO als Vertreterhandlungen.

Die Geschäftsbesorgung gem. § 13 Satz 1 AO umfasst auch die geschäftsführenden Tätigkeiten eines Organs. Ein Organ kann bei entsprechender Intensität sowohl nachhaltig für das Unternehmen tätig sein als auch dessen Sachweisungen unterliegen. Die zivilrechtliche Weisungsgebundenheit im Gesellschaftsrecht wird durch die Maßgeblichkeit des unternehmerischen Willens im Verhältnis zwischen Organ und juristischer Person gewahrt.

Die Entstehungsgeschichte des § 13 AO gibt keinen Anhalt dafür, dass Organe von Kapitalgesellschaften keine ständigen Vertreter sein könnten. Die teleologische Auslegung erfordert keine Verengung des Begriffs des ständigen Vertreters. Die Vertreterregelung in § 13 AO bezweckte eine wirtschaftliche Gleichbehandlung ausländischer Unternehmen mit inländischer Betriebsstätte und solcher Unternehmen, die durch im Inland tätige Personen Geschäfte betreiben. Die Tätigkeit eines Organs einer Kapitalgesellschaft kann einen hinreichenden personellen Anknüpfungspunkt für die beschränkte Körperschaftsteuerpflicht darstellen.

Sonderfall: Vetriebsbetriebsstätte

Ein Sonderfall ergibt sich aufgrund des Art. 5 Abs. 5 OECD-MA. Danach benötigt es keine feste Geschäftseinrichtung und Verfügungsmacht des Arbeitgebers, wenn:

- es sich bei der Ausübung der gewöhnlichen Vollmacht bei dem Abschluss von Verträgen[1] um die Haupttätigkeit handelt.

HINWEIS:

Nach dem Art. 5 Abs. 5 OECD-MA 2017 ist eine Vertreterbetriebsstätte auch dann gegeben, wenn die Person eine „führende Rolle, die zum Abschluss von Verträgen führt, welche regelmäßig und ohne wesentliche Änderungen durch das Unternehmen abgeschlossen werden" hat.
Eine zivilrechtliche Vollmacht ist daher keine zwingende Voraussetzung mehr.

1 Gewöhnlich ausüben: nicht nur einmalige Abschlüsse von Verträgen.

BEISPIEL: Der Arbeitnehmer Franz Franzose (F) ist Vertriebler. Dabei spielt er eine führende Rolle in dem Abschluss von Verträgen. Er handelt diese sowohl im Rahmen seiner Dienstreisen aus, als auch an seinem Arbeitsplatz und an seinem Homeoffice. Dieses befindet sich in Frankreich, genau wie sein Wohnsitz. Der Arbeitgeber befindet sich in Deutschland. Dort wird ihm auch ein Arbeitsplatz zur Verfügung gestellt.

LÖSUNG: Da F regelmäßig Tätigkeiten in seinem Homeoffice ausführt, die zum Abschluss von Verträgen führt, ist eine sog. „Vertreterbetriebsstätte“ gegeben. Damit muss es hier zwingend zu einer Aufteilung des Arbeitslohnes zwischen den beteiligten Staaten erfolgen.

Auch bei der Vertreterbetriebsstätte ist eine zeitliche Komponente zu beachten. So hat der BFH am 3.8.2005[1] im Falle einer portugiesischen Kapitalgesellschaft entschieden, dass eine Vertreterbetriebsstätte nicht gegeben ist, wenn die Ausübung unter 60 Tagen im Kalenderjahr liegt.

BEISPIEL: D ist eine in der Baubranche tätige Kapitalgesellschaft mit Sitz in Portugal. Sie arbeitet im Inland als Subunternehmerin für verschiedene Auftraggeber.

Die Gesellschaft hat drei Geschäftsführer, darunter A. A reist im Jahr 01 mehrmals nach Deutschland und verbringt insgesamt 43 Tage hier. Seine Inlandsaufenthalte dienen dem Vertragsabschluss, der Anwerbung neuer Vertragspartner und der Kontrolle der Baustellen.

LÖSUNG: Ein portugiesisches Unternehmen hat nur dann in Deutschland einen ständigen Vertreter i. S. des Art. 5 Abs. 5 DBA Portugal, wenn sich eine für das Unternehmen tätige Person mehr als nur vorübergehend in Deutschland aufhält. Das ist nicht der Fall, wenn eine solche Person jeweils für zwei bis fünf Tage nach Deutschland einreist und sich hier bis zu 60 Tagen im Kalenderjahr aufhält.

Mit diesem Urteil kann daher m. E. eine Vertreterbetriebsstätte nach nationalem Recht unterhalb einer Grenze von 60 Tagen ausgeschlossen werden.

Der OECD-MK hängt sich dabei an die o. g. Sechsmonatsfrist (Tz. 98 OECD-MK zu Art. 5).

In Kombination mit der zeitlichen Komponente von sechs Monaten des OECD-MK kann dabei einem kurzen Aufenthalt von Remote-Workern auch eine Vertreterbetriebsstätte ausgeschlossen werden.

BEISPIEL: Ein Arbeitnehmer macht mit seiner Familie vier Wochen Urlaub in den Niederlanden. Drei Wochen davon nimmt er Urlaub. Eine Woche arbeitet er in den Niederlanden remote. Dabei schließt er auch Verträge mit seiner Vollmacht dort ab.

LÖSUNG: Zwar handelt es sich grundsätzlich bei der Urlaubsunterkunft um eine feste Geschäftseinrichtung.[2] Allerdings dürfte in diesem Fall bei der Begründung der Betriebsstätte an der Sechsmonatsfrist scheitern. Diese ist grundsätzlich auch bei der Vertreterbetriebsstätte anzuwenden.

1 BFH, Urteil v. 3.8.2005 - I R 87/04, BStBl 2006 II S. 220 NWB SAAAB-70232.

2 Vgl. Offerhaus, NWB 33/2022 S. 2310 NWB SAAAJ-20130.

8.5.2 Anwendung des OECD-Musterkommentars

Der OECD-Musterkommentar passt sich laut Wagemann in Lexikon des internationalen Steuerrechts vom 12.4.2023 „laufend an neue Entwicklungen technischer und wirtschaftlicher Art" an.

Allerdings gibt es hier ein Problem: Viele Doppelbesteuerungsabkommen wurden schon vor vielen Jahren vereinbart. Der aktuelle OECD-Musterkommentar bildet allerdings nur den derzeitigen Rechtsstand ab.

Daher stellt sich die Frage: Gilt der aktuelle OECD-Musterkommentar auch für zurückliegende Doppelbesteuerungsabkommen oder kann er nur die Rechtsauslegung für Doppelbesteuerungsabkommen ab erscheinen des Kommentars darstellen?

Dabei spricht sich der BFH mit Urteil vom 11.7.2018[1] dafür aus, dass er nur für Doppelbesteuerungsabkommen ab erscheinen des Musterkommentars geltend kann. Hierbei handelt es sich um eine sog. statische Auslegung.

Die Finanzverwaltung spricht sich allerdings mit einem BMF-Schreiben[2] gegen diese Meinung für eine sog. dynamische Auslegung aus und reagiert mit einem sog. „Nichtanwendungserlass". Somit ist die Finanzverwaltung der Meinung, dass der Musterkommentar auch „rückwirkend" für ältere Abkommen gilt.

Damit sind die neueren Regelungen des OECD-MK bezüglich des Homeoffice laut Finanzverwaltung auch für „ältere" DBA anzuwenden.

8.5.3 183-Tage-Regelung und Workation

Näheres zur 183-Tage-Regelung siehe 3. Freistellung von der Steuerpflicht durch DBA – DBA Punkt 3.2.2 Vorübergehender Aufenthalt.

Dabei ist darauf hinzuweisen, dass hierbei jedes Land getrennt für sich zu betrachten ist.

BEISPIEL: Ferdinand Flug (F) wohnt in Münster. Er ist als Marketingleiter für ein deutsches Unternehmen tätig. Seinen Wohnsitz in Deutschland behält er bei. Im Rahmen einer Workation hält er sich vom 1.3. bis zum 30.11. in Südafrika auf.

F ist aufgrund seines Aufenthaltes mehr als 183 Tage in Südafrika.

Nach Art. 14 Abs. 1 DBA Südafrika hat Südafrika das Besteuerungsrecht.

Da F sich mehr als 183 Tage in Südafrika aufhält, gilt die Bereichsausnahme des Art. 14 Abs. 2 a DBA Südafrika nicht.

Damit hat Südafrika das Besteuerungsrecht und Deutschland stellt den Lohn steuerfrei.

1 BFH, Urteil v. 11.7.2018 - I R 44/16, BStBl 2023 II S. 430 NWB JAAAH-03437.

2 BMF, Schreiben v. 19.4.2023 - IV B 2 - S 1301/22/10002 :004, BStBl 2023 I S. 630 NWB JAAAJ-38106.

ABWANDLUNG: F fliegt um 08:00 morgens am 1.1 los. Dabei kommt er am 2.1 um 00:10 südafrikanischer Zeit in Kapstadt an. Das Flugzeug erreicht schon um 22:30 die südafrikanische Grenze. Er arbeitet vom 2.1 bis zum 2.7 remote in Südafrika.

Am 3.7. verlässt er um 01:00 sein Haus um den Flug am Flughafen Johannisburg um 03:00 nachts nach Frankfurt zu nehmen. Aufgrund eines brennenden Triebwerks landet das Flugzeug in Kinshasa für fünf Tage zwischen, bevor es mit dem nächsten Flugzeug nach Frankfurt weitergeht.

LÖSUNG: Bei der 183-Tage-Regelung ist der rein körperliche Aufenthalt maßgebend.

Mit 184 Tagen körperlicher Aufenthalt hat daher Südafrika weiterhin das Besteuerungsrecht.
Anreisetag (1 Tag)

Der Anreisetag ist dabei als voller Aufenthaltstag zu zählen. Dabei wird der Anreisetag aufgrund der Flugreise nicht ausschließlich außerhalb des Tätigkeitsstaates (Südafrika). Insofern ist diese mitzurechnen. Dabei ist entscheidend, dass um 22:30 der südafrikanische Luftraum erreicht wird. Daher wir der 1.1. mitgezählt.[1]

Aufenthaltsdauer (182 Tage)

Die Tage des Aufenthaltes werden insgesamt zusammengezählt.

Abreisetag (1 Tag)

Der Abreisetag wird mitgezählt. Hierbei ist es nicht entscheidend, ob die Abreise früh morgens oder um Mitternacht erfolgt.

Der Abreisetag als solches wird daher voll berücksichtigt.[2]

Unterbrechung der Flugreise

Die Unterbrechung wird nicht mitgezählt, da Sie ausschließlich außerhalb des Tätigkeitsstaates verbracht wurde.[3]

ABWANDLUNG: F hat folgende Aufenthalte:

- 1.3.–30.6. Botswana (122 Tage)
- 1.7.–30.9. Namibia (92 Tage)
- 1.10.–30.11. Südafrika (61 Tage)

Da F in keinem dieser Länder mehr als 183 Tage tätig ist, greift die Bereichsausnahme des Art. 15 Abs. 2 Buchst. a der entsprechenden DBA.

Damit fällt das Besteuerungsrecht auf den Ansässigkeitsstaat zurück.

1 BMF, Schreiben v. 12.12.2023 - IV B 2 - S 1300/21/10024 :005, BStBl 2023 I S. 2179, NWB CAAAJ-55688, Rz. 108.

2 BMF, Schreiben v. 12.12.2023 - IV B 2 - S 1300/21/10024 :005, BStBl 2023 I S. 2179, NWB CAAAJ-55688, Rz. 108.

3 BMF, Schreiben v. 12.12.2023 - IV B 2 - S 1300/21/10024 :005, BStBl 2023 I S. 2179, NWB CAAAJ-55688, Rz. 109.

9. Verrechnungspreise bei Mitarbeiterentsendung (*Dorn*)

Im Rahmen der Mitarbeiterentsendungen sind nicht nur die lohnsteuerlichen Konsequenzen zu beachten. Auch die ertragsteuerlichen in Form der „richtigen“ Verrechnungspreise sind von entscheidender Bedeutung.

Als maßgebendes Schreiben für Verrechnungspreise sind die Verwaltungsgrundsätze Verrechnungspreise 2023[1] zu nennen. In diesem findet allerdings nur ein Verweis in der Tz. 3.80 auf das BMF-Schreiben betreffend „Grundsätze für die Prüfung der Einkunftsabgrenzung zwischen international verbundenen Unternehmen in Fällen der Arbeitnehmerentsendung“ vom 9.11.2001[2] statt. Dieses Schreiben ist allerdings in das BMF-Schreiben zur Steuerliche Behandlung des Arbeitslohns nach den Doppelbesteuerungsabkommen vom 12.12.2023 eingegangen.[3]

Für die Einkünftekorrektur ist § 1 AStG maßgebend.

Im Rahmen der Verrechnungspreise bei Arbeitnehmerentsendungen sind drei verschiedene Konstellationen zu unterscheiden: Die Feststellung, ob eine Kostenweiterbelastung ohne Gewinnkomponente angemessen oder ein Aufschlag erforderlich ist, sollte unter Einbeziehung des Grundsatzes des Fremdvergleichs erfolgen (siehe Abschnitt 8.15 der OECD-Richtlinien zu Art. 15 OECD-MA).[4]

Insbesondere die Abgrenzung zwischen Entsendungen, bei denen das aufnehmende Unternehmen häufig als der wirtschaftliche Arbeitgeber fungiert, und Situationen, in denen ein Konzernunternehmen Mitarbeiter „lediglich“ zur Erfüllung einer Dienstvertrags- oder Werkleistungsverpflichtung entsendet, kann oft zu rechtlichen Unsicherheiten führen.[5]

HINWEIS:

Wird ein Vertrag über die Personalentsendung geschlossen, so sollte dieser eingehend geprüft werden, ob es sich um eine eigenständige Werkleistung bzw. Werklieferung handelt oder um einen „typischen“ Fall der Arbeitnehmerentsendung. In jedem Fall zwingend ist dies im Rahmen der Abstimmung zwischen Heimat- und Einsatzgesellschaft klarzustellen.[6]

1 BMF, Schreiben v. 6.6.2023 - IV B 5 - S 1341/19/10017 :003, BStBl 2023 I S. 1093 NWB LAAAJ-41558; Rz 1 ff.

2 BMF, Schreiben v. 9.11.2001 - IV B 4 - S 1341- 20/01, BStBl 2001 I S. 796 NWB YAAAA-76850; Nr. 1 ff.

3 BMF, Schreiben v. 12.12.2023 - IV B 2 - S 1300/21/10024 :005 NWB CAAAJ-55688; Rz. 160 ff.

4 Dahle/Rindelaub, IWB 22/2016 S. 811 NWB HAAAF-86484.

5 Dahle/Rindelaub, IWB 22/2016 S. 811 NWB HAAAF-86484.

6 Siehe Hierl. IWB 17/2014 S. 643 NWB IAAAE-72351.

Werklieferung/Werkleistung

Wird der Arbeitnehmer im Rahmen einer Arbeitnehmerentsendung zur Erfüllung einer Lieferungs- oder Werk-/Dienstleistungsverpflichtung des entsendenden Unternehmens bei einem verbundenen Unternehmen tätig und ist sein Arbeitslohn Preisbestandteil der Lieferung oder Werkleistung, ist der zivilrechtliche Arbeitgeber (= entsendendes Unternehmen) auch Arbeitgeber im Sinne des DBA.[1] In diesem Fall ist der branchenübliche Gewinnaufschlag anzuwenden.

BEISPIEL:[2] Die Sunshining S.A.R.L. (S) hat ihre Ansässigkeit in Frankreich und spezialisiert auf den Aufbau von Photovoltaikanlagen.

Für den Bau eines Solarparks in Deutschland des verbundenen Unternehmens Solarparks GmbH (SP) mit Ansässigkeit in Deutschland schließt SP für die Durchführung der Installation des Solarparks einen Werkleistungsvertrag mit S ab.

Teil des Werkleistungsvertrages sind dabei die Kosten der Leistung, Installation, Reisekosten und einen Gewinnaufschlag.

Der polnische Arbeitnehmer Piotr (P) wird für die Leistung nach Deutschland gesandt. Der Arbeitslohn ist Teil der in Rechnung gestellten Leistung, wird allerdings nicht im als Preisbestandteil gesondert ausgewiesen.

P wird im Rahmen einer Werkleistungsverpflichtung und nicht im Rahmen einer Arbeitnehmerentsendung des S bei SP tätig.

RECHTLICHE BEURTEILUNG: Als Verrechnungspreis ist der fremdübliche Preis der Werklieferung/ Werkleistung zugrunde zu legen.

In dem Fall des Werkleistungsvertrages „Durchführung der Installation eines Solarparks" versteht sich der Verrechnungspreis inklusive eines in der Solarbranche üblichen Gewinnaufschlages. Der Arbeitslohn der Monteure ist dabei Bestandteil des Preises.

LOHNSTEUERLICHE KONSEQUENZEN: Vorausgesetzt, P hält sich nicht mehr als 183 Tage während des betreffenden Zwölfmonats-Zeitraums in Deutschland auf und S hat in Deutschland keine Betriebsstätte, der die Gehaltszahlungen an P zuzurechnen sind, weist Art. 15 Abs. 2 OECD-MA das Besteuerungsrecht für die Vergütungen aus unselbständiger Arbeit dem Ansässigkeitsstaat von P Polen zu.

P ist in Deutschland nach nationalem Recht bereits deshalb beschränkt steuerpflichtig, weil die Tätigkeit in Deutschland ausgeübt wurde (siehe § 49 Abs. 1 Nr. 4 Buchst. a EStG). Da Deutschland für den entsprechenden Arbeitslohn nach Art. 15 Abs. 2 OECD-MA kein Besteuerungsrecht hat, ergibt sich für P insoweit keine Einkommensteuer. Der Lohnsteuerabzug für die in Deutschland ausgeübte Tätigkeit kann bereits deshalb unterbleiben, weil in Deutschland kein inländischer Arbeitgeber vorliegt und darüber hinaus auch auf der Abkommensebene Deutschland kein Besteuerungsrecht zusteht. S ist kein in § 38 Abs. 1 Satz 1 Nr. 1 und 2 EStG

1 BMF, Schreiben v. 12.12.2023 - IV B 2 - S 1300/21/10024 :005, BStBl 2023 I S. 2179 NWB CAAAJ-55688, Rz. 158.

2 Angelehnt an BMF, Schreiben v. 3.5.2018 - IV B 2 - S 1300/08/10027, BStBl 2018 I S. 643 NWB YAAAG-84517, Rz. 127.

genannter inländischer abzugspflichtiger Arbeitgeber. Eine Abzugsverpflichtung ergibt sich für Deutschland auch nicht nach § 38 Abs. 1 Satz 2 EStG, weil P im Rahmen einer Werkleistungsverpflichtung tätig wird. Für den Fall, dass S und D verbundene Unternehmen sind, ergibt sich keine abweichende Lösung.

HINWEIS:

Bei einer Arbeitnehmerentsendung von nicht mehr als drei Monaten zwischen international verbundenen Unternehmen besteht eine Anscheinsvermutung, dass das aufnehmende Unternehmen nicht als wirtschaftlicher Arbeitgeber angesehen wird, da der Arbeitnehmer möglicherweise nicht vollständig in das aufnehmende Unternehmen eingebunden ist. Diese Vermutung kann jedoch durch konkrete Umstände und anhand der Kriterien in den ggf. entsprechenden Entsendeichtlinien des Arbeitgebers[1] entkräftet werden. Es müssen die tatsächlichen Verhältnisse des Einzelfalls berücksichtigt werden. Falls sich herausstellt, dass der Arbeitnehmer tatsächlich in das aufnehmende Unternehmen eingegliedert ist, wird dieses auch bei einer Tätigkeit von bis zu drei Monaten als wirtschaftlicher Arbeitgeber im Sinne des DBA angesehen.[2]

9.1 Gewerbliche Arbeitnehmerüberlassung

Bei der gewerblichen Arbeitnehmerüberlassung gilt dasselbe, wie bei der Werkleistung, bzw. Werklieferung.[3] Daher ist die gewerbliche Arbeitnehmerüberlassung zuzüglich eines Gewinnaufschlages zu vergüten. Die Arbeitnehmerüberlassung ist gegeben, wenn Dritten (Entleiher) gewerbsmäßig Arbeitnehmer (Leiharbeitnehmer) zur Arbeitsleistung überlassen werden,[4] wenn es sich um eine Routineleistung mit geringer Wertschöpfung handelt.

9.2 Verrechnungssatz für Werkleistungen

Liegen die Voraussetzungen der Arbeitnehmerentsendung hingegen nicht vor, weil die Arbeitnehmer in Erfüllung einer Dienstleistungsverpflichtung des entsendenden Unternehmens tätig werden, ist diese Dienstleistung regelmäßig nach der Kostenaufschlagsmethode zu verrechnen.[5] OECD-konform kann dabei ein Gewinnaufschlag von 5 % zugrunde gelegt werden, wenn es sich um eine Routinedienstleistung handelt.[6] Allerdings kommen als Grundlage der Verrechnungspreise auch insbesondere die Preisvergleichs-

1 z. B. Konzernbetriebsvereinbarungen zu Auslandsentsendungen BMF, Schreiben v. 12.12.2023 - IV B 2 - S 1300/21/10024 :005, BStBl 2023 I S. 2179 NWB CAAAJ-55688, Rz. 317.

2 BMF, Schreiben v. 12.12.2023 - IV B 2 - S 1300/21/10024 :005 NWB CAAAJ-55688, Rz. 158.

3 siehe BMF v. 12.12.2023 - IV B 2 - S 1300/21/10024 :005 BStBl 2023 I S. 2179, Rz. 150.

4 BMF, Schreiben v. 12.12.2023 - IV B 2 - S 1300/21/10024 :005 NWB CAAAJ-55688, Rz. 188 und § 1 Abs. 1 AÜG.

5 Liebchen in Flick/Wassermeyer/Kempermann, Doppelbesteuerungsabkommen (63. Erg.-Lfg. 2023), Deutschland-Schweiz, Kapitel 6. Die Besteuerung grenzüberschreitender Funktionsverlagerungen.

6 BMF, Schreiben v. 6.6.2023 - IV B 5 - S1341/19/10017:003, BStBl 2023 I S. 1093 NWB LAAAJ-41558, Rz. 3.74.

methode und Wiederverkaufspreismethode in Betracht. Zur Ermittlung der Verrechnungspreise siehe Verwaltungsgrundsätze Verrechnungspreise 2023.[1]

9.3 Arbeitnehmer wird für das aufnehmende Unternehmen befristet tätig

Wenn der Arbeitnehmer für das aufnehmende Unternehmen tätig wird, handelt es sich um eine Personalentsendung.

Diese ist insbesondere nach den Verwaltungsgrundsätzen Arbeitnehmerentsendung Tz. 157 und 159[2] in bei folgenden Voraussetzungen gegeben:

- Arbeitnehmer ist in dessen Hierarchie eingebunden
- Interesse des aufnehmenden Unternehmens

Damit spielt der Begriff des wirtschaftlichen Arbeitgebers sowohl im Lohnsteuerabzugsverfahren als auch bei den Verrechnungspreisen im Zusammenhang mit einer Arbeitnehmerentsendung eine wichtige Rolle.[3]

Ein wirtschaftlicher Arbeitgeber liegt stets vor, wenn das aufnehmende Unternehmen den Arbeitslohn wirtschaftlich trägt oder diesen gemäß dem Fremdvergleichsgrundsatz hätte tragen müssen. Die wirtschaftliche Einbindung wird als erfüllt angesehen, wenn das aufnehmende Unternehmen die Verantwortung oder das Risiko für die durch die Tätigkeit des Arbeitnehmers erzielten Ergebnisse übernimmt, und der Arbeitnehmer den fachlichen Weisungen des aufnehmenden Unternehmens unterworfen ist.

BEISPIEL: Der Konzern Nestka AG (N) aus der Schweiz kauft die Frische GmbH in Deutschland. N entsendet den Mitarbeiter Urs Profi (P), um die Abläufe der F zu optimieren.
P ist weiterhin der N in dessen Hierarchie unterworfen und nicht der F gegenüber weisungsgebunden.

LÖSUNG: Nach diesen Grundsätzen wird z. B. bei Entsendung eines Arbeitnehmers von einer Muttergesellschaft zu ihrer Tochtergesellschaft das aufnehmende Unternehmen nicht zum wirtschaftlichen Arbeitgeber, wenn der Arbeitnehmer nicht in dessen Hierarchie eingebunden ist. Die Belastung des Arbeitslohnes erfolgt bei der Muttergesellschaft.

BEISPIEL: Ein internationales Unternehmen aus der IT-Branche betreibt verschiedene Tochtergesellschaften weltweit. Eine Tochtergesellschaft namens A befindet sich in Deutschland und eine weitere Tochtergesellschaft namens B in Indien. Das Unternehmen A benötigt für ein Pro-

1 BMF, Schreiben v. 6.6.2023 - IV B 5 - S 1341/19/10017 :003, BStBl 2023 I S. 1093 NWB LAAAJ-41558 Rz. 39 ff.

2 BMF, Schreiben v. 12.12.2023 - IV B 2 - S 1300/21/10024 :005, BStBl 2023 I S. 2179 NWB CAAAJ-55688, Rz. 157 und 159.

3 BMF, Schreiben v. 12.12.2023 - IV B 2 - S 1300/21/10024 :005, BStBl 2023 I S. 2179 NWB CAAAJ-55688, Rz. 168.

jekt einen erfahrenen Softwareentwickler mit guten Deutschkenntnissen. Deshalb wird der Mitarbeiter C, der bei B in Indien angestellt ist, für einen Zeitraum von sechs Monaten nach Deutschland entsandt.

Während C's Aufenthalt in Deutschland bleibt er bei B angestellt und erhält weiterhin sein Gehalt von B. A übernimmt die Reisekosten von C und zahlt an B eine Gebühr, die auf dem Gehalt, den Sozialabgaben und anderen Vergütungen von C für diese Zeit basiert.

LÖSUNG: Für den Zeitraum von C's Tätigkeit in Deutschland wird A als wirtschaftlicher Arbeitgeber von C betrachtet. Die Entsendung von C zwischen den international verbundenen Unternehmen erfolgt im Interesse des aufnehmenden Unternehmens A. C ist in den Geschäftsbetrieb von A eingebunden und A trägt wirtschaftlich die Arbeitsvergütungen.

Damit hat eine Weiterbelastung an das aufnehmende Unternehmen zu erfolgen.

Bei den Verrechnungspreisen hinsichtlich des Personalaufwandes bei der Arbeitnehmerentsendung stellt sich grundsätzlich die Frage, welches Unternehmen den Aufwand zu erfassen hat. Nach Auffassung der Finanzverwaltung ist es grundsätzlich das aufnehmende Unternehmen, das die Kosten für die Entsendung tragen muss. In der Fachliteratur finden sich dabei keine gegenteiligen Meinungen.[1] Insbesondere die Entsendung eines Geschäftsführers für eine ausländische Tochtergesellschaft dürfte im ureigenen Interesse des aufnehmenden Unternehmens dienen und ist deshalb von der Muttergesellschaft in Rechnung zu stellen.[2] Diese Regelung basiert auf der Annahme, dass eine Arbeitnehmerentsendung im Interesse des aufnehmenden Unternehmens erfolgt.

Diese Fachmeinung wird insbesondere durch die Finanzverwaltung bestätigt.[3]

Einen Sonderfall stellt die Arbeitnehmerentsendung im Interesse des inländischen Arbeitgebers als Verwaltungsratsmitglied oder -beirat bei einem ausländischen verbundenen Unternehmen dar.[4]

BEISPIEL:[5] Ein in Deutschland ansässiger Arbeitnehmer wird von seinem deutschen Arbeitgeber in den Verwaltungsrat („Consejo de administración") einer spanischen Gesellschaft entsandt, ohne für die dortige Tätigkeit eine besondere Vergütung zu erhalten.

In welchem Interesse erfolgt die Arbeitnehmerentsendung? Welche Gesellschaft ist mit dem Arbeitslohn zu belasten?

---

1 So Dahle/Rindelaub, IWB 22/2016 S. 811 NWB HAAAF-86484; Neumann-Tomm, IWB 16/2019 S. 649 NWB TAAAH-28685; so Flick/Wassermeyer/Kempermann in Flick/Wassermeyer/Kempermann, Doppelbesteuerungsabkommen (63. Erg.-Lfg. 2023), Deutschland-Schweiz, 2.2.3. Bei einer faktischen Arbeitgeberschaft Vögele/Crüger/Schmitt, DB 2002 S. 1185; Lievenbrück/Droß/Dissen, NWB 19/2019 S. 1407 NWB YAAAH-13100.

2 Neumann-Tomm, IWB 16/2019 S. 649 NWB TAAAH-28685.

3 BMF, Schreiben v. 12.12.2023 - IV B 2 - S 1300/21/10024 :005, BStBl 2023 I S. 2179 NWB CAAAJ-55688, Rz. 157.

4 BMF, Schreiben v. 12.12.2023 - IV B 2 - S 1300/21/10024 :005, BStBl 2023 I S. 2179 NWB CAAAJ-55688, Rz. 157.

5 BFH, Urteil v. 23.2.2005 - I R 46/03, BStBl 2005 II S. 547 NWB MAAAB-54890.

LÖSUNG: Ob im Fall der konzerninternen Arbeitnehmerentsendung das entsendende oder das aufnehmende Unternehmen „Arbeitgeber" des entsandten Arbeitnehmers im abkommensrechtlichen Sinne ist, hängt zum einen davon ab, in wessen Interesse und auf wessen Betreiben die Entsendung erfolgt. Deshalb ist, wenn sie ausschließlich oder überwiegend dem entsendenden Unternehmen dient, auch bei Übernahme des Arbeitslohns durch das aufnehmende Unternehmen regelmäßig nur das entsendende Unternehmen als Arbeitgeber anzusehen.

Ein Interesse des entsendenden Unternehmens muss gesondert nachgewiesen werden.[1]

Um eindeutig festzustellen, ob ein solches Interesse vorliegt, müssen verschiedene Aspekte berücksichtigt werden.[2]

Einer dieser Aspekte ist dabei die ausgeübte Funktion. Dabei handelt es sich um die genaue Tätigkeitsbeschreibung z. B. im Arbeits- oder Entsendevertrag. Mit dieser Tätigkeitsbeschreibung kann die Interessenlage festgestellt werden. So würde eine genau ausgeübte Funktion, beispielsweise in der Produktion m. E. auf die Interessenlage des aufnehmenden Unternehmens schließen können, währen die Ausübung einer Kontrollfunktion sich eher auf eine Interessenlage des entsendenden Unternehmens hinweist.
Auch die benötigte fachliche Qualifikation spielt eine große Rolle. So muss verglichen werden, ob auf dem lokalen Arbeitsmarkt des aufnehmenden Unternehmens ein Angebot an Arbeitskräften mit der nach objektiven Maßstäben erforderlichen Qualifikation nicht vorhanden ist. Eine mögliche Schaffung eines solchen Arbeitsangebots soll auch unter Berücksichtigung der Möglichkeit von betrieblichen Ausbildungs- oder Qualifizierungsmaßnahmen auf dem lokalen Arbeitsmarkt betrachtet werden.
Sind keine derartigen Arbeitskräfte auf dem heimischen Arbeitsmarkt zu finden kann davon ausgegangen werden, dass die von der Entsendung am meisten das aufnehmende Unternehmen profitiert und diese daher Initiator der Entsendung war.

Für ein Interesse des entsendenden Unternehmens würden beispielsweise eine Übernahmen von Planungs-, Koordinierungs- oder Kontrolltätigkeiten durch den entsandten Arbeitnehmer sprechen. Auch dass die die gesammelten Auslandserfahrungen des Arbeitnehmers nach seiner Rückkehr im Rahmen seiner weiteren Beschäftigung beim entsendenden Unternehmen genutzt werden, weist auf diese Interessenlage hin.
Bei einer Entsendung im Zuge eines Rotationssystems kann auch von dem o. g. Interesse gesprochen werden.

Weitere Kriterien, die beurteilt werden, sind der prozentuale Anteil der entsandten Arbeitnehmer an der Gesamtbelegschaft, und ob Sprachkenntnisse oder persönliche Be-

1 Neumann-Tomm, IWB 16/2019 S. 649 NWB TAAAH-28685.

2 BMF, Schreiben v. 12.12.2023 - IV B 2 - S 1300/21/10024 :005, BStBl 2023 I S. 2179 NWB CAAAJ-55688, Rz. 159.

ziehungen objektiv erforderlich sind in Verbindung mit der ausgeübten Funktion oder anderer Spezialkenntnisse. Diese Indizien dürften m. E. nur eine geringere Aussagekraft haben, als die o. g. da sie wahrscheinlich nicht für die Entsendung elementar sind, wie die ausgeübte Funktion und die berufliche Qualifikation.
Sprach- und Spezialkenntnisse würden dabei eher auf ein Interesse des aufnehmenden Unternehmens hinweisen, da diese meist m. E. nicht i. R. e. Kontrollfunktion benötigt werden.[1]

„Die Interessenslage ist vom Steuerpflichtigen darzulegen und durch geeignete Nachweise zu belegen. Hierfür kommen in Betracht: Entsendevertrag, ggf. Konzernentsenderichtlinie, Schriftverkehr zur Begründung der Entsendung, Beschreibung der Tätigkeit des aufnehmenden Unternehmens sowie seiner Produkte bzw. Dienstleistungen, Tätigkeitsbeschreibungen für den entsandten Arbeitnehmer, konkrete Tätigkeitsnachweise, z. B. Berichte, Protokolle, die der entsandte Arbeitnehmer für das entsendende Unternehmen angefertigt hat, Stellenanzeigen, Arbeitsverträge des Arbeitnehmers mit dem entsendenden und ggf. aufnehmenden Unternehmen, Nachweis über die Höhe des Arbeitslohns vor der Entsendung, Zeitnachweise für Art und Umfang der Tätigkeit, Reisekostenabrechnungen, funktionsorientiertes Arbeitnehmerorganigramm oder ähnliche Unterlagen." BMF, Schreiben v. 12.12.2023 - IV B 2 - S 1300/21/10024 :005 NWB CAAAJ-55688, Rz. 163.

HINWEIS ENTSENDEVERTRÄGE:

Eine allgemeine gesetzliche Fundstelle für Entsendeverträge in Deutschland ist das Arbeitnehmer-Entsendegesetz (AEntG). Die rechtlichen Bestimmungen bezüglich Entsendeverträge und Arbeitsbedingungen für entsandte Arbeitnehmer finden sich insbesondere in den §§ 1–18 AEntG. Es ist wichtig zu beachten, dass es je nach Branche und Tätigkeitsfeld spezifische Regelungen und Tarifverträge geben kann, die ebenfalls relevant sind.

Der Entsendevertrag muss insbesondere Bestimmungen zu Mindestarbeitsbedingungen, wie Arbeitszeiten, Urlaub, Lohn und weiteren Arbeitsbedingungen für entsandte Arbeitnehmer beinhalten. Zu beachten ist jedoch, dass auch Tarifverträge und andere spezifische Regelungen in verschiedenen Branchen und Regionen Anwendung finden können.

Die Form und der Umfang eines Entsende-Vertrages können je nach den spezifischen Anforderungen der beteiligten Unternehmen variieren. Es ist üblich, dass solche Verträge von den rechtlichen oder HR-Abteilungen der beteiligten Unternehmen erstellt werden. Die Unterzeichnung durch autorisierte Vertreter beider Unternehmen stärkt m. E. die Verbindlichkeit des Vertrages.

1 BMF, Schreiben v. 12.12.2023 - IV B 2 - S 1300/21/10024 :005, BStBl 2023 I S. 2179 NWB CAAAJ-55688, Rz. 160.

Es ist wichtig zu betonen, dass ein Interesse an der Entsendung nur in Ausnahmefällen beim entsendenden Unternehmen bestehen kann. Solche Ausnahmefälle können beispielsweise die Wahrnehmung von Planungs-, Koordinierungs- oder Kontrollfunktionen für das entsendende Unternehmen oder die Entsendung zu Ausbildungs- oder Fortbildungszwecken sein.[1] In diesen Situationen ist eine sorgfältige Prüfung und Dokumentation notwendig, um die Rechtmäßigkeit und das berechtigte Interesse des entsendenden Unternehmens zu gewährleisten.

BEISPIEL: Der Konzern Nescarre kauft in Deutschland eine Schokoladenfabrik. Die Schokoladenfabrik macht seit dem Kauf hohe Verluste. Um eine Kontrollfunktion wahrzunehmen, wird der leitende Angestellte Urs Meyer (M) in die deutsche Gesellschaft geschickt, um der Ursache der Verluste auf den Grund zu gehen.

Da M eine Kontrollfunktion ausübt ist seine Entsendung im Interesse des entsendenden Unternehmens. Eine Weiterbelastung seiner Aufwendungen kann hier nicht erfolgen.

HINWEIS:

Eine Lohnbesteuerung eines Arbeitnehmers ist eng verknüpft mit der Verrechnung dessen Personalaufwendungen. Kommt es zu keiner Verrechnung der Personalaufwendungen ist das deutsche Tochterunternehmen nicht der wirtschaftliche Arbeitgeber. Daher kann in diesem Fall eine Lohnbesteuerung in Deutschland allein aufgrund der 183-Tage-Regelung stattfinden.

Es empfiehlt sich einen Personalgestellungsvertrag zu schließen, um eine Weiterbelastung ohne Gewinnaufschlag vorzunehmen und eventuelle Betriebsstättenrisiken zu vermeiden.[2]

9.4 Verrechnungspreismethode

Grundsätzlich sind bei der Personalentsendung die Aufwendungen ohne Gewinnaufschlag weiter zu berechnen (at Costs).

Dies bedeutet, dass nicht nur das Grundgehalt des entsandten Mitarbeiters berücksichtigt werden muss, sondern auch eine Vielzahl anderer Aufwendungen, die im Zusammenhang mit der Entsendung entstehen können. Im Folgenden werden die verschiedenen Aspekte detaillierter erläutert.[3]

Grundgehalt: Das Grundgehalt des entsandten Mitarbeiters bildet die Grundlage der Entlohnung und muss daher in die Berechnung der Kosten einbezogen werden.

1 BMF, Schreiben v. 12.12.2023 - IV B 2 - S 1300/21/10024 :005, BStBl 2023 I S. 2179 NWB CAAAJ-55688, Rz. 161.

2 Lievenbrück/Droß/Dissen, NWB 19/2019 S. 1407 NWB YAAAH-13100.

3 Zu den einzelnen Bestandteilen siehe BMF, Schreiben v. 12.12.2023 - IV B 2 - S 1300/21/10024 :005, BStBl 2023 I S. 2179 NWB CAAAJ-55688, Rz. 166 ff.

Laufende und einmalige Bezüge: Dies umfasst nicht nur das reguläre Gehalt, sondern auch zusätzliche Zahlungen wie Entsendezulage und Boni, die während der Entsendung anfallen können.

Prämien, Urlaubs- und Weihnachtsgeld: Zusätzliche Vergütungen wie Prämien, Urlaubs- und Weihnachtsgeld sind wichtige Bestandteile der Gesamtkosten und sollten bei der Berechnung berücksichtigt werden.

Übernommene Steuern: Jegliche übernommenen Steuern, sei es im Tätigkeitsstaat oder im Heimatstaat des entsandten Mitarbeiters, sind Teil der Kostenkalkulation.

Zuführungen zur Pensionsrückstellung: Rückstellungen für die Altersvorsorge des Mitarbeiters, auch bekannt als Pensionsrückstellungen, sind eine weitere Komponente der Gesamtkosten.

Sozialversicherungsbeiträge: Die Sozialversicherungsbeiträge im Tätigkeitsstaat und im Heimatstaat des Mitarbeiters sind entscheidende Faktoren, die in die Berechnung einfließen müssen.

Auslandszulagen: Um den höheren Kosten und spezifischen Bedingungen des Tätigkeitsstaats gerecht zu werden, können Auslandszulagen Teil der Entsendekosten sein.

Sachbezüge und sonstige Anreize: Zu berücksichtigen sind auch Sachbezüge wie Firmenwagen, Aktienoptionen und andere Anreize, die dem Mitarbeiter während der Entsendung gewährt werden.

Ausgleichszahlungen: Falls höhere Lebenshaltungskosten oder Abgaben im Tätigkeitsstaat anfallen, können Ausgleichszahlungen Teil der Kosten sein.

Umzugs- und Reisebeihilfen: Die finanzielle Unterstützung für Umzug und Reisen, einschließlich Beihilfen für Angehörige, muss in die Kostenkalkulation einbezogen werden.

Ersatz von Aufwendungen: Aufwendungen im Rahmen der doppelten Haushaltsführung, Schulgeld und Internatskosten, die durch die Entsendung entstehen, sollten ebenfalls berücksichtigt werden.

Die umfassende Berücksichtigung all dieser Aspekte gewährleistet eine fremdvergleichskonforme Verrechnung für die Personalentsendung. In der Praxis empfiehlt sich m. E. eine detaillierte Aufstellung der zu berücksichtigenden Aufwendungen, um sowohl den Sachverhalt in der Verrechnungspreisdokumentation als auch in einer möglichen Betriebsprüfung genau darzustellen. Diese Kosten sind vom Arbeitgeber zu bescheinigen und haben eine Indizienwirkung hinsichtlich der Interessenlage, dass das Interesse beim aufnehmenden Unternehmen besteht.[1]

1 BMF, Schreiben v. 12.12.2023 - IV B 2 - S 1300/21/10024 :005, BStBl 2023 I S. 2179 NWB CAAAJ-55688, Rz. 167.

BEISPIEL: Die Speditions-AG (A) hat ihren Sitz und Geschäftsleitung in Deutschland. Sie hat ein Tochterunternehmen in der Türkei. Ein Disponent wird zur Unterstützung in die Türkei zu dem Tochterunternehmen entsandt. Sein Gehalt wird dem türkischen Tochterunternehmen in Rechnung gestellt. Die Reise- und Umzugskosten werden mit der deutschen Personalabteilung abgerechnet und bei der A voll belastet.

Nicht nur das Grundgehalt des Disponenten, auch die Reise- Umzugskosten sind weiter zu belasten.

9.5 Bescheinigung des Arbeitnehmers

Nach dem neuen BMF-Schreiben[1] kommt insbesondere dem Bescheinigungsverfahren eine hohe Relevanz zu.

Dabei hat der Arbeitgeber dem Arbeitnehmer zu bescheinigen, in welcher Höhe die Kosten nach dem Fremdvergleichsgrundsatz weiterbelastet wurden und in welcher Höhe diese vom entsendenden Unternehmen getragen wurden.[2]

Ist dies geschehen, so ist dies eine große Indizienwirkung laut BMF-Schreiben bezüglich der Korrektheit der weiterbelasteten Kosten.

Wird also so eine Bescheinigung erstellt, so muss sich m. E. aufgrund der Indizienwirkung die Finanzverwaltung an diese Verrechnung halten.

Für eine Verwerfung dieser Bescheinigung muss folglich ein Gegenbeweis seitens der Finanzbehörde angetreten werden.

9.6 Rotationsverfahren

Das Personaleinsatz- und Entwicklungskonzept verschiedener Konzerne gibt ein Rotationssystem vor. Hierbei kann das aufnehmende Unternehmen bei Stellenbesetzungen nicht frei entscheiden. Der Konzern besetzt in diesem Fall bestimmte Positionen mit Arbeitnehmern aus entsendenden Unternehmen.

Zum Vorliegen eines Rotationssystems siehe BMF-Schreiben vom 12.12.2023.[3]

Liegt ein Rotationssystem vor, so besteht das Interesse sowohl im entsendenden als auch im aufnehmenden Unternehmen.

---

1 BMF, Schreiben v. 12.12.2023 - IV B 2 - S 1300/21/10024 :005, BStBl 2023 I S. 2179 NWB CAAAJ-55688, Rz. 167 ff.

2 BMF, Schreiben v. 12.12.2023 - IV B 2 - S 1300/21/10024 :005, BStBl 2023 I S. 2179 NWB CAAAJ-55688, Rz. 167.

3 BMF, Schreiben v. 12.12.2023 - IV B 2 - S 1300/21/10024 :005, BStBl 2023 I S. 2179 NWB CAAAJ-55688, Rz. 174 ff.

Bei der Verrechnungspreisgestaltung ist bei einem Rotationssystem zu beachten, dass der Arbeitslohn zugrunde zu legen ist, der ansonsten für einen einheimischen Arbeitnehmer angefallen wäre. Den darüberhinausgehenden Arbeitslohn hat das entsendende Unternehmen zu tragen.

9.7 Funktionsverlagerung

Werden innerhalb eines Konzerns Arbeitnehmer versandt, so ist in diesem Fall erst einmal keine Funktionsverlagerung gegeben.[1]

Eine Funktionsverlagerung kann in Personalentsendungsfällen aber z. B. dann vorliegen, wenn das entsandte Personal seinen bisherigen Zuständigkeitsbereich aus dem entsendenden Unternehmen mitnimmt und im aufnehmenden Unternehmen die gleiche Tätigkeit ausübt. Dies führt i. d. R. zu einer Einschränkung der Geschäftstätigkeit des entsendenden Unternehmens, es werden Wirtschaftsgüter und Vorteile übertragen oder zur Nutzung überlassen bzw. es gehen Chancen und Risiken über. In solchen Fällen gelten vorrangig die Regelungen zur Funktionsverlagerung.[2]

BEISPIEL: Die Arbeitnehmerin Sieglinde Schlau (S) wird nach Indien entsandt. Bisher war Sie in Deutschland Softwareentwicklerin. Sie soll in Indien erstmalig an der Forschung der künstlichen Intelligenz arbeiten in Zusammenarbeit mit indischen Kollegen.

LÖSUNG: S ändert ihren Zuständigkeitsbereich. Damit handelt es sich um keinen Fall der Funktionsverlagerung.

ABWANDLUNG: S hat in Deutschland bereits an der künstlichen Intelligenz geforscht und entwickelt und wird nun nach Indien entsandt, um dort eine neue Niederlassung zur Weiterentwicklung der künstlichen Intelligenz zu erforschen. In Deutschland wird die Forschung eingestellt. Die Aufgaben bleiben und der Zuständigkeitsbereich bleiben hier gleich. Sie ist weiterhin für die künstliche Intelligenz zuständig.

GESCHÄFTSTÄTIGKEITSEINSCHRÄNKUNG: In Deutschland wird aufgrund der Entsendung von S die Geschäftstätigkeit hinsichtlich der Erforschung und Weiterentwicklung der künstlichen Intelligenz aufgegeben und insoweit die Geschäftstätigkeit am deutschen Sitz eingeschränkt.

ÜBERTRAGUNG VON WIRTSCHAFTSGÜTERN UND VORTEILEN: In den Kenntnissen von Frau Müller sind immaterielle Wirtschaftsgüter zu sehen. Diese werden auf die indische Niederlassung übertragen.

CHANCEN UND RISIKEN: Die Chancen des Gewinns aus der Entwicklung der künstlichen Intelligenz stehen nun der indischen Niederlassung zu und werden daher aus Deutschland nach Indien verlagert.

Aus den o. g. handelt es sich um einen Fall der Funktionsverlagerung.

1 § 1 Abs. 7 Satz 2 FVerlV.

2 BMF, Schreiben v. 6.6.2023 - IV B 5 - S 1341/19/10017 :003, BStBl 2023 I S. 1093 NWB LAAAJ-41558, Rz. 3.95.

9.8 Exkurs: Ertragsteuerliche Konsequenzen der Begründung einer Betriebsstätte

Wird eine Betriebsstätte durch das Homeoffice begründet, so ergeben sich zahlreiche Verfahrens- und ertragsteuerliche Konsequenzen.

9.9 Anzeigepflicht § 138 AO

Wenn eine Betriebsstätte im Ausland neu gegründet wird, so besteht für das Gründungsunternehmen eine Anzeigepflicht nach § 138 AO.

Wird folglich durch das Homeoffice eine Betriebsstätte begründet, so ist mit der entsprechenden Steuererklärung eine Anzeige nach § 138 AO abzugeben.

BEISPIEL: Bei der International GmbH (I) arbeitet ein Arbeitnehmer remote in Namibia und begründet damit eine Betriebsstätte nach der Auslegung des Abkommens zwischen der Bundesrepublik Deutschland und der Republik Namibia zur Vermeidung der Doppelbesteuerung auf dem Gebiet der Steuern vom Einkommen und vom Vermögen.

LÖSUNG: Durch das Begründen einer Betriebsstätte in Namibia muss mit der Körperschaftsteuererklärung eine Anzeige nach § 138 AO abgegeben werden.

Die Verletzung der Anzeigepflicht sieht erhebliche Verletzungen beim Verstoß vor.

„Wer vorsätzlich oder leichtfertig seiner Mitteilungspflicht nach § 138 Abs. 2 Satz 1 AO oder § 138b Abs. 1–3 AO nicht, nicht vollständig oder nicht rechtzeitig nachkommt, begeht eine Ordnungswidrigkeit i. S. des § 379 Abs. 2 Nr. 1 oder 1d AO, die vorbehaltlich des § 378 AO mit einer Geldbuße bis zu 25.000 € geahndet werden kann (§ 379 Abs. 7 AO).“ BMF, Schreiben v. 26.4.2022 - IV B 5 - S 0301/19/10009 :001, BStBl 2022 I S. 576 NWB XAAAI-60524, Rz. 37.

9.9 Steueroasenabwehrgesetz

Bei bestimmten Geschäftsbeziehungen mit Beteiligten, die einen Sitz in Steueroasen haben, gilt das Steueroasenabwehrgesetz.

Aus diesen Geschäftsbeziehungen können eine gesteigerte Mitwirkungspflichten (§ 12 StAbwG), ein Verbot des Betriebsausgaben- und Werbungskostenabzugs (§ 8 StAbwG), eine verschärfte Hinzurechnungsbesteuerung (§ 9 StAbwG), die Erweiterung der beschränkten Steuerpflicht und Quellensteuereinbehalt (§ 10 StAbwG) und Maßnahmen bei Gewinnausschüttungen und Anteilsveräußerungen (§ 11 StAbwG) als steuerliche Konsequenzen erwachsen.

Wird ein Arbeitnehmer in einer Betriebsstätte des Arbeitgebers in einer Steueroase tätig, so gilt das Ausgabenverbot nach § 8 StAbwG nicht, insoweit eine Steuerbefreiung nach dem Auslandstätigkeitserlass vorliegt.[1]

Als Steueroase gelten Amerikanisch-Samoa, Anguilla, Fidschi, Guam, Palau, Panama, Russland, Samoa, Trinidad und Tobago, Amerikanische Jungferninseln und Vanuatu.[2]

9.10 Dokumentationspflicht im Sinne der Verrechnungspreisdokumentation

Aufzeichnungspflichtig im Sinne der Verrechnungspreisdokumentation nach § 90 Abs. 3 AO ist auch die Arbeitnehmerentsendung. Die Aufzeichnungspflicht bezieht sich nach § 1 Abs. 1 GAufzV daher auch auf Geschäftsbeziehungen, die keinen Leistungsaustausch zum Gegenstand haben, wie Vereinbarungen über Arbeitnehmerentsendungen.[3]

Aufzeichnungspflichtig ist dabei insbesondere das Interesse des Steuerpflichtigen an der Arbeitnehmerentsendung.[4]

Der Steuerpflichtige ist verpflichtet, seine Interessenlage eingehend zu erläutern und durch geeignete Nachweise zu belegen. Dazu gehören beispielsweise der Entsendevertrag, die ggf. vorliegende Konzernentsenderichtlinie und jeglicher Schriftverkehr, der die Entsendung begründet.

Des Weiteren ist eine ausführliche Beschreibung der Tätigkeiten des aufnehmenden Unternehmens sowie eine Vorstellung seiner Produkte oder Dienstleistungen erforderlich. Zusätzlich sollten Tätigkeitsbeschreibungen für den entsandten Arbeitnehmer bereitgestellt werden.

Konkrete Tätigkeitsnachweise, wie Berichte oder Protokolle, die der entsandte Arbeitnehmer während seiner Tätigkeit für das entsendende Unternehmen erstellt hat, sind ebenso relevant. Ebenfalls relevant sind Stellenanzeigen, die die Notwendigkeit der Entsendung unterstreichen.

Arbeitsverträge des Arbeitnehmers mit dem entsendenden und ggf. dem aufnehmenden Unternehmen müssen vorgelegt werden. Ein Nachweis über die Höhe des Arbeitslohns vor Beginn der Entsendung ist ebenfalls erforderlich.

1 Grotherr, IWB 1/2024 S. 7 NWB IAAAJ-56230.

2 Stand 8.10.2024; die Liste der Steueroasen (EU-Blacklist) wird halbjährlich aktualisiert.

3 Naumann/Förster, NWB 31/2004 S. 2419 NWB FAAAB-24548.

4 Jenzen, NWB 44/2005 S. 3691 NWB OAAAB-68211.

Zeitnachweise, die die Art und den Umfang der Tätigkeit dokumentieren, sowie Reisekostenabrechnungen, die im Zusammenhang mit der Entsendung entstanden sind, sollten ebenfalls eingereicht werden.

Zusätzlich wird ein funktionsorientiertes Arbeitnehmerorganigramm oder ähnliche Unterlagen erwartet, die die Position des entsandten Mitarbeiters verdeutlichen.[1]

Weiterhin müssen die o. g. weiter zu berechnenden Aufwendungen aufgezeichnet werden. Dies betrifft insbesondere das Grundgehalt, laufende und einmalige Bezüge des Arbeitnehmers (z. B. Abfindungen, Boni) Prämien, Urlaubs- und Weihnachtsgeld. Auch eine ggf. vorzunehmende Arbeitslohnaufzeichnung ist aufzuzeichnen.[2]

BEISPIEL: Ein deutsches Produktionsunternehmen hat auch ein Werk in den USA. Um die Produktion in den USA auszubauen, wird ein deutscher Ingenieur des Mutterunternehmens in die USA entsandt.

Was ist im Rahmen der Verrechnungspreisdokumentation aufzuzeichnen?

LÖSUNG: In der Verrechnungspreisdokumentation ist zunächst die Interessenlage für die Arbeitnehmerentsendung zu vermerken. Dies ist der Ausbau der Produktion. Weiterhin ist auch das Gehalt und dessen Bestandteile aufzuzeichnen.

9.11 Anzeigepflicht bei grenzüberschreitender Steuergestaltung

Bei der Begründung einer Betriebsstätte kann es auch zu einer Anzeigepflicht einer grenzüberschreitenden Steuergestaltung nach § 138d AO kommen. Insbesondere im Hinblick auf die Begründung einer Betriebsstätte durch Remote-Working im Ausland der Arbeitnehmer kann dabei eine Anzeigepflicht entstehen.

Bei der grenzüberschreitenden Steuergestaltung wird beim Betriebsstättenbegriff nicht differenziert. So kann eine Betriebsstätte sich entweder aus § 12 AO oder aus dem Betriebsstättenartikel des entsprechenden DBA ergeben.[3]

Damit umfasst es auch die Betriebsstätten, die im Rahmen des mobilen Arbeitens im Ausland begründet werden.

Entsteht durch die Begründung der Homeoffice-Betriebsstätte ein steuerlicher Vorteil i. S. des § 138g Abs. 3 Nr. 2 Buchst. a AO, muss die Anzeige einer grenzüberschreitenden Steuergestaltung erfolgen.

1 BMF, Schreiben v. 12.12.2023 - IV B 2 - S 1300/21/10024 :005, BStBl 2023 I S. 2179 NWB CAAAJ-55688, Rz. 163.

2 BMF, Schreiben v. 12.12.2023 - IV B 2 - S 1300/21/10024 :005, BStBl 2023 I S. 2179 NWB CAAAJ-55688, Rz. 162.

3 BMF, Schreiben v. 29.3.2021 - IV A 3 - S 0304/19/10006 :010, BStBl 2021 I S. 582 NWB HAAAH-75157, Rz. 35.

Nach dem BMF, Schreiben v. 29.3.2021 - IV A 3 - S 0304/19/10006 :010, BStBl 2021 I S. 582 NWB HAAAH-75157, Rz. 109 wird der steuerliche Vorteil wie folgt definiert". Ein steuerlicher Vorteil liegt danach vor, wenn durch die Steuergestaltung[1] entweder Steuern erstattet, Steuervergütungen gewährt oder erhöht, Steueransprüche entfallen oder verringert, die Entstehung von Steueransprüchen verhindert, die Entstehung von Steueransprüchen in andere Besteuerungszeiträume oder auf andere Besteuerungszeitpunkte verschoben werden soll."

Bei der Begründung des Homeoffices im Ausland kann daher der steuerliche Vorteil m. E. insbesondere in der niedrigen Besteuerung im Ausland liegen, d. h. der Steuersatz liegt unter 20,08 % oder der ausländische Staat gewährt eine Steuervergünstigung.[2] Insbesondere im Hinblick auf die Begründungen einer Betriebsstätte im Zusammenhang mit dem mobilen Arbeiten ist zu prüfen, ob eine derartige Meldung erfolgen sollte.

1 BMF, Schreiben v. 29.3.2021, „Anwendung der Vorschriften über die Pflicht zur Mitteilung grenzüberschreitender Steuergestaltungen", BStBl 2021 I S. 582, Rz. 109.

2 BMF, Schreiben v. 22.12.2023 - IV B 5 - S 1340/23/10001 :001 BStBl 2023 I Sondernummer 1/2023 S. 2; Rz. 23 ff.

10. Sozialversicherungsrecht bei grenzüberschreitenden Personaleinsätzen (*Günsel*)

10.1 Einführung

Die Bestimmung des anzuwendenden Sozialversicherungsrechts bei internationalen Personaleinsätzen ist heute von ebenso hoher Bedeutung wie die Ermittlung und Beachtung der steuerlichen Folgen. Teilweise ist festzustellen, dass insbesondere Arbeitnehmer nur dann bereit sind, bei Arbeitsaufträgen bzw. Projekten vom Ausland aus mitzuwirken, wenn sie im vertrauten deutschen Sozialversicherungssystem verbleiben. Die bestehenden sozialversicherungsrechtlichen Gestaltungsmöglichkeiten können dabei schnell zu Konflikten mit der steuerlichen Sichtweise führen bzw. aufgrund ungewünschter Steuerfolgen nicht in Betracht kommen.

Nachfolgend wird ein Überblick über die Grundprinzipien im internationalen Sozialversicherungsrecht aus deutscher Sicht gegeben. Im Mittelpunkt stehen dabei abhängig Beschäftigte (Arbeitnehmer) und ihre Arbeitgeber. Auf Sonderregelungen für Beamte und Selbständige soll hier nicht näher eingegangen werden. Es geht dabei weniger um eine komplette Rundschau als vielmehr die für HR-Verantwortliche und Interessierte wesentlichen Rahmenbedingungen und Herausforderungen.

Ausgangspunkt sind die nationalen Vorschriften, insbesondere zur **Ausstrahlung**. Diese werden überlagert durch die EU-Vorschriften zur Koordinierung der Systeme der sozialen Sicherheit und EU-Abkommen als **multilaterales Recht,** auf welches daher schwerpunktmäßig einzugehen ist. Es folgen Besonderheiten im Hinblick auf die EWR-Staaten und die Schweiz sowie für Großbritannien nach dem Brexit. Im Anschluss wird auf das **bilaterale Recht** in Gestalt von internationalen Sozialversicherungsabkommen eingegangen, welche Deutschland abgeschlossen hat. Abgerundet wird der Überblick durch das Darstellen von Handlungsoptionen, soweit weder multi- noch bilaterales Recht anwendbar ist, d. h. für Einsätze im **vertragslosen Ausland**.

10.2 Nationales Sozialversicherungsrecht

Die deutschen Vorschriften zum Sozialrecht sind im Wesentlichen im Sozialgesetzbuch mit seinen zwölf eigenständigen Büchern zusammengefasst. Die Vorschriften gelten für alle Personen, die ihren Wohnsitz oder gewöhnlichen Aufenthalt in Deutschland haben (§ 30 Abs. 1 SGB I). Die Definition deckt sich mit dem Steuerrecht.[1] Für den Teil-

1 Siehe Praxistipp „Wann ist ein Wohnsitz ein Wohnsitz“ in Kapitel 12.

bereich des Sozialversicherungsrechts ist das Sozialgesetzbuch Viertes Buch (SGB IV) der Ausgangspunkt. Es definiert die Sozialversicherungszweige der gesetzlichen Kranken-, Pflege-, Unfall- und Rentenversicherung sowie der Arbeitslosenversicherung (§ 1 Abs. 1 SGB IV). Diese fünf Säulen haben jeweils eigene öffentlich-rechtlich organisierte Versicherungsträger. Das kann insbesondere bei internationalen Sachverhalten eine Kommunikation mit mehreren Versicherungsträgern erfordern.

Der Geltungsbereich der Versicherungspflicht für Beschäftigte (Arbeitnehmer) wird dabei über Deutschland hinaus ausgedehnt, soweit eine Entsendung vorliegt (§ 4 Abs. 1 SGB IV). Die Anknüpfung an den unbestimmten Rechtsbegriff der Entsendung sorgt in der Praxis für Verwirrung, da Arbeitnehmer und Arbeitgeber den Begriff für vielen Formen von Auslandseinsätzen verwenden. Der Anwendungsbereich der sozialversicherungsrechtlichen Entsendung ist aber sehr eng. Gesetzliche Voraussetzung ist die zeitliche Begrenzung des Auslandseinsatzes im Rahmen eines deutschen Beschäftigungsverhältnisses entweder infolge der Eigenart der Beschäftigung oder vertraglich (§ 4 Abs. 1 SGB IV). Zeitlich nicht begrenzte Tätigkeiten im Ausland oder eine regelmäßige Tätigkeit in mehr als einem Staat fallen daher nicht in den Anwendungsbereich.

Sehr hilfreich für den Rechtsanwender ist die Gemeinsame Verlautbarung zur versicherungsrechtlichen Beurteilung entsandter Arbeitnehmer in ihrer aktuellen Fassung vom 18.3.2020.[1] Sie wird vom GKV-Spitzenverband für die Krankenkassen, der Deutschen Rentenversicherung Bund, der Bundesagentur für Arbeit und der deutschen Gesetzlichen Unfallversicherung getragen und ist damit für alle fünf Säulen anwendbar.

Die Verlautbarung ist bindend für die Sozialversicherungsträger.[2] Die Versicherten bzw. Unternehmen können sich darauf berufen, sind aber nicht daran gebunden. Damit ist das Schreiben mit dem Schreiben der Finanzverwaltung rechtlich vergleichbar.

Im Schreiben vom 18.3.2020 werden die Voraussetzungen der Entsendung näher definiert. Dabei wird nicht auf die Entsenderegeln der EU zurückgegriffen,[3] sondern es werden eigene Tatbestandsmerkmale aufgestellt. Grund dafür ist, dass die nationale Regelung viel älter ist als das EU-Recht und seine Wirkung insbesondere bei vertragslosen Situationen entfaltet. Von entscheidender Bedeutung neben dem Zeitelement und der Rückkehrabsicht nach Deutschland ist die fortbestehende Integration im Inland und die Ausübung der Tätigkeit für den deutschen Arbeitgeber.

1 Unter https://www.dvka.de/media/dokumente/verschiedene/Aus_und_Einstrahlungsverlautbarung.pdf.

2 So z.B. für die Krankenkassen der GKV-Spitzenverband, siehe https://www.gkv-spitzenverband.de/gkv_spitzenverband/der_verband/aufgaben_und_ziele/aufgaben_und_ziele.jsp.

3 Zu den wesentlichen Unterschieden siehe Gemeinsame Verlautbarung zur versicherungsrechtlichen Beurteilung entsandter Arbeitnehmer, Tz. 3 unter https://www.dvka.de/media/dokumente/verschiedene/Aus_und_Einstrahlungsverlautbarung.pdf.

So muss ein in Deutschland fortbestehendes Beschäftigungsverhältnis vorliegen.[1] Der Arbeitsvertrag darf nicht ruhend gestellt sein. Hier kommt es insbesondere bei Auslandseinsätzen innerhalb verbundener Unternehmen zu Konflikten, da oft aus ertragsteuerlichen Gründen das Ruhen des deutschen Vertrages gewählt wird, um die Betriebsausgaben steuerlich korrekt zuzuordnen und das Entstehen einer Betriebsstätte im Ausland zu verhindern.

Gelegentliches Arbeiten im Ausland von zu Hause (Homeoffice) oder im Zusammenhang mit Urlaub (oft Workation genannt) können daher auch unter die Entsendung fallen.[2]

Weiteres Merkmal ist die Tätigkeit im Namen und auf Rechnung des deutschen Arbeitgebers. Das führt insbesondere bei verbundenen Unternehmen zu Abgrenzungsschwierigkeiten. Ähnlich dem Steuerrecht kommt es weniger auf den arbeits- bzw. zivilrechtlichen als vielmehr auf den wirtschaftlichen Arbeitgeber an.[3] Das Steuerrecht trägt auch hier maßgeblich in Gestalt der Verrechnungspreisvorschriften und Begrenzungen des steuerlichen Betriebsausgabenabzugs dazu bei, dass sozialversicherungsrechtliche Entsendungen die Ausnahme sind. Selbst der Verzicht auf eine Verrechnung führt zu keinem anderen Ergebnis.[4] Diese Konstellation wird auch als „Ausstrahlungskiller" bezeichnet.

Aufgrund der Abgrenzungsschwierigkeiten ist es geboten, die Auslandseinsätze unabhängig von der Bezeichnung als Entsendung, Dienstreise oder Auslandsassignment zu prüfen. Bei Annahme einer sozialversicherungsrechtlichen Entsendung sollte vorsorglich ein Antrag auf Bestätigung der Ausstrahlung gestellt werden. Der Antrag auf Feststellung einer Entsendung im Sinne der Ausstrahlung ist bei der Krankenkasse zu stellen, die mit bindender Wirkung für die Kranken-, Pflege-, Renten- und Arbeitslosenversicherung entscheidet.[5] Parallel ist ein Antrag bei der Berufsgenossenschaft sinnvoll, da diese eigenständig für die Unfallversicherung entscheidet.[6]

---

1 Gemeinsame Verlautbarung zur versicherungsrechtlichen Beurteilung entsandter Arbeitnehmer, Tz. 3.1.1 unter https://www.dvka.de/media/dokumente/verschiedene/Aus_und_Einstrahlungsverlautbarung.pdf.

2 Gemeinsame Verlautbarung zur versicherungsrechtlichen Beurteilung entsandter Arbeitnehmer, Tz. 3.1.1 unter https://www.dvka.de/media/dokumente/verschiedene/Aus_und_Einstrahlungsverlautbarung.pdf.

3 Gemeinsame Verlautbarung zur versicherungsrechtlichen Beurteilung entsandter Arbeitnehmer, Tz. 3.1.3 unter https://www.dvka.de/media/dokumente/verschiedene/Aus_und_Einstrahlungsverlautbarung.pdf.

4 Gemeinsame Verlautbarung zur versicherungsrechtlichen Beurteilung entsandter Arbeitnehmer, Tz. 3.1.3 und Beispiel 6.10 unter: https://www.dvka.de/media/dokumente/verschiedene/Aus_und_Einstrahlungsverlautbarung.pdf.

5 Zahlreiche Krankenkassen haben eigene Antragsformulare. Es kann aber auch auf das Muster der Gemeinsame Verlautbarung zur versicherungsrechtlichen Beurteilung entsandter Arbeitnehmer, Anlage 2 zurückgegriffen werden unter https://www.dvka.de/media/dokumente/verschiedene/Aus_und_Einstrahlungsverlautbarung.pdf.

6 Dabei kann ein inhaltsgleicher Antrag wie für die Krankenkasse verwendet werden.

Das Vorliegen einer sozialversicherungsrechtlichen Entsendung führt infolge des Territorialprinzips des deutschen Rechts nicht zu einem Ausschluss der gleichzeitigen Geltung ausländischen SV-Rechts und damit einer möglichen Doppelversicherung. Hierzu bedarf es der Anwendung des multi- bzw. bilateralen Rechts. Dieses erweitert zugleich den Anwendungsbereich des deutschen SV-Rechts deutlich über die Ausstrahlungsfälle hinaus.

10.3 Multilaterales Recht

Dieses umfasst die EU-Vorschriften zur Koordinierung der Systeme der sozialen Sicherheit, die Abkommen der EU mit den EWR-Staaten (Island, Liechtenstein und Norwegen) und der Schweiz. Sie gehen dem nationalen Sozialversicherungsrecht vor (§ 6 SGB IV) und sind unmittelbar anzuwendendes Recht.

10.3.1 EU-Koordinierungsvorschriften

Der sachliche Geltungsbereich der EU-VO 883/2004[1] über soziale Sicherheit und deren Durchführungsverordnung 987/2009[2] ist dabei umfassend, d. h. findet für alle Sozialversicherungszweige Anwendung. Das vereinfacht die Rechtsanwendung und führt im Ergebnis dazu, dass das Sozialversicherungssystem nur eines Landes anzuwenden ist.

Auf Einschränkungen im gebietlichen Geltungsbereich wird hier nicht näher eingegangen. Betroffen sind in erster Linie Überseegebiete von EU-Staaten.[3]

Der persönliche Geltungsbereich ist mit Ausnahme von Dänemark weit, d. h. erfasst alle Personen unabhängig von ihrer Staatsangehörigkeit, die im EU-Gebiet leben.

10.3.1.1 Grundsatz Tätigkeitsstaat als Anknüpfungspunkt

Die Koordinationsvorschriften setzen den Grundgedanken um, dass für grenzüberschreitend tätige Arbeitnehmer nur die Rechtsvorschriften eines Staates gelten sollen.[4] Dies sind grundsätzlich die Vorschriften des Mitgliedsstaates, in dem die Tätigkeit ausgeübt wird. Wohnort, Staatsbürgerschaft und Sitz des Arbeitgebers bleiben danach außen vor. Dies schützt zum einen vor Mehrfachbelastungen und verhindert zum anderen eine Aufsplittung der Sozialversicherungszweige.

---

1 Bis 30.4.2010: EWG VO 1408/71.

2 Bis 30.4.2010: EWG VO 574/72.

3 Im Detail dazu Gemeinsame Verlautbarung zur versicherungsrechtlichen Beurteilung entsandter Arbeitnehmer, Tz. 2.1.3 unter https://www.dvka.de/media/dokumente/verschiedene/Aus_und_Einstrahlungsverlautbarung.pdf.

4 Art. 11 Abs. 1 VO (EG) 883/2004 – Lex loci laboris.

TIPP:

Sollten (Pflicht-)Beiträge in mehr als einem Mitgliedsstaat abgeführt werden, so besteht dringender Überprüfungsbedarf, da die Abführung in einem der Staaten rechtsgrundlos ist und auch keinen Versicherungsschutz vermitteln kann.

Art. 11–16 der Verordnung 883/2004 legen fest, wie der Mitgliedsstaat bestimmt wird, dessen Vorschriften Anwendung finden. Dabei sind drei Hauptkonstellationen anzutreffen:

(1) Die Entsendung – Art. 12

(2) Die Mehrstaatentätigkeit – Art. 13

(3) Die Ausnahmevereinbarung – Art. 16

Der Praktische Leitfaden zum anwendbaren Recht aus Dezember 2013 der Europäischen Kommission bietet sich als hilfreiche Vertiefungslektüre an.[1]

Jede der drei Hauptkonstellationen hat ihren eigenen Antragsweg – die DVKA hält dazu detaillierte Informationen vor.[2] Wird eine A1-Bescheinigung erteilt, so hat diese ein einheitliches Format. Aus Punkt 3 „Statusbestätigung" der A1-Bescheinigung lässt sich die zugrunde liegende Konstellation entnehmen.

10.3.1.2 Entsendung im Sinne der EU-Verordnung

Eine Entsendung im Sinne der EU-Verordnung liegt bei einem zeitlich auf maximal 24 Monate befristeten Auslandseinsatz vor, wobei keine andere entsandte Person ersetzt werden soll.[3] Dabei wird auf die arbeitsrechtliche Bindung zwischen dem entsendenden Arbeitgeber und dem entsandten Arbeitnehmer abgestellt. Eine wirtschaftliche Betrachtung findet hier nicht statt. Näher zu prüfen sind insbesondere Einsätze in Kombination mit einer Arbeitnehmerüberlassung, die die Anwendung der Entsenderegeln regelmäßig ausschließen.

Verlängert sich der Einsatz wider Erwarten über 24 Monate hinaus, steht das Instrument der Ausnahmevereinbarung zur Verfügung (dazu unter Kapitel 10.3.1.4). Es besteht jedoch kein Rechtsanspruch, dass dem Antrag zugestimmt wird. Ist von Beginn an oder während der Entsendung absehbar, dass die Tätigkeit länger als 24 Monate dauern wird, soll unverzüglich ein Ausnahmevereinbarungsantrag gestellt werden. Wird dies unterlassen, ist die Ablehnung der Ausnahmevereinbarung wahrscheinlich. Es kann sogar zum Widerruf der Entsendebescheinigung kommen.[4]

---

1 Unter https://www.dvka.de/media/dokumente/verschiedene/Praktischer_Leitfaden.pdf.

2 Unter www.dvka.de.

3 Art. 12 Abs. 1 VO (EG) 883/2204.

4 Siehe Praxistipp – Widerruf einer A1-Bescheinigung in Kapitel 11.

10.3.1.3 Mehrstaatentätigkeit

Die Zahl der Fälle, in denen Arbeitnehmer regelmäßig in zwei oder mehr Mitgliedsstaaten tätig sind, steigt stetig. Anknüpfungspunkt für die Bestimmung des anzuwendenden SV-Rechts ist der Wohnsitz.[1] Bestehen mehrere Wohnsitze, so ist der Mittelpunkt der Lebensinteressen zu ermitteln.[2] Dies deckt sich regelmäßig mit der steuerlichen Bewertung im Falle einer Doppel- oder Mehrfachansässigkeit.

Im Wohnmitgliedsstaat muss ein wesentlicher Teil der Tätigkeit ausgeübt werden. Für die Bestimmung der Wesentlichkeit wird auf die Arbeitszeit bzw. das Arbeitsentgelt abgestellt. Werden dabei 25 % im Wohnmitgliedsstaat überschritten, finden dessen Regeln Anwendung.[3] Es ist dabei eine Prognose für die kommenden zwölf Kalendermonate anzustellen und zu dokumentieren.[4]

Diese Regelung ist aufgrund der Erfahrungen der Pandemie jüngst weiterentwickelt worden. Die EU hat ein Rahmenübereinkommen über die Anwendung von Art. 16 Abs. 1 VO (EG) 883/2004 bei gewöhnlicher grenzüberschreitender Telearbeit entwickelt und den Mitgliedsstaaten die Möglichkeit gegeben, sich diesem anzuschließen.[5] Es knüpft an die zum 30.6.2023 ausgelaufenen pandemiebedingten Sonderregelungen an.

Die Regelung sieht vor, dass bis zu einem Umfang von 49,99 % im Wohnmitgliedsstaat in Gestalt einer Telearbeit (häufig remote ausgeübte Arbeit genannt) gearbeitet werden kann und dennoch die Vorschriften des Staats gelten, in dem der Arbeitgeber ansässig ist. Damit soll insbesondere der Wechsel des anwendbaren SV-Rechts im Falle von grenzüberschreitender Tätigkeit von zu Hause (Homeoffice) verhindert werden. Die Regelung findet nur auf Antrag Anwendung.[6]

20 Staaten haben sich dem Rahmenübereinkommen bislang angeschlossen. Die belgischen SV-Behörden haben das Tracking übernommen.[7]

TIPP:

Anders als bei der Entsendung und Ausnahmevereinbarung hat die Mehrstaatentätigkeit keine zeitliche Obergrenze, d. h., sie kann immer wieder neu beantragt und bestätigt werden.

---

1 Art. 13 Abs. 1 VO (EG) 883/2204.

2 Art. 11 VO (EG) 987/2009.

3 Art. 14 Abs. 8 VO (EG) 987/2009.

4 Art. 14 Abs. 10 VO (EG) 987/2009.

5 Unter https://www.dvka.de/de/arbeitgeber_arbeitnehmer/antraege_finden/telearbeit/telearbeit_1.html.

6 Art. 3 des Multilateralen Rahmenübereinkommens auf Basis von Art. 16 Abs. 1 VO (EG) 883/04; siehe Fn. 5.

7 Unter https://socialsecurity.belgium.be/en/internationally-active/cross-border-telework-eu-eea-and-switzerland; der Link ist zu finden über die Webseite der DVKA unter dem Stichwort Telearbeit ab 1.7.2023.

10.3.1.4 Ausnahmevereinbarung

Von den beschriebenen Regeln können die betroffenen Staaten abweichen.[1] Das setzt einen gemeinsamen Antrag von Arbeitgeber und Arbeitnehmer voraus. Der Antrag ist am Einzelfall zu begründen. Es liegt im Ermessen der Sozialversicherungsträger, dem Antrag zuzustimmen. Es besteht also kein Rechtsanspruch auf die Gewährung der A1-Bescheinigung anders als bei der Entsendung und der Mehrstaatentätigkeit.

Als zeitliche Obergrenze haben sich fünf Jahre (60 Monate) herausgebildet. Die Bereitschaft der Mitgliedsstaaten, darüber hinaus nochmals einer Ausnahmevereinbarung zuzustimmen, ist unterschiedlich ausgeprägt. Es bedarf zusätzlicher Argumente, wie z. B. die nur noch sehr kurze Zeit bis zum Erreichen der Altersarbeitsgrenze.

10.3.2 Besonderheiten EWR-Staaten und Schweiz

Die EU-Verordnungen 883/04 und 987/09 finden hier keine unmittelbare Anwendung. Die EU hat mit den EWR-Staaten Island, Norwegen und Liechtenstein[2] einerseits und der Schweiz[3] andererseits eigenständige Abkommen geschlossen. Diese übernehmen die sozialversicherungsrechtlichen Koordinierungsregeln der EU weitgehend. Der persönliche Geltungsbereich umfasst dabei Staatsangehörige der EU und der EWR-Staaten oder der Schweiz.[4] Andere Staatsangehörige fallen daher nicht in den Anwendungsbereich, auch wenn sie über einen legalen Aufenthaltstitel in der EU, den EWR-Staaten oder der Schweiz verfügen.

BEISPIEL: Ein deutsches Unternehmen möchte seine in Deutschland legal lebenden und arbeitenden Spezialisten aus Indien für Projekte in der Schweiz einsetzen und beantragt die A1-Bescheinigung aufgrund des Entsendetatbestandes. Der Antrag hat keinen Erfolg. Der Einsatz ist zwar möglich unter Beachtung der immigrationsrechtlichen Rahmenbedingungen, führt aber zu Sozialabgaben in beiden Staaten.

10.3.3 Besonderheiten Großbritannien

Seit dem 1.1.2021 ist Großbritannien nicht mehr Teil der EU. Damit finden auch die Koordinierungsvorschriften grundsätzlich keine Anwendung mehr, es sei denn es liegt noch ein Fall vor, der seinen Ursprung vor dem Ausscheiden hatte.[5]

1 Art. 16 VO (EG) 883/2004.
2 Abkommen über den Europäischen Wirtschaftsraum, ABl EG 1994 Nr. L 1/3.
3 „Freizügigkeitsabkommen" mit der Schweiz, ABl EU 2002 Nr. L 114 S. 6 ff.
4 Sowie Flüchtlinge und Staatenlose, auf die hier nicht weiter eingegangen wird.
5 Geregelt im Abkommen über den Austritt, ABl EU 2019 Nr, C 384 I/01, Teil III, Art. 30 ff.

Auf alle neuen grenzüberschreitenden Fälle findet ab dem 1.1.2021 das Abkommen über Handel und Zusammenarbeit zwischen der EU und Großbritannien Anwendung.[1] Dieses nimmt keinen Bezug mehr auf die EU-Koordinierungsvorschriften der Sozialversicherung.[2]

Die eigenständigen Regeln finden sich im Protokoll über die Koordinierung der sozialen Sicherheit.[3] Sie entsprechend in großen Teilen den EU-Regelungen, sie sind aber nicht deckungsgleich. Es gilt weiterhin das Grundprinzip der Versicherung im Einsatzland. Ausnahmen davon sind möglich über die Tatbestände Entsendung und Mehrstaatentätigkeit. Nicht mehr vorgesehen ist der Tatbestand der Ausnahmevereinbarung. Dies schränkt die Möglichkeiten für den Verbleib im jeweiligen Heimat-SV-System erheblich ein.

Der persönliche Geltungsbereich ist weit infolge der Anknüpfung an die nationalen Rechtsvorschriften (Art. KSS. 2 des Protokolls). Es sind auch alle SV-Zweige sachlich erfasst (Art. KSS. 3 des Protokolls).

Art. KSS. 11 regelt die Entsendung – die Tätigkeit soll für Rechnung des entsendenden Arbeitgebers erfolgen. Dies schränkt den Anwendungsbereich bei verbundenen Unternehmen ein. Die Dauer soll 24 Monate nicht überschreiten und es darf kein anderer entsandter Arbeitnehmer abgelöst werden.

Im Falle einer Mehrstaatentätigkeit ist der Verbleib im Heimat-SV-System möglich, wenn ein wesentlicher Teil der Arbeit im Heimatstaat ausgeübt wird (Art. KSS. 12 des Protokolls). Da es hier keine zeitliche Grenze gibt, kommt der Bestimmung des Heimatstaates insbesondere bei einer Doppelansässigkeit besondere Bedeutung zu.

BEISPIEL: Ein in Deutschland lebender Mitarbeiter übernimmt neben seiner deutschen Aufgabe eine Funktion bei einer UK-Verbundgesellschaft und pendelt zwischen den beiden Staaten. Er ist zeitlich jeweils zur Hälfte in den beiden Staaten tätig. Im Laufe der Tätigkeit verändern sich seine privaten Lebensumstände. Er zieht zu seiner Partnerin nach UK und hält in Deutschland nur noch eine kleine Wohnung. Obwohl sich der zeitliche Umfang der Tätigkeit nicht verändert, wird UK sein Heimatstaat. Damit wechselt das anwendbare SV-Recht nach Großbritannien.

Aufgrund der eigenständigen und engeren Regelung kam die Frage auf, ob das formell nie außer Kraft gesetzte Sozialversicherungsabkommen zwischen Deutschland und Großbritannien aus dem Jahr 1960 genutzt werden kann. Bedenken kamen zunächst von britischer Seite auf, die eine Art Wiederaktivierung des Abkommens zur Voraussetzung machten. Dazu ist es bislang nicht gekommen. Es hat sich die Auffassung durch-

1 ABl EU 2021 Nr. L 149/10.

2 Es gilt nicht zwischen UK und den EWR-Staaten und der Schweiz.

3 Die DVKA hat zwecks besserer Lesbarkeit eine verkürzte Version veröffentlich unter https://www.dvka.de/media/dokumente/rechtsquellen/Handels_Kooperationsabkommen.pdf.

gesetzt, dass eine Berufung auf das Abkommen derzeit nicht möglich sei. Das Abkommen wird weder in den Übersichten der Deutschen Rentenversicherung[1] noch dem Schreiben des GKV-Spitzenverbandes vom 18.3.2020, Anlage 1 aufgeführt. Auch die DVKA führt das Abkommen nicht auf.[2]

HINWEIS:

Einen Schritt weiter geht das zum 1.1.2024 in Kraft getretene Abkommen zwischen Großbritannien und den EWR-Staaten, welches sich stark an die EU-Regeln anlehnt.[3] Darin findet sich auch wieder die Möglichkeit einer Ausnahmevereinbarung. Es bleibt zu hoffen, dass ein vergleichbares Abkommen mit der EU auf- und umgesetzt werden kann.

10.4 Bilaterales Recht

10.4.1 Bestehende Sozialversicherungsabkommen

Dieses umfasst die von Deutschland abgeschlossenen Sozialversicherungsabkommen. Von praktischer Relevanz sind dabei die Abkommen mit Staaten, die nicht vom übernationalem Recht erfasst sind. Soweit Abkommen mit EU-/EWR-Staaten und der Schweiz bestehen, sind deren praktische Bedeutung bis auf Ausnahmekonstellationen zu vernachlässigen und sollen daher nicht weiter dargestellt werden.

Relevant sind damit Sozialversicherungsabkommen mit 21 Staaten[4] sowie das Entsendeabkommen mit der Volksrepublik China. Das Abkommen mit der Ukraine ist unterzeichnet, die Ratifizierung steht jedoch weiterhin aus, d. h., es ist bislang nicht anwendbar.

Auf das formell noch bestehende Abkommen mit Großbritannien aus dem Jahr 1960 wurde unter Abschnitt 10.3.3 eingegangen. Es ist aktuell aufgrund der ungeklärten Rechtslage nicht nutzbar.

10.4.2 Geltungsbereich

Im ersten Schritt sind die folgenden drei Bereiche zu prüfen, um das jeweilige Abkommen nutzen zu können:

(1) der sachliche Geltungsbereich, d. h. die Frage, welche SV-Zweige erfasst sind;

1 Unter: https://www.deutsche-rentenversicherung.de/DRV/DE/Rente/Ausland/Sozialversicherungsabkommen/sozialversicherungsabkommen_detailseite.html.

2 Unter https://www.dvka.de/de/informationen/rechtsquellen/f_bilaterales_abkommen/bilaterales_abkommen.html.

3 Convention on Social Security Coordination between Iceland, Liechtenstein and Norway and the UK vom 30.6.2023.

4 Einen guten Überblick gibt neben der DVKA auch die Deutsche Rentenversicherung auf ihrer Webseite laut Fn. 7 auf S. 156.

(2) der gebietliche Geltungsbereich, d. h. die Frage, ob das Einsatzgebiet umfasst ist;

(3) der persönliche Geltungsbereich, d. h. die Frage, ob die Person unter das Abkommen fällt.

10.4.2.1 Sachlicher Geltungsbereich

Anders als im EU-Koordinationsrecht kann nicht davon ausgegangen werden, dass das jeweilige SV-Abkommen sämtliche Zweige des SV-Rechtes abdeckt. Es ist vielmehr im Einzelfall zu prüfen, welche SV-Zweige geregelt sind. Nur sehr wenige Abkommen umfassen alle SV-Zweige. Die Richtlinie des GKV-Spitzenverbandes vom 18.3.2020 stellt die betroffenen Zweige der Sozialversicherung in der Anlage 1 übersichtlich dar. Soweit einzelne Sozialversicherungszweige nicht geregelt sind, gelten die Regeln für das vertragslose Ausland.

BEISPIEL: Das deutsche Unternehmen entsendet Mitarbeiter A nach China zur Unterstützung der Qualitätssicherung für ein Jahr. Der Antrag auf Ausstellung einer CN-D-101 Bescheinigung wird genehmigt. Damit gelten die deutschen Vorschriften der Renten- und Arbeitslosenversicherung fort, da diese vom Abkommen abgedeckt sind. Nicht erfasst sind die Kranken- und Pflege- sowie Unfallversicherung. Hier ist zu prüfen, ob die deutschen Vorschriften über die Regeln der Ausstrahlung (siehe dazu unter Abschnitt 10.2) weitergelten oder nicht. Die Sachverhaltsinformationen genügen nicht, um die Frage zu beantworten. Es ist vielmehr aufzuklären, in welcher Einheit der Mitarbeiter tätig wird und wer die Kosten wirtschaftlich trägt. In China liegt eine Beitragsbefreiung bei der Renten- und Arbeitslosenversicherung vor. Für die übrigen nationalen SV-Zweige sind im Regelfall Beiträge fällig.

BEISPIEL: Das deutsche Unternehmen entsendet den Mitarbeiter B in die USA, um beim Kunden ein Montageprojekt für bis zu drei Monate zu unterstützen. Der Antrag auf Ausstellung einer D-US-101 Bescheinigung wird genehmigt. Damit läuft die deutsche Rentenversicherung fort und es liegt eine Befreiung von möglichen US-Rentenbeiträgen vor.[1] Da nur dieser SV-Zweig abgedeckt ist, ist für die übrigen SV-Zweige zu prüfen, ob die Voraussetzungen der Ausstrahlung vorliegen. Das ist vorliegend der Fall, da der Einsatz im Namen und auf Rechnung des deutschen Unternehmens erfolgt. Unabhängig davon ist zu prüfen, welcher Absicherungsbedarf in den USA besteht.

10.4.2.2 Gebietlicher Geltungsbereich

Dies in der Praxis häufig unproblematisch, es sei denn, es liegen spezielle Konstellationen vor. Dazu gehören Einsätze auf Schiffen, Bohrinseln oder in der Luft.

Das Entsendeabkommen mit China umfasst das Hoheitsgebiet der Volksrepublik China. Es gilt nicht für Taiwan und die Sonderverwaltungsgebiete Hongkong und Macao.

1 Darüber hinaus liegt nach dem Schlussprotokoll zum Abkommen auch eine Befreiung von der US-Medicare, Part A vor.

Bei den Abkommen mit Kanada ist zwischen den Provinzen Quebec und den übrigen Provinzen zu unterscheiden.

10.4.2.3 Persönlicher Geltungsbereich

Grundsätzlich sind Staatsangehörige der Abkommensstaaten erfasst. Fehlt die jeweilige Staatsangehörigkeit, sind das Abkommen nebst möglichen Protokollen und Durchführungsbestimmen näher zu analysieren.

BEISPIEL: Ein deutsches Unternehmen möchte einen indischen Mitarbeiter mit deutschem Aufenthaltstitel in Japan bzw. China einsetzen. Es ist zu prüfen, ob das jeweilige Abkommen genutzt werden kann.

Das SV-Abkommen mit Japan aus dem Jahr 1988 gilt für Staatsangehörige, Flüchtlinge und andere Personen (Art. 3). Laut dem Protokoll Nr. 5 gilt es auch für Staatenlose. Der indische Mitarbeiter ist weder Staatsangehöriger noch Flüchtling noch Staatenloser, sondern andere Person im Sinne des Abkommens. Nach Art. 4 kann er sich auf das Abkommen nur berufen, sofern sich seine Rechte von einem Staatsangehörigen ableiten. Das ist hier nicht der Fall. Das Abkommen kann nicht genutzt werden für den Einsatz in Japan. Das Entsendeabkommen mit China umfasst dagegen alle grenzüberschreitend tätigen Personen, die ihren gewöhnlichen Aufenthalt in einem der Staaten haben. Das Abkommen kann für den indischen Mitarbeiter genutzt werden.

10.4.3 Tatbestandsvoraussetzungen für den Verbleib im Heimat-SV-System

10.4.3.1 Grundprinzip

Es ist vom Grundprinzip auszugehen, dass es zu einer SV-Pflicht im Einsatzland kommt. Die Abkommen sehen davon Ausnahmen vor, d. h. die Fortführung des Versicherungsschutzes im Heimatland bei gleichzeitiger Befreiung im Einsatzland.

Soweit das jeweilige Abkommen genutzt werden kann, sind die Antragsvorrausetzungen für den Verbleib in den deutschen SV-Zweigen, die das Abkommen umfasst, zu prüfen. Auch hier unterscheiden sich die einzelnen Abkommen hinsichtlich der Tatbestände und der Zeiträume. Die einheitlich definierten drei Haupttatbestände der EU-Koordinationsvorschriften von Entsendung, Mehrstaatentätigkeit und Ausnahmevereinbarung sind nicht einschlägig.

Typischerweise werden die Entsendung und Ausnahmevereinbarung geregelt, insofern lassen sich Doppelversicherungen vermeiden. Die Mehrstaatentätigkeit ist dagegen regelmäßig nicht geregelt und kann zu Doppelversicherungen führen.

10.4.3.2 Entsendetatbestand

Der Entsendetatbestand sieht grundsätzlich eine Tätigkeit im Auftrag und für Rechnung des deutschen Unternehmens im anderen Abkommensstaat vor. Weitere Voraussetzungen sind die zeitliche Befristung und Rückkehrabsicht ins Heimatland. Über den Antrag entscheidet allein der zuständige SV-Träger im Heimatland.

10.4.3.2.1 Tätigkeit im Auftrag und für Rechnung des deutschen Unternehmens

Diese auf den ersten Blick einfache Vorgabe verursacht in der Praxis regelmäßig Herausforderungen, insbesondere bei Einsätzen innerhalb einer Unternehmensgruppe.

BEISPIEL: Der Mitarbeiter soll die indische Tochtergesellschaft für zwei Jahre unterstützen. Der deutsche Arbeitsvertrag bleibt bestehen. Aus immigrationsrechtlichen Gründen wird ein zweiter lokaler (Pro-Forma) Anstellungsvertrag in Indien abgeschlossen und dem Mitarbeiter eine Funktion in der Gesellschaft zugewiesen. Die Gehaltskosten werden entsprechend den Verrechnungspreisvorschriften der indischen Gesellschaft in Rechnung gestellt. Der Einsatz erfolgt nicht auf Rechnung des deutschen Unternehmens, sondern auf Rechnung des indischen Verbundunternehmens. Die Gehaltszahlung in Deutschland ist insofern nachrangig, da die Kosten weiterbelastet werden. Der Entsendetatbestand ist nicht nutzbar. Der Tatbestand der Ausnahmevereinbarung ist zu prüfen und kann weiterhelfen.

TIPP:

In der Praxis genügt es daher nicht, festzulegen, ob der deutsche Anstellungsvertrag fortgeführt oder ruhend gestellt wird. Es sind vielmehr die konkreten Einsatzbedingungen zu analysieren, um zu bestimmen, welcher Einheit der Mitarbeitende zuzurechnen ist. Dabei sind die ertragsteuerlichen Vorschriften der Verrechnungspreise zu berücksichtigen. Diese führen häufig dazu, dass der Entsendetatbestand nicht einschlägig ist. Dies lässt sich mit dem sog. Ausstrahlungskiller bei Anwendung der nationalen Regeln vergleichen.

10.4.3.2.2 Zeitliche Befristung

Der Einsatz ist von vorherein zeitlich zu befristen, sprich sollte vertraglich fixiert werden. Der Vertrag sollte auch keine automatische Verlängerungsoption vorsehen – Formulierungen wie „der Einsatz verlängert sich um …, sollte keine der Parteien vor Ablauf der Entsendung widersprechen“ sind unbedingt zu vermeiden.

Typische Zeitfenster sind 60 Monate – dies gilt für die USA, Kanada und Japan – und 48 Monate, z. B. für Australien, China, Indien und die Philippinen. Nur 24 Monate sehen die Abkommen mit Brasilien und Korea vor; mit Marokko sind es 36 Monate und mit Tunesien sogar nur zwölf Monate. Die Abkommen mit der Türkei und Israel sehen keine feste Zeitgrenze vor, sondern stellt auf die Einzelumstände ab.[1]

1 Eine hilfreiche Übersicht stellt die Techniker Krankenkasse zur Verfügung unter https://www.tk.de/firmenkunden/service/fachthemen/ausland/uebersicht-sozialversicherungsabkommen-2035180.

10.4.3.2.3 Rückkehrabsicht

Diese Absicht wird regelmäßig vermutet. Erfolgt zum Ende der Entsendung keine Rückkehr, sondern ein Einsatz in einem anderen Land, ist dies regelmäßig unschädlich. Schädlich ist dagegen, wenn die zeitliche Befristung nur vorgeschoben und der Einsatz tatsächlich für länger bzw. ein Verbleib im Einsatzland vorgesehen war. Insbesondere im Rahmen von Verlängerungsanträgen wird dieses Tatbestandsmerkmal näher geprüft und bekommt damit höhere Aufmerksamkeit.

10.4.3.3 Ausnahmevereinbarung

Der Tatbestand unterscheidet sich prozessual von der Entsendung dadurch, dass hier nicht allein der SV-Träger des Heimatlandes entscheidet, sondern eine Konsultation zwischen den Staaten zu erfolgen hat. Dem gemeinsamen Antrag von Arbeitgeber und Arbeitnehmer muss daher auch der ausländische SV-Träger zustimmen, ohne dass es darauf einen Rechtsanspruch gibt. Der Antragsprozess benötigt insofern auch mehr Vorlaufzeit als im Falle einer sozialversicherungsrechtlichen Entsendung. In der Praxis gibt es zwei Anwendungsbereiche:

10.4.3.3.1 Verlängerung einer Entsendung

Wird wider Erwarten eine Verlängerung über die vom Abkommen für die Entsendung vorgesehenen Zeitfenster notwendig, kann ein Antrag auf Verlängerung nach dem Tatbestand der Ausnahmevereinbarung gestellt werden.

10.4.3.3.2 Die Voraussetzungen der Entsendung sind nicht gegeben

Liegen die Voraussetzungen der Entsendung im Sinne des jeweiligen SV-Abkommens nicht vor, so besteht i. d. R. die Möglichkeit, den Tatbestand der Ausnahmevereinbarung in Betracht zu ziehen. Dies ist insbesondere bei Einsätzen in einer Unternehmensgruppe von Bedeutung, da hier der Einsatz oft auf Rechnung des Unternehmens im Einsatzland erfolgt.

Auch hier sind eine zeitliche Befristung und Rückkehrabsicht erforderlich. Die Abkommen sehen unterschiedliche Zeitfenster für die Länge und die Verlängerungsmöglichkeit vor.

10.4.3.4 Mehrstaatentätigkeit

Die von Deutschland abgeschlossenen Sozialversicherungsabkommen enthalten keine der EU-Koordinierungsregelung vergleichbare Vorschrift für Mehrstaatentätigkeiten. Dies führt daher regelmäßig zu Doppelbelastungen. Eine Vermeidung ist nur über eine zeitliche Begrenzung der ausländischen Tätigkeit sowie Nutzung der Antragsmöglichkeiten der sozialversicherungsrechtlichen Entsendung oder Ausnahmevereinbarung möglich. Ein auf Dauer angelegtes Pendeln zwischen zwei Staaten außerhalb des übernationalen Rechts ist daher sozialversicherungsrechtlich nur zu deutlich höheren Kosten umsetzbar.

10.5 Vertragsloses Ausland

Erfolgt der Auslandseinsatz in einem Land außerhalb des EU-/EWR-Wirtschaftsraums sowie der Schweiz und besteht kein Sozialversicherungsabkommen, so spricht man sozialversicherungsrechtlich vom vertragslosen Ausland.[1] Hier sind sowohl die nationalen Vorschriften für Deutschland als auch die Vorschriften des Einsatzlandes näher zu prüfen. Gleiches gilt für den Fall, dass zwar ein gültiges Sozialversicherungsabkommen besteht, der einzelne Sozialversicherungszweig jedoch nicht erfasst ist.[2]

Aus deutscher Sicht wird zur Fortgeltung der deutschen Vorschriften häufig versucht, den Einsatz als sozialversicherungsrechtliche Entsendung zu gestalten.[3] Dies stößt jedoch insbesondere bei Einsätzen in Verbundunternehmen an Grenzen. Zum einen erfordert der Einsatz regelmäßig einen lokalen Anstellungsvertrag, um die erforderliche Arbeitsgenehmigung im Einsatzland zu erhalten und der Einsatz ist wirtschaftlich im Interesse der Auslandsgesellschaft. Damit liegt keine sozialversicherungsrechtliche Entsendung vor.[4] Die Ausstrahlungsregelung ist nicht anwendbar. Zum anderen sprechen häufig steuerliche Gründe gegen einen Einsatz mit einem deutschen Anstellungsvertrag, da dies zur Begründung einer ertragsteuerlichen Betriebsstätte des deutschen Unternehmens im Einsatzland führen kann. Das ist nur in seltenen Fällen gewünscht.

Zwar bietet das SV-System im Ausland, so es einschlägig ist, einen gewissen Schutz. Dieser ist aber weder mit dem deutschen Absicherungssystem vergleichbar noch ist es i. d. R. ausreichend. Die Absicherung soll daher anderweitig erfolgen. Dazu stehen neben Produkten der Versicherungswirtschaft, die auf privatrechtlichen Verträgen basieren, insbesondere auch die Versicherung auf Antrag bei den deutschen SV-Trägern zur Verfügung.

Bei der Rentenversicherung ist dies der Antrag auf Versicherungspflicht für Arbeitnehmer im Ausland nach § 4 Abs. 1 SGB IV.[5]

1 Unter https://www.dvka.de/de/arbeitgeber_arbeitnehmer/geltungsbereiche/geltungsbereiche_1.html, bei Auswahl „Weitere / Andere Staaten“.

2 Siehe dazu Kapitel 10.3.

3 Siehe dazu Kapitel 10.2.

4 Siehe Ausführungen zum sog. Ausstrahlungskiller im Kapitel 10.2.

5 Formular V0035 unter: https://www.deutsche-rentenversicherung.de/SharedDocs/Formulare/DE/_pdf/V0035.html.

Bei der Arbeitslosenversicherung handelt es sich um die Option Versicherungspflichtverhältnis auf Antrag wegen Auslandsbeschäftigung.[1] Für diesen Antrag ist insbesondere die Ausschlussfrist von drei Monaten ab Beginn der Tätigkeit im Ausland zu beachten.

Bei der Kranken- und Pflegeversicherung sind entsprechende Vereinbarungen auf freiwillige Fortführung der Versicherungen möglich.

Keine vergleichbare Möglichkeit gibt es im Rahmen der gesetzlichen Unfallversicherung. Hier sind privatrechtliche Absicherungen das Mittel der Wahl, welche regelmäßig durch das Unternehmen organisiert werden.

TIPP:

Einsätze im vertragslosen Ausland führen daher sozialversicherungsrechtlich regelmäßig zu erheblichen Mehrkosten infolge der Belastungen im Einsatzland und der zusätzlichen Absicherung im Heimatland. Die Kosten sollten bei der Planung entsprechend budgetiert werden.

1 Unter https://www.arbeitsagentur.de/datei/antrag-ausland_ba013506.pdf.

11. Bindungswirkung einer A1-Bescheinigung (*Günsel*)

Die Zeiten, in denen die A1-Bescheinigung als Nachweisdokument über das anzuwendende SV-Recht ein Schattendasein fristete, sind lange vorbei. Arbeitgeber und Arbeitnehmer haben verstanden, dass das Dokument insbesondere im Einsatzland gefragt ist, um einerseits den Versicherungsschutz des Heimatlandes nachweisen zu können und andererseits keine zusätzlichen Sozialabgaben im Einsatzland leisten zu müssen.

Die Zahl der A1-Anträge und Bescheinigungen ist förmlich explodiert. Darauf haben die deutschen Behörden reagiert und den Prozess Schritt für Schritt seit 2019 digitalisiert. Insbesondere A1-Bescheinigungen aufgrund des Entsendetatbestandes sind seitdem binnen weniger Stunden erhältlich in Deutschland.

In der Praxis steigen zugleich die Fälle, in denen die Angaben im Rahmen des Antragsprozesses unzutreffend sind. Dies geschieht häufig unabsichtlich und hat meist seinen Grund in der automatischen Ablehnung von Anträgen aufgrund von Angaben zum Wohnsitz, dem Einsatzgrund bzw. den Einsatzzeiten. Um dennoch eine A1-Bescheinigung zu erhalten, werden die Daten so eingegeben, dass der Prozess ohne Ablehnung verläuft.

Es stellt sich daher die Frage der Wirksamkeit einer A1-Bescheinigung, die aufgrund unzutreffender oder unvollständiger Angaben ausgestellt wurde. Die gleiche Frage tritt auf, wenn sich die Lebens- bzw. Einsatzumstände während der Laufzeit der Bescheinigung verändern, z. B. durch einen Umzug des Arbeitnehmers in das Einsatzland.

Die Behörden der Einsatzländer haben in solchen Konstellationen zunächst die ausgestellte A1-Bescheinigung infrage gestellt bzw. ignoriert und SV-Beiträge festgesetzt. Es kam zu Gerichtsverfahren aufgrund der doppelten Beitragslasten, die aus den divergierenden Behördensichtweisen resultierten.

Im Ergebnis hat der EuGH bereits im Jahr 2018 entschieden, dass die A1-Bescheinigung für die in- und ausländischen SV-Träger und Gerichte bindend ist und diese kein eigenständiges Prüfungsrecht haben[1]. Dies gilt selbst dann, wenn die Bescheinigung aufgrund falschen Tatsachenvortrages ausgestellt wurde. Auch bei einer in der Praxis häufig anzutreffenden rückwirkenden Ausstellung greift die Bindungswirkung für den bescheinigten Zeitraum. Die gilt bis zum Widerruf der Bescheinigung.

Darauf haben die Behörden reagiert und wenden sich in solchen Fällen immer häufiger an die ausstellende Behörde mit der Aufforderung, die ausgestellte A1-Bescheinigung zu überprüfen. Es traten folgerichtig Fragen rund um den Widerruf auf.

1 EuGH, Urteil v. 6.9.2018 - Rs. C-527/16 „Alpenrind u. a." NWB VAAAH-10146.

Der EuGH konnte im Jahr 2023 seine Rechtsprechung konkretisieren und feststellen, dass die ausstellende Behörde die A1-Bescheinigung jederzeit widerrufen kann, und zwar auch mit Rückwirkung. Zudem ist ein vorheriges Dialog- und Vermittlungsverfahren zwischen den SV-Trägern der betroffenen Länder nicht erforderlich.[1] Im entschiedenen Fall hatte die ausstellende Behörde die Bescheinigung widerrufen, ohne dass ein Anstoß aus dem Einsatzland vorlag. Grund war, dass die Tätigkeit nur im Einsatzland erfolgte und die Voraussetzungen für die A1-Bescheinigung nicht vorlagen. Das war im Rahmen einer nationalen Prüfung aufgefallen und führte zum Widerruf.

Die Entscheidung hat für die Praxis zwei wesentliche Folgen:

1. Im Rahmen der Antragstellung sind zutreffende und vollständige Angaben von entscheidender Bedeutung, um keinen Anlass zum Widerruf zu geben
2. Der Sachverhalt ist auch nach der Ausstellung der Bescheinigung fortlaufend zu monitoren und Änderungen sind der ausstellenden Behörde unverzüglich mitzuteilen.

Das Einführen bzw. Nutzen von Dokumentations- und Monitoring-Prozessen ist der Schlüssel dabei.

1 EuGH, Urteil v. 16.11.2023 - Rs. C-422/22 NWB XAAAJ-64646.

12. Wann ist ein Wohnsitz ein Wohnsitz? (*Günsel*)

Die Pandemie hat vielen Betroffenen die Bedeutung einer amtlich registrierten Anschrift vor Augen geführt. Plötzlich war es im Rahmen der temporären Begrenzungen des Bewegungsradius entscheidend, wo man gemeldet war bzw. ob man sich weiterhin an dem gewählten (Ferien-)Ort aufhalten durfte. Zugleich ist der Drang nach Mobilität immer stärker geworden, was sich in der neuen Welt des mobilen Arbeitens von fast überall (Neudeutsch auch „Work from everywhere") widerspiegelt. Es ist daher nicht verwunderlich, dass zahlreiche Fragen rund um das Vorliegen eines Wohnsitzes aufgetreten sind. Von besonderer Bedeutung ist dies für Arbeitgeber und Arbeitnehmer im Steuer- und Sozialversicherungsrecht. Darauf soll nachfolgend näher eingegangen werden unter Ausblendung weiterer möglicher Anknüpfungspunkte wie dem gewöhnlichen Aufenthalt in Deutschland.

Ausgangspunkt ist die Feststellung, dass sich der Anknüpfungspunkt Wohnsitz im Melde-, Steuer- und Sozialversicherungsrecht zwar deckungsgleich anhört, aber in der Praxis doch erheblich unterscheidet. Vereinfacht lässt sich sagen, dass eine Meldeanschrift zwar einen steuerlichen Wohnsitz vermuten lässt, aber weder im Steuer- noch Sozialversicherungsrecht ausschlaggebend ist. Umgekehrt führt die Abmeldung beim Bürgeramt nicht automatisch zur Beendigung der unbeschränkten Steuer- oder Sozialversicherungspflicht.

Das Melderecht stellt auf das Beziehen einer Wohnung ab (§ 17 Bundesmeldegesetz – BMG). Wohnung in diesem Sinne ist jeder umschlossene Raum, der zum Wohnen oder Schlafen benutzt wird (§ 20 BMG). Es kann mehrere Wohnungen geben, die dann in Haupt- und Nebenwohnsitz zu unterscheiden sind (§ 21 BMG). Die An- und Abmeldung liegt in der Hand des Betroffenen. Die zuständige Meldestelle prüft dabei in der Regel den Sachverhalt nicht weiter ab, solange der Wohnungsgeber bei der Anmeldung mitwirkt.

Das Steuerrecht knüpft daher nicht an den ge- oder abgemeldeten Wohnsitz an, sondern stellt auf die tatsächlichen Verhältnisse ab. Einen Wohnsitz hat jemand dort, wo er eine Wohnung unter Umständen innehat, die darauf schließen lassen, dass er die Wohnung beibehalten und benutzen wird (§ 8 Abgabenordnung – AO). Es kommt dabei weder auf die Eigentumsverhältnisse an noch darauf, ob die Wohnung gemietet oder unentgeltlich (mit-)überlassen wird.

Das Sozialversicherungsrecht knüpft ebenfalls an den Wohnsitz an und wendet die Vorschriften insbesondere auf die in Deutschland wohnenden Personen an (§ 30 Abs. 1 SGB I). Die Definition deckt sich dabei mit dem steuerrechtlichen Wohnsitzbegriff (§ 30 Abs. 3 SGB I). In beiden Fällen setzt eine Wohnung voraus, dass in den Räumlichkeiten ein selbständiger Haushalt geführt werden kann. Dazu gehören Wasserversorgung, Toilette und eine Kochgelegenheit.[1] Die Räumlichkeiten müssen eine selbständige Lebensführung ermöglichen.[2] Bei längeren Auslandsaufenthalten und leerstehender Wohnung ist die Bestimmung des steuerlichen und sozialversicherungsrechtlichen Wohnsitzes kaum noch verlässlich möglich.

Dies hat unmittelbare praktische Konsequenzen für Arbeitgeber und Arbeitnehmer, die entweder im Ausland leben und z. B. vom Home-Office aus ihrer Arbeit nachgehen oder um die Welt ziehen und von unterwegs mobil arbeiten. Zwar kann sich der Arbeitgeber grundsätzlich auf die vom Arbeitnehmer angegebene Wohnanschrift verlassen, sollte aber den Wohnsitz kritisch hinterfragen, sollte es daran Zweifel geben.

In der Praxis treten dabei insbesondere folgende Konstellationen auf:

- Fehlermeldung beim ELStAM-Verfahren hinsichtlich der Steuer-ID bzw. Anschrift.
- Der Arbeitnehmer teilt mit, dass es sich bei der deutschen Anschrift künftig nur noch um eine postalische Anschrift handeln soll.
- Der Arbeitnehmer tauscht seine inländische gegen eine ausländische Anschrift aus.
- Es ist dem Arbeitgeber bekannt, dass der Arbeitnehmer überwiegend vom Ausland aus tätig wird.
- Der Arbeitgeber gestattet das regelmäßige mobile Arbeiten vom Ausland aus für einen längeren Zeitraum.
- Der bislang bei den Eltern lebende jugendliche Arbeitnehmer wird ins Ausland entsendet.

In all diesen und vergleichbaren Fällen sollte der Arbeitgeber sowohl den Steuerstatus als auch den Sozialversicherungsstatus des Arbeitnehmers überprüfen. Wird beispielsweise der deutsche Wohnsitz aufgegeben, so wechselt der Steuerstatus von unbeschränkt auf beschränkt steuerpflichtig. Die Lohnabrechnung ist auf die Steuerklasse I umzustellen. Steuerliche Förderungen der betrieblichen Altersversorge können ins Leere gehen. Noch kritischer ist die Frage, ob die deutschen SV-Vorschriften weiterhin Anwendung finden. Ist dies nicht der Fall, genügt die bloße Fortführung der Beitragszahlung nicht, weiterhin Versicherungsschutz zu vermitteln. Es ist vielmehr zu prüfen, ob und wie eine Weiterversicherung möglich ist.[3]

Steht ein längerer Auslandsaufenthalt an, sollte sich insbesondere der Arbeitnehmer Gedanken über die Gestaltung seines Steuer- und Sozialversicherungsstatus machen. Dabei kommt dem Aspekt der Planungssicherheit besondere Bedeutung zu, d. h. es soll-

1 U. a. Spellbrink in Rolfs/Körner/Krasney/Mutschler, beck-online. Grosskommentar, SGB I § 30, Rz 10.

2 Koenig, AO, 4. Auflage 2021, § 8, Rz. 9.

3 Dazu im Detail siehe Kapitel „Internationales Sozialversicherungsrecht".

ten klare Verhältnisse geschaffen werden, auf denen die Steuer- und Sozialversicherungsplanung aufsetzt. So kann es sinnvoll sein, eine bestehende Wohnung für den Zeitraum des Auslandsaufenthaltes zu vermieten. Das Vorhalten einer (melderechtlichen) Anschrift für postalische Zwecke ist im Regelfall unnötig angesichts der digitalen Kommunikationsoptionen mit Finanzinstituten und Versicherern.

13. Internationales SV-Recht und Steuerfolgen (*Günsel*)

13.1 Herausforderung der unterschiedlichen Regelwerke

Das in der EU und in einigen SV-Abkommen geltende Grundprinzip, dass die Arbeitsvergütung nur nach einem Sozialversicherungssystem verbeitragt werden soll, spiegelt sich im Steuerrecht nicht wider. Hier kommt es regelmäßig bei grenzüberschreitenden Einsätzen zur parallelen Anwendung des Steuerrechtes des Wohnsitz- wie des Tätigkeitsstaates. Der häufigste Anwendungsfall ist dabei die Aufteilung des Besteuerungsrechtes nach Arbeitstagen im Wohnsitz- und Tätigkeitsstaat. Es ist daher die Frage zu beantworten, ob und in welchem Umfang die Sozialversicherungsbeiträge steuerlich berücksichtigungsfähig sind.

BEISPIEL 1: Eine portugiesische Firma setzt Installateure für Hochspannungsleitungen abwechselnd auf Betriebsstätten in Deutschland und Portugal ein. Es gilt portugiesisches SV-Recht (A1-Bescheinigung liegt vor). Deutschland besteuert die Arbeitseinkünfte, die auf deutsche Arbeitstage entfallen. Sind die in Portugal gezahlten SV-Beiträge in Deutschland steuerlich zu berücksichtigen?

Eine vergleichbare Frage stellt sich, wenn bei einer Entsendung das Besteuerungsrecht im Tätigkeitsstaat liegt, die Sozialversicherungsbeiträge aber im Wohnsitzstaat abgeführt werden. Aufgrund der unterschiedlichen Ausgestaltung der nationalen Sozialversicherungssysteme können hier zahlreiche Fragen steuerlicher Natur auftreten.

BEISPIEL 2: Die niederländische Muttergesellschaft entsendet einen Controller zur Unterstützung der deutschen Tochtergesellschaft für 1–2 Jahre. Die Arbeit wird in Deutschland ausgeführt, welches daher das Besteuerungsrecht hat. In den Niederlanden wird eine A1-Bescheinigung ausgestellt und es werden Beiträge in den Niederlanden gezahlt.

BEISPIEL 3: Abwandlung von Beispiel 2 – es handelt sich um eine dänische Muttergesellschaft.

Es stellt sich jeweils die vergleichbare Frage wie in Beispiel 1.

Nachfolgend sollen wesentliche Aspekte dieses Zusammentreffens von Steuer- und Sozialversicherungsrecht ausgeführt werden, ohne dass Anspruch auf Vollständigkeit der auftretenden Konstellationen erhoben wird.

13.2 Steuerliche Behandlung deutscher Sozialversicherungsbeiträge

13.2.1 Grundsystematik

Zur besseren Verständlichkeit wird zunächst auf rein nationale Sachverhalte in Deutschland eingegangen. Bereits hier ist die steuerliche Berücksichtigung der Beiträge zum deutschen Sozialversicherungssystem etwas unübersichtlich und wird der Erwartungshaltung, die Beiträge sollten sich steuerlich voll auswirken, nur teilweise gerecht.

Vereinfachend lässt sich feststellen, dass die Beiträge weitgehend paritätisch von Arbeitnehmer und Arbeitgeber finanziert sind. Die AG-Beiträge zur Renten-, Arbeitslosen-, Kranken- und Pflegeversicherung sind steuerfrei[1].

Die AN-Beiträge sind nicht über die Werbungskosten, sondern die sogenannten Sonderausgaben steuerlich zu berücksichtigen. Die Beiträge gelten als Vorsorgeaufwendungen. Dabei wird weiter unterschieden zwischen Alters- und sonstigen Vorsorgeaufwendungen.

Die Altersvorsorgeaufwendungen, hier der AN-Beitrag zur Rentenversicherung, sind seit 2024 zu 100 % abzugsfähig. Die Arbeitslosen-, Kranken- und Pflegeversicherungsbeiträge des AN zählen zu den sonstigen Vorsorgeaufwendungen und sind abzugsfähig, jedoch nur bis zu einem Höchstbeitrag von jährlich 1.900 €. Sind die Beiträge zur Basiskranken- und Pflegeversicherung höher, so sind sie in tatsächlicher Höhe abzugsfähig[2]. Dadurch wird aber der steuerliche Abzug von weiteren Beiträgen, wie zur Arbeitslosen-, Unfall- und Haftpflichtversicherung verhindert.

Im Rahmen der Lohnbesteuerung wird der Effekt nur teilweise vorweggenommen mittels der sog. Vorsorgepauschale. Dabei werden Teilbeträge zur Rentenversicherung und Kranken- und Pflegeversicherung vom Arbeitgeber bei der Lohnabrechnung berücksichtigt[3]. Unberücksichtigt bleibt der AN-Beitrag zur Arbeitslosenversicherung[4].

Einfach ausgedrückt - die Beiträge wirken sich oft nicht in voller Höhe aus und es bedarf einer Einkommensteuererklärung, um hier den größten Steuerspareffekt zu erzielen.

13.2.2 Steuerfreie Arbeitseinkünften infolge Auslandseinsatz

Die beschriebene Grundsystematik in nationalen Fällen findet auch auf Fälle mit Auslandsbezug Anwendung. Es wird jedoch komplexer, was anhand der Eingangsbeispiele illustriert werden soll.

Im ***Beispiel 1*** erzielt der Arbeitnehmer in Deutschland steuerpflichtige und steuerfreie Arbeitseinkünfte entsprechend dem Anteil der in- und ausländischen Arbeitstage. Die SV-Beiträge werden nur in ein System geleistet. Deren Berechnung basiert auf den ge-

1 Dies ist nicht in allen Ländern der Fall. So werden in einzelnen Ländern die AG-Beiträge zum steuerpflichtigen Arbeitslohn hinzugerechnet (sog. Super-Brutto), z. B. in der Tschechischen Republik von 2008 bis 2020.

2 Daran knüpfen Steuersparmodelle in Gestalt von Beitragsvorauszahlungen von bis zu drei Jahren an.

3 Dabei wird unterschieden zwischen gesetzlichen Krankenversicherten und Privatversicherten. Bei Letzteren wird zwingend eine Bescheinigung der privaten Krankenkasse benötigt.

4 Das steht im Zusammenhang mit der begrenzten Abzugsfähigkeit der sonstigen Vorsorgeaufwendungen.

samten Arbeitseinkünften, d. h. ohne die steuerliche Differenzierung nach Arbeitstagen.

In Deutschland bleiben die AG-Pflichtbeiträge in vollem Umfang steuerfrei. Im Ausland ist zu prüfen, wie die AG-Beiträge zu behandeln sind. Sie können ebenfalls steuerfrei sein, sie können aber auch voll oder anteilig der Steuerpflicht im Ausland zu unterliegen. Dies sollte idealerweise im Vorfeld des Auslandseinsatzes geprüft und in die Budgetberechnung eingepreist werden.

Die AN-Beiträge sind entsprechend dem Verhältnis der steuerpflichtigen Arbeitseinkünfte zu den gesamten Arbeitseinkünften aufzuteilen und wirken sich damit nur entsprechend anteilig steuerlich aus. Grund ist der unmittelbare Zusammenhang der (anteiligen) Beiträge mit steuerfreien Einnahmen.

Von diesem Grundsatz werden jedoch Ausnahmen zugelassen. Dazu zählen Fälle, in denen der EU-Tätigkeitsstaat keinen Abzug der (deutschen) SV-Beiträge nach seinem nationalen Steuerrecht zulässt[1]. Dies ist je nach Versicherungszweig einzeln zu beurteilen – eine Herkulesaufgabe in der Praxis. Weiter ausgenommen sind freiwillig gesetzlich und privat Krankenversicherte, die diese Beiträge voll in Deutschland steuerlich geltend machen können.

13.3 Steuerliche Behandlung ausländischer Sozialversicherungsbeiträge

Die Komplexität dieser Fälle liegt vor allem in der unterschiedlichen Ausgestaltung der nationalen Sozialversicherungssysteme. Das EU-SV-Koordinationsrecht regelt zwar einheitlich, wie das anwendbare Recht zu bestimmen ist, harmonisiert aber nicht die Sozialversicherungssysteme. Das ist einer der Hauptgründe für den hohen Beratungs- und Planungsbedarf bei Auslandseinsätzen.

Im **Beispiel 1 und 2** werden die Beiträge in ein ausländisches SV-System eingezahlt. Die AG-Beiträge sind nach deutschem Steuerrecht steuerfrei, soweit es sich um Pflichtbeiträge handelt. Die AN-Beiträge sind zunächst aufzuteilen analog zum Vorgehen in Kapitel 10.2, d. h. steuerpflichtige und steuerfreie Arbeitseinkünfte aus deutscher Sicht. Soweit die Beiträge auf in Deutschland steuerpflichtige Arbeitseinkünfte entfallen, sind sie grundsätzlich steuerlich berücksichtigungsfähig. Dies erfolgt zweistufig:

Stufe 1 – im Rahmen der Lohnabrechnung für deutsche Steuerzwecke mittels Teilbeträgen im Rahmen der Vorsorgepauschale

1 EuGH, Urteil 22.6.2017 - C-20/16 NWB FAAAG-48704; Geltung auch für die Schweiz gem. BFH, Urteil 5.11.2019 - X R 23/17 NWB OAAAH-46271.

Stufe 2 – im Rahmen der deutschen Einkommensteuererklärung (soweit diese geboten bzw. zulässig ist) analog der Grundsystematik im Kapitel 10.2.

Die praktische Herausforderung liegt regelmäßig in der Ermittlung der Beiträge zu den einzelnen Sozialversicherungszweigen. Diese sind oft nicht deckungsgleich zum deutschen System. Teilweise ist eine Aufteilung nicht möglich, da es sich um sog. Globalbeiträge handelt. Dafür schafft eine Übersicht des BMF Abhilfe, die für den Fall von Globalbeiträgen Aufteilungsmaßstäbe vorgibt – für das Steuerjahr 2024 gilt das Schreiben vom 24.11.2023 (V C 3 - S 2221/20/10002 :005).

Im **Beispiel 1** liegt ein Globalbeitrag in Portugal vor. Der Beitrag ist aufzuteilen nach den Vorgaben des BMF-Schreibens[1]. Im **Beispiel 2** sind die einzelnen SV-Zweige nach niederländischem Recht zu ermitteln und entsprechend dem deutschen Steuerrecht zu berücksichtigen.

Im **Beispiel 3** findet dänisches Recht Anwendung. Dänemark finanziert sein Sozialsystem weit überwiegend über die Einkommensteuer, d. h. es gibt keine vergleichbaren AG- und AN-SV-Beiträge. Entsprechend können in Deutschland weder ein Teilbetrag im Rahmen der Vorsorgepauschale noch Vorsorgeaufwendungen für SV-Beiträge im Rahmen der Einkommensteuererklärung geltend gemacht werden. Es kann auch kein Anteil aus eventuell anfallender dänischer Steuer berücksichtigt werden.

Finden aufgrund eines vertragslosen Zustandes die SV-Systemen von zwei Staaten parallel Anwendung, so sind die Auslandsbeiträge im Rahmen der Vorsorgepauschale bei der Lohnversteuerung außer Betracht zu lassen. Es besteht aber die Möglichkeit, die Beiträge im Rahmen der deutschen Einkommensteuererklärung zu berücksichtigen, soweit es sich um Pflichtbeiträge handelt, die mit in D steuerpflichtigen Einkünften im Zusammenhang stehen.

HINWEIS:

Genügen ausländische Pflichtbeiträge nicht und werden über freiwillige Versicherungen aufgestockt, so handelt es sich nicht um Pflichtbeiträge. AG-Zuschüsse stellen somit regelmäßig geldwerte Vorteile dar. AN-Beiträge sind allenfalls im Rahmen der sonstigen Vorsorgeaufwendungen ansetzbar und gehen wegen der Höchstbeiträge steuerlich häufig ins Leere.

1 Unter Berücksichtigung der Aufteilung nach steuerfreien und steuerpflichtigen Tagen nach Kapitel 13.2.2.

13.4 Checkliste für die Praxis

Für den Praktiker stellen die komplexen Regelungen und unterschiedlichen Regelwerke der Staaten eine große Herausforderung dar. Folgende Prüfschritte können dem etwas abhelfen:

- Wurde eine Bestimmung des anwendbaren SV-Rechts vorgenommen und das Ergebnis dokumentiert, z. B. in Gestalt einer A1-Bescheinigung oder Äquivalent nach einen SV-Abkommen?
- Gibt es eine Übersicht der Beiträge zu den einzelnen SV-Zweigen?
- Werden die AG- und AN-Beiträge separat ausgewiesen?
- Handelt es sich um Pflichtbeiträge oder Beiträge auf freiwilliger Basis?
- Sind die AG-SV-Beiträge im ausländischen Staat steuerfrei?
- Sind die AN-SV-Beiträge im ausländischen Staat steuerlich abzugsfähig?
- Werden AN-SV-Beiträge vom AG übernommen und stellen somit geldwerte Vorteile dar?

Übersicht der Verwaltungsanweisungen

Die älteren BMF-Schreiben sind als Zusatzinhalte in der Online-Version abrufbar.

Steuerliche Behandlung der Reisekosten von Arbeitnehmern (ersetzt das Schreiben vom 24. Oktober 2014 BStBl 2014 I S. 1412)

BMF v. 25.11.2020 IV C 5 - S 2353/19/10011 :006 BStBl 2020 I S. 1228

I. Vorbemerkung

Unter Bezugnahme auf das Ergebnis der Erörterungen mit den obersten Finanzbehörden der Länder gelten zur steuerlichen Beurteilung von Reisekosten der Arbeitnehmer die folgenden Grundsätze **zur Anwendung des Einkommensteuergesetzes** (EStG): 1

II. Anwendung der Regelungen bei den Einkünften aus nichtselbständiger Arbeit

1. Erste Tätigkeitsstätte, auswärtige Tätigkeit, weiträumiges Tätigkeitsgebiet

a) Erste Tätigkeitsstätte, § 9 Absatz 4 EStG

Der Arbeitnehmer kann je Dienstverhältnis höchstens eine erste Tätigkeitsstätte, ggf. aber auch keine erste, sondern nur auswärtige Tätigkeitsstätten haben (§ 9 Absatz 4 Satz 5 EStG). Die Bestimmung der ersten Tätigkeitsstätte erfolgt vorrangig anhand der dienst- oder arbeitsrechtlichen Festlegungen durch den Arbeitgeber (Rz. 6 ff.). Sind solche nicht vorhanden oder sind die getroffenen Festlegungen nicht eindeutig, werden hilfsweise quantitative Kriterien (Rz. 26 ff.) herangezogen. Voraussetzung ist zudem, dass der Arbeitnehmer in einer der in § 9 Absatz 4 Satz 1 EStG genannten ortsfesten Einrichtungen (Rz. 3 ff.) dauerhaft (Rz. 14 ff.) tätig werden soll. Ein Arbeitnehmer ohne erste Tätigkeitsstätte ist außerhalb seiner Wohnung immer auswärts tätig. 2

aa) Tätigkeitsstätte

Tätigkeitsstätte ist eine von der Wohnung getrennte, ortsfeste betriebliche Einrichtung, **die räumlich zusammengefasste Sachmittel umfasst, die der Tätigkeit des Arbeitgebers, eines verbundenen Unternehmens oder eines vom Arbeitgeber bestimmten Dritten dienen und mit dem Erdboden verbunden** 3

oder dazu bestimmt sind, überwiegend standortgebunden genutzt zu werden (BFH-Urteil vom 11. April 2019, VI R 12/17, BStBl 2019 II S. 551). So stellen auch Baucontainer, die z. B. auf einer Großbaustelle längerfristig fest mit dem Erdreich verbunden sind und in denen sich z. B. Baubüros, Aufenthaltsräume oder Sanitäreinrichtungen befinden, „ortsfeste" betriebliche Einrichtungen dar. **Eine (großräumige) erste Tätigkeitsstätte liegt auch vor, wenn eine Vielzahl solcher Mittel, die für sich betrachtet selbständige betriebliche Einrichtungen darstellen können, räumlich abgrenzbar in einem organisatorischen, technischen oder wirtschaftlichen Zusammenhang mit der betrieblichen Tätigkeit des Arbeitgebers, eines verbundenen Unternehmens oder eines vom Arbeitgeber bestimmten Dritten stehen. Demgemäß kommt als eine solche erste Tätigkeitsstätte auch ein großflächiges und entsprechend infrastrukturell erschlossenes Gebiet (z. B. Werksanlage, Betriebsgelände, Zechengelände, Bahnhof oder Flughafen) in Betracht (BFH-Urteile vom 11. April 2019, VI R 40/16 und VI R 12/17, BStBl 2019 II S. 546 und 551).** Fahrzeuge, Flugzeuge, Schiffe oder Tätigkeitsgebiete ohne ortsfeste betriebliche Einrichtungen sind keine Tätigkeitsstätten i. S. d. § 9 Absatz 4 Satz 1 EStG.

bb) Häusliches Arbeitszimmer

4 Das häusliche Arbeitszimmer des Arbeitnehmers ist keine betriebliche Einrichtung des Arbeitgebers oder eines Dritten und kann daher keine erste Tätigkeitsstätte sein. Dies gilt auch, wenn der Arbeitgeber vom Arbeitnehmer einen oder mehrere Arbeitsräume anmietet, die der Wohnung des Arbeitnehmers zuzurechnen sind. Auch in diesem Fall handelt es sich bei einem häuslichen Arbeitszimmer um einen Teil der Wohnung des Arbeitnehmers. Zur Abgrenzung, welche Räume der Wohnung des Arbeitnehmers zuzurechnen sind, ist auf das Gesamtbild der Verhältnisse im Einzelfall abzustellen (z. B. unmittelbare Nähe zu den privaten Wohnräumen).

cc) Tätigkeitsstätte des Arbeitgebers bei einem verbundenen Unternehmen oder bei einem Dritten

5 Die Annahme einer Tätigkeitsstätte erfordert nicht, dass es sich um eine ortsfeste betriebliche Einrichtung des lohnsteuerlichen Arbeitgebers handelt. Erfasst werden auch Sachverhalte, in denen der Arbeitnehmer statt beim eigenen Arbeitgeber in einer ortsfesten betrieblichen Einrichtung eines der in § 15 AktG genannten Unternehmen oder eines Dritten (z. B. eines Kunden) tätig werden soll. Von einem solchen Tätigwerden kann dann nicht ausgegangen werden, wenn der Arbeitnehmer bei dem Dritten oder verbundenen Unternehmen z. B. nur eine Dienstleistung des Dritten in Anspruch nimmt oder einen Einkauf tätigt.

dd) Zuordnung mittels dienst- oder arbeitsrechtlicher Festlegung durch den Arbeitgeber

Eine erste Tätigkeitsstätte liegt vor, wenn der Arbeitnehmer einer solchen Tätigkeitsstätte (§ 9 Absatz 4 Satz 1 EStG) dauerhaft zugeordnet ist. Ist der Arbeitnehmer nur vorübergehend einer Tätigkeitsstätte zugeordnet, begründet er dort keine erste Tätigkeitsstätte (zur Abgrenzung der Merkmale „dauerhaft" und „vorübergehend" vgl. Rz. 14). Die dauerhafte Zuordnung des Arbeitnehmers wird durch die dienst- oder arbeitsrechtlichen Festlegungen sowie die diese ausfüllenden Absprachen oder Weisungen bestimmt (§ 9 Absatz 4 Satz 2 EStG). Das gilt für einzelne Arbeitnehmer oder Arbeitnehmergruppen, unabhängig davon, ob diese schriftlich oder mündlich erteilt worden sind. Die Zuordnung muss sich auf die Tätigkeit des Arbeitnehmers beziehen; dies ergibt sich aus § 9 Absatz 4 Satz 3 EStG, der mit der beispielhaften Aufzählung darüber hinaus das Kriterium der Dauerhaftigkeit beschreibt. 6

Die Zuordnung eines Arbeitnehmers zu einer betrieblichen Einrichtung allein aus tarifrechtlichen, mitbestimmungsrechtlichen oder organisatorischen Gründen (z. B. Personalaktenführung), ohne dass der Arbeitnehmer in dieser Einrichtung tätig werden soll, ist keine Zuordnung i. S. d. § 9 Absatz 4 EStG. **Soll** der Arbeitnehmer in einer vom Arbeitgeber festgelegten Tätigkeitsstätte zumindest in ganz geringem Umfang tätig werden z. B. Hilfs- und Nebentätigkeiten (Auftragsbestätigungen, Stundenzettel abgeben etc.), kann der Arbeitgeber den Arbeitnehmer dieser Tätigkeitsstätte zuordnen. **Dies gilt** selbst **dann,** wenn für die Zuordnung tarifrechtliche, mitbestimmungsrechtliche oder organisatorische Gründe ausschlaggebend sind. Auf die Qualität des Tätigwerdens kommt es, anders als bei der Bestimmung anhand der quantitativen Zuordnungskriterien (vgl. dazu Rz. 27), **nicht an**. Vielmehr können, wie z. B. bei Festlegung einer Dienststelle/Dienststätte, auch Tätigkeiten von untergeordneter Bedeutung ausreichend sein (Vorrang des Dienst- oder Arbeitsrechts, **BFH-Urteil vom 4. April 2019, VI R 27/17, BStBl 2019 II S. 536**). 7

Soll der Arbeitnehmer an mehreren Tätigkeitsstätten tätig werden und ist er einer bestimmten Tätigkeitsstätte dienst- oder arbeitsrechtlich dauerhaft zugeordnet, ist es unerheblich, in welchem Umfang er seine berufliche Tätigkeit an dieser oder an den anderen Tätigkeitsstätten ausüben soll. Auch auf die Regelmäßigkeit des Aufsuchens dieser Tätigkeitsstätten kommt es dann nicht mehr an. 8

Nicht entscheidend ist, ob an der vom Arbeitgeber nach § 9 Absatz 4 Satz 1 EStG festgelegten Tätigkeitsstätte der qualitative Schwerpunkt der Tätigkeit liegt oder liegen soll. **Für die Zuordnung ist lediglich entscheidend, ob der Ar-** 9

beitnehmer bei einer in die Zukunft gerichteten Prognose nach den dienst- oder arbeitsrechtlichen Festlegungen an einer ortsfesten betrieblichen Einrichtung des Arbeitgebers, eines verbundenen Unternehmens oder eines vom Arbeitgeber bestimmten Dritten tätig werden soll. Erforderlich, aber ausreichend ist, dass der Arbeitnehmer am Ort der ersten Tätigkeitsstätte zumindest in geringem Umfang Tätigkeiten zu erbringen hat, die er arbeitsvertraglich oder dienstrechtlich schuldet und die zu dem von ihm ausgeübten Berufsbild gehören (BFH-Urteil vom 4. April 2019, VI R 27/17, BStBl 2019 II S. 536 und BFH-Urteil vom 11. April 2019, VI R 40/16, BStBl 2019 II S. 546).

BEISPIEL 1 Der Vertriebsmitarbeiter V für die Region A soll einmal wöchentlich an den Firmensitz nach B fahren, dem er zugeordnet ist. Dort soll er die anfallenden Bürotätigkeiten erledigen und an Dienstbesprechungen teilnehmen. B ist erste Tätigkeitsstätte auf Grund der arbeitsrechtlichen Zuordnung. Dabei ist unerheblich, dass V überwiegend in der Region A und nicht in B tätig werden soll.

ABWANDLUNG Ordnet der Arbeitgeber den V dem Firmensitz in B nicht oder nicht eindeutig zu, erfolgt die Prüfung, ob eine erste Tätigkeitsstätte vorliegt, anhand der quantitativen Kriterien des § 9 Absatz 4 Satz 4 EStG (Rz. 26 ff.). In diesem Fall liegt in B keine erste Tätigkeitsstätte vor.

10 § 42 AO ist zu beachten. Insbesondere bei Gesellschafter-Geschäftsführern, Arbeitnehmer-Ehegatten/Lebenspartnern und sonstigen, mitarbeitenden Familienangehörigen ist entscheidend, ob die getroffenen Vereinbarungen einem Fremdvergleich standhalten.

11 **Die vorrangige maßgebliche dienst- oder arbeitsrechtliche Zuordnung durch den Arbeitgeber kann außerhalb des Dienst- oder Arbeitsvertrags erfolgen (auch mündlich oder konkludent) und ist unabhängig davon, ob sich der Arbeitgeber der steuerlichen Folgen bewusst ist. Die Zuordnungsentscheidung muss nicht dokumentiert werden. Die Zuordnungsentscheidung des Arbeitgebers kann sich vielmehr auch ergeben aus: Regelungen im Arbeitsvertrag, Tarifvertrag, Protokollnotizen, dienstrechtlichen Verfügungen (u. a. Regelungen zum abweichenden Dienstsitz), Einsatzplänen, Reiserichtlinien, Reisekostenabrechnungen, dem Ansatz eines geldwerten Vorteils für die Nutzung eines Dienstwagens für die Fahrten zwischen Wohnung und erster Tätigkeitsstätte oder vom Arbeitgeber als Nachweis seiner Zuordnungsentscheidung vorgelegten Organigrammen (BFH-Urteil vom 11. April 2019, VI R 40/16, BStBl 2019 II S. 546, BFH-Urteil vom 4. April 2019, VI R 27/17, BStBl 2019 II S. 536).** Fehlt eine Zuordnung, gilt § 9 Absatz 4 Satz 4 EStG.

12 Ein Organigramm kann gegen den Willen des Arbeitgebers nicht als Nachweis zur Bestimmung einer ersten Tätigkeitsstätte herangezogen werden, wenn der Arbeitgeber tatsächlich keine Zuordnung seines Arbeitnehmers zu einer

Tätigkeitsstätte getroffen hat und kein anderer Nachweis über die Zuordnung erbracht wird. In diesen Fällen ist anhand der quantitativen Kriterien nach § 9 Absatz 4 Satz 4 EStG zu prüfen, ob der Arbeitnehmer eine erste Tätigkeitsstätte hat. Indiz für eine dienst- oder arbeitsrechtliche Zuordnungsentscheidung des Arbeitgebers kann auch sein, dass z. B. nach der Reiserichtlinie gerade für Tätigkeiten an dieser Tätigkeitsstätte keine Reisekosten gezahlt werden bzw. die Besteuerung eines geldwerten Vorteils für die Fahrten Wohnung - erste Tätigkeitsstätte bei Dienstwagengestellung erfolgt.

§ 9 Absatz 4 Satz 1 bis 3 EStG sieht die Möglichkeit einer Zuordnungsentschei- 13
dung des Arbeitgebers zu einer bestimmten Tätigkeitsstätte vor. Der Arbeitgeber kann dienst- oder arbeitsrechtlich daher nicht festlegen, dass der Arbeitnehmer keine erste Tätigkeitsstätte hat (Negativfestlegung). Er kann allerdings (ggf. auch ausdrücklich) darauf verzichten, eine erste Tätigkeitsstätte dienst- oder arbeitsrechtlich festzulegen, oder ausdrücklich erklären, dass organisatorische Zuordnungen keine erste Tätigkeitsstätte begründen sollen. In diesen Fällen erfolgt die Prüfung, ob eine erste Tätigkeitsstätte gegeben ist, anhand der quantitativen Zuordnungskriterien nach § 9 Absatz 4 Satz 4 EStG (Rz. 26 ff.). Der Arbeitgeber kann zudem festlegen, dass sich die Bestimmung der ersten Tätigkeitsstätte nach den quantitativen Zuordnungskriterien des § 9 Absatz 4 Satz 4 EStG richtet. Im Ergebnis ist eine Zuordnungsentscheidung des Arbeitgebers mittels dienst- oder arbeitsrechtlicher Festlegung (Rz. 6 ff.) somit lediglich erforderlich, wenn er die erste Tätigkeitsstätte abweichend von den quantitativen Zuordnungskriterien festlegen will.

BEISPIEL 2 In Einstellungsbögen bzw. in Arbeitsverträgen ist aufgrund des Nachweisgesetzes und tariflicher Regelungen ein Einstellungs-, Anstellungs- oder Arbeitsort des Arbeitnehmers bestimmt. Hierbei handelt es sich nicht um eine Zuordnung i. S. d. § 9 Absatz 4 EStG, wenn der Arbeitgeber schriftlich auch gegenüber dem Arbeitnehmer bzw. in der Reiserichtlinie des Unternehmens erklärt, dass dadurch keine arbeitsrechtliche Zuordnung zu einer ersten Tätigkeitsstätte erfolgen soll.

ee) Dauerhafte Zuordnung

Die Zuordnung durch den Arbeitgeber zu einer Tätigkeitsstätte muss auf Dau- 14
er angelegt sein (Prognose). Typische Fälle einer dauerhaften Zuordnung sind die unbefristete Zuordnung des Arbeitnehmers zu einer bestimmten betrieblichen Einrichtung, die Zuordnung für die gesamte Dauer des - befristeten oder unbefristeten - Dienstverhältnisses oder die Zuordnung über einen Zeitraum von 48 Monaten hinaus **(§ 9 Absatz 4 Satz 3 EStG)**. Die Zuordnung „bis auf Weiteres“ ist eine Zuordnung ohne Befristung und damit dauerhaft. **Eine Zuordnung ist unbefristet, wenn die Dauer der Zuordnung zu einer Tätigkeits-**

stätte nicht kalendermäßig bestimmt ist und sich auch nicht aus Art, Zweck oder Beschaffenheit der Arbeitsleistung ergibt. Auch der Umstand, dass der Arbeitnehmer jederzeit einer anderen Tätigkeitsstätte zugeordnet werden könnte, führt nicht zur Annahme einer befristeten Zuordnung (BFH-Urteil vom 4. April 2019, VI R 27/17, BStBl 2019 II S. 536). Entscheidend sind allein die Festlegungen des Arbeitgebers und die **dienstlich** erteilten Weisungen.

BEISPIEL 3 ▸ Der Arbeitnehmer A ist von der Firma Z als technischer Zeichner ausschließlich für ein Projekt befristet eingestellt worden. Das Arbeitsverhältnis von A soll vertragsgemäß nach Ablauf der Befristung enden.

A hat ab dem ersten Tag der Tätigkeit bei Z auf Grund der arbeitsrechtlichen Zuordnung des Arbeitgebers seine erste Tätigkeitsstätte.

15 Für die Beurteilung, ob eine dauerhafte Zuordnung vorliegt, ist die auf die Zukunft gerichtete prognostische Betrachtung (Ex-ante-Betrachtung) maßgebend. Die Änderung einer Zuordnung durch den Arbeitgeber ist mit Wirkung für die Zukunft zu berücksichtigen.

BEISPIEL 4 ▸ Der in H wohnende Arbeitnehmer A ist bis auf Weiteres an drei Tagen in der Woche in einer Filiale seines Arbeitgebers in H und an zwei Tagen in der Woche in einer Filiale seines Arbeitgebers in S tätig. Der Arbeitgeber hatte zunächst die Filiale in S als erste Tätigkeitsstätte festgelegt. Ab 1. Juli **01** legt er H als erste Tätigkeitsstätte fest.

Bis 30. Juni **01** hat der Arbeitnehmer in S seine erste Tätigkeitsstätte. Ab 1. Juli **01** ist die erste Tätigkeitsstätte in H.

BEISPIEL 5 ▸ Der Arbeitnehmer A ist unbefristet beschäftigt. Für einen Zeitraum von 36 Monaten soll er überwiegend in der Filiale Xarbeiten. In der Filiale Y soll er nur an Teambesprechungen, Mitarbeiterschulungen und sonstigen Firmenveranstaltungen teilnehmen. Diese finden voraussichtlich einmal pro Monat statt. Der Arbeitgeber hat A der Filiale Y arbeitsrechtlich dauerhaft zugeordnet.

Erste Tätigkeitsstätte ist die Filiale Y, da A dort arbeitsrechtlich dauerhaft zugeordnet ist.

ABWANDLUNG ▸ Ordnet der Arbeitgeber nicht zu, liegt keine erste Tätigkeitsstätte vor; in der Filiale X soll A nicht dauerhaft tätig werden und in der Filiale Y nicht in dem nach § 9 Absatz 4 Satz 4 EStG (Rz. 26 ff.) erforderlichen quantitativen Umfang.

16 Eine Änderung der Zuordnung kann auch vorliegen, wenn sich das Berufsbild des Arbeitnehmers aufgrund der Vorgaben des Arbeitgebers dauerhaft ändert, so z. B. wenn ein Außendienstmitarbeiter auf Dauer in den Innendienst wechselt.

BEISPIEL 6 ▸ Der Arbeitnehmer A ist von seinem Arbeitgeber unbefristet eingestellt worden, um dauerhaft in der Filiale Y zu arbeiten. In den ersten 36 Monaten seiner Beschäftigung soll A aber zunächst ausschließlich die Filiale X führen. In der Filiale Y soll er während dieser Zeit nicht, auch nicht in ganz geringem Umfang tätig werden.

Die Filiale X ist keine erste Tätigkeitsstätte, da A dort lediglich für 36 Monate und damit nicht dauerhaft tätig werden soll (unabhängig vom quantitativen Umfang der Tätigkeit). Die Filiale Y wird erst nach Ablauf von 36 Monaten erste Tätigkeitsstätte.

Weichen die tatsächlichen Verhältnisse durch unvorhersehbare Ereignisse, wie 17
etwa Krankheit, politische Unruhen am Tätigkeitsort, Insolvenz des Kunden o. ä. von der ursprünglichen Festlegung (Prognose) der dauerhaften Zuordnung ab, bleibt die zuvor getroffene Prognoseentscheidung für die Vergangenheit bezüglich des Vorliegens der ersten Tätigkeitsstätte maßgebend.

BEISPIEL 7 Der Kundendienstmonteur K soll an der betrieblichen Einrichtung seines Arbeitgebers in A lediglich in unregelmäßigen Abständen seine Aufträge abholen und abrechnen und gelegentlich an Besprechungen teilnehmen (vgl. Rz. 27). K ist der betrieblichen Einrichtung in A nicht arbeitsrechtlich zugeordnet. Seine eigentliche berufliche Tätigkeit soll K ausschließlich bei verschiedenen Kunden ausüben. Auf Grund ungeplanter betrieblicher Abläufe ergibt es sich, dass K über einen Zeitraum von 12 Monaten nun die betriebliche Einrichtung in A arbeitstäglich aufsuchen soll und auch aufsucht, um dort seine Berichte zu verfassen (= Teil seiner eigentlichen beruflichen Tätigkeit).

Auch wenn Kfür einen Zeitraum von 12 Monaten arbeitstäglich einen Teil seiner beruflichen Tätigkeit in der betrieblichen Einrichtung in A ausüben soll, führt dies mangels Dauerhaftigkeit noch nicht zu einer ersten Tätigkeitsstätte. Die ursprüngliche Prognose sah dies nicht vor und nach der neuen Prognose sollen diese Arbeiten am Betriebssitz in A nur vorübergehend ausgeübt werden.

Wird eine auf **höchstens** 48 Monate geplante Auswärtstätigkeit des Arbeitneh- 18
mers verlängert, kommt es darauf an, ob dieser vom Zeitpunkt der Verlängerungsentscheidung an noch mehr als 48 Monate an der Tätigkeitsstätte eingesetzt werden soll.

BEISPIEL 8 Der unbefristet beschäftigte Arbeitnehmer A wirdfür eine Projektdauer von voraussichtlich 18 Monaten der betrieblichen Einrichtung in Mzugeordnet. Nach 18 Monaten wird die Zuordnung um 36 Monate verlängert.

Obwohl A insgesamt 54 Monate in M tätig wird, hat er dort keine erste Tätigkeitsstätte. Die vom Gesetz vorgegebene Prognose-Betrachtung bedeutet, dass A weder im Zeitpunkt der erstmaligen Zuordnung noch im Zeitpunkt der Verlängerungsentscheidung für mehr als 48 Monate in M eingesetzt werden sollte.

ABWANDLUNG Die Zuordnung von A wird bereits nach drei Monaten um 36 Monate auf insgesamt 54 Monate verlängert.

Ab dem Zeitpunkt der Verlängerungsentscheidung hat A seine erste Tätigkeitsstätte in M, da er ab diesem Zeitpunkt noch 51 Monate und somit dauerhaft in M tätig werden soll. Das gilt auch, wenn A für diese Tätigkeit neu eingestellt und eine Probezeit vereinbart wurde oder das Projekt planwidrig bereits nach 12 Monaten beendet wird. Die steuerliche Beurteilung der ersten drei Monate als beruflich veranlasste Auswärtstätigkeit bleibt von der Verlängerungsentscheidung unberührt.

19 Bei einer sog. Kettenabordnung ist keine dauerhafte Zuordnung zu einer Tätigkeitsstätte gegeben, wenn die einzelne Abordnung jeweils einen Zeitraum von **höchstens** 48 Monaten umfasst.

20 **Wird ein befristetes Beschäftigungsverhältnis vor Ablauf der Befristung schriftlich durch bloßes Hinausschieben des Beendigungszeitpunkts bei ansonsten unverändertem Vertragsinhalt verlängert, liegt ein einheitliches Beschäftigungsverhältnis vor. Für die Frage, ob eine Zuordnung für die Dauer des Beschäftigungsverhältnisses erfolgt, ist daher ab dem Zeitpunkt der Verlängerung auf das einheitliche Beschäftigungsverhältnis und nicht lediglich auf den Zeitraum der Verlängerung abzustellen (BFH-Urteil vom 10. April 2019, VI R 6/17, BStBl 2019 II S. 539).**

21 Eine dauerhafte Zuordnung ist gegeben, wenn das Dienstverhältnis auf einen anderen Arbeitgeber ausgelagert wird und der Arbeitnehmer für die gesamte Dauer des neuen Beschäftigungsverhältnisses oder länger als 48 Monate weiterhin an seiner früheren Tätigkeitsstätte des bisherigen Arbeitgebers tätig werden soll (sog. Outsourcing). Entsprechendes gilt, **wenn** ein Leiharbeitnehmer ausnahmsweise dauerhaft (nach § 9 Absatz 4 Satz 3 EStG, „bis auf Weiteres" also unbefristet, für die gesamte Dauer des Leiharbeitsverhältnisses oder länger als 48 Monate) in einer ortsfesten betrieblichen Einrichtung des Entleihers tätig werden soll. **Die Regelungen des § 1 Absatz 1 Satz 4 i. V. m. Absatz 1b Arbeitnehmerüberlassungsgesetz entfalten für das Steuerrecht keine Wirkung.**

BEISPIEL 9 Der Arbeitnehmer A ist von der Zeitarbeitsfirma Z als technischer Zeichner ausschließlich für die Überlassung an die Projektentwicklungsfirma P eingestellt worden. Das Arbeitsverhältnis von A endet vertragsgemäß nach Abschluss des aktuellen Projekts bei P.

A hat ab dem ersten Tag der Tätigkeit bei der Projektentwicklungsfirma P seine erste Tätigkeitsstätte, da er seine Tätigkeit bei P für die gesamte Dauer seines Dienstverhältnisses bei Z und damit dort dauerhaft ausüben soll.

ABWANDLUNG Der Arbeitnehmer A ist von der Zeitarbeitsfirma Z unbefristet als technischer Zeichner eingestellt worden und wird bis auf Weiteres an die Projektentwicklungsfirma P überlassen.

A hat ab dem ersten Tag der Tätigkeit bei der Projektentwicklungsfirma P seine erste Tätigkeitsstätte, da er seine Tätigkeit bei P ohne Befristung und damit dort dauerhaft ausüben soll.

22 Dienststelle/Dienststätte i. S. d. öffentlichen Reisekosten-, Umzugskosten- und Trennungsgeldrechts ist die Stelle, bei der der Arbeitnehmer eingestellt oder zu der er versetzt, abgeordnet, zugeteilt, zugewiesen oder kommandiert worden ist. Jede dieser dienstlichen Maßnahmen führt dazu, dass diese Stelle zur

neuen dienstrechtlichen Dienststelle/Dienststätte wird, unabhängig davon, ob die Maßnahme dauerhaft oder nur vorübergehend ist. Für die steuerrechtliche Beurteilung der dauerhaften Zuordnung zu einer bestimmten Tätigkeitsstätte gilt insbesondere Folgendes:

- Versetzung ohne zeitliche Befristung - dauerhafte Zuordnung, es wird eine neue „erste Tätigkeitsstätte" begründet.
- Abordnung ohne zeitliche Befristung - dauerhafte Zuordnung, es wird eine neue „erste Tätigkeitsstätte" begründet.
- Versetzung mit einer zeitlichen Befristung bis zu 48 Monaten - keine dauerhafte Zuordnung, damit keine neue „erste Tätigkeitsstätte".
- Abordnung mit einer zeitlichen Befristung bis zu 48 Monaten, ggf. auch verbunden mit dem Ziel der Versetzung - keine dauerhafte Zuordnung, damit keine neue „erste Tätigkeitsstätte".
- Entsprechendes gilt für abordnungs- oder versetzungsgleiche Maßnahmen (z. B. Kommandierung, Zuteilung, Zuweisung).
- **Der Umstand, dass ein Beamter unter Beachtung der dienstrechtlichen Vorschriften (jederzeit) auch einer anderen Dienststelle zugeordnet werden könnte, führt nicht zur Annahme einer befristeten Zuordnung (BFH-Urteil vom 4. April 2019, VI R 27/17, BStBl 2019 II S. 536).**

Bei grenzüberschreitender Arbeitnehmerentsendung zwischen verbundenen 23
Unternehmen liegt beim aufnehmenden Unternehmen eine erste Tätigkeitsstätte dann vor, wenn der Arbeitnehmer im Rahmen eines eigenständigen Arbeitsvertrags mit dem aufnehmenden Unternehmen einer ortsfesten betrieblichen Einrichtung dieses Unternehmens unbefristet zugeordnet ist, die Zuordnung die Dauer des gesamten - befristeten oder unbefristeten - Dienstverhältnisses umfasst oder die Zuordnung über einen Zeitraum von 48 Monaten hinaus reicht (vgl. § 9 Absatz 4 Satz 3 EStG).

BEISPIEL 10 Der Arbeitnehmer A ist von der ausländischen Muttergesellschaft M für zwei Jahre an die inländische Tochtergesellschaft T entsandt worden. A hat mit T einen eigenständigen Arbeitsvertrag über zwei Jahre abgeschlossen, in dem er der inländischen Hauptniederlassung von T zugeordnet wurde.

A hat bei T seine erste Tätigkeitsstätte.

Wird ein Arbeitnehmer bei grenzüberschreitender Arbeitnehmerentsendung 24
zwischen verbundenen Unternehmen ohne Abschluss eines eigenständigen Arbeitsvertrags mit dem aufnehmenden Unternehmen in einer ortsfesten betrieblichen Einrichtung dieses Unternehmens tätig, liegt beim aufnehmenden Unternehmen eine erste Tätigkeitsstätte nur dann vor, wenn der Arbeitnehmer vom entsendenden Unternehmen einer ortsfesten Einrichtung des auf-

nehmenden Unternehmens unbefristet zugeordnet ist, die Zuordnung die Dauer des gesamten - befristeten oder unbefristeten - Dienstverhältnisses umfasst oder die Zuordnung über einen Zeitraum von 48 Monaten hinaus reicht (vgl. § 9 Absatz 4 Satz 3 EStG).

BEISPIEL 11 ▸ Der Arbeitnehmer A ist von der ausländischen Muttergesellschaft M im Rahmen eines unbefristeten Arbeitsvertrags für zwei Jahre an die inländische Tochtergesellschaft T entsandt und für diesen Zeitraum der inländischen Hauptniederlassung von T zugeordnet worden. A hat mit T keinen eigenständigen Arbeitsvertrag abgeschlossen.

A hat bei T keine erste Tätigkeitsstätte, da er der inländischen Hauptniederlassung von T nicht dauerhaft i. S. v. § 9 Absatz 4 Satz 1 i.V. m. Satz 3 EStG zugeordnet worden ist. Er übt für die Dauer seiner zweijährigen Tätigkeit bei T eine beruflich veranlasste Auswärtstätigkeit aus.

25 Fehlt es bei grenzüberschreitender Arbeitnehmerentsendung zwischen verbundenen Unternehmen an einer dauerhaften Zuordnung des Arbeitnehmers zu einer betrieblichen Einrichtung des aufnehmenden Unternehmens durch dienst- oder arbeitsrechtliche Festlegung oder ist die getroffene Festlegung nicht eindeutig, gelten die quantitativen Zuordnungskriterien des § 9 Absatz 4 Satz 4 EStG (vgl. hierzu die Ausführungen zur Dauerhaftigkeit unter Rz. 14 ff. und zu den quantitativen Kriterien unter Rz. 26 ff.).

ff) Quantitative Zuordnungskriterien

26 Fehlt es an einer dauerhaften Zuordnung des Arbeitnehmers zu einer betrieblichen Einrichtung durch dienst- oder arbeitsrechtliche Festlegung nach den vorstehenden Kriterien (z. B. weil der Arbeitgeber ausdrücklich auf eine Zuordnung verzichtet hat oder ausdrücklich erklärt, dass organisatorische Zuordnungen keine steuerliche Wirkung entfalten sollen) oder ist die getroffene Festlegung nicht eindeutig, ist nach § 9 Absatz 4 Satz 4 EStG von einer ersten Tätigkeitsstätte an der betrieblichen Einrichtung auszugehen, an der der Arbeitnehmer

- typischerweise arbeitstäglich oder
- je Arbeitswoche zwei volle Arbeitstage oder mindestens ein Drittel seiner vereinbarten regelmäßigen Arbeitszeit

dauerhaft (vgl. Rz. 14 ff.) tätig werden soll.

BEISPIEL 12 ▸ Der Arbeitnehmer A ist von seinem Arbeitgeber unbefristet eingestellt worden, um dauerhaft in der Filiale Y zu arbeiten. In den ersten 36 Monaten seiner Tätigkeit arbeitet er an drei Tagen wöchentlich in der Filiale X und zwei volle Tage wöchentlich in der Filiale Y. Der Arbeitgeber hat A für die ersten 36 Monate Filiale X zugeordnet.

In diesen 36 Monaten seiner Tätigkeit hat A in der Filiale X keine erste Tätigkeitsstätte, da er dort nicht dauerhaft zugeordnet ist. Erste Tätigkeitsstätte ist jedoch - auch ohne Zuordnung i. S. d. § 9 Absatz 4 Satz 1 EStG - Filiale Y, da A dort dauerhaft typischerweise an zwei vollen Tagen i. S. d. § 9 Absatz 4 Satz 4 EStG tätig werden soll.

BEISPIEL 13 ▸ Der Arbeitnehmer A soll in den ersten 36 Monaten seiner Tätigkeit an vier Tagen wöchentlich in der Filiale X und einen vollen Tag wöchentlich in der Filiale Y tätig werden.

In diesen 36 Monaten seiner Tätigkeit hat A in der Filiale X keine erste Tätigkeitsstätte, da er dort nicht dauerhaft tätig werden soll. Erste Tätigkeitsstätte ist auch nicht die Filiale Y, da A dort die quantitativen Kriterien nach § 9 Absatz 4 Satz 4 EStG nicht erfüllt.

Bei der quantitativen Zuordnung muss der Arbeitnehmer an der betrieblichen Einrichtung seine eigentliche berufliche Tätigkeit ausüben. Allein ein regelmäßiges Aufsuchen der betrieblichen Einrichtung, z. B. für kurze Rüstzeiten, zur Berichtsfertigung, zur Vorbereitung der Zustellroute, zur Wartung und Pflege des Fahrzeugs, zur Abholung oder Abgabe von Kundendienstfahrzeugen oder LKWs einschließlich deren Be- und Entladung, zur Abgabe von Auftragsbestätigungen und Stundenzetteln, Krankmeldungen und Urlaubsanträgen führt hier noch nicht zu einer Qualifizierung der betrieblichen Einrichtung als erste Tätigkeitsstätte. 27

BEISPIEL 14 ▸ Der Kundendienstmonteur K, der von seinem Arbeitgeber keiner betrieblichen Einrichtung dauerhaft zugeordnet ist, sucht den Betrieb seines Arbeitgebers regelmäßig auf, um den Firmenwagen samt Material zu übernehmen, die Auftragsbestätigungen in Empfang zu nehmen und die Stundenzettel vom Vortag abzugeben.

Der K hat keine erste Tätigkeitsstätte. Der Betrieb seines Arbeitgebers wird auch durch das regelmäßige Aufsuchen nicht zur ersten Tätigkeitsstätte, da er seine eigentliche berufliche Tätigkeit an diesem Ort nicht ausübt.

BEISPIEL 15 ▸ Die Fahrer im ÖPV sollen ihr Fahrzeug immer an wechselnden Stellen im Stadtgebiet aufnehmen und in der Regel mindestens einmal wöchentlich die Kassen abrechnen. Die Kassenabrechnung sollen sie in der Geschäftsstelle oder in einem Betriebshof durchführen. Dort werden auch die Personalakten geführt oder sind Krank- und Urlaubsmeldungen abzugeben.

Bei der quantitativen Zuordnung ist allein das bloße Abrechnen der Kassen, die Führung der Personalakten sowie die Verpflichtung zur Abgabe der Krank- und Urlaubsmeldungen nicht **ausreichend, um** zu einer ersten Tätigkeitsstätte am Betriebshof oder in der Geschäftsstelle **zu kommen. Ordnet** der Arbeitgeber die Arbeitnehmer hingegen dem Betriebshof oder der Geschäftsstelle arbeitsrechtlich **zu, so genügen auch diese Hilfs- und Nebentätigkeiten, um dort eine** erste Tätigkeitsstätte zu **begründen (Rz. 7).**

BEISPIEL 16 Der LKW-Fahrer L soll typischerweise arbeitstäglich den Betriebssitz des Arbeitgebers aufsuchen, um dort das Fahrzeug abzuholen sowie dessen Wartung und Pflege durchzuführen. Allein das Abholen sowie die Wartung und Pflege des Fahrzeugs, als Hilfs- und Nebentätigkeiten, führen **im Rahmen der quantitativen Zuordnung** nicht zu einer ersten Tätigkeitsstätte am Betriebssitz des Arbeitgebers; allerdings handelt es sich in diesem Fall bei dem Betriebssitz um einen sog. Sammelpunkt (Rz. 38). Etwas anderes gilt nur, wenn der Arbeitgeber den Arbeitnehmer dem Betriebssitz arbeitsrechtlich als erste Tätigkeitsstätte zuordnet (Rz. 13).

28 Auch die in § 9 Absatz 4 Satz 4 EStG aufgeführten zeitlichen (= quantitativen) Kriterien sind anhand einer in die Zukunft gerichteten Prognose zu beurteilen. Weichen die tatsächlichen Verhältnisse durch unvorhersehbare Ereignisse (wie z. B. Krankheit) hiervon ab, bleibt es bei der zuvor getroffenen Prognoseentscheidung bezüglich der ersten Tätigkeitsstätte. Die Prognoseentscheidung ist zu Beginn des Dienstverhältnisses zu treffen. Die auf Grundlage dieser Prognose getroffene Beurteilung bleibt solange bestehen, bis sich die Verhältnisse maßgeblich ändern. Davon ist insbesondere auszugehen, wenn sich das Berufsbild des Arbeitnehmers (Außendienstmitarbeiter wechselt z. B. in den Innendienst) oder die quantitativen Zuordnungskriterien (Arbeitnehmer soll z. B. statt zwei nun drei Filialen betreuen) dauerhaft ändern oder der Arbeitgeber erstmalig eine dienst- oder arbeitsrechtliche Zuordnungsentscheidung trifft.

BEISPIEL 17 Der Arbeitnehmer A soll seine berufliche Tätigkeit an drei Tagen wöchentlich in einem häuslichen Arbeitszimmer ausüben und an zwei vollen Tagen wöchentlich in der betrieblichen Einrichtung seines Arbeitgebers in D tätig werden.

Das häusliche Arbeitszimmer ist nie erste Tätigkeitsstätte. Erste Tätigkeitsstätte ist hier vielmehr die betriebliche Einrichtung des Arbeitgebers in D, da der Arbeitnehmer dort an zwei vollen Tagen wöchentlich beruflich tätig werden soll.

BEISPIEL 18 Der Arbeitnehmer A soll seine berufliche Tätigkeit im häuslichen Arbeitszimmer ausüben und zusätzlich jeden Arbeitstag für eine Stunde in der betrieblichen Einrichtung seines Arbeitgebers in D tätig werden.

Das häusliche Arbeitszimmer ist nie erste Tätigkeitsstätte. Erste Tätigkeitsstätte ist hier vielmehr die betriebliche Einrichtung des Arbeitgebers in D, da der Arbeitnehmer dort typischerweise arbeitstäglich tätig werden soll. In diesem Fall ist es unerheblich, dass dort weniger als 1/3 der gesamten regelmäßigen Arbeitszeit erbracht werden soll.

BEISPIEL 19 Der Arbeitnehmer A soll seine berufliche Tätigkeit im häuslichen Arbeitszimmer ausüben und zusätzlich jeden Tag in einer anderen betrieblichen Einrichtung seines Arbeitgebers tätig werden. Die Arbeitszeit in den verschiedenen Tätigkeitsstätten beträgt jeweils weniger als 1/3 der gesamten Arbeitszeit des Arbeitnehmers.

Das häusliche Arbeitszimmer ist nie erste Tätigkeitsstätte. Auch an den anderen Tätigkeitsstätten des Arbeitgebers hat der Arbeitnehmer keine erste Tätigkeitsstätte, da er diese Tätigkeitsstätten nicht arbeitstäglich aufsucht und dort jeweils weniger als 1/3 seiner gesamten Arbeitszeit tätig wird.

BEISPIEL 20 Der Arbeitnehmer A übt seine Tätigkeit nur bei wechselnden Kunden und im häuslichen Arbeitszimmer aus. Er hat keine erste Tätigkeitsstätte.

Zusammenfassung 29

Bei der quantitativen Prüfung kommt es somit allein auf den Umfang der an der Tätigkeitsstätte zu leistenden arbeitsvertraglichen Arbeitszeit (mind. 1/3 der vereinbarten regelmäßigen Arbeitszeit oder zwei volle Arbeitstage wöchentlich oder arbeitstäglich) an. Dies bedeutet:

- Soll der Arbeitnehmer an einer Tätigkeitsstätte zwei volle Arbeitstage je Arbeitswoche oder mindestens 1/3 der vereinbarten regelmäßigen Arbeitszeit tätig werden, dann ist dies die erste Tätigkeitsstätte.
- Entsprechendes gilt, wenn der Arbeitnehmer an einer Tätigkeitsstätte arbeitstäglich und mindestens 1/3 der vereinbarten regelmäßigen Arbeitszeit tätig werden soll.
- Soll der Arbeitnehmer an einer Tätigkeitsstätte arbeitstäglich, aber weniger als 1/3 der vereinbarten regelmäßigen Arbeitszeit tätig werden, dann führt dies nur zu einer ersten Tätigkeitsstätte, wenn der Arbeitnehmer dort typischerweise arbeitstäglich seine eigentliche berufliche Tätigkeit und nicht nur Vorbereitungs-, Hilfs- oder Nebentätigkeiten (Rüstzeiten, Abholung oder Abgabe von Kundendienstfahrzeugen oder LKWs einschließlich deren Be- und Entladung, die Abgabe von Auftragsbestätigungen, Stundenzetteln, Krankmeldungen, Urlaubsanträgen oder Ähnlichem) durchführen soll.
- Erfüllen danach mehrere Tätigkeitsstätten die quantitativen Voraussetzungen für eine erste Tätigkeitsstätte, kann der Arbeitgeber bestimmen, welche dieser Tätigkeitsstätten die erste Tätigkeitsstätte ist.
- Fehlt eine solche Bestimmung des Arbeitgebers, wird zugunsten des Arbeitnehmers die Tätigkeitsstätte zugrunde gelegt, die der Wohnung des Arbeitnehmers am nächsten liegt.

gg) Mehrere Tätigkeitsstätten

Der Arbeitnehmer kann je Dienstverhältnis höchstens eine erste Tätigkeitsstätte haben (§ 9 Absatz 4 Satz 5 EStG). Hingegen kann ein Arbeitnehmer mit mehreren Dienstverhältnissen auch mehrere erste Tätigkeitsstätten haben (je Dienstverhältnis jedoch höchstens eine). 30

Erfüllen mehrere Tätigkeitsstätten in einem Dienstverhältnis die quantitativen Kriterien für die Annahme einer ersten Tätigkeitsstätte, kann der Arbeitgeber die erste Tätigkeitsstätte bestimmen (§ 9 Absatz 4 Satz 6 EStG). Dabei muss es 31 sich nicht um die Tätigkeitsstätte handeln, an der der Arbeitnehmer den zeitlich überwiegenden oder qualitativ bedeutsameren Teil seiner beruflichen Tätigkeit ausüben soll.

BEISPIEL 21 Der in H wohnende Filialleiter A ist an drei Tagen in der Woche in einer Filiale seines Arbeitgebers in H und an zwei Tagen in der Woche in einer Filiale seines Arbeitgebers in S tätig. Der Arbeitgeber bestimmt die Filiale in S zur ersten Tätigkeitsstätte.

Durch die Bestimmung seines Arbeitgebers hat der Filialleiter A in der betrieblichen Einrichtung in S seine erste Tätigkeitsstätte. Unerheblich ist, dass er dort lediglich zwei Tage und damit nicht zeitlich überwiegend beruflich tätig ist.

32 Macht der Arbeitgeber von seinem Bestimmungsrecht nach § 9 Absatz 4 Satz 6 EStG keinen Gebrauch oder ist die Bestimmung nicht eindeutig, ist die der Wohnung des Arbeitnehmers örtlich am nächsten liegende Tätigkeitsstätte die erste Tätigkeitsstätte (§ 9 Absatz 4 Satz 7 EStG). Die Fahrten zu weiter entfernt liegenden Tätigkeitsstätten werden in diesem Fall als Auswärtstätigkeit qualifiziert.

BEISPIEL 22 Der in H wohnende Filialleiter A soll typischerweise arbeitstäglich in drei Filialen (X, Y und Z) seines Arbeitgebers tätig werden. Er fährt morgens mit seinem eigenen PKW regelmäßig zur Filiale X, dann zur Filiale Y, von dort zur Filiale Z und von dieser zur Wohnung. Die Filiale in Y liegt der Wohnung am nächsten. Der Arbeitgeber ordnet A arbeitsrechtlich keine Filiale (als erste Tätigkeitsstätte) zu.

Erste Tätigkeitsstätte ist die Filiale Y, da diese der Wohnung des A am nächsten liegt. Die Tätigkeit in X und Z sind beruflich veranlasste Auswärtstätigkeiten. Da A von seiner Wohnung zu einer auswärtigen Tätigkeitsstätte, von dort zur ersten Tätigkeitsstätte und von dort wieder zu einer anderen auswärtigen Tätigkeitsstätte fährt, liegen keine Fahrten zwischen Wohnung und erster Tätigkeitsstätte vor, sondern Fahrten, für die ein steuerfreier Arbeitgeberersatz bzw. Werbungskostenabzug nach Reisekostengrundsätzen in Betracht kommt.

ABWANDLUNG Wie Beispiel **22**, allerdings nutzt der Filialleiter A für die arbeitstäglichen Fahrten einen ihm vom Arbeitgeber überlassenen Dienstwagen; A führt kein Fahrtenbuch, sondern ermittelt den geldwerten Vorteil nach der pauschalen Nutzungswertmethode.

Grundsätzlich ist ein geldwerter Vorteil, für die Möglichkeit den Dienstwagen für Fahrten zwischen Wohnung und erster Tätigkeitsstätte zu nutzen, in Höhe von 0,03 % des Listenpreises je Entfernungskilometer anzusetzen. Weist A mittels Einzelaufzeichnungen die Zahl der tatsächlichen Fahrten zwischen Wohnung und erster Tätigkeitsstätte nach, ist stattdessen für jede Fahrt ein geldwerter Vorteil von 0,002 % des Listenpreises je Entfernungskilometer anzusetzen. Im vorliegenden Fall hat A keine unmittelbaren Fahrten zwischen Wohnung und erster Tätigkeitsstätte; daher ist - bei Nachweis der tatsächlichen Fahrten - insoweit kein geldwerter Vorteil anzusetzen.

BEISPIEL 23 ▸ Die Pflegedienstkraft P hat täglich vier Personen zu betreuen. Alle vier Pflegepersonen sollen von P nach Absprache mit der Pflegedienststelle (Arbeitgeber) bis auf Weiteres arbeitstäglich regelmäßig betreut werden. Der Arbeitgeber hat keine dieser Pflegestellen als erste Tätigkeitsstätte bestimmt.

Erste Tätigkeitsstätte der P ist die ihrer Wohnung am nächsten liegende Pflegestelle.

ABWANDLUNG ▸ Die vier Pflegepersonen sollen von P nach Absprache mit der Pflegedienststelle (Arbeitgeber) zunächst für die Dauer von zwei Jahren arbeitstäglich regelmäßig betreut werden.

Die Pflegedienstkraft hat keine erste Tätigkeitsstätte, da sie an keiner der Pflegestellen dauerhaft tätig werden soll.

hh) Erste Tätigkeitsstätte bei Vollzeitstudium oder vollzeitigen Bildungsmaßnahmen

Erste Tätigkeitsstätte ist auch eine Bildungseinrichtung, die außerhalb eines 33
Dienstverhältnisses zum Zwecke eines Vollzeitstudiums oder einer vollzeitigen Bildungsmaßnahme aufgesucht wird (§ 9 Absatz 4 Satz 8 EStG).

Die Dauer einer vollzeitigen Bildungsmaßnahme ist für die Einordnung einer Bildungseinrichtung als erste Tätigkeitsstätte dabei unerheblich. Eine zeitliche Mindestdauer der Bildungsmaßnahme ist nicht erforderlich. Eine Bildungseinrichtung gilt daher auch dann als erste Tätigkeitsstätte, wenn sie vom Steuerpflichtigen im Rahmen einer nur kurzzeitigen Bildungsmaßnahme aufgesucht wird. Davon ist auszugehen, wenn der Steuerpflichtige die Bildungseinrichtung anlässlich der regelmäßig zeitlich befristeten Bildungsmaßnahme nicht nur gelegentlich, sondern mit einer gewissen Nachhaltigkeit, d. h. fortdauernd und immer wieder (dauerhaft) aufsucht (BFH-Urteil vom 14. Mai 2020, VI R 24/18, BStBl 2020 II S. 770).

Ein Studium oder eine Bildungsmaßnahme findet insbesondere dann außerhalb eines Dienstverhältnisses statt, wenn

- diese nicht Gegenstand des Dienstverhältnisses sind, auch wenn sie seitens des Arbeitgebers durch Hingabe von Mitteln, wie z. B. eines Stipendiums, gefördert werden oder
- diese ohne arbeitsvertragliche Verpflichtung absolviert werden und die Beschäftigung lediglich das Studium oder die Bildungsmaßnahme ermöglicht.

Zur Abgrenzung gegenüber einem Studium oder einer Bildungsmaßnahme innerhalb eines Dienstverhältnisses vgl. auch R 9.2 sowie 19.7 LStR 2015.

34 Ein Vollzeitstudium oder eine vollzeitige Bildungsmaßnahme liegt insbesondere vor, wenn der Steuerpflichtige im Studium oder in der Bildungsmaßnahme für einen Beruf ausgebildet wird und daneben entweder

- keiner Erwerbstätigkeit nachgeht oder
- während der gesamten Dauer des Studiums oder der Bildungsmaßnahme eine Erwerbstätigkeit mit durchschnittlich bis zu 20 Stunden regelmäßiger wöchentlicher Arbeitszeit oder in Form eines geringfügigen Beschäftigungsverhältnisses i. S. d. §§ 8 und 8a SGB IV ausübt.

35 Dies gilt auch für den Sonderausgabenabzug nach § 10 Absatz 1 Nummer 7 EStG.

b) Fahrtkosten bei auswärtiger Tätigkeit, Sammelpunkt, weiträumiges Tätigkeitsgebiet, § 9 Absatz 1 Satz 3 Nummer 4a EStG

aa) Tatsächliche Fahrtkosten und pauschaler Kilometersatz bei auswärtiger Tätigkeit

36 **Ist ein Arbeitnehmer außerhalb seiner Wohnung und ersten Tätigkeitsstätte beruflich tätig (auswärtige berufliche Tätigkeit), gilt für die steuerliche Berücksichtigung der tatsächlichen Fahrtkosten im Zusammenhang mit dieser beruflichen Tätigkeit Folgendes:**

37 Statt der tatsächlichen Aufwendungen kann aus Vereinfachungsgründen typisierend je nach Art des benutzten Verkehrsmittels (z. B. PKW, Motorrad) auch ein pauschaler Kilometersatz (höchste Wegstreckenentschädigung nach dem Bundesreisekostengesetz für das jeweils benutzte Beförderungsmittel: Benutzung eines Kraftwagens, z. B. PKW 0,30 €, für jedes andere motorbetriebene Fahrzeug 0,20 €) für jeden gefahrenen Kilometer angesetzt werden (§ 9 Absatz 1 Satz 3 Nummer 4a Satz 2 EStG). Eine Prüfung der tatsächlichen Kilometerkosten ist demnach nicht mehr erforderlich, wenn der Arbeitnehmer von dieser gesetzlichen Typisierung Gebrauch macht.

bb) „Sammelpunkt“

38 Liegt keine erste Tätigkeitsstätte (nach Rz. 6 ff. oder Rz. 26 ff.) vor und bestimmt der Arbeitgeber durch dienst- oder arbeitsrechtliche Festlegung, dass der Arbeitnehmer sich dauerhaft (Rz. 14 ff.) typischerweise arbeitstäglich an einem festgelegten Ort, der die Kriterien für eine erste Tätigkeitsstätte nicht erfüllt **(z. B. Treffpunkt für einen betrieblichen Sammeltransport, das Busdepot,**

der Fährhafen), einfinden soll, um von dort seine unterschiedlichen eigentlichen Einsatzorte aufzusuchen oder von dort seine berufliche Tätigkeit aufzunehmen, werden die Fahrten des Arbeitnehmers von der Wohnung zu diesem Ort wie Fahrten zu einer ersten Tätigkeitsstätte behandelt. **Fahrtkosten für diese Fahrten dürfen nur durch den Ansatz der Entfernungspauschale (§ 9 Absatz 1 Satz 3 Nummer 4 und Absatz 2 EStG) steuerlich berücksichtigt werden.**

BEISPIEL 24 ▸ Bus- oder LKW-Fahrer haben regelmäßig keine erste Tätigkeitsstätte. Lediglich, wenn dauerhaft und typischerweise arbeitstäglich ein vom Arbeitgeber festgelegter Ort aufgesucht werden soll, werden die Fahrten von der Wohnung zu diesem Ort/Sammelpunkt gleich behandelt mit den Fahrten von der Wohnung zu einer ersten Tätigkeitsstätte.

BEISPIEL 25 ▸ Kundendienstmonteure haben ebenfalls in der Regel keine erste Tätigkeitsstätte. Nur dann, wenn dauerhaft und typischerweise arbeitstäglich ein vom Arbeitgeber festgelegter Ort aufgesucht werden soll, werden die Fahrten von der Wohnung zu diesem Ort/Sammelpunkt ebenso behandelt wie die Fahrten von der Wohnung zu einer ersten Tätigkeitsstätte.

BEISPIEL 26 ▸ Seeleute, die auf einem Schiff tätig werden sollen, haben in der Regel keine erste Tätigkeitsstätte, da das Schiff keine ortsfeste betriebliche Einrichtung des Arbeitgebers ist. Soll der Dienstantritt, die Ein- und Ausschiffung aber typischerweise arbeitstäglich von dem gleichen Anleger (wie z. B. einem Fähranleger, Liegeplatz des Seenotrettungskreuzers, Anleger des Fahrgastschiffes) erfolgen, werden die Fahrten zu diesem Ort/Sammelpunkt ebenso behandelt wie die Fahrten von der Wohnung zu einer ersten Tätigkeitsstätte.

BEISPIEL 27 ▸ Angestellte Lotsen haben üblicherweise keine erste Tätigkeitsstätte, wenn sie ihre Tätigkeit typischerweise auf verschiedenen Schiffen ausüben sollen. Fahrten von der Wohnung zu einer vom Arbeitgeber festgelegten Lotsenstation oder Lotsenwechselstation, um von dort zum Einsatz auf ein Schiff verbracht zu werden, werden ebenso behandelt wie die Fahrten von der Wohnung zu einer ersten Tätigkeitsstätte.

Treffen sich mehrere Arbeitnehmer typischerweise arbeitstäglich an einem be- 39
stimmten Ort, um von dort aus gemeinsam zu ihren Tätigkeitsstätten zu fahren (privat organisierte Fahrgemeinschaft), liegt kein „Sammelpunkt“ nach § 9 Absatz 1 Satz 3 Nummer 4a Satz 3 EStG vor. Es fehlt insoweit an einer dienst- oder arbeitsrechtlichen Festlegung des Arbeitgebers.

Auf die Berücksichtigung von Verpflegungspauschalen oder Übernachtungs- 40
kosten als Werbungskosten oder den steuerfreien Arbeitgeberersatz hierfür hat die Festlegung **als Sammelpunkt** keinen Einfluss, da der Arbeitnehmer weiterhin außerhalb einer ersten Tätigkeitsstätte und somit auswärts beruflich tätig wird. Es wird keine erste Tätigkeitsstätte fingiert, sondern nur die An-

wendung der Entfernungspauschale für die Fahrtkosten von der Wohnung zu diesem Ort sowie die Besteuerung eines geldwerten Vorteils bei Dienstwagengestellung durch den Arbeitgeber nach § 8 Absatz 2 Satz 3 und 4 EStG festgelegt und der steuerfreie Arbeitgeberersatz für diese Fahrten nach § 3 Nummer 13 oder Nummer 16 EStG ausgeschlossen.

cc) Weiträumiges Tätigkeitsgebiet

41 Soll der Arbeitnehmer auf Grund der Weisungen des Arbeitgebers seine berufliche Tätigkeit typischerweise arbeitstäglich in einem weiträumigen Tätigkeitsgebiet ausüben, findet für die Fahrten von der Wohnung zu diesem Tätigkeitsgebiet ebenfalls die Entfernungspauschale Anwendung.

42 Ein weiträumiges Tätigkeitsgebiet liegt in Abgrenzung zur ersten Tätigkeitsstätte vor, wenn die vertraglich vereinbarte Arbeitsleistung auf einer festgelegten Fläche und nicht innerhalb einer ortsfesten betrieblichen Einrichtung des Arbeitgebers, eines verbundenen Unternehmens (§ 15 AktG) oder bei einem vom Arbeitgeber bestimmten Dritten ausgeübt werden soll. In einem weiträumigen Tätigkeitsgebiet werden in der Regel z. B. Zusteller oder Forstarbeiter tätig.

Hingegen sind z. B. Bezirksleiter und Vertriebsmitarbeiter, die verschiedene Niederlassungen betreuen oder mobile Pflegekräfte, die verschiedene Personen in deren Wohnungen in einem festgelegten Gebiet betreuen sowie Schornsteinfeger von dieser Regelung nicht betroffen.

43 Wird das weiträumige Tätigkeitsgebiet immer von verschiedenen Zugängen aus betreten oder befahren, ist die Entfernungspauschale aus Vereinfachungsgründen bei diesen Fahrten nur für die kürzeste Entfernung von der Wohnung zum nächstgelegenen Zugang anzuwenden.

44 Für alle Fahrten innerhalb des weiträumigen Tätigkeitsgebietes sowie für die zusätzlichen Kilometer bei den Fahrten von der Wohnung zu einem weiter entfernten Zugang können weiterhin die tatsächlichen Aufwendungen oder der sich am Bundesreisekostengesetz orientierende maßgebliche pauschale Kilometersatz angesetzt werden.

BEISPIEL 28 Der Forstarbeiter A fährt an 150 Tagen mit dem PKW von seiner Wohnung zu dem 15 km entfernten, nächstgelegenen Zugang des von ihm täglich zu betreuenden Waldgebietes (weiträumiges Tätigkeitsgebiet). An 70 Tagen fährt A von seiner Wohnung über einen weiter entfernt gelegenen Zugang (20 km) in das Waldgebiet.

Die Fahrten von der Wohnung zu dem weiträumigen Tätigkeitsgebiet werden behandelt wie die Fahrten von der Wohnung zu einer ersten Tätigkeitsstätte. A kann somit für diese Fahrten lediglich die Entfernungspauschale in Höhe von 0,30 € je Entfernungskilometer (= 15 km x 0,30 €) als Werbungskosten ansetzen. Die Fahrten innerhalb des Waldgebietes können mit den tatsächlichen Kosten oder aus Vereinfachungsgründen mit dem pauschalen Kilometersatz in Höhe von 0,30 €je tatsächlich gefahrenem Kilometer berücksichtigt werden.

Bei den Fahrten zu dem weiter entfernt gelegenen Zugang werden ebenfalls nur 15 Kilometer mit der Entfernungspauschale (15 km x 0,30 €) berücksichtigt. Die jeweils zusätzlichen fünf Kilometer für den tatsächlich längeren Hin- und Rückweg, werden ebenso wie die Fahrten innerhalb des weiträumigen Tätigkeitsgebietes mit den tatsächlichen Kosten oder aus Vereinfachungsgründen mit dem pauschalen Kilometersatz in Höhe von 0,30 € je gefahrenem Kilometer berücksichtigt.

Somit sind für 220 Tage jeweils 15 km mit der Entfernungspauschale und die restlichen tatsächlich gefahrenen Kilometer mit den tatsächlichen Kosten oder aus Vereinfachungsgründen mit dem pauschalen Kilometersatz in Höhe von 0,30 € anzusetzen.

Auf die Berücksichtigung von Verpflegungspauschalen oder Übernachtungskosten als Werbungskosten sowie den steuerfreien Arbeitgeberersatz hat diese Festlegung „tätig werden in einem weiträumigen Tätigkeitsgebiet" keinen Einfluss, da der Arbeitnehmer weiterhin außerhalb einer ersten Tätigkeitsstätte - und damit auswärts - beruflich tätig wird. Es wird nur die Anwendung der Entfernungspauschale für die Fahrtkosten von der Wohnung zum nächstgelegenen Zugang zu dem weiträumigen Tätigkeitsgebiet sowie die Besteuerung eines geldwerten Vorteils bei Dienstwagengestellung durch den Arbeitgeber nach § 8 Absatz 2 Satz 3 und 4 EStG festgelegt und der steuerfreie Arbeitgeberersatz für diese Fahrten nach § 3 Nummer 13 oder Nummer 16 EStG ausgeschlossen. 45

Soll der Arbeitnehmer in mehreren ortsfesten Einrichtungen seines Arbeitgebers, eines verbundenen Unternehmens oder eines Dritten, die innerhalb eines bestimmten Bezirks gelegen sind, beruflich tätig werden, wird er nicht in einem weiträumigen Tätigkeitsgebiet, sondern an verschiedenen, ggf. sogar ständig wechselnden Tätigkeitsstätten tätig. 46

2. Verpflegungsmehraufwendungen

a) Vereinfachung bei der Ermittlung der Pauschalen, § 9 Absatz 4a Satz 2 bis 5 EStG

aa) Eintägige Auswärtstätigkeiten im Inland

Für eintägige auswärtige Tätigkeiten ohne Übernachtung kann ab einer Abwesenheit von mehr als acht Stunden von der Wohnung und der ersten Tätigkeitsstätte eine Pauschale **für Verpflegungsmehraufwendungen** von **14 €** be- 47 rücksichtigt werden. Dies gilt auch, wenn der Arbeitnehmer seine auswärtige berufliche Tätigkeit über Nacht (also an zwei Kalendertagen) ausübt - somit nicht übernachtet - und dadurch ebenfalls insgesamt mehr als acht Stunden von der Wohnung und der ersten Tätigkeitsstätte abwesend ist. Ist der Arbeitnehmer an einem Kalendertag mehrfach oder über Nacht (an zwei Kalendertagen ohne Übernachtung) auswärts tätig, können die

Abwesenheitszeiten dieser Tätigkeiten zusammengerechnet und im Fall der Tätigkeit über Nacht für den Kalendertag berücksichtigt werden, an dem der Arbeitnehmer den überwiegenden Teil der insgesamt mehr als 8 Stunden abwesend ist **(§ 9 Absatz 4a Satz 3 Nummer 3 2. Halbsatz EStG).**

BEISPIEL 29 Der Vertriebsleiter V verlässt um 8.00 Uhr seine Wohnung in B und besucht zuerst bis 12.00 Uhr einen Kunden. Von 12.30 Uhr bis 14.30 Uhr ist er in seinem Büro (erste Tätigkeitsstätte) tätig. Anschließend fährt er von dort zu einer Tagung in C und kehrt um 19.00 Uhr noch einmal für eine Stunde in sein Büro in B zurück.

Es zählen die Zeiten vom Verlassen der Wohnung bis zur Ankunft an der ersten Tätigkeitsstätte (Büro) mittags sowie vom Verlassen der ersten Tätigkeitsstätte (Büro) bis zur Rückkehr dorthin. V war zweimal beruflich auswärts tätig und dabei insgesamt mehr als acht Stunden von seiner Wohnung und seiner ersten Tätigkeitsstätte abwesend. Er erfüllt daher die Voraussetzungen der Verpflegungspauschale für eine eintägige Auswärtstätigkeit (14 €).

BEISPIEL 30 Der Kurierfahrer K ist typischerweise von 20.00 Uhr bis 5.30 Uhr des Folgetags beruflich unterwegs. In dieser Zeit legt er regelmäßig auch eine Lenkpause von 45 Minuten ein. Seine Wohnung verlässt K um 19.30 Uhr und kehrt um 6.00 Uhr dorthin zurück. Eine erste Tätigkeitsstätte liegt nicht vor.

K ist im Rahmen seiner beruflichen Auswärtstätigkeit (Fahrtätigkeit) über Nacht von seiner Wohnung abwesend. Bei der Lenkpause handelt es sich nicht um eine Übernachtung. Die Abwesenheitszeiten über Nacht können **aber** zusammengerechnet werden. Sie werden für den zweiten Kalendertag berücksichtigt, an dem A den überwiegenden Teil der Zeit abwesend ist. A erfüllt die Voraussetzungen der Verpflegungspauschale für eine eintägige Auswärtstätigkeit (**14** €).

ABWANDLUNG 1 Die berufliche Fahrtätigkeit des K verteilt sich wie folgt auf die Tage (in Stunden):

Montag	Dienstag	Mittwoch	Donnerstag	Freitag	Samstag
5	4 5	4 5	4 4,5	5 5	4

Wählt K die Zusammenrechnung der Abwesenheitszeiten über Nacht, kann K eine Verpflegungspauschale für eine eintägige Auswärtstätigkeit **in Höhe von 14 €** für folgende Tage beanspruchen: Montag, Dienstag, Mittwoch und Freitag.

Rechnet K stattdessen die an dem jeweiligen Tag geleisteten einzelnen Abwesenheitszeiten zusammen, dann kann K für Dienstag, Mittwoch, Donnerstag und Freitag eine Verpflegungspauschale von **jeweils 14 €** beanspruchen.

ABWANDLUNG 2 ▸ Die berufliche Fahrtätigkeit des K verteilt sich wie folgt auf die Tage (in Stunden):

Montag	Dienstag	Mittwoch	Donnerstag	Freitag	Samstag
5	4 5	4 5	4 4,5	4 4	5

Wählt K die Zusammenrechnung der Abwesenheitszeiten über Nacht, kann K eine Verpflegungspauschale für eine eintägige Auswärtstätigkeit **in Höhe von 14 €** für folgende Tage beanspruchen: Montag, Dienstag, Mittwoch, Donnerstag und Samstag.

Rechnet K die an dem jeweiligen Tag geleisteten einzelnen Abwesenheitszeiten zusammen, **kann** K nur für Dienstag, Mittwoch und Donnerstag eine Verpflegungspauschale von **jeweils 14 €** beanspruchen.

Maßgeblich hierfür ist die gesetzliche Regelung des § 9 Absatz 4a Satz 3 Nummer 3 2. Halbsatz EStG, die anstelle der auf den Kalendertag bezogenen Betrachtung bei auswärtigen beruflichen Tätigkeiten über Nacht ohne Übernachtung **ausnahmsweise** die Zusammenrechnung dieser Zeiten ermöglicht.

BEISPIEL 31 ▸ Der Arbeitnehmer A unternimmt, ohne zu übernachten, eine Dienstreise, die am 5. Mai um 17.0 Uhr beginnt und am 6. Mai um 7.30 Uhr beendet wird. Am 6. Mai unternimmt A nachmittags eine weitere Dienstreise (von 14.00 Uhr bis 23.30 Uhr).

A hat hier die Möglichkeit die Abwesenheitszeiten der ersten Dienstreise über Nacht zusammenzurechnen (= 14 Stunden und 30 Minuten). Bedingt durch die überwiegende Abwesenheit am 6. Mai ist die dafür zu berücksichtigende Verpflegungspauschale dann dem 6. Mai zuzurechnen.

Alternativ können auch alle ausschließlich am 6. Mai geleisteten Abwesenheitszeiten (7 Stunden 30 Minuten zuzüglich 9 Stunden 30 Minuten = 17 Stunden) zusammengerechnet werden. In diesem Fall bleiben die während der ersten Dienstreise angefallenen Abwesenheitszeiten unberücksichtigt.

Unabhängig davon, für welche Berechnungsmethode A sich entscheidet, steht ihm lediglich eine Verpflegungspauschale von **14 €** für den 6. Mai zu.

Eine Verpflegungspauschale von **28 €** kommt nur in Betracht, wenn entweder die gesamte Tätigkeit über Nacht oder die Tätigkeit an dem jeweiligen Kalendertag 24 Stunden erreicht.

BEISPIEL 32 ▸ Der Arbeitnehmer A arbeitet von 8.30 Uhr bis 17.00 Uhr in seinem Büro in B (erste Tätigkeitsstätte), anschließendfährt er zu einem Geschäftstermin in C. Der Termin erstreckt sich bis 0.30 Uhr des Folgetags. A kehrt um 1.30 Uhr in seine Wohnung zurück.

A war wegen beruflicher Tätigkeit mehr als acht Stunden auswärts tätig. Dass sich die Abwesenheit über zwei Kalendertage ohne Übernachtung erstreckt, ist unschädlich. Die Abwesenheiten werden zusammengerechnet und dem ersten Kalendertag zugeordnet, weil an diesem Tag der überwiegende Teil der Abwesenheit stattgefunden hat. A erfüllt die Voraussetzungen der Verpflegungspauschale für eine eintägige Auswärtstätigkeit (**14 €**).

bb) Mehrtägige Auswärtstätigkeiten im Inland

48 Für **jeden** Kalendertag, an dem der Arbeitnehmer a**ufgrund einer auswärtigen** beruflichen Tätigkeit (Rz. 36) 24 Stunden von seiner Wohnung abwesend ist (**Zwischentag**), kann eine Pauschale **für Verpflegungsmehraufwendungen** von **28 €** als Werbungskosten geltend gemacht bzw. vom Arbeitgeber steuerfrei ersetzt werden.

49 Für den **An- und Abreisetag** einer mehrtägigen auswärtigen Tätigkeit mit Übernachtung außerhalb der Wohnung kann ohne Prüfung einer Mindestabwesenheitszeit eine Pauschale von jeweils **14 €** als Werbungskosten berücksichtigt bzw. vom Arbeitgeber steuerfrei ersetzt werden. Dabei ist es unerheblich, ob der Arbeitnehmer die Reise von der Wohnung, der ersten oder einer anderen Tätigkeitsstätte aus antritt. Eine mehrtägige auswärtige Tätigkeit mit Übernachtung liegt auch dann vor, wenn die berufliche Auswärtstätigkeit über Nacht ausgeübt wird und sich daran eine Übernachtung am Tage sowie eine weitere Tätigkeit über Nacht anschließt. Unerheblich ist auch, ob für die Übernachtung tatsächlich Übernachtungskosten anfallen (so z. B. bei Schlafen im Bus, LKW oder Lok).

BEISPIEL 33 Der Ingenieur I aus B ist von Montagabend bis Dienstag in M auswärts tätig. An diese Tätigkeit schließt sich am Dienstag gleich die Weiterreise nach H zu einer neuen auswärtigen Tätigkeit an. I fährt von M direkt nach H und kehrt am Mittwochmittag zu seiner Wohnung zurück.

I kann folgende Verpflegungspauschalen beanspruchen: für Montag als Anreisetag und für Mittwoch als Rückreisetag stehen ihm jeweils **14 €** zu. Da I am Dienstag infolge der Abreise aus M und direkten Anreise nach H 24 Stunden von seiner Wohnung und ersten Tätigkeitsstätte abwesend ist, kann er für diesen Tag eine Pauschale von **28 €** beanspruchen.

ABWANDLUNG I sucht am Dienstag kurz seine Wohnung in B auf, um Unterlagen und Kleidung einzupacken und fährt nach einer Stunde weiter nach H.

In diesem Fall kann I auch für Dienstag als An- und gleichzeitig als Abreisetag nur **14 €** Verpflegungspauschale beanspruchen. Eine Verpflegungspauschale von **28 €** kann nur dann beansprucht werden, wenn I infolge seiner beruflichen Auswärtstätigkeit 24 Stunden von seiner Wohnung und ersten Tätigkeitsstätte abwesend ist.

BEISPIEL 34 Monteur M aus D ist von Montag bis Mittwoch in S auswärts tätig. Eine erste Tätigkeitsstätte besteht nicht. M verlässt am Montag um 10.30 Uhr seine Wohnung in D. M verlässt S am Mittwochabend und erreicht seine Wohnung in D am Donnerstag um 1.45 Uhr.

M steht für Montag (Anreisetag) eine Verpflegungspauschale von **14 €** zu. Für Dienstag und Mittwoch kann M eine Pauschale von **28 €** beanspruchen, da er an diesen Tagen 24 Stunden von seiner Wohnung abwesend ist. Für Donnerstag steht ihm eine Pauschale von **14 €** zu (Abreisetag).

Als Wohnung im vorstehenden Sinn gilt (§ 9 Absatz 4a Satz 4, 2. Halbsatz EStG) 50

- der Hausstand, der den Mittelpunkt der Lebensinteressen des Arbeitnehmers bildet und nicht nur gelegentlich aufgesucht wird oder
- die Zweitwohnung am Ort einer steuerlich anzuerkennenden doppelten Haushaltsführung (insbesondere zu berücksichtigen, wenn der Arbeitnehmer mehrere Wohnungen hat).

BEISPIEL 35 Wohnung in diesem Sinne kann somit z. B. bei Auszubildenden auch die elterliche Wohnung sein, wenn sich dort noch der Lebensmittelpunkt des Auszubildenden befindet.

BEISPIEL 36 Übernachtet der Arbeitnehmer aus beruflichem Anlass z. B. im Rahmen einer Auswärtstätigkeit in seinem eigenen Ferienappartement, welches er nur gelegentlich aufsucht, handelt es sich um eine mehrtägige auswärtige Tätigkeit mit Übernachtung, auch wenn für die Übernachtung selbst keine Kosten entstehen.

cc) Auswärtstätigkeiten im Ausland

Unter den gleichen Voraussetzungen wie bei inländischen Auswärtstätigkeiten werden bei Auswärtstätigkeiten im Ausland **Pauschalen für Verpflegungsmehraufwendungen gewährt. Diese betragen bei einer Abwesenheit von 24 Stunden** 120 % und **für den Ansowie Abreisetag oder eine Abwesenheit von mehr als 8 Stunden** 80 % der Auslandstagegelder nach dem Bundesreisekostengesetz. Die **jeweiligen** Beträge werden **regelmäßig** durch BMF-Schreiben bekannt gemacht. Im Hinblick auf die bei auswärtigen beruflichen Tätigkeiten im Ausland oftmals über Nacht oder mehrere Tage andauernden An- und Abreisen genügt es für die Qualifizierung als An- und Abreisetag, wenn der Arbeitnehmer unmittelbar nach der Anreise oder vor der Abreise auswärtig übernachtet. Die übrigen Regelungen zu den Besonderheiten bei Auswärtstätigkeiten im Ausland gelten weiter (so z. B. R 9.6 Absatz 3 LStR 2015). 51

Bei Auswärtstätigkeiten in verschiedenen ausländischen Staaten gilt für die Ermittlung der Verpflegungspauschalen am An- und Abreisetag Folgendes: 52

- Bei einer Anreise vom Inland ins Ausland oder vom Ausland ins Inland jeweils ohne Tätigwerden ist die Verpflegungspauschale des Ortes maßgebend, der vor 24.00 Uhr erreicht wird.
- Bei einer Abreise vom Ausland ins Inland oder vom Inland ins Ausland ist die Verpflegungspauschale des letzten Tätigkeitsortes maßgebend.

BEISPIEL 37 Der Arbeitnehmer A reist am Montag um 20.00 Uhr zu einer beruflichen Auswärtstätigkeit von seiner Wohnung in Berlin nach Brüssel. Er erreicht Belgien um 2.00 Uhr. Dienstag ist er den ganzen Tag in Brüssel tätig. Am Mittwoch reist er zu einem weiteren Geschäftstermin um 8.0 Uhr nach Amsterdam. Er erreicht Amsterdam um 14.00 Uhr. Dort ist er bis Donnerstag um 13.00 Uhr tätig und reist anschließend zurück nach Berlin. Er erreicht seine Wohnung am Donnerstag um 22.30 Uhr.

Für Montag ist die inländische Verpflegungspauschale für den Anreisetag maßgebend, da A sich um 24.00 Uhr noch im Inland befindet. Für Dienstag ist die Verpflegungspauschale für Belgien anzuwenden. Für Mittwoch ist die Verpflegungspauschale für die Niederlande zu Grunde zu legen, da sich der Ort, den A vor 24 Uhr Ortszeit zuletzt erreicht hat, in den Niederlanden befindet (§ 9 Absatz 4a Satz 5 EStG). Für Donnerstag ist die Verpflegungspauschale der Niederlande für den Abreisetag maßgeblich, da A noch bis 13.00 Uhr in Amsterdam beruflich tätig war.

BEISPIEL 38 Der Arbeitnehmer A reist für ein berufliches Projekt am Sonntag um 21.00 Uhr von Paris nach Mannheim. Am Sonntag um 24.00 Uhr befindet sich A noch in Frankreich. A ist in Mannheim von Montag bis Freitag beruflich tätig und verlässt Mannheim am Freitag um 11.0 Uhr. Er erreicht Paris am Freitag um 21.00 Uhr.

Für Sonntag (Anreisetag) ist die Verpflegungspauschale für Frankreich maßgebend. Für Montag bis Freitag ist die jeweils maßgebliche inländische Verpflegungspauschale anzuwenden.

b) Dreimonatsfrist, § 9 Absatz 4a Satz 6 EStG

53 Der Abzug der Verpflegungsmehraufwendungen ist auf die ersten drei Monate einer längerfristigen **auswärtigen** beruflichen Tätigkeit an derselben Tätigkeitsstätte beschränkt (vgl. Rz. 55). Werden **während** einer beruflichen Tätigkeit mehrere ortsfeste betriebliche Einrichtungen innerhalb eines Werks- oder Betriebsgeländes aufgesucht, handelt es sich um die Tätigkeit an einer **(großräumigen)** Tätigkeitsstätte **(BFH-Urteile vom 11. April 2019, VI R 40/16 und VI R 12/17, BStBl 2019 II S. 546 und 551)**. Handelt es sich um einzelne ortsfeste betriebliche Einrichtungen verschiedener Auftraggeber oder Kunden, liegen mehrere Tätigkeitsstätten vor. Dies gilt auch dann, wenn sich die Tätigkeitsstätten in unmittelbarer räumlicher Nähe zueinander befinden.

54 Um die Berechnung der Dreimonatsfrist zu vereinfachen, ist eine rein zeitliche Bemessung der Unterbrechungsregelung vorzunehmen. Eine Unterbrechung der beruflichen Tätigkeit an derselben Tätigkeitsstätte **führt** zu einem Neubeginn der Dreimonatsfrist, wenn sie mindestens vier Wochen dauert (§ 9 Absatz 4a Satz 7 EStG). Der Grund der Unterbrechung ist unerheblich; es zählt nur die Unterbrechungsdauer.

55 Von einer längerfristigen beruflichen Tätigkeit an derselben Tätigkeitsstätte ist erst dann auszugehen, sobald der Arbeitnehmer an dieser mindestens an drei Tagen in der Woche tätig wird. Die Dreimonatsfrist beginnt daher nicht, solange die auswärtige Tätigkeitsstätte an nicht mehr als zwei Tagen in der

Woche aufgesucht wird. Die Prüfung des Unterbrechungszeitraums und des Ablaufs der Dreimonatsfrist erfolgt stets im Nachhinein mit Blick auf die zurückliegende Zeit (Ex-post-Betrachtung).

BEISPIEL 39 Der Bauarbeiter A soll ab März **01** arbeitstäglich an der Baustelle in Hfür 5 Monate tätig werden. Am 1. April **01** nimmt er dort seine Tätigkeit auf. Ab 20. Mai **01** wird er nicht nur in H, sondern für einen Tag wöchentlich auch an der Baustelle in B tätig, da dort ein Kollege ausgefallen ist.

Für die Tätigkeit an der Baustelle in H beginnt die Dreimonatsfrist am 1. April **01** und endet am 30. Juni **01**. Eine vierwöchige Unterbrechung liegt nicht vor (immer nur eintägige Unterbrechung).

Für die Tätigkeit an der Baustelle in B greift die Dreimonatsfrist hingegen nicht, da A dort lediglich einen Tag wöchentlich tätig wird.

BEISPIEL 40 Wie Beispiel **39**, allerdings wird A ab 1. April **01** zwei Tage wöchentlich in H und drei Tage wöchentlich in B tätig. Ab 15. April **01** muss er für zwei Wochen nach M. Ab 1. Mai **01** ist er dann bis auf Weiteres drei Tage wöchentlich in H und zwei Tage in B tätig.

Für die Tätigkeit an der Baustelle in B beginnt die Dreimonatsfrist am 1. April **01** und endet am 30. Juni **01**. Eine vierwöchige Unterbrechung liegt nicht vor (lediglich zwei Wochen und dann immer nur dreitägige Unterbrechung).

Für die Tätigkeit an der Baustelle in H beginnt die Dreimonatsfrist hingegen erst am 1. Mai **01**, da A dort erst ab diesem Tag an drei Tagen wöchentlich tätig wird.

BEISPIEL 41 Der Außendienstmitarbeiter A wohnt in K und hat am Betriebssitz seines Arbeitgebers in S seine erste Tätigkeitsstätte (arbeitsrechtliche Zuordnung durch **den Arbeitgeber**). A sucht arbeitstäglich die Filiale in K gegen 8.00 Uhr auf und bereitet sich dort üblicherweise für ein bis zwei Stunden auf seinen Außendienst vor. Von ca. 10.00 Uhr bis 16.30 Uhr sucht er dann verschiedene Kunden im Großraum K auf. Anschließendfährt er nochmals in die Filiale in K, um Nacharbeiten zu erledigen.

Bei dem arbeitstäglichen Vor- und Nachbereiten der Außendiensttätigkeit in der Filiale in K handelt es sich um eine längerfristige berufliche Auswärtstätigkeit an derselben Tätigkeitsstätte; für die berufliche Tätigkeit an dieser Tätigkeitsstätte können nach Ablauf von drei Monaten daher keine Verpflegungspauschalen mehr beansprucht werden. Für die restliche eintägige berufliche Auswärtstätigkeit bei den verschiedenen Kunden im Großraum K gilt dies nicht. Die Tätigkeitszeit in der Filiale in K kann für die Ermittlung der erforderlichen Mindestabwesenheitszeit von mehr als 8 Stunden nach Ablauf von 3 Monaten nicht mehr berücksichtigt werden, sondern ist abzuziehen. Ab dem vierten Monat kommt es für die Ermittlung der Abwesenheitszeiten der eintägigen Auswärtstätigkeit daher jeweils auf die Dauer der Abwesenheit von der Wohnung, abzüglich der Tätigkeitszeit(en) in der Filiale in K an.

Bei beruflichen Tätigkeiten auf mobilen, nicht ortsfesten betrieblichen Einrichtungen wie z. B. Fahrzeugen, Flugzeugen, Schiffen findet die Dreimonatsfrist keine Anwendung. Entsprechendes gilt für eine Tätigkeit in einem weiträumigen Tätigkeitsgebiet. 56

57 Die Regelungen zu den Verpflegungspauschalen sowie die Dreimonatsfrist gelten auch bei einer doppelten Haushaltsführung (§ 9 Absatz 4a Satz 12 EStG).

c) Pauschalbesteuerung, § 40 Absatz 2 Satz 1 Nummer 4 EStG

58 **Der Arbeitgeber kann die** Lohnsteuer mit einem Pauschsteuersatz von 25 % erheben, wenn dem Arbeitnehmer anlässlich einer Auswärtstätigkeit i. S. v. § 9 Absatz 4a Satz 3, **5 und** 6 EStG **Vergütungen für Verpflegungsmehraufwendungen** gezahlt werden, soweit diese die dem Arbeitnehmer zustehenden Verpflegungspauschalen ohne Anwendung der Kürzungsregelung nach § 9 Absatz 4a Satz 8 bis 10 EStG um nicht mehr als 100 % übersteigen.

59 Soweit nach Ablauf der Dreimonatsfrist eine steuerfreie Erstattung von Verpflegungsmehraufwendungen nicht mehr möglich ist, kommt eine Pauschalbesteuerung nach § 40 Absatz 2 Satz 1 Nummer 4 EStG nicht in Betracht.

BEISPIEL 42 Der Arbeitnehmer A erhält während einer ununterbrochenen viermonatigen Auswärtstätigkeit von seinem Arbeitgeber Vergütungen für Verpflegungsmehraufwendungen in Höhe von **56 €** für jeden vollen Kalendertag. Für An- und Abreisetage reduziert sich diese Vergütung auf 28 € pro Tag. Während seiner Auswärtstätigkeit wird dem Arbeitnehmer kostenlos eine Unterkunft vom Arbeitgeber zur Verfügung gestellt.

In den ersten drei Monaten ist die Verpflegungspauschale für die vollen Kalendertage in Höhe von **28 €** und für die An- und Abreisetage jeweils in Höhe von **14 €** steuerfrei. Der Mehrbetrag von **28 €** bzw. **14 €** kann mit 25 % pauschal versteuert werden. Ab dem vierten Monat sind die vom Arbeitgeber gezahlten Verpflegungsvergütungen von täglich **56 €** bzw. **28 €** wegen des Ablaufs der Dreimonatsfrist in voller Höhe als Arbeitslohn individuell zu versteuern.

60 Für Verpflegungszuschüsse, die **während** einer doppelten Haushaltsführung gezahlt werden (§ 9 Absatz 4a Satz 12 EStG), ist die Pauschalbesteuerung nach § 40 Absatz 2 Satz 1 Nummer 4 EStG nicht zulässig.

3. Vereinfachung der steuerlichen Erfassung der vom Arbeitgeber zur Verfügung gestellten Mahlzeiten während einer auswärtigen Tätigkeit

a) Bewertung und Besteuerungsverzicht bei üblichen Mahlzeiten, § 8 Absatz 2 Satz 8 und 9 EStG

61 Eine vom Arbeitgeber während einer beruflich veranlassten Auswärtstätigkeit zur Verfügung gestellte „übliche“ Mahlzeit wird mit dem amtlichen Sachbezugswert nach § 2 der Sozialversicherungsentgeltverordnung bewertet. Ent-

sprechendes gilt für die bei einer beruflich veranlassten doppelten Haushaltsführung vom Arbeitgeber zur Verfügung gestellten „üblichen" Mahlzeiten. Als „üblich" gilt eine Mahlzeit, deren Preis 60 € nicht übersteigt (§ 8 Absatz 2 Satz 8 EStG). Hierbei sind auch die zur Mahlzeit eingenommenen Getränke einzubeziehen. **Die Preisgrenze von 60 € gilt unabhängig davon, ob die Mahlzeit im Inland oder im Ausland zur Verfügung gestellt wird.**

Mahlzeiten mit einem Preis von über 60 € dürfen nicht mit dem amtlichen Sachbezugswert bewertet werden. Bei einer solchen Mahlzeit wird typisierend unterstellt, dass es sich um ein „Belohnungsessen" (R 8.1 Absatz 8 Nummer 2 LStR 2015) handelt. Belohnungsessen sind mit dem tatsächlichen Preis als Arbeitslohn (§ 8 Absatz 2 Satz 1 EStG) anzusetzen. 62

Für die Prüfung der 60 €-Grenze kommt es auf den Preis der Mahlzeit (einschließlich Umsatzsteuer) an, den der Dritte dem Arbeitgeber in Rechnung stellt. Zuzahlungen des Arbeitnehmers sind bei der Prüfung der 60 €-Grenze nicht zu berücksichtigen. Ist der Preis der Mahlzeit **in einem Gesamtpreis z. B. einer Fortbildungsveranstaltung enthalten und** in der Rechnung eines Dritten nicht beziffert, ist nach dem Gesamtbild der Verhältnisse im Einzelfall zu beurteilen, ob es sich um eine „übliche" Beköstigung i. S. d. § 8 Absatz 2 Satz 8 EStG gehandelt hat oder ob ein höherer Wert der Mahlzeit als 60 € anzunehmen ist. 63

Die für eine unmittelbar vom Arbeitgeber abgegebene Mahlzeit maßgeblichen Grundsätze gelten auch, wenn eine Mahlzeit auf Veranlassung des Arbeitgebers von einem Dritten an den Arbeitnehmer abgegeben wird. Die Gestellung einer Mahlzeit ist vom Arbeitgeber veranlasst, wenn er Tag und Ort der Mahlzeitengestellung bestimmt. Das ist insbesondere dann der Fall, wenn 64

- er die Verpflegungskosten im Hinblick auf die beruflich veranlasste Auswärtstätigkeit des Arbeitnehmers dienst- oder arbeitsrechtlich erstattet und
- die Rechnung auf den Arbeitgeber ausgestellt ist oder es sich um eine Kleinbetragsrechnung i. S. d. § 14 UStG i.V. m. § 33 UStDV handelt, die **als Beleg zur Buchführung des** Arbeitgebers vorliegt oder vorgelegen hat und **gesichert** wurde.

Zu den vom Arbeitgeber zur Verfügung gestellten Mahlzeiten (Rz. 73 ff.) gehören auch die z. B. im Flugzeug, im Zug oder auf einem Schiff im Zusammenhang mit der Beförderung unentgeltlich angebotenen Mahlzeiten, sofern die Rechnung für das Beförderungsticket auf den Arbeitgeber ausgestellt ist und von diesem dienst- oder arbeitsrechtlich erstattet wird. Die Verpflegung muss dabei nicht offen auf der Rechnung ausgewiesen werden. Lediglich dann, 65 wenn z. B. anhand des gewählten Beförderungstarifs feststeht, dass es sich um eine reine Beförderungsleistung handelt, bei der keine Mahlzeiten unentgeltlich angeboten werden, liegt keine Mahlzeitengestellung vor.

66 Die steuerliche Erfassung einer solchen üblichen Mahlzeit als Arbeitslohn ist ausgeschlossen, wenn der Arbeitnehmer für die betreffende Auswärtstätigkeit dem Grunde nach eine Verpflegungspauschale i. S. d. § 9 Absatz 4a EStG als Werbungskosten geltend machen könnte. Auf die Höhe der tatsächlich als Werbungskosten anzusetzenden Verpflegungspauschale kommt es nicht an. Ebenso ist eine mögliche Kürzung des Werbungskostenabzugs nach § 9 Absatz 4a Satz 8 ff. EStG wegen der Gestellung einer Mahlzeit unerheblich.

67 Im Ergebnis unterbleibt die Erfassung der mit dem Sachbezugswert bewerteten Mahlzeit bereits immer dann, wenn der Arbeitnehmer anlässlich einer beruflich veranlassten Auswärtstätigkeit eine Verpflegungspauschale beanspruchen kann, weil er innerhalb der Dreimonatsfrist nach § 9 Absatz 4a Satz 6 EStG nachweislich mehr als acht Stunden von seiner Wohnung und der ersten Tätigkeitsstätte abwesend ist oder eine mehrtägige Auswärtstätigkeit mit Übernachtung vorliegt. Nach Ablauf der Dreimonatsfrist ist die Gestellung einer Mahlzeit grundsätzlich als Arbeitslohn zu erfassen.

BEISPIEL 43 Der Arbeitnehmer A nimmt auf Veranlassung seines Arbeitgebers an einem zweitägigen Seminar mit Übernachtung teil. Die Hotelrechnung ist auf den Arbeitgeber ausgestellt. Der Arbeitgeber erstattet die vom Arbeitnehmer verauslagten Übernachtungskosten von 100 € incl. 20 €für ein Frühstück **mit** der Reisekostenabrechnung des Arbeitnehmers. Die auf den Arbeitgeber ausgestellte Rechnung des Seminarveranstalters hat der Arbeitgeber unmittelbar bezahlt. Darin enthalten ist für beide Seminartage jeweils ein für derartige Veranstaltungen typisches Mittagessen, dessen Preis in der Rechnung nicht gesondert ausgewiesen ist.

Der Arbeitnehmer A erhält sowohl das Frühstück als auch die beiden Mittagessen auf Veranlassung seines Arbeitgebers. Für den An- und den Abreisetag steht ihm grundsätzlich jeweils eine Verpflegungspauschale i. H. v. **14** € zu.

Obgleich der Preis der Mittagessen in der Rechnung des Seminarveranstalters nicht beziffert ist, kann aufgrund der Art und Durchführung der Seminarveranstaltung von einer üblichen Beköstigung ausgegangen werden, deren Preis 60 € nicht übersteigt. Die Mahlzeiten sind daher nicht als Arbeitslohn zu erfassen und die Verpflegungspauschale des Arbeitnehmers im Hinblick auf die zur Verfügung gestellten Mahlzeiten nach § 9 Absatz 4a Satz 8 EStG zu kürzen (vgl. Rz. **73** ff.).

68 Eine vom Arbeitgeber oder auf dessen Veranlassung von einem Dritten abgegebene Mahlzeit mit einem höheren Preis als 60 € ist stets als Arbeitslohn zu erfassen. Das gilt auch dann, wenn der Preis der Mahlzeit zwar nicht offen in Rechnung gestellt, nach dem Gesamtbild der Umstände aber als unüblich i. S. d. § 8 Absatz 2 Satz 8 EStG anzusehen ist und ein Wert der Mahlzeit von

mehr als 60 € unterstellt werden kann. Im Zweifel ist der Wert der Mahlzeit zu schätzen. Eine unübliche Mahlzeit ist als Arbeitslohn zu erfassen, unabhängig davon, ob der Arbeitnehmer für die betreffende Auswärtstätigkeit eine Verpflegungspauschale als Werbungskosten geltend machen kann.

BEISPIEL 44 Der Arbeitnehmer A nimmt im Auftrag seines Arbeitgebers an einer eintägigen Podiumsdiskussion mit anschließender Abendveranstaltung teil. Die auf den Arbeitgeber ausgestellte Rechnung des Veranstalters hat der Arbeitgeber unmittelbar bezahlt. Darin enthalten sind die Kosten für ein Galadinner, das mit 80 € separat ausgewiesen ist. Der Arbeitnehmer ist mehr als acht Stunden von seiner Wohnung und seiner ersten Tätigkeitsstätte abwesend. Der Arbeitnehmer erhält das Galadinner vom Veranstalter der Podiumsdiskussion auf Veranlassung seines Arbeitgebers. Angesichts der Kosten von mehr als 60 € ist von einem Belohnungsessen auszugehen (unübliche Beköstigung gemäß § 8 Absatz 2 Satz 8 EStG), so dass die dafür berechneten 80 € als Arbeitslohn anzusetzen sind. Der Arbeitnehmer kann als Werbungskosten eine ungekürzte Verpflegungspauschale i. H. v. **14 €** geltend machen.

Der Ansatz einer nach § 8 Absatz 2 Satz 8 EStG mit dem amtlichen Sachbezugswert bewerteten Mahlzeit als Arbeitslohn setzt voraus, dass es sich um eine übliche Mahlzeit handelt und der Arbeitnehmer keine Verpflegungspauschale beanspruchen kann; dies liegt regelmäßig vor, wenn er nicht mehr als acht Stunden außerhalb seiner Wohnung und seiner ersten Tätigkeitsstätte beruflich tätig ist oder die Dreimonatsfrist nach § 9 Absatz 4a Satz 6 EStG überschritten ist. 69

Zahlt der Arbeitnehmer in diesen Fällen ein Entgelt für die erhaltene Mahlzeit, mindert dieses Entgelt den steuerpflichtigen geldwerten Vorteil. Es ist nicht zu beanstanden, wenn der Arbeitgeber ein vereinbartes Entgelt für die Mahlzeit im Rahmen der Lohnabrechnung unmittelbar aus dem Nettoentgelt des Arbeitnehmers entnimmt. Übersteigt das vom Arbeitnehmer gezahlte Entgelt den maßgebenden Sachbezugswert oder entspricht es dem Sachbezugswert, verbleibt kein steuerpflichtiger geldwerter Vorteil. Der den Sachbezugswert übersteigende Betrag darf nicht als Werbungskosten abgezogen werden. 70

Gleiches gilt, wenn der Arbeitnehmer bei der Gestellung einer Mahlzeit auf Veranlassung des Arbeitgebers ein zuvor vereinbartes Entgelt unmittelbar an den Dritten entrichtet. Es muss sich hierbei aber um ein Entgelt des Arbeitnehmers handeln. Wird das vom Dritten in Rechnung gestellte Entgelt zunächst vom Arbeitnehmer verauslagt und diesem anschließend vom Arbeitgeber erstattet, handelt es sich nicht um ein Entgelt des Arbeitnehmers. Das gilt insbesondere für den auf den Arbeitgeber ausgestellten Rechnungsbetrag. 71

BEISPIEL 45 Der Arbeitnehmer A nimmt auf Veranlassung seines Arbeitgebers an einem zweitägigen Seminar mit Übernachtung teil. Die auf den Arbeitgeber ausgestellte Hotelrechnung von 100 € incl. 20 € für ein Frühstück wird zunächst vom Arbeitnehmer bezahlt. Der Arbeitgeber erstattet dem Arbeitnehmer die Übernachtungskosten incl. Frühstück mit der Reisekostenabrechnung.

Im Hinblick auf die Rechnungsstellung und spätere Erstattung der Auslagen durch den Arbeitgeber handelt es sich bei dem in der Hotelrechnung für das Frühstück enthaltenen Kostenanteil nicht um ein Entgelt des Arbeitnehmers. Da es sich bei den zur Verfügung gestellten Mahlzeiten um übliche Mahlzeiten handelt, sind diese nicht als Arbeitslohn zu erfassen; beim Werbungskostenabzug des Arbeitnehmers sind die Verpflegungspauschalen entsprechend zu kürzen (für den zweiten Tag zustehende Verpflegungspauschale um **5,60 €**).

BEISPIEL 46 ▸ Der Arbeitnehmer A wirdfür sechs Monate von seinem Arbeitgeber an einen Tochterbetrieb im Inland entsandt. Für die Zeit der Entsendung übernachtet der Arbeitnehmer während der Woche in einem Hotel in der Nähe des Tochterbetriebs. Das Hotel stellt dem Arbeitgeber pro Übernachtung 70 € zuzüglich 10 € für ein Frühstück in Rechnung, dass der Arbeitnehmer zunächst verauslagt und dann im Rahmen der Reisekostenabrechnung von seinem Arbeitgeber erstattet erhält. Es liegt eine beruflich veranlasste Auswärtstätigkeit vor. Der Arbeitnehmer erhält das Frühstück jeweils auf Veranlassung seines Arbeitgebers.

Für die ersten drei Monate der Auswärtstätigkeit stehen dem Arbeitnehmer arbeitstäglich Verpflegungspauschalen zu. Da es sich bei den zur Verfügung gestellten Mahlzeiten um übliche Mahlzeiten handelt, sind diese nicht als Arbeitslohn zu erfassen und beim Werbungskostenabzug des Arbeitnehmers die Verpflegungspauschalen entsprechend zu kürzen.

Ab dem vierten Monat der Auswärtstätigkeit stehen dem Arbeitnehmer keine Verpflegungspauschalen mehr zu. Das Frühstück ist jeweils mit dem amtlichen Sachbezugswert als Arbeitslohn zu erfassen, der nach § 40 Absatz 2 Satz 1 Nummer 1a EStG pauschal besteuert (vgl. dazu Rz. **94** ff.) werden kann.

ABWANDLUNG ▸ Sachverhalt wie voriges Beispiel. Allerdings zahlt der Arbeitnehmer A für das Frühstück jeweils 3 €.

Das vom Arbeitnehmer A für das Frühstück gezahlte Entgelt ist ab dem vierten Monat auf den Sachbezugswert anzurechnen. Da das Entgelt höher ist als der Sachbezugswert, unterbleibt eine Besteuerung als Arbeitslohn. Der den Sachbezugswert übersteigende Betrag darf nicht als Werbungskosten abgezogen werden.

72 Die Vorteile aus der Teilnahme des Arbeitnehmers an einer geschäftlich veranlassten Bewirtung i. S. d. § 4 Absatz 5 Satz 1 Nummer 2 EStG gehören nicht zum Arbeitslohn (R 8.1 Absatz 8 Nummer 1 LStR 2015). Entsprechendes gilt für die im ganz überwiegend eigenbetrieblichen Interesse des Arbeitgebers abgegebenen Mahlzeiten. Hierzu gehören insbesondere die Teilnahme an einem Arbeitsessen (R 19.6 Absatz 2 Satz 2 LStR 2015) sowie die bei einer üblichen Betriebsveranstaltung (**§ 19 Absatz 1 Satz 1 Nummer 1a EStG**) abgegebenen Mahlzeiten.

b) Kürzung der Verpflegungspauschalen, § 9 Absatz 4a Satz 8 bis 10 EStG

aa) Kürzung bei Mahlzeitengestellung

Der Arbeitnehmer kann für ihm tatsächlich entstandene Mehraufwendungen für Verpflegung auf Grund einer beruflich veranlassten Auswärtstätigkeit Verpflegungspauschalen als Werbungskosten ansetzen oder in entsprechender Höhe einen steuerfreien Arbeitgeberersatz erhalten. **Die Höhe der Verpflegungspauschalen ist nach der Abwesenheitszeit des Arbeitnehmers von seiner Wohnung und seiner ersten Tätigkeitsstätte gestaffelt.** Das Merkmal „tatsächlich entstandene" Mehraufwendungen bringt dabei zum **Ausdruck, dass die Verpflegungspauschalen nicht mehr zum Ansatz kommen, soweit** der Arbeitnehmer während seiner beruflichen Auswärtstätigkeit durch den Arbeitgeber „verpflegt" wird. Eine Prüfungspflicht hinsichtlich der Höhe der tatsächlich entstandenen Aufwendungen besteht nicht. Wird dem Arbeitnehmer von seinem Arbeitgeber oder auf dessen Veranlassung von einem Dritten eine Mahlzeit zur Verfügung gestellt, wird der Werbungskostenabzug tageweise gekürzt, und zwar 73

- um 20 % für ein Frühstück und
- um jeweils 40 % für ein Mittag- und Abendessen

der für die 24-stündige Abwesenheit geltenden höchsten Verpflegungspauschale. Das entspricht für Auswärtstätigkeiten im Inland einer Kürzung der jeweils zustehenden Verpflegungspauschale um **5,60 €** für ein Frühstück und jeweils **11,20 €** für ein Mittag- und Abendessen. Diese typisierende, pauschale Kürzung der Verpflegungspauschale ist tagesbezogen und maximal bis auf 0 € vorzunehmen.

Eine Mahlzeit, die zur Kürzung der Verpflegungspauschale führt, kann auch 74
ein vom Arbeitgeber zur Verfügung gestellter Imbiss z. B. belegte Brötchen, Kuchen und Obst sein. **Die z. B. auf Flügen gereichten kleinen Tüten mit Chips, Salzgebäck, Schokowaffeln, Müsliriegel oder bei anderen Anlässen zur Verfügung gestellte vergleichbare Knabbereien und unbelegte Backwaren (BFH-Urteil vom 3. Juli 2019, VI R 36/17, BStBl 2020 II S. 788) erfüllen nicht die Kriterien für eine Mahlzeit. Sie führen zu keiner Kürzung der Pauschalen.** Eine feste zeitliche Grenze für die Frage, ob ein Frühstück, Mittag- oder Abendessen zur Verfügung gestellt wird, gibt es nicht. Maßstab für die Einordnung ist vielmehr, ob die zur Verfügung gestellte Verpflegung an die Stelle einer der genannten Mahlzeiten tritt, welche üblicherweise zu der entsprechenden Zeit eingenommen wird.

75 Ob die vom Arbeitgeber zur Verfügung gestellte Mahlzeit vom Arbeitnehmer tatsächlich eingenommen wird oder die Aufwendungen für die vom Arbeitgeber gestellte Mahlzeit niedriger sind als der jeweilige pauschale Kürzungsbetrag, **ist für die Kürzung der Verpflegungspauschalen unbeachtlich. Das Zurverfügungstellen einer Mahlzeit durch den Arbeitgeber (oder auf dessen Veranlassung durch einen Dritten) i. S. von § 9 Absatz 4a Satz 8 EStG erfordert nicht, dass der Arbeitnehmer die Mahlzeit auch tatsächlich einnimmt. Aus welchen Gründen der Arbeitnehmer eine ihm von seinem Arbeitgeber zur Verfügung gestellte Mahlzeit nicht einnimmt, ist insoweit ebenfalls unerheblich (BFH-Urteil vom 7. Juli 2020 - VI R 16/18, BStBl 2020 II S. 783).** Die **gesetzlich vorgeschriebene pauschale** Kürzung unterbleibt **nur**, wenn der Arbeitgeber keine Mahlzeit zur Verfügung stellt, z. B. weil er die entsprechende Mahlzeit abbestellt oder der Arbeitnehmer die Mahlzeit selbst veranlasst und bezahlt.

BEISPIEL 47 Der Arbeitnehmer A ist von 9.00 Uhr bis 18.00 Uhr auswärts bei verschiedenen Kunden beruflich tätig. In der Mittagspause kauft er sich eine Pizza und ein Wasser für 8 €. Da A anlässlich einer eintägigen beruflichen Auswärtstätigkeit mehr als acht Stunden von seiner Wohnung abwesend ist, könnte er eine Verpflegungspauschale von **14 €** beanspruchen. Würde A die Rechnung für die mittags verzehrte Pizza und das Wasser seinem Arbeitgeber vorlegen und von diesem erstattet bekommen, könnte A neben 8 € Erstattungsbetrag nur noch eine gekürzte Verpflegungspauschale von **2,80 € (14 € -11,20 €)** beanspruchen.

76 **Bei der Hingabe von Essenmarken durch den Arbeitgeber im Rahmen einer beruflichen Auswärtstätigkeit des Arbeitnehmers, handelt es sich innerhalb der Dreimonatsfrist nicht um eine vom Arbeitgeber gestellte Mahlzeit, sondern lediglich um eine Verbilligung der vom Arbeitnehmer selbst veranlassten und bezahlten Mahlzeit. Nach Ablauf der Dreimonatsfrist sind die an diese Arbeitnehmer ausgegebenen Essenmarken (Essensgutscheine, Restaurantschecks) abweichend von R 8.1 Absatz 7 Nummer 4 Buchstabe a Satz 1 Doppelbuchstabe dd LStR 2015 mit dem maßgebenden Sachbezugswert zu bewerten. Der Ansatz des Sachbezugswerts setzt voraus, dass die übrigen Voraussetzungen der R 8.1 Absatz 7 Nummer 4 Buchstabe a LStR 2015 vorliegen.**

BEISPIEL 48 Der Arbeitnehmer A ist auf einer dreitägigen Auswärtstätigkeit. Der Arbeitgeber hat für den Arbeitnehmer in einem Hotel zwei Übernachtungen jeweils mit Frühstück sowie am Zwischentag ein Mittag- und ein Abendessen gebucht und bezahlt. Der Arbeitnehmer A erhält vom Arbeitgeber keine weiteren Reisekostenerstattungen.

Der Arbeitgeber hat keinen geldwerten Vorteil für die Mahlzeiten zu versteuern. Der Arbeitnehmer kann für die Auswärtstätigkeit folgende Verpflegungspauschalen als Werbungskosten geltend machen:

Anreisetag:			**14,00 €**
Zwischentag:		**28,00 €**	
Kürzung:	Frühstück	**- 5,60 €**	
	Mittagessen	**- 11,20 €**	
	Abendessen	**- 11,20 €**	
verbleiben für Zwischentag			0,00 €
Abreisetag:		**14,00 €**	
Kürzung:	Frühstück	**- 5,60 €**	
verbleiben für den Abreisetag			**8,40 €**
Insgesamt abziehbar			**22,40 €**

BEISPIEL 49 Der Werbegrafiker Warbeitet von 10.00 Uhr bis 20.00 Uhr in seinem Büro in B (erste Tätigkeitsstätte), anschließendfährt er noch zu einem Geschäftstermin in C. Der Termin erstreckt sich bis 3.00 Uhr des Folgetags. W kehrt um 4.30 Uhr in seine Wohnung zurück. Zu Beginn des Geschäftstermins nimmt Wan einem Abendessen teil, welches vom Arbeitgeber des W bestellt und bezahlt wird.

W ist **bei** seiner beruflichen Tätigkeit mehr als acht Stunden auswärts tätig. Dass sich diese Abwesenheit über zwei Kalendertage ohne Übernachtung erstreckt, ist unschädlich. Die Abwesenheitszeiten werden zusammengerechnet und dem zweiten Kalendertag zugeordnet, da an diesem Tag der überwiegende Teil der Abwesenheit stattgefunden hat. Die Verpflegungspauschale von **14 €**für die berufliche Abwesenheit von mehr als acht Stunden über Nacht ist allerdings um **11,20 €** zu kürzen; dass die Mahlzeit am ersten Tag vom Arbeitgeber gestellt wird und die Verpflegungspauschale dem Folgetag (Tag an dem die Auswärtstätigkeit endet) zuzuordnen ist, ist dabei unbeachtlich; dem Arbeitnehmer wird im Zusammenhang mit der beruflichen Auswärtstätigkeit, für die er die Verpflegungspauschale beanspruchen kann, eine Mahlzeit vom Arbeitgeber gestellt.

bb) Kürzung bei teilweiser Kostenerstattung

Eine Kürzung der **Verpflegungspauschalen** ist auch dann vorzunehmen, wenn 77
der Arbeitgeber die dem Arbeitnehmer zustehende Reisekostenvergütung lediglich gekürzt ausbezahlt. Nur ein für die Gestellung der Mahlzeit vereinbartes und vom Arbeitnehmer tatsächlich gezahltes Entgelt mindert den Kürzungsbetrag. Es ist hierbei nicht zu beanstanden, wenn der Arbeitgeber das für die Mahlzeit vereinbarte Entgelt unmittelbar aus dem Nettolohn des Arbeitnehmers entnimmt. Gleiches gilt, wenn der Arbeitgeber das Entgelt mit der dem Arbeitnehmer dienst- oder arbeitsrechtlich zustehenden Reisekostenerstattung **verrechnet**.

BEISPIEL 50 ▶ Der Arbeitnehmer A ist auf einer dreitägigen Auswärtstätigkeit. Der Arbeitgeber hat für den Arbeitnehmer A in einem Hotel zwei Übernachtungen jeweils mit Frühstück sowie am Zwischentag ein Mittag- und ein Abendessen gebucht und bezahlt. Zusätzlich möchte der Arbeitgeber eine steuerfreie Reisekostenerstattung zahlen. Für die vom Arbeitgeber veranlassten und bezahlten Mahlzeiten soll jeweils der geltende Sachbezugswert (**2020**: Frühstück **jeweils 1,80 €** und Mittag-/Abendessen **jeweils 3,40 €**) einbehalten werden.

Der Arbeitgeber hat keinen geldwerten Vorteil für die Mahlzeiten zu versteuern. Der Arbeitgeber kann für die Auswärtstätigkeit höchstens noch folgende Beträge zusätzlich für die Verpflegung steuerfrei auszahlen:

Anreisetag:			
Zwischentag:		**28,00 €**	**14,00 €**
Kürzung:	Frühstück	**- 5,60 €**	
	Mittagessen	**- 11,20 €**	
	Abendessen	**- 11,20 €**	
verbleiben für Zwischentag			0,00 €
Abreisetag:		**14,00 €**	
Kürzung:	Frühstück	**- 5,60 €**	
verbleiben für den Abreisetag			**8,40 €**
Insgesamt steuerfrei auszahlbar			**22,40 €**

Zahlt der Arbeitgeber angesichts der Mahlzeitengestellung nur eine (z. B. um die amtlichen Sachbezugswerte für zwei Frühstücke je **1,80 €**, ein Mittagessen je **3,40 €** und ein Abendessen je **3,40 €** zusammen also um **10,40 €**) gekürzte steuerfreie Reisekostenerstattung von **12,00 €** an seinen Arbeitnehmer, kann der Arbeitnehmer die Differenz von **10,40 €** als Werbungskosten geltend machen. In diesem Fall hat der Arbeitnehmer einen arbeitsrechtlichen Anspruch (nur) auf eine gekürzte Reisekostenerstattung.

Anreisetag:			**14,00 €**
Zwischentag:		**28,00 €**	
Kürzung:	Frühstück	**- 5,60 €**	
	Mittagessen	**- 11,20 €**	
	Abendessen	**- 11,20 €**	
verbleiben für Zwischentag			0,00 €
Abreisetag:		**14,00 €**	
Kürzung:	Frühstück	**- 5,60 €**	
verbleiben für den Abreisetag			**8,40 €**
Insgesamt Verpflegungspauschalen			**22,40 €**
abzüglich steuerfreie Reisekostenerstattung			**- 12,00 €**
verbleiben als Werbungskosten			**10,40 €**

Behält der Arbeitgeber die Sachbezugswerte **(1,80 € + 3,40 € + 3,40 € + 1,80 € = 10,40 €)** z. B. von den ungekürzten Verpflegungspauschalen **(14,00 € + 28,00 € + 14,00 €** = 56 €) ein und zahlt nur eine gekürzte Reisekostenerstattung von **45,60 €** (56,00 € - **10,40 €**) an den Arbeitnehmer, können ebenfalls höchstens **22,40 €** steuerfrei erstattet werden. Der darüber hinausgehende, vom Arbeitgeber ausgezahlte Betrag von **23,20 €** (= **45,60 €** - **22,40 €**) ist pauschal (nach § 40 Absatz 2 Satz 1 Nummer 4 EStG höchstens bis zu 56,00 €) oder individuell zu besteuern.

Zahlt der Arbeitgeber eine ungekürzte steuerfreie Reisekostenerstattung von **22,40 €**, zieht hiervon aber im Wege der Verrechnung ein Entgelt für die gestellten Mahlzeiten in Höhe der amtlichen Sachbezugswerte **(1,80 € + 3,40 € + 3,40 € + 1,80 € = 10,40 €)** ab, ist die Kürzung der **steuerlichen** Verpflegungspauschalen um die verrechneten Entgelte zu kürzen, im Gegenzug aber die steuerfreie Reisekostenerstattung von **22,40 € von den steuerlichen Pauschalen** abzuziehen. Zwar erhält der Arbeitnehmer nur **12,00 € vom Arbeitgeber** ausgezahlt, dies ist aber wirtschaftlich die Differenz aus 22,40 € steuerfreie Reisekostenerstattung und **10,40 €** Entgelt für die gestellten Mahlzeiten. In diesem Fall hat der Arbeitnehmer einen arbeitsrechtlichen Anspruch auf eine ungekürzte steuerfreie Reisekostenerstattung, die der Arbeitgeber aber im Rahmen der Erfüllung dieses Erstattungsanspruchs mit seinem Anspruch auf das für die Mahlzeiten vereinbarte Entgelt aufrechnet. Die arbeitgeberinterne Verrechnung ändert nicht den wirtschaftlichen Charakter oder die Anspruchsgrundlage der Reisekostenerstattung.

Anreisetag:			**14,00 €**
Zwischentag:		**28,00 €**	
Kürzung:	Frühstück	**- 3,80 € (5,60 € - 1,80 €)**	
	Mittagessen	**- 7,80 € (11,20 € - 3,40 €)**	
	Abendessen	**- 7,80 € (11,20 € - 3,40 €)**	
verbleiben für den Zwischentag			**8,60 €**
Abreisetag:		**14,00 €**	
Kürzung:	Frühstück	**- 3,80 € (5,60 € - 1,80 €)**	
verbleiben für den Abreisetag			**10,20 €**
Insgesamt Verpflegungspauschalen			**32,80 €**
abzüglich steuerfreie Reisekostenerstattung			**- 22,40 €**
verbleiben als Werbungskosten			**10,40 €**

Zahlt der Arbeitgeber eine ungekürzte Reisekostenerstattung von **56 €** und zieht hiervon das für die Mahlzeiten vereinbarte Entgelt in Höhe der Sachbezugswerte im Wege der Verrechnung ab (56,00 € - **10,40 €** = **45,60 €**), ändert dies nichts an der Berechnung der dem Arbeitnehmer steuerlich zustehenden Verpflegungspauschalen. In diesem Fall können ebenfalls **32,80 €** steuerfrei erstattet werden. Der darüber hinausgehende, dem Arbeitnehmer arbeitsrechtlich zustehende Erstattungsbetrag von **23,20 €** (= 56,00 € - **32,80 €**) ist pauschal (nach § 40 Absatz 2 Satz 1 Nummer 4 EStG höchstens bis zu 56,00 €) oder individuell zu

ABWANDLUNG 1 Wie Beispiel **50** Ausgangsfall, allerdings zahlt der Arbeitnehmer A für das Frühstück je 6 € und für das Mittag- und das Abendessen je 7 €.

Anreisetag:			
Zwischentag:		**28,00 €**	14,00 €
Kürzung:	Frühstück	- 0,00 € (**5,60 €** - 6,00 €)	
	Mittagessen	**- 4,20 €** (**11,20 €** - 7,00 €)	
	Abendessen	**- 4,20 €** (**11,20 €** - 7,00 €)	
verbleiben für den Zwischentag			**19,60 €**
Abreisetag:		**14,00 €**	
Kürzung:	Frühstück	- 0,00 € (**5,60 €** - 6,00 €)	
verbleiben für den Abreisetag			**14,00 €**
Insgesamt steuerfrei auszahlbar			**47,60 €**

ABWANDLUNG 2 Sachverhalt wie Beispiel **50** Ausgangsfall, allerdings zahlt der Arbeitnehmer für die volle Verpflegung am Zwischentag pauschal 19,00 €.

Anreisetag:			**14,00 €**
Zwischentag:		**28,00 €**	
Kürzung: Tagesverpflegung			
(28 € - 19 €)	**- 9,00 €**		
verbleiben für den Zwischentag			**19,00 €**
Abreisetag:		**14,00 €**	
Kürzung: Frühstück		**- 5,60 €**	
verbleiben für den Abreisetag			**8,40 €**
Insgesamt steuerfrei auszahlbar			**41,40 €**

BEISPIEL 51 Der Arbeitnehmer ist während einer eintägigen Auswärtstätigkeit von 5.00 bis 22.00 Uhr abwesend. Der Arbeitgeber stellt am Reisetag zwei Mahlzeiten (Mittag- und Abendessen) zur Verfügung. Für eintägige Auswärtstätigkeiten erstattet der Arbeitgeber dem Arbeitnehmer einen Verpflegungsmehraufwand von 30,00 €.

Aufgrund der Kürzung der Verpflegungspauschale verbleibt kein steuerfreier Reisekostenersatz für Verpflegungsmehraufwendungen.

Verpflegungspauschale:			**14,00 €**
Kürzung:	Mittagessen	**- 11,20 €**	
	Abendessen	**- 11,20 €**	
verbleibt Verpflegungspauschale:			0,00 €

Die Erstattung des Verpflegungsmehraufwands durch den Arbeitgeber ist in Höhe von 30,00 € grundsätzlich steuerpflichtiger Arbeitslohn. Nach § 40 Absatz 2 Satz 1 Nummer 4 EStG kann der Arbeitgeber einen Betrag von **14,00 €** (100 % des in § 9 Absatz 4a Satz 3 Nummer 2 EStG genannten Betrags) pauschal mit 25 % besteuern. Die verbleibenden **16,00 €** (30,00 € abzüglich **14,00 €**) sind nach den persönlichen Besteuerungsmerkmalen des Arbeitnehmers individuell zu besteuern.

Zuzahlungen des Arbeitnehmers sind jeweils vom Kürzungsbetrag derjenigen Mahlzeit abzuziehen, für die der Arbeitnehmer das Entgelt zahlt. Übersteigt das vom Arbeitnehmer für die Mahlzeit gezahlte Entgelt den Kürzungsbetrag, entfällt für diese Mahlzeit die Kürzung des Werbungskostenabzugs. Eine Verrechnung etwaiger Überzahlungen des Arbeitnehmers mit Kürzungsbeträgen für andere Mahlzeiten ist nicht zulässig. 78

BEISPIEL 52 Der Arbeitnehmer A ist auf einer dreitägigen Auswärtstätigkeit. Der Arbeitgeber hat für den Arbeitnehmer in einem Hotel zwei Übernachtungen jeweils mit Frühstück sowie am Zwischentag ein Mittag- und ein Abendessen gebucht und bezahlt. Der Arbeitnehmer A zahlt für das Mittag- und Abendessen je 12 €.

Anreisetag:			**14,00 €**
Zwischentag:		**28,00 €**	
Kürzung:	Frühstück	**- 5,60 €**	
	Mittagessen	- 0,00 € (**11,20 € - 12,00 €**)	
	Abendessen	- 0,00 € (**11,20 € - 12,00 €**)	
verbleiben für den Zwischentag			**22,40 €**
Abreisetag:		**14,00 €**	
Kürzung:	Frühstück	**- 5,60 €**	
verbleiben für den Abreisetag			**8,40 €**
Insgesamt Verpflegungspauschalen			**44,80 €**

Die Kürzung **der Verpflegungspauschale ist auch dann vorzunehmen, wenn der Arbeitgeber den amtlichen Sachbezugswert der Mahlzeit pauschal besteuert hat.** 79

BEISPIEL 53 Der Arbeitnehmer A nimmt an einer eintägigen Fortbildungsveranstaltung teil. Der Arbeitgeber hat für den Arbeitnehmer A auf dieser Fortbildungsveranstaltung ein Mittagessen gebucht und bezahlt. Der Arbeitgeber besteuert das Mittagessen nach § 40 Absatz 2 Satz 1 Nummer 1a EStG pauschal, da er keine Aufzeichnungen über die Abwesenheit des Arbeitnehmers führt. Der Arbeitnehmer A erhält vom Arbeitgeber keine weiteren Reisekostenerstattungen.

Der A kann anhand seiner Bahntickets gegenüber dem Finanzamt nachweisen, dass er für die Fortbildung insgesamt zehn Stunden von seiner Wohnung und seiner ersten Tätigkeitsstätte abwesend war. Er kann für die Fortbildung folgende Verpflegungspauschalen als Werbungskosten abziehen:

eintägige Auswärtstätigkeit:	**14,00 €**
Kürzung: 1x Mittagessen	**- 11,20 €**
verbleiben als Verpflegungspauschale:	**2,80 €**

80 Erhält der Arbeitnehmer steuerfreie Erstattungen für Verpflegung vom Arbeitgeber, ist ein Werbungskostenabzug insoweit ausgeschlossen.

BEISPIEL 54 Der Arbeitnehmer A ist auf einer dreitägigen Auswärtstätigkeit. Der Arbeitgeber hat für den Arbeitnehmer in einem Hotel zwei Übernachtungen jeweils mit Frühstück sowie am Zwischentag ein Mittag- und ein Abendessen gebucht und bezahlt. Der Arbeitnehmer A erhält von seinem Arbeitgeber zusätzlich zu den zur Verfügung gestellten Mahlzeiten noch eine steuerfreie Reisekostenerstattung für Verpflegungsmehraufwendungen von **22,40 €**. Der Arbeitgeber muss keinen geldwerten Vorteil für die Mahlzeiten versteuern. Der A kann für die Auswärtstätigkeit keine Verpflegungspauschalen als Werbungskosten geltend machen:

Anreisetag:			**14,00 €**
Zwischentag:		**28,00 €**	
Kürzung:	Frühstück	**- 5,60 €**	
	Mittagessen	**- 11,20 €**	
	Abendessen	**- 11,20 €**	
verbleiben für Zwischentag			0,00 €
Abreisetag:		**14,00 €**	
Kürzung:	Frühstück	**- 5,60 €**	
verbleiben für den Abreisetag			**8,40 €**
Insgesamt Verpflegungspauschalen			**22,40 €**
abzüglich steuerfreie Reisekostenerstattung:			**- 22,40 €**
verbleiben als Werbungskosten:			0,00 €

81 Verpflegungspauschalen sind immer **zu kürzen**, wenn dem Arbeitnehmer eine Mahlzeit von seinem Arbeitgeber oder auf dessen Veranlassung von einem Dritten zur Verfügung gestellt wird (§ 9 Absatz 4a Satz 8 EStG).

82 Die **Verpflegungspauschale ist** daher auch **zu kürzen, wenn** der Arbeitnehmer an einer geschäftlich veranlassten Bewirtung i. S. d. § 4 Absatz 5 Satz 1 Nummer 2 EStG oder an einem außerhalb der ersten Tätigkeitsstätte gewährten Arbeitsessen (R 19.6 Absatz 2 Satz 2 LStR 2015) **teilnimmt und** der Arbeitgeber oder auf dessen Veranlassung ein Dritter die Mahlzeit zur Verfügung stellt. Es kommt nicht darauf an, ob Vorteile aus der Gestellung derartiger Mahlzeiten zum Arbeitslohn zählen.

BEISPIEL 55 Unternehmer U trifft sich am Samstagabend mit einigen Vertretern der Zulieferfirma Z in einem Restaurant zum Essen, um mit diesen eine geschäftliche Kooperation zu erörtern. An dem Essen nehmen auch der Vertriebsleiter und der Leiter der Konstruktionsabteilung des U teil. Jeder Teilnehmer erhält ein Menü zum Preis von 55 € einschließlich Getränke. Die Mahlzeit am Samstagabend erhalten die Arbeitnehmer des U im Rahmen einer geschäftlich veranlassten Bewirtung; sie gehört nicht zum Arbeitslohn. Sofern bei den Arbeitnehmern des U die Voraussetzungen für eine Verpflegungspauschale erfüllt wären (z. B. weil sie mehr als acht Stunden abwesend waren oder weil sie nach dem Restaurantbesuch auswärtig übernachtet haben), wäre diese um **11,20 €** zu kürzen.

Für die Arbeitnehmer der Zulieferfirma Z handelt es sich ebenfalls um die Teilnahme an einer geschäftlich veranlassten Bewirtung, die auch für die Arbeitnehmer des Z keinen Arbeitslohn darstellt. Sofern die Arbeitnehmer des Z die Voraussetzungen für eine Verpflegungspauschale erfüllen, ist bei diesen keine Kürzung wegen der gestellten Mahlzeit vorzunehmen. Z selbst hat seinen Arbeitnehmern keine Mahlzeit gestellt. Da U das Essen gestellt hat, um Geschäftsbeziehungen zu Z zu knüpfen, ist das Merkmal: „ ein Dritter auf Veranlassung de: Arbeitgebers " nicht gegeben.

Nimmt der Arbeitnehmer hingegen an der geschäftlich veranlassten Bewirtung durch einen Dritten oder einem Arbeitsessen eines Dritten teil, fehlt es in aller Regel an einer durch den Arbeitgeber zur Verfügung gestellten Mahlzeit; in diesem Fall sind die Verpflegungspauschalen nicht zu kürzen. 83

BEISPIEL 56 ▸ Der Mitarbeiter einer deutschen Gesellschaft nimmt an einer Vertriebsveranstaltung im Betriebssitz der italienischen Tochtergesellschaft teil (separate Firmierung). Die italienische Gesellschaft trägt sämtliche Kosten der Vertriebsveranstaltung (so z. B. Hotel, Essen, etc.). Die Verpflegungspauschalen des Arbeitnehmers der deutschen Gesellschaft sind nicht zu kürzen, weil ihm die Mahlzeiten nicht auf Veranlassung seines Arbeitgebers, sondern eines Dritten (der italienischen Tochtergesellschaft) zur Verfügung gestellt werden.

ABWANDLUNG ▸ Die italienische Tochtergesellschaft belastet der deutschen Gesellschaft die Kosten für den Arbeitnehmer weiter.

In diesem Fall ist davon auszugehen, dass die dem Arbeitnehmer gestellten Mahlzeiten auf Veranlassung des Arbeitgebers erfolgen, was zur gesetzlich vorgeschriebenen Kürzung der Verpflegungspauschalen führt.

Da die während einer herkömmlichen Betriebsveranstaltung (**§ 19 Absatz 1 Satz 1 Nummer 1a EStG**) abgegebenen Mahlzeiten in aller Regel durch den Arbeitgeber veranlasst sind, gelten die in Rz. **90** dargestellten Grundsätze entsprechend, **wenn die Betriebsveranstaltung mit einer beruflichen Auswärtstätigkeit verknüpft ist.** 84

Die durch eine zusätzlich zur Betriebsveranstaltung veranlasste berufliche Auswärtstätigkeit entstehenden Fahrt- und Übernachtungskosten sowie Verpflegungsmehraufwendungen sind Reisekosten und können als Werbungskosten berücksichtigt oder in entsprechender Höhe als steuerfreier Arbeitgeberersatz erstattet werden. 85

Die dem Arbeitgeber unmittelbar durch die Betriebsveranstaltung entstehenden Fahrt- und Übernachtungskosten sowie Verpflegungsaufwendungen sind nach den für die Betriebsveranstaltung geltenden allgemeinen Grundsätzen steuerlich zu beurteilen.

86 Die Kürzung der Verpflegungspauschalen unterbleibt insoweit, als Mahlzeiten vom Arbeitgeber zur Verfügung gestellt werden, deren Preis 60 € übersteigt und die daher individuell zu versteuern sind.

cc) Minderung des Kürzungsbetrags, § 9 Absatz 4a Satz 10 EStG

87 Hat der Arbeitnehmer für die Mahlzeit ein Entgelt entrichtet, wird dieses Entgelt auf den Kürzungsbetrag angerechnet. Es kommt insoweit auf das tatsächlich entrichtete Entgelt an, nicht aber darauf, ob das Entgelt dem tatsächlichen Wert der Mahlzeit entsprochen oder der Arbeitnehmer die Mahlzeit verbilligt erhalten hat.

88 **Nimmt der Arbeitnehmer eine ihm vom Arbeitgeber zur Verfügung gestellte Mahlzeit nicht ein, kann ihm der Arbeitgeber eine weitere gleichartige Mahlzeit nach den Grundsätzen der Rz. 63 und 70 zur Verfügung stellen (arbeitsrechtliche Erstattung und Belegvorlage beim Arbeitgeber). Für die Betrachtung der 60 €-Grenze (Rz. 61 ff) sind die Kosten beider Mahlzeiten zusammenzurechnen. Sofern der Arbeitnehmer für eine solche weitere vom Arbeitgeber gestellte Mahlzeit eine Zuzahlung zu leisten hat, kommt eine Minderung des Kürzungsbetrags nach den Grundsätzen der Rz. 73 ff in Betracht.**

89 **Ein Werbungskostenabzug des Arbeitnehmers bei seiner Einkommensteuerveranlagung durch die Vorlage von Belegen für eine auf eigene Veranlassung eingenommene Verpflegung anstelle der vom Arbeitgeber zur Verfügung gestellten Mahlzeit ist ausgeschlossen. Hier bleibt es bei der typisierenden Kürzung der steuerlichen Verpflegungspauschalen (§ 9 Absatz 4a Satz 8 EStG).**

BEISPIEL 57 Arbeitnehmer A verschläft auf dem vom Arbeitgeber gebuchten Flug das Frühstück. Nach seiner Ankunft nimmt er ein Frühstück zum Preis von 16 € im Flughafenrestaurant ein. Er reicht die Frühstücksrechnung beim Arbeitgeber ein und erhält die Kosten in voller Höhe erstattet. Damit wird auch das zweite Frühstück vom Arbeitgeber gestellt.

Die Verpflegungspauschale ist wie folgt zu berechnen:

Anreisetag	**14,00 €**
Kürzung für gestelltes Frühstück insgesamt	**- 5,60 €**
verbleibende steuerfreie Verpflegungspauschale	**8,40 €**

ABWANDLUNG 1 **A reicht die Frühstücksrechnung beim Arbeitgeber ein, der verlangt nun allerdings für das zweite Frühstück von A ein Entgelt in Höhe von 6 €. Der Arbeitgeber verrechnet die Kostenerstattung für das zweite Frühstück mit dem geforderten Entgelt und erstattet den übersteigenden Betrag von 10 €.**

Anreisetag	**14,00 €**
Kürzung für gestelltes Frühstück	**(5,60 € - 6,00 €) - 0,00 €**
verbleibende steuerfreie Verpflegungspauschale	**14,00 €**

ABWANDLUNG 2 A reicht die Frühstücksrechnung beim Arbeitgeber ein, der verlangt nun für das zweite Frühstück von A ein Entgelt in Höhe von 16 €. Der Arbeitgeber verrechnet die Kostenerstattung für das zweite Frühstück mit dem geforderten Entgelt in gleicher Höhe.

Anreisetag	14,00 €
Kürzung für gestelltes Frühstück	(5,60 € - 16,00 €) - 0,00 €
verbleibende steuerfreie Verpflegungspauschale	14,00 €

BEISPIEL 58 Der Arbeitnehmer A nimmt an einer von seinem Arbeitgeber gebuchten eintägigen Fortbildungsveranstaltung von mehr als 8 Stunden Dauer teil. In der Tagungsgebühr \ ein Mittagessen zum Preis von 30 € enthalten. Der Arbeitnehmer A verzichtet auf die Einnahme dieses Essens und nimmt stattdessen in der Mittagspause in einem nahegelegenen Restaurant eine Mahlzeit zum Preis von 25 € ein, die ihm von seinem Arbeitgeber gegen Einreichung der Rechnung vollständig erstattet wird.

Verpflegungspauschale	14,00 €
Kürzung für gestelltes Mittagessen (zum Preis von insgesamt 55 €)	11,20 €
verbleibende steuerfreie Verpflegungspauschale	2,80 €

ABWANDLUNG Der Preis der im Restaurant eingenommenen Mahlzeit beträgt 35 €, die der Arbeitgeber in voller Höhe gegen Einreichung der Rechnung übernimmt.

Verpflegungspauschale	14,00 €

Eine Kürzung der Verpflegungspauschale unterbleibt, da der Preis für die gestellten Mittagessen (30 € + 35 €) insgesamt 60 € übersteigt. Die steuerfreie Verpflegungspauschale beträgt unverändert 14,00 €. Die vom Arbeitgeber getragenen Aufwendungen für die gestellten Mittagessen von 65 € sind steuerpflichtiger Arbeitslohn, der mit einem Teilbetrag von 14 € nach § 40 Absatz 2 Satz 1 Nummer 4 EStG pauschal besteuert werden kann.

dd) Ermittlung der Pauschalen bei gemischt veranlassten Veranstaltungen mit Mahlzeitengestellung

Bei gemischt veranlassten Reisen sind die **entstehenden** Kosten **grundsätzlich** 90
in einen beruflich veranlassten Anteil und einen den Kosten der Lebensführung zuzurechnenden Anteil aufzuteilen (vgl. BFH-Urteil vom 18. August 2005, VI R 32/03, BStBl 2006 II S. 30). Dies gilt auch für die entstehenden Verpflegungsmehraufwendungen. Stellt der Arbeitgeber während einer gemischt veranlassten Reise Mahlzeiten zur Verfügung, ist die gesetzlich vorgeschriebene Kürzung der Verpflegungspauschalen erst nach der Ermittlung des beruflich veranlassten Teils der Verpflegungspauschalen vorzunehmen.

BEISPIEL 59 ▸ Der Arbeitnehmer A nimmt an einer einwöchigen vom Arbeitgeber organisierten und finanzierten Reise im Inland teil. Das Programm sieht morgens eine Fortbildungsmaßnahme vor, der Nachmittag steht für touristische Aktivitäten zur Verfügung. Frühstück und Abendessen sind inklusive (Halbpension).

Folgende Auswirkungen ergeben sich durch die gemischte Veranlassung der Reise (bei einer angenommenen Quote von 50 %) auf die steuerliche Berücksichtigung des Verpflegungsmehraufwands:

Die Verpflegungsmehraufwendungen sind - wie die übrigen Reisekosten - nur zu 50 % beruflich veranlasst.

Anreisetag:	**14,00 € x 50 % =**	**7,00 €**	
Kürzung:		**- 11,20 €**	
verbleibt Verpflegungspauschale			0,00 €
5 Zwischentage je **28,00 € x 50 % =**		je **14,00 €**	
Kürzung je **5,60 € und je 11,20 € =**		je - **16,80 €**	
verbleibt Verpflegungspauschale		5 x 0,00 € =	0,00 €
Abreisetag: **14,00 €x 50 % =**		**7,00 €**	
Kürzung:			
verbleibt Verpflegungspauschale		**- 5,60 €**	**1,40 €**

c) Doppelte Haushaltsführung, § 9 Absatz 4a Satz 12 EStG

91 Die Verpflegungspauschalen gelten **grundsätzlich** auch für eine Übergangszeit von drei Monaten nachdem eine steuerlich anzuerkennende doppelte Haushaltsführung begründet wurde (§ 9 Absatz 4a Satz 12 EStG). Für den Fall der Gestellung von Mahlzeiten durch den Arbeitgeber oder auf dessen Veranlassung von einem Dritten bei der doppelten Haushaltsführung gelten die vorstehenden Ausführungen unter Rz. **61** bis **89** entsprechend.

BEISPIEL 60 ▸ Der Arbeitnehmer A wird vom Stammsitz seines Arbeitgebers, wo er mit seiner Familie wohnt, an einen 250 km entfernten Tochterbetrieb im Inland ohne zeitliche Begrenzung umgesetzt. A behält seinen Familienwohnsitz bei und übernachtet während der Woche in einem Hotel in der Nähe des Tochterbetriebs. Das Hotel stellt dem Arbeitgeber pro Übernachtung 50 € zuzüglich 10 € für ein Frühstück in Rechnung, welche der Arbeitnehmer zunächst verauslagt und dann von seinem Arbeitgeber erstattet erhält.

Es liegt eine doppelte Haushaltsführung vor, da der Tochterbetrieb mit der zeitlich unbegrenzten Zuordnung zur ersten Tätigkeitsstätte des Arbeitnehmers wird. Für die ersten drei Monate der doppelten Haushaltsführung gelten die Regelungen zur Gestellung von Mahlzeiten bei Auswärtstätigkeit entsprechend. Nach Ablauf der Dreimonatsfrist sind dann die Regeln der Gestellung von Mahlzeiten am Ort der ersten Tätigkeitsstätte anzuwenden.

In den ersten drei Monaten der doppelten Haushaltsführung unterbleibt folglich die Erfassung des arbeitstäglichen Frühstücks mit dem amtlichen Sachbezugswert als Arbeitslohn bei gleichzeitiger Kürzung der täglichen Verpflegungspauschalen um jeweils 5,60 €.

Nach Ablauf der ersten drei Monate ist für das Frühstück ein geldwerter Vorteil in Höhe des Sachbezugswertes anzusetzen (**§ 8 Absatz 2 Satz 8 EStG**).

d) Bescheinigungspflicht „M", § 41b Absatz 1 Satz 2 Nummer 8 EStG

Hat der Arbeitgeber oder auf dessen Veranlassung ein Dritter dem Arbeitnehmer während seiner beruflichen Tätigkeit außerhalb seiner Wohnung und seiner ersten Tätigkeitsstätte oder im Rahmen einer doppelten Haushaltsführung eine mit dem amtlichen Sachbezugswert zu bewertende Mahlzeit zur Verfügung gestellt, muss im Lohnkonto der Großbuchstabe „M" aufgezeichnet und in der elektronischen Lohnsteuerbescheinigung bescheinigt werden. Zur Erläuterung der mit dem Großbuchstaben „M" bescheinigten Mahlzeitengestellungen sind neben den Reisekostenabrechnungen regelmäßig keine weiteren detaillierten Arbeitgeberbescheinigungen auszustellen. 92

Diese Aufzeichnungs- und Bescheinigungspflicht gilt unabhängig von der Anzahl der Mahlzeitengestellungen an den Arbeitnehmer im Kalenderjahr. Es kommt nicht darauf an, ob eine Besteuerung der Mahlzeiten ausgeschlossen ist (§ 8 Absatz 2 Satz 9 EStG) oder die Mahlzeit pauschal nach § 40 Absatz 2 Satz 1 Nummer 1a EStG oder individuell besteuert wurde. Im Fall der Gewährung von Mahlzeiten, die keinen Arbeitslohn darstellen oder deren Preis 60 € übersteigt und die daher nicht mit dem amtlichen Sachbezugswert zu bewerten sind, besteht keine Pflicht im Lohnkonto den Großbuchstaben „M" aufzuzeichnen und zu bescheinigen. 93

e) Pauschalbesteuerungsmöglichkeit üblicher Mahlzeiten, § 40 Absatz 2 Satz 1 Nummer 1a EStG

Nach § 40 Absatz 2 Satz 1 Nummer 1a EStG besteht bei Mahlzeiten die Möglichkeit der pauschalen Besteuerung mit 25 %, wenn 94

- diese dem Arbeitnehmer von seinem Arbeitgeber oder auf dessen Veranlassung von einem Dritten während einer auswärtigen Tätigkeit unentgeltlich oder verbilligt zur Verfügung gestellt werden und
- deren Besteuerung nicht nach § 8 Absatz 2 Satz 9 EStG unterbleibt.

95 Die Pauschalbesteuerung kommt demnach in Betracht, wenn

- der Arbeitnehmer ohne Übernachtung nicht mehr als acht Stunden auswärts tätig ist,
- der Arbeitgeber die Abwesenheitszeit nicht überwacht, nicht kennt oder
- die Dreimonatsfrist nach § 9 Absatz 4a Satz 6 EStG abgelaufen ist.

BEISPIEL 61 Der Arbeitnehmer A nimmt an einer halbtägigen auswärtigen Seminarveranstaltung teil. Der Arbeitgeber hat für die teilnehmenden Arbeitnehmer neben dem Seminar auch ein Mittagessen gebucht und bezahlt. Der Arbeitgeber besteuert das Mittagessen nach § 40 Absatz 2 Satz 1 Nummer 1a EStG pauschal mit 25 %, weil er keine Aufzeichnungen über die Abwesenheitszeiten der Arbeitnehmer führt.

96 Voraussetzung ist, dass es sich um übliche Mahlzeiten handelt, die nach § 8 Absatz 2 Satz 8 EStG mit dem Sachbezugswert anzusetzen sind.

97 Nicht nach § 40 Absatz 2 Satz 1 Nummer 1a EStG pauschal besteuerbar sind somit sog. Belohnungsessen mit einem Preis von mehr als 60 €.

98 Im überwiegend eigenbetrieblichen Interesse des Arbeitgebers abgegebene **Mahlzeiten** (z. B. sog. Arbeitsessen oder bei Beteiligung von Arbeitnehmern an einer geschäftlich veranlassten Bewirtung) **können nicht pauschal besteuert werden**, da insoweit kein steuerpflichtiger Arbeitslohn vorliegt.

99 Die Pauschalierungsmöglichkeit nach § 40 Absatz 2 Satz 1 Nummer 1a EStG gilt zudem nicht für die Gestellung von Mahlzeiten am Ort der ersten Tätigkeitsstätte im Rahmen einer doppelten Haushaltsführung; hier kommt allerdings eine Pauschalierung nach § 40 Absatz 2 Satz 1 Nummer 1 EStG in Betracht.

4. Unterkunftskosten

a) Unterkunftskosten bei einer doppelten Haushaltsführung, § 9 Absatz 1 Satz 3 Nummer 5 EStG

aa) Vorliegen einer doppelten Haushaltsführung

100 Eine doppelte Haushaltsführung liegt nur vor, wenn der Arbeitnehmer außerhalb des Ortes seiner ersten Tätigkeitsstätte einen eigenen Haushalt unterhält (**Hauptwohnung**) und auch am Ort der ersten Tätigkeitsstätte wohnt (**Zweitwohnung**). Die Anzahl der Übernachtungen ist unerheblich.

101 Das Vorliegen eines eigenen Hausstandes setzt neben dem Innehaben einer Wohnung aus eigenem Recht als Eigentümer oder Mieter bzw. aus gemeinsamen oder abgeleitetem Recht als Ehegatte, Lebenspartner oder Lebens-

gefährte sowie Mitbewohner auch eine finanzielle Beteiligung an den Kosten der Lebensführung (laufende Kosten der **Lebensführung**) voraus **(§ 9 Absatz 1 Satz 3 Nummer 5 Satz 3 EStG)**. Es genügt nicht, wenn der Arbeitnehmer z. B. im Haushalt der Eltern lediglich ein oder mehrere Zimmer unentgeltlich bewohnt oder wenn dem Arbeitnehmer eine Wohnung im Haus der Eltern unentgeltlich zur Nutzung überlassen wird. Die finanzielle Beteiligung an den Kosten der **Lebensführung** ist darzulegen und kann auch bei volljährigen Kindern, die bei ihren Eltern oder einem Elternteil wohnen, nicht generell unterstellt werden. Eine finanzielle Beteiligung an den Kosten der **Lebensführung** mit Bagatellbeträgen ist nicht ausreichend. Betragen die Barleistungen des Arbeitnehmers mehr als 10 % der monatlich regelmäßig anfallenden laufenden Kosten der **Lebensführung** (z. B. Miete, Mietnebenkosten, Kosten für Lebensmittel und andere Dinge des täglichen Bedarfs) ist von einer finanziellen Beteiligung oberhalb der Bagatellgrenze auszugehen. Liegen die Barleistungen darunter, kann der Arbeitnehmer eine hinreichende finanzielle Beteiligung auch auf andere Art und Weise darlegen. Bei Ehegatten oder Lebenspartnern mit den Steuerklassen III, IV oder V kann eine finanzielle Beteiligung an den Kosten der **Lebensführung** ohne entsprechenden Nachweis unterstellt werden (vgl. auch Rz. **113**).

Eine Hauptwohnung i. S. d. § 9 Absatz 1 Satz 3 Nummer 5 Satz 2 EStG ist am Ort der ersten Tätigkeitsstätte belegen, wenn der Steuerpflichtige von dieser Wohnung seine erste Tätigkeitsstätte in zumutbarer Weise täglich erreichen kann. Eine Fahrzeit von bis zu einer Stunde je Wegstrecke unter Zugrundelegung individueller Verkehrsverbindungen und Wegezeiten kann in der Regel als zumutbar angesehen werden (vgl. BFH-Urteil vom 16. November 2017, VI R 31/16, BStBl 2018 II S. 404). Aus Vereinfachungsgründen kann für die Frage, ob die Hauptwohnung am Ort der ersten Tätigkeitsstätte belegen ist oder nicht, z. B. wenn sie innerhalb derselben politischen Gemeinde, Stadt oder in deren unmittelbaren Umkreis liegen, die Entfernung der kürzesten Straßenverbindung (§ 9 Absatz 1 Satz 3 Nummer 4 Satz 4 EStG) zwischen Hauptwohnung und erster Tätigkeitsstätte herangezogen werden. Beträgt die Entfernung zwischen Hauptwohnung und erster Tätigkeitsstätte mehr als 50 km, ist davon auszugehen, dass sich die Hauptwohnung außerhalb des Ortes der ersten Tätigkeitsstätte befindet. 102

Eine Zweitwohnung oder -unterkunft in der Nähe des Ortes der ersten Tätigkeitsstätte steht einer Zweitwohnung am Ort der ersten Tätigkeitsstätte gleich. Aus Vereinfachungsgründen kann davon ausgegangen werden, dass die Zweitwohnung noch am Ort der ersten Tätigkeitstätte belegen ist, wenn die Entfernung der kürzesten Straßenverbindung (§ 9 Absatz 1 Satz 3 Num- 103

mer 4 Satz 4 EStG) zwischen Zweitwohnung oder -unterkunft und erster Tätigkeitsstätte nicht mehr als 50 km beträgt. Liegt die Zweitwohnung mehr als 50 km von dem Ort der ersten Tätigkeitsstätte entfernt, ist zu prüfen, ob die erste Tätigkeitsstätte von der Zweitwohnung oder - unterkunft noch in zumutbarer Weise täglich erreicht werden kann. Eine Fahrzeit von bis zu einer Stunde je Wegstrecke unter Zugrundelegung individueller Verkehrsverbindungen und Wegezeiten ist dabei als zumutbar anzusehen (BFH-Urteil vom 19. April 2012, VI R 59/11, BStBl 2012 II S. 833).

bb) Berufliche Veranlassung

104 Das Beziehen der Zweitwohnung oder -unterkunft muss aus beruflichen Gründen erforderlich sein. **Das ist insbesondere der Fall, wenn dadurch die Fahrtstrecke oder Fahrzeit zur ersten Tätigkeitsstätte wesentlich verkürzt wird.** Aus Vereinfachungsgründen kann von einer beruflichen Veranlassung des Beziehens der Zweitwohnung oder -unterkunft ausgegangen werden, wenn **die kürzeste Straßenverbindung** von der Zweitwohnung oder -unterkunft zur ersten Tätigkeitsstätte weniger als die Hälfte der kürzesten Straßenverbindung zwischen der Hauptwohnung (Mittelpunkt der Lebensinteressen) und der ersten Tätigkeitsstätte beträgt **oder die Fahrzeit zur ersten Tätigkeitsstätte für eine Wegstrecke halbiert wird. Sind die Voraussetzungen dieser Vereinfachungsregelung nicht erfüllt, ist das Vorliegen einer beruflich veranlassten doppelten Haushaltsführung auf andere Weise anhand der konkreten Umstände des Einzelfalles darzulegen.**

BEISPIEL 62 Der Arbeitnehmer A hat seine Hauptwohnung in B und in C seine erste Tätigkeitsstätte. Die Entfernung von B (Hauptwohnung) nach C beträgt 100 km und die Fahrzeit mit dem ICE 50 Minuten. Der Arbeitnehmer nimmt sich in Z eine Zweitwohnung. Die Entfernung von dieser Zweitwohnung in Z nach C (erste Tätigkeitsstätte) beträgt 30 km.

Auf Grund der Entfernung von mehr als 50 km zwischen Hauptwohnung und erster Tätigkeitsstätte liegt die Hauptwohnung nicht am Ort der ersten Tätigkeitsstätte (vgl. Rz. 102). Eine Prüfung, der Fahrzeit zwischen Hauptwohnung und erster Tätigkeitsstätte ist nicht erforderlich. Die Zweitwohnung in Z liegt 30 km entfernt und damit noch am Ort der ersten Tätigkeitsstätte. Es liegt daher eine doppelte Haushaltsführung vor. Da die kürzeste Straßenverbindung von der Zweitwohnung zur ersten Tätigkeitsstätte (30 km) auch weniger als die Hälfte der Straßenverbindung zwischen Hauptwohnung in B und erster Tätigkeitsstätte beträgt (1/2 von 100 km = 50 km), kann auch von einer beruflichen Veranlassung der doppelten Haushaltsführung ausgegangen werden.

ABWANDLUNG 1 Die Entfernung von B (Hauptwohnung) zur ersten Tätigkeitsstätte beträgt 56 km und die Fahrzeit 65 Minuten. Die Zweitwohnung in Z ist 30 km von der ersten Tätigkeitsstätte entfernt und die tägliche Fahrzeit beträgt 25 Minuten.

Auf Grund der Entfernung von mehr als 50 km zwischen Hauptwohnung und erster Tätigkeitsstätte liegt die Hauptwohnung nicht am Ort der ersten Tätigkeitsstätte (vgl. Rz. 102). Eine weitergehende Prüfung der Fahrzeit zwischen Hauptwohnung und erster Tätigkeitsstätte ist nicht erforderlich. Die Zweitwohnung in Z liegt 30 km entfernt und damit noch am Ort der ersten Tätigkeitsstätte. Es liegt daher eine doppelte Haushaltsführung vor. Zwar beträgt die kürzeste Straßenverbindung von der Zweitwohnung zur ersten Tätigkeitsstätte (30 km) mehr als die Hälfte der kürzesten Straßenverbindung zwischen Hauptwohnung und erster Tätigkeitsstätte (28 km).

Allerdings kann A darlegen, dass sich die Fahrzeit zur ersten Tätigkeitsstätte von der Zweitwohnung um mehr als die Hälfte und damit wesentlich verkürzt (Fahrzeit 25 Minuten); daher kann gleichwohl von einer beruflichen Veranlassung der doppelten Haushaltsführung ausgegangen werden.

ABWANDLUNG 2 ▸ Die Entfernung von B (Hauptwohnung) nach C beträgt 250 km. Die Zweitwohnung in Z ist 60 km von der ersten Tätigkeitsstätte entfernt. A legt den Weg mit einer günstigen Zugverbindung täglich in jeweils 40 Minuten zurück.

Die Hauptwohnung liegt mehr als 50 km von der ersten Tätigkeitsstätte entfernt und damit außerhalb des Orts der ersten Tätigkeitsstätte. Die Zweitwohnung dient, auch wenn sie mehr als 50 km von der ersten Tätigkeitsstätte entfernt liegt, noch dem Wohnen am Ort der ersten Tätigkeitsstätte, weil A von der Zweitwohnung aus seine erste Tätigkeitsstätte mit dem von ihm genutzten Verkehrsmittel in zumutbarer Weise täglich erreichen kann, da die Fahrzeit weniger als eine Stunde beträgt. Es liegt daher eine doppelte Haushaltsführung vor. Die doppelte Haushaltsführung ist auch beruflich veranlasst, da die kürzeste Straßenverbindung zwischen der Zweitwohnung und der ersten Tätigkeitsstätte weniger als die Hälfte der kürzesten Straßenverbindung zwischen der Hauptwohnung und der ersten Tätigkeitsstätte beträgt.

ABWANDLUNG 3 ▸ Die Entfernung von B (Hauptwohnung) nach C beträgt 150 km und die Fahrzeit mit dem ICE 90 Minuten. Die Zweitwohnung in Z ist 74 km von der ersten Tätigkeitsstätte entfernt und die Fahrzeit beträgt 65 Minuten je Wegstrecke.

Auf Grund der Entfernung von mehr als 50 km zwischen Hauptwohnung und erster Tätigkeitsstätte liegt die Hauptwohnung nicht am Ort der ersten Tätigkeitsstätte (vgl. Rz. 102). Da die Entfernung von der Zweitwohnung in Z zur ersten Tätigkeitsstätte in C mehr als 50 km beträgt und die erste Tätigkeitsstätte in C auch nicht innerhalb einer Fahrzeit von einer Stunde erreicht werden kann, liegt keine doppelte Haushaltsführung vor.

cc) Ehegatten/Lebenspartner

Für Ehegatten/Lebenspartner müssen die Voraussetzungen der Rz. 100 - 104 jeweils gesondert erfüllt sein, um für jeden von ihnen die beruflich veranlasste doppelte Haushaltsführung anerkennen zu können. 105

dd) Höhe der Unterkunftskosten

106 Als Unterkunftskosten für eine doppelte Haushaltsführung im Inland werden die dem Arbeitnehmer tatsächlich entstandenen Aufwendungen für die Nutzung der Wohnung oder Unterkunft höchstens bis zu einem nachgewiesenen Betrag von 1.000 € im Monat **(Höchstbetrag)** anerkannt. Die Prüfung der Notwendigkeit und Angemessenheit entfällt; auch auf die Zahl der Wohnungsbenutzer (Angehörige) kommt es nicht an.

107 Steht die Zweitwohnung oder -unterkunft im Eigentum des Arbeitnehmers, sind die tatsächlichen Aufwendungen (z. B. AfA, Schuldzinsen, Reparaturkosten, Nebenkosten) bis zum Höchstbetrag von 1.000 € monatlich zu berücksichtigen. Insoweit gelten die Grundsätze der BFH-Rechtsprechung (vgl. BFH-Urteil vom 3. Dezember 1982, VI R 228/80, BStBl 1983 II S. 467) weiter.

108 Der Höchstbetrag umfasst sämtliche entstehenden Aufwendungen wie Miete, Betriebskosten, Kosten der laufenden Reinigung und Pflege der Zweitwohnung oder -unterkunft, Zweitwohnungsteuer, Rundfunkbeitrag, Miet- oder Pachtgebühren für Kfz-Stellplätze, Aufwendungen für Sondernutzung (wie Garten), die vom Arbeitnehmer selbst getragen werden, **nicht jedoch Aufwendungen für Hausrat, Einrichtungsgegenstände oder Arbeitsmittel, mit denen die Zweitwohnung ausgestattet ist. Aufwendungen für die erforderliche Einrichtung und Ausstattung der Zweitwohnung, soweit sie nicht überhöht sind, können als sonstige notwendige Mehraufwendungen der doppelten Haushaltsführung berücksichtigt werden (BFH-Urteil vom 4. April 2019, VI R 18/17, BStBl 2019 II S. 449). Übersteigen die Anschaffungskosten des Arbeitnehmers für Einrichtung und Ausstattung der Zweitwohnung (ohne Arbeitsmittel) insgesamt nicht den Betrag von 5.000 € einschließlich Umsatzsteuer, ist aus Vereinfachungsgründen davon auszugehen, dass es sich um notwendige Mehraufwendungen der doppelten Haushaltsführung handelt.** Wird die Zweitwohnung oder -unterkunft möbliert angemietet, **überschreitet die Miete den Höchstbetrag und enthält der Mietvertrag keine Aufteilung der Miete für die Überlassung der Wohnung und der Einrichtung und Ausstattung, ist die Miete im Schätzwege aufzuteilen (BFH-Urteil vom 4. April 2019, VI R 18/17, BStBl 2019 II S. 449).** Aufwendungen für einen separat angemieteten Garagenstellplatz sind in den Höchstbetrag einzubeziehen und können nicht als „sonstige" notwendige Mehraufwendungen zusätzlich berücksichtigt werden. Maklerkosten, die für die Anmietung einer Zweitwohnung oder -unterkunft entstehen, sind als Umzugskosten zusätzlich als Werbungskosten abziehbar (R 9.9 Absatz 2 LStR 2015) oder vom Arbeitgeber steuerfrei erstattbar. Sie sind nicht in die **Höchstbetragsberechnung** mit einzubeziehen.

Bei Beendigung der doppelten Haushaltsführung ist eine Vorfälligkeitsentschädigung wegen vorzeitiger Ablösung einer Grundschuld aufgrund der Veräußerung der Zweitwohnung nicht als Werbungskosten zu berücksichtigen (vgl. BFH-Urteil vom 3. April 2019, VI R 15/17, BStBl 2019 II S. 446). 109

Bei der Anwendung des Höchstbetrags ist grundsätzlich § 11 EStG zu beachten. Soweit der monatliche Höchstbetrag von 1.000 € nicht ausgeschöpft wird, ist eine Übertragung des nicht ausgeschöpften Volumens in andere Monate des Bestehens der doppelten Haushaltsführung im selben Kalenderjahr möglich. Erhält der Arbeitnehmer Erstattungen z. B. für Nebenkosten, mindern diese Erstattungen im Zeitpunkt des Zuflusses die Unterkunftskosten der doppelten Haushaltsführung. 110

Ein häusliches Arbeitszimmer in der Zweitwohnung am Ort der ersten Tätigkeitsstätte ist bei der Ermittlung der anzuerkennenden Unterkunftskosten nicht einzubeziehen; der Abzug der hierauf entfallenden Aufwendungen richtet sich nach § 4 Absatz 5 Satz 1 Nummer 6b EStG (vgl. BFH-Urteil vom 9. August 2007, VI R 23/05, BStBl 2009 II S. 722).

Der Höchstbetrag nach § 9 Absatz 1 Satz 3 Nummer 5 Satz 4 EStG in Höhe von 1.000 € ist ein Monatsbetrag, der nicht auf einen Kalendertag umzurechnen ist und grundsätzlich für jede doppelte Haushaltsführung des Arbeitnehmers gesondert gilt. Beziehen mehrere berufstätige Arbeitnehmer (z. B. beiderseits berufstätige Ehegatten, Lebenspartner, Lebensgefährten, Mitglieder einer Wohngemeinschaft) am gemeinsamen Beschäftigungsort eine gemeinsame Zweitwohnung, handelt es sich jeweils um eine doppelte Haushaltsführung, so dass jeder Arbeitnehmer den Höchstbetrag für die tatsächlich von ihm getragenen Aufwendungen jeweils für sich beanspruchen kann. 111

BEISPIEL 63 ▸ Die beiderseits berufstätigen Ehegatten bewohnen an ihrem Beschäftigungsort in M (jeweils Ort der ersten Tätigkeitsstätte) gemeinsam eine möblierte Unterkunft. Ihren Hausstand sowie ihren Lebensmittelpunkt haben die Eheleute nachweislich im eigenen Einfamilienhaus in B. Die Aufwendungen für die Nutzung der Unterkunft am Beschäftigungsort betragen inklusive sämtlicher Nebenkosten 1.100 € im Monat. Diese werden auf Grund gemeinsamer Verpflichtung von beiden Ehegatten zu gleichen Anteilen gezahlt.

Die tatsächlichen Aufwendungen für die Nutzung der Unterkunft können bei jedem Ehegatten jeweils in Höhe von 550 € angesetzt werden.

BEISPIEL 64 ▸ Der Arbeitnehmer A bewohnt am Ort seiner ersten Tätigkeitsstätte in M eine Zweitwohnung. Die Aufwendungen für die Nutzung dieser Unterkunft (Miete, inklusive sämtlicher berücksichtigungsfähiger Nebenkosten) betragen bis zum 30. Juni monatlich 990 €. Ab 1. Juli wird die Miete um 30 € erhöht, so dass ab diesem

Zeitpunkt die monatlichen Aufwendungen für die Nutzung der Unterkunft 1.020 € betragen.

In den Monaten Januar bis Juni können die Aufwendungen für die Nutzung der Unterkunft in voller Höhe vom Arbeitgeber steuerfrei erstattet bzw. von A als Werbungskosten geltend gemacht werden.

Ab Juli ist grundsätzlich die Beschränkung auf den Höchstbetrag von 1.000 € zu beachten. Die den Höchstbetrag übersteigenden Aufwendungen von monatlich 20 € können allerdings mit dem noch nicht aufgebrauchten Höchstbetragsvolumen der Monate Januar - Juni (6 x 10 € = 60 €) verrechnet und insoweit steuerfrei erstattet oder als Werbungskosten geltend gemacht werden.

112 Bei doppelter Haushaltsführung im Ausland sind die Aufwendungen in tatsächlicher Höhe notwendig, soweit sie die ortsübliche Miete für eine nach Lage und Ausstattung durchschnittliche Wohnung am Ort der ersten Tätigkeitsstätte mit einer Wohnfläche bis zu 60 qm nicht überschreiten.

ee) Steuerfreie Erstattung durch den Arbeitgeber und Werbungskostenabzug

113 Für den steuerfreien Arbeitgeberersatz kann der Arbeitgeber bei Arbeitnehmern mit den Steuerklassen III, IV oder V ohne Weiteres unterstellen, dass sie einen eigenen Hausstand haben, an dem sie sich auch finanziell beteiligen. Bei anderen Arbeitnehmern darf der Arbeitgeber einen eigenen Hausstand nur dann anerkennen, wenn sie schriftlich erklären, dass sie neben einer Zweitwohnung oder -unterkunft am Beschäftigungsort außerhalb des Beschäftigungsortes einen eigenen Hausstand unterhalten, an dem sie sich auch finanziell beteiligen. Die Kosten der Zweitwohnung oder -unterkunft am Ort der ersten Tätigkeitsstätte im Inland können weiterhin vom Arbeitgeber pauschal steuerfrei erstattet werden (R 9.11 Absatz 10 Satz 7 Nummer 3 LStR 2015).

114 Der Arbeitnehmer hat das Vorliegen einer doppelten Haushaltsführung und die finanzielle Beteiligung an der Haushaltsführung am Ort des eigenen Hausstands **grundsätzlich** in seiner Einkommensteuererklärung darzulegen. **Bei Arbeitnehmern, die mit ihrem Ehegatten oder Lebenspartner einen gemeinsamen Haushalt führen, kann eine finanzielle Beteiligung an den Kosten der Lebensführung ohne entsprechenden Nachweis unterstellt werden (vgl. auch Rz. 101).** Kosten der Zweitwohnung oder -unterkunft sind für die Berücksichtigung als Werbungskosten grundsätzlich im Einzelnen nachzuweisen; sie können geschätzt werden, wenn sie dem Grunde nach zweifelsfrei entstanden sind (vgl. BFH-Urteil vom 12. September 2001, VI R 72/97, BStBl 2001 II S. 775).

b) Unterkunftskosten bei einer Auswärtstätigkeit, § 9 Absatz 1 Satz 3 Nummer 5a EStG

Als Werbungskosten abzugsfähig sind Unterkunftskosten bei einer Auswärtstätigkeit. Hierbei muss es sich um notwendige Mehraufwendungen eines Arbeitnehmers für beruflich veranlasste Übernachtungen an einer Tätigkeitsstätte handeln, die nicht erste Tätigkeitsstätte ist. 115

aa) Berufliche Veranlassung

Die berufliche Veranlassung ist gegeben, wenn der Arbeitnehmer auf Weisung des Arbeitgebers so gut wie ausschließlich betrieblich bzw. dienstlich unterwegs ist. Dies ist zum Beispiel der Fall, wenn der Arbeitnehmer einen Kunden besucht. Erledigt der Arbeitnehmer im Zusammenhang mit der beruflich veranlassten Auswärtstätigkeit auch in einem mehr als geringfügigen Umfang private Angelegenheiten, sind die beruflich veranlassten von den privat veranlassten Aufwendungen zu trennen (vgl. BFH-Beschluss vom 21. September 2009, GrS 1/06, BStBl 2010 II S. 672). Ist das nicht - auch nicht durch Schätzung - möglich, gehören die gesamten Aufwendungen zu den nach § 12 EStG nicht abziehbaren Aufwendungen für die Lebensführung. 116

bb) Unterkunftskosten

Unterkunfts- bzw. Übernachtungskosten sind die tatsächlichen Aufwendungen für die persönliche Inanspruchnahme einer Unterkunft zur Übernachtung. Hierzu zählen zum Beispiel Kosten für die Nutzung eines Hotelzimmers, Mietaufwendungen für die Nutzung eines (ggf. möblierten) Zimmers oder einer Wohnung sowie Nebenleistungen (z. B. Kultur- und Tourismusförderabgabe, Kurtaxe/Fremdenverkehrsabgabe, bei Auslandsübernachtungen die besondere Kreditkartengebühr bei Zahlungen in Fremdwährungen). Als Werbungskosten können lediglich die tatsächlich entstandenen Übernachtungskosten und keine Pauschalen abgezogen werden. 117

Kosten für Mahlzeiten gehören zu den Aufwendungen des Arbeitnehmers für die Verpflegung und sind nur nach Maßgabe des § 9 Absatz 4a EStG abziehbar. Wird durch Zahlungsbelege nur ein Gesamtpreis für Unterkunft und Verpflegung nachgewiesen und lässt sich der Preis für die Verpflegung nicht feststellen (z. B. Tagungspauschale), so ist dieser Gesamtpreis zur Ermittlung der Übernachtungskosten zu kürzen. Als Kürzungsbeträge sind dabei 118

- für Frühstück 20 %,
- für Mittag- und Abendessen j eweils 40 %

der für den Unterkunftsort maßgebenden Verpflegungspauschale bei einer Auswärtstätigkeit mit einer Abwesenheitsdauer von mindestens 24 Stunden anzusetzen.

BEISPIEL 65 ▸ Der Arbeitnehmer A übernachtet während einer zweitägigen inländischen Auswärtstätigkeit im Hotel. Die Rechnung des Hotels ist auf den Namen des Arbeitgebers ausgestellt. Das Hotel rechnet eine Übernachtung mit Frühstück wie folgt ab:

Pauschalarrangement	70 €

Der Arbeitgeber hat folgende Möglichkeiten:

Zur Ermittlung der Übernachtungskosten kann der Gesamtpreis um **5,60 €** (20 % **von 28 € für die auf das Frühstück entfallenden anteiligen Kosten) gekürzt werden.** Der verbleibende Betrag von **64,40 €** kann vom Arbeitgeber dann als Übernachtungskosten steuerfrei erstattet werden. Für den An- und Abreisetag stehen dem Arbeitnehmer Verpflegungspauschalen von insgesamt **28 € (je 14 €** für den An- und Abreisetag) zu. Die Verpflegungspauschale für den Abreisetag ist nicht zu kürzen (um **5,60 €** für das Frühstück), wenn der Arbeitgeber dem Arbeitnehmer lediglich die **64,40 €** als Übernachtungskosten erstattet. Insgesamt kann der Arbeitgeber somit **92,40 €** steuerfrei erstatten (**64,40 €** Unterkunft plus **28 €** Verpflegung).

Erstattet der Arbeitgeber dem Arbeitnehmer hingegen den Gesamtpreis von 70 € (also einschließlich Frühstück) sind die Verpflegungspauschalen zu kürzen auf einen Betrag von **22,40 €** für Verpflegung (**28 €** Verpflegungspauschalen - **5,60 €** Kürzung für ein Frühstück). Insgesamt kann der Arbeitgeber somit **92,40 €** steuerfrei erstatten (70 € Unterkunft und Frühstück plus **22,40 €** Verpflegung).

Die Berechnungen führen somit zum gleichen Ergebnis, egal von welchem Betrag der pauschale Einbehalt bzw. die pauschale Kürzung erfolgt.

ABWANDLUNG ▸ Die Rechnung des Hotels ist auf den Namen des Arbeitnehmers ausgestellt.

Auch in diesem Fall kann der Arbeitgeber insgesamt höchstens **92,40 €** steuerfrei erstatten (**64,40 €** Unterkunft plus **28 €** Verpflegung).

BEISPIEL 66 ▸ Der Arbeitnehmer A übernachtet während einer zweitägigen Auswärtstätigkeit im Hotel. Die Rechnung ist auf den Namen des Arbeitgebers ausgestellt. Das Hotel rechnet eine Übernachtung mit Frühstück wie folgt ab:

Übernachtung	60 €
Frühstück	10 €

Die ausgewiesenen Übernachtungskosten von 60 € können vom Arbeitgeber steuerfrei erstattet werden. Für den An- und Abreisetag stünden dem Arbeitnehmer zusätzlich auch noch Verpflegungspauschalen von **28 € (je 14 €** für den An- und Abreisetag) zu. Die Verpflegungspauschale für den Abreisetag ist nicht zu kürzen, wenn der Arbeitgeber dem Arbeitnehmer lediglich die 60 € Übernachtungskosten erstattet.

Erstattet der Arbeitgeber hingegen auch den Betrag von 10 € für das Frühstück, ist die Verpflegungspauschale für den Abreisetag um 5,60 € wegen des vom Arbeitgeber zur Verfügung gestellten Frühstücks zu kürzen. Der Arbeitgeber kann dann zusätzlich einen Betrag von 22,40 € für Verpflegung steuerfrei erstatten.

ABWANDLUNG ▸ Die Rechnung des Hotels ist auf den Namen des Arbeitnehmers ausgestellt.

In diesem Fall kann der Arbeitgeber insgesamt höchstens **88 €** steuerfrei erstatten (60 € Unterkunft plus **28 €** Verpflegung).

Werden keine steuerfreien Erstattungen seitens des Arbeitgebers gezahlt, ist der Betrag von 88 € als Werbungskosten berücksichtigungsfähig.

cc) Notwendige Mehraufwendungen

Es ist lediglich die berufliche Veranlassung zu prüfen, nicht aber die Angemessenheit der Unterkunft (bestimmte Hotelkategorie oder Größe der Unterkunft). Die Anerkennung von Unterkunftskosten bei einer auswärtigen beruflichen Tätigkeit erfordert, dass noch eine andere Wohnung besteht, für die dem Arbeitnehmer Aufwendungen entstehen, weil er dort 119

- seinen Lebensmittelpunkt hat, ohne dass dort jedoch ein eigener Hausstand vorliegen muss, oder
- seinen Lebensmittelpunkt wieder aufnehmen will.

Für die Berücksichtigung von Unterkunftskosten anlässlich einer Auswärtstätigkeit wird somit - anders als bei der doppelten Haushaltsführung - nicht vorausgesetzt, dass der Arbeitnehmer eine Wohnung aus eigenem Recht oder als Mieter innehat und eine finanzielle Beteiligung an den Kosten der Lebensführung leistet. Es genügt, wenn der Arbeitnehmer z. B. im Haushalt der Eltern ein Zimmer bewohnt.

Ist die Unterkunft am auswärtigen Tätigkeitsort die einzige Wohnung/Unterkunft des Arbeitnehmers, liegt kein beruflich veranlasster Mehraufwand vor. 120

Soweit höhere Übernachtungskosten anfallen, weil der Arbeitnehmer eine Unterkunft gemeinsam mit Personen nutzt, die in keinem Dienstverhältnis zum selben Arbeitgeber stehen, sind nur diejenigen Aufwendungen anzusetzen, die bei alleiniger Nutzung durch den Arbeitnehmer angefallen wären. Nicht abziehbar sind somit Mehrkosten, die aufgrund der Mitnutzung der Übernachtungsmöglichkeit durch eine Begleitperson entstehen, insbesondere wenn die Begleitung privat und nicht beruflich veranlasst ist. Bei Mitnutzung eines Mehrbettzimmers (z. B. Doppelzimmer) können die Aufwendungen angesetzt werden, die bei Inanspruchnahme eines Einzelzimmers im selben Haus entstanden wären. 121

Bei Nutzung einer Wohnung am auswärtigen Tätigkeitsort zur Übernachtung während einer beruflich veranlassten Auswärtstätigkeit kann im Inland aus Vereinfachungsgründen - entsprechend der Regelungen für Unterkunftskosten bei einer längerfristigen Auswärtstätigkeit von mehr als 48 Monaten - bei Auf- 122 wendungen bis zu einem Betrag von 1.000 € monatlich von einer ausschließlichen beruflichen Veranlassung ausgegangen werden. Betragen die Aufwendungen im Inland mehr als 1.000 € monatlich oder handelt es sich um eine Wohnung im Ausland, können nur die Aufwendungen berücksichtigt werden, die durch die beruflich veranlasste, alleinige Nutzung des Arbeitnehmers verursacht werden; dazu kann **z. B.** die ortsübliche Miete für eine nach Lage und Ausstattung durchschnittliche Wohnung am Ort der auswärtigen Tätigkeitsstätte mit einer Wohnfläche bis zu 60 qm als Vergleichsmaßstab herangezogen werden.

BEISPIEL 67 ▶ Der Arbeitnehmer A wird aus persönlichen Gründen auf einer Auswärtstätigkeit von seiner Ehefrau begleitet. Für die Übernachtung im Doppelzimmer entstehen Kosten von 150 €. Ein Einzelzimmer hätte 90 € gekostet.

Als Werbungskosten abziehbar oder vom Arbeitgeber steuerfrei erstattungsfähig sind 90 €.

ABWANDLUNG ▶ Auf einer Auswärtstätigkeit teilt sich der Arbeitnehmer A das Doppelzimmer mit seinem Kollegen B, der ihn aus betrieblichen Gründen begleitet.

Für jeden Arbeitnehmer können (150 €: 2 =) 75 € als Werbungskosten berücksichtigt oder vom Arbeitgeber steuerfrei erstattet werden.

dd) Begrenzte Berücksichtigung von Unterkunftskosten bei einer längerfristigen Auswärtstätigkeit an derselben Tätigkeitsstätte im Inland

123 Bei einer längerfristigen beruflichen Tätigkeit an derselben Tätigkeitsstätte im Inland, die nicht erste Tätigkeitsstätte ist, können nach Ablauf von 48 Monaten die tatsächlich entstehenden Unterkunftskosten höchstens noch bis zur Höhe von 1.000 € im Monat als Werbungskosten abgezogen oder vom Arbeitgeber steuerfrei erstattet werden. Das gilt auch für Hotelübernachtungen.

124 Bei Übernachtungen im Ausland im Rahmen einer längerfristigen Auswärtstätigkeit gelten die Grundsätze zur beruflichen Veranlassung und Notwendigkeit der entstandenen Aufwendungen unverändert weiter. Die Höchstgrenze von 1.000 € gilt hier nicht.

125 Von einer längerfristigen beruflichen Tätigkeit an derselben Tätigkeitsstätte ist erst dann auszugehen, sobald der Arbeitnehmer an dieser mindestens an drei Tagen in der Woche tätig wird. Die 48-Monatsfrist beginnt daher nicht, solange die auswärtige Tätigkeitsstätte nur an zwei Tagen in der Woche aufgesucht wird. Eine Unterbrechung von weniger als sechs Monaten, z. B. wegen Urlaub, Krankheit, beruflicher Tätigkeit an einer anderen Tätigkeitsstätte führt nicht zu einem Neubeginn der 48-Monatsfrist. Die Prüfung des Unterbrechungszeitraums und des Ablaufs der 48-Monatsfrist erfolgt stets im Nachhinein mit Blick auf die zurückliegende Zeit.

BEISPIEL 68 Der Arbeitnehmer A ist seit 1. April **01** an der sich an seinem Wohnort befindlichen ersten Tätigkeitsstätte in H an zwei Tagen in der Woche tätig. An den anderen drei Tagen betreut er aufgrund arbeitsrechtlicher Festlegungen eine 200 km entfernte Filiale in B. Dort übernachtet er regelmäßig zweimal wöchentlich.

Da der Arbeitnehmer A längerfristig infolge seiner beruflichen Tätigkeit an drei Tagen in der Woche an derselben Tätigkeitsstätte in B, die nicht erste Tätigkeitsstätte ist, tätig wird und dort übernachtet, können die ihm tatsächlich entstehenden Übernachtungskosten nach Ablauf von 48 Monaten nur noch bis zur Höhe von 1.000 € monatlich als Werbungskosten geltend gemacht oder steuerfrei erstattet werden.

ABWANDLUNG Wie Beispiel **68**, allerdings muss A ab 15. Juli **01** für vier Monate nach M. Ab 16. November 01 ist er dann drei Tage wöchentlich in H und zwei Tage in B.

Für die längerfristige berufliche Auswärtstätigkeit in B beginnt die 48-Monatsfrist am 1. April **01** und endet voraussichtlich am 31. März **05**. Eine sechsmonatige Unterbrechung liegt noch nicht vor (lediglich vier Monate und dann immer nur dreitägige Unterbrechung).

Für die Prüfung der 48-Monatsfrist wird auf den tatsächlich verwirklichten Sachverhalt abgestellt. Erst nach Ablauf von 48 Monaten greift die Begrenzung der Höhe nach auf den Betrag von 1.000 € im Monat. Die unbegrenzte Berücksichtigung der entstandenen Aufwendungen in den ersten 48 Monaten bleibt davon unberührt. 126

ee) Anwendung der 48-Monatsfrist zur begrenzten Berücksichtigung der Unterkunftskosten bei einer längerfristigen Auswärtstätigkeit im Inland

Maßgeblich für den Beginn der 48-Monatsfrist ist der jeweilige Beginn der längerfristigen beruflichen Tätigkeit an derselben Tätigkeitsstätte im Inland. Aus Vereinfachungsgründen ist es allerdings nicht zu beanstanden, wenn die abziehbaren Übernachtungskosten erst ab dem ersten vollen Kalendermonat, der auf den Monat folgt, in dem die 48-Monatsfrist endet, auf 1.000 € begrenzt werden. 127

ff) Steuerfreie Erstattung durch den Arbeitgeber

Für jede Übernachtung im Inland darf der Arbeitgeber die nachgewiesenen Übernachtungskosten nach Rz. **117** bis Rz. **126** oder ohne Einzelnachweis einen Pauschbetrag von 20 € steuerfrei erstatten. Bei Übernachtungen **während** einer auswärtigen beruflichen Tätigkeit im Ausland **können die nachgewiesenen Übernachtungskosten oder ohne Einzelnachweis die mit BMF-Schreiben bekannt gemachten Pauschbeträge steuerfrei erstattet werden** (R9.7 **Absatz 3 Satz 2 ff LStR 2015**). 128

5. Reisenebenkosten

129 Zu den Reisenebenkosten gehören die tatsächlichen Aufwendungen z. B. für:

1. Beförderung und Aufbewahrung von Gepäck;
2. **Telekommunikation** und Schriftverkehr beruflichen Inhalts mit dem Arbeitgeber oder Geschäftspartnern;
3. Straßen- und Parkplatzbenutzung sowie Schadensbeseitigung infolge von Verkehrsunfällen, wenn die jeweils damit verbundenen Fahrtkosten als Reisekosten anzusetzen sind;
4. Verlust von auf der Reise abhanden gekommener oder beschädigter Gegenstände, die der Arbeitnehmer auf der Reise verwenden musste, wenn der Verlust aufgrund einer reisespezifischen Gefährdung eingetreten ist. Berücksichtigt wird der Verlust bis zur Höhe des Wertes, der dem Gegenstand zum Zeitpunkt des Verlustes beigemessen wird.
5. Private Telefongespräche, soweit sie der beruflichen Sphäre zugeordnet werden können (vgl. BFH-Urteil vom 5. Juli 2012, VI R 50/10, BStBl 2013 II S. 282).

130 Die Reisenebenkosten sind durch geeignete Unterlagen nachzuweisen bzw. glaubhaft zu machen. Regelmäßig wiederkehrende Reisenebenkosten können zur Vereinfachung über einen repräsentativen Zeitraum von drei Monaten im Einzelnen nachgewiesen werden und dann in der Folgezeit mit dem täglichen Durchschnittsbetrag angesetzt werden.

131 **Zur Abgeltung der notwendigen Mehraufwendungen, die einem Arbeitnehmer während seiner auswärtigen beruflichen Tätigkeit auf einem Kraftfahrzeug des Arbeitgebers oder eines vom Arbeitgeber beauftragten Dritten im Zusammenhang mit einer Übernachtung in dem Kraftfahrzeug entstehen, kann ab 1. Januar 2020 einheitlich im Kalenderjahr eine Pauschale von 8 € für jeden Kalendertag berücksichtigt werden, an dem der Arbeitnehmer eine Verpflegungspauschale nach § 9 Absatz 4a Satz 3 Nummer 1 und 2 sowie Satz 5 zur Nummer 1 und 2 EStG beanspruchen könnte. Die Pauschale kann auch von mitfahrenden Arbeitnehmern beansprucht werden, die ebenfalls im Fahrzeug übernachten, wenn der Arbeitgeber keine weiteren Erstattungen für Übernachtungskosten leistet oder der Arbeitnehmer keine weiteren Übernachtungskosten als Werbungskosten geltend macht. Die übrigen Voraussetzungen des § 9 Absatz 1 Satz 3 Nummer 5b EStG müssen erfüllt sein.**

Zur Berücksichtigung von **höheren Mehraufwendungen ab 1. Januar 2020** vgl. BMF-Schreiben vom 4. Dezember 2012, BStBl 2012 I S. 1249.

Nicht zu den Reisenebenkosten gehören z. B.: 132

1. Kosten für die persönliche Lebensführung wie Tageszeitungen, private Telefongespräche mit Ausnahme der Gespräche i. S. d. Rz. **129** Nummer 5, Massagen, Minibar oder Pay-TV,
2. Ordnungs-, Verwarnungs- und Bußgelder, die auf einer Auswärtstätigkeit verhängt werden,
3. Verlust von Geld oder Schmuck,
4. Anschaffungskosten für Bekleidung, Koffer oder andere Reiseausrüstungsgegenstände, weil sie nur mittelbar mit einer Auswärtstätigkeit zusammenhängen,
5. Essensgutscheine, z. B. in Form von Raststätten- oder Autohof-Wertbons.

Gutscheine i. S. d. Rz. **132** Nummer 5 gehören nicht zu den Reisenebenkosten, da zur Abgeltung der tatsächlich entstandenen, beruflich veranlassten Mehraufwendungen für Verpflegung eine Verpflegungspauschale (§ 9 Absatz 4a EStG) angesetzt werden kann. 133

BEISPIEL 69 ▸ Der LKW-Fahrer L ist im Inland eintägig mehr als acht Stunden beruflich auswärts tätig. Er nimmt ein Mittagessen im Wert von 8,50 € in einer Autobahnraststätte ein und bezahlt an der Kasse 6 € in bar und den Rest in Wertbons, die er im Zusammenhang mit der vom Arbeitgeber erstatteten Parkplatzgebühr erhalten hat.

Dem LKW-Fahrer L steht eine ungekürzte Verpflegungspauschale von **14** € zu.

6. Sonstiges

Zur Ermittlung der steuerfreien Leistungen für Reisekosten dürfen die einzelnen Aufwendungsarten zusammengefasst werden; die Leistungen sind steuerfrei, soweit sie die Summe der zulässigen steuerfreien Leistungen nicht übersteigen. Hierbei können mehrere Reisen zusammengefasst abgerechnet werden. Dies gilt sinngemäß für Umzugskosten und für Mehraufwendungen bei einer doppelten Haushaltsführung (R 3.16 Satz 1 bis 3 ggf. i.V. m. R3.13 Abs. 1 Satz 3 LStR 2015). 134

BEISPIEL 70 ▸ Bei einer längerfristigen beruflichen Auswärtstätigkeit wird ein Monteur für die Dauer von sechs Monaten (110 Arbeitstage) an derselben Tätigkeitsstätte tätig. Die arbeitstägliche Abwesenheit von seiner Wohnung und der ersten Tätigkeitsstätte beträgt jeweils mehr als 8 Stunden. Während der sechs Monate seiner Tätigkeit steht dem Monteur nach **der** Reiserichtlinie des Arbeitgebers ein Tagegeld in Höhe von insgesamt **770** € zu (110 Arbeitstage x **7** €/Arbeitstag).

Erfolgt eine monatliche Reisekostenabrechnung können die Tagegelder der ersten drei Monate steuerfrei geleistet werden:

Steuerfreie Verpflegungspauschalen:	55 Arbeitstage x **14 €**/Arbeitstag = **770 €**
Gezahltes Tagegeld:	55 Arbeitstage x **7 €**/Arbeitstag = **385 €**

Der Arbeitnehmer könnte somit zusätzlich für die ersten drei Monate noch **385 €** als Werbungskosten geltend machen.

Die Tagegelder der folgenden drei Monate sind steuerpflichtig und der Arbeitnehmer kann keine Werbungskosten mehr geltend machen

Steuerfreie Verpflegungspauschalen:	= 0 €
Gezahltes Tagegeld:	55 Arbeitstage x 7 €/Arbeitstag = **385 €**

Wird die längerfristige berufliche Auswärtstätigkeit zusammengefasst abgerechnet, können die Tagegelder der gesamten sechs Monate steuerfrei gezahlt werden. Der Arbeitnehmer kann dann keinen Werbungskostenabzug mehr geltend machen.

Steuerfreie Verpflegungspauschalen:	55 Arbeitstage x	**14 €**/Arbeitstag = **770 €**
Gezahltes Tagegeld:	110 Arbeitstage x	**7 €**/Arbeitstag = **770 €**

135 In den Fällen, in denen keine steuerfreie Verpflegungspauschale gezahlt werden darf, ist es nicht zu beanstanden, wenn der Arbeitgeber bei einer von ihm zur Verfügung gestellten Mahlzeit eine Verrechnung des anzusetzenden Sachbezugswertes mit steuerfrei zu erstattenden Fahrt-, Unterkunfts- oder Reisenebenkosten vornimmt.

BEISPIEL 71 Der Arbeitnehmer A nimmt an einem halbtägigen auswärtigen Seminar mit Mittagessen teil und ist 6 Stunden von seiner Wohnung und der ersten Tätigkeitsstätte abwesend. Für die Fahrt zum Seminar nutzt A seinen privaten PKW und könnte für die entstandenen Fahrtkosten eine steuerfreie Erstattung in Höhe von 30 € von seinem Arbeitgeber beanspruchen. Der Arbeitgeber kann die von ihm im Rahmen des Seminars gestellte Mahlzeit mit dem Sachbezugswert individuell oder pauschal mit 25 % versteuern oder von den zu erstattenden 30 € abziehen.

III. Zeitliche Anwendungsregelung

136 **Dieses Schreiben ersetzt das BMF-Schreiben vom 24. Oktober 2014 (BStBl 2014 I S. 1412) und ist in allen noch offenen Fällen anzuwenden. Änderungen sind durch Fettdruck dargestellt. In den jeweiligen Beispielen wurden die ab 1. Januar 2020 geltenden gesetzlichen Beträge für Verpflegungsmehraufwendungen und Sachbezugswerte berücksichtigt.**

Steuerliche Behandlung von Arbeitnehmereinkünften bei Auslandstätigkeiten (Auslandstätigkeitserlass)

BMF, Schreiben v. 10.6.2022 - IV C 5 - S 2293/19/10012 :001 BStBl 2022 I S. 997

Für die steuerliche Behandlung von Arbeitnehmereinkünften bei Auslandstätigkeiten gilt nach Erörterung mit den obersten Finanzbehörden der Länder aufgrund des § 34c Absatz 5 Einkommensteuergesetz (EStG) Folgendes:

Bei einem Arbeitnehmer eines Arbeitgebers mit Sitz, Geschäftsleitung, Be- 1
triebsstätte oder einem ständigen Vertreter in einem Mitgliedstaat der Europäischen Union (EU) oder einem Staat, auf den das Abkommen über den Europäischen Wirtschaftsraum (EWR) Anwendung findet (EU-/EWR-Arbeitgeber), wird von der Besteuerung des Arbeitslohns, den der Arbeitnehmer aufgrund eines gegenwärtigen Dienstverhältnisses für eine begünstigte Tätigkeit im Ausland erhält, abgesehen.

I. Begünstigte/Nicht begünstigte Tätigkeit

Begünstigt ist die Auslandstätigkeit für einen EU-/EWR-Arbeitgeber im Zusam- 2
menhang mit

1. der Planung, Errichtung, Einrichtung, Inbetriebnahme, Erweiterung, Instandsetzung, Modernisierung, Überwachung oder Wartung von Fabriken, Bauwerken, ortsgebundenen großen Maschinen oder ähnlichen Anlagen; außerdem ist das Betreiben der Anlagen bis zur Übergabe an den Auftraggeber begünstigt; nicht begünstigt sind insbesondere Sanierungs-, Restaurierungs-, Reinigungs- und Sicherungsarbeiten an Bauwerken ohne industrielle bzw. technische Nutzung,
2. dem Einbau, der Aufstellung, der Instandsetzung oder Wartung sonstiger Wirtschaftsgüter; diese Wirtschaftsgüter müssen ausschließlich von EU-/EWR-Arbeitgebern hergestellt oder instandgesetzt bzw. gewartet werden; zu den sonstigen Wirtschaftsgütern zählen auch Militärflugzeuge und -fahrzeuge,
3. dem Aufsuchen oder der Gewinnung von Bodenschätzen,
4. der Beratung ausländischer Auftraggeber oder Organisationen im Hinblick auf Vorhaben im Sinne der Nummern 1, 2 oder 3 oder

5. der deutschen öffentlichen Entwicklungshilfe im Rahmen der Technischen oder Finanziellen Zusammenarbeit, wenn eine Projektförderung unmittelbar oder mittelbar aus inländischen öffentlichen Mitteln zu mindestens 75 % vorliegt.

3 Nicht begünstigt sind insbesondere

- die Tätigkeit des Bordpersonals auf Seeschiffen,
- die Produktion von Schiffen im Ausland,
- die finanzielle Beratung mit Ausnahme der Nummer 5 (siehe Randziffer (Rz.) 2),
- das Einholen von Aufträgen (Akquisition), ausgenommen die Beteiligung an Ausschreibungen sowie
- die Tätigkeit im Bereich der humanitären Hilfe.

II. Dauer der begünstigten Tätigkeit

4 Die Auslandstätigkeit muss mindestens drei Monate ununterbrochen in Staaten ausgeübt werden, mit denen kein Abkommen zur Vermeidung der Doppelbesteuerung (DBA) besteht, in das Einkünfte aus nichtselbständiger Arbeit einbezogen sind.

5 Sie beginnt mit Antritt der Reise ins Ausland und endet mit der endgültigen Rückkehr ins Inland. Eine vorübergehende Rückkehr ins Inland oder ein kurzer Aufenthalt in einem Staat, mit dem ein DBA besteht, in das Einkünfte aus nichtselbständiger Arbeit einbezogen sind, gelten bis zu einer Gesamtaufenthaltsdauer von zehn vollen Kalendertagen innerhalb der Mindestfrist nicht als Unterbrechung der Auslandstätigkeit, wenn sie zur weiteren Durchführung oder Vorbereitung eines begünstigten Vorhabens notwendig sind. Dies gilt bei längeren Auslandstätigkeiten entsprechend für die jeweils letzten drei Monate.

6 Eine Unterbrechung der Tätigkeit im Falle eines Urlaubs oder einer Krankheit ist unschädlich, unabhängig davon, wo sich der Arbeitnehmer während der Unterbrechung aufhält. Zeiten der unschädlichen Unterbrechung sind bei der Dreimonatsfrist nicht mitzurechnen. Als unschädliche Unterbrechung gelten auch Freizeitblöcke (inklusive eingeschlossener arbeitsfreier Wochenenden und Feiertage) während einer begünstigten Auslandstätigkeit, wenn die Auslandstätigkeit insgesamt mindestens drei Monate in Staaten ausgeübt wird, mit denen kein DBA besteht, in das Einkünfte aus nichtselbständiger Arbeit einbezogen sind.

III. Begünstigter Arbeitslohn

Zum begünstigten Arbeitslohn gehören auch folgende steuerpflichtige Einnahmen, soweit sie für eine begünstigte Auslandstätigkeit gezahlt werden: 7

1. Zulagen, Prämien oder Zuschüsse des Arbeitgebers für Aufwendungen des Arbeitnehmers, die durch eine begünstigte Auslandstätigkeit veranlasst sind, oder die entsprechende unentgeltliche Ausstattung oder Bereitstellung durch den Arbeitgeber,
2. Weihnachtszuwendungen, Erfolgsprämien oder Tantiemen,
3. Arbeitslohn, der auf den Urlaub - einschließlich eines angemessenen Sonderurlaubs aufgrund einer begünstigten Tätigkeit - entfällt, Urlaubsgeld oder Zahlungen als Urlaubsabgeltung,
4. Lohnfortzahlungen aufgrund einer Erkrankung während einer begünstigten Auslandstätigkeit bis zur Wiederaufnahme dieser oder einer anderen begünstigten Tätigkeit oder bis zur endgültigen Rückkehr ins Inland.

Werden solche Zuwendungen nicht gesondert für die begünstigte Tätigkeit geleistet, so sind sie entsprechend dem BMF-Schreiben vom 14. März 2017 (BStBl 2017 I S. 473) aufzuteilen. 8

Für Aufwendungen, die mit dem begünstigten Arbeitslohn in unmittelbarem wirtschaftlichem Zusammenhang stehen, gelten die Abzugsverbote nach § 3c Absatz 1 EStG und § 10 Absatz 2 Satz 1 Nummer 1 1. Halbsatz EStG. 9

IV. Progressionsvorbehalt

Auf das nach § 32a Absatz 1 EStG zu versteuernde Einkommen ist der Steuersatz anzuwenden, der sich unter Einbeziehung der nach diesem Schreiben begünstigten Einkünfte aus nichtselbständiger Arbeit ergibt. § 32b Absatz 2 EStG ist entsprechend anzuwenden. 10

V. Nichtanwendung

Diese Regelung gilt nicht, soweit 11

1. der Arbeitslohn unmittelbar oder mittelbar aus inländischen öffentlichen Kassen - einschließlich der Kassen des Bundeseisenbahnvermögens und der Deutschen Bundesbank - gezahlt wird; für das Merkmal der Zahlung aus einer inländischen öffentlichen Kasse gelten die Grundsätze von Ab-

schnitt I in Verbindung mit Abschnitt III des BMF-Schreibens vom 13. November 2019 (BStBl 2019 I S. 1082), oder

2. die Tätigkeit in einem Staat ausgeübt wird, mit dem ein DBA besteht, in das Einkünfte aus nichtselbständiger Arbeit einbezogen sind; ist ein Abkommen für die Zeit vor seinem Inkrafttreten anzuwenden, so verbleibt es bis zum Zeitpunkt des Inkrafttretens bei den vorstehenden Regelungen, soweit sie für den Arbeitnehmer günstiger sind, oder

3. der Steuerpflichtige nicht nachweist, dass die Einkünfte aus nichtselbständiger Arbeit (Arbeitslohn abzüglich der damit in unmittelbarem wirtschaftlichen Zusammenhang stehenden Werbungskosten) in dem Staat, in dem die Tätigkeit ausgeübt wird, einer der deutschen Einkommensteuer entsprechenden Steuer in einer durchschnittlichen Höhe von mindestens 10 % unterliegen, und dass die auf die Einkünfte festgesetzte Steuer entrichtet wurde; zur Ermittlung der durchschnittlichen Steuerbelastung sind die Einkünfte aus nichtselbständiger Arbeit im Tätigkeitsstaat nach deutschem Steuerrecht zu ermitteln.

12 Aufgrund der Begünstigung ausschließlich von Tätigkeiten im Ausland nach Abschnitt I (Rz. 2) sowie aufgrund der Nichtanwendung des Auslandstätigkeitserlasses auf Fälle des Bezugs von Arbeitslohn aus inländischen öffentlichen Kassen hat der Auslandstätigkeitserlass für Fälle der beschränkten Steuerpflicht keinen Anwendungsbereich.

13 Auf Zahlungen, die aus einer inländischen öffentlichen Kasse gewährt werden, ist der Auslandstätigkeitserlass grundsätzlich nicht anwendbar (vgl. Nummer 1, Rz. 11). Etwas Anderes gilt nur, wenn die Tätigkeit im Rahmen eines durch andere Träger bzw. weitere Institutionen, die keine inländische öffentliche Kasse sind (z. B. Institutionen der EU), kofinanzierten Projekts ausgeübt wird. Im Falle einer derartigen Mischfinanzierung sind die Zahlungen aufzuteilen. Das gilt bei unmittelbaren wie bei mittelbaren Zahlungen aus inländischen öffentlichen Kassen gleichermaßen (vgl. BMF-Schreiben vom 13. November 2019, BStBl 2019 I S. 1082, Rz. 12 f.).

14 **BEISPIEL ZUR KOFINANZIERUNG:** Das Unternehmen A (inländische öffentliche Kasse) entsendet seinen Arbeitnehmer B im Rahmen eines zu 75 % mit Haushaltsmitteln des Bundes und zu 25 % mit Mitteln der EU dotierten Entwicklungshilfeprojekts für drei Jahre in den Staat S (kein DBA mit Deutschland). B behält seinen Wohnsitz in Deutschland bei und bezieht sein Gehalt weiterhin ausschließlich von A.

Im Rahmen der unbeschränkten Einkommensteuerpflicht (§ 1 Absatz 1 EStG) unterliegt der Arbeitslohn des B der Besteuerung. Der Auslandstätigkeitserlass findet grundsätzlich Anwendung, da eine Projektförderung aus inländischen öffentlichen Mitteln zu mindestens 75 % vorliegt (vgl. Abschnitt I Nummer 5, Rz. 2). Soweit das

Projekt aus einer inländischen öffentlichen Kasse finanziert wird, ist die Anwendung aber nach Abschnitt V Nummer 1 (Rz. 11) ausgeschlossen. Soweit das Projekt aus Mitteln der EU finanziert wird, liegt hingegen kein Arbeitslohn aus inländischen öffentlichen Kassen vor. Somit sind 25 % des Gehalts des B steuerfrei und unterliegen dem Progressionsvorbehalt (vgl. Abschnitt IV, Rz. 10).

BEISPIEL ZUR MINDESTBESTEUERUNG: Der Angestellte eines international tätigen Unternehmens im Bereich des Anlagenbaus erhält für seinen zehnmonatigen Einsatz zur Inbetriebnahme einer Fabrik im Staat S (kein DBA mit Deutschland) ein Gehalt i. H. v. 110.000 €. Die nach dem EStG ermittelten Werbungskosten, die mit dieser begünstigten Tätigkeit in Zusammenhang stehen, betragen 10.000 €. Seinen Wohnsitz in Deutschland behält er bei. Auf das Gehalt zahlt er in S ausweislich des von ihm vorgelegten Steuerbescheides eine der deutschen Einkommensteuer entsprechende Steuer in Höhe von umgerechnet 9.000 €. Bezogen auf die Einkünfte von 100.000 € ergibt sich ein durchschnittlicher Steuersatz von 9 %. Da dieser unter 10 % liegt, findet die Steuerbefreiung hier keine Anwendung. Die im Ausland gezahlte Steuer kann unter den Voraussetzungen des § 34c EStG auf die deutsche Einkommensteuer angerechnet oder bei der Ermittlung der Einkünfte abgezogen werden. 15

VI. Verfahrensvorschriften

Der Verzicht auf die Besteuerung im Steuerabzugsverfahren ist vom Arbeitgeber oder Arbeitnehmer beim Betriebsstättenfinanzamt zu beantragen (Freistellungsbescheinigung). Dabei ist glaubhaft zu machen, dass die nach deutschem Recht ermittelten Einkünfte im Tätigkeitsstaat voraussichtlich einer der deutschen Einkommensteuer entsprechenden Steuer unterliegen; der Nachweis über die Höhe der Besteuerung (vgl. Abschnitt V Nummer 3, Rz. 11) ist erst im Veranlagungsverfahren erforderlich. 16

Wurde glaubhaft gemacht, dass die Voraussetzungen der Steuerbefreiung vorliegen, so kann die Freistellungsbescheinigung erteilt werden, solange dem Arbeitgeber eine Änderung des Lohnsteuerabzugs möglich ist (§ 41c EStG). Außerdem muss sich der Arbeitgeber verpflichten, das folgende Verfahren einzuhalten: 17

1. Der begünstigte Arbeitslohn ist im Lohnkonto gesondert aufzuzeichnen und in der elektronischen Lohnsteuerbescheinigung, ggf. der besonderen Lohnsteuerbescheinigung, sowie der Gehaltsbescheinigung, dem Entgeltnachweis etc. jeweils getrennt vom übrigen Arbeitslohn anzugeben.
2. Die Freistellungsbescheinigung ist als Beleg zum Lohnkonto des Arbeitnehmers zu nehmen.
3. Für Arbeitnehmer, die während des Kalenderjahrs begünstigten Arbeitslohn bezogen haben, darf der Arbeitgeber weder die Lohnsteuer nach dem

voraussichtlichen Jahresarbeitslohn ermitteln (§ 39b Absatz 2 Satz 12 EStG, sog. permanenter Jahresausgleich) noch einen Lohnsteuer-Jahresausgleich nach § 42b EStG durchführen.

18 Die Berechtigung oder Verpflichtung zur Änderung des Lohnsteuerabzugs und eine verpflichtende Anzeige gegenüber dem Betriebsstättenfinanzamt richten sich nach § 41c EStG und R 41c.1 LStR. § 42d EStG bleibt unberührt (siehe auch R 42d.1 LStR und H 42d.1 LStH).

19 Die abschließende Prüfung der Steuerfreistellung des Arbeitslohns erfolgt im Rahmen der Veranlagung zur Einkommensteuer. Soweit aufgrund der Freistellungsbescheinigung bereits im Rahmen des Steuerabzugsverfahrens auf die Besteuerung verzichtet wurde, sind insbesondere die Nachweise nach Abschnitt V Nummer 3 (Rz. 11) im Rahmen der Veranlagung zu erbringen. Soweit nicht bereits vom Steuerabzug abgesehen worden ist, hat der Arbeitnehmer den Verzicht auf die Besteuerung bei seinem Wohnsitzfinanzamt im Rahmen der Veranlagung zu beantragen. Der Antrag auf Anwendung des Auslandstätigkeitserlasses ist spätestens bis zum Eintritt der Bestandskraft des Steuerbescheids zu stellen.

VII. Anwendungsregelung

20 Dieses Schreiben ersetzt das BMF-Schreiben vom 31. Oktober 1983 (BStBl 1983 I S. 470) mit Wirkung ab dem Veranlagungszeitraum 2023. Im Lohnsteuerabzugsverfahren ist dieses Schreiben erstmals auf den laufenden Arbeitslohn anzuwenden, der für einen nach dem 31. Dezember 2022 endenden Lohnzahlungszeitraum gezahlt wird, und auf sonstige Bezüge, die nach dem 31. Dezember 2022 zufließen.

Dieses BMF-Schreiben steht ab sofort für eine Übergangszeit auf den Internetseiten des Bundesministeriums der Finanzen (http://www.bundesfinanzministerium.de) unter den Rubriken „Themen - Steuern - Steuerarten - Lohnsteuer - BMF-Schreiben/Allgemeines“ und „Themen - Steuern - Internationales Steuerrecht - Allgemeine Informationen“ zur Ansicht und zum Abruf bereit.

Steuerliche Behandlung von Reisekosten und Reisekostenvergütungen bei betrieblich und beruflich veranlassten Auslandsreisen ab 1. Januar 2024; BMF-Schreiben vom 23. November 2022 - BStBl 2022 I S. 1654

BMF v. 21.11.2023 IV C 5 - S 2353/19/10010 :005 BStBl 2023 I S. 2076

Aufgrund des § 9 Absatz 4a Satz 5 ff. Einkommensteuergesetz (EStG) werden im Einvernehmen mit den obersten Finanzbehörden der Länder die in der anliegenden Übersicht ausgewiesenen Pauschbeträge für Verpflegungsmehraufwendungen und Übernachtungskosten für beruflich und betrieblich veranlasste Auslandsdienstreisen ab 1. Januar 2024 bekannt gemacht (Fettdruck kennzeichnet die Änderungen gegenüber der Übersicht ab 1. Januar 2023 - BStBl 2022 I S. 1654).

Bei eintägigen Reisen in das Ausland ist der entsprechende Pauschbetrag des letzten Tätigkeitsortes im Ausland maßgebend. Bei mehrtägigen Reisen in verschiedenen Staaten gilt für die Ermittlung der Verpflegungspauschalen am An- und Abreisetag sowie an den Zwischentagen (Tage mit 24 Stunden Abwesenheit) im Hinblick auf § 9 Absatz 4a Satz 5 2. Halbsatz EStG insbesondere Folgendes:

- Bei der Anreise vom Inland in das Ausland oder vom Ausland in das Inland jeweils ohne Tätigwerden ist der entsprechende Pauschbetrag des Ortes maßgebend, der vor 24 Uhr Ortszeit erreicht wird.
- Bei der Abreise vom Ausland in das Inland oder vom Inland in das Ausland ist der entsprechende Pauschbetrag des letzten Tätigkeitsortes maßgebend.
- Für die Zwischentage ist in der Regel der entsprechende Pauschbetrag des Ortes maßgebend, den der Arbeitnehmer vor 24 Uhr Ortszeit erreicht.

Siehe dazu auch Rz. 52 des BMF-Schreibens zur steuerlichen Behandlung der Reisekosten von Arbeitnehmern vom 25. November 2020 (BStBl 2020 I S. 1228).

Schließt sich an den Tag der Rückreise von einer mehrtägigen Auswärtstätigkeit zur Wohnung oder ersten Tätigkeitsstätte eine weitere ein- oder mehrtägige Auswärtstätigkeit an, ist für diesen Tag nur die höhere Verpflegungspauschale zu berücksichtigen. Im Übrigen, insbesondere bei Flug- und Schiffsreisen, ist R 9.6 Absatz 3 LStR zu beachten.

Zur Kürzung der Verpflegungspauschale gilt Folgendes:

Bei der Gestellung von Mahlzeiten durch den Arbeitgeber oder auf dessen Veranlassung durch einen Dritten ist die Kürzung der Verpflegungspauschale i. S. d. § 9 Absatz 4a Satz 8 ff. EStG tagesbezogen vorzunehmen, d. h. von der für den jeweiligen Reisetag maßgebenden Verpflegungspauschale (s. o.) für eine 24-stündige Abwesenheit (§ 9 Absatz 4a Satz 5 EStG), unabhängig davon, in welchem Land die jeweilige Mahlzeit zur Verfügung gestellt wurde.

BEISPIEL: Der Ingenieur I kehrt am Dienstag von einer mehrtägigen Auswärtstätigkeit in Straßburg (Frankreich) zu seiner Wohnung zurück. Nachdem er Unterlagen und neue Kleidung eingepackt hat, reist er zu einer weiteren mehrtägigen Auswärtstätigkeit nach Kopenhagen (Dänemark) weiter. I erreicht Kopenhagen um 23 Uhr. Die Übernachtungen - jeweils mit Frühstück - wurden vom Arbeitgeber im Voraus gebucht und bezahlt.

Für Dienstag ist nur die höhere Verpflegungspauschale von 50 € (Rückreisetag von Straßburg: 36 €, Anreisetag nach Kopenhagen 50 €) anzusetzen. Aufgrund der Gestellung des Frühstücks im Rahmen der Übernachtung in Straßburg ist die Verpflegungspauschale um 15 € (20 % der Verpflegungspauschale Kopenhagen für einen vollen Kalendertag - 75 €) auf 35 € zu kürzen.

Die festgesetzten Beträge für die Philippinen gelten auch für Mikronesien, die Beträge für Trinidad und Tobago gelten auch für die zu dessen Amtsbezirk gehörenden Staaten Antigua und Barbuda, Dominica, Grenada, Guyana, St. Kitts und Nevis, St. Lucia, St. Vincent und Grenadinen sowie Suriname.

Für die in der Bekanntmachung nicht erfassten Länder ist der für Luxemburg geltende Pauschbetrag maßgebend, für nicht erfasste Übersee- und Außengebiete eines Landes ist der für das Mutterland geltende Pauschbetrag maßgebend.

Die Pauschbeträge für Übernachtungskosten sind ausschließlich in den Fällen der Arbeitgebererstattung anwendbar (R 9.7 Absatz 3 LStR und Rz. 128 des BMF-Schreibens zur steuerlichen Behandlung der Reisekosten von Arbeitnehmern vom 25. November 2020, BStBl 2020 I S. 1228). Für den Werbungskostenabzug sind nur die tatsächlichen Übernachtungskosten maßgebend (R 9.7 Absatz 2 LStR und Rz. 117 des BMF-Schreibens zur steuerlichen Behandlung der Reisekosten von Arbeitnehmern vom 25. November 2020, BStBl 2020 I S. 1228); dies gilt entsprechend für den Betriebsausgabenabzug (R 4.12 Absatz 2 und 3 EStR).

Dieses Schreiben gilt entsprechend für doppelte Haushaltsführungen im Ausland (R 9.11 Absatz 10 Satz 1, Satz 7 Nummer 3 LStR und Rz. 112 ff. des BMF-Schreibens zur steuerlichen Behandlung der Reisekosten von Arbeitnehmern vom 25. November 2020, BStBl 2020 I S. 1228).

Übersicht über die ab 1. Januar 2024 geltenden Pauschbeträge für Verpflegungsmehraufwendungen und Übernachtungskosten im Ausland (Änderungen gegenüber 1. Januar 2023 - BStBl 2022 I S. 1654 - im Fettdruck)

Land	Pauschbeträge für Verpflegungsmehraufwendungen		Pauschbetrag für Übernachtungs-kosten
	bei einer Abwesenheitsdauer von mindestens 24 Stunden je Kalendertag	für den An- und Abreisetag sowie bei einer Abwesenheits-dauer von mehr als 8 Stunden je Kalendertag	
	€	€	€
Afghanistan	30	20	95
Ägypten	50	33	112
Äthiopien	39	26	130
Äquatorialguinea	**42**	**28**	166
Albanien	27	18	112
Algerien	47	32	120
Andorra	41	28	91
Angola	52	35	299
Argentinien	35	24	113
Armenien	24	16	59
Aserbaidschan	44	29	88
Australien			
– Canberra	**74**	**49**	**186**
– Sydney	**57**	**38**	**173**
– im Übrigen	**57**	**38**	**173**
Bahrain	48	32	153
Bangladesch	50	33	165
Barbados	**54**	**36**	**206**
Belgien	59	40	141
Benin	52	35	115
Bolivien	46	31	108
Bosnien und Herzegowina	23	16	75
Botsuana	46	31	176

Land	Pauschbeträge für Verpflegungsmehraufwendungen bei einer Abwesenheitsdauer von mindestens 24 Stunden je Kalendertag	Pauschbeträge für Verpflegungsmehraufwendungen für den An- und Abreisetag sowie bei einer Abwesenheitsdauer von mehr als 8 Stunden je Kalendertag	Pauschbetrag für Übernachtungskosten
	€	€	€
Brasilien			
– Brasilia	**51**	**34**	**88**
– Rio de Janeiro	**69**	**46**	**140**
– Sao Paulo	**46**	**31**	**151**
– im Übrigen	**46**	**31**	**88**
Brunei	52	35	106
Bulgarien	22	15	115
Burkina Faso	38	25	174
Burundi	36	24	138
Chile	44	29	154
China			
– Chengdu	41	28	131
– Hongkong	**71**	**48**	**169**
– Kanton	36	24	150
– Peking	30	20	185
– Shanghai	58	39	217
– im Übrigen	48	32	112
Costa Rica	47	32	93
Côte d'Ivoire	59	40	166
Dänemark	75	50	183
Dominikanische Republik	**50**	**33**	**167**
Dschibuti	**77**	**52**	**255**
Ecuador	27	18	103
El Salvador	65	44	161
Eritrea	50	33	91
Estland	29	20	85
Fidschi	**32**	**21**	**183**

Land	Pauschbeträge für Verpflegungsmehraufwendungen		Pauschbetrag für Übernachtungskosten
	bei einer Abwesenheitsdauer von mindestens 24 Stunden je Kalendertag	für den An- und Abreisetag sowie bei einer Abwesenheitsdauer von mehr als 8 Stunden je Kalendertag	
	€	€	€
Finnland	**54**	**36**	**171**
Frankreich			
– Paris sowie die Departments 77, 78, 91 bis 95	58	39	159
– im Übrigen	53	36	105
Gabun	52	35	183
Gambia	40	27	161
Georgien	**45**	**30**	**87**
Ghana	46	31	148
Griechenland			
– Athen	40	27	139
– im Übrigen	36	24	150
Guatemala	34	23	90
Guinea	**59**	**40**	**140**
Guinea-Bissau	32	21	113
Haiti	58	39	130
Honduras	57	38	198
Indien			
– Chennai	32	21	85
– Kalkutta	35	24	145
– Mumbai	50	33	146
– Neu Delhi	38	25	185
– im Übrigen	32	21	85
Indonesien	36	24	134
Iran	33	22	196
Irland	58	39	129
Island	62	41	187
Israel	66	44	190

Land	Pauschbeträge für Verpflegungsmehraufwendungen bei einer Abwesenheitsdauer von mindestens 24 Stunden je Kalendertag	Pauschbeträge für Verpflegungsmehraufwendungen für den An- und Abreisetag sowie bei einer Abwesenheitsdauer von mehr als 8 Stunden je Kalendertag	Pauschbetrag für Übernachtungskosten
	€	€	€
Italien			
– Mailand	**42**	**28**	**191**
– Rom	**48**	**32**	**150**
– im Übrigen	**42**	**28**	**150**
Jamaika	**39**	**26**	**171**
Japan			
– Tokio	**50**	**33**	**285**
– im Übrigen	52	35	190
Jemen	24	16	95
Jordanien	57	38	134
Kambodscha	38	25	94
Kamerun	**56**	**37**	**275**
Kanada			
– Ottawa	**62**	**41**	**214**
– Toronto	**54**	**36**	**392**
– Vancouver	**63**	**42**	**304**
– im Übrigen	**54**	**36**	**214**
Kap Verde	**38**	**25**	**90**
Kasachstan	45	30	111
Katar	56	37	149
Kenia	51	34	219
Kirgisistan	27	18	74
Kolumbien	46	31	115
Kongo, Republik	62	41	215
Kongo, Demokratische Republik	70	47	190
Korea, Demokratische Volksrepublik	28	19	92

Land	Pauschbeträge für Verpflegungsmehraufwendungen bei einer Abwesenheitsdauer von mindestens 24 Stunden je Kalendertag	Pauschbeträge für Verpflegungsmehraufwendungen für den An- und Abreisetag sowie bei einer Abwesenheitsdauer von mehr als 8 Stunden je Kalendertag	Pauschbetrag für Übernachtungskosten
	€	€	€
Korea, Republik	48	32	108
Kosovo	24	16	71
Kroatien	35	24	107
Kuba	**51**	**34**	**170**
Kuwait	56	37	241
Laos	**35**	**24**	**71**
Lesotho	28	19	104
Lettland	35	24	76
Libanon	**69**	**46**	**146**
Libyen	63	42	135
Liechtenstein	56	37	190
Litauen	26	17	109
Luxemburg	63	42	139
Madagaskar	**33**	**22**	**116**
Malawi	41	28	109
Malaysia	36	24	86
Malediven	52	35	170
Mali	38	25	120
Malta	46	31	114
Marokko	**41**	28	**87**
Marshall Inseln	63	42	102
Mauretanien	35	24	86
Mauritius	**44**	**29**	**172**
Mexiko	48	32	177
Moldau, Republik	26	17	73
Monaco	52	35	187
Mongolei	**23**	**16**	92

Land	Pauschbeträge für Verpflegungsmehraufwendungen		Pauschbetrag für Übernachtungskosten
	bei einer Abwesenheitsdauer von mindestens 24 Stunden je Kalendertag	für den An- und Abreisetag sowie bei einer Abwesenheitsdauer von mehr als 8 Stunden je Kalendertag	
	€	€	€
Montenegro	32	21	85
Mosambik	**51**	**34**	**208**
Myanmar	35	24	155
Namibia	30	20	112
Nepal	36	24	126
Neuseeland	**58**	**39**	**148**
Nicaragua	46	31	105
Niederlande	47	32	122
Niger	42	28	131
Nigeria	46	31	182
Nordmazedonien	27	18	89
Norwegen	**75**	**50**	**139**
Österreich	**50**	**33**	**117**
Oman	64	43	141
Pakistan			
– Islamabad	23	16	238
– im Übrigen	34	23	122
Palau	51	34	179
Panama	41	28	82
Papua-Neuguinea	59	40	159
Paraguay	**39**	**26**	**124**
Peru	34	23	143
Philippinen	**41**	**28**	**140**
Polen			
– Breslau	33	22	117
– Danzig	30	20	84
– Krakau	27	18	86

Land	Pauschbeträge für Verpflegungsmehraufwendungen bei einer Abwesenheitsdauer von mindestens 24 Stunden je Kalendertag	Pauschbeträge für Verpflegungsmehraufwendungen für den An- und Abreisetag sowie bei einer Abwesenheitsdauer von mehr als 8 Stunden je Kalendertag	Pauschbetrag für Übernachtungskosten
	€	€	€
– Warschau	29	20	109
– im Übrigen	29	20	60
Portugal	32	21	111
Ruanda	44	29	117
Rumänien			
– Bukarest	32	21	92
– im Übrigen	27	18	89
Russische Föderation			
– Jekaterinburg	28	19	84
– Moskau	30	20	110
– St. Petersburg	26	17	114
– im Übrigen	24	16	58
Sambia	38	25	105
Samoa	39	26	105
San Marino	34	23	79
São Tomé – Príncipe	47	32	80
Saudi-Arabien			
– Djidda	57	38	181
– Riad	56	37	186
– im Übrigen	56	37	181
Schweden	66	44	140
Schweiz			
– Genf	66	44	186
– im Übrigen	64	43	180
Senegal	42	28	190
Serbien	27	18	97
Sierra Leone	**57**	**38**	**145**

Land	Pauschbeträge für Verpflegungsmehraufwendungen		Pauschbetrag für Übernachtungskosten
	bei einer Abwesenheitsdauer von mindestens 24 Stunden je Kalendertag	für den An- und Abreisetag sowie bei einer Abwesenheitsdauer von mehr als 8 Stunden je Kalendertag	
	€	€	€
Simbabwe	45	30	140
Singapur	54	36	197
Slowakische Republik	33	22	121
Slowenien	38	25	126
Spanien			
– Barcelona	34	23	**144**
– Kanarische Inseln	**36**	**24**	**103**
– Madrid	**42**	**28**	**131**
– Palma de Mallorca	**44**	**29**	**142**
– im Übrigen	34	23	**103**
Sri Lanka	**36**	**24**	**112**
Sudan	33	22	195
Südafrika			
– Kapstadt	33	22	130
– Johannesburg	36	24	129
– im Übrigen	29	20	109
Südsudan	**51**	**34**	**159**
Syrien	38	25	140
Tadschikistan	27	18	118
Taiwan	46	31	143
Tansania	44	29	97
Thailand	38	25	110
Togo	39	26	118
Tonga	39	26	94
Trinidad und Tobago	**66**	**44**	**203**
Tschad	**42**	**28**	**155**
Tschechische Republik	32	21	77

Land	Pauschbeträge für Verpflegungsmehraufwendungen bei einer Abwesenheitsdauer von mindestens 24 Stunden je Kalendertag	Pauschbeträge für Verpflegungsmehraufwendungen für den An- und Abreisetag sowie bei einer Abwesenheitsdauer von mehr als 8 Stunden je Kalendertag	Pauschbetrag für Übernachtungskosten
	€	€	€
Türkei			
– Istanbul	26	17	120
– Izmir	29	20	55
– im Übrigen	17	12	95
Tunesien	40	27	**144**
Turkmenistan	33	22	108
Uganda	41	28	143
Ukraine	26	17	98
Ungarn	32	21	85
Uruguay	48	32	90
Usbekistan	34	23	104
Vatikanstaat	**48**	**32**	**150**
Venezuela	45	30	127
Vereinigte Arabische Emirate	65	44	156
Vereinigte Staaten von Amerika (USA)			
– Atlanta	77	52	182
– Boston	63	42	333
– Chicago	65	44	233
– Houston	62	41	204
– Los Angeles	64	43	262
– Miami	65	44	256
– New York City	66	44	308
– San Francisco	59	40	327
– Washington, D. C.	66	44	203
– im Übrigen	59	40	182

Land	Pauschbeträge für Verpflegungsmehraufwendungen		Pauschbetrag für Übernachtungskosten
	bei einer Abwesenheitsdauer von mindestens 24 Stunden je Kalendertag	für den An- und Abreisetag sowie bei einer Abwesenheitsdauer von mehr als 8 Stunden je Kalendertag	
	€	€	€
Vereinigtes Königreich von Großbritannien und Nordirland			
– London	66	44	163
– im Übrigen	52	35	99
Vietnam	41	28	86
Weißrussland	20	13	98
Zentralafrikanische Republik	**53**	**36**	**210**
Zypern	42	28	125

Steuerliche Behandlung des Arbeitslohns nach den Doppelbesteuerungsabkommen

BMF v. 12.12.2023 IV B 2 - S 1300/21/10024 :005 BStBl 2023 I S. 2179

Im Einvernehmen mit den obersten Finanzbehörden der Länder gilt für die Besteuerung der Einkünfte aus unselbständiger Arbeit nach den DBA Folgendes:

1 Allgemeines

1.1 Regelungsbereich eines DBA / des OECD-MA

Ein DBA enthält Regelungen über die Zuweisung des Besteuerungsrechts sowie zur Vermeidung einer Doppelbesteuerung im Verhältnis der beiden vertragschließenden Staaten (Vertragsstaaten) zueinander. Ein DBA begründet selbst keinen Besteuerungsanspruch. Das Abkommen wird regelmäßig durch ein Protokoll zum DBA, eine Denkschrift, Briefwechsel oder andere Dokumente ergänzt und erläutert. Das Protokoll zum DBA ist Bestandteil des Abkommens und in gleicher Weise verbindlich. 1

Im Nachfolgenden wird die abkommensrechtliche Behandlung der Vergütungen aus unselbständiger Arbeit anhand des OECD-MA dargestellt. Sowohl das OECD-MA als auch der OECD-MK werden vom Steuerausschuss der OECD laufend weiterentwickelt. Das OECD-MA entfaltet selbst keine rechtliche Bindungswirkung; die von Deutschland abgeschlossenen und rechtlich wirksamen DBA orientieren sich jedoch nach Inhalt und Aufbau i. d. R. am OECD-MA. Im konkreten Einzelfall sind die jeweiligen Vorschriften des anzuwendenden DBA maßgeblich, nicht das OECD-MA. Soweit im Einzelfall Anknüpfungspunkte zu mehreren Staaten bestehen, können verschiedene DBA nebeneinander zu beachten sein (z. B. bei Berufskraftfahrern, s. Tz. 7, Rz. 380 ff.). 2

Bei der steuerlichen Beurteilung von Vergütungen aus unselbständiger Arbeit sind daher insbesondere die Vorschriften des innerstaatlichen Rechts und die des jeweils anzuwendenden DBA zu beachten. Die Regelungen des OECD-MA und die Aussagen des OECD-MK, sind unter Berücksichtigung der nachfolgenden Grundsätze bei der Auslegung der DBA zu berücksichtigen, soweit diese dem OECD-MA im Wesentlichen inhaltlich entsprechen. 3

4 **BEISPIEL 1: WOHNSITZ IN DEUTSCHLAND** ▶ Der Arbeitnehmer ist nur in Deutschland unbeschränkt steuerpflichtig. Er ist in Österreich und Belgien tätig.

Lösung:

Es sind die DBA zwischen Deutschland und dem jeweiligen Tätigkeitsstaat (DBA-Österreich und DBA-Belgien) zu prüfen.

5 **BEISPIEL 2: KEIN WOHNSITZ IN DEUTSCHLAND** ▶ Der Arbeitnehmer ist nur in Österreich unbeschränkt steuerpflichtig. Er ist in Deutschland und zusätzlich in Belgien tätig. Er erstellt Marktanalysen und erzielt daraus Vergütungen, mit denen er insgesamt nach § 1 Abs. 4 EStG i.V. m. § 49 Abs. 1 Nr. 4 Buchstabe a EStG beschränkt steuerpflichtig ist (BFH-Urteil vom 12. November 1986, BStBl II 1987 S. 379).

Lösung:

Es ist aus deutscher Sicht ausschließlich das DBA zwischen Österreich und Deutschland zu prüfen, da nur für dieses DBA eine Abkommensberechtigung nach Art. 4 Abs. 1 i.V. m. Art. 1 DBA-Österreich vorliegt. Soweit die Vergütungen auf die in Belgien ausgeübte Tätigkeit entfallen, steht Deutschland nach Art. 15 Abs. 1 Satz 1 DBA-Österreich kein Besteuerungsrecht zu. Das DBA zwischen Deutschland und Belgien kommt für die in Belgien ausgeübte Tätigkeit mangels Abkommensberechtigung des Arbeitnehmers nicht zur Anwendung.

6 Durch ein DBA mit einem nicht kooperativen Steuerhoheitsgebiet (§ 2 StAbwV) werden deutsche Besteuerungsrechte für den Zeitraum nicht berührt, in dem das Steueroasen-Abwehrgesetz bezogen auf dieses Steuerhoheitsgebiet Anwendung findet (§ 3 i.V. m. § 1 Abs. 3 Satz 2 StAbwG).

1.2 OECD-Musterabkommen

1.2.1 Bestimmung der Ansässigkeit - Art. 4 OECD-MA

7 Für die Anwendung eines DBA ist der Staat zu bestimmen, in dem der Arbeitnehmer und ggf. der Arbeitgeber entsprechend Art. 1 i.V. m. Art. 4 OECD-MA ansässig sind. Die Tatbestandsvoraussetzungen der Ansässigkeit nach Art. 4 OECD-MA sind unabhängig von der Vorlage einer Ansässigkeitsbescheinigung eines Vertragsstaats oder einer entsprechenden steuerlichen Behandlung in einem Vertragsstaat zu prüfen (s. Rz. 12 ff.). Der abkommensrechtliche Begriff der Ansässigkeit entspricht nicht dem im innerstaatlichen Recht verwendeten Begriff der unbeschränkten Steuerpflicht.

8 Während die unbeschränkte Steuerpflicht nach innerstaatlichem Recht eine umfassende Steuerpflicht begründet, führt die Ansässigkeit einer Person in einem der Vertragsstaaten zu ihrer Abkommensberechtigung (Art. 1 OECD-MA). Zugleich wird mit der Bestimmung der Ansässigkeit einer Person in einem Vertragsstaat dieser Staat für die Anwendung des Abkommens zum Ansässigkeitsstaat der Person; der andere Vertragsstaat ist der Quellen- bzw. bei Einkünften

aus unselbständiger Arbeit i. S. des Art. 15 Abs. 1 Satz 1 zweiter Halbsatz OECD-MA auch der Tätigkeitsstaat. Eine Person kann zwar in beiden Vertragsstaaten (z. B. aufgrund eines doppelten Wohnsitzes) unbeschränkt steuerpflichtig sein, dagegen kann sie nur in einem der beiden Vertragsstaaten als ansässig i. S. eines DBA gelten (s. Rz. 12 ff.). Die abkommensrechtliche Bestimmung der Ansässigkeit hat keine Auswirkung auf eine bestehende inländische Steuerpflicht. Die Ansässigkeit i. S des Art. 4 OECD-MA kann sich während eines VZ auch ändern.

Eine natürliche Person ist nach Art. 4 Abs. 1 Satz 1 OECD-MA in einem Vertragsstaat ansässig, wenn sie dort aufgrund ihres Wohnsitzes, ihres ständigen Aufenthalts oder eines anderen ähnlichen Merkmals steuerpflichtig ist (s. Tz. 2.1, Rz. 42 ff. zur Steuerpflicht nach dem EStG). Eine Ansässigkeit in einem Vertragsstaat wird nach Art. 4 Abs. 1 Satz 2 OECD-MA jedoch nicht begründet, wenn die Person in diesem Staat nur mit Einkünften aus Quellen in diesem Staat oder mit in diesem Staat gelegenen Vermögen steuerpflichtig ist, die Person nach deutschem Rechtsverständnis dort also nur einer beschränkten Steuerpflicht unterliegt. Dies gilt auch für Abkommen, in denen der deklaratorische Zusatz des Art. 4 Abs. 1 Satz 2 OECD-MA nicht enthalten ist. Die Ansässigkeit nach Art. 4 Abs. 1 OECD-MA setzt damit eine unbeschränkte Steuerpflicht nach dem jeweiligen innerstaatlichen Recht der Vertragsstaaten voraus. Die unbeschränkte Steuerpflicht auf Antrag nach § 1 Abs. 3 EStG begründet hingegen keine Ansässigkeit in Deutschland. 9

Zu beachten sind außerdem die Besonderheiten, die sich durch die speziellen Regelungen in einzelnen DBA (z. B. Art. 4 Abs. 3, 4 und 6 DBA-Schweiz, Art. 4 Abs. 1 Buchstabe b DBA-VAE (Letzteres anzuwenden bis 31. Dezember 2021), Special Tax-Regime Spanien (Protokoll Ziffer II zum DBA-Spanien)) bzw. durch den Rückgriff auf das jeweilige innerstaatliche Recht der Vertragsstaaten (z. B. China, Südafrika) ergeben können. 10

Nach China entsandte Arbeitnehmer eines inländischen Arbeitgebers können unter Berücksichtigung des chinesischen Einkommensteuerrechts auch dann in China i S. des Art. 4 Abs. 1 Satz 1 DBA-China ansässig sein, wenn sie der dortigen unbeschränkten Steuerpflicht unterliegen, aber in den ersten sechs Kj. der Entsendung die dortige Steuerbefreiungsvorschrift für Ausländer in Anspruch nehmen. Ab dem VZ 2019 ist Voraussetzung für die unbeschränkte Steuerpflicht in China, dass sich der Arbeitnehmer an mindestens 183 Tagen im Kj. in China aufhält. In diesem Fall sind sie zwar dem Grunde nach unbeschränkt steuerpflichtig, werden aber lediglich mit ihren Einkünften aus chinesischen Quellen (Arbeitstage in China sowie Arbeitstage außerhalb Chinas, soweit der Lohn von einem chinesischen Arbeitgeber / einer chinesischen Betriebsstätte wirtschaftlich getragen wurde) besteuert. 11

12 Eine Person kann für die Anwendung des DBA nur in einem Vertragsstaat als ansässig gelten. Ist die Person nach Art. 4 Abs. 1 Satz 1 OECD-MA in beiden Vertragsstaaten ansässig (sog. doppelte Ansässigkeit), ist nach der in Art. 4 Abs. 2 OECD-MA festgelegten Prüfungsreihenfolge festzustellen, in welchem Vertragsstaat die Person als ansässig gilt.

13 Verfügt die Person nur in einem Staat über eine ständige Wohnstätte, so gilt sie nur in diesem Staat als ansässig. Unter einer ständigen Wohnstätte sind Räumlichkeiten zu verstehen, die nach Art und Einrichtung zum Wohnen geeignet sind, die ständig genutzt werden können und die tatsächlich regelmäßig genutzt werden. Eine als Familienwohnung genutzte Wohnung ist dabei bis zum Ende des Mietverhältnisses bzw. dem tatsächlichen Auszug der Familie als eine ihr zur Verfügung stehende ständige Wohnstätte i. S. des Art. 4 Abs. 2 OECD-MA anzusehen. Es handelt sich um eine in den allgemeinen Lebensrhythmus der Person einbezogene Anlaufstelle (BFH-Urteile vom 23. Oktober 1985, BStBl II 1986 S. 133, vom 16. Dezember 1998, BStBl II 1999 S. 207 und vom 5. Juni 2007, BStBl 2007 II S. 812).

14 Vorausgesetzt, die Person verfügt in beiden Staaten über eine ständige Wohnstätte, so gilt sie als nur in dem Staat ansässig, zu dem sie die engeren persönlichen und wirtschaftlichen Beziehungen hat (Mittelpunkt der Lebensinteressen). Dabei sind die persönlichen und wirtschaftlichen Beziehungen nach objektiven Anhaltspunkten des jeweiligen Einzelfalls gegeneinander abzuwägen (BFH-Urteil vom 31. Oktober 1990, BStBl II 1991 S. 562). Die persönlichen und wirtschaftlichen Beziehungen sind grundsätzlich gleichrangig und im Rahmen des Gesamtbildes der Verhältnisse zu gewichten, um im Einzelfall den für eine Person bedeutungsvolleren Ort festzustellen (BFH-Urteil vom 23. Juli 1971, BStBl 1971 II S. 758). Werden im Veranlagungsverfahren im Rahmen der erhöhten Mitwirkungspflichten nach § 90 Abs. 2 AO die hierfür erforderlichen Informationen nicht vorgelegt, sind die für den Steuerpflichtigen nachteiligen steuerlichen Konsequenzen zu ziehen (BFH-Urteil vom 15. Februar 1989, BStBl 1989 II S. 462).

15 Bei den persönlichen Beziehungen sind sämtliche persönlichen Verhältnisse aus der privaten Lebensführung einer Person, insbesondere die familiären und gesellschaftlichen Beziehungen, die politische, kulturelle und sonstige Verwurzelung, die Ausstattung und Größe der Wohnung, private Aktivitäten, Mitgliedschaften in Parteien und Vereinen zu berücksichtigen. Wird eine weitere Wohnstätte in einem Vertragsstaat begründet und die bisherige Wohnstätte im anderen Vertragsstaat beibehalten, spricht dies für das Fortbestehen gewichtiger persönlicher Beziehungen im Vertragsstaat der bisherigen Wohn-

stätte. Die Würdigung der persönlichen Beziehungen einer Person in einem Vertragsstaat erfordert die Berücksichtigung der jeweiligen gesellschaftlichen und politischen Gegebenheiten der Vertragsstaaten.

Wirtschaftliche Beziehungen richten sich grundsätzlich nach den Einnahmen und dem Vermögen einer Person (BFH-Urteil vom 31.Oktober 1990, BStBl II 1991 S. 562): 16

- Hierfür sind sämtliche Einnahmequellen und deren Herkunft festzustellen. Bei einer unselbständigen Arbeit muss neben dem Ort der Tätigkeitsausübung und dem zivilrechtlichen Arbeitsverhältnis auch berücksichtigt werden, ob der Arbeitnehmer befristet in einem anderen Staat tätig wird bzw. ob auf eine Absicht geschlossen werden kann, in den Vertragsstaat der bisherigen Wohnstätte zurückzukehren. Wird in einem Vertragsstaat eine Wohnstätte beibehalten und besteht in demselben Staat ein ruhendes Arbeitsverhältnis, ist z. B. bei einer befristeten Entsendung mit Rückkehrzusage davon auszugehen, dass eine Rückkehrabsicht besteht und damit wirtschaftliche Interessen in diesem Staat vorliegen. In diesem Zusammenhang sind die Dauer der befristeten Tätigkeit im anderen Staat sowie die Dauer der zuvor in dem Vertragsstaat der beibehaltenen Wohnstätte ausgeübten Tätigkeit (berufliche Verwurzelung) in die Beurteilung miteinzubeziehen.
- Auf der Vermögensebene ist insbesondere die Belegenheit von Grundbesitz und sonstigem Vermögen (z. B. Gesellschaftsbeteiligungen, Aktiendepot, Bankguthaben, Barmittel, Fahrzeuge etc.) in die Beurteilung einzubeziehen. Je nach Intensität der Vermögensverwaltung kann auch der Ort von Bedeutung sein, von dem aus die Person ihr Vermögen verwaltet. Das vorhandene Vermögen ist anhand seiner wirtschaftlichen Bedeutung gegenüber der Einnahmenseite abzuwägen.

BEISPIEL 1: ENTSENDUNG OHNE FAMILIENBEGLEITUNG ► Der Arbeitnehmer begründet während seines Aufenthalts im ausländischen Tätigkeitsstaat einen Wohnsitz. Die Familie ist dem Arbeitnehmer nicht in den Tätigkeitsstaat gefolgt. Es liegt tatbestandlich sowohl im Inland als auch im Ausland eine ständige Wohnstätte i. S.von Art. 4 Abs. 2 Buchstabe a OECD-MA vor. 17

Lösung:

Der Arbeitnehmer unterhält sowohl im Inland als auch im Ausland eine ständige Wohnstätte. Die Ansässigkeit in einem Vertragsstaat richtet sich dann danach, in welchem Vertragsstaat sich der Mittelpunkt der Lebensinteressen befindet (Art. 4 Abs. 2 Buchstabe a OECD-MA). Dieser befindet sich für den Arbeitnehmer i. d. R. auch während seines Aufenthalts im Ausland weiterhin im Inland. Insbesondere unterhält der Arbeitnehmer nach wie vor persönliche Beziehungen zu seiner Familie im Inland. Demgegenüber treten etwaige persönliche Beziehungen, die der Arbeitnehmer im Ausland unterhält, in aller Regel zurück.

18 Die Dauer des befristeten Aufenthalts im Tätigkeitsstaat kann bei Innehaben einer weiteren ständigen Wohnstätte in diesem Vertragsstaat, als Indiz bei der Gewichtung der persönlichen Interessen herangezogen werden. Je länger ein Aufenthalt in einem Staat andauert, umso mehr kann davon ausgegangen werden, dass sich auch dort persönliche Interessen ergeben. Maßgebend ist stets das Gesamtbild der Verhältnisse. Bei einem nur vorübergehenden Aufenthalt (BFH-Urteil vom 23.Oktober 1985, BStBl II 1986 S.133) im Tätigkeitsstaat kann davon ausgegangen werden, dass sich der Mittelpunkt der Lebensinteressen weiterhin in dem Vertragsstaat der beibehaltenen Wohnstätte befindet. Eine Person wird bei einem nur vorübergehenden Aufenthalt in einem anderen Staat i.d.R. weiterhin im Staat der beibehaltenen Wohnstätte gewichtigere wirtschaftliche Beziehungen unterhalten, wie z.B. Grundbesitz, Kapitalvermögen, Gehaltskonto, Arbeitsverhältnis zu einem Arbeitgeber im Staat der beibehaltenen Wohnstätte. Die wirtschaftlichen Beziehungen im anderen Staat werden hingegen i.d.R. nur von vorübergehender Dauer sein. Bei einer befristeten Entsendung von fünf Jahren oder mehr besteht eine widerlegbare Vermutung, dass sich die gewichtigeren persönlichen Beziehungen einer Person in den Entsendestaat verlagern. Bei einer Entsendung von bis zu einem Jahr besteht hingegen die widerlegbare Vermutung, dass die persönlichen Beziehungen einer Person in dem Staat der beibehaltenen Wohnstätte verbleiben.

19 **BEISPIEL 2: ENTSENDUNG BIS ZU EINEM JAHR** ▸ Der Arbeitnehmer begründet während seines auf bis zu einem Jahr befristeten Aufenthalts im ausländischen Tätigkeitsstaat einen Wohnsitz. Die Wohnung in Deutschland wird beibehalten. Es liegt sowohl im Inland als auch im Ausland tatbestandlich eine ständige Wohnstätte i.S.von Art.4 Abs.2 Buchstabe a OECD-MA vor. Das Arbeitsverhältnis zum bisherigen Arbeitgeber besteht fort.

a) Der Arbeitnehmer ist alleinstehend.

b) Die Familie ist dem Arbeitnehmer in den Tätigkeitsstaat gefolgt.

Lösung:

Der Mittelpunkt der Lebensinteressen befindet sich - unabhängig vom Familienstand - in aller Regel weiterhin im Inland (BFH-Urteil vom 23.Oktober 1985, BStBl 1985 II S.133), da bei einem auf ein Jahr befristeten Aufenthalt im Tätigkeitsstaat und dem Fortbestehen des bisherigen Arbeitsverhältnisses sowie der Beibehaltung der bisherigen Wohnung in Deutschland die persönlichen und wirtschaftlichen Beziehungen zu Deutschland zumeist gewichtiger sind als die zum anderen Staat.

20 **BEISPIEL 3: ZEITPUNKT DES ANSÄSSIGKEITSWECHSELS** ▸ Der alleinstehende Arbeitnehmer begründet während seines auf zwei Jahre befristeten Aufenthalts im ausländischen Tätigkeitsstaat einen Wohnsitz. Die Wohnung in Deutschland wird beibehalten. Es liegt sowohl im Inland als auch im Ausland tatbestandlich eine ständige Wohnstätte

i. S. des Art. 4 Abs. 2 Buchstabe a OECD-MA vor. Das Arbeitsverhältnis zum bisherigen Arbeitgeber besteht aufgrund einer Rückkehrzusage fort. Während seines zweiten Entsendejahres verlängert er die Auslandstätigkeit auf insgesamt sechs Jahre. Der Arbeitnehmer verfügt über kein nennenswertes Vermögen in beiden Vertragsstaaten.

Lösung:

Der Mittelpunkt der Lebensinteressen verlagert sich in solchen Fällen i. d. R. zu dem Zeitpunkt in den ausländischen Tätigkeitsstaat, an dem objektive Gründe darauf schließen lassen, dass die Absicht besteht, den Auslandsaufenthalt auf eine gewisse Dauer auszuweiten. Dies ist regelmäßig das Datum der schriftlichen Verlängerung der Auslandsentsendung.

BEISPIEL 4: KETTENENTSENDUNG ▸ Der alleinstehende Arbeitnehmer ist im Rahmen einer 21
„Kettenentsendung" in verschiedenen Staaten tätig und wird bei den ausländischen Tochtergesellschaften seines zivilrechtlichen inländischen Arbeitgebers wie folgt eingesetzt: 01 in Indien, 02 in den USA, 03 in China und 04 in Mexiko. Der Arbeitnehmer begründet in den jeweiligen Staaten für die Dauer seines Aufenthalts jeweils einen Wohnsitz. Die Wohnung in Deutschland wird beibehalten. In den jeweiligen Zeiträumen liegt sowohl im Inland als auch in den jeweiligen Entsendestaaten tatbestandlich eine ständige Wohnstätte i. S. des Art. 4 Abs. 2 Buchstabe a OECD-MA vor. Nach Beendigung der jeweiligen Entsendung hat der Arbeitnehmer die Möglichkeit am deutschen Stammsitz seines Arbeitgebers zu arbeiten.

Lösung:

Der Mittelpunkt der Lebensinteressen wird bei einer Kettenentsendung regelmäßig im Inland verbleiben. Aufgrund der absehbaren vorübergehenden Aufenthaltsdauer in den jeweiligen Entsendestaaten, können sich keine gewichtigen persönlichen oder wirtschaftlichen Beziehungen des Arbeitnehmers im jeweiligen Einsatzstaat ergeben. Die persönlichen und wirtschaftlichen Beziehungen zu Deutschland bleiben hingegen unverändert bestehen. Ein Wechsel der Ansässigkeit in den jeweiligen Entsendestaat findet daher nicht statt.

BEISPIEL 5: AUF FÜNF JAHRE BEFRISTETE ENTSENDUNG / UNBEFRISTETE ENTSENDUNG ▸ Der Arbeit- 22
nehmer begründet während seines fünfjährigen / unbefristeten Aufenthalts im ausländischen Tätigkeitsstaat einen Wohnsitz. Die Familie ist zusammen mit dem Arbeitnehmer in den Tätigkeitsstaat umgezogen. Die Wohnung in Deutschland steht der Familie jederzeit zur Nutzung zur Verfügung. Es liegt sowohl im Inland als auch im Ausland tatbestandlich eine ständige Wohnstätte i. S. von Art. 4 Abs. 2 Buchstabe a OECD-MA vor.

Lösung:

Der Mittelpunkt der Lebensinteressen befindet sich in einem solchen Fall i. d. R. im Tätigkeitsstaat, da dort nach dem Gesamtbild der Verhältnisse insbesondere die persönlichen Interessen des Arbeitnehmers (u. a. wegen der Familienbegleitung) liegen werden.

BEISPIEL 6: AUF WENIGER ALS FÜNF JAHRE BEFRISTETE ENTSENDUNG ▸ Der Arbeitnehmer ist in 23
Deutschland aufgewachsen und seit vielen Jahren für seinen in Deutschland ansässigen Arbeitgeber tätig (Bruttojahresvergütung 100.000 €). Seine Eltern und Geschwister leben ebenfalls in Deutschland. Er bewohnt mit seiner Familie ein in sei-

nem Eigentum stehendes Einfamilienhaus (Verkehrswert: 750.000 €). Außerdem vermietet er eine im Inland belegene Eigentumswohnung (Verkehrswert 350.000 €, jährliche Mieteinnahmen: 12.000 €). Während seiner auf drei Jahre befristeten Auslandsentsendung zu einer Tochtergesellschaft seines Arbeitgebers begründet er einen ausländischen Wohnsitz, dessen Kosten vom Arbeitgeber übernommen werden. Zwischen Arbeitgeber und Arbeitnehmer wird eine Rückkehrzusage vereinbart. Das inländische Arbeitsverhältnis ruht für die Dauer der Entsendung. Die Familie ist zusammen mit dem Arbeitnehmer in den Tätigkeitsstaat umgezogen. Der inländische Familienwohnsitz wird nicht vermietet, sondern steht der Familie jederzeit zur Verfügung. Es liegt sowohl im Inland als auch im Ausland tatbestandlich eine ständige Wohnstätte i. S. des Art. 4 Abs. 2 Buchstabe a OECD-MA vor.

Die Sprache, Kultur und Gesellschaft des ausländischen Staats sind dem Arbeitnehmer fremd. Bereits Monate vor Ablauf der befristeten Entsendung, trifft der Arbeitnehmer Vorkehrungen für die Rückkehr nach Deutschland (Umzug, Einschulung seiner Kinder etc.). Von den durchschnittlichen 230 Arbeitstagen pro Jahr, verbringt der Arbeitnehmer rund 30 Arbeitstage in Deutschland. Der Weihnachtsurlaub wird jährlich in Deutschland verbracht.

Lösung:

Der Mittelpunkt der Lebensinteressen ist nach dem Gesamtbild der Verhältnisse zu bestimmen. Dabei sind die persönlichen und wirtschaftlichen Verhältnisse des Arbeitnehmers in den beiden Vertragsstaaten zu gewichten, um den für den Arbeitnehmer bedeutungsvolleren Ort zu ermitteln. Zwar verfügt der Arbeitnehmer über gewichtige persönliche Interessen im Ausland, doch sind diese nicht auf Dauer angelegt. Die persönlichen Anknüpfungspunkte im Inland (Eltern, Geschwister, Freundeskreis, kulturelle Verwurzelung etc.) gehen durch den Auslandsaufenthalt nicht verloren. Es steht zu Beginn der Entsendung fest, dass der Arbeitnehmer nach Beendigung seiner Tätigkeit im Ausland sofort wieder an seinen Arbeitsplatz in Deutschland zurückkehren wird. Der Umstand, dass der Familienwohnsitz während der vorübergehenden Auslandstätigkeit zur Nutzung bereitgehalten wurde, belegt die persönlichen Interessen des Arbeitnehmers in Deutschland.

Bei der Gewichtung der wirtschaftlichen Interessen in den beiden Vertragsstaaten ist zu berücksichtigen, dass die durch Tätigkeitsausübung im Ausland erzielten Einnahmen nur von vorübergehender Dauer sind, die nach Beendigung der Entsendung wieder entfallen (lediglich gegenwartsbezogen). Das zivilrechtliche Arbeitsverhältnis zum inländischen Arbeitgeber bleibt bestehen und die Tätigkeit wird nach der Rückkehr fortgeführt (berufliche Verwurzelung zum Inland). Daneben erzielt der Arbeitnehmer dauerhaft Mieterträge aus Deutschland. Zudem befindet sich sein gesamtes Vermögen in Deutschland. Die inländischen Einnahmen und das inländische Vermögen übersteigen die während des Auslandsaufenthalts erzielten Einnahmen. Nach der Gewichtung aller persönlichen und wirtschaftlichen Interessen des Arbeitnehmers, ist davon auszugehen, dass der bedeutungsvollere Ort für den Arbeitnehmer in Deutschland liegt. Der Mittelpunkt der Lebensinteressen befindet sich in Deutschland. Der Arbeitnehmer ist nach Art. 4 Abs. 2 Buchstabe a OECD-MA in Deutschland ansässig.

Lässt sich die Ansässigkeit nicht anhand der ständigen Wohnstätte bestimmen, weil eine Person in keinem Vertragsstaat über eine ständige Wohnstätte verfügt oder der Mittelpunkt der Lebensinteressen nicht bestimmt werden kann, sind zunächst der gewöhnliche Aufenthalt und zuletzt die Staatsangehörigkeit heranzuziehen. Kann die Ansässigkeit auch nach dem letztgenannten Kriterium nicht bestimmt werden, weil die Person die Staatsangehörigkeit beider Staaten oder keines der Staaten besitzt, regeln die betreffenden Staaten die Ansässigkeit in gegenseitigem Einvernehmen. 24

1.2.2 Vergütungen aus unselbständiger Arbeit

1.2.2.1 Art. 15 OECD-MA

Nach Art. 15 Abs. 1 OECD-MA können die Vergütungen aus unselbständiger Arbeit nur im Ansässigkeitsstaat des Arbeitnehmers besteuert werden, es sei denn, die Tätigkeit wird im anderen Vertragsstaat (Tätigkeitsstaat) ausgeübt. Wird die unselbständige Arbeit im anderen Staat ausgeübt, steht grundsätzlich diesem Staat das Besteuerungsrecht für die hierfür bezogenen Vergütungen zu (sog. Arbeitsortprinzip). Die bloße Verwertung einer unselbständigen Arbeit (§ 49 Abs. 1 Nr. 4 Buchstabe a 2. Alternative EStG) stellt keine Tätigkeit i. S. der DBA dar. 25

Abweichend hiervon steht unter den Voraussetzungen des Art. 15 Abs. 2 OECD-MA (sog. 183-Tage-Klausel) das Besteuerungsrecht für solche Vergütungen nur dem Ansässigkeitsstaat des Arbeitnehmers zu (s. Tz. 4, Rz. 101 ff.). 26

Art. 15 Abs. 3 OECD-MA enthält eine gesonderte Bestimmung für Vergütungen des Bordpersonals von Schiffen und Luftfahrzeugen im internationalen Verkehr (s. Tz 4.3.4.2, Rz. 203, Tz. 8, Rz. 392 ff.). 27

Die Begriffe „Gehälter, Löhne und ähnliche Vergütungen aus unselbständiger Arbeit" sind im OECD-MA nicht definiert. Soweit sich aus dem anzuwendenden DBA nichts anderes ergibt oder die zuständigen Behörden der beiden Staaten nicht eine andere Bedeutung vereinbaren (Art. 25 Abs. 3 OECD-MA), ist die Bedeutung maßgebend, die dem Begriff im Anwendungszeitraum nach dem Recht des Anwenderstaates zukommt (Art. 3 Abs. 2 OECD-MA). In Deutschland sind die Vorschriften der §§ 1 und 2 LStDV einschlägig. Zur Abgrenzung selbständiger von nichtselbständiger Arbeit wird auf H 19.0 bis H 19.2 LStH verwiesen. Im Falle einer unterschiedlichen Auslegung der Begriffe durch die Vertragsstaaten (Qualifikationskonflikt) ist § 50d Abs. 9 Satz 1 Nr. 1 EStG zu prüfen (s. Tz. 2.4, Rz. 85). 28

1.2.2.2 Grenzgängerregelung

29 Abweichend vom OECD-MA enthalten einzelne DBA besondere Regelungen für grenzüberschreitend Beschäftigte. Dies sind derzeit [Stand 2023] die DBA mit Frankreich (Art. 13 Abs. 5 - i. d. R. Besteuerung im Ansässigkeitsstaat), Österreich (Art. 15 Abs. 6 - i. d. R. Besteuerung im Ansässigkeitsstaat) und der Schweiz (Art. 15a - begrenzte Quellenbesteuerung im Tätigkeitsstaat und Besteuerung im Ansässigkeitsstaat (in Deutschland mit Anrechnung begrenzter Quellensteuer).

1.2.2.3 Besondere Regelungen bezüglich der Zuweisung des Besteuerungsrechts

30 Das OECD-MA bzw. die einzelnen DBA enthalten für bestimmte Arbeitnehmer, bestimmte Vergütungen bzw. bestimmte Tätigkeiten von Art. 15 OECD-MA abweichende Regelungen, insbesondere für das für die Geschäftsführung eines Unternehmens verantwortliche Personal (s. Tz. 6.1, Rz. 353), für Künstler und Sportler (Art. 17 OECD-MA), für Ruhegehaltszahlungen (Art. 18 OECD-MA), für Arbeitnehmer der Gebietskörperschaften (Art. 19 OECD-MA), teilweise auch für weitere öffentlich-rechtliche Körperschaften (z. B. Art. 19 Abs. 1 DBA-Schweiz) sowie für Vergütungen, die im Rahmen eines Programms der wirtschaftlichen Zusammenarbeit eines Vertragsstaates gezahlt werden (z. B. Art. 19 Abs. 3 DBA-Indonesien), für Studenten, Schüler, Lehrlinge und sonstige Auszubildende (Art. 20 OECD-MA), für Hochschullehrer und Lehrer (z. B. Art. 21 DBA-Italien, Art. 20 DBA-Österreich, Art. 20 DBA-USA) sowie für Mitglieder diplomatischer Missionen und konsularischer Vertretungen (Art. 28 OECD-MA). Diese Regelungen gehen i. d. R Art. 15 OECD-MA bzw. der entsprechenden Vorschriften im anzuwendenden DBA vor.

31 Darüber hinaus enthalten einzelne DBA sog. Förderstaatsklauseln (z. B. Art. 17 Abs. 3 DBA-Vereinigtes Königreich, Art. 17 Abs. 3 DBA-Luxemburg, Art. 17 Abs. 3 DBA-Spanien). Danach ist die Besteuerung von Renten und Ruhegehältern in der Auszahlungsphase davon abhängig, in welchem Vertragsstaat eine Förderung in der Aufbauphase erfolgte.

1.2.2.4 Vergütungen eines Mitunternehmers für seine Tätigkeit im Dienst der Gesellschaft

32 Vergütungen, die ein Gesellschafter (Mitunternehmer) einer Personengesellschaft für seine Tätigkeit im Dienst der Gesellschaft bezieht (Tätigkeitsvergütung; § 15 Abs. 1 Satz 1 Nr. 2 Satz 1, zweiter Halbsatz EStG), gehören für Deutschland als Anwenderstaat zu den Unternehmensgewinnen (Art. 7 OECD-

MA, § 50d Abs. 10 EStG), unabhängig davon, ob es sich um Vergütungen des im Inland ansässigen Gesellschafters einer ausländischen Personengesellschaft oder um Vergütungen des im Ausland ansässigen Gesellschafters einer inländischen Personengesellschaft handelt. Dies gilt nicht für Vergütungen, die insbesondere für eine Tätigkeit bei einer gewerblich geprägten Personengesellschaft gezahlt werden (§ 50d Abs. 10 Satz 7 Nr. 1 EStG, BMF-Schreiben vom 26. September 2014, BStBl 2014 II S. 1258, Tz. 5.1).

Einzelne DBA enthalten auch eine Regelung, die Tätigkeitsvergütungen bereits abkommensrechtlich den Unternehmensgewinnen zuweisen, wenn diese Vergütungen nach dem Steuerrecht des Vertragsstaats, in dem die Betriebsstätte der gewerblich tätigen Personengesellschaft liegt, den Einkünften des Gesellschafters aus dieser Betriebsstätte zugerechnet werden (z. B. Art. 7 Abs. 7 DBA-Österreich, Art. 7 Abs. 7 DBA-Schweiz, BMF-Schreiben vom 26. September 2014, BStBl 2014 II S. 1258, Tz. 5.2). 33

Eine Zuordnung von Tätigkeitsvergütungen zu den Unternehmensgewinnen (Art. 7 OECD-MA) scheidet aus, wenn eine Personenhandelsgesellschaft oder eine Partnerschaftsgesellschaft zur Körperschaftsbesteuerung optiert hat. Soweit ein Dienstverhältnis (§ 1 LStDV) vorliegt und die Leistungen der Gesellschaft an den Gesellschafter aufgrund dieses Dienstverhältnisses erbracht werden, führen die Vergütungen zu Einkünften i. S. des § 19 EStG (§ 1a Abs. 3 Satz 2 Nr. 2 KStG, BMF-Schreiben vom 10. November 2021, BStBl 2021 I S. 2212, Rz. 81 ff.). Abkommensrechtlich liegen i. d. R. dann Einkünfte i. S. des Art. 15 OECD-MA vor. 34

1.2.3 Vermeidung der Doppelbesteuerung - Art. 23 OECD-MA

Soweit das Besteuerungsrecht nach dem DBA dem anderen Vertragsstaat zusteht, vermeidet Deutschland als Ansässigkeitsstaat bei Einkünften aus unselbständiger Arbeit die Doppelbesteuerung i. d R. durch Freistellung der Einkünfte (Freistellungsmethode) unter Berücksichtigung des § 32b Abs. 1 Satz 1 Nr. 3 EStG (Progressionsvorbehalt). Die Steuerfreistellung setzt allerdings i. d. R. die ausländische Besteuerung voraus. Diesbezüglich wird auf die Ausführungen zu § 50d Abs. 8 bzw. 9 EStG und zu den Rückfallklauseln in den DBA verwiesen (s. Tz. 2.3, Rz. 59 ff., Tz 2.4, Rz. 83 ff. und Tz. 9, Rz. 418 ff.). 35

Nach einzelnen DBA werden die Einkünfte nicht von der Besteuerung freigestellt. Stattdessen wird die Doppelbesteuerung durch Steueranrechnung nach Maßgabe des § 34c EStG vermieden (Anrechnungsmethode). Dies gilt u. a. für Fälle der gewerbsmäßigen Arbeitnehmerüberlassung (z. B. DBA mit Dänemark, Frankreich, Italien, Norwegen, Polen oder Schweden) oder für Ver- 36 gütungen des Bordpersonals von Schiffen und Luftfahrzeugen (s. Tz. 8.2, Rz. 410, 411, 415). In einigen Fällen sehen DBA grundsätzlich die Anrechnungsmethode vor (z. B. Art. 23 Abs. 1 Buchstabe b Doppelbuchstabe ee DBA-Liechtenstein, Art. 23 Abs. 2 Buchstabe a DBA-Mauritius, Art. 23 Abs. 2 Buchstabe b Doppelbuchstabe cc DBA-Norwegen, Art. 22 Abs. 1 DBA-Zypern). Bei Einkünften aus unselbständiger Arbeit bestehen keine Bedenken, aus Billigkeitsgründen für die voraussichtlich abzuführende ausländische Abzugsteuer einen Freibetrag für das Lohnsteuerabzugsverfahren zu bilden. Der Freibetrag darf jedoch die Einnahmen, die unter die Anrechnungsmethode fallen, nicht übersteigen. Zu den Einzelheiten dieser Billigkeitsregelung s. Tz. 4.3.4.2, Rz. 207.

37 Ist Deutschland der Ansässigkeitsstaat und wird dem ausländischen Vertragsstaat in der Verteilungsnorm ein ausschließliches Besteuerungsrecht zugewiesen, wird die Doppelbesteuerung für diese Einkünfte regelmäßig durch Freistellung (mit Progressionsvorbehalt) vermieden, auch wenn das DBA im Methodenartikel grundsätzlich die Anrechnungsmethode vorsieht (z. B. Art. 22 Abs. 1 und 2 i.V. m. Art. 14 Abs. 4 DBA-Zypern). Dies schließt jedoch nicht die Anwendung von Rückfallklauseln aus (s. Tz. 2.3, Rz. 59 ff., Tz 2.4, Rz. 83 ff. und Tz. 9, Rz. 418 ff).

38 Eine besondere Regelung enthält Punkt 11 des Schlussprotokolls zu Art. 23 DBA-Belgien i. d. F. des Zusatzabkommens von 2002. Im Hinblick auf die von belgischen Gemeinden und Agglomerationen erhobene Zusatzsteuer wird die in Deutschland auf Einkünfte nach Art. 15 oder 19 DBA-Belgien erhobene Einkommensteuer pauschal um 8 % der auf die betreffenden Einkünfte erhobene deutsche Einkommensteuer gemindert. Die nach dieser Minderung verbleibende deutsche Einkommensteuer ist Bemessungsgrundlage für die Kirchensteuer und den Solidaritätszuschlag. Die pauschale Minderung erfolgt nur, soweit Belgien als Ansässigkeitsstaat des Arbeitnehmers anzusehen ist, Deutschland als Quellenstaat für die der deutschen Steuer zugrundeliegenden Einkünfte nach Art. 15 oder 19 DBA-Belgien das Besteuerungsrecht hat und Belgien diese Einkünfte grundsätzlich nach Art. 23 Abs. 2 Nr. 1 DBA-Belgien freistellt. Unterfallen die Einkünfte aus unselbständiger Arbeit, für die Deutschland das Besteuerungsrecht zusteht, einem anderen Artikel, z. B. Art. 16 DBA-Belgien, greift die vorgenannte Minderung nicht.

39 Die Anrechnung ausländischer Steuern entsprechend § 36 EStG stellt eine Ausnahme dar (z. B. Art. 15a Abs. 3 Buchstabe a DBA-Schweiz, Grenzgängerregelung).

1.2.4 Abgrenzung zu anderen Abkommen und Bestimmungen

Vor Anwendung eines DBA sind weitere zwischenstaatliche Abkommen bzw. Vereinbarungen zu beachten, nach denen u. a. Arbeitnehmer von deutschen Steuern befreit sein können (z. B. bei Tätigkeiten für die EU, UNO oder NATO). Der jährlich erscheinende „Fundstellennachweis B" des BGBl. enthält die von Deutschland und seinen Rechtsvorgängern abgeschlossenen und noch geltenden völkerrechtlichen Vereinbarungen, die insbesondere im BGBl. und Bundesanzeiger veröffentlicht wurden. 40

Z. B. unterliegen nach Art. 12 des Protokolls über die Vorrechte und Befreiungen der EU (Amtsblatt der EU C 202 vom 7. Juni 2016, S. 266 - 272 - EU-Privilegienprotokoll [Protokoll (Nr. 7) über die Vorrechte und Befreiung der EU]) Gehälter, Löhne und andere Bezüge, welche die EU ihren eigenen Beamten und sonstigen Bediensteten zahlt und von denen die EU eine EU-interne Steuer erhebt (EU-Verordnung Nr. 260 /68 vom 29. Februar 1968, Amtsblatt der EU L 56 vom 4. März 1968, S. 8 – 10), nicht der nationalen Steuer in den EU-Mitgliedstaaten. Soweit Einkünfte danach in Deutschland freizustellen sind, unterliegen sie nicht dem Progressionsvorbehalt gemäß § 32b Abs. 1 Satz 1 Nr. 4 EStG, weil das EU-Privilegienprotokoll keinen entsprechenden Vorbehalt vorsieht. Vergütungen für eine Tätigkeit bei einem Organ bzw. einer Einrichtung der EU oder im Rahmen eines EU-Projektes, die an Personen gezahlt werden, die keine EU-Beamten oder sonstigen Bediensteten der EU sind (z. B. nationale Sachverständige), fallen i. d. R. nicht unter eine unionsrechtliche Befreiungsvorschrift. Hier ist regelmäßig die Anwendung eines DBA zu prüfen (s. BMF-Schreiben vom 12. April 2006, BStBl 2006 I S. 340, zur steuerlichen Behandlung des EU-Tagesgeldes). 41

2 Besteuerung im Inland

2.1 Steuerpflicht nach dem Einkommensteuergesetz

Steuerliche Sachverhalte mit Auslandsbezug, die nach dem innerstaatlichen Recht der Besteuerung im Inland unterliegen, können nur dann uneingeschränkt besteuert werden, wenn ein jeweils anzuwendendes DBA das deutsche Besteuerungsrecht nicht ganz oder teilweise ausschließt oder das dem Ausland zugewiesene Besteuerungsrecht nach innerstaatlichem Recht an Deutschland zurückfällt (s. Tz. 2.3, Rz. 59 ff., Tz. 2.4, Rz. 83 ff., Tz. 9, Rz. 418 ff.). 42

43 Hat ein Arbeitnehmer einen Wohnsitz oder seinen gewöhnlichen Aufenthalt im Inland, unterliegt er als unbeschränkt Steuerpflichtiger grundsätzlich mit seinem gesamten Welteinkommen der inländischen Besteuerung (§ 1 Abs. 1 i.V. m. § 2 Abs. 1 EStG).

44 Fehlt es sowohl an einem Wohnsitz als auch an einem gewöhnlichen Aufenthalt im Inland, ist ein Arbeitnehmer, der inländische Einkünfte i. S. des § 49 Abs. 1 Nr. 4 EStG erzielt, grundsätzlich nach § 1 Abs. 4 EStG beschränkt einkommensteuerpflichtig. Die Erzielung inländischer Einkünfte nach § 49 Abs. 1 Nr. 4 EStG ist allein vom dort definierten inländischen Anknüpfungspunkt und nicht von einem Mindestaufenthalt im Inland abhängig.

45 Auf die unbeschränkte Steuerpflicht nach § 1 Abs. 2 und 3 EStG sowie § 1a EStG wird hingewiesen. Für EU- / EWR-Staatsangehörige mit Wohnsitz in der Schweiz wird auf das BMF-Schreiben vom 16. September 2013, BStBl 2013 I S. 1325 verwiesen.

46 **BEISPIEL:** Der in Dänemark wohnhafte Arbeitnehmer A ist für den in Flensburg ansässigen Arbeitgeber B tätig. A übt seine Tätigkeit zu 60 % in Deutschland und zu 40 % in Dänemark aus. Die in Dänemark ausgeübte Tätigkeit wird nicht in Deutschland verwertet.

Lösung:

Soweit A seine Tätigkeit im Inland ausübt, erzielt er inländische Einkünfte i. S. des § 49 Abs. 1 Nr. 4 Buchstabe a EStG. Nur für den auf diese Tätigkeit entfallenden Arbeitslohn besteht eine beschränkte Steuerpflicht nach § 1 Abs. 4 EStG.

47 Der Arbeitnehmer kann ggf. bei Vorliegen bestimmter Voraussetzungen nach § 1 Abs. 3 EStG auf Antrag als unbeschränkt Steuerpflichtiger behandelt werden und zusätzliche Vergünstigungen gemäß § 1a EStG in Anspruch nehmen.

48 Besteht während eines Kj. sowohl unbeschränkte als auch beschränkte Einkommensteuerpflicht, so sind die während der beschränkten Einkommensteuerpflicht erzielten inländischen Einkünfte in eine Veranlagung zur unbeschränkten Einkommensteuerpflicht einzubeziehen (§ 2 Abs. 7 Satz 3 EStG). Die materiell-rechtliche Behandlung der jeweiligen Einkunftsteile bleibt hiervon unberührt.

2.2 Progressionsvorbehalt

49 Hat ein zeitweise oder während des gesamten VZ unbeschränkt Steuerpflichtiger oder ein beschränkt Steuerpflichtiger, auf den § 50 Abs. 2 Satz 2 Nr. 4 EStG Anwendung findet, ausländische Einkünfte, die im VZ nicht der deutschen Einkommensteuer unterlegen haben, oder Einkünfte, die nach einem DBA oder nach einem sonstigen zwischenstaatlichen Übereinkommen steuerfrei sind,

oder in den Fällen von § 1 Abs. 3, § 1a oder § 50 Abs. 2 Satz 2 Nr. 4 EStG Einkünfte, die nicht der deutschen Einkommensteuer oder einem Steuerabzug unterliegen, so ist für diese Einkünfte entsprechend den nachfolgenden Grundsätzen der Progressionsvorbehalt anzuwenden:

Bei einer im VZ nur zeitweise bestehenden unbeschränkten Steuerpflicht sind die ausländischen Einkünfte, die vom deutschen Steuerrecht nicht erfasst werden und damit im VZ nicht der deutschen Einkommensteuer unterlegen haben, in den Progressionsvorbehalt einzubeziehen (§ 32b Abs. 1 Satz 1 Nr. 2 EStG). 50

Einkünfte, die nach einem DBA in Deutschland steuerfrei sind, unterliegen dem Progressionsvorbehalt nach § 32b Abs. 1 Satz 1 Nr. 3 EStG. Die Vorschrift ist unabhängig davon anzuwenden, ob ein DBA Deutschland als Ansässigkeits- oder Quellenstaat ein Besteuerungsrecht mit Progressionsvorbehalt einräumt. Die Anwendung des Progressionsvorbehalts setzt lediglich voraus, dass ein DBA die Berücksichtigung des Progressionsvorbehalts nicht verbietet (BFH-Urteil vom 14. Juli 2010, BStBl II 2011 S. 628). Eine Freistellung ist aber nur dann zu gewähren, wenn weder nach DBA (s. Tz. 9, Rz. 418 ff.) noch nach innerstaatlichem Recht (z. B. § 50d Abs. 8 bzw. 9 EStG) eine Rückfallklausel anzuwenden ist (s. Tz. 2.3, Rz. 59 ff. und Tz. 2.4, Rz. 83 ff.). 51

Zu beachten ist, dass der nach § 32b Abs. 1 Satz 2 EStG angeordnete Ausschluss des Progressionsvorbehalts lediglich für Fälle des § 32b Abs. 1 Satz 1 Nr. 3 EStG gilt und Einkünfte aus nichtselbständiger Arbeit nicht betrifft. 52

Einkünfte, die nach einem sonstigen zwischenstaatlichen Übereinkommen steuerfrei sind (vgl. Tz. 1.2.4, Rz. 40 ff.), werden nach § 32b Abs. 1 Satz 1 Nr. 4 EStG in den Progressionsvorbehalt einbezogen, wenn in dem jeweiligen Übereinkommen die Anwendung des Progressionsvorbehalts ausdrücklich zugelassen worden ist. 53

Bei Arbeitnehmern, die im Inland weder einen Wohnsitz noch ihren gewöhnlichen Aufenthalt haben, ist in den Fällen der Veranlagung gemäß § 1 Abs. 3, § 1a und § 50 Abs. 2 Satz 2 Nr. 4 EStG zu beachten, dass die nicht der deutschen Einkommensteuer oder dem Steuerabzug unterliegenden Einkünfte grundsätzlich dem Progressionsvorbehalt zu unterwerfen sind (§ 32b Abs. 1 Satz 1 Nr. 5 EStG). 54

Die Höhe der Einkünfte, die dem Progressionsvorbehalt unterliegen, ist nach deutschem Steuerrecht zu ermitteln (BFH-Urteile vom 20. September 2006, BStBl II 2007 S. 756 und vom 11. Februar 2009, BStBl II 2010 S. 536). Dies bedeutet, dass beispielsweise Werbungskostenpauschalen oder Steuerbefrei- 55 ungsvorschriften nach ausländischem Recht nicht zu berücksichtigen sind. Die steuerfreien Einkünfte aus nichtselbständiger Arbeit i. S. des § 32b Abs. 1 Satz 1 Nr. 2 bis 5 EStG sind als Überschuss der Einnahmen über die Werbungskosten zu berechnen.

56 Bei der Ermittlung der Einkünfte i. S. des § 32b Abs. 1 Satz 1 Nr. 2 bis 5 EStG

- ist der Arbeitnehmer-Pauschbetrag (§ 9a Satz 1 Nr. 1 Buchstabe a EStG) abzuziehen, soweit er nicht bei der Ermittlung der inländischen Einkünfte aus nichtselbständiger Arbeit abziehbar ist (§ 32b Abs. 2 Nr. 2 Satz 2 Buchstabe a EStG);
- sind Werbungskosten nur insoweit zu berücksichtigen, als sie zusammen mit den bei der Ermittlung der Einkünfte aus nichtselbständiger Arbeit abziehbaren Werbungskosten den Arbeitnehmer-Pauschbetrag (§ 9a Satz 1 Nr. 1 Buchstabe a EStG) übersteigen (§ 32b Abs. 2 Nr. 2 Satz 2 Buchstabe b EStG, s. H 32b „Ausländische Einkünfte" - EStH).

57 **BEISPIEL 1:** Der inländische steuerpflichtige Arbeitslohn im Kj. beträgt 20.230 €; die Werbungskosten betragen 500 €. Der nach DBA unter Progressionsvorbehalt steuerfreie Arbeitslohn beträgt 10.000 €; im Zusammenhang mit der Erzielung des steuerfreien Arbeitslohns sind Werbungskosten i. H. v. 400 € tatsächlich angefallen.

Lösung:

Inländischer steuerpflichtiger Arbeitslohn	20.230 €
./. Werbungskosten im Zusammenhang mit steuerpflichtigem Arbeitslohn,	./. 1.230 €
mindestens Arbeitnehmer-Pauschbetrag (§ 9a Satz 1 Nr. 1 Buchstabe a EStG)	
Steuerpflichtige Einkünfte gemäß § 19 EStG	19.000 €
Ausländische dem Progressionsvorbehalt unterliegende Einnahmen	10.000 €
./. Gesamtwerbungskosten abzgl. bereits in Anspruch genommener Arbeitnehmer-Pauschbetrag oder abzgl. tatsächliche inländische Werbungskosten, sofern diese höher sind als der Arbeitnehmer-Pauschbetrag	0 €
Für den Progressionsvorbehalt maßgebende Einkünfte (§ 32b Abs. 2 Nr. 2 Satz 2 EStG)	10.000 €

58 **BEISPIEL 2:** Sachverhalt wie Beispiel 1 (Werbungskosten Inland 500 €), jedoch sind im Zusammenhang mit der Erzielung des steuerfreien Arbeitslohns tatsächlich Werbungskosten i. H. v. 800 € angefallen. Die Summe der tatsächlichen Werbungskosten beträgt somit 1.300 €. Sie überschreitet den Arbeitnehmer-Pauschbetrag um 70 €.

Lösung:

Inländischer steuerpflichtiger Arbeitslohn		20.230 €
./. Werbungskosten im Zusammenhang mit steuerpflichtigem Arbeitslohn, mindestens Arbeitnehmer-Pauschbetrag (§ 9a Satz 1 Nr. 1 Buchstabe a EStG)		./. 1.230 €
Steuerpflichtige Einkünfte gemäß § 19 EStG		19.000 €
Ausländische dem Progressionsvorbehalt unterliegende Einnahmen		10.000 €
./. Gesamtwerbungskosten	1.300 €	
abzgl. bereits bei den stpfl. Einkünften in Anspruch genommener	./. 1.230 €	
Arbeitnehmer-Pauschbetrag oder abzgl. tatsächlicher inländischer Werbungskosten, sofern diese höher sind als der Arbeitnehmer-Pauschbetrag		./. 70 €
Für den Progressionsvorbehalt maßgebenden Einkünfte (§ 32b Abs. 2 Nr. 2 Satz 2 EStG)		9.930 €

2.3 Anwendung des § 50d Abs. 8 EStG

2.3.1 Anwendungsbereich

Bei Einkünften oder Einkunftsteilen aus nichtselbständiger Arbeit (§ 19 EStG), 59
die nach einem DBA in einem ausländischen Staat besteuert werden können, wird die unter Progressionsvorbehalt (§ 32b Abs. 1 Satz 1 Nr. 3 EStG) erfolgende Freistellung von der deutschen Steuer eines unbeschränkt Steuerpflichtigen bei der Einkommensteuerveranlagung nach der Regelung des § 50d Abs. 8 EStG nur unter bestimmten Voraussetzungen gewährt. Der Steuerpflichtige muss für die nach DBA vorgesehene Freistellung nachweisen, dass die in dem ausländischen Staat festgesetzten Steuern entrichtet wurden oder dass dieser Staat auf sein Besteuerungsrecht verzichtet hat. Die Regelung des § 50d Abs. 8 EStG ist nicht anzuwenden, soweit das anzuwendende DBA das Besteuerungsrecht an Deutschland zurückverweist, weil der ausländische Staat von dem ihm zugewiesenen Besteuerungsrecht insoweit keinen Gebrauch macht (z. B. Art. 13 Abs. 2 DBA-Frankreich, Art. 15 Abs. 4 DBA-Österreich, Art. 15 Abs. 3 und 4 DBA-Schweiz) oder die Besteuerung von der Überweisung der Einkünfte in den Tätigkeitsstaat abhängig macht (z. B. Art. 29 DBA-Irland, Art. 24 DBA-Vereinigtes Königreich). Die im jeweiligen DBA enthaltenen Rückfallklauseln (s. Tz. 9, Rz. 418 ff.) gehen grundsätzlich den nationalen Rückfallklauseln vor (§ 2 Abs. 1 AO, BMF-Schreiben vom 20. Juni 2013, BStBl 2013 I S. 980, Tz. 1).

60 Die Anwendung des § 50d Abs. 8 EStG erfordert nicht, dass Deutschland als Ansässigkeitsstaat anzusehen ist, sondern knüpft allein an die unbeschränkte Steuerpflicht im Inland an. § 50d Abs. 8 EStG ist auch anzuwenden, wenn sich die Freistellung nicht aus dem Methodenartikel, sondern bereits aus der Verteilungsnorm ergeben sollte. § 50d Abs. 8 EStG wird nicht durch ein zeitlich nachfolgendes DBA überschrieben (BFH-Urteil vom 25. Mai 2016, BStBl II 2017 S. 1185).

2.3.2 Nachweispflicht

61 Aufgrund seiner erhöhten Mitwirkungspflicht gemäß § 90 Abs. 2 AO bei Auslandssachverhalten hat der Steuerpflichtige nachzuweisen, dass seine Einkünfte im Ausland (ggf. in einem anderen VZ) der Besteuerung unterworfen wurden bzw. werden oder dass der Staat, dem nach dem DBA das Besteuerungsrecht zusteht, auf dieses Besteuerungsrecht verzichtet hat (s. Tz. 2.3.2.2, Rz. 68).

62 Bei der Anforderung und Prüfung von Nachweisen sind die objektiven Umstände des Einzelfalles und der Grundsatz der Verhältnismäßigkeit zu beachten.

63 Die Nachweispflicht gemäß § 50d Abs. 8 EStG besteht erst im Veranlagungsverfahren. Sie gilt nicht für das Lohnsteuerabzugsverfahren (s. BMF-Schreiben vom 14. März 2017, BStBl 2017 I S. 473). Das Betriebsstättenfinanzamt kann daher unverändert auf Antrag des Arbeitnehmers oder des Arbeitgebers (§ 38 EStG) ein Lohnsteuerabzugsmerkmal erteilen (§ 39 Abs. 4 Nr. 5 EStG). In der Bescheinigung über die Freistellung des Arbeitslohns vom Steuerabzug aufgrund eines DBA ist ein Hinweis auf die abschließende Prüfung im Rahmen der Veranlagung enthalten.

2.3.2.1 Besteuerung im ausländischen Staat

2.3.2.1.1 Ermittlung und Nachweis der Höhe der Einkünfte

64 Die Einkünfte i. S. des § 50d Abs. 8 EStG sind nach den Vorschriften des deutschen Steuerrechts zu ermitteln. Aufgrund der unterschiedlichen Steuersysteme und Begriffsbestimmungen können sich bei den der ausländischen und deutschen Besteuerung zugrunde gelegten Einkünften Abweichungen ergeben. Diese können u. a. entstehen, weil der ausländische Staat ein vom Kj. abweichendes Steuerjahr (s. Tz. 4.2.5, Rz. 128 ff.) hat oder Sachverhalte zeitlich abweichend von den Regelungen des deutschen Rechts erfasst. Daneben können Abweichungen aus der Definition der Begriffe „Arbeitslohn“ und „Werbungskosten“, aus der Zuordnung von Bezügen zu steuerpflichtigen oder steuerfreien Einnahmen, der Bewertung von Sachbezügen und nachträglichen Bonuszahlungen oder der Behandlung von Altersteilzeitmodellen resultieren.

Soweit der Steuerpflichtige die Ursachen eventueller Abweichungen glaubhaft macht (z. B. Kopie der ausländischen Steuererklärung/en und/oder Steuerbescheid/e, Berechnungsschema/ta), gilt der Nachweis über die Höhe der Einkünfte für den jeweiligen VZ als erbracht. 65

2.3.2.1.2 Nachweis über die Festsetzung und Entrichtung der Steuern

Der Nachweis über die Entrichtung der festgesetzten Steuern ist grundsätzlich durch Vorlage des Steuerbescheids der ausländischen Behörde und des Zahlungsbelegs (Überweisungs- bzw. Einzahlungsbeleg der Bank oder Finanzbehörde) zu erbringen. Sofern der andere Staat ein Selbstveranlagungsverfahren vorsieht und daher keinen Steuerbescheid erlässt (z. B. USA), reicht die Vorlage des Zahlungsbelegs und einer Kopie der Steuererklärung aus. 66

Wenn der Steuerpflichtige aus tatsächlichen Gründen nicht in der Lage ist, die zuvor genannten Nachweise zu erbringen, oder in Fällen, in denen ein Quellen- oder Lohnsteuerabzug mit Abgeltungswirkung im anderen Staat vorgenommen wird (z. B. Italien, Österreich, Spanien) und somit keine Veranlagung zur Einkommensteuer erfolgt oder diese Einkünfte wegen des Steuerabzugs nicht in die Veranlagung einbezogen werden, kann die tatsächliche Besteuerung im anderen Staat durch eine behördliche Bescheinigung oder eine Bescheinigung des zivilrechtlichen oder wirtschaftlichen Arbeitgebers (s. Tz. 4.3.3.3, Rz. 151 ff.) über den Steuerabzug (z. B. Quellen- oder Lohnsteuerbescheinigung, ausländische Gehaltsabrechnungen mit Ausweis der abgeführten Quellensteuern) nachgewiesen werden. Dabei ist die ausländische Finanzbehörde, an die die Quellen- oder Lohnsteuer abgeführt wurde, und die dortige Steuer- oder Ordnungsnummer zu benennen. Darüber hinaus müssen aus der Bescheinigung insbesondere die Höhe der im jeweiligen VZ zugeflossenen Einnahmen, die vom Arbeitgeber abgeführten Steuern, einschließlich der dafür maßgeblichen steuerpflichtigen Einkünfte (steuerliche Bemessungsgrundlage) und der Zeitraum der Tätigkeit im Ausland hervorgehen. Eine tatsächliche Besteuerung im anderen Staat ist auch dann anzunehmen, wenn eine pauschale Steuer abgeführt wurde, die der Arbeitgeber getragen hat. 67

2.3.2.2 Verzicht des ausländischen Staates auf sein Besteuerungsrecht

Wenn der ausländische Staat auf das ihm zugewiesene Besteuerungsrecht verzichtet, hat der Steuerpflichtige Unterlagen vorzulegen, aus denen sich der Verzicht ergibt. Es kann sich hierbei um einen Verzicht gegenüber Einzelpersonen, bestimmten Personengruppen oder um einen generellen Verzicht han- 68 deln (z. B. Erlass, Steuerbefreiung, genereller Verzicht auf die Steuererhebung, völkerrechtlicher Vertrag).

69 Der Eintritt der Festsetzungsverjährung im ausländischen Staat ist kein Verzicht i. S. des § 50d Abs. 8 Satz 1 EStG (BFH-Urteil vom 10. Oktober 2018, BFH/NV 2019, 394).

70 In Staaten, in denen generell auf die Erhebung von Ertragsteuern verzichtet wird (z. B. VAE (DBA-VAE anzuwenden bis 31. Dezember 2021) und Kuwait) ist von einem Nachweis über den Verzicht des ausländischen Staates auf das Besteuerungsrecht abzusehen, sofern die Ausübung der Tätigkeit in einem dieser Staaten nachgewiesen wurde (z. B. Arbeitgeberbescheinigung oder Reisekostenabrechnung).

2.3.3 Entwicklungszusammenarbeit

2.3.3.1 Besteuerungsrecht des Kassenstaates (Deutschland)

71 Sofern Vergütungen im Rahmen der Entwicklungszusammenarbeit gezahlt werden, ist zunächst zu prüfen, ob das anzuwendende DBA durch die Kassenstaatsklausel (Art. 19 Abs. 1 OECD-MA) oder eine sog. Entwicklungshilfeklausel (z. B. Art. 19 Abs. 3 DBA-Bangladesch, Art. 18 Abs. 2 DBA-Bolivien, Art. 18 Abs. 2 DBA-Ecuador, Art. 19 Abs. 4 DBA-Indien, Art. 19 Abs. 3 DBA-Indonesien, Art. 19 Abs. 3 DBA-Pakistan) Deutschland als Kassenstaat das Besteuerungsrecht zuweist und damit eine Anwendung des § 50d Abs. 8 EStG insoweit ausscheidet.

72 Bei DBA mit Entwicklungshelferklausel können Vergütungen, die im Rahmen eines Entwicklungshilfeprogramms eines Vertragsstaats aus Mitteln, die ausschließlich von diesem Staat bereitgestellt werden, an Fachkräfte oder freiwillige Helfer gezahlt werden, die in den anderen Vertragsstaat mit dessen Zustimmung entsandt worden sind, nur im erstgenannten Staat (Kassenstaat) besteuert werden (BFH-Urteil vom 7. Juli 2015, BStBl II 2016 S. 14, vgl. auch BMF-Schreiben vom 13. November 2019, BStBl 2019 I S. 1082).

73 Auf die Notifizierungsverordnung DBA-Türkei vom 27. Februar 2019 (BStBl I 2019 S. 209), wonach unter das geltende Abkommen zwischen der Regierung der Bundesrepublik Deutschland und der Regierung der Republik Türkei über die technische Zusammenarbeit vom 16. Juni 1970 in der Änderungsfassung vom 15. Dezember 1977 fallende Einkünfte, die trotz Besteuerungsrecht nach Art. 15 DBA-Türkei von der Republik Türkei nicht besteuert werden können, in Deutschland durch einen Wechsel von der Freistellungs- zur Anrechnungsmethode zu besteuern sind, wird hingewiesen.

2.3.3.2 Besteuerungsrecht des Tätigkeitsstaates / Freistellung im Tätigkeitsstaat

Soweit Arbeitnehmer im Rahmen der Entwicklungszusammenarbeit aufgrund von zwischenstaatlichen oder diesen vergleichbaren Abkommen oder Vereinbarungen in dem jeweiligen ausländischen Staat von der Steuer befreit sind (Verzicht auf das Besteuerungsrecht), ist dies durch geeignete Unterlagen nachzuweisen. 74

Als Nachweis ist dabei eine Bescheinigung des jeweiligen Arbeitgebers i.V. m. einem Auszug aus dem geltenden Abkommen (Rahmenabkommen zur technischen oder finanziellen Zusammenarbeit, Abkommen zu Entwicklungszusammenarbeit) bzw. der Vereinbarung anzuerkennen (vgl. Anlage 1). Der Besteuerungsverzicht des ausländischen Staates in diesen zwischenstaatlichen oder diesen vergleichbaren Abkommen oder Vereinbarungen wird i. d. R. auf die Mittel beschränkt, die aus inländischen öffentlichen Kassen gezahlt werden. Soweit auch Zahlungen von dritter Seite in den Vergütungen enthalten sind und diese unversteuert bleiben, ist hierfür die Vorlage eines gesonderten Nachweises des Besteuerungsverzichts bzw. der Besteuerung erforderlich (s. Tz. 2.3.2.1, Rz. 64 ff.). 75

Arbeitgeber sind Organisationen und Firmen, die direkt oder indirekt durch die Bundesregierung, Landesregierungen oder andere deutsche staatliche Stellen mit der Durchführung personeller Leistungen im Rahmen der Entwicklungszusammenarbeit beauftragt worden sind. Weitere Auftraggeber sind z. B. die Europäische Union, internationale Finanzierungsinstitute und Regierungen anderer Staaten. 76

2.3.4 Festsetzungsverfahren

2.3.4.1 Festsetzung im Falle eines fehlenden Nachweises

Soweit die nach Tz. 2.3.2, Rz. 61 ff. und Tz. 2.3.3.2, Rz. 74, 75 erforderlichen Nachweise nicht oder nicht vollständig vorgelegt werden, ist die Steuer unter Einbeziehung der betroffenen Einkünfte festzusetzen. Der Einkommensteuerbescheid ist gemäß § 50d Abs. 8 Satz 2 EStG zugunsten des Steuerpflichtigen zu ändern, sobald die tatsächliche Besteuerung oder der Verzicht auf die Besteuerung im Ausland nachgewiesen wird. Die Festsetzungsfrist beginnt mit Ablauf des Jahres, in dem der Nachweis erbracht wird (§ 50d Abs. 8 Satz 3 EStG). Die Verzinsung richtet sich nach § 233a Abs. 1 und 2 AO. 77

2.3.4.2 Bagatellgrenze

78 Aus Vereinfachungsgründen ist die Freistellung von der deutschen Einkommensteuer unter Progressionsvorbehalt auch ohne das Erbringen von Nachweisen zu gewähren, wenn der maßgebende, nach deutschem Recht ermittelte Arbeitslohn, der nach einem oder mehreren DBA freizustellen wäre, in dem jeweiligen VZ insgesamt nicht mehr als 10.000 € beträgt. Diese Bagatellgrenze gilt nicht pro Staat, sondern insgesamt nur einmal je VZ.

79 Bei Ortskräften diplomatischer Vertretungen mit Staatsangehörigkeit der jeweiligen Staatenvertretung kann auf den Besteuerungsnachweis nach § 50d Abs. 8 EStG verzichtet werden. Die Ausführungen in der Tz. 2.4, Rz. 83 ff. zu § 50d Abs. 9 EStG bleiben unberührt.

2.3.5 Informationsaustausch

80 Auf das Merkblatt zur zwischenstaatlichen Amtshilfe durch Informationsaustausch in Steuersachen vom 29. Mai 2019 BStBl 2019 I S. 480 (Amtshilfe-Merkblatt) wird hingewiesen.

81 Hat der Steuerpflichtige die Nachweise i. S. des § 50d Abs. 8 EStG erbracht, sind diesbezüglich weder Auskunftsersuchen zu stellen noch Spontanauskünfte zu erteilen.

82 Bestehen Zweifel hinsichtlich der Zahlung der im Ausland festgesetzten Steuer bzw. des Verzichts des ausländischen Staates auf sein Besteuerungsrecht, ist die Steuer unter Einbeziehung der betroffenen Einkünfte festzusetzen (s. Tz. 2.3.4.1, Rz. 77) und - vorbehaltlich einer innerstaatlichen Rechtsgrundlage - eine Spontanauskunft an den ausländischen Staat zu übermitteln. Entsprechendes gilt, soweit unklar ist, ob sämtliche steuerfrei zu stellenden Gehaltsbestandteile (z. B. Gratifikationen, Tantiemen, Urlaubsgeld) im ausländischen Staat zur Besteuerung herangezogen wurden. In diesen Fällen kann nach Tz. 3.1.2 des Amtshilfe-Merkblattes auf eine Anhörung des Steuerpflichtigen verzichtet werden, sofern die Informationen auf Angaben beruhen, die der Steuerpflichtige in einem Antrag oder einer Erklärung gemacht hat. Gleichwohl kann der Steuerpflichtige gegen die Übermittlung aufgrund seiner Angaben aus der Einkommensteuererklärung an den anderen Staat Einwendungen erheben (Tz. 3.2.1 des Amtshilfe-Merkblattes).

2.4 Anwendung des § 50d Abs. 9 EStG

2.4.1 Anwendungsbereich

Bei Einkünften oder Einkunftsteilen, die nach einem DBA in einem ausländischen Staat besteuert werden können, wird bei einem unbeschränkt Steuerpflichtigen die Steuerfreistellung nach DBA unter den Voraussetzungen des § 50d Abs. 9 EStG nicht gewährt. 83

Die Anwendung des § 50d Abs. 9 EStG erfordert nicht, dass Deutschland als Ansässigkeitsstaat anzusehen ist, sondern knüpft allein an die unbeschränkte Steuerpflicht im Inland an. § 50d Abs. 9 EStG ist auch anzuwenden, wenn sich die Freistellung nicht aus dem Methodenartikel, sondern aus der (abschließenden) Verteilungsnorm ergibt. 84

Fällt das Besteuerungsrecht nicht bereits nach einer Bestimmung des DBA an Deutschland zurück (vgl. Tz. 9, Rz. 418 ff.), sind nach § 50d Abs. 9 Satz 1 Nr. 1 EStG Einkünfte nicht freizustellen, soweit die Nichtbesteuerung oder niedrige Besteuerung im anderen Staat die Folge eines Qualifikationskonfliktes ist. Qualifikationskonflikte haben ihre Ursache in einer nicht übereinstimmenden Anwendung der Bestimmungen eines DBA durch die Vertragsstaaten, weil diese 85

- von unterschiedlichen Sachverhalten ausgehen,
- Abkommensbestimmungen unterschiedlich auslegen oder
- Abkommensbegriffe, die im DBA nicht definiert sind, nach ihrem nationalen Recht unterschiedlich auslegen (s. Art. 3 Abs. 2 OECD-MA).

Soweit das Besteuerungsrecht nicht durch eine im DBA einschlägige Regelung an Deutschland zurückfällt (vgl. Tz. 9, Rz. 418 ff.), sind Einkünfte nach § 50d Abs. 9 Satz 1 Nr. 2 EStG nicht von der Besteuerung auszunehmen, soweit im anderen Staat eine Nichtbesteuerung darauf zurückzuführen ist, dass sich dieser an der Ausübung seines DBA-Besteuerungsrechts durch sein innerstaatliches Recht, das diese Einkünfte ganz oder teilweise im Rahmen der beschränkten Steuerpflicht nicht erfasst, gehindert sieht. Eine Nichtbesteuerung i. S. dieser Vorschrift liegt auch vor, wenn Einkünfte oder Einkunftsteile nur deshalb im anderen Vertragsstaat besteuert werden, weil der Steuerpflichtige es versäumt hat, einen Antrag auf Erstattung der erstattungsfähigen Steuer zu stellen. § 50d Abs. 9 Satz 1 Nr. 2 EStG verhindert auch dann eine vom DBA angeordnete Steuerfreistellung, wenn der andere Vertragsstaat das ihm abkommensrechtlich zugewiesene Besteuerungsrecht an den Einkünften im Rahmen der beschränkten Steuerpflicht nur für einen Teil der Einkünfte wahrnimmt. 86

2.4.2 Verhältnis zu anderen Rückfallklauseln

87 § 50d Abs. 9 EStG kann auch dann zur Besteuerung von Einkünften aus unselbständiger Arbeit führen, wenn die Einkünfte nach § 50d Abs. 8 EStG oder einer DBA-Rückfallklausel steuerfrei belassen werden können. Die Regelungen des § 50d Abs. 8 und 9 EStG sind insoweit nebeneinander anzuwenden (§ 50d Abs. 9 Satz 3 EStG).

88 In den Fällen der Besteuerung von Einkunftsteilen, auf die eine DBA-Rückfallklausel anzuwenden ist, kommt es zu einem Rückfall des Besteuerungsrechts für den unversteuerten Teil der Einkünfte, selbst wenn die vorrangig anzuwendende DBA-Rückfallklausel konditional („wenn“) formuliert ist (§ 50d Abs. 9 Satz 4 EStG, s. Tz. 9, Rz. 418 ff.).

2.4.3 Nachweispflicht

89 Die Ausführungen zu den Nachweispflichten im Zusammenhang mit § 50d Abs. 8 EStG (s. Tz. 2.3.2.1.2, Rz. 66, 67) gelten für Einkünfte aus unselbständiger Arbeit entsprechend. Der Steuerpflichtige muss für die Freistellung regelmäßig nachweisen, dass seine ausländischen Einkünfte und Einkunftsteile im ausländischen Staat besteuert wurden und er die ausländischen Steuern entrichtet hat. Weist der Steuerpflichtige nach, dass der ausländische Staat die Einkünfte, die er im ausländischen Staat erzielt hat, wegen der dortigen beschränkten Steuerpflicht nicht erfassen kann, die entsprechenden Einkünfte aber bei unbeschränkt Steuerpflichtigen ebenfalls nicht besteuert werden, ist § 50d Abs. 9 Satz 1 Nr. 2 EStG nicht anzuwenden. In diesen Fällen bleibt es bei der Freistellung der ausländischen Einkünfte und Einkunftsteile von der deutschen Einkommensteuer.

90 Aus Vereinfachungsgründen kann im Rahmen des Lohnsteuerabzugsverfahrens auf die Prüfung der Anwendung des § 50d Abs. 9 EStG verzichtet werden (s. Tz. III. des BMF-Schreibens vom 14. März 2017, BStBl 2017 I S. 473).

91 Sind Einkünfte nach § 50d Abs. 9 EStG nicht von der Besteuerung auszunehmen, sind § 34c Abs. 1 bis 3 sowie Abs. 6 Satz 6 EStG entsprechend anzuwenden (§ 34c Abs. 6 Satz 5 EStG).

92 **BEISPIEL:** ▶ K ist in Deutschland ansässig und sowohl bei seinem Arbeitgeber in Deutschland als auch bei einer Schwestergesellschaft in einem anderen DBA-Staat tätig. Im Jahr 01 hält sich K an 150 Tagen im anderen DBA-Staat auf. Der Arbeitslohn wird vom deutschen Arbeitgeber bezahlt und - soweit er auf die Tätigkeit im anderen DBA-Staat entfällt - der Schwestergesellschaft im anderen DBA-Staat weiterberechnet. Der Steuerberater beantragt die Freistellung des Arbeitslohns, der auf die Tätigkeit im anderen DBA-Staat entfällt, unter Hinweis auf Art. 15 Abs. 2 Buchstabe b

des DBA (wirtschaftlicher Arbeitgeber, s. Tz. 4.3.3.3, Rz. 151 ff.). Die Einkommensteuer im anderen DBA-Staat wird mit 0 € festgesetzt. Der Steuerberater weist nach, dass es im anderen DBA-Staat das Rechtsinstitut des wirtschaftlichen Arbeitgebers i. S. des DBA nicht gibt.

Lösung:

Die Höhe der im anderen DBA-Staat festgesetzten Steuer beträgt 0 €. Der Steuerpflichtige hat somit nachgewiesen, dass die festgesetzte Steuer „entrichtet“ wurde (§ 50d Abs. 8 Satz 1 zweite Alternative EStG). Nach § 50d Abs. 9 Satz 1 Nr. 1 EStG kann die Steuerfreistellung in Deutschland nicht gewährt werden, soweit der andere Staat die Bestimmungen des DBA so anwendet, dass die Einkünfte in diesem Staat von der Besteuerung auszunehmen sind.

Da die Nichtbesteuerung im anderen DBA-Staat ihre Ursache in einer nicht übereinstimmenden Anwendung von DBA-Bestimmungen hat (Qualifikationskonflikt), entfällt nach § 50d Abs. 9 Satz 1 Nr. 1 EStG die Freistellung des Arbeitslohns.

2.5 Abzugsbeschränkungen

Gemäß § 3c Abs. 1 EStG dürfen Ausgaben, die mit steuerfreien Einnahmen in unmittelbarem wirtschaftlichen Zusammenhang stehen, nicht als Werbungskosten abgezogen werden (z. B. Kosten für die Unterkunft im Ausland, Kosten für Sprachkurse, Fahrtkosten und Mehraufwendungen für Verpflegung). Sind Einkünfte aufgrund eines DBA freizustellen, sind regelmäßig nicht nur die Einnahmen, sondern auch die damit zusammenhängenden Werbungskosten von der Bemessungsgrundlage der deutschen Steuer auszunehmen (BFH-Urteil vom 11. Februar 2009, BStBl II 2010 S. 536). Darunter fallen sowohl laufende Werbungskosten, die durch steuerfreie Auslandseinkünfte veranlasst sind, als auch vorweggenommene Werbungskosten, die sich auf steuerfreie Auslandseinkünfte beziehen (BFH-Urteil vom 20. September 2006, BStBl II 2007 S. 756). Gleiches gilt für nachträgliche Werbungskosten. 93

Lassen sich die Werbungskosten nicht eindeutig zuordnen, sind diese nach den zu § 3c Abs. 1 EStG entwickelten Kriterien aufzuteilen. Hierbei sind die Werbungskosten den steuerfreien Einnahmen in dem Verhältnis zuzuordnen, in dem die steuerfreien Einnahmen zu den gesamten Einnahmen stehen, die der Steuerpflichtige im betreffenden Zeitraum bezogen hat (BFH-Urteil vom 26. März 2002, BStBl 2002 II S. 823). Eine Aufteilung der Werbungskosten nach den tatsächlichen Arbeitstagen scheidet damit grundsätzlich aus. 94

Vorsorgeaufwendungen i. S. des § 10 Abs. 1 Nr. 2, 3 und 3a EStG, die mit steuerfreien Einnahmen in unmittelbarem wirtschaftlichen Zusammenhang stehen, sind nach § 10 Abs. 2 Satz 1 Nr. 1 erster Halbsatz EStG grundsätzlich nicht als Sonderausgaben abziehbar. Sie mindern auch nicht die Höhe der im Rah- 95 men des Progressionsvorbehalts zu berücksichtigenden Einkünfte (BFH-Urteil vom 18. April 2012, BStBl 2012 II S. 721).

§ 10 Abs. 2 Satz 1 Nr. 1 zweiter Halbsatz EStG regelt abweichend von diesem Grundsatz, in welchen Fällen und unter welchen Voraussetzungen entsprechende Vorsorgeaufwendungen als Sonderausgaben zu berücksichtigen sind. Demnach sind Vorsorgeaufwendungen i. S. des § 10 Abs. 1 Nr. 2, 3 und 3a EStG jeweils als Sonderausgaben abzugsfähig, soweit sie in unmittelbarem wirtschaftlichen Zusammenhang mit Einnahmen aus nichtselbständiger Tätigkeit stehen, die in einem Mitgliedstaat der EU, einem Vertragsstaat des EWR-Abkommens oder in der Schweiz erzielt wurden, soweit diese Einnahmen nach einem DBA im Inland steuerfrei sind und soweit der Tätigkeitsstaat keinerlei steuerliche Berücksichtigung dieser Vorsorgeaufwendungen bei der Besteuerung dieser Einnahmen zulässt. Diese Voraussetzungen müssen kumulativ erfüllt sein.

96 Die Aufteilung der abziehbaren und nichtabziehbaren Vorsorgeaufwendungen hat im Verhältnis des steuerpflichtigen Arbeitslohns zum gesamten Arbeitslohn, unabhängig von der Beitragsbemessungsgrenze, zu erfolgen. Vergütungsbestandteile, die unabhängig von der Beitragsbemessungsgrenze nicht der Sozialversicherungspflicht unterliegen (z. B. Entlassungsabfindungen), sind nicht in die Verhältnisrechnung einzubeziehen. Die Verhältnisrechnung ist auch durchzuführen, wenn der steuerpflichtige Arbeitslohn im VZ die für die Beitragsberechnung maßgebende Beitragsbemessungsgrenze übersteigt.

97 Ein Arbeitnehmer kann während seiner Auslandstätigkeit ausschließlich dem Sozialversicherungsrecht des Ansässigkeits-, des Tätigkeitsstaates oder dem Sozialversicherungsrecht beider Staaten unterworfen sein. Bei Letzterem unterliegt der Arbeitslohn sowohl dem Sozialversicherungsrecht des Ansässigkeitsstaates als auch dem Sozialversicherungsrecht des Tätigkeitsstaates. Dabei kann das jeweilige Sozialversicherungsrecht insbesondere eine verpflichtende Renten-, Arbeitslosen- oder Krankenversicherung, aber auch Wahlrechte und freiwillige Versicherungen umfassen. Vom Arbeitgeber geleistete Beiträge bzw. Zuschüsse zu einer Renten-, Arbeitslosen- oder Krankenversicherung stellen regelmäßig Arbeitslohn dar.

98 **BEISPIEL:** Der im Inland wohnhafte Arbeitnehmer ist im Jahr 01 für seinen Arbeitgeber sowohl im Ansässigkeitsstaat als auch im ausländischen Tätigkeitsstaat tätig. Der auf den Ansässigkeitsstaat entfallende Arbeitslohnanteil beträgt brutto 25.000 €. Enthalten sind sowohl direkt als auch nicht direkt zuordenbare Lohnbestandteile. Die Steuer im Ansässigkeitsstaat beträgt 5.000 €. Sie wird vom Arbeitgeber nicht übernommen. Der auf den ausländischen Tätigkeitsstaat entfallende Ar-

beitslohnanteil beträgt brutto 50.000 €. Enthalten sind auch hier sowohl direkt als auch nicht direkt zuordenbare Lohnbestandteile. Die hierauf entfallende Steuer beläuft sich im Tätigkeitsstaat auf 10.000 €. Sie wird vom Arbeitgeber ebenfalls nicht übernommen. Der Sozialversicherungsbeitrag beträgt - bezogen auf das gesamte Kj. 15.000 €.

Die Lohnabrechnung sieht wie folgt aus:

Bruttoarbeitslohn Ansässigkeitsstaat	25.000 €
Bruttoarbeitslohn Tätigkeitsstaat	50.000 €
Abzgl. Steuer Ansässigkeitsstaat	5.000 €
Abzgl. Steuer Tätigkeitsstaat	10.000 €
Abzgl. Sozialversicherungsbeitrag	15.000 €
(einheitlich für das gesamte Kj.)	
Nettoauszahlungsbetrag	45.000 €

Lösung:

Der Bruttoarbeitslohn wird abkommensrechtlich zu 1/3 dem Ansässigkeitsstaat und zu 2/3 dem ausländischen Tätigkeitsstaat zugerechnet. In diesem Verhältnis - 1/3 zu 2/3 - wird auch der Sozialversicherungsbeitrag verteilt (bezüglich der Abzugsbeschränkungen von Sonderausgaben im Zusammenhang mit steuerfreien Einkünften, s. Tz. 2.5, Rz. 95).

3 Besteuerung im Tätigkeitsstaat - Art. 15 Abs. 1 OECD-MA

Nach Art. 15 Abs. 1 Satz 1 OECD-MA können die Vergütungen aus unselbstän- 99
diger Arbeit ausschließlich im Ansässigkeitsstaat des Arbeitnehmers besteuert werden, es sei denn, die Tätigkeit wird im anderen Staat ausgeübt (Tätigkeitsstaat). Wird die unselbständige Arbeit im anderen Staat ausgeübt, steht grundsätzlich diesem Staat auch ein Besteuerungsrecht für die Vergütungen zu, die für die im Ausland ausgeübte Tätigkeit bezogen werden (Art. 15 Abs. 1 Satz 2 OECD-MA).

Der Ort der Arbeitsausübung ist grundsätzlich der Ort, an dem sich der Arbeit- 100
nehmer zur Ausführung seiner Tätigkeit tatsächlich persönlich aufhält (BFH-Urteil vom 25. November 2014, BStBl II 2015 S. 448). Unerheblich ist, woher oder wohin die Zahlung des Arbeitslohns geleistet wird oder wo der Arbeitgeber ansässig ist.

4 Besteuerung im Ansässigkeitsstaat - Art. 15 Abs. 2 OECD-MA (sog. 183-Tage-Klausel)

4.1 Voraussetzungen

101 Abweichend von Art. 15 Abs. 1 Satz 2 OECD-MA steht nach Art. 15 Abs. 2 OECD-MA dem Ansässigkeitsstaat des Arbeitnehmers das ausschließliche Besteuerungsrecht für eine nicht in diesem Staat ausgeübte unselbständige Arbeit zu, wenn

- der Arbeitnehmer sich insgesamt nicht länger als 183 Tage innerhalb eines im jeweiligen DBA näher beschriebenen Zeitraums im Tätigkeitsstaat aufgehalten oder die Tätigkeit dort ausgeübt hat (s. Tz. 4.2, Rz. 105 ff.) **und**
- der Arbeitgeber, der die Vergütungen wirtschaftlich trägt oder hätte tragen müssen, nicht im Tätigkeitsstaat ansässig ist (s. Tz. 4.3, Rz. 141 ff.) **und**
- der Arbeitslohn nicht von einer Betriebsstätte, die der Arbeitgeber im Tätigkeitsstaat hat, wirtschaftlich getragen wurde oder zu tragen gewesen wäre (s. Tz. 4.4, Rz. 213 ff.).

102 Nur wenn alle drei Voraussetzungen zusammen vorliegen, steht dem Ansässigkeitsstaat des Arbeitnehmers das Besteuerungsrecht für Vergütungen, die für eine im Ausland ausgeübte Tätigkeit gezahlt werden, zu. Liegen dagegen nicht sämtliche Voraussetzungen des Art. 15 Abs. 2 OECD-MA zusammen vor, steht nach Art. 15 Abs. 1 OECD-MA auch dem Tätigkeitsstaat ein Besteuerungsrecht für die Einkünfte aus der vom Arbeitnehmer dort ausgeübten unselbständigen Arbeit zu. Für Tätigkeiten, die im Ansässigkeitsstaat ausgeübt werden, verbleibt das Besteuerungsrecht nach dem Grundsatz des Art. 15 Abs. 1 OECD-MA ausschließlich beim Ansässigkeitsstaat.

103 Nach dem DBA-Norwegen ist eine weitere Voraussetzung, dass der Arbeitgeber im selben Staat wie der Arbeitnehmer ansässig ist (Art. 15 Abs. 2 Buchstabe b DBA-Norwegen).

104 Steht dem ausländischen Tätigkeitsstaat auch ein Besteuerungsrecht zu, sind die Vergütungen i. d. R. im Inland freizustellen und nur im Rahmen des Progressionsvorbehalts zu berücksichtigen (Ausnahme s. Tz. 1.2.3, Rz. 36). Dies gilt nicht, soweit eine DBA-Rückfallklausel, § 50d Abs. 8 oder 9 EStG anzuwenden ist (s. Tz. 2.3, Rz. 59 ff., Tz. 2.4, Rz. 83 ff. und Tz. 9, Rz. 418 ff.).

4.2 183-Tage-Frist - Art. 15 Abs. 2 Buchstabe a OECD-MA

4.2.1 Ermittlung der Aufenthalts-/Ausübungstage

Die in den DBA genannte 183-Tage-Frist bezieht sich häufig auf den Aufenthalt im Tätigkeitsstaat (s. Tz. 4.2.2). Nach einigen DBA ist jedoch die Dauer der Ausübung der unselbständigen Arbeit im Tätigkeitsstaat maßgebend (s. Tz. 4.2.3). 105

Abhängig vom anzuwendenden DBA kann sich die 183-Tage-Frist entweder auf das Steuerjahr, auf das Kj. oder auch auf einen Zeitraum von zwölf Monaten beziehen. 106

4.2.2 183-Tage-Frist - Dauer des Aufenthalts im Tätigkeitsstaat

Wird in einem DBA bei der 183-Tage-Frist auf den Aufenthalt im Tätigkeitsstaat abgestellt (z. B. Art. 13 Abs. 4 Nr. 1 DBA-Frankreich; Art. 15 Abs. 2 Buchstabe a DBA-Italien; Art. 15 Abs. 2 Buchstabe a DBA-Österreich), so ist hierbei nicht die Dauer der beruflichen Tätigkeit maßgebend, sondern allein die körperliche Anwesenheit im Tätigkeitsstaat. Es kommt darauf an, ob der Arbeitnehmer an mehr als 183 Tagen im Tätigkeitsstaat anwesend war. Dabei ist auch eine nur kurzfristige Anwesenheit an einem Tag als voller Aufenthaltstag im Tätigkeitsstaat zu berücksichtigen. Es muss sich nicht um einen zusammenhängenden Aufenthalt im Tätigkeitsstaat handeln; mehrere Aufenthalte im selben Tätigkeitsstaat sind zusammenzurechnen. 107

Als volle Tage des Aufenthalts im Tätigkeitsstaat werden u. a. mitgezählt: 108

- der Ankunfts- und Abreisetag,
- alle Tage der Anwesenheit im Tätigkeitsstaat unmittelbar vor, während und unmittelbar nach der Tätigkeit, z. B. Samstage, Sonntage, gesetzliche Feiertage,
- Tage der Anwesenheit im Tätigkeitsstaat während Arbeitsunterbrechungen, z. B. bei Streik, Aussperrung, Ausbleiben von Lieferungen oder Krankheit, es sei denn, die Krankheit steht der Abreise des Arbeitnehmers entgegen und er hätte ohne sie die Voraussetzungen für die Steuerbefreiung im Tätigkeitsstaat erfüllt,
- Urlaubstage, die unmittelbar vor, während und nach oder in einem engen zeitlichen Zusammenhang mit der Tätigkeit im Tätigkeitsstaat verbracht werden (s. Beispiel 3, Rz. 115).

109 Tage, die ausschließlich außerhalb des Tätigkeitsstaates verbracht werden, unabhängig davon, ob aus beruflichen oder privaten Gründen, werden nicht mitgezählt. Auch Tage des Transits in einem Durchreisestaat zählen nicht als Aufenthaltstage für diesen Staat (s. Beispiel 4, Rz. 116). Eine Ausnahme hiervon gilt für Berufskraftfahrer (s. Tz. 7.2, Rz. 383).

110 Kehrt der Arbeitnehmer täglich zu seinem Wohnsitz im Ansässigkeitsstaat zurück, so ist er täglich im Tätigkeitsstaat anwesend (BFH-Urteil vom 10. Juli 1996, BStBl II 1997 S. 15).

111 Zur Ermittlung der Aufenthaltstage nach dem DBA-Frankreich wird auf die Verständigungsvereinbarung mit Frankreich vom 16. Februar 2006 (BMF-Schreiben vom 3. April 2006, BStBl 2006 I S. 304 und § 6 KonsVerFRAV vom 20. Dezember 2010, BStBl I 2011 S. 104) verwiesen, wonach unter bestimmten Voraussetzungen bei mehrtägigen Dienstreisen grundsätzlich auch Sonn- und Feiertage, Urlaubs- und Krankheitstage sowie kurze Unterbrechungen im Zusammenhang mit Reisen in den Heimatstaat oder in Drittstaaten als Tage des Aufenthalts im Tätigkeitsstaat mitgezählt werden.

112 Bei Arbeitnehmern, die - ohne Grenzgänger i. S. des Art. 13 Abs. 5 DBA-Frankreich zu sein - arbeitstäglich in den Tätigkeitsstaat fahren und nach Erbringung der Arbeitsleistung wieder in den Wohnsitzstaat zurückkehren (sog. Grenzpendler), ist jedoch auf die tatsächlich im anderen Staat verbrachten Tage abzustellen (BFH-Urteil vom 12. Oktober 2011, BStBl II 2012 S. 548). Beim Grenzpendler zählt jeder einzelne Tätigkeitstag als ein abgeschlossener Aufenthaltstag. Ein sich über mehrere Arbeitstage oder Wochen erstreckender Aufenthalt im anderen Staat liegt nicht vor.

113 **BEISPIEL 1: ZU WOCHENENDHEIMFAHRTEN** A ist für seinen deutschen Arbeitgeber mehrere Monate lang jeweils von Montag bis Freitag in den Niederlanden tätig. Seine Wochenenden verbringt er bei seiner Familie in Deutschland. Dazu fährt er an jedem Freitag nach Arbeitsende nach Deutschland. Er verlässt Deutschland jeweils am Montagmorgen, um in den Niederlanden seiner Berufstätigkeit nachzugehen.

Lösung:

Die Tage von Montag bis Freitag sind jeweils als volle Aufenthaltstage in den Niederlanden zu berücksichtigen, weil sich A dort zumindest zeitweise aufgehalten hat. Dagegen können die Samstage und Sonntage mangels Aufenthaltes in den Niederlanden nicht als Aufenthaltstage i. S. der 183-Tage-Klausel berücksichtigt werden.

114 **BEISPIEL 2: ZU WOCHENENDHEIMFAHRTEN** Wie Beispiel 1, jedoch fährt A an jedem Samstagmorgen von den Niederlanden nach Deutschland und an jedem Sonntagabend zurück in die Niederlande.

Lösung:

Bei diesem Sachverhalt sind auch die Samstage und Sonntage als volle Aufenthaltstage in den Niederlanden i. S. der 183-Tage-Klausel zu berücksichtigen, weil sich A an diesen Tagen zumindest zeitweise dort aufgehalten hat.

BEISPIEL 3: BERECHNUNG DER URLAUBSTAGE ▸ B ist für seinen deutschen Arbeitgeber vom 1. Januar bis 15. Juni in Schweden tätig. Im Anschluss hieran hält er sich zu Urlaubszwecken bis einschließlich 24. Juni in Deutschland auf. Vom 25. Juni bis 24. Juli verbringt er seinen weiteren Urlaub in Schweden. 115

Lösung:

Die Urlaubstage, die B im Anschluss an seine Tätigkeit in Schweden verbringt, stehen in einem engen zeitlichen Zusammenhang mit dieser Tätigkeit und werden daher für die Aufenthaltsdauer in Schweden berücksichtigt.

BEISPIEL 4: TRANSITTAGE ▸ C (kein Berufskraftfahrer) fährt für seinen deutschen Arbeitgeber an einem Montag mit dem Pkw von Hamburg nach Mailand, um dort eine Montagetätigkeit auszuüben. Er unterbricht seine Fahrt in Österreich, wo er übernachtet. Am folgenden Tag fährt C weiter nach Mailand. Am Freitag fährt C von Mailand über Österreich nach Hamburg zurück. 116

Lösung:

C durchquert Österreich lediglich für Zwecke des Transits. Zur Berechnung der Aufenthaltstage in Österreich werden daher die Tage, die C auf seiner Fahrt von und nach Mailand in Österreich verbringt, nicht gezählt; damit sind für Italien vier Tage zu zählen, für Österreich ist kein Tag zu berücksichtigen.

4.2.3 183-Tage-Frist - Dauer der Ausübung der unselbständigen Arbeit im Tätigkeitsstaat

Wird in einem DBA bei der 183-Tage-Frist auf die Dauer der Ausübung der unselbständigen Arbeit im Tätigkeitsstaat abgestellt (z. B. Art. 15 Abs. 2 Buchstabe a DBA-Dänemark), so ist hierbei jeder Tag zu berücksichtigen, an dem sich der Arbeitnehmer, und sei es auch nur für kurze Zeit, in dem anderen Vertragsstaat zur Arbeitsausübung tatsächlich aufgehalten hat. 117

Tage der Anwesenheit im Tätigkeitsstaat, an denen eine Ausübung der beruflichen Tätigkeit ausnahmsweise nicht möglich ist, werden mitgezählt, z. B. bei Streik, Aussperrung, Ausbleiben von Lieferungen oder Krankheit, es sei denn, die Krankheit steht der Abreise des Arbeitnehmers entgegen und er hätte ohne sie die Voraussetzungen für die Steuerbefreiung im Tätigkeitsstaat erfüllt. Abweichend von Tz. 4.2.2 sind alle arbeitsfreien Tage der Anwesenheit im Tätigkeitsstaat vor, während und nach der Tätigkeit, z. B. Samstage, Sonntage, öffentliche Feiertage, Urlaubstage, nicht zu berücksichtigen (s. Beispiel 1, Rz. 119). 118

119 **BEISPIEL 1: WOCHENENDHEIMFAHRTEN** ▶ A ist für seinen deutschen Arbeitgeber mehrere Monate lang jeweils von Montag bis Freitag in Dänemark tätig. Seine Wochenenden verbringt er bei seiner Familie in Deutschland. Dazu fährt er an jedem Samstagmorgen von Dänemark nach Deutschland und an jedem Sonntagabend zurück nach Dänemark.

Lösung:

Die Tage von Montag bis Freitag sind jeweils als volle Tage in Dänemark zu berücksichtigen, weil A an diesen Tagen dort seine berufliche Tätigkeit ausgeübt hat. Dagegen können die Samstage und Sonntage mangels Ausübung der Tätigkeit in Dänemark nicht als Tage i. S. der 183-Tage-Klausel berücksichtigt werden.

120 Im Verhältnis zu Belgien gilt die Besonderheit, dass für die Berechnung der 183-Tage-Frist Tage der Arbeitsausübung und übliche Arbeitsunterbrechungen auch dann mitgezählt werden, wenn sie nicht im Tätigkeitsstaat verbracht werden, z. B. Tage wie Samstage, Sonntage, Krankheits- und Urlaubstage, soweit sie auf den Zeitraum der Auslandstätigkeit entfallen (Art. 15 Abs. 2 Nr. 1 DBA-Belgien, s. Beispiel 2 Rz. 122).

121 Dies gilt aber nicht für den Anreise- und Abreisetag, wenn an diesen Tagen nicht gearbeitet wird. Insofern handelt es sich nicht um Arbeitsunterbrechungen.

122 **BEISPIEL 2: BESONDERHEITEN BELGIEN** ▶ B ist für seinen deutschen Arbeitgeber zwei Wochen in Belgien tätig. Hierzu reist B am Sonntag nach Brüssel und nimmt dort am Montag seine Tätigkeit auf. Am folgenden arbeitsfreien Wochenende fährt B am Samstag nach Deutschland und kehrt am Montagmorgen zurück nach Brüssel. Nach Beendigung seiner Tätigkeit am darauffolgenden Freitag kehrt B am Samstag nach Deutschland zurück.

Lösung:

Der Anreisetag sowie der Abreisetag werden nicht als Tage der Arbeitsausübung in Belgien berücksichtigt, weil B an diesen Tagen dort seine berufliche Tätigkeit nicht ausgeübt hat und eine Arbeitsunterbrechung nicht gegeben ist. Die Tage von Montag bis Freitag sind jeweils als Tage der Arbeitsausübung in Belgien zu berücksichtigen, weil B an diesen Tagen dort seine berufliche Tätigkeit ausgeübt hat. Das dazwischenliegende Wochenende wird unabhängig vom Aufenthaltsort als Tage der Arbeitsausübung in Belgien berücksichtigt, weil eine übliche Arbeitsunterbrechung vorliegt. Somit sind für die 183-Tage-Frist zwölf Tage zu berücksichtigen.

123 Eine dem DBA-Belgien ähnliche Regelung ist in den Abkommen mit der Côte d'Ivoire (Art. 15 Abs. 2 Buchstabe a) und Marokko (Art. 15 Abs. 2 Nr. 1) vereinbart. Diese Abkommen beziehen sich zwar auf die Dauer des Aufenthalts, jedoch werden auch hier gewöhnliche Arbeitsunterbrechungen bei der Berechnung der 183-Tage-Frist berücksichtigt.

4.2.4 Anwendung der 183-Tage-Frist auf einen Zwölf-Monats-Zeitraum

Wird in einem DBA bei der 183-Tage-Frist (Art. 15 Abs. 2 OECD-MA) auf einen „Zeitraum von zwölf Monaten" abgestellt, so sind hierbei alle denkbaren Zwölf-Monats-Zeiträume in Betracht zu ziehen, auch wenn sie sich zum Teil überschneiden. Wenn sich der Arbeitnehmer in einem beliebigen Zwölf-Monats-Zeitraum an mehr als 183 Tagen in dem anderen Vertragsstaat aufhält, steht diesem für die Einkünfte, die auf diese Tage entfallen, das Besteuerungsrecht zu. Mit jedem Aufenthaltstag des Arbeitnehmers in dem anderen Vertragsstaat ergeben sich somit neue zu beachtende Zwölf-Monats-Zeiträume. 124

Ein Zwölf-Monats-Zeitraum wurde z. B. mit folgenden Staaten vereinbart (Stand: 1. Januar 2023): 125

Albanien	(ab 1. Januar 2012),
Algerien	(ab 1. Januar 2009),
Armenien	(ab 1. Januar 2018),
Aserbaidschan	(ab 1. Januar 2006),
Australien	(ab 1. Januar 2017),
Belarus (Weißrussland)	(ab 1. Januar 2007),
Bulgarien	(ab 1. Januar 2011),
China	(ab 1. Januar 2017),
Costa Rica	(ab 1. Januar 2017),
Finnland	(ab 1. Januar 2018),
Georgien	(ab 1. Januar 2008),
Ghana	(ab 1. Januar 2008),
Irland	(ab 1. Januar 2013),
Israel	(ab 1. Januar 2017),
Japan	(ab 1. Januar 2017),
Kanada	(ab 1. Januar 2011),
Kasachstan	(ab 1. Januar 1996),
Kirgisistan	(ab 1. Januar 2007),
Korea	(ab 1. Januar 2003),
Kroatien	(ab 1. Januar 2007),
Liberia	(ab 1. Januar 1970),

Liechtenstein	(ab 1. Januar 2013),
Luxemburg	(ab 1. Januar 2014),
Malaysia	(ab 1. Januar 2011),
Malta	(ab 1. Januar 2002),
Mauritius	(ab 1. Januar 2013),
Mazedonien	(ab 1. Januar 2011),
Mexiko	(ab 1. Januar 1993),
Niederlande	(ab 1. Januar 2016),
Norwegen	(ab 1. Januar 1991),
Philippinen	(ab 1. Januar 2016),
Polen	(ab 1. Januar 2005),
Rumänien	(ab 1. Januar 2004),
Russland	(ab 1. Januar 1997),
Singapur	(ab 1. Januar 2007),
Slowenien	(ab 1. Januar 2007),
Spanien	(ab 1. Januar 2013),
Syrien	(ab 1. Januar 2011),
Tadschikistan	(ab 1. Januar 2005),
Taiwan	(ab 1. Januar 2013),
Tunesien	(ab 1. Januar 2020),
Türkei	(ab 1. Januar 2011),
Turkmenistan	(ab 1. Januar 2018),
Ungarn	(ab 1. Januar 2012),
Uruguay	(ab 1. Januar 2012),
Usbekistan	(ab 1. Januar 2002),
Vereinigtes Königreich	(ab 1. Januar 2011),
Zypern	(ab 1. Januar 2012).

126 **BEISPIEL 1:** A ist für seinen deutschen Arbeitgeber vom 1. April bis 20. April 01 für 20 Tage, zwischen dem 1. August 01 und dem 31. März 02 für 90 Tage sowie vom 25. April 02 bis zum 31. Juli 02 für 97 Tage in Spanien tätig.

Lösung:

Für die Vergütungen, die innerhalb des Zeitraums 1. August 01 bis 31. Juli 02 auf Tage entfallen, an denen sich A in Spanien aufhält, hat Spanien das Besteuerungsrecht, da sich A innerhalb eines Zwölf-Monats-Zeitraums dort an insgesamt mehr als 183 Tagen (insgesamt 187 Tage) aufgehalten hat. Das Besteuerungsrecht für die Einkünfte, die auf den Zeitraum 1. bis 20. April 01 entfallen, steht dagegen Deutschland zu, da sich A in allen auf diesen Zeitraum bezogenen denkbaren Zwölf-Monats-Zeiträumen an nicht mehr als 183 Tagen in Spanien aufgehalten hat.

BEISPIEL 2: B ist für seinen deutschen Arbeitgeber zwischen dem 1. Januar 01 und dem 28. Februar 01 sowie vom 1. Mai 01 bis zum 30. April 02 für jeweils monatlich 20 Tage in Spanien tätig. 127

Lösung:

Das Besteuerungsrecht für die Vergütungen, die innerhalb des Zeitraums 1. Mai 01 bis 30. April 02 auf Tage entfallen, an denen sich B in Spanien aufhält, hat Spanien, da sich B innerhalb eines Zwölf-Monats-Zeitraums dort an insgesamt mehr als 183 Tagen (insgesamt 240 Tage) aufgehalten hat. Gleiches gilt für den Zeitraum 1. Januar 01 bis 28. Februar 01, da sich B auch innerhalb des Zwölf-Monats-Zeitraums 1. Januar 01 bis 31. Dezember 01 an insgesamt mehr als 183 Tagen (insgesamt 200 Tage) in Spanien aufgehalten hat.

4.2.5 Anwendung der 183-Tage-Frist auf das Steuerjahr/Kalenderjahr

Wird in einem DBA bei der 183-Tage-Frist anstelle eines Zwölf-Monats-Zeitraums auf das Steuerjahr oder Kj. abgestellt, so sind die Aufenthalts-/Ausübungstage für jedes Steuerjahr oder Kj. gesondert zu ermitteln. In Deutschland entspricht das Steuerjahr dem Kj. Entspricht das Steuerjahr des anderen Vertragsstaats ebenfalls dem Kj., ergeben sich keine Besonderheiten, wenn das entsprechende DBA für die Berechnung der 183-Tage-Frist auf das Steuerjahr abstellt (z. B. DBA-Frankreich, DBA-Griechenland, DBA-Italien). Weicht das Steuerjahr des anderen Vertragsstaats vom Steuerjahr Deutschlands (= Kj.) ab, ist jeweils das Steuerjahr des Vertragsstaats maßgebend, in dem die Tätigkeit ausgeübt wird. 128

Folgende Vertragsstaaten haben z. B. ein vom Kj. abweichendes Steuerjahr und keinen Zwölf-Monats-Zeitraum (s. Tz. 4.2.4, Rz. 124 ff.): (Stand: 1. Januar 2023): 129

Bangladesch	1. Juli bis 30. Juni
Indien	1. April bis 31. März
Iran	21. März bis 20. März
Namibia	1. März bis 28./29. Februar
Neuseeland	1. April bis 31. März
Pakistan	1. Juli bis 30. Juni
Sri Lanka	1. April bis 31. März
Südafrika	1. März bis 28./29. Februar

130 Das Kj. wurde z. B. mit folgenden Staaten (Stand 1. Januar 2023) vereinbart:

- Belgien
- Dänemark
- Island
- Österreich
- Portugal
- Schweden
- Schweiz
- USA

131 **BEISPIEL 1: KALENDERJAHR** A ist vom 1. Oktober 01 bis 31. Mai 02 für seinen deutschen Arbeitgeber in Schweden tätig. In dieser Zeit hält sich A an jedem Tag in Schweden auf.

Lösung:

Die Aufenthaltstage sind für jedes Kj. getrennt zu ermitteln. A hält sich weder im Kj. 01 (92 Tage) noch im Kj. 02 (151 Tage) länger als 183 Tage in Schweden auf.

132 **BEISPIEL 2: STEUERJAHR** B ist für seinen deutschen Arbeitgeber vom 1. Januar 02 bis 31. Juli 02 in Indien (Steuerjahr 1. April bis 31. März) tätig. In dieser Zeit hält sich B an jedem Tag in Indien auf.

Lösung:

Die Aufenthaltstage sind für jedes Steuerjahr getrennt zu ermitteln. Maßgeblich ist das Steuerjahr des Tätigkeitsstaates. Da das Steuerjahr 01/02 in Indien am 31. März 02 endet, hält sich B weder im Steuerjahr 01/02 (90 Tage) noch im Steuerjahr 02/03 (122 Tage) länger als 183 Tage in Indien auf.

4.2.6 Besonderheiten beim Wechsel des Bezugszeitraums im DBA und Wechsel der Ansässigkeit

133 Beim Wechsel des Bezugszeitraums vom Steuerjahr auf einen Zwölf-Monats-Zeitraum durch Änderung eines DBA ist - soweit im DBA nichts anderes vereinbart ist - ab Anwendbarkeit des neuen DBA auch dann ein Zwölf-Monats-Zeitraum zu betrachten, wenn dessen Beginn in den Anwendungszeitraum des alten DBA hineinreicht.

134 **BEISPIEL 1:** Ein deutscher Arbeitgeber entsendet seinen in Deutschland ansässigen Mitarbeiter A vom 15. November 2010 bis 31. Mai 2011 (insgesamt 198 Tage) nach Großbritannien.

Lösung:

Das DBA-Vereinigtes Königreich 2010 ist nach Art. 32 Abs. 2 Buchstabe a Doppelbuchstabe bb ab 1. Januar 2011 anzuwenden und enthält als maßgeblichen Bezugszeitraum einen Zwölf-Monats-Zeitraum, der während des bestehenden Steuerjahres

(6. April bis 5. April) beginnt bzw. endet. Für den VZ 2010 bedeutet das, dass zur Ermittlung der Aufenthaltstage nach Art. XI Abs. 3 DBA-Vereinigtes Königreich 1964 auf das britische Steuerjahr (6. April 2010 bis 5. April 2011) abzustellen ist. In diesem Zeitraum hielt sich A an 142 Tagen und somit nicht länger als 183 Tage in Großbritannien auf. In 2010 verbleibt somit das Besteuerungsrecht für die in 2010 erhaltenen Einkünfte des A in Deutschland. Für den VZ 2011 ist allerdings nach Art. 14 Abs. 2 des DBA-Vereinigtes Königreich 2010 zu prüfen, ob sich A insgesamt länger als 183 Tage innerhalb eines Zwölf-Monats-Zeitraums, der in 2010 beginnt und im Steuerjahr 2011 endet, in Großbritannien aufgehalten hat. A hat sich 198 Tage in Großbritannien aufgehalten. In 2011 erhält somit Großbritannien das Besteuerungsrecht für die vom 1. Januar 2011 bis 31. Mai 2011 vereinnahmten Einkünfte des A.

Bei einem Wechsel der Ansässigkeit innerhalb der vorgenannten Bezugszeiträume sind bei der Berechnung der 183 Aufenthalts-/Ausübungstage diejenigen Tage, an denen der Steuerpflichtige im Tätigkeitsstaat ansässig ist, nicht zu berücksichtigen (s. Tz. 5.1 OECD-MK zu Art. 15 OECD-MA). 135

BEISPIEL 2: (S. TZ. 5.1 OECD-MK ZU ART. 15 OECD-MA) ▸ Vom 1. Januar 01 bis 31. Dezember 01 ist A in Polen ansässig. Am 1. Januar 02 wird A von einem in Deutschland ansässigen Arbeitgeber eingestellt und ist ab diesem Zeitpunkt in Deutschland ansässig. A wird vom 15. bis 31. März 02 von seinem deutschen Arbeitgeber nach Polen entsandt. 136

Lösung:

Das DBA-Polen sieht als maßgeblichen Bezugszeitraum für die 183-Tage-Frist den Zwölf-Monats-Zeitraum vor. A hält sich zwischen dem 1. April 01 und dem 31. März 02 insgesamt 292 Tage in Polen auf. Da er aber zwischen dem 1. April 01 und dem 31. Dezember 01 in Polen ansässig war, kann dieser Zeitraum für die Berechnung der 183 Tage nicht berücksichtigt werden.

A hat sich somit zwischen dem 1. April 01 und 31. März 02 nur 17 Tage (15. März 02 bis 31. März 02) in Polen aufgehalten, ohne zugleich dort ansässig zu sein.

BEISPIEL 3: (S. TZ. 5.1 OECD-MK ZU ART. 15 OECD-MA) ▸ Vom 15. bis 31. Oktober 01 hält sich A, der in Polen ansässig ist, in Deutschland auf, um dort die Erweiterung der Geschäftstätigkeit der X-AG, die in Polen ansässig ist, vorzubereiten. Am 1. Mai 02 zieht A nach Deutschland, wo er ansässig wird und für eine in Deutschland neu gegründete Tochtergesellschaft der X-AG arbeitet. 137

Lösung:

In diesem Fall hält sich A zwischen dem 15. Oktober 01 und dem 14. Oktober 02 insgesamt 184 Tage in Deutschland auf. Da er aber zwischen dem 1. Mai 02 und dem 14. Oktober 02 in Deutschland ansässig war, wird dieser letztere Zeitraum für die Berechnung der nach Art. 15 Abs. 2 Buchstabe a DBA-Polen genannten Zeiträume nicht berücksichtigt.

A hat sich somit zwischen dem 15. Oktober 01 und dem 14. Oktober 02 nur 17 Tage (15. Oktober 01 bis 31. Oktober 01) in Deutschland aufgehalten, ohne zugleich dort ansässig zu sein.

138 **BEISPIEL 4:** Vom 1. Januar 01 bis 30. April 01 war A in Deutschland und vom 1. Mai 01 bis 31. Dezember 01 in den USA ansässig.

Bis zum 30. April 01 war A bei einem deutschen Arbeitgeber beschäftigt. Vom 1. März bis 6. März 01 war A für seinen deutschen Arbeitgeber in den USA tätig. Der deutsche Arbeitgeber hatte in den USA keine Betriebsstätte.

Lösung:

Deutschland hat für den Zeitraum bis zum 30. April 01 das Besteuerungsrecht, weil Deutschland der Ansässigkeitsstaat war, sich A nicht mehr als 183 Tage in den USA aufgehalten hat (der Zeitraum 1. Mai 01 bis 31. Dezember 01 wird insoweit nicht mitgerechnet, weil A in diesem Zeitraum in den USA ansässig war), und der Arbeitslohn nicht von einem US-amerikanischen Arbeitgeber oder einer US-amerikanischen Betriebsstätte getragen wurde.

4.2.7 Nachträgliche Änderung der Zuweisung des Besteuerungsrechts

139 Bei der Anwendung der 183-Tage-Frist auf einen Zwölf-Monats-Zeitraum (s. Tz. 4.2.4, Rz. 124 ff.) kann eine einmal vorgenommene Zuordnung des Besteuerungsrechts durch weitere, nach der Veranlagung des Vorjahres durchgeführte Auslandseinsätze abweichend zu beurteilen sein.

140 **BEISPIEL:** A, wohnhaft und ansässig im Inland, wird für seinen im Inland ansässigen Arbeitgeber vom 1. August 01 bis 31. Dezember 01 in Spanien tätig. A hält sich während dieses Zeitraums ausschließlich in Spanien auf (153 Aufenthaltstage). Aufgrund unvorhersehbarer Umstände muss A nochmals in der Zeit vom 15. Mai 02 bis 20. Juni 02 in Spanien tätig werden (37 Aufenthaltstage). A gibt seine Einkommensteuererklärung für 01 im März 02 ab. Die Veranlagung erfolgt

a) am 20. April 02 (Bescheid vom 30. April 02),

b) am 22. Juni 02 (Bescheid vom 2. Juli 02).

In beiden Fällen wurde der in Spanien erzielte Arbeitslohn der deutschen Besteuerung unterworfen, da - nach den Kenntnissen des Finanzamts am Veranlagungstag - alle drei Bedingungen der 183-Tage-Regelung (Art. 14 Abs. 2 DBA-Spanien) erfüllt waren. A informiert das Finanzamt am 5. Juli 02 über seinen erneuten Arbeitsaufenthalt in Spanien und beantragt, die Veranlagung 01 in der Weise zu ändern, dass der in Spanien erzielte Arbeitslohn steuerfrei gestellt und nur noch dem Progressionsvorbehalt unterworfen wird.

Lösung:

Durch den erneuten Aufenthalt in Spanien hat sich A in dem Zwölf-Monats-Zeitraum, der am 1. August 01 beginnt und am 31. Juli 02 endet, an mehr als 183 Tagen in Spanien aufgehalten (190 Aufenthaltstage).

a) Im Veranlagungszeitpunkt war die inländische Besteuerung des in der Zeit vom 1. August 01 bis 31. Dezember 01 in Spanien erzielten Arbeitslohns zutreffend. Durch den nach der Veranlagung erfolgten erneuten Aufenthalt in Spanien erweist sich diese Zuordnung des Besteuerungsrechts nunmehr als unzutreffend, da A seinen Aufenthalt insgesamt an mehr als 183 Tagen in einem Zwölf-Monats-Zeitraum (1. August 01 bis 31. Juli 02) in Spanien hatte. Die Veranlagung 01 ist deshalb antragsgemäß nach § 50d Abs. 8 Satz 2 EStG zu ändern, sofern A die Besteuerung dieses Arbeitslohns in Spanien nach § 50d Abs. 8 Satz 1 EStG nachweist.

b) Nach den tatsächlichen Verhältnissen im Veranlagungszeitpunkt lagen die Voraussetzungen für eine inländische Besteuerung des in der Zeit vom 1. August 01 bis 31. Dezember 01 in Spanien erzielten Arbeitslohns objektiv nicht vor, da A sich in dem Zwölf-Monats-Zeitraum an mehr als 183 Tagen in Spanien aufgehalten hat. Dem Finanzamt war der zweite Spanienaufenthalt am Veranlagungstag allerdings nicht bekannt. Nach § 50d Abs. 8 Satz 2 EStG ist die Veranlagung 01 zu ändern. Die Festsetzungsfrist beginnt nach § 50d Abs. 8 Satz 3 EStG i. V. m. § 175 Abs. 1 Satz 2 AO erst mit Ablauf des Kj., in dem der Nachweis nach § 50d Abs. 8 Satz 1 EStG geführt wird. So hat der Steuerpflichtige ausreichend Zeit, die entsprechende steuerliche Behandlung herbeizuführen.

4.3 Zahlung der Vergütung durch einen oder für einen im Tätigkeitsstaat ansässigen Arbeitgeber - Art. 15 Abs. 2 Buchstabe b OECD-MA

4.3.1 Allgemeines

141 Erfolgt die Zahlung durch einen oder für einen im Tätigkeitsstaat ansässigen Arbeitgeber, sind die Voraussetzungen für die Besteuerung im Ansässigkeitsstaat nach Art. 15 Abs. 2 Buchstabe b OECD-MA nicht erfüllt.

142 Die im Ausland ausgeübte unselbständige Tätigkeit eines Arbeitnehmers kann für seinen zivilrechtlichen Arbeitgeber (s. Tz. 4.3.2, Rz. 146 ff.), für seinen wirtschaftlichen Arbeitgeber im Rahmen einer Arbeitnehmerentsendung zwischen verbundenen Unternehmen (s. Tz. 4.3.3, Rz. 149 ff.) oder aber für einen nicht verbundenen Unternehmer (s. Tz. 4.3.4, Rz. 188 ff. und Tz. 4.3.5, Rz. 209 ff.) erfolgen. Dabei wird eine Vergütung auch insoweit i. S. des Art. 15 Abs. 2 Buchstabe b OECD-MA von einem Arbeitgeber „gezahlt", als dieser die Vergütung entsprechend dem Fremdvergleichsgrundsatz wirtschaftlich trägt oder entsprechend diesem Grundsatz hätte tragen müssen. Soweit ein anderer als der unmittelbar Zahlende (i. d. R. der zivilrechtliche Arbeitgeber) die Vergütung wirtschaftlich entsprechend dem Fremdvergleichsgrundsatz trägt oder hätte tragen müssen, kann auch dies eine Zahlung i. S. des Art. 15 Abs. 2 Buchstabe b

OECD-MA darstellen (BFH-Urteil vom 23. Februar 2005, BStBl 2005 II S. 547). Dies ist insbesondere im Rahmen der grenzüberschreitenden Arbeitnehmerentsendung zwischen verbundenen Unternehmen (s. Tz. 4.3.3) von Bedeutung.

143 Ist eine Personengesellschaft Arbeitgeberin, bestimmt sich deren Ansässigkeit für Zwecke des Art. 15 Abs. 2 Buchstabe b OECD-MA grundsätzlich nach dem Ort der Geschäftsleitung. Entsprechendes gilt für eine Personengesellschaft, die im anderen Staat wie eine Kapitalgesellschaft besteuert wird.

144 Eine Betriebsstätte kommt zivilrechtlich nicht als Arbeitgeberin i. S. des DBA in Betracht (BFH-Urteile vom 29. Januar 1986, BStBl 1986 II S. 442 und BStBl 1986 II S. 513), s. Tz. 4.4, Rz. 213 ff.

145 **BEISPIEL:** A ist Arbeitnehmer eines britischen Unternehmens B. Er wohnt seit Jahren in Deutschland und ist bei einer deutschen Betriebsstätte des B in Hamburg beschäftigt. Im Jahr 01 befindet er sich an fünf Arbeitstagen bei Kundenbesuchen in der Schweiz und an fünf Arbeitstagen bei Kundenbesuchen in Norwegen.

Lösung:

Für den Aufenthalt in der Schweiz ist das DBA-Schweiz maßgeblich, da A in Deutschland ansässig ist (Art. 1, 4 Abs. 1 DBA-Schweiz) und die „Quelle“ der Einkünfte aus unselbständiger Arbeit in dem Staat liegt, in dem die Tätigkeit ausgeübt wird. Nach Art. 15 Abs. 2 DBA-Schweiz hat Deutschland das Besteuerungsrecht, da neben der Erfüllung der weiteren Voraussetzungen dieser Vorschrift A von einem Arbeitgeber entlohnt wird, der nicht in der Schweiz ansässig ist.

Für den Aufenthalt in Norwegen ist das DBA-Norwegen maßgeblich. Norwegen hat das Besteuerungsrecht für die Vergütungen aus der Tätigkeit in Norwegen. Zwar hält sich A nicht länger als 183 Tage in Norwegen auf. Das ausschließliche Besteuerungsrecht würde Deutschland nach Art. 15 Abs. 2 Buchstabe b DBA-Norwegen nur dann zustehen, wenn der Arbeitgeber in dem Staat ansässig ist, in dem auch der Arbeitnehmer ansässig ist. Arbeitgeber ist hier das britische Unternehmen B; die inländische Betriebsstätte kann nicht Arbeitgeber i. S. des DBA sein. Deutschland vermeidet in diesem Fall die Doppelbesteuerung der Lohneinkünfte durch Anrechnung der in Norwegen gezahlten Steuern (Art. 23 Abs. 2 Buchstabe b Doppelbuchstabe cc DBA-Norwegen).

4.3.2 Auslandstätigkeit für den zivilrechtlichen Arbeitgeber

146 Sofern der im Inland ansässige Arbeitnehmer für seinen zivilrechtlichen Arbeitgeber, der nicht im Tätigkeitsstaat ansässig ist (z. B. im Rahmen einer Lieferung, Werk- oder Dienstleistung), bei einem Unternehmen im Ausland tätig ist, ist regelmäßig davon auszugehen, dass der zivilrechtliche Arbeitgeber auch der Arbeitgeber i. S. des DBA ist. Sofern in diesem Fall auch keine Betriebsstätte des Arbeitgebers im Tätigkeitsstaat vorliegt, die die Vergütungen wirtschaftlich trägt, steht das Besteuerungsrecht erst dann dem auslän-

dischen Tätigkeitsstaat zu, wenn die 183-Tage-Frist überschritten wird (Art. 15 Abs. 2 Buchstabe a und c OECD-MA).

Entsprechendes gilt für einen im Ausland ansässigen Arbeitnehmer, der für seinen ausländischen zivilrechtlichen Arbeitgeber im Inland tätig ist. 147

BEISPIEL: WERKLEISTUNGSVERPFLICHTUNG ▸ Das ausschließlich in Spanien ansässige Unternehmen S ist spezialisiert auf die Installation von Computeranlagen. Das in Deutschland ansässige, nicht mit S verbundene Unternehmen D hat kürzlich eine neue Computeranlage angeschafft und schließt für die Durchführung der Installation dieser Anlage einen Werkleistungsvertrag mit S ab. Der in Spanien ansässige Angestellte X wird für vier Monate an den Firmensitz von D im Inland gesandt, um die vereinbarte Installation durchzuführen. S berechnet D für die Installationsleistungen (einschließlich Reisekosten des Angestellten X, Gewinnaufschlag etc.) einen pauschalen Betrag. Der Arbeitslohn des Angestellten X ist dabei lediglich ein nicht gesondert ausgewiesener Preisbestandteil im Rahmen der Preiskalkulation des Unternehmens S. 148

Lösung:

Angestellter X wird im Rahmen einer Werkleistungsverpflichtung und nicht im Rahmen einer Arbeitnehmerentsendung des Unternehmens S bei Unternehmen D tätig. Vorausgesetzt, Angestellter X hält sich nicht mehr als 183 Tage während des betreffenden Zwölf-Monats-Zeitraums in Deutschland auf und Unternehmen S hat in Deutschland keine Betriebsstätte, der die Gehaltszahlungen an X zuzurechnen sind, weist Art. 14 Abs. 2 DBA-Spanien das Besteuerungsrecht für die Vergütungen aus unselbständiger Arbeit dem Ansässigkeitsstaat von X Spanien zu.

Angestellter X ist in Deutschland nach innerstaatlichem Recht beschränkt steuerpflichtig, weil die Tätigkeit in Deutschland ausgeübt wurde (§ 49 Abs. 1 Nr. 4 Buchstabe a EStG). Da Deutschland für den entsprechenden Arbeitslohn nach Art. 14 Abs. 2 DBA-Spanien kein Besteuerungsrecht hat, ergibt sich für den Angestellten X keine Einkommensteuer. Der Lohnsteuerabzug für die in Deutschland ausgeübte Tätigkeit kann bereits deshalb unterbleiben, weil in Deutschland kein inländischer Arbeitgeber vorliegt und darüber hinaus auch auf der Abkommensebene Deutschland kein Besteuerungsrecht zusteht. Unternehmen S ist kein in § 38 Abs. 1 Satz 1 Nr. 1 und 2 EStG genannter abzugspflichtiger Arbeitgeber. Eine Abzugsverpflichtung ergibt sich in Deutschland auch nicht nach § 38 Abs. 1 Satz 2 EStG, weil X im Rahmen einer Werkleistungsverpflichtung tätig wird. Für den Fall, dass Unternehmen S und Unternehmen D verbundene Unternehmen sind, ergibt sich keine abweichende Lösung.

4.3.3 Grenzüberschreitende Arbeitnehmerentsendung zwischen verbundenen Unternehmen

4.3.3.1 Definition der Arbeitnehmerentsendung

Eine grenzüberschreitende Arbeitnehmerentsendung (Personalentsendung) ist die Entsendung eines Arbeitnehmers für eine bestimmte Zeit seitens eines Unternehmens (entsendendes Unternehmen) an ein anderes Unternehmen (aufnehmendes Unternehmen) derselben multinationalen Unternehmensgruppe 149 in einem anderen Staat. Der Arbeitnehmer wird, ohne dass der bisherige Arbeitsvertrag mit dem entsendenden Unternehmen beendet wird (ruhender Arbeitsvertrag), bei einem aufnehmenden Unternehmen tätig und

- schließt mit diesem Unternehmen einen (weiteren) Arbeitsvertrag,
- trifft mit diesem Unternehmen eine Nebenabrede zum bestehenden Arbeitsvertrag, oder
- dieses Unternehmen gilt als wirtschaftlicher Arbeitgeber (s. Tz. 4.3.3.3, Rz. 151 ff.).

4.3.3.2 Abgrenzung – keine Arbeitnehmerentsendung

150 Eine Arbeitnehmerentsendung liegt nicht vor, wenn ein Arbeitnehmer zur Erfüllung einer Dienst- oder Werkleistungsverpflichtung des entsendenden Unternehmens bei einem anderen Unternehmen tätig wird und sein Arbeitslohn Preisbestandteil der Dienst- oder Werkleistung ist (z. B. beim gewerblichen Arbeitnehmerverleih oder bei Werkleistungen). Liegt keine Arbeitnehmerentsendung vor, ist Tz. 4.3.2, Rz. 146 ff. anwendbar. Bei einer gewerblichen Arbeitnehmerüberlassung gilt Tz. 4.3.4, Rz. 188 ff.

4.3.3.3 Wirtschaftlicher Arbeitgeber

151 Arbeitgeber i. S. eines DBA kann nicht nur der zivilrechtliche Arbeitgeber, sondern auch eine andere natürliche oder juristische Person sein, die die Vergütung für die ihr geleistete unselbständige Tätigkeit wirtschaftlich trägt oder hätte tragen müssen (BFH-Urteil vom 23. Februar 2005, BStBl 2005 II S. 547). Entsprechendes gilt für Personengesellschaften (s. Tz. 4.3.1, Rz. 143). Wird die unselbständige Tätigkeit eines im Inland ansässigen Arbeitnehmers bei einem im Ausland ansässigen verbundenen Unternehmen (Art. 9 OECD-MA) ausgeübt, ist zu prüfen, welches dieser Unternehmen als Arbeitgeber i. S. des DBA und damit als wirtschaftlicher Arbeitgeber anzusehen ist. Hierbei ist auf den wirtschaftlichen Gehalt und die tatsächliche Durchführung der zugrundeliegenden Vereinbarungen abzustellen. Entsprechendes gilt, wenn ein im Ausland ansässiger Arbeitnehmer bei einem im Inland ansässigen verbundenen Unternehmen (Art. 9 OECD-MA) tätig ist.

152 Das aufnehmende Unternehmen wird zum Arbeitgeber im abkommensrechtlichen Sinne (wirtschaftlicher Arbeitgeber), wenn

- der Arbeitnehmer in das aufnehmende Unternehmen eingebunden (s. Tz. 4.3.3.3.1, Rz. 155 ff.) ist, z. B. weil das aufnehmende Unternehmen über Art und Umfang der täglichen Arbeit entscheidet und ggf. erforderliche Arbeitsmittel zur Verfügung stellt und

- das aufnehmende Unternehmen den Arbeitslohn (infolge seines eigenen betrieblichen Interesses an der Entsendung des Arbeitnehmers) für die ihm geleistete unselbständige Arbeit wirtschaftlich trägt oder nach dem Fremdvergleichsgrundsatz hätte tragen müssen (s. Tz. 4.3.3.3.2, Rz. 159 ff.). Hierbei ist es unerheblich, ob die Vergütungen unmittelbar dem betreffenden Arbeitnehmer ausgezahlt werden, oder ein anderes Unternehmen mit diesen Arbeitsvergütungen in Vorlage tritt (BFH-Urteil vom 21. August 1985, BStBl II 1986 S. 4). Eine „willkürliche" Weiterbelastung des Arbeitslohns führt nicht zur Begründung der Arbeitgebereigenschaft, ebenso wie eine unterbliebene Weiterbelastung die Arbeitgebereigenschaft beim aufnehmenden Unternehmen nicht verhindern kann.

Zu einem Wechsel der abkommensrechtlichen Arbeitgeberstellung bedarf es weder einer förmlichen Änderung des Arbeitsvertrages zwischen dem Arbeitnehmer und dem entsendenden Unternehmen noch ist der Abschluss eines zusätzlichen Arbeitsvertrages zwischen dem Arbeitnehmer und dem aufnehmenden Unternehmen oder eine im Vorhinein getroffene Verrechnungspreisabrede zwischen den betroffenen verbundenen Unternehmen erforderlich (BFH-Urteil vom 23. Februar 2005, BStBl 2005 II S. 547). 153

In den Fällen der Arbeitnehmerentsendung ist der wirtschaftliche Arbeitgeber i. S. des Abkommensrechts auch der zum Lohnsteuerabzug verpflichtete inländische Arbeitgeber i. S. des § 38 Abs. 1 Satz 2 EStG, BMF-Schreiben vom 27. Januar 2004, BStBl 2004 I S. 173, Tz. III.1 (vgl. auch Rz. 165 u. 166). 154

4.3.3.3.1 Einbindung des Arbeitnehmers in das aufnehmende Unternehmen

Für die Entscheidung, ob der Arbeitnehmer in das aufnehmende Unternehmen eingebunden ist, ist das Gesamtbild der Verhältnisse maßgebend. Hierbei ist insbesondere zu berücksichtigen, ob 155

- das aufnehmende Unternehmen die Verantwortung oder das Risiko für die durch die Tätigkeit des Arbeitnehmers erzielten Ergebnisse trägt und
- der Arbeitnehmer den fachlichen Weisungen des aufnehmenden Unternehmens unterworfen ist.

Darüber hinaus kann für die vorgenannte Entscheidung u. a. zu berücksichtigen sein, wer über die Höhe der Bezüge, die Teilnahme an einem etwaigen Erfolgsbonus und Aktienerwerbsplan des Konzerns oder die Urlaubsgewährung entscheidet, das Risiko für eine Lohnzahlung im Nichtleistungsfall trägt, das Recht der Entscheidung über Kündigung oder Entlassung hat, oder für die Sozialversicherungsbelange des Arbeitnehmers verantwortlich ist, in wessen Räumlichkeit die Arbeit erbracht wird, welchen Zeitraum das Tätigwerden im 156 aufnehmenden Unternehmen umfasst, wem gegenüber Abfindungs- und Pensionsansprüche erwachsen und mit wem der Arbeitnehmer Meinungsverschiedenheiten aus dem Arbeitsvertrag auszutragen hat.

157 Nach diesen Grundsätzen wird z. B. bei Entsendung eines Arbeitnehmers von einer Muttergesellschaft zu ihrer Tochtergesellschaft das aufnehmende Unternehmen nicht zum wirtschaftlichen Arbeitgeber, wenn der Arbeitnehmer nicht in dessen Hierarchie eingebunden ist. In diesem Fall wird der Arbeitnehmer ausschließlich als Vertreter der Muttergesellschaft tätig, während im Verhältnis zur Tochtergesellschaft die für ein Arbeitsverhältnis kennzeichnende Abhängigkeit fehlt. Hier bleibt die Muttergesellschaft selbst dann die Arbeitgeberin im abkommensrechtlichen Sinne, wenn die Tochtergesellschaft der Muttergesellschaft den Arbeitslohn ersetzt. In diesem Zusammenhang wird auf den Sonderfall eines Arbeitnehmers, der im Interesse seines inländischen Arbeitgebers die Funktion als Verwaltungsratsmitglied oder -beirat bei einem ausländischen verbundenen Unternehmen wahrnimmt, hingewiesen (BFH-Urteil vom 23. Februar 2005, BStBl 2005 II S 547). Leitende Angestellte, wie z. B. Vorstände und Geschäftsführer, sind regelmäßig Teil der Hierarchie des aufnehmenden Unternehmens, wenn sie in die laufende Geschäftsführung eingebunden sind. Hiervon abzugrenzen sind Managementgesellschaften (s. Tz. 4.3.3.3.5, Rz. 179).

158 Bei einer Arbeitnehmerentsendung zwischen international verbundenen in- und ausländischen Unternehmen von nicht mehr als drei Monaten (auch jahresübergreifend für sachlich zusammenhängende Tätigkeiten) spricht eine widerlegbare Anscheinsvermutung dafür, dass das aufnehmende Unternehmen mangels Einbindung des Arbeitnehmers nicht als wirtschaftlicher Arbeitgeber anzusehen ist. Die Anscheinsvermutung kann im Einzelfall unter Beachtung der Kriterien in der Rz.155 ff. entkräftet werden. Folglich sind stets die tatsächlichen Verhältnisse des Einzelfalls maßgeblich.

4.3.3.3.2 Beurteilung des betrieblichen Interesses

159 Eine Einbindung des Arbeitnehmers in das aufnehmende Unternehmen führt allein jedoch noch nicht dazu, dass das aufnehmende Unternehmen die Vergütungen wirtschaftlich trägt oder hätte tragen müssen (wirtschaftlicher Arbeitgeber). Hierzu bedarf es zusätzlich der Prüfung, in wessen Interesse der Arbeitnehmer tätig geworden ist. Dabei ist zu beachten, dass eine Entsendung im Interesse des aufnehmenden Unternehmens, des entsendenden Unternehmens oder beider Unternehmen liegen kann.

Die Interessenslage kann z. B. anhand folgender Aspekte beurteilt werden: 160

- ausgeübte Funktion (genaue Tätigkeitsbeschreibung z. B. im Arbeits- oder Entsendevertrag),
- benötigte fachliche Qualifikation,
- Zusammenhang zwischen den Aufwendungen für den entsandten Arbeitnehmer und seinem Beitrag zum wirtschaftlichen Erfolg des Unternehmens,
- Tätigkeitsort,
- von welchem Unternehmen geht die Initiative für die Arbeitnehmerentsendung aus,
- welches Unternehmen profitiert am meisten von der Entsendung,
- ist die Tätigkeit des entsandten Arbeitnehmers einzelprojektbezogen,
- ist auf dem lokalen Arbeitsmarkt des aufnehmenden Unternehmens ein Angebot an Arbeitskräften mit der nach objektiven Maßstäben erforderlichen Qualifikation nicht vorhanden und auch nicht im Rahmen betrieblicher Ausbildung oder Qualifizierung zu schaffen,
- sind gleichwertig qualifizierte Arbeitnehmer auf dem lokalen Arbeitsmarkt des aufnehmenden Unternehmens verfügbar, die einen geringeren Aufwand verursachen,
- übt der Arbeitnehmer Planungs-, Koordinierungs- oder Kontrolltätigkeiten aus,
- werden nach Rückkehr des Arbeitnehmers dessen gesammelte Auslandserfahrungen im Rahmen seiner weiteren Beschäftigung beim entsendenden Unternehmen genutzt,
- wird der Arbeitnehmer im Rahmen eines Rotationssystems entsandt,
- der prozentuale Anteil der entsandten Arbeitnehmer an der Gesamtbelegschaft,
- objektives Erfordernis von Sprachkenntnissen oder persönlichen Beziehungen in Verbindung mit der ausgeübten Funktion oder anderer Spezialkenntnisse.

Werden Arbeitnehmer ausschließlich zu Aus- oder Fortbildungszwecken entsandt, erfolgt dies im Interesse des entsendenden Unternehmens. 161

Bei einer grenzüberschreitenden Arbeitnehmerentsendung im Unternehmensverbund beziehen sich die Auskunfts- und Beweismittelbeschaffungspflichten i. S. des § 90 Abs. 2 AO auf die Höhe der weiterbelasteten Kosten (s. Tz.4.3.3.3.3, Rz. 165 ff.) und auf die Interessenlage, nach der sich die Zuordnung der Tätig- 162 keit des entsandten Arbeitnehmers sowie eine ggf. vorzunehmende Aufteilung des Arbeitslohns richtet.

163 Die Interessenlage ist vom Steuerpflichtigen darzulegen und durch geeignete Nachweise zu belegen. Hierfür kommen z. B. in Betracht:

- Entsendevertrag, ggf. Konzernentsenderichtlinie, Schriftverkehr zur Begründung der Entsendung,
- Beschreibung der Tätigkeit des aufnehmenden Unternehmens sowie seiner Produkte bzw. Dienstleistungen; Tätigkeitsbeschreibungen für den entsandten Arbeitnehmer,
- konkrete Tätigkeitsnachweise, z. B. Berichte, Protokolle, die der entsandte Arbeitnehmer für das entsendende Unternehmen angefertigt hat,
- Stellenanzeigen,
- Arbeitsverträge des Arbeitnehmers mit dem entsendenden und ggf. aufnehmenden Unternehmen,
- Nachweis über die Höhe des Arbeitslohns vor der Entsendung,
- Zeitnachweise für Art und Umfang der Tätigkeit,
- Reisekostenabrechnungen,
- funktionsorientiertes Arbeitnehmerorganigramm oder ähnliche Unterlagen;

164 Auf die Indizwirkung der Bescheinigung des Arbeitgebers über die an das aufnehmende Unternehmen im Tätigkeitsstaat nach dem Fremdvergleichsgrundsatz weiterbelasteten Kosten wird hingewiesen (s. Tz. 4.3.3.3.3, Rz. 167).

4.3.3.3.3 Von einem Arbeitgeber getragene oder zu tragende Vergütungen

165 Die Übernahme der Kosten für eine Arbeitnehmerentsendung muss dem Fremdvergleichsgrundsatz (BMF-Schreiben vom 6. Juni 2023, Kapitel III A, BStBl 2023 I S. 1093) entsprechen. Die Kosten sind nach dem Fremdvergleichsgrundsatz von dem Unternehmen zu tragen, in dessen Interesse die Entsendung erfolgt (s. Tz. 4.3.3.3.2, Rz. 159 ff.). Hierzu gehören alle Kosten,

- die im wirtschaftlichen Zusammenhang mit der gesamten Arbeitnehmertätigkeit im Entsendezeitraum stehen und
- die den Gewinn des aufnehmenden oder des entsendenden Unternehmens gemindert haben, unabhängig davon, ob sie zum Lohn des Arbeitnehmers gehören und unabhängig davon, ob sie im Zusammenhang mit der Auslandstätigkeit selbst stehen.

Dazu gehören alle Lohn- und Lohnnebenkosten sowie Lohnverwaltungskosten wie im Einzelnen z. B.: 166

- laufender Arbeitslohn,
- Urlaubs- und Weihnachtsgeld, Abfindungen, Bonifikationen,
- Zuführungen zu Pensionsrückstellungen,
- Sozialversicherungsbeiträge,
- (Auslands-)Zulagen,
- Sachbezüge (wie z. B. Aktienvergütungen oder Firmenwagen),
- übernommene Steuerzahlungen,
- Kostenerstattungen für doppelte Haushaltsführung, Schulgeld, Internatskosten etc.,
- Beratungsleistungen, wie z. B. Erstellung der Lohnabrechnungen und Lohnsteueranmeldungen sowie Einkommensteuererklärungen oder sonstige Steuerberatungskosten, Steuerausgleichsberechnungen (s. Tz. 5.5.9, Rz. 317 ff.),
- Beratungsleistungen im Zusammenhang mit sozialversicherungsrechtlichen Fragen etc.,
- Fortbildungskosten sowie Kosten für die Gesundheitsvorsorge,
- Sonstige Lohn- und Personalverwaltungskosten (Gemeinkosten).

Der Arbeitgeber hat dem Arbeitnehmer zu bescheinigen, in welcher Höhe die Kosten nach Rz. 165 und 166 nach dem Fremdvergleichsgrundsatz weiterbelastet wurden und in welcher Höhe diese vom entsendenden Unternehmen getragen wurden. Dabei sind die nach innerstaatlichem Steuerrecht als Arbeitslohn zu behandelnden Vergütungsbestandteile und die sonstigen Lohnkosten gesondert auszuweisen. Dieser Bescheinigung kommt Indizwirkung zu. Es ist widerlegbar zu vermuten, dass die vom Arbeitgeber bescheinigte Zuordnung der Kosten im Einklang mit dem Fremdvergleichsgrundsatz steht. Demzufolge kann i. d. R. davon ausgegangen werden, dass die Tätigkeit ausschließlich im Interesse des aufnehmenden Unternehmens stattfindet, wenn eine Weiterbelastung aller mit der Arbeitnehmerentsendung in Verbindung stehenden Lohn-, Lohnneben- und Lohnverwaltungskosten an das aufnehmende Unternehmen bescheinigt wird. Verbleiben diese Kosten ganz oder teilweise beim entsendenden Unternehmen, wird die Arbeitnehmerentsendung insoweit (auch) im Interesse des entsendenden Unternehmens ausgeführt (s. Tz. 4.3.3.3.4, Rz. 172 ff.). 167

In den Fällen der grenzüberschreitenden Arbeitnehmerentsendung ist das in Deutschland ansässige aufnehmende Unternehmen, das den Arbeitslohn für 168 die ihm geleistete Arbeit wirtschaftlich trägt oder nach dem Fremdvergleichsgrundsatz hätte tragen müssen, zum Steuerabzug verpflichtet (§ 38 Abs. 1 Satz 2 EStG). Der wirtschaftliche Arbeitgeberbegriff ist damit auch für Zwecke des Lohnsteuerabzugs zu beachten. Nicht erforderlich ist hierfür, dass das deutsche Unternehmen den Arbeitslohn im eigenen Namen und für eigene Rechnung, beispielsweise aufgrund eigener arbeitsrechtlicher Verpflichtung, auszahlt. Die Lohnsteuerabzugsverpflichtung des inländischen Unternehmens entsteht bereits im Zeitpunkt der Auszahlung des Arbeitslohns an den Arbeitnehmer, insbesondere, wenn es aufgrund einer Vereinbarung mit dem ausländischen, entsendenden Unternehmen mit einer Weiterbelastung rechnen kann (R 38.3 Abs. 5 LStR).

169 Zum Umfang der Abzugsverpflichtung durch das inländische Unternehmen ist darauf hinzuweisen, dass sämtliche Gehaltsbestandteile für im Inland ausgeübte Tätigkeiten - auch die von anderen konzernverbundenen Unternehmen gezahlten Bonuszahlungen oder gewährten Aktienoptionen - grundsätzlich dem inländischen Lohnsteuerabzug unterliegen (§ 38 Abs. 1 Satz 3 EStG).

170 **BEISPIEL 1: ENTSENDUNG IM INTERESSE DES ENTSENDENDEN VERBUNDENEN UNTERNEHMENS** ▸ Das ausschließlich in Spanien ansässige Unternehmen S ist die Muttergesellschaft einer multinationalen Unternehmensgruppe. Zu dieser Gruppe gehört auch ein in Deutschland ansässiges Unternehmen D, das Produkte der Gruppe verkauft. Unternehmen S hat eine neue weltweite Marktstrategie für die Produkte der Gruppe entwickelt. Um sicherzustellen, dass diese Strategie von Unternehmen D richtig verstanden und umgesetzt wird, wird X, ein in Spanien ansässiger Angestellter von Unternehmen S, der an der Entwicklung der Marktstrategie mitgearbeitet hat, für vier Monate an den Unternehmenssitz von D entsandt. Das Gehalt von X wird ausschließlich von Unternehmen S getragen.

Lösung:

Unternehmen D ist nicht als wirtschaftlicher Arbeitgeber des Angestellten X anzusehen, da X seine Tätigkeit im alleinigen Interesse von Unternehmen S ausübt. Zudem erfolgt keine Eingliederung in die organisatorischen Strukturen des Unternehmens D. Unternehmen S hat nach dem Fremdvergleichsgrundsatz die Gehaltsaufwendungen des X zu tragen. Das Besteuerungsrecht für die Vergütungen des X wird Spanien zugewiesen (Art. 14 Abs. 2 DBA-Spanien). Deutschland stellt die Vergütungen steuerfrei.

X ist in Deutschland nach innerstaatlichem Recht beschränkt steuerpflichtig, weil die Tätigkeit in Deutschland ausgeübt wurde (§ 49 Abs. 1 Nr. 4 Buchstabe a EStG). Da Deutschland für den entsprechenden Arbeitslohn nach Art. 14 Abs. 2 DBA-Spanien kein Besteuerungsrecht hat, entsteht insoweit kein deutscher Besteuerungsanspruch.

Unternehmen S ist kein inländischer Arbeitgeber des X i. S. des § 38 Abs. 1 Satz 1 Nr. 1 EStG. Unternehmen D ist auch kein inländischer Arbeitgeber des X i. S. des § 38 Abs. 1 EStG, weil es den Arbeitslohn des X wirtschaftlich nicht getragen hat oder nach dem

Fremdvergleichsgrundsatz hätte tragen müssen. Da beide Unternehmen zudem keine ausländischen Arbeitnehmerverleiher i. S. des § 38 Abs. 1 Satz 1 Nr. 2 EStG sind, sind beide auch nicht zum Lohnsteuerabzug nach innerstaatlichem Recht verpflichtet.

BEISPIEL 2: ARBEITNEHMERENTSENDUNG IM INTERESSE DES AUFNEHMENDEN UNTERNEHMENS ▶ Ein 171
internationaler Hotelkonzern betreibt durch eine Anzahl von Tochtergesellschaften weltweit Hotels. Eine in Spanien ansässige Tochtergesellschaft S betreibt in Spanien ein Hotel. Eine weitere Tochtergesellschaft D der Unternehmensgruppe betreibt ein Hotel in Deutschland. D benötigt für fünf Monate einen Arbeitnehmer mit spanischen Sprachkenntnissen. Aus diesem Grund wird X, ein in Spanien ansässiger Angestellter der Tochtergesellschaft S, zu D entsandt, um während dieser Zeit an der Rezeption im Inland tätig zu sein. Der Angestellte X bleibt während dieser Zeit bei S angestellt und wird auch weiterhin von S bezahlt. Die Tochtergesellschaft D vergütet der Tochtergesellschaft S die Aufwendungen für den Angestellten X nach dem Fremdvergleichsgrundsatz.

Lösung:

Für den Zeitraum der Tätigkeit des Arbeitnehmers X im Inland ist D als wirtschaftlicher Arbeitgeber des X anzusehen. Die Entsendung des X zwischen den international verbundenen Unternehmen erfolgt im alleinigen Interesse des aufnehmenden Unternehmens D. Der Angestellte X ist in dem genannten Zeitraum in den Geschäftsbetrieb von D eingebunden. Infolgedessen trägt D wirtschaftlich die Arbeitsvergütungen nach dem Fremdvergleichsgrundsatz. Die Tatbestandsvoraussetzungen des Art. 14 Abs. 2 Buchstabe b DBA-Spanien sind damit nicht gegeben. Obwohl X sich an nicht mehr als 183 Tagen in Deutschland aufhält, wird Deutschland gemäß Art. 14 Abs. 1 DBA-Spanien das Besteuerungsrecht für die Vergütungen des X für den genannten Zeitraum zugewiesen. Der Angestellte X ist in Deutschland nach innerstaatlichem Recht beschränkt steuerpflichtig, weil die Tätigkeit in Deutschland ausgeübt wurde (§ 49 Abs. 1 Nr. 4 Buchstabe a EStG). D ist inländischer Arbeitgeber des X i. S. des § 38 Abs. 1 Satz 2 EStG. D zahlt den Arbeitslohn zwar nicht an X aus, trägt ihn aber wirtschaftlich und ist daher zum Lohnsteuerabzug verpflichtet (R 38.3 Abs. 5 LStR). Der Lohnsteuerabzug für X ist daher von D durchzuführen.

4.3.3.3.4 Entsendendes und aufnehmendes Unternehmen sind Arbeitgeber

Ist ein Arbeitnehmer sowohl für seinen inländischen zivilrechtlichen Arbeit- 172
geber als auch für ein weiteres im Ausland ansässiges verbundenes Unternehmen tätig (z. B. ein Arbeitnehmer einer deutschen Muttergesellschaft wird abgrenzbar in Spanien und/oder in Deutschland sowohl im Interesse der spanischen aufnehmenden Gesellschaft als auch im Interesse der entsendenden deutschen Gesellschaft tätig), können abkommensrechtlich beide Unternehmen „Arbeitgeber" des betreffenden Arbeitnehmers sein. Voraussetzung ist, dass nach den vorgenannten Grundsätzen beide Unternehmen für die jeweils anteiligen Vergütungen als Arbeitgeber i. S. des DBA anzusehen sind. Dies kann der Fall sein, wenn sowohl das entsendende als auch das aufnehmende

Unternehmen ein Interesse an der Entsendung haben, z. B. weil der Arbeitnehmer Planungs-, Koordinierungs- oder Kontrollfunktionen für das entsendende Unternehmen ausübt. Die Tätigkeiten für das entsendende und für das aufnehmende Unternehmen sind mit ihrer (zeit-)anteiligen Vergütung jeweils getrennt zu beurteilen. Auf die Tz. 4.3.3.3.2, Rz. 159 ff. und Tz. 4.3.3.3.3, Rz. 167 ff. wird hingewiesen.

173 Erhält der Arbeitnehmer seine Vergütungen aus unselbständiger Tätigkeit in vollem Umfang von seinem zivilrechtlichen Arbeitgeber und trägt das im Ausland ansässige verbundene Unternehmen wirtschaftlich die an den Arbeitnehmer gezahlten (zeit-)anteiligen Vergütungen für die in diesem Unternehmen ausgeübte Tätigkeit, indem die (zeit-)anteiligen Vergütungen dem verbundenen Unternehmen in Rechnung gestellt werden, ist zu prüfen, ob der Betrag dieser (zeit-)anteiligen Vergütungen höher ist, als sie ein anderer Arbeitnehmer unter gleichen oder ähnlichen Bedingungen für diese Tätigkeit in diesem anderen Staat erhalten hätte. Der übersteigende Betrag stellt keine Erstattung von Arbeitslohn dar, sondern ist Ausfluss des Verhältnisses der beiden verbundenen Unternehmen zueinander. Der übersteigende Betrag gehört somit nicht zum Arbeitslohn für die Auslandstätigkeit. Das Besteuerungsrecht steht insoweit dem Ansässigkeitsstaat des Arbeitnehmers zu.

174 Besetzt das entsendende Unternehmen ständig Arbeitsplätze beim aufnehmenden Unternehmen im Rotationsverfahren, ist davon auszugehen, dass die Entsendung den Interessen beider Unternehmen dient. Ein solches Rotationsverfahren liegt typischerweise vor, wenn den Entsendungen ein Personaleinsatz- und Entwicklungskonzept der multinationalen Unternehmensgruppe dergestalt zugrunde liegt, dass das aufnehmende Unternehmen bei Stellenbesetzungen nicht frei entscheiden kann, sondern bestimmte Positionen mit Arbeitnehmern des entsendenden Unternehmens zu besetzen hat oder für zu entsendende Arbeitnehmer geeignete Positionen schaffen muss. Ob ein solches Rotationssystem vorliegt, entscheidet sich nach dem Gesamtbild der Verhältnisse.

175 Anhaltspunkte für das Vorliegen eines derartigen Rotationssystems sind u. a.:

- die Entsendungen erfolgen einseitig von der Konzernobergesellschaft an nachgeordnete Gesellschaften, nicht aber wechselseitig zwischen den verbundenen Unternehmen,
- die Entsendungen dauern i. d. R. drei bis fünf Jahre,
- bestimmte Führungspositionen oder technische Schlüsselfunktionen bei der aufnehmenden Gesellschaft werden ständig mit Arbeitnehmern anderer Konzerngesellschaften besetzt,

- die aufnehmende Gesellschaft unternimmt keine ernsthaften Versuche (z. B. durch Stellenanzeigen), diese Arbeitsplätze mit Arbeitnehmern des lokalen Stellenmarktes, einschließlich selbst ausgebildeten Personals, zu besetzen.

BEISPIEL: Ein in Deutschland ansässiger Arbeitnehmer wird vom 15. August 01 bis 31. Dezember 01 (80 Arbeitstage) an eine chinesische Tochtergesellschaft entsandt. Der Arbeitslohn i. H. v. 110.000 € wird weiterhin vom deutschen Unternehmen ausbezahlt. Davon werden (nach Fremdvergleichsgrundsatz zutreffend) jedoch 80.000 € an die chinesische Tochtergesellschaft weiterbelastet, da der Arbeitnehmer nicht nur im Interesse der aufnehmenden Tochtergesellschaft, sondern auch im Interesse der entsendenden Muttergesellschaft (z. B. Aufsichtsfunktion zur Umsetzung eines von der Muttergesellschaft vorgegebenen Konzeptes) entsandt wird. Der Arbeitnehmer hält sich während des gesamten Zeitraums (80 Arbeitstage) stets im Interesse beider Arbeitgeber an 20 Arbeitstagen in Deutschland und an 60 Arbeitstagen in China auf. Folglich nimmt er zu jeder Zeit in beiden Staaten jeweils Aufgaben sowohl für die deutsche Muttergesellschaft als auch für die chinesische Tochtergesellschaft wahr. 176

Lösung:

Nach Art. 15 Abs. 1 DBA-China können Vergütungen nur im Ansässigkeitsstaat besteuert werden, es sei denn, die Tätigkeit wird im anderen Vertragsstaat ausgeübt. Wird die Arbeit dort ausgeübt, so können die dafür bezogenen Vergütungen im anderen Staat besteuert werden. Soweit die Voraussetzungen des Art. 15 Abs. 2 DBA-China erfüllt sind, bleibt es jedoch beim ausschließlichen Besteuerungsrecht des Ansässigkeitsstaates.

Behandlung der nicht weiterbelasteten Lohnbestandteile:
Da der Arbeitnehmer auch im Interesse des entsendenden Unternehmens (deutsche Muttergesellschaft) in China tätig war, entfallen die nicht an die chinesische Tochtergesellschaft weiterbelasteten Lohnbestandteile i. H. v. 30.000 € nach Art. 15 Abs. 1 DBA-China zwar auf die in China ausgeübte Tätigkeit. Insoweit liegen aber die Voraussetzungen des Art. 15 Abs. 2 DBA-China (sog. 183-Tage-Klausel) vor. Der Arbeitnehmer hat sich innerhalb eines Zwölf-Monats-Zeitraums (z. B. vom 15. August 01 bis 14. August 02) nicht länger als 183 Tage im Tätigkeitsstaat China aufgehalten, die Vergütung wurde in dieser Höhe (zutreffend) nicht von einem im Tätigkeitsstaat ansässigen Arbeitgeber oder einer dort gelegenen Betriebsstätte bezahlt und war im ausländischen Tätigkeitstaat China nach dem Fremdvergleichsgrundsatz auch nicht von einem dort ansässigen Arbeitgeber oder einer dort gelegenen Betriebsstätte zu tragen. Das ausschließliche Besteuerungsrecht an diesem Vergütungsbestandteil i. H. v. 30.000 € verbleibt deshalb im Ansässigkeitsstaat Deutschland. Das deutsche Unternehmen kann die entsprechenden Lohnkosten i. H. v. 30.000 € als Betriebsausgaben geltend machen.

Behandlung der weiterbelasteten Lohnbestandteile:
Der übrige Lohnanteil (80.000 €) ist anhand der auf diesen Zeitraum des Auslandsaufenthalts entfallenden tatsächlichen Arbeitstage (80) auf die in Deutschland und die in China ausgeübte Tätigkeit aufzuteilen.

Der Arbeitslohn entfällt i. H. v. 80.000 € x 20/80 = 20.000 € auf die im Inland ausgeübte Tätigkeit. Das Besteuerungsrecht steht gemäß Art. 15 Abs. 1 Satz 1 erster Halbsatz DBA-China ausschließlich dem Ansässigkeitsstaat Deutschland zu.

Für den auf die Tätigkeit in China entfallenden Arbeitslohn i. H. v. 80.000 € x 60/80 = 60.000 € hat hingegen China gemäß Art. 15 Abs. 1 Satz 2 DBA-China das Besteuerungsrecht. Insbesondere sind aufgrund der nach dem Fremdvergleichsgrundsatz zutreffenden Weiterbelastung der Lohnkosten an die chinesische Tochtergesellschaft in dieser Höhe die Voraussetzungen des Art. 15 Abs. 2 DBA-China nicht erfüllt. Der Arbeitslohn ist folglich i. H. v. 60.000 € unter Progressionsvorbehalt von der deutschen Besteuerung auszunehmen (Art. 23 Abs. 2 Buchstabe a und d DBA-China), soweit nicht die innerstaatlichen Rückfallklauseln des § 50d Abs. 8 und 9 EStG oder im DBA enthaltenen Rückfallklauseln eingreifen (Art. 23 Abs. 2 Buchstabe e DBA-China).

177 **ABWANDLUNG:** Sachverhalt wie im Beispiel 1, jedoch entfallen die nicht an die Tochtergesellschaft weiterbelasteten Lohnbestandteile i. H. v. 30.000 € lediglich auf die 20 in Deutschland verbrachten Arbeitstage. Gleichwohl führt der Arbeitnehmer während seines Aufenthalts in Deutschland auch Aufgaben im Interesse der chinesischen Tochtergesellschaft aus.

Lösung:

Behandlung der nicht weiterbelasteten Lohnbestandteile:
Die nicht an die chinesische Tochtergesellschaft weiterbelasteten Lohnbestandteile i. H. v. 30.000 € entfallen auf eine ausschließlich im Ansässigkeitsstaat Deutschland ausgeübte Tätigkeit. Damit steht dem Ansässigkeitsstaat Deutschland gemäß Art. 15 Abs. 1 Satz 1 erster Halbsatz DBA-China das ausschließliche Besteuerungsrecht zu.

Behandlung der weiterbelasteten Lohnbestandteile:
Die Behandlung der an die chinesische Tochtergesellschaft nach dem Fremdvergleichsgrundsatz zutreffend weiterbelasteten Lohnbestandteile entspricht der Lösung im obigen Beispiel unter Rz. 176.

4.3.3.3.5 Arbeitgeberstellung bei Geschäftsführern, Vorständen und Prokuristen in Sonderfällen

178 Wenn das im Ausland ansässige verbundene Unternehmen lediglich den formellen Anstellungsvertrag mit der natürlichen Person schließt und an das inländische verbundene Unternehmen überlässt und die natürliche Person in das deutsche Handelsregister einträgt, ist das deutsche aufnehmende Unternehmen dann als wirtschaftlicher Arbeitgeber anzusehen, wenn die Person in das deutsche aufnehmende Unternehmen eingebunden ist (s. Tz. 4.3.3.3.1, Rz. 155 ff.) und das aufnehmende Unternehmen den Arbeitslohn (infolge seines eigenen betrieblichen Interesses an der Tätigkeit) für die ihm geleistete unselbständige Arbeit wirtschaftlich trägt oder nach dem Fremdvergleichsgrundsatz hätte tragen müssen (s. Tz. 4.3.3.3.2, Rz. 159 ff.). Dies gilt auch in den Fällen, in denen für die Tätigkeit als leitende Person beim inländischen verbundenen Unternehmen keine gesonderte Vergütung vereinbart wird oder

die Tätigkeit für das inländische verbundene Unternehmen ausdrücklich unentgeltlich erfolgen soll, da der auf die leitende Tätigkeit entfallende Lohnanteil bereits in dem insgesamt im Ausland geschuldeten Arbeitslohn enthalten ist (BFH-Urteil vom 4. November 2021, BStBl II 2022 S. 562).

Dies gilt allerdings nicht, wenn die oben genannte leitende Person zur Erfüllung einer Dienstleistungsverpflichtung des entsendenden Unternehmens bei einem verbundenen Unternehmen tätig wird und ihr Arbeitslohn Preisbestandteil der Dienstleistung ist. In diesem Fall ist zu prüfen, ob durch die Tätigkeit dieser Person eine Betriebsstätte der Managementgesellschaft begründet wird, der diese Aufwendungen zuzuordnen sind (s. Tz. 4.4, Rz. 213 ff.). 179

Das Besteuerungsrecht für den Arbeitslohn, der dem inländischen verbundenen Unternehmen nach dem Fremdvergleichsgrundsatz zuzurechnen ist, steht nach den allgemeinen Grundsätzen des Art. 15 OECD-MA Deutschland zu, sofern die natürliche Person in Deutschland ansässig ist. Ist die natürliche Person im Ausland ansässig, gilt dies nur insoweit, als die Tätigkeit in Deutschland ausgeübt wird. Sondervorschriften in einzelnen DBA zu Geschäftsführern, Vorständen oder anderen leitenden Angestellten wie z. B. Art. 16 DBA-Belgien, Art. 15 Abs. 2 DBA-Niederlande, Art. 16 DBA-Österreich, Art 16 DBA-Polen und Art. 15 Abs. 4 DBA-Schweiz sind jedoch stets vorrangig anzuwenden (s. Tz 6.1, Rz. 352 ff.). In diesen Sonderfällen ist der Ort, an dem die Tätigkeit für das inländische Unternehmen ausgeübt wird, für die Zuteilung des Besteuerungsrechts der Einkünfte aus unselbständiger Arbeit unbeachtlich. Die Sondervorschriften gelten jedoch nur, wenn die Gesellschaft nicht im gleichen Staat ansässig ist wie die vorgenannte leitende Person. Des Weiteren ist auch in diesen Fällen zu prüfen, ob die Freistellungsmethode oder die Anrechnungsmethode anzuwenden ist. 180

BEISPIEL: X (mit einzigem Wohnsitz in Österreich) ist Vorstand bei der in Österreich ansässigen Y AG. Der monatliche laufende Arbeitslohn beträgt 10.000 €. Darüber hinaus erhält X eine Weihnachtszuwendung von 30.000 €. Im Jahr 01 wird der Arbeitsvertrag dahingehend geändert, dass X bei der in Deutschland neu gegründeten Z GmbH (Tochtergesellschaft der Y AG) als Geschäftsführer tätig werden soll (Eintragung des X in das deutsche Handelsregister). Es wird vereinbart, dass X die Tätigkeit in Deutschland unentgeltlich erbringt. Nach den tatsächlichen Verhältnissen ergibt sich, dass X 40 % seiner Arbeitszeit für die deutsche Z GmbH aufwendet. Die restlichen 60 % entfallen auf die schon bisher ausgeübte Tätigkeit in Österreich. Die Tätigkeit für die deutsche Z GmbH wird je zu 50 % in Deutschland und in Österreich ausgeübt. Das von der österreichischen Y AG ausgezahlte Gehalt bleibt unverändert. Ein gesonderter Arbeitsvertrag mit der deutschen Z GmbH wird nicht geschlossen. X begründet in Deutschland keinen Wohnsitz oder gewöhnlichen Aufenthalt. In Deutschland ist zudem ein weiterer Geschäftsführer für die Z GmbH tätig. Es existiert keine Dienstleistungsvereinbarung zwischen der Y AG und der Z GmbH. 181

Lösung:

Die Tätigkeit des X ist nach dem Gesamtbild der Verhältnisse als nichtselbständige Arbeit zu werten. Nach wirtschaftlicher Betrachtungsweise sind aufgrund des Umfangs der Tätigkeit für die deutsche Z GmbH 40 % von 150.000 € (= 60.000 €) der Z GmbH zuzuordnen.

X erzielt aus seiner Tätigkeit für die deutsche Z GmbH inländische Einkünfte nach § 49 Abs. 1 Nr. 4 Buchstabe c EStG.

Die Z GmbH ist als wirtschaftlicher Arbeitgeber i. S. des DBA-Österreich anzusehen. Nach Art. 16 Abs. 2 DBA-Österreich steht Deutschland für den gesamten Betrag der Geschäftsführervergütung (60.000 €) das Besteuerungsrecht zu. Dies gilt unabhängig davon, dass die Tätigkeit sowohl in Deutschland als auch in Österreich ausgeübt wird. Die deutsche Z GmbH ist als wirtschaftlicher Arbeitgeber i. S. des § 38 Abs. 1 Satz 2 EStG zum Lohnsteuerabzug verpflichtet.

182 **ABWANDLUNG:** Die Y AG befindet sich nicht in Österreich, sondern in Liechtenstein, und X (mit einzigem Wohnsitz in Liechtenstein) übt seine Tätigkeit in Liechtenstein und in Deutschland aus.

Lösung:

Zwar unterliegt X nach wie vor mit 60.000 € der beschränkten Steuerpflicht in Deutschland. Diese wird jedoch nach Art. 14 Abs. 1 DBA-Liechtenstein insoweit beschränkt, als die Geschäftsführertätigkeit im Inland ausgeübt wurde. Deutschland kann also lediglich einen Arbeitslohn i. H. v. 30.000 € besteuern. Der Rückfall des Besteuerungsrechts an den Ansässigkeitsstaat nach Art. 14 Abs. 2 DBA-Liechtenstein greift nicht, da die deutsche Z GmbH als wirtschaftlicher Arbeitgeber in Deutschland anzusehen ist.

183 Die Grundsätze dieser Textziffer gelten auch in den Fällen, in denen es sich nicht um verbundene Unternehmen handelt.

4.3.3.3.6 Gestaltungsmissbrauch i. S. des § 42 AO

184 Dient eine Arbeitnehmerentsendung ausschließlich oder fast ausschließlich dazu, die deutsche Besteuerung zu vermeiden, ist im Einzelfall zu prüfen, ob ein Missbrauch rechtlicher Gestaltungsmöglichkeiten nach § 42 AO vorliegt.

185 **BEISPIEL:** Ein in der Schweiz ansässiger Gesellschafter-Geschäftsführer einer inländischen Kapitalgesellschaft unterlag in der Vergangenheit der inländischen Besteuerung nach Art. 15 Abs. 4 DBA-Schweiz. Die Grenzgängereigenschaft des Art. 15a DBA-Schweiz war bei ihm nicht gegeben. Er legt seine Beteiligung in eine Schweizer AG ein, an der er ebenfalls als Gesellschafter-Geschäftsführer wesentlich beteiligt ist und als Verwaltungsratspräsident für die Geschäftsführung verantwortlich ist. Der Veräußerungserlös ist nach Art. 13 Abs. 3 i.V. m. Abs. 4 DBA-Schweiz in Deutschland steuerfrei. Sein inländischer Anstellungsvertrag wird aufgelöst, er wird ab der Umstrukturierung als Arbeitnehmer der neuen Muttergesellschaft im Rahmen eines Managementverleihvertrags für die deutsche Tochtergesellschaft tätig.

Lösung:

Dient die gewählte Gestaltung nur dazu, die Anwendung des Art. 15 Abs. 4 DBA-Schweiz zu vermeiden, ist die Gestaltung ungeachtet der ggf. erfüllten Kriterien der Tz. 4.3.3.1, Rz. 149 ff. nach § 42 AO nicht anzuerkennen.

4.3.3.3.7 Arbeitgeber im Rahmen einer Poolvereinbarung

Schließen sich verbundene Unternehmen zu einem Pool zusammen, handelt es sich steuerlich um eine Innengesellschaft. Ein bestehendes zivilrechtliches Arbeitsverhältnis bleibt für die Anwendung des DBA maßgeblich. 186

BEISPIEL: Fünf europäische Landesgesellschaften eines international tätigen Maschinenbau-Konzerns schließen sich zusammen, um eine Einsatzgruppe von Technikern zu bilden, die je nach Bedarf in Notfällen für die Landesgesellschaften in den einzelnen Ländern tätig werden sollen. Jede Landesgesellschaft stellt hierfür drei Techniker; die Kosten der Gruppe werden nach einem Umsatzschlüssel auf die Gesellschaften verteilt. 187

Lösung:

Arbeitgeber i. S. des DBA ist der jeweilige zivilrechtliche Arbeitgeber (die jeweilige Landesgesellschaft) des Technikers.

4.3.4 Gewerbliche Arbeitnehmerüberlassung

Gewerbliche Arbeitnehmerüberlassung liegt bei Unternehmen (Verleiher) vor, die Dritten (Entleiher) gewerbsmäßig Arbeitnehmer (Leiharbeitnehmer) zur Arbeitsleistung überlassen. 188

4.3.4.1 Beurteilung einer gewerblichen Arbeitnehmerüberlassung nach Art. 15 Abs. 1 und 2 OECD-MA entsprechenden Vorschriften

Bei einer grenzüberschreitenden Arbeitnehmerüberlassung nimmt grundsätzlich der Entleiher die wesentlichen Arbeitgeberfunktionen wahr. Der Leiharbeitnehmer ist regelmäßig in den Betrieb des Entleihers eingebunden. Dementsprechend ist (abweichend von Tz. 4.3.3.3.1, Rz. 158) bereits mit Aufnahme der Tätigkeit des Leiharbeitnehmers beim Entleiher i. d. R. dieser als Arbeitgeber i. S. des DBA anzusehen. 189

Bei einer doppel- oder mehrstöckigen gewerblichen Arbeitnehmerüberlassung ist i. d. R. der letzte Entleiher in der Kette als wirtschaftlicher Arbeitgeber nach DBA anzusehen (s. Beispiel 9, Rz. 201). 190

Die Arbeitgeberstellung des Entleihers ergibt sich insbesondere anhand nachfolgender Kriterien (s. auch Tz. 8.14 OECD-MK zu Art. 15 OECD-MA). Dabei sind 191 die einzelnen Kriterien nach den Umständen des Einzelfalls ggf. unterschiedlich zu gewichten:

- Der Entleiher trägt die Verantwortung oder das Risiko für die durch die Tätigkeit des Arbeitnehmers erzielten Ergebnisse.
- Der Entleiher hat im Falle von Beanstandungen das Recht, den Arbeitnehmer an den Verleiher zurückzuweisen.
- Der Entleiher hat das Recht, dem Arbeitnehmer Weisungen zu erteilen, auf welche Weise die anfallenden Arbeiten auszuführen sind.
- Der Entleiher kontrolliert und verantwortet die Einrichtung, in der der Arbeitnehmer seine Tätigkeit ausübt.
- Der Entleiher stellt dem Arbeitnehmer im Wesentlichen die Werkzeuge und das Material zur Verfügung.
- Der Entleiher bestimmt die Zahl und die Qualifikation der Arbeitnehmer.
- Der Entleiher trägt das Lohnkostenrisiko im Falle der Nichtbeschäftigung.
- Der Entleiher legt die Arbeitszeiten sowie die Urlaubszeiten des Arbeitnehmers fest bzw. muss diesen zustimmen.
- Die Vergütung für den Verleiher wird auf Grundlage der Arbeitszeit des verliehenen Arbeitnehmers berechnet. Es handelt sich nicht lediglich um eine Art Dienstleistungsvertrag, in dem die Arbeitsstunden des Arbeitnehmers ggf. einer von vielen Kostenbestandteilen sind.

192 In begründeten Ausnahmefällen kann auch der Verleiher als Arbeitgeber i. S. des DBA anzusehen sein, weil wesentliche Arbeitgeberfunktionen beim Verleiher verbleiben. Dies setzt jedoch regelmäßig voraus, dass die Vergütung für den Verleiher unabhängig von der geleisteten Arbeitszeit des verliehenen Arbeitnehmers ermittelt wird (BFH-Beschluss vom 4. September 2002, BStBl II 2003 S. 306) und die gewerbliche Arbeitnehmerüberlassung lediglich von kurzer Dauer ist (nach dem zuvor genannten BFH-Beschluss zweieinhalb Wochen).

193 **BEISPIEL 1: VERLEIH IM INLAND MIT ANSCHLIEßENDER GRENZÜBERSCHREITENDER LIEFERUNGS- ODER WERKLEISTUNGSVERPFLICHTUNG** ► Der im Inland ansässige Verleiher überlässt den im Inland ansässigen Arbeitnehmer an ein ebenfalls im Inland ansässiges Unternehmen (Entleiher), das den Arbeitnehmer für nicht mehr als 183 Tage zur Erfüllung einer eigenen Lieferungs- oder Werkleistungsverpflichtung bei einem fremden dritten Unternehmen im Ausland einsetzt.

Lösung:

Das im Ausland ansässige Unternehmen nimmt als Empfänger einer Lieferung bzw. Werkleistung keinerlei Arbeitgeberfunktionen gegenüber dem Arbeitnehmer wahr und ist damit nicht dessen Arbeitgeber im abkommensrechtlichen Sinne. Wirtschaftlicher Arbeitgeber des Arbeitnehmers ist vielmehr der im Inland ansässige Entleiher. Das Besteuerungsrecht für die vom Arbeitnehmer im Ausland ausgeübte Tätigkeit richtet sich ausschließlich nach den Art. 15 Abs. 1 und 2 OECD-MA entsprechenden Vorschriften der DBA. Da der Arbeitnehmer nicht mehr als 183 Tage im Ausland eingesetzt ist und der Entleiher dort weder ansässig ist, noch eine Betriebsstätte unterhält, steht das Besteuerungsrecht für die Vergütungen aus der Tätigkeit ausschließlich Deutschland zu.

BEISPIEL 2: VERLEIH IM INLAND MIT ANSCHLIEẞENDER GRENZÜBERSCHREITENDER ARBEITNEHMERENTSENDUNG ▸ Der im Inland ansässige Verleiher überlässt den im Inland ansässigen Arbeitnehmer an ein ebenfalls im Inland ansässiges Unternehmen (Entleiher), das den Arbeitnehmer für nicht mehr als 183 Tage im Ausland bei einem zum Konzern gehörenden Unternehmen einsetzt. 194

Lösung:

In diesem Fall ist zu prüfen, welche der beiden Konzerngesellschaften als Arbeitgeber i. S. des DBA anzusehen ist (s. Tz. 4.3.3, Rz. 149 ff.). Ist der im Inland ansässige Entleiher der wirtschaftliche Arbeitgeber des Leiharbeitnehmers, entspricht die Lösung der im Beispiel 1 und das Besteuerungsrecht verbleibt im Inland.

Ist dagegen das im Ausland ansässige Unternehmen als wirtschaftlicher Arbeitgeber anzusehen, sind die Voraussetzungen des Art. 15 Abs. 2 OECD-MA nicht erfüllt und der ausländische Tätigkeitsstaat hat nach Art. 15 Abs. 1 OECD-MA das Besteuerungsrecht.

BEISPIEL 3: GRENZÜBERSCHREITENDER VERLEIH MIT ANSCHLIEẞENDER LIEFERUNGS- ODER WERKLEISTUNGSVERPFLICHTUNG IM INLAND ▸ Der im Inland ansässige Verleiher überlässt den im Inland ansässigen Arbeitnehmer an ein im Ausland ansässiges Unternehmen (Entleiher), das den Arbeitnehmer für nicht mehr als 183 Tage zur Erfüllung einer eigenen Lieferungs- oder Werkleistungsverpflichtung bei einem Unternehmen im Inland einsetzt. 195

Lösung:

Es liegt eine grenzüberschreitende gewerbliche Arbeitnehmerüberlassung vor, in deren Rahmen der Arbeitnehmer an ein im Ausland ansässiges Unternehmen verliehen wird. Der Entleiher ist auch Arbeitgeber im abkommensrechtlichen Sinne, sofern er die wesentlichen Arbeitgeberfunktionen wahrnimmt. Soweit jedoch der Arbeitnehmer seine unselbständige Arbeit im Inland ausübt, ist der Ansässigkeitsstaat des Arbeitnehmers zugleich dessen Tätigkeitsstaat. Für die auf diese Tätigkeit entfallenden Vergütungen hat Deutschland das ausschließliche Besteuerungsrecht. Allein deshalb, weil der im anderen Vertragsstaat ansässige Entleiher im abkommensrechtlichen Sinne der Arbeitgeber ist und den Arbeitslohn an den Arbeitnehmer zahlt, ist das Besteuerungsrecht nicht dem anderen Vertragsstaat zuzuweisen.

BEISPIEL 4: GRENZÜBERSCHREITENDER VERLEIH MIT ANSCHLIEẞENDER ARBEITNEHMERENTSENDUNG IN DAS INLAND ▸ Der im Inland ansässige Verleiher überlässt den im Inland ansässigen Arbeitnehmer an ein im Ausland ansässiges Unternehmen (Entleiher), das den Arbeitnehmer für nicht mehr als 183 Tage bei einem im Inland ansässigen zum Konzern gehörenden Unternehmen einsetzt. 196

Lösung:

Soweit der Arbeitnehmer seine unselbständige Arbeit im Inland ausübt, ist der Ansässigkeitsstaat des Arbeitnehmers zugleich dessen Tätigkeitsstaat. Für die auf diese Tätigkeit entfallenden Vergütungen hat Deutschland das ausschließliche Besteuerungsrecht. In diesem Fall ist (abweichend von Beispiel 2, Rz. 194) nicht entscheidend, welche der beiden Konzerngesellschaften als Arbeitgeber i. S. des DBA anzusehen ist.

197 **BEISPIEL 5: GRENZÜBERSCHREITENDER VERLEIH MIT ANSCHLIEßENDER LIEFERUNGS- ODER WERKLEISTUNGSVERPFLICHTUNG IM GLEICHEN AUSLÄNDISCHEN STAAT** ▶ Der im Inland ansässige Verleiher überlässt den im Inland ansässigen Arbeitnehmer an ein im Ausland ansässiges Unternehmen (Entleiher), das den Arbeitnehmer für nicht mehr als 183 Tage zur Erfüllung einer eigenen Lieferungs- oder Werkleistungsverpflichtung bei einem dritten Unternehmen im gleichen ausländischen Staat einsetzt.

Lösung:

Es liegt eine grenzüberschreitende gewerbliche Arbeitnehmerüberlassung vor, in deren Rahmen der Arbeitnehmer an ein im Ausland ansässiges Unternehmen entliehen und auch in diesem ausländischen Staat tätig wird. Der Entleiher ist Arbeitgeber im abkommensrechtlichen Sinne, sofern er die wesentlichen Arbeitgeberfunktionen wahrnimmt. Die Voraussetzungen des Art. 15 Abs. 2 OECD-MA sind nicht erfüllt und der ausländische Tätigkeitsstaat hat nach Art. 15 Abs. 1 OECD-MA das Besteuerungsrecht.

198 **BEISPIEL 6: GRENZÜBERSCHREITENDER VERLEIH MIT ANSCHLIEßENDER ARBEITNEHMERENTSENDUNG INNERHALB DES GLEICHEN AUSLÄNDISCHEN STAATS** ▶ Der im Inland ansässige Verleiher überlässt den im Inland ansässigen Arbeitnehmer an ein im Ausland ansässiges Unternehmen (Entleiher), das den Arbeitnehmer für nicht mehr als 183 Tage bei einem im gleichen ausländischen Staat ansässigen zum Konzern gehörenden Unternehmen einsetzt.

Lösung:

Die Voraussetzungen des Art. 15 Abs. 2 OECD-MA sind nicht erfüllt und der ausländische Tätigkeitsstaat hat nach Art. 15 Abs. 1 OECD-MA das Besteuerungsrecht für die Vergütungen, die auf diese Tätigkeit entfallen. In diesem Fall ist (abweichend von Beispiel 2, Rz. 194) nicht entscheidend, welche der beiden Konzerngesellschaften als Arbeitgeber i. S. des DBA anzusehen ist, da beide im gleichen ausländischen Staat ansässig sind.

199 **BEISPIEL 7: GRENZÜBERSCHREITENDER VERLEIH MIT ANSCHLIEßENDER LIEFERUNGS- ODER WERKLEISTUNGSVERPFLICHTUNG IN EINEM WEITEREN AUSLÄNDISCHEN STAAT** ▶ Der im Inland ansässige Verleiher überlässt den im Inland ansässigen Arbeitnehmer an ein im Staat X ansässiges Unternehmen (Entleiher), das den Arbeitnehmer für nicht mehr als 183 Tage zur Erfüllung einer eigenen Lieferungs- oder Werkleistungsverpflichtung bei einem dritten Unternehmen im Staat Y einsetzt.

Lösung:

Es liegt eine grenzüberschreitende gewerbliche Arbeitnehmerüberlassung vor, in deren Rahmen der Arbeitnehmer an das in Staat X ansässige Unternehmen entliehen wird. Der Entleiher ist Arbeitgeber im abkommensrechtlichen Sinne, sofern er die wesentlichen Arbeitgeberfunktionen wahrnimmt. Staat X hat nach Art. 15 Abs. 1 OECD-MA dennoch kein Besteuerungsrecht für die Vergütungen, soweit diese auf die im Staat Y ausgeübte Tätigkeit des Arbeitnehmers entfallen.

Das im Staat Y ansässige Unternehmen nimmt keinerlei Arbeitgeberfunktionen gegenüber dem Arbeitnehmer wahr und ist damit nicht dessen Arbeitgeber im abkommensrechtlichen Sinne. Wenn der Arbeitnehmer nicht mehr als 183 Tage in Staat Y eingesetzt ist und der nicht in Staat Y ansässige Arbeitgeber im abkommensrechtlichen Sinne dort keine Betriebsstätte unterhält, steht das Besteuerungsrecht für die Vergütungen aus der Tätigkeit ausschließlich Deutschland zu.

BEISPIEL 8: GRENZÜBERSCHREITENDER VERLEIH MIT ANSCHLIEßENDER ARBEITNEHMERENTSENDUNG 200
IN EINEN WEITEREN AUSLÄNDISCHEN STAAT ▶ Der im Inland ansässige Verleiher überlässt den im Inland ansässigen Arbeitnehmer an ein im Staat X ansässiges Unternehmen (Entleiher), das den Arbeitnehmer für nicht mehr als 183 Tage bei einem zum Konzern gehörenden, in Staat Y ansässigen Unternehmen einsetzt.

Lösung:

In diesem Fall ist zu prüfen, welche der beiden in ausländischen Staaten ansässigen Konzerngesellschaften als Arbeitgeber i. S. des DBA anzusehen ist (s. Tz. 4.3.3, Rz. 149 ff.). Ist der im Staat X ansässige Entleiher der wirtschaftliche Arbeitgeber des Leiharbeitnehmers, entspricht die Lösung der im Beispiel 7 (Rz. 199) und das Besteuerungsrecht bleibt im Inland.

Ist dagegen das im Staat Y ansässige Unternehmen als wirtschaftlicher Arbeitgeber anzusehen, sind die Voraussetzungen des Art. 15 Abs. 2 OECD-MA nicht erfüllt und der ausländische Tätigkeitsstaat Y hat nach Art. 15 Abs. 1 OECD-MA das Besteuerungsrecht.

BEISPIEL 9: GRENZÜBERSCHREITENDER VERLEIH MIT ANSCHLIEßENDEM VERLEIH IN EINEN WEITEREN 201
AUSLÄNDISCHEN STAAT ▶ Der im Inland ansässige gewerbliche Verleiher überlässt den im Inland ansässigen Arbeitnehmer an ein im Staat X ansässiges Unternehmen (Entleiher), das ebenfalls ein gewerblicher Verleiher ist und den Arbeitnehmer für nicht mehr als 183 Tage einem dritten, in Staat Y ansässigen Unternehmen (Entleiher) überlässt. Der Arbeitnehmer wird im Staat Y tätig.

Lösung:

Es liegt eine grenzüberschreitende gewerbliche Arbeitnehmerüberlassung vor. Als wirtschaftlicher Arbeitgeber im abkommensrechtlichen Sinne ist der letzte, in Staat Y ansässige Entleiher in der Kette anzusehen, sofern er die wesentlichen Arbeitgeberfunktionen wahrnimmt. Die Voraussetzungen des Art. 15 Abs. 2 OECD-MA sind nicht erfüllt und der ausländische Tätigkeitsstaat Y hat nach Art. 15 Abs. 1 OECD-MA das Besteuerungsrecht.

Die vorstehenden Grundsätze zum grenzüberschreitenden Arbeitnehmerver- 202
leih sind auch in den Fällen anzuwenden, in denen ein im Inland ansässiger Arbeitnehmer bei einem ausländischen gewerbsmäßigen Arbeitnehmerverleiher beschäftigt ist und dieser den Arbeitnehmer an ein Unternehmen im Ausland verleiht.

4.3.4.2 Besondere Regelungen in einzelnen DBA

203 Einige DBA enthalten zur Vermeidung von Missbrauch in Fällen von grenzüberschreitenden Leiharbeitsverhältnissen besondere Regelungen. Diese Sonderregelungen sind als sog. Spezialregelungen vorrangig anzuwenden (Stand 1. Januar 2023): Protokoll Ziffer 5 zu Art. 15 DBA-Albanien,

- Art. 15 Abs. 3 DBA-Algerien,
- Art. 15 Abs. 3 DBA-Aserbaidschan,
- Art. 14 Abs. 3 DBA-Bulgarien,
- Art. 15 Abs. 3 DBA-Costa Rica,
- Art. 15 Abs. 4 DBA-Dänemark,
- Art. 14 Abs. 3 DBA-Finnland,
- Art. 13 Abs. 6 DBA-Frankreich,
- Protokoll Ziffer 13 zu Art. 15 DBA-Italien,
- Art. 15 Abs. 3 DBA-Kasachstan,
- Art. 15 Abs. 3 DBA-Korea,
- Art. 15 Abs. 3 DBA-Kroatien,
- Art. 14 Abs. 3 DBA-Luxemburg,
- Protokoll Ziffer 5 zu Art. 15/23 DBA-Norwegen,
- Art. 15 Abs. 3 DBA-Österreich,
- Art. 15 Abs. 3 DBA-Polen,
- Art. 15 Abs. 3 DBA-Rumänien,
- Art. 15 Abs. 4 DBA-Schweden,
- Protokoll Ziffer 4 zum DBA-Slowenien,
- Art. 14 Abs. 3 DBA-Tadschikistan,
- Art. 15 Abs. 3 DBA-Tunesien,
- Art. 15 Abs. 3 DBA-Turkmenistan,
- Art. 14 Abs. 3 DBA-Ungarn,
- Art. 14 Abs. 3 DBA-Uruguay,
- Art. 14 Abs. 3 DBA-Zypern.

204 Regelmäßig bleibt es beim Besteuerungsrecht des Tätigkeitsstaates nach den Art. 15 Abs. 1 OECD-MA entsprechenden Vorschriften der DBA, unabhängig davon, wie lange der Arbeitnehmer in diesem Staat tätig ist.

In folgenden Fällen vermeidet Deutschland als Ansässigkeitsstaat die Doppelbesteuerung durch die Anrechnungsmethode (Stand: 1. Januar 2023): 205

- Art. 23 Abs. 1 Buchstabe b Doppelbuchstabe ee DBA-Albanien,
- Art. 23 Abs. 2 Buchstabe b Doppelbuchstabe ee DBA-Algerien,
- Art. 23 Abs. 1 Buchstabe b Doppelbuchstabe ee DBA-Aserbaidschan,
- Art. 22 Abs. 1 Buchstabe b Doppelbuchstabe ee DBA-Bulgarien,
- Art. 23 Abs. 1 Buchstabe b Doppelbuchstabe ee DBA-Costa Rica;
- Art. 24 Abs. 1 Buchstabe b Doppelbuchstabe bb DBA-Dänemark,
- Art. 21 Abs. 1 Buchstabe b Ziffer 3 DBA-Finnland,
- Art. 20 Abs. 1 Buchstabe c DBA-Frankreich,
- Protokoll Ziffer 13 zum DBA-Italien,
- Art. 23 Abs. 2 Buchstabe b Doppelbuchstabe ee DBA-Kasachstan,
- Art. 23 Abs. 1 Buchstabe b Doppelbuchstabe ee DBA-Korea,
- Art. 23 Abs. 1 Buchstabe b Doppelbuchstabe ee DBA-Kroatien,
- Art. 23 Abs. 2 Buchstabe b Doppelbuchstabe cc DBA-Norwegen,
- Art. 24 Abs. 1 Buchstabe b Doppelbuchstabe bb DBA-Polen,
- Art. 23 Abs. 2 Buchstabe b Doppelbuchstabe ee DBA-Rumänien,
- Art. 23 Abs. 1 Buchstabe b Doppelbuchstabe cc DBA-Schweden,
- Art. 23 Abs. 2 Buchstabe b Doppelbuchstabe dd DBA-Slowenien,
- Art. 22 Abs. 2 Buchstabe b Doppelbuchstabe dd DBA-Tadschikistan,
- Art. 23 Abs. 2 Buchstabe b Doppelbuchstabe 22 DBA-Tunesien,
- Art. 23 Abs. 1 Buchstabe b Doppelbuchstabe ee DBA-Turkmenistan,
- Art. 22 Abs. 1 Buchstabe b Doppelbuchstabe cc DBA-Ungarn,
- Art. 22 Abs. 1 Buchstabe b Doppelbuchstabe ee DBA-Uruguay,
- Art. 22 Abs. 1 DBA-Zypern.

Art. 15 Abs. 3 DBA-Österreich regelt, dass Art. 15 Abs. 2 Buchstabe b (Arbeitgeber i. S. des DBA) für den Fall der gewerblichen Arbeitnehmerüberlassung dann keine Anwendung findet, wenn sich der Arbeitnehmer nicht länger als 183 Tage im anderen Staat aufhält. Damit wird dem Ansässigkeitsstaat des Arbeitnehmers das Besteuerungsrecht auch dann zugewiesen, wenn der Entleiher seinen Sitz im Tätigkeitsstaat hat und sich der Arbeitnehmer an nicht mehr als 183 Tagen im anderen Staat aufgehalten hat. Die Regelung des DBA wird durch Nr. 6 des Protokolls zum DBA-Österreich dahingehend flankiert, dass die 183-Tage-Regelung nur dann nicht zur Anwendung kommt, wenn der Verleiher im anderen Staat eine Betriebsstätte unterhält, die die Vergütungen 206 trägt. Steht nach diesen Regeln Österreich als Tätigkeitsstaat das Besteuerungsrecht zu, vermeidet Deutschland die Doppelbesteuerung durch Anwendung der Freistellungsmethode nach Art. 23 Abs. 1 Buchstabe a DBA-Österreich.

207 In folgenden Fällen, in denen es wegen der Anwendung der Anrechnungsmethode im laufenden Kj. zu einer zeitweiligen Doppelbesteuerung kommen kann, bestehen keine Bedenken, dass aus Billigkeitsgründen entsprechend der Regelung des § 39a Abs. 1 Satz 1 Nr. 5 Buchstabe c EStG maximal das Vierfache der voraussichtlich abzuführenden ausländischen Abzugsteuer als Freibetrag für das Lohnsteuerabzugsverfahren gebildet wird, begrenzt auf die Höhe des voraussichtlichen im Ausland zu versteuernden Arbeitslohns, für den die Anrechnungsmethode anzuwenden ist:

- Das DBA sieht für Lohneinkünfte die Anwendung der Anrechnungsmethode vor (s. Rz. 205).
- Die Berücksichtigung ausländischer Steuern nach § 34c Abs. 1 EStG, die von Staaten erhoben werden, mit denen kein DBA besteht, und wenn der ATE (BMF-Schreiben vom 10. Juni 2022, BStBl 2022 I S. 997) nicht anzuwenden ist.

208 Hierzu ist es erforderlich, dass der Arbeitnehmer durch geeignete Unterlagen (z. B. Bestätigung des Arbeitgebers) glaubhaft macht, dass der Quellensteuerabzug im anderen Staat bereits vorgenommen wurde oder mit dem Quellensteuerabzug zumindest ernsthaft zu rechnen ist. Bei der Berechnung des Freibetrags dürfen ausländische Steuern eines Nicht-DBA-Staates nur zugrunde gelegt werden, wenn sie der deutschen Einkommensteuer entsprechen (Anhang 12 II Einkommensteuer-Handbuch). Auf die Veranlagungsverpflichtung nach § 46 Abs. 2 Nr. 4 EStG wird hingewiesen.

4.3.5 Gelegentliche Arbeitnehmerüberlassung zwischen fremden Dritten

209 Sofern gelegentlich ein Arbeitnehmer bei einem fremden Dritten eingesetzt wird, kann entweder eine Arbeitnehmerüberlassung oder eine Tätigkeit zur Erfüllung einer Lieferungsoder Werkleistungsverpflichtung vorliegen.

210 Eine gelegentliche Arbeitnehmerüberlassung liegt grundsätzlich dann vor, wenn der zivilrechtliche Arbeitgeber, dessen Unternehmenszweck nicht die Arbeitnehmerüberlassung ist, mit einem nicht verbundenen Unternehmen vereinbart, den Arbeitnehmer für eine befristete Zeit bei letztgenanntem Unternehmen tätig werden zu lassen und das aufnehmende Unternehmen entwe-

der eine arbeitsrechtliche Vereinbarung (Arbeitsverhältnis) mit dem Arbeitnehmer schließt oder als wirtschaftlicher Arbeitgeber anzusehen ist.

Bezogen auf die vom Entleiher gezahlten Vergütungen ist in diesen Fällen unter den Voraussetzungen der Tz. 4.3.2 und Tz. 4.3.3.3 regelmäßig der Entleiher als Arbeitgeber i. S. des DBA anzusehen. 211

BEISPIEL: ARBEITNEHMERÜBERLASSUNG ZWISCHEN FREMDEN DRITTEN ▶ Ein in Spanien ansässiges Unternehmen S und ein in Deutschland ansässiges Unternehmen D sind ausschließlich mit der Ausübung technischer Dienstleistungen befasst. Sie sind keine verbundenen Unternehmen i. S. des Art. 9 OECD-MA. D benötigt für eine Übergangszeit die Leistungen eines Spezialisten, um eine Bauleistung im Inland fertig zu stellen und wendet sich deswegen an S. Beide Unternehmen vereinbaren, dass X, ein in Spanien ansässiger Angestellter von S, für die Dauer von vier Monaten für D unter der direkten Aufsicht von dessen erstem Ingenieur arbeiten soll. X bleibt während dieser Zeit formal weiterhin bei S angestellt. D zahlt S einen Betrag, der dem Gehalt, Sozialversicherungsabgaben, Reisekosten und anderen Vergütungen des Technikers für diesen Zeitraum entspricht. Zusätzlich wird ein Aufschlag von 5 % gezahlt. Es wurde vereinbart, dass S von allen Schadensersatzansprüchen, die in dieser Zeit aufgrund der Tätigkeit von X entstehen sollten, befreit ist. 212

Lösung:

Es liegt eine gelegentliche Arbeitnehmerüberlassung zwischen fremden Unternehmen vor. D ist während des genannten Zeitraums als wirtschaftlicher Arbeitgeber des X anzusehen, da der Angestellte X in den Betrieb von Unternehmen D eingegliedert ist und dieses auch alle angefallenen Kosten für ihn trägt. Die Tatbestandsvoraussetzungen des Art. 14 Abs. 2 Buchstabe b DBA-Spanien sind damit nicht erfüllt. Gemäß Art. 14 Abs. 1 DBA-Spanien hat somit Deutschland als Tätigkeitsstaat das Besteuerungsrecht für die Vergütungen des X für den genannten Zeitraum. Der Aufschlag i. H. v. 5 % stellt keinen Arbeitslohn des X dar.

X ist in Deutschland nach innerstaatlichem Recht beschränkt steuerpflichtig, weil die Tätigkeit in Deutschland ausgeübt wurde (§ 49 Abs. 1 Nr. 4 Buchstabe a EStG).

D ist inländischer Arbeitgeber i. S. des § 38 Abs. 1 Satz 2 EStG, da es den Arbeitslohn für die ihm geleistete Arbeit wirtschaftlich trägt und somit zum Lohnsteuerabzug verpflichtet.

4.4 Zahlung des Arbeitslohns zu Lasten einer Betriebsstätte des Arbeitgebers im Tätigkeitsstaat - Art. 15 Abs. 2 Buchstabe c OECD-MA

Ist die Vergütung von einer Betriebsstätte des Arbeitgebers im Tätigkeitsstaat getragen worden, sind die Voraussetzungen für die alleinige Besteuerung im Ansässigkeitsstaat nach Art. 15 Abs. 2 Buchstabe c OECD-MA nicht erfüllt. 213

214 Maßgebend für den Begriff der „Betriebsstätte" ist die Definition in dem jeweiligen Abkommen (Art. 5 OECD-MA). Nach vielen DBA wird z. B. eine Bauausführung oder Montage erst ab einem Zeitraum von mehr als 12 Monaten zu einer Betriebsstätte (abweichend von § 12 AO, wonach bei einer Dauer von mehr als sechs Monaten eine Betriebsstätte vorliegt).

215 Der Arbeitslohn wird von einer Betriebsstätte getragen, wenn die Zahlungen wirtschaftlich der Betriebsstätte zuzuordnen sind. Nicht entscheidend ist, wer die Vergütungen auszahlt oder in seiner Teilbuchführung abrechnet. Es kommt nicht darauf an, dass die Vergütungen zunächst von der Betriebsstätte ausgezahlt und später vom übrigen Unternehmen erstattet werden. Ebenso ist es nicht entscheidend, wenn eine zunächst vom übrigen Unternehmen ausgezahlte Vergütung später in der Form einer Kostenumlage auf die ausländische Betriebsstätte abgewälzt wird. Entscheidend ist allein, ob und ggf. in welchem Umfang die ausgeübte Tätigkeit des Arbeitnehmers nach dem jeweiligen DBA der Betriebsstätte zuzuordnen ist (für die Zuordnung des Arbeitslohns an eine Betriebsstätte siehe die unter der Rz. 218 genannten BMF-Schreiben) und die Vergütung deshalb wirtschaftlich zu Lasten der Betriebsstätte geht (BFH-Urteil vom 24. Februar 1988, BStBl 1988 II S. 819).

216 Eine Betriebsstätte kann zivilrechtlich nicht Arbeitgeber sein. Dies gilt unabhängig davon, welchem Vertragsstaat die maßgeblichen Personalfunktionen i. S. des § 1 Abs. 5 AStG zuzuordnen sind. Damit bleibt es auch ohne Auswirkung, ob in einem DBA der einschlägige Artikel zur Besteuerung der Unternehmensgewinne (z. B. Art. 7 DBA-Luxemburg, Protokoll Nr. 4 zu Art. 7 DBA-USA und Art. 7 DBA-Vereinigtes Königreich) bezüglich des Betriebsstättengewinns eine Formulierung entsprechend dem OECD-Betriebsstättenbericht 2010 (AOA) enthält. Der Grundsatz des AOA, wonach Betriebsstätten bei der Gewinnermittlung nach DBA als selbständige Unternehmen behandelt werden (Selbständigkeitsfiktion), ist bei Arbeitnehmerentsendung zwischen einer Betriebsstätte und dem übrigen Unternehmen nicht zu übernehmen.

217 Eine selbständige Tochtergesellschaft (z. B. GmbH) ist grundsätzlich nicht Betriebsstätte der Muttergesellschaft, kann aber ggf. eine Vertreterbetriebsstätte begründen oder selbst Arbeitgeber sein vgl. Tz. 4.3.3, Rz. 149 ff.

218 Im Übrigen wird auf die „Grundsätze der Verwaltung für die Prüfung der Aufteilung der Einkünfte bei Betriebsstätten international tätiger Unternehmen" (Betriebsstätten-Verwaltungsgrundsätze; BMF-Schreiben vom 24. Dezember 1999, BStBl 1999 I S. 1076, unter Berücksichtigung der Änderungen durch die BMF-Schreiben vom 20. November 2000, BStBl 2000 I S. 1509, vom 29. September 2004, BStBl 2004 I S. 917, und vom 25. August 2009, BStBl 2009 I S. 888,

vom 16. April 2010, BStBl 2010 I S. 354, vom 20. Juni 2013, BStBl 2013 I S. 980, vom 26. September 2014, BStBl 2014 I S. 1258) sowie die Verwaltungsgrundsätze Betriebsstättengewinnaufteilung (BMF-Schreiben vom 22. Dezember 2016, BStBl I 2017, S. 182) und die Tz. 4.3.3.1, Rz. 149 verwiesen.

BEISPIEL 1: Der in Deutschland ansässige A ist vom 1. Januar 01 bis 31. März 01 bei einer Betriebsstätte seines deutschen Arbeitgebers in Frankreich (nicht innerhalb der Grenzzone nach Art. 13 Abs. 5 DBA-Frankreich) tätig. Der Lohnaufwand ist der Betriebsstätte nach Art. 4 DBA-Frankreich als Betriebsausgabe zuzurechnen. 219

Lösung:

Das Besteuerungsrecht für den Arbeitslohn steht Frankreich zu. A hält sich zwar nicht länger als 183 Tage in Frankreich auf. Da der Arbeitslohn aber zu Lasten einer französischen Betriebsstätte des Arbeitgebers geht, bleibt das Besteuerungsrecht von Deutschland nicht erhalten (Art. 13 Abs. 4 DBA-Frankreich). Frankreich kann als Tätigkeitsstaat den Arbeitslohn besteuern (Art. 13 Abs. 1 DBA-Frankreich). Deutschland stellt die Einkünfte unter Progressionsvorbehalt frei (Art. 20 Abs. 1 Buchstabe a DBA-Frankreich), soweit nicht § 50d Abs. 8 bzw. 9 EStG anzuwenden sind.

BEISPIEL 2: Der in Frankreich ansässige B ist bei einer deutschen Betriebsstätte seines französischen Arbeitgebers A (nicht innerhalb der Grenzzone nach Art. 13 Abs. 5 DBA-Frankreich) vom 1. Januar 01 bis 31. März 01 in Deutschland tätig. Der Lohnaufwand ist der deutschen Betriebsstätte nach Art. 4 DBA-Frankreich als Betriebsausgabe zuzurechnen. 220

Lösung:

Das Besteuerungsrecht für den Arbeitslohn steht Deutschland zu. B hält sich zwar nicht länger als 183 Tage in Deutschland auf. Da der Arbeitslohn aber zu Lasten einer deutschen Betriebsstätte geht, kann Deutschland als Tätigkeitsstaat den Arbeitslohn besteuern (Art. 13 Abs 1 DBA-Frankreich i.V. m. § 1 Abs. 4 und § 49 Abs. 1 Nr. 4 Buchstabe a EStG).

A ist inländischer Arbeitgeber i. S. des § 38 Abs. 1 Satz 1 Nr. 1 EStG, weil er im Inland über eine Betriebsstätte verfügt, und ist deshalb zum Lohnsteuerabzug verpflichtet.

Wird ein Arbeitnehmer, dessen Tätigkeit einer Betriebsstätte in einem Vertragsstaat zuzuordnen ist, im anderen Vertragsstaat tätig, in dem sein Arbeitgeber ansässig ist, steht dem Ansässigkeitsstaat des Arbeitgebers grundsätzlich das Besteuerungsrecht zu. Dies gilt auch dann, wenn die Tätigkeit nur von kurzer Dauer ist (vgl. Art. 15 Abs. 2 Buchstabe a OCED-MA). Ohne Bedeutung ist in diesem Fall auch, wer im Verhältnis zu einer Betriebsstätte des Arbeitgebers die Aufwendungen für diese Tätigkeit trägt oder hätte tragen müssen (vgl. Art. 15 Abs. 2 Buchstabe c OCED-MA). Die Tatbestandsvoraussetzung für den Rückfall des Besteuerungsrechts an den Ansässigkeitsstaat des Arbeitnehmers im Rahmen der sog. 183-Tage-Klausel ist bereits dann nicht gegeben, wenn der Arbeitgeber (auch) im Tätigkeitsstaat ansässig ist. In diesem Fall ist 221 die Voraussetzung des Art. 15 Abs. 2 Buchstabe b OECD-MA bereits nicht erfüllt (BFH-Urteil vom 5. Juni 2007, BStBl 2007 II S. 810).

222 **BEISPIEL 3:** Ein im Ausland ansässiger Mitarbeiter einer

a) ausländischen Betriebsstätte

b) ausländischen Tochtergesellschaft

besucht für eine Woche eine interne Schulungsveranstaltung beim übrigen Unternehmen bzw. bei der Muttergesellschaft in Deutschland. Der Arbeitslohn wird (a) vollständig durch die Betriebsstätte getragen bzw. (b) von der ausländischen Tochtergesellschaft gezahlt; eine Weiterbelastung der Kosten erfolgt im Fall b) nicht.

Lösung:

zu a)

Die Betriebsstätte kann nicht Arbeitgeber sein. Deutschland hat nach Art. 15 Abs. 1 i.V. m. Art. 15 Abs. 2 Buchstabe b OECD-MA das Besteuerungsrecht für die fünf deutschen Arbeitstage, da die Arbeitsausübung in Deutschland stattfindet und der Arbeitgeber dort ansässig ist. Vom deutschen Unternehmen ist Lohnsteuer einzubehalten und abzuführen.

zu b)

Der ausländische Ansässigkeitsstaat des Arbeitnehmers hat nach Art. 15 Abs. 2 OECD-MA das ausschließliche Besteuerungsrecht an den Lohneinkünften, da der Arbeitnehmer die 183-Tage-Frist nicht überschreitet, sein Arbeitslohn nicht von einem in Deutschland ansässigen Arbeitgeber gezahlt wird und auch nicht von einer in Deutschland gelegenen Betriebsstätte seines Arbeitgebers (Tochtergesellschaft) getragen wird. Ein deutsches Besteuerungsrecht besteht daher nicht.

5 Ermittlung des steuerpflichtigen / steuerfreien Arbeitslohns

5.1 Differenzierung zwischen der Anwendung der 183-Tage-Klausel und der Ermittlung des steuerpflichtigen / steuerfreien Arbeitslohns

223 Nach Art. 15 Abs. 1 OECD-MA können die Vergütungen aus unselbständiger Arbeit ausschließlich im Ansässigkeitsstaat des Arbeitnehmers besteuert werden, es sei denn, die Tätigkeit wird im anderen Staat ausgeübt. Wird die unselbständige Arbeit im anderen Staat ausgeübt, steht auch diesem Staat das Besteuerungsrecht für Vergütungen zu, die für die dort ausgeübte Tätigkeit gezahlt werden (s. Tz. 3, Rz. 99). Gemäß Art. 15 Abs. 2 OECD-MA ist zu prüfen, ob dem Ansässigkeitsstaat des Arbeitnehmers trotz der Auslandstätigkeit das ausschließliche Besteuerungsrecht an den Vergütungen aus unselbständiger Arbeit verbleibt (s. Tz. 4, Rz. 101 ff.). Im Rahmen dieser Prüfung wird u. a. eine

Berechnung der nach dem jeweils anzuwendenden DBA maßgeblichen Aufenthalts- oder Ausübungstage im Ausland anhand der 183-Tage-Klausel vorgenommen. Für das Kriterium der Ansässigkeit i. S. der dem Art. 4 OECD-MA entsprechenden Bestimmung des anzuwendenden DBA (s. Tz. 1.2.1, Rz. 7 ff.), ist stets auf den Zeitpunkt des Zuflusses nach § 11 EStG abzustellen (BFH-Urteil vom 21. Dezember 2022, BStBl II 2023 S. 825).

Die Ermittlung des steuerpflichtigen / steuerfreien Arbeitslohns erfolgt so- 224
dann in einem weiteren gesonderten Schritt.

5.2 Grundsätze bei der Ermittlung des steuerpflichtigen / steuerfreien Arbeitslohns

Nach § 90 Abs. 2 AO hat der Steuerpflichtige den Nachweis über die Ausübung 225
der Tätigkeit in dem anderen Staat und deren Zeitdauer durch Vorlage geeigneter Aufzeichnungen (z. B. Stundenprotokolle, Terminkalender, Reisekostenabrechnungen, Reisekalender) zu führen.

Ist der Arbeitslohn in Deutschland nach einem DBA freizustellen, ist zunächst 226
zu prüfen, inwieweit die Vergütungen unmittelbar der Auslandstätigkeit oder der Inlandstätigkeit zugeordnet werden können (s. Tz. 5.3, Rz. 227). Soweit eine unmittelbare Zuordnung nicht möglich ist, ist der verbleibende tätigkeitsbezogene Arbeitslohn aufzuteilen. Die Aufteilung hat der Arbeitgeber bereits im Lohnsteuerabzugsverfahren entsprechend dem BMF-Schreiben vom 14. März 2017, BStBl 2017 I S. 473 („Ermittlung des steuerfreien und steuerpflichtigen Arbeitslohns nach den Doppelbesteuerungsabkommen sowie nach dem ATE im Lohnsteuerabzugsverfahren“) vorzunehmen; zum Erfordernis der Freistellungsbescheinigung vgl. R 39.5 LStR. Darüber hinaus hat der Arbeitgeber den steuerfrei belassenen Arbeitslohn in der Lohnsteuerbescheinigung anzugeben. Das Lohnsteuerabzugsverfahren ist ein Vorauszahlungsverfahren, dessen Besonderheiten und Regelungen nicht in das Veranlagungsverfahren hineinwirken (BFH-Urteil vom 13. Januar 2011, BStBl 2011 II S. 479). Jedoch haftet der Arbeitgeber auch nach Erstellung der Lohnsteuerbescheinigung für die zutreffende Anmeldung und Abführung der Lohnsteuer und ist, wenn ihm dies wirtschaftlich zumutbar ist, verpflichtet, Änderungen des Lohnsteuerabzugs bei der nachfolgenden Lohnzahlung zu berücksichtigen (§ 41c Abs. 1 EStG). Die Fälle, in denen der Arbeitgeber die Lohnsteuer nicht nachträglich einbehält bzw. einbehalten kann, hat er beim Betriebsstättenfinanzamt unverzüglich anzuzeigen (§ 41c Abs. 4 EStG). Das Finanzamt ist nicht gehindert, im Einkommensteuerveranlagungsverfahren die vorgenommene Aufteilung zu überprü-

fen. Es ist nicht an eine fehlerhaft erteilte Freistellungsbescheinigung gebunden (BFH-Urteil vom 13. März 1985, BStBl 1985 II S. 500).

5.3 Direkte Zuordnung

227 Gehaltsbestandteile, die unmittelbar aufgrund einer konkreten inländischen oder ausländischen Arbeitsleistung gewährt werden, sind vorab direkt zuzuordnen. Dies können z. B. Reisekosten, Überstundenvergütungen, Zuschläge für Sonntags-, Feiertags- und Nachtarbeit, Auslandszulagen (z. B. Lebenshaltungskostenausgleich – „Cost of living allowance“ / COLA, Erschwerniszulage – „Hardship allowance“, Mobilitätszulage – „Mobility allowance“, s. Tz. 5.5.10, Rz. 339), die Gestellung einer Wohnung im Tätigkeitsstaat, Kosten für eine Orientierungsreise, Sprachunterricht, interkulturelle Schulungen, Aufwendungen für Visa oder medizinische Untersuchungen für die Auslandstätigkeit und sonstige Auslagen oder Unterstützungsleistungen für die mitumziehende Familie sein. Daran schließt sich die Würdigung an, ob überhaupt steuerpflichtiger Arbeitslohn vorliegt oder ob nicht Leistungen im ganz überwiegend betrieblichen Interesse bzw. steuerfreie Aufwandserstattungen vorliegen. Der Gesamtarbeitslohn abzüglich der direkt zugeordneten Gehaltsbestandteile ist der verbleibende Arbeitslohn.

5.4 Aufteilung des verbleibenden Arbeitslohns

228 Der nicht direkt zuordenbare, verbleibende Arbeitslohn ist aufzuteilen. Zum verbleibenden Arbeitslohn gehören z. B. neben den laufenden Vergütungen (z. B. Grundgehalt) auch Zusatzvergütungen, die auf die nichtselbständige Arbeit des Arbeitnehmers innerhalb des gesamten Berechnungszeitraums entfallen (z. B. Weihnachts- und Urlaubsgeld). Hat sich das vereinbarte Gehalt während des Kj. verändert, so ist dieser Veränderung Rechnung zu tragen (s. Tz. 5.4.2, Beispiel 3, Rz. 240).

229 Grundlage für die Berechnung des steuerfreien Arbeitslohns ist die Zahl der tatsächlichen Arbeitstage (s. Tz. 5.4.1, Rz. 230 ff.) innerhalb eines Erdienungszeitraums (s. Rz. 236). Den tatsächlichen Arbeitstagen ist das für die entsprechende Zeit bezogene und nicht nach Tz. 5.3, Rz. 227 direkt zugeordnete Arbeitsentgelt gegenüberzustellen (s. Tz. 5.4.2, Rz. 233 ff.).

5.4.1 Definition der tatsächlichen Arbeitstage

230 Die tatsächlichen Arbeitstage sind alle Tage innerhalb eines Kj., an denen der Arbeitnehmer seine Tätigkeit tatsächlich ausübt und für die er Arbeitslohn be-

zieht. Krankheitstage mit oder ohne Lohnfortzahlung, Urlaubstage und Tage des ganztägigen Arbeitszeitausgleichs sind folglich keine Arbeitstage. Dagegen können auch Wochenend- oder Feiertage grundsätzlich als tatsächliche Arbeitstage zu zählen sein, wenn der Arbeitnehmer seine Tätigkeit an diesen Tagen tatsächlich ausübt und diese durch den Arbeitgeber vergütet wird. Eine solche Vergütung liegt auch vor, wenn dem Arbeitnehmer ein entsprechender Arbeitszeitausgleich gewährt wird. Als volle Arbeitstage zählen auch Tage mit verkürzten Arbeitszeiten. Es kommt weder auf die Zahl der Kalendertage (365) noch auf die Anzahl der vertraglich vereinbarten Arbeitstage an.

BEISPIEL 1: Ein Arbeitnehmer ist grundsätzlich an 250 Werktagen zur Arbeit verpflichtet und verfügt über einen Anspruch von 30 Urlaubstagen (= vereinbarte Arbeitstage: 220). Die tatsächlichen Tage verändern sich wie folgt: 231

	220
Übertrag von 10 Urlaubstagen vom Vorjahr	- 10
Übertrag von 20 Urlaubstagen ins Folgejahr	+ 20
30 Krankheitstage mit Lohnfortzahlung	- 30
30 Krankheitstage ohne Lohnfortzahlung	- 30
Tatsächliche Arbeitstage gesamt	170

BEISPIEL 2: Arbeitnehmer C ist laut Arbeitsvertrag von montags bis freitags dazu verpflichtet, zu arbeiten. Er macht eine Auslandsdienstreise von Freitag bis Montag, wobei C auch am Samstag und Sonntag für seinen Arbeitgeber tätig ist. Von seinem Arbeitgeber erhält C für Samstag eine Überstundenvergütung und für Sonntag einen ganztägigen Freizeitausgleich, den er bereits am Dienstag in Anspruch nimmt. 232

Lösung:

Außer Dienstag sind alle Tage als Arbeitstage zu zählen, da C an diesen Tagen tatsächlich und entgeltlich gearbeitet hat. An dem Dienstag wurde jedoch tatsächlich keine Tätigkeit ausgeübt.

5.4.2 Durchführung der Aufteilung

Das aufzuteilende Arbeitsentgelt (Tz. 5.4, Rz. 228) ist in Bezug zu den tatsächlichen Arbeitstagen (Tz. 5.4.1, Rz. 230) zu setzen. Daraus ergibt sich das Arbeitsentgelt pro tatsächlichem Arbeitstag. Das aufzuteilende Arbeitsentgelt pro tatsächlichem Arbeitstag ist mit den tatsächlichen Arbeitstagen zu multiplizieren, an denen der Arbeitnehmer seine Tätigkeit im anderen Vertragsstaat ausgeübt hat, um den freizustellenden verbleibenden Arbeitslohn zu ermitteln. 233

234 **BEISPIEL 1: GRUNDFALL ZUR AUFTEILUNG NACH TATSÄCHLICHEN ARBEITSTAGEN** ▸ A ist vom 1. Januar 01 bis 31. Juli 01 für seinen deutschen Arbeitgeber in Österreich tätig. Die vereinbarten Arbeitstage des A für das Kj. belaufen sich auf 220 Tage. Tatsächlich übt A jedoch seine vergütete Tätigkeit an 145 Tagen in Österreich und an 95 Tagen in Deutschland aus (240 Tage). Der aufzuteilende Arbeitslohn beträgt 120.000 €.

Lösung:

Der Arbeitslohn ist nach den tatsächlichen Arbeitstagen aufzuteilen. Den tatsächlichen Arbeitstagen im Jahr 01 ist das im Jahr 01 aufzuteilende Arbeitsentgelt i. H. v. 120.000 € gegenüberzustellen. Es ergibt sich ein aufzuteilendes Arbeitsentgelt pro tatsächlichem Arbeitstag i. H. v. 500 € (120.000 € / 240 tatsächliche Arbeitstage). Sofern keine Rückfallklauseln anzuwenden sind, stellt Deutschland Einkünfte i. H. v. 145 x 500 € = 72.500 € unter Progressionsvorbehalt steuerfrei und unterwirft 120.000 € - 72.500 € = 47.500 € (entspricht 95 x 500 €) der deutschen Besteuerung.

A muss im Rahmen der Veranlagung die Anzahl der tatsächlichen Gesamtarbeitstage und die in Österreich verbrachten Arbeitstage nachweisen, da abkommensrechtlich nur insoweit eine Freistellung in Betracht kommt. Der Nachweis der Arbeitstage, an denen im Ansässigkeitsstaat eine Tätigkeit ausgeübt wurde, reicht nicht aus.

235 **BEISPIEL 2: ZWEISTUFIGE ERMITTLUNG DES STEUERFREIEN ARBEITSLOHNS** ▸ A ist vom 1. Januar 01 bis 31. Juli 01 für seinen deutschen Arbeitgeber in Japan tätig. Seinen Familienwohnsitz in Deutschland behält er bei und ist daher während der Tätigkeit in Japan weiterhin in Deutschland i. S. des DBA ansässig. Er erhält im Jahr 01 einen Arbeitslohn einschließlich Weihnachtsgeld und Urlaubsgeld i. H. v. 80.000 €. Für die Tätigkeit in Japan erhält er zusätzlich eine Zulage i. H. v. 30.000 €. A ist im Jahr 01 vertraglich an 200 Tagen zur Arbeit verpflichtet, übt seine vergütete Tätigkeit jedoch tatsächlich an 220 Tagen (davon 140 in Japan) aus.

Lösung:

Deutschland hat für den Arbeitslohn, der auf die Tätigkeit in Japan entfällt, kein Besteuerungsrecht, da sich A länger als 183 Tage innerhalb eines Zwölf-Monats-Zeitraums in Japan aufgehalten hat (Art. 14, 22 Abs. 2 Buchstabe a DBA-Japan). Der steuerfreie Arbeitslohn berechnet sich wie folgt:

Die Zulage i. H. v. 30.000 € ist der Auslandstätigkeit unmittelbar zuzuordnen und deshalb im Inland steuerfrei.

Der übrige Arbeitslohn i. H. v. 80.000 € ist nach den tatsächlichen Arbeitstagen aufzuteilen. Den tatsächlichen Arbeitstagen im Jahr 01 ist das im Jahr 01 aufzuteilende Arbeitsentgelt i. H. v. 80.000 € gegenüberzustellen. Es ergibt sich ein aufzuteilendes Arbeitsentgelt pro tatsächlichem Arbeitstag i. H. v. 363,64 € (80.000 € / 220 tatsächliche Arbeitstage). Dieses Entgelt ist mit den tatsächlichen Arbeitstagen zu multiplizieren, die auf die Tätigkeit in Japan entfallen, hier 140 Tage. Von den 80.000 € Arbeitslohn sind daher 140 x 363,64 € = 50.910 € im Inland steuerfrei.

Der insgesamt steuerfreie Arbeitslohn i. H. v. 80.910 € (30.000 € + 50.910 €) ist nach Abzug von Werbungskosten, die in unmittelbarem wirtschaftlichen Zusammenhang mit der Tätigkeit in Japan angefallen sind, unter Progressionsvorbehalt freizustellen (Art. 22 Abs. 2 Buchstabe a und b DBA-Japan), sofern keine Rückfallklausel anzuwenden ist. Der übrige Arbeitslohn i. H. v. 29.090 € ist im Inland steuerpflichtig.

Dabei ist zu beachten, dass Vergütungen grundsätzlich dem Zeitraum zugeordnet werden müssen, in dem sie erdient bzw. für den sie gezahlt wurden (Erdienungszeitraum). Der Erdienungszeitraum kann kalenderjahrübergreifend zu bemessen sein oder sich – je nach Art der Zahlung – über mehrere Jahre erstrecken (z. B. bei Jubiläumszuwendungen, Mitarbeiteraktienoptionen). 236

Der für die Aufteilung des laufenden Arbeitslohns maßgebliche Erdienungszeitraum ist grundsätzlich das Kj., da der Arbeitnehmer seine Einnahmen aus nichtselbständiger Arbeit regelmäßig erhält, weil er mit dem Arbeitgeber vereinbart hat, seine Arbeitsleistung an einer bestimmten Zahl von Tagen innerhalb eines Jahres zur Verfügung zu stellen. Die vertragliche Vereinbarung einer wöchentlichen Arbeitszeit steht dieser Betrachtungsweise nicht entgegen. 237

Beginnt oder endet das Arbeitsverhältnis während des Kj., so verkürzt sich der Erdienungszeitraum auf die Dauer des Arbeitsverhältnisses während des Kj. Darüber hinaus kann ein vom Kj. abweichender Erdienungszeitraum gegeben sein, wenn ein Arbeitnehmer im Rahmen seines Arbeitsverhältnisses eine neue Funktion ausübt (z. B. Beförderung, Übernahme neuer Aufgaben) und damit eine maßgebliche Veränderung seines Arbeitslohns einhergeht. Hat sich das vereinbarte Gehalt während des Kj. ohne Funktionswechsel verändert (z. B. Tarifanpassung), so kann dieser Veränderung auf Antrag Rechnung getragen werden, in dem durch die erstmalige Auszahlung des veränderten Gehalts der Beginn eines neuen Erdienungszeitraums begründet wird. 238

Aus Vereinfachungsgründen kann bei der Übertragung von Urlaubstagen in ein anderes Kj. von diesem Grundsatz abgewichen werden. Die Vereinfachungsregelung greift jedoch nicht bei der finanziellen Abgeltung von Urlaubsansprüchen. 239

BEISPIEL 3: WIRTSCHAFTLICHE ZUORDNUNG ZU EINEM ERDIENUNGSZEITRAUM BEI GEHALTSVERÄNDERUNGEN ▶ Der in Deutschland ansässige A übt seine Tätigkeit als Ingenieur für einen deutschen Arbeitgeber tatsächlich an 240 Arbeitstagen pro Kj. aus (20 tatsächliche Arbeitstage im Monat). Im Kj. 01 arbeitet er im Februar und März an insgesamt 35 Arbeitstagen tatsächlich in Japan. Für die Monate Januar bis März erhält A ein monatliches Bruttogehalt i. H. v. 5.000 €. Ab April wird er zum Abteilungsleiter befördert und wird in dieser Eigenschaft bis November an insgesamt 150 Tagen in Japan tatsächlich tätig. Mit seiner Beförderung geht eine Gehaltsanpassung auf 7.500 € pro Monat einher. Ab Mai 02 erhält A eine im Tarifvertrag vorgesehene Gehaltsanpassung von 3 % (neues Bruttogehalt 7.725 €). Er war bis zu diesem Zeitpunkt an 80 Arbeitstagen in Japan tätig. Von Juni bis November arbeitete er an 105 Tagen in Japan. 240

Lösung:

Deutschland hat für den Arbeitslohn, der auf die Tätigkeit in Japan entfällt, kein Besteuerungsrecht, da sich A jeweils länger als 183 Tage innerhalb eines Zwölf-Monats-

Zeitraums in Japan aufgehalten hat (Art. 14, 22 Abs. 2 Buchstabe a DBA Japan). Der steuerfreie Arbeitslohn berechnet sich wie folgt:

Jahr 01:

Der im Rahmen der Beförderung zum Abteilungsleiter angefallenen, wesentlichen Gehaltserhöhung ist zwingend Rechnung zu tragen, sodass für die Aufteilung des laufenden Gehalts gesonderte Erdienungszeiträume zu betrachten sind.

Der Erdienungszeitraum für die Tätigkeit als Ingenieur endet am 31. März. Das bis dahin bezogene aufzuteilende Arbeitsentgelt pro Arbeitstag i. H. v. 250 € (15.000 € / 60 tatsächliche Arbeitstage) ist mit den in diesem Zeitraum in Japan verbrachten tatsächlichen 35 Arbeitstagen zu multiplizieren. Von den 15.000 € Arbeitslohn in diesem Zeitraum sind also 35 x 250 € = 8.750 € unter Progressionsvorbehalt steuerfrei.

Der Erdienungszeitraum für die Tätigkeit als Abteilungsleiter umfasst die Monate April bis Dezember. Das aufzuteilende Arbeitsentgelt beträgt 67.500 € (9 x 7.500 €) in diesem Erdienungszeitraum. Daraus ergibt sich ein aufzuteilendes Arbeitsentgelt pro tatsächlichem Arbeitstag i. H. v. 375 € (67.500 € / 180 tatsächliche Arbeitstage), das mit den in diesem Erdienungszeitraum in Japan verbrachten tatsächlichen 150 Arbeitstagen zu multiplizieren ist (150 x 375 € = 56.250 €). Von den 67.500 € Arbeitslohn sind somit in diesem Zeitraum 56.250 € unter Progressionsvorbehalt steuerfrei.

Insgesamt sind vom Arbeitslohn des Jahres 01 i. H. v. 82.500 € also 65.000 € (8.750 € + 56.250 €) unter Progressionsvorbehalt von der deutschen Besteuerung auszunehmen (Art. 22 Abs. 2 Buchstabe a und b DBA-Japan, § 32b Abs. 1 Satz 1 Nr. 3 EStG), soweit nicht § 50d Abs. 8 oder 9 EStG anzuwenden ist.

Jahr 02:

Das Bruttojahresgehalt setzt sich wie folgt zusammen:

Januar - April: 4 x 7.500 € =	30.000 €
Mai - Dezember: 8 x 7.725 € =	61.800 €
= Bruttojahresgehalt:	91.800 €

Das aufzuteilende Arbeitsentgelt pro tatsächlichem Arbeitstag beträgt 382,50 € (91.800 € / 240 tatsächliche Arbeitstage). Insgesamt sind also 70.762,50 € (185 x 382,50 €) unter Progressionsvorbehalt von der Besteuerung auszunehmen.

Auf Antrag könnte A auch geltend machen, dass der tarifvertraglichen Gehaltsveränderung Rechnung zu tragen ist. Insoweit wird auf die Lösung von Jahr 01 verwiesen.

241 **BEISPIEL 4: WIRTSCHAFTLICHE ZUORDNUNG ZU EINEM ERDIENUNGSZEITRAUM BEI GEHALTSNACHZAHLUNGEN** ▶ Der ausschließlich in Deutschland ansässige D übt seine Tätigkeit für einen deutschen Arbeitgeber im Rahmen einer Werkleistungsverpflichtung im Jahr 01 an 30 Tagen bei Kunden in Deutschland und an 200 Tagen bei Kunden in der Schweiz aus. Im Jahr 02 wird er ausschließlich in der Schweiz tätig. Er erhält im Februar 02 eine allgemeine Prämienzahlung für das Jahr 01.

Lösung:

Die Prämienzahlung ist nach den Verhältnissen des Erdienungszeitraums (Jahr 01) aufzuteilen und lediglich zu 200/230 unter Progressionsvorbehalt von der deutschen Besteuerung auszunehmen (Art. 24 Abs. 1 Nr. 1 Buchstabe d DBA-Schweiz, § 32b Abs. 1 Satz 1 Nr. 3 EStG), soweit nicht § 50d Abs. 8 oder 9 EStG anzuwenden ist.

BEISPIEL 5: AUFTEILUNG BEI URLAUBSÜBERTRAGUNG ▸ B ist in 01 und 02 für seinen deutschen Arbeitgeber sowohl im Inland als auch in Schweden tätig. Seinen Familienwohnsitz in Deutschland behält er bei. In beiden Jahren hält sich B länger als 183 Tage in Schweden auf. Die vereinbarten Arbeitstage des B belaufen sich in den Kj. 01 und 02 auf jeweils 220 Tage zuzüglich der vertraglichen Urlaubstage von je 30 Tagen. Der Urlaub von 01 und 02 wurde vollständig in 02 genommen. Die tatsächlichen Arbeitstage in 01 betrugen in Schweden 230 Tage, auf das Inland entfielen 20 Arbeitstage. In 02 entfielen 150 tatsächliche Arbeitstage auf Schweden und 40 tatsächliche Arbeitstage auf das Inland. Der aufzuteilende Arbeitslohn beträgt 50.000 € in 01 und 60.000 € in 02. 242

Lösung:

Deutschland hat für den Arbeitslohn, der auf die Tätigkeit in Schweden entfällt, kein Besteuerungsrecht, da sich B länger als 183 Tage in 01 und 02 in Schweden aufgehalten hat (Art. 15, 23 Abs. 1 Buchstabe a DBA-Schweden). Der steuerfreie Arbeitslohn berechnet sich wie folgt:

Jahr 01:

Die tatsächlichen 250 Arbeitstage setzen sich aus den vertraglich vereinbarten 220 Arbeitstagen und aus den in 01 nicht genommenen 30 Urlaubstagen zusammen. Die so ermittelten 250 tatsächlichen Arbeitstage sind dem aufzuteilenden Arbeitsentgelt von 50.000 € gegenüberzustellen. Das aufzuteilende Arbeitsentgelt pro Arbeitstag beträgt 200 € (50.000 € / 250 tatsächliche Arbeitstage). Dieser Betrag ist mit den Arbeitstagen zu multiplizieren, an denen sich B tatsächlich in Schweden aufgehalten hat. Von den 50.000 € Jahresarbeitslohn sind in 01 daher 46.000 € (230 x 200 €) im Inland steuerfrei und nach Abzug von Werbungskosten, die im Zusammenhang mit der in Schweden ausgeübten Tätigkeit angefallen sind, beim Progressionsvorbehalt zu berücksichtigen, soweit nicht § 50d Abs. 8 oder 9 EStG anzuwenden ist. Der übrige Arbeitslohn i. H. v. 4.000 € ist im Inland steuerpflichtig.

Jahr 02:

Wegen des aus dem Kj. 01 übertragenen Urlaubs sind nur 190 tatsächliche Arbeitstage angefallen. Aus Vereinfachungsgründen kann die wirtschaftliche Zuordnung des auf den Urlaub des Jahres 01 entfallenden Arbeitslohns verzichtet werden. Bei einem Jahresarbeitslohn von 60.000 € im Kj. 02 ergibt sich ein aufzuteilendes Arbeitsentgelt pro Arbeitstag von 315,79 € (60.000 € / 190 tatsächliche Arbeitstage). Im Kj. 02 sind danach insgesamt 47.369 € (150 x 375,79 €) im Inland steuerfrei und beim Progressionsvorbehalt zu berücksichtigen, soweit nicht § 50d Abs. 8 oder 9 EStG anzuwenden ist. Der verbleibende Betrag i. H. v. 12.631 € ist im Inland steuerpflichtig.

BEISPIEL 6: FINANZIELLE ABGELTUNG VON URLAUBSANSPRÜCHEN ▸ Sachverhalt wie Beispiel 5. 243
Der im Jahr 01 in das Jahr 02 übertragene Urlaubsanspruch wird jedoch nicht beansprucht, sondern vom Arbeitgeber im Juli 02 mit einer Einmalzahlung i. H. v. 10.000 € abgegolten. Der Arbeitnehmer übte im Jahr 02 seine Tätigkeit an 150 Arbeitstagen in Schweden und an 70 Arbeitstagen in Deutschland aus.

Lösung:

Jahr 01:

Lösung wie in Beispiel 5 (Rz. 242)

Jahr 02:

B hat im Jahr 02 tatsächlich an 220 Arbeitstagen seine Tätigkeit ausgeübt. Der Urlaub, der mit der Einmalzahlung abgegolten wurde, ist wirtschaftlich dem Jahr 01 zuzuordnen. Folglich sind für diese Einmalzahlung die Verhältnisse des Jahres 01 entscheidend. Im Jahr 02 ergibt sich deshalb folgender unter Progressionsvorbehalt steuerfrei zu stellender Arbeitslohn, soweit nicht

§ 50d Abs. 8 oder 9 EStG anzuwenden ist:

60.000 € x 150/220	=	40.909 €
zzgl. 10.000 € x 230/250	=	9.200 €
steuerfrei zu stellender Arbeitslohn	=	50.109 €

Der übrige Arbeitslohn i. H. v. 19.891 € (70.000 € – 50.109 €) ist der deutschen Besteuerung zu unterwerfen.

244 Erbringt der Arbeitnehmer an einem Arbeitstag seine Tätigkeit nicht ausschließlich im anderen Staat, sondern auch im Ansässigkeitsstaat oder in Drittstaaten (z. B. an Reisetagen, stundenweise Tätigkeit im Homeoffice und am betrieblichen Arbeitsplatz, vgl. Tz. 5.6, Rz. 350), so ist das Arbeitsentgelt für diesen Arbeitstag zeitanteilig aufzuteilen. Dies muss ggf. im Schätzungswege erfolgen. Hierbei ist die tatsächliche Arbeitszeit für diesen Tag zugrunde zu legen.

245 Darüber hinaus ist bei der Aufteilung zu berücksichtigen, dass tatsächliche Arbeitszeiten, die in Transitländern verbracht werden, dem Ansässigkeitsstaat zuzuordnen sind. Zu den Besonderheiten bei Berufskraftfahrern s. Tz. 7, Rz. 380 ff.

246 Die folgenden bilateralen Verständigungsvereinbarungen enthalten besondere Regelungen für untertägige grenzüberschreitende Tätigkeiten von Arbeitnehmern bestimmter Berufsgruppen:

- Verständigungsvereinbarung mit Luxemburg vom 7. September 2011 hinsichtlich Berufskraftfahrern, Lokomotivführern und Begleitpersonal (BMF-Schreiben vom 19. September 2011, BStBl 2011 I S. 849)[1],
- Verständigungsvereinbarung mit der Schweiz vom 9./ 16. Juni 2011 hinsichtlich der Arbeitnehmer im internationalen Transportgewerbe (BMF-Schreiben vom 29. Juni 2011, BStBl 2011 I S. 621).

1 Vgl. Protokoll vom 6. Juli 2023 zur Änderung des Abkommens vom 23. April 2012 zwischen der Bundesrepublik Deutschland und dem Großherzogtum Luxemburg zur Vermeidung der Doppelbesteuerung und Verhinderung der Steuerhinterziehung auf dem Gebiet der Steuern vom Einkommen und vom Vermögen; Stand 2023 noch nicht in Kraft getreten.

Für die Besteuerung des Arbeitslohns von Arbeitnehmern nach dem DBA-Luxemburg vgl. die Verständigungsvereinbarung vom 26. Mai 2011 (BMF-Schreiben vom 14. Juni 2011, BStBl 2011 I S. 576[1]). Der dort verwendete Begriff „Grenzpendler" ist auf alle Sachverhalte anzuwenden, die grenzüberschreitend tätige Arbeitnehmer betreffen und die die in der Verständigungsvereinbarung enthaltenen Voraussetzungen erfüllen. Insbesondere ist es nicht relevant, wo der Arbeitgeber ansässig ist, ob ein Arbeitnehmer für eine Betriebsstätte eines Arbeitgebers aus seinem Ansässigkeitsstaat tätig wird und ob eine regelmäßige Pendelbewegung stattfindet. 247

5.5 Beispiele für die Aufteilung bestimmter Lohnbestandteile

5.5.1 Tantiemen und andere Erfolgsvergütungen

Unabhängig vom Zuflusszeitpunkt werden Erfolgsvergütungen an Arbeitnehmer i. d. R. für eine zuvor ausgeübte unselbständige Tätigkeit gewährt (BFH, Urteil v. 27.1.1972, BStBl 1972 II S. 459). Sofern sie nicht für eine konkrete Tätigkeit in einem Vertragsstaat (z. B. projektbezogene Erfolgsvergütung) gezahlt werden, erfolgt die Aufteilung nach den Grundsätzen in Tz. 5.4 (Rz. 228 ff.). Der maßgebliche Erdienungszeitraum ist der Zeitraum, für den die Erfolgsvergütung gezahlt wird (vgl. Beispiel 4 Rz. 241). 248

5.5.2 Antrittsgeld („Signing Bonus")

Eine bei Abschluss des Arbeitsvertrags fällige Einmalzahlung (Antrittsgeld - „Signing Bonus") gehört zu den Einkünften aus nichtselbständiger Arbeit (§ 19 EStG, § 2 Abs. 2 Nr. 1 LStDV). Ein Antrittsgeld ist damit den Vergütungen aus unselbständiger Arbeit i. S. des Art. 15 Abs. 1 OECD-MA zuzuordnen. 249

Soweit ein Antrittsgeld für eine konkrete noch auszuübende Tätigkeit gewährt wird, richtet sich das Besteuerungsrecht danach, wo die Tätigkeit erbracht werden soll (BFH, Urteil v. 11.4.2018, BStBl 2018 II S. 761). Dementsprechend ist die Vergütung zunächst nach den voraussichtlich tatsächlichen Arbeitstagen des Erdienungszeitraums aufzuteilen. Der Erdienungszeitraum ist in diesem Fall grundsätzlich die Vertragslaufzeit bzw. der Eintritt der Unverfallbar- 250

1 Vgl. Protokoll vom 6. Juli 2023 zur Änderung des Abkommens vom 23. April 2012 zwischen der Bundesrepublik Deutschland und dem Großherzogtum Luxemburg zur Vermeidung der Doppelbesteuerung und Verhinderung der Steuerhinterziehung auf dem Gebiet der Steuern vom Einkommen und vom Vermögen; Stand 2023 noch nicht in Kraft getreten.

keit des Antrittsgeldes. Eine entsprechende Aufteilung ist ggf. im Wege der sachgerechten Schätzung zu ermitteln. Die Steuer ist bis zum Ende des Erdienungszeitraums nach § 165 AO vorläufig festzusetzen. Nach Abschluss des Erdienungszeitraums ist die Zuweisung des Besteuerungsrechts anhand der tatsächlichen Verhältnisse im Erdienungszeitraum zu überprüfen und bei Abweichungen gegenüber den vorläufig angenommenen Verhältnissen, z. B. insbesondere in Bezug auf die tatsächlichen Arbeitstage ggf. zu korrigieren. Die Aufteilung erfolgt nach den Grundsätzen in Tz. 5.4 (Rz. 228 ff.).

251 Muss das Antrittsgeld nach dem Arbeitsvertrag oder etwaiger Nebenabreden nicht zurückgezahlt werden, wenn der Arbeitnehmer das Unternehmen vorzeitig verlässt, fehlt es an einem Erdienungszeitraum, sodass grundsätzlich dem Ansässigkeitsstaat des Arbeitnehmers das Besteuerungsrecht zusteht (Art. 15 Abs. 1 Satz 1 erster Halbsatz OECD-MA). Dies gilt nicht für zeitlich befristete Arbeitsverträge, die der Arbeitnehmer weder vorzeitig auflösen noch kündigen kann; in diesen Fällen bestimmt sich der Erdienungszeitraum entsprechend Rz. 250 nach der Vertragslaufzeit.

5.5.3 Urlaubsentgelte, Urlaubs- und Weihnachtsgeld

252 Urlaubsentgelt (laufende Vergütung), Urlaubs- und Weihnachtsgeld (Vergütungen, die auf den gesamten Berechnungszeitraum entfallen) sind in die Aufteilung einzubeziehen. Dies gilt auch für Bezüge, die für den Verzicht auf den Urlaub gezahlt werden (Urlaubsabgeltung für nicht genommenen Urlaub). Dabei ist der Teil der Urlaubsentgelte im Inland freizustellen, der auf die im Ausland ausgeübte Tätigkeit entfällt (s. Beispiel 6 zu Tz. 5.4.2, Rz. 243).

5.5.4 Nachzahlung für eine frühere aktive Tätigkeit

253 Eine einmalige Zahlung (z. B. Jubiläumszahlung), die eine Nachzahlung für eine frühere aktive Tätigkeit darstellt und anteilig auf die Auslands- und Inlandstätigkeit entfällt, ist nach den Grundsätzen in Tz. 5.4 (Rz. 228 ff.) aufzuteilen (s. Tz. 5.4.2, Beispiel 4, Rz. 241). Für die Zuweisung des Besteuerungsrechts kommt es nicht darauf an, zu welchem Zeitpunkt und wo die Vergütung bezahlt wird, sondern allein darauf, in welchem Umfang sie dem Arbeitnehmer für eine Auslandstätigkeit gezahlt wird (BFH, Urteil v. 5.2.1992, BStBl 1992 II S. 660). Eine Nachzahlung für eine frühere aktive Tätigkeit liegt nicht vor, wenn die einmalige Zahlung ganz oder teilweise der Versorgung dient (BFH, Urteil v. 5.2.1992, BStBl 1992 II S. 660).

5.5.5 Abfindungen und Vergütungen für Diensterfindungen

5.5.5.1 Grundsätze zur Besteuerung von Abfindungen

Abfindungen, die dem Arbeitnehmer anlässlich seines Ausscheidens aus dem Arbeitsverhältnis gezahlt werden (Entlassungsentschädigungen), sind regelmäßig den Vergütungen aus unselbständiger Arbeit i. S. des Art. 15 Abs. 1 OECD-MA zuzuordnen. Unter Abfindungen in diesem Sinne sind Zahlungen zu verstehen, die der Arbeitnehmer als Ausgleich für die mit der Auflösung des Dienstverhältnisses verbundenen Nachteile, insbesondere für den Verlust des Arbeitsplatzes, erhält. Ein zeitlicher Zusammenhang zwischen dem Zufluss der Abfindung und der Beendigung des Arbeitsverhältnisses ist nicht erforderlich, wenn ein sachlicher Zusammenhang gegeben ist. 254

Nach § 50d Abs. 12 EStG gelten Abfindungen, die anlässlich der Beendigung eines Dienstverhältnisses gezahlt werden, für Zwecke der Anwendung eines DBA als für eine frühere Tätigkeit geleistetes zusätzliches Entgelt. Abfindungen sind daher nach § 50d Abs. 12 Satz 1 EStG insoweit im ehemaligen Tätigkeitsstaat des Arbeitnehmers zu besteuern, als diesem für die frühere Tätigkeit nach Art. 15 Abs. 1 OECD-MA ein Besteuerungsrecht zusteht. Maßgeblich für die Anwendung des § 50d Abs. 12 EStG und Art. 15 OECD-MA ist der Zuflusszeitpunkt i. S. des § 11 EStG i.V. m. § 38a Abs. 1 Satz 3 EStG. Für die Anwendung von § 50d Abs. 12 EStG kommt es nicht darauf an, zu welchem Zeitpunkt die Abfindungsvereinbarung getroffen wurde. 255

Trifft das anzuwendende DBA für Abfindungen, die anlässlich der Beendigung eines Arbeitsverhältnisses gezahlt werden, in einer gesonderten Vorschrift ausdrücklich eine von § 50d Abs. 12 Satz 1 EStG abweichende Regelung, sieht § 50d Abs. 12 Satz 2 EStG vor, dass die DBA-Regelung anzuwenden ist. § 50d Abs. 12 Satz 3 EStG regelt insbesondere den Rückfall des Besteuerungsrechts an Deutschland in entsprechender Anwendung des § 50d Abs. 9 Satz 1 Nr. 1 EStG, soweit die Abfindungen im ehemaligen Tätigkeitsstaat aufgrund eines abweichenden DBA-Verständnisses nicht besteuert werden. 256

Die Aufteilung der Abfindungszahlungen soll grundsätzlich nach der Dauer des Arbeitsverhältnisses beim Arbeitgeber erfolgen, da die Höhe der Abfindungszahlung i. d. R. von der Dauer des Arbeitsverhältnisses abhängt. Hat der Arbeitnehmer innerhalb eines Konzerns (ggf. auch mehrfach) den Arbeitgeber gewechselt, sind die Dienstzeiten bei den unterschiedlichen Arbeitgebern zusammenzurechnen, wenn sich die Höhe der Abfindung nach der gesamten Beschäftigungsdauer bemisst. Bei Tätigkeiten in verschiedenen Staaten bilden 257 die jeweiligen Tätigkeitszeiten des Arbeitsverhältnisses die Grundlage für eine anteilige Zuordnung der Abfindungszahlung als nachträgliches Arbeitsentgelt i. S. des Art. 15 Abs. 1 Satz 2 OECD-MA. Dies gilt beispielsweise auch dann, wenn der Arbeitnehmer während dieser Zeit unterschiedliche Positionen (mit jeweils unterschiedlichem Gehaltsniveau) innehatte. Soweit die Tätigkeitsausübung während der gesamten Beschäftigungsdauer im Einzelnen nicht mehr ermittelt werden kann, soll die Abfindungszahlung dennoch so aufgeteilt werden, dass der tatsächlichen Tätigkeitsausübung im Beschäftigungszeitraum möglichst Rechnung getragen wird. Auf die Tätigkeitsausübung in den letzten zwölf Monaten des Beschäftigungsverhältnisses kann grundsätzlich nicht abgestellt werden, es sei denn, dass Tatsachen oder Anhaltspunkte für einen längeren Zeitraum tatsächlich nicht feststellbar sind (Tz. 2.7 des OECD-MK zu Art. 15 OECD-MA).

258 **BEISPIEL:** ▶ Der ausschließlich in Deutschland ansässige Arbeitnehmer A ist seit 1. Januar 01 bei einem deutschen Unternehmen beschäftigt (fünf Jahre). Er wird vom 1. Januar 06 bis zum 31. Dezember 10 zu einem verbundenen Unternehmen (wirtschaftlicher Arbeitgeber) nach Japan entsandt (fünf Jahre). Im Dezember 10 wird das Beschäftigungsverhältnis des A nach zehnjähriger Betriebszugehörigkeit beendet. Er erhält eine Entlassungsabfindung i. H. v. 100.000 €. In dem Zeitraum von 01 bis 05 arbeitete er jeweils 220 Tage im Inland. In dem Zeitraum von 06 bis 10 arbeitete er jeweils 190 Tage in Japan, 20 Tage in Drittstaaten und 10 Tage im Inland.

Lösung:

Der gesamte Erdienungszeitraum bezüglich der Aufteilung der Abfindung ist zu berücksichtigen. Folglich sind die Arbeitstage des gesamten Arbeitsverhältnisses heranzuziehen. Die tatsächlichen Arbeitstage des gesamten Arbeitsverhältnisses betragen 2.200 Arbeitstage (10 x 220 Tage). Davon war A an 950 Arbeitstagen (5 x 190 Tage) in Japan tätig.

Die Entlassungsabfindung ist in Deutschland i. H. v. 43.182 € (100.000 € x 950/2.200) unter Progressionsvorbehalt steuerfrei, soweit nicht § 50d Abs. 8 oder 9 EStG anzuwenden ist (Art. 14 Abs. 1 i. V. m. Art. 22 Abs. 2 Buchstabe a und b DBA-Japan). Das Besteuerungsrecht für die in Drittstaaten ausgeübte Tätigkeit verbleibt bei einer Art. 15 Abs. 2 OECD-MA vergleichbaren Regelung bei Deutschland als Ansässigkeitsstaat. In Deutschland steuerpflichtig sind damit insgesamt 56.818 € (100.000 € abzüglich 43.182 €). § 34 EStG ist sowohl für den steuerpflichtigen Anteil der Einnahmen als auch für den steuerfreien Anteil der Einnahmen (§ 32b Abs. 2 Nr. 2 EStG) zu beachten.

259 Keine Abfindungen im vorstehenden Sinne stellen Zahlungen zur Abgeltung bereits vertraglich erdienter Ansprüche wie z. B. Ausgleichszahlungen für Urlaubs- oder Tantiemeansprüche dar. Diese sind als nachträglicher Arbeitslohn anzusehen und nach den Grundsätzen in Tz. 5.4 (Rz. 228 ff.) aufzuteilen.

Hat eine Abfindung Versorgungscharakter, wird das Besteuerungsrecht entsprechend Art. 18 OECD-MA (Ruhegehälter) zugeordnet. Ob ein solcher Versorgungscharakter vorliegt, richtet sich stets nach dem Grund der Zahlung. Dem zeitlichen Aspekt kann jedoch indizielle Bedeutung zukommen (s. Tz. 6.3, Rz. 363 ff.). 260

Abfindungen zur Ablösung eines Pensionsanspruchs, die während eines laufenden Arbeitsverhältnisses oder bei dessen Beendigung ausgezahlt werden, sind als laufende Vergütungen aus unselbständiger Arbeit nach Art. 15 Abs. 1 OECD-MA zu behandeln und können im Tätigkeitsstaat besteuert werden, sofern diesem im Zeitpunkt des Zuflusses ein Besteuerungsrecht nach Art. 15 Abs. 1 OECD-MA zusteht. Sie können dagegen Versorgungscharakter haben, wenn der Arbeitnehmer höchstens ein Jahr vor dem Eintritt in den gesetzlichen Ruhestand steht. Ein Ruhegehalt kann weiterhin vorliegen, wenn bereits laufende Pensionszahlungen kapitalisiert und in einem Einmalbetrag ausgezahlt werden (BFH, Urteil v. 19.9.1975, BStBl II 1976 S. 65). 261

5.5.5.2 Besteuerung von Abfindungen in Sonderfällen und bei Vorliegen von Konsultationsvereinbarungen

Die steuerliche Behandlung von Abfindungszahlungen kann allerdings von den vorstehenden Grundsätzen abweichen, wenn in einem DBA hierzu eine Sonderregelung enthalten ist, mit dem jeweils betroffenen Vertragsstaat eine Konsultationsvereinbarung bezüglich der Besteuerung von Abfindungen vereinbart wurde oder aus der Fassung des im Abkommen einschlägigen Artikels eine andere Zuordnung abzuleiten ist (z. B. DBA-Frankreich s. Rz. 268). 262

Mit folgenden Staaten wurden Konsultationsvereinbarungen vereinbart, die sich mit der Besteuerung von Abfindungen befassen (Stand: 1.1.2022): 263

- Belgien, - BStBl 2007 I S. 261,
- Luxemburg, - BStBl 2011 I S. 852,
- Österreich, - BStBl 2010 I S. 645,
- Schweiz, - BStBl 2010 I S. 268,
- Vereinigtes Königreich, - BStBl 2011 I S. 1221.

Im Verhältnis zu Belgien, Luxemburg, der Schweiz und dem Vereinigten Königreich richtet sich die steuerliche Behandlung von Abfindungen nach dem Charakter der Abfindungszahlung. Während Abfindungen mit Versorgungscharakter als Ruhegehälter im Ansässigkeitsstaat besteuert werden können, steht das Besteuerungsrecht für Abfindungen, bei denen es sich um Lohn- oder Gehaltsnachzahlungen oder andere Vergütungen aus dem früheren Arbeitsver- 264 hältnis handelt oder die allgemein für das vorzeitige Ausscheiden aus dem Dienst gewährt werden, dem (früheren) Tätigkeitsstaat zu, sofern diesem das Besteuerungsrecht für die aktive Tätigkeit zustand.

265 Zur Aufteilung des Besteuerungsrechts in den Fällen, in denen der Arbeitnehmer in der Zeit vor dem Ausscheiden aus dem Dienst nicht nur in seinem (früheren) Tätigkeitsstaat, sondern auch in seinem Wohnsitzstaat oder in Drittstaaten tätig war, wird auf die oben genannten Konsultationsvereinbarungen mit Belgien, Luxemburg, der Schweiz und dem Vereinigten Königreich verwiesen. Durch den Verweis in § 50d Abs. 12 Satz 3 EStG auf Rechtsverordnungen i. S. des § 2 Abs. 2 AO sind auch die Grundsätze der jeweils einschlägigen Rechtsverordnung uneingeschränkt anzuwenden.

266 Im Verhältnis zu Österreich steht nach der oben genannten Konsultationsvereinbarung das Besteuerungsrecht für Abfindungen aus Anlass der Beendigung des Arbeitsverhältnisses sowie für Urlaubsentschädigungen ungeachtet von deren Charakter stets dem Staat zu, der auch für die Bezüge aus der aktiven Zeit zur Besteuerung berechtigt war.

267 Eine spezielle Regelung für Abfindungszahlungen ist im DBA mit Liechtenstein enthalten (Nr. 5 des Protokolls zu Art. 14 und 17 DBA-Liechtenstein).

268 Unter das DBA-Frankreich fallende Abfindungen, die zur Abgeltung von mit der Auflösung des Arbeitsverhältnisses verbundenen Nachteilen gezahlt werden, sind aufgrund des besonderen Wortlauts des Art. 13 Abs. 1 DBA-Frankreich (abweichend zu den Art. 15 OECD-MA entsprechenden Regelungen und vorbehaltlich etwaiger Sonderregelungen, wie Art. 13 Abs. 5 DBA-Frankreich bei Grenzgängern) auch bereits vor Inkrafttreten von § 50d Abs. 12 EStG ausschließlich im (ehemaligen) Tätigkeitsstaat zu besteuern (BFH-Urteil vom 24. Juli 2013, BStBl II 2014 S. 929). Bei Grenzgängern (s. Tz. 1.2.2.2, Rz. 29) erfolgt die Besteuerung der Abfindung im Ansässigkeitsstaat, soweit der Vergütungsempfänger während seines aktiven Berufslebens mit seinen laufenden Einkünften als Grenzgänger dem Besteuerungsrecht des Ansässigkeitsstaates unterlag.

5.5.5.3 Erfindervergütungen

269 Eine Vergütung für eine sog. Diensterfindung i. S. des § 9 des Gesetzes über Arbeitnehmererfindungen unterliegt als Arbeitslohn i. S. des § 19 EStG grundsätzlich der Steuerpflicht nach innerstaatlichem Recht (BFH-Urteil vom 21. Oktober 2009, BStBl II 2012 S. 493). Dies gilt auch dann, wenn das Arbeitsverhältnis im Zeitpunkt der Zahlung nicht mehr besteht (§ 24 Nr. 2 EStG). Bei diesen Vergütungen liegt, ausgehend von der Qualifikation nach innerstaatlichem

Recht (Art. 3 Abs. 2 OECD-MA), zwar grundsätzlich Arbeitslohn i. S. des Art. 15 OECD-MA vor. Um zusätzliches Entgelt für eine frühere Tätigkeit i. S. des Art. 15 Abs. 1 Satz 2 OECD-MA, für das der Tätigkeitsstaat das Besteuerungsrecht hat, handelt es sich regelmäßig jedoch nicht.

Soweit aber die Vergütungen als konkrete Gegenleistung für eine frühere Arbeitsleistung anzusehen sind, kommt eine Besteuerung im ehemaligen Tätigkeitsstaat in Betracht; ein bloßer Anlasszusammenhang zwischen Zahlung und Tätigkeit reicht hierfür jedoch nicht aus. 270

5.5.6 Optionsrechte auf den Erwerb von Aktien („Stock-Options“)

5.5.6.1 Allgemeines

Das Einräumen von Aktienoptionen ist häufig Bestandteil moderner Vergütungssysteme, wodurch Arbeitnehmer direkt an der Steigerung des Unternehmenswertes („Shareholder-Value“) beteiligt und gleichzeitig an den Arbeitgeber gebunden werden sollen. 271

Aktienoptionen im Rahmen eines Arbeitsverhältnisses liegen vor, wenn ein Arbeitgeber oder eine Konzernobergesellschaft (Optionsgeber) seinen Beschäftigten das Recht einräumt, sich zu einem bestimmten Übernahmepreis am Unternehmen zu beteiligen. Dieses Recht kann zu einem späteren Zeitpunkt durch den Arbeitnehmer ausgeübt und die Beteiligungen damit verbilligt bezogen werden („Stock-Options“). Mitunter wird auch das Recht eingeräumt, dass der Arbeitnehmer das Optionsrecht selbst veräußern darf, ohne vorher die Beteiligung am Unternehmen erworben zu haben. 272

Zum Zeitpunkt der Besteuerung und der Aufteilung des Besteuerungsrechtes existieren international unterschiedliche Rechtsauffassungen. Eingetretene Doppelbesteuerungen können i. d. R. nur durch zwischenstaatliche Streitbeilegungsverfahren (s. Tz. 11, Rz. 423 ff.) beseitigt werden. 273

5.5.6.2 Zuflusszeitpunkt und Höhe des geldwerten Vorteils nach innerstaatlichem Recht

Einnahmen, die nicht als laufender Arbeitslohn gezahlt werden (sonstige Bezüge) gelten nach § 38a Abs. 1 Satz 3 EStG als zugeflossen, wenn ein Arbeitnehmer wirtschaftlich über sie verfügen kann. Dies ist regelmäßig der Fall, wenn die verbilligt überlassenen Aktien in das Eigentum des Arbeitnehmers übergegangen sind (Einbuchung der Aktien in das Depot des Arbeitnehmers). Folglich führt sowohl bei handelbaren als auch bei nicht handelbaren Aktienoptionen 274 grundsätzlich erst die tatsächliche Ausübung („Exercise") der Aktienoption zum Zufluss eines geldwerten Vorteils (BFH-Urteile vom 24. Januar 2001, BStBl 2001 II S. 509, S. 512 und vom 20. November 2008, BStBl II 2009 S. 382). Stimmt der Zeitpunkt der Optionsausübung mit dem Zeitpunkt der Gutschrift der Aktien im Depot des Arbeitnehmers nicht überein, fließt der geldwerte Vorteil erst an dem Tag zu, an dem die Aktien in das Depot des Arbeitnehmers eingebucht werden (BFH-Urteil vom 20. November 2008, BStBl II 2009 S. 382 und BMF-Schreiben vom 16. November 2021, BStBl 2021 I S. 2308, Rz. 25). Nach der im BMF-Schreiben vom 16. November 2021, BStBl 2021 I S. 2308, Rz. 21 enthaltenen Vereinfachungsregelung kann auch auf den Tag der Ausbuchung oder den Vortag der Ausbuchung beim Überlassenden abgestellt werden.

275 Werden die Aktienoptionen in der sog. „Exercise-and-Sell-Variante", d. h. Verkauf der Aktien sofort mit Ausübung des Aktienoptionsrechts, ausgeübt, erfolgt keine Einbuchung in das Depot des Arbeitnehmers. Der Zufluss des geldwerten Vorteils gilt hier bereits grundsätzlich als im Zeitpunkt der Optionsausübung des Aktienoptionsrechts, d. h. konkret am Tag des Zugangs der Ausübungserklärung beim Optionsgeber, bewirkt. Auch in diesen Fällen können private Veräußerungsgewinne entstehen, wenn der Verkaufspreis über dem Ausübungspreis liegt (s. Tz. 5.5.6.3, Rz. 279 ff.).

276 Daneben ist ein Zufluss von Arbeitslohn auch dann zu bejahen, wenn das Optionsrecht vor der Ausübung anderweitig verwertet wird, denn der für den Zufluss von Arbeitslohn maßgebliche geldwerte Vorteil, der in dem auf die Aktien gewährten Preisnachlass besteht, wird insoweit durch den Arbeitnehmer realisiert (BFH-Urteile vom 20. November 2008, BStBl II 2009 S. 382 und vom 20. Juni 2005, BStBl 2005 II S. 770). Eine solche Verwertung liegt insbesondere vor, wenn der Arbeitnehmer die Aktienoption auf einen Dritten überträgt (BFH-Urteil vom 18. September 2012, BStBl II 2013 S. 289).

277 Voraussetzung für den Zufluss von Arbeitslohn bei Aktienoptionen ist eine verbilligte oder unentgeltliche Überlassung der Aktien (geldwerter Vorteil). Der geldwerte Vorteil errechnet sich i. d. R. aus der Differenz zwischen dem Kurswert der Aktien zum Zuflusszeitpunkt (§ 11 Abs. 1 BewG) und dem vom Arbeitnehmer geleisteten Übernahmepreis und ggf. den diesbezüglichen Erwerbsaufwendungen (BFH-Urteile vom 20.11.2008, BStBl II 2009 S. 382 und vom 24.1.2001, BStBl 2001 II S. 509). Es ist in diesem Zusammenhang nicht zu beanstanden, wenn von den Vereinfachungsregelungen nach Rz. 21 des BMF-Schreibens vom 16. November 2021, BStBl 2021 I S. 2308 zur lohnsteuerlichen Behandlung der Überlassung von Vermögensbeteiligungen ab 2021 Gebrauch

gemacht wird. Veränderungen des Kurswertes der Aktien haben auf die Höhe des geldwerten Vorteils keine Auswirkungen. In Ermangelung eines Kurswerts, z. B. bei nicht handelbaren Aktienoptionen, sind die Aktien im Zuflusszeitpunkt mit dem gemeinen Wert anzusetzen (§ 11 Abs. 2 BewG).

Bei der Ermittlung des geldwerten Vorteils ist die Steuerbefreiung i. H. v. 1.440 € nach § 3 Nr. 39 EStG zu berücksichtigen, sofern der Arbeitnehmer die verbilligten Aktienoptionen im Rahmen eines gegenwärtigen Dienstverhältnisses erhält. Zur Besteuerung des geldwerten Vorteils aus Vermögensbeteiligungen bei Kleinstunternehmen sowie der kleinen und mittleren Unternehmen vgl. ab 1. Juli 2021 § 19a EStG. Im Übrigen kommt für steuerpflichtige geldwerte Vorteile aus der Ausübung von Aktienoptionen die Tarifermäßigung des § 34 Abs. 1 EStG i.V. m. Abs. 2 Nr. 4 EStG in Betracht, wenn es sich um Vergütungen für mehrjährige Tätigkeiten handelt (BFH, Urteil v. 24.1.2001, BStBl 2001 II S. 509). Diese liegen vor, wenn die Laufzeit zwischen Einräumung und Ausübung mehr als zwölf Monate betragen hat und das Arbeitsverhältnis nach Einräumung des Optionsrechts mindestens noch zwölf Monate fortbestanden hat. Dagegen muss das Arbeitsverhältnis bei Optionsausübung nicht mehr bestehen. Maßgeblich ist alleine die Laufzeit der einzelnen Aktienoptionen von mehr als zwölf Monaten bei gleichzeitiger Beschäftigung durch den Arbeitgeber. Unschädlich ist es, wenn ein Arbeitnehmer Aktienoptionen nicht vollständig in einem einzigen VZ ausübt (BFH-Urteil vom 18. Dezember 2007, BStBl II 2008 S. 294) oder wiederholt Aktienoptionen eingeräumt und die betreffenden Optionen nicht auf einmal ausgeübt werden. 278

5.5.6.3 Aufteilung des geldwerten Vorteils aus einer Optionsgewährung nach Abkommensrecht

Der geldwerte Vorteil aus einer Optionsgewährung ist den Einkünften aus unselbständiger Arbeit nach Art. 15 OECD-MA zuzuordnen. Diejenigen Einkünfte, die der Arbeitnehmer in seiner Eigenschaft als Anteilseigner nach Ausübung des Optionsrechts aus dem Halten der erworbenen Aktien (z. B. Dividenden) oder ihrer späteren Veräußerung erzielt, sind hingegen Art. 10 bzw. 13 OECD-MA zuzuordnen. 279

Für die Aufteilung des geldwerten Vorteils ist bei Aktienoptionen grundsätzlich danach zu unterscheiden, ob die Option einen Vergangenheits- oder einen Zukunftsbezug aufweist. Für den zugrunde zu legenden Aufteilungszeitraum empfiehlt es sich regelmäßig danach zu differenzieren, ob Aktienoptionen an einer Wertpapierbörse gehandelt werden können oder nicht (handelbare und nicht handelbare Aktienoptionen). Können Optionsrechte lediglich außerhalb einer Wertpapierbörse gehandelt werden, gelten sie als nicht handelbar. 280

281 Handelbare Aktienoptionen werden regelmäßig gewährt, um in der Vergangenheit geleistete Tätigkeiten zu honorieren. Unter Umständen können sie jedoch auch mit Blick auf die Zukunft eingeräumt werden (z. B. mit Verfügungsbeschränkungen). Der geldwerte Vorteil ist bezogen auf den Zeitraum, für den er gewährt wird, nach den Grundsätzen in Tz. 5.4 (Rz. 228 ff.) aufzuteilen.

282 Nicht handelbare Aktienoptionen stellen lediglich die Einräumung einer Chance dar. Der geldwerte Vorteil ist damit bei Zufluss als Vergütung für den ganzen Erdienungszeitraum („Vesting-Period") anzusehen. Der Erdienungszeitraum ist der Zeitraum zwischen der Optionsgewährung („Grant") und der erstmalig tatsächlich möglichen Ausübung des Optionsrechts durch den Arbeitnehmer („Vesting", BFH-Urteil vom 21. Dezember 2022, BStBl II 2023 S. 825). In Fällen, in denen die Optionsausübung jedoch schon bei Optionsgewährung möglich ist, wird eine bereits in der Vergangenheit geleistete Arbeit entlohnt. Entsprechend des einschlägigen Erdienungszeitraums, ist der geldwerte Vorteil nach den Grundsätzen in Tz. 5.4 (Rz. 228 ff.) aufzuteilen.

283 Soweit eine unmittelbare Zuordnung zu der im Inland oder im Ausland ausgeübten Tätigkeit nicht möglich ist, ist das Besteuerungsrecht nach den in der Tz. 5.4 (Rz. 228 ff.) erläuterten Grundsätzen aufzuteilen und der geldwerte Vorteil ggf. zeitanteilig unter Progressionsvorbehalt von der inländischen Besteuerung freizustellen, soweit nicht Rückfallklauseln nach den DBA oder § 50d Abs. 8 bzw. 9 EStG anzuwenden sind:

$$\text{freizustellender geldwerter Vorteil} = \frac{\text{Anzahl der tatsächlichen Arbeitstage im ausländischen Staat, dem für die Tage das Besteuerungsrecht zusteht}}{\text{Tatsächliche Arbeitstage im gesamten Erdienungszeitraum}}$$

284 Befindet sich der Arbeitnehmer im Zeitpunkt der erstmals möglichen Ausübung des Optionsrechts bereits im Ruhestand, ist für die Aufteilung des geldwerten Vorteils nur der Zeitraum von der Gewährung des Optionsrechts bis zur Beendigung der aktiven Tätigkeit als Erdienungszeitraum heranzuziehen. Ist das Arbeitsverhältnis vor der erstmals möglichen Ausübung des Optionsrechts aus anderen Gründen beendet worden (z. B. Auflösung des Arbeitsverhältnisses), ist für die Aufteilung des geldwerten Vorteils der Zeitraum von der Gewährung des Optionsrechts bis zum Ausscheiden des Arbeitnehmers aus dem aktiven Arbeitsverhältnis als Erdienungszeitraum maßgeblich. Dies gilt nicht, soweit der Arbeitnehmer weiterhin im Konzernverbund (§ 15 AktG) beschäftigt bleibt und das Optionsrecht daher weiterhin erdient wird. In diesem Fall zählt auch die Tätigkeit beim verbundenen Unternehmen zum Erdienungszeitraum.

Vorgenannte Ausführungen gelten unbeschadet eines Wechsels der Steuerpflicht des Arbeitnehmers während des Erdienungszeitraums. Maßgeblich ist lediglich, ob der geldwerte Vorteil zum Zeitpunkt des Zuflusses der deutschen Steuerpflicht nach innerstaatlichem Recht unterliegt und der Besteuerungsanspruch nicht durch DBA beschränkt wird. 285

Sofern der Arbeitnehmer jährlich Aktienoptionsrechte erhält, sind die oben genannten Ausführungen für jedes jährlich ausgegebene Optionsrecht zu beachten. 286

BEISPIEL: ▸ Ein in Deutschland ansässiger Arbeitnehmer hat am 1. Juni 01 die nicht handelbare Option auf den Erwerb von 1.000 Aktien seines inländischen Arbeitgebers gewährt bekommen („Grant"). Der Übernahmepreis liegt bei 10 € je Aktie. Der Zeitpunkt der erstmalig möglichen Optionsausübung ist der 1. Juni 03 („Vesting"). Ab dem 1. Januar 02 ist der Arbeitnehmer aufgrund einer Arbeitnehmerentsendung in Spanien tätig und dort mit seinen Arbeitseinkünften steuerpflichtig. Seinen inländischen Wohnsitz behält er während der Entsendung bei. Am 1. September 03 übt der Arbeitnehmer die Aktienoption aus. Der Kurswert der Aktie beträgt zu diesem Zeitpunkt 15 €. Die Aktien werden noch am selben Tag seinem Depot gutgeschrieben. Der Arbeitnehmer hat an 220 Tagen im Jahr seine Tätigkeit tatsächlich ausgeübt. Die Arbeitstage im Erdienungszeitraum („Vesting-Period" 1. Juni 01 bis 1. Juni 03) sind wie folgt zu verteilen: 287

Kalenderjahr	01	02	03
Deutschland	128 Arbeitstage	0	0
Spanien	0	220 Arbeitstage	92 Arbeitstage

Lösung:

Gemeiner Wert der Aktien zum Zuflusszeitpunkt:	15.000 €
./. Übernahmepreis/Erwerbsaufwendungen:	10.000 €
= Steuerpflichtiger geldwerter Vorteil:	5.000 € *)

*) = Auf die Berechnung der Freibeträge wird aus Vereinfachungsgründen verzichtet.

Gesamtarbeitstage im Erdienungszeitraum:	440
in Spanien verbrachte Arbeitstage im Erdienungszeitraum mit einem Besteuerungsrecht für Spanien:	312

Soweit keine Rückfallklausel nach dem DBA oder § 50d Abs. 8 oder 9 EStG anzuwenden ist, beträgt der in Deutschland unter Progressionsvorbehalt steuerfrei zu stellende geldwerte Vorteil (Art. 14 Abs. 1 i.V. m. Art. 22 Abs. 2 Buchstabe a und d DBA-Spanien):

$$5.000\,€ \times \frac{\text{312 Arbeitstage in Spanien}}{\text{440 tatsächliche Gesamtarbeitstage im Erdienungszeitraum}} = 3.546\,€$$

288 **BEISPIEL 2:** ▸ Einem Arbeitnehmer werden von seinem inländischen Arbeitgeber eine Aktienvergütung für die Jahre 01 bis 04 (Erdienungszeitraum) gewährt. Die Aktienvergütung fließt dem Arbeitnehmer zum 31. Dezember 04 zu. In den Jahren 01 und 02 war der Arbeitnehmer ausschließlich in Japan ansässig (Art. 4 Abs. 1 DBA-Japan) und wie folgt jeweils tätig: 185 Tage in Japan, 20 Tage in Deutschland und 15 Tage in Drittstaaten. In den Jahren 03 und 04 war er ausschließlich in Deutschland ansässig und übte seine Tätigkeit ausschließlich in Deutschland aus (jährlich 220 Arbeitstage). In Japan erfolgt keine Besteuerung der Aktienvergütung.

Lösung:

Der Arbeitnehmer ist zum Zeitpunkt des Zuflusses des geldwerten Vorteils aus der Aktienoption in Deutschland unbeschränkt steuerpflichtig, sodass dieser in voller Höhe der Besteuerung nach innerstaatlichem Recht unterliegt. Da der Arbeitnehmer zum Zeitpunkt des Zuflusses der Aktienvergütung in Deutschland ansässig war, wird die inländische Besteuerung nach Art. 14 Abs. 1 DBA-Japan nur eingeschränkt, soweit die Tätigkeit im Erdienungszeitraum (01 bis 04) in Japan ausgeübt wurde und Japan ein Besteuerungsrecht zusteht. Da sich der Arbeitnehmer in 01 und 02 jeweils an mehr als 183 Tagen innerhalb eines Zwölf-Monats-Zeitraums in Japan aufgehalten hat, steht Japan ein Besteuerungsrecht an der Aktienvergütung zu, soweit diese auf die Arbeitstage in Japan entfällt.

Soweit die Aktienvergütung auf die Drittstaatentage und Arbeitstage in Deutschland entfällt, hat Deutschland als Ansässigkeitsstaat das Besteuerungsrecht. In den Jahren 03 und 04 wird die Tätigkeit nur in Deutschland ausgeübt, sodass das deutsche Besteuerungsrecht nicht eingeschränkt wird.

Die Aktienvergütung ist nach Art. 14 Abs. 1 DBA-Japan also zu 370/880 unter Progressionsvorbehalt steuerfrei (Art. 22 Abs. 2 Buchstabe a und b DBA-Japan; § 34 EStG ist jeweils anwendbar), soweit nicht eine Rückfallklausel nach dem DBA, § 50d Abs. 8 oder Abs. 9 EStG anzuwenden ist. Aufgrund der fehlenden Besteuerung der anteiligen Aktienvergütung in Japan, ist die Freistellung nicht zu gewähren (Art. 22 Abs. 2 Buchstabe e Doppelbuchstabe ii DBA-Japan).

5.5.6.4 Weitere Aktienvergütungsmodelle

5.5.6.4.1 Virtuelle Aktienoptionen („Stock-Appreciation-Rights", „Phantom-Stock-Awards")

289 Bei der virtuellen Variante der „Stock-Options" wird auf die tatsächliche Ausgabe von Aktien verzichtet und es werden die finanziellen Auswirkungen entsprechend nachgebildet. Damit werden Neuemissionen sowie die damit verbundene Verwässerung des Aktienkurses und des Stimmrechts vermieden. Im Unterschied zu realen Aktienoptionsplänen besteht im Fall von virtuellen Aktienoptionen („Stock-Appreciation-Rights" oder „Phantom-Stock-Awards") bei Ausübung also kein Recht auf Lieferung von Aktien, sondern ein Recht auf Auszahlung eines Geldbetrages, der sich aus der Kursentwicklung ergibt. Wirtschaftlich betrachtet, stellen die Vergütungen aus den virtuellen Aktienoptio-

nen ein Entgelt für die in der Vergangenheit geleistete Arbeit dar. Die vorgenannten Ausführungen bezüglich des Zuflusses (s. Tz. 5.5.6.2, Rz. 274 ff.) und der Aufteilung (s. Tz. 5.5.6.3, Rz. 279 ff.) gelten entsprechend. Auf die Besonderheiten beim Erdienungszeitraum in Zusammenhang mit Verfügungsbeschränkungen wird hingewiesen (s. Tz. 5.5.6.4.4, Rz. 296 ff.).

5.5.6.4.2 Dividendenäquivalente

Bei virtuellen Aktienvergütungen („Phantom-Shares") kommt es mitunter zur Auszahlung von sog. Dividendenäquivalenten, bei denen entsprechend der Auszahlung von Dividenden an „reale" Aktionäre, auch den Inhabern virtueller Aktien eine entsprechende Zahlung gewährt wird. 290

Maßgebend ist dabei i. d R. allein die Anzahl der zum Auszahlungsstichtag des Dividendenäquivalents gehaltenen Bezugsrechte. Die Auszahlung ist in diesem Fall nicht an weitere Bedingungen (wie z. B. den Verbleib beim Arbeitgeber) geknüpft, sodass auch bei einem Ausscheiden aus dem Unternehmen vor Eintritt der Unverfallbarkeit der virtuellen Aktienoption keine Rückzahlungsverpflichtung des ausgezahlten Dividendenäquivalents besteht. 291

Ein solches Dividendenäquivalent ist nach den Grundsätzen in Tz. 5.4 (Rz. 228 ff.) aufzuteilen. Der Erdienungszeitraum ist der Zeitraum zwischen der Gewährung der Bezugsrechte und des Auszahlungsstichtags (Unverfallbarkeit des Dividendenäquivalents). Aus Vereinfachungsgründen bestehen jedoch keine Bedenken, wenn für den Erdienungszeitraum auf das Kj. abgestellt wird, in dem die Vergütung zufließt. 292

5.5.6.4.3 Aktienoptionsplan mit vorgeschaltetem Wandeldarlehen oder Wandelanleihe (Wandelschuldverschreibung)

Bei einem Wandeldarlehen gewährt der Darlehensgeber (hier: Arbeitnehmer) dem Darlehensnehmer (hier: Arbeitgeber) ein Darlehen, das mit einem Wandlungs- bzw. Umtauschrecht auf Aktien des Darlehensnehmers ausgestattet ist. 293

Eine Wandelanleihe (Wandelschuldverschreibung) ist ein von einer Aktiengesellschaft (hier: Arbeitgeber als Emittent) ausgegebenes verzinsliches Wertpapier, das dem Inhaber (hier: Arbeitnehmer) das Recht einräumt, die Anleihe in Aktien des Emittenten umzutauschen. 294

Bei Ausübung des Wandlungsrechtes im Rahmen des Aktienoptionsplans gelten die in Tz. 5.5.6.1, Rz. 271 ff. genannten Ausführungen entsprechend (BFH-Urteil vom 23. Juni 2005, BStBl 2005 II S. 770). Der Zufluss des geldwerten Vor- 295 teils erfolgt also in dem Zeitpunkt, in dem der Arbeitnehmer die wirtschaftliche Verfügungsmacht über die Aktien erhält und nicht bereits durch Hingabe des Darlehens.

5.5.6.4.4 Verfügungsbeschränkungen („Restrictions“) für Aktien und Aktienanwartschaften

296 Im Gegensatz zu Aktienoptionen handelt es sich bei „Restricted Stocks“ oder „Restricted Shares“ um direkte Übertragungen von Aktien, die gewissen Verfügungsbeschränkungen unterliegen (u. a. Ausschluss von Stimm- und Dividendenbezugsrechten sowie Veräußerungsverbot für einen bestimmten Zeitraum). In vielen Fällen erfolgt die Aktienübertragung aber nicht unmittelbar, sondern den Arbeitnehmern wird zunächst in Aussicht gestellt, in einem späteren Jahr unentgeltlich Aktien ihres Arbeitgebers zu erhalten (Aktienanrechte, „Stock-Awards“, „Restricted Stock-Units“). Voraussetzung ist regelmäßig, dass der Arbeitnehmer zu diesem Stichtag noch bei dem Arbeitgeber (oder bei einem anderen Unternehmen im Konzernverbund) beschäftigt ist. Dabei werden häufig Sammel- oder Sperrdepots für die Mitarbeiter angelegt und eine entsprechende Anzahl an Aktien gutgeschrieben.

297 Sowohl bei direkten Aktienübertragungen als auch bei der Einräumung von Aktienanrechten setzt ein Lohnzufluss die Erlangung von wirtschaftlichem Eigentum beim Arbeitnehmer voraus. Wirtschaftliches Eigentum kann nicht unterstellt werden, wenn umfassende Verfügungsbeschränkungen (z. B. keine Stimm- und Dividendenbezugsrechte in Kombination mit einem Veräußerungsverbot) vereinbart wurden. Deshalb fließt dem Arbeitnehmer der geldwerte Vorteil erst in dem Zeitpunkt zu, in dem die Verfügungsbeschränkungen nicht mehr umfassend sind (z. B. bei Wegfall einzelner Beschränkungen). Ist die Wirksamkeit einer Übertragung der Aktien von der Zustimmung der Gesellschaft abhängig und eine Veräußerung der Aktien für den Arbeitnehmer rechtlich unmöglich, kann dies dazu führen, dass ein Lohnzufluss zunächst nicht gegeben ist (vinkulierte Namensaktien, BFH-Urteil vom 30. Juni 2011, BStBl 2011 II S. 923). Maßgebend sind insoweit die Umstände des Einzelfalls. Ein schuldrechtliches Veräußerungsverbot verhindert den Zufluss nicht, da die Veräußerung (ggf. unter Sanktionierung) rechtlich möglich ist.

298 Dagegen ist von wirtschaftlichem Eigentum des Arbeitnehmers auch auszugehen, wenn der Arbeitnehmer aufgrund einer Sperr- bzw. Haltefrist die Aktien lediglich für eine bestimmte Zeit nicht veräußern kann, ihm aber das Stimmrecht und der Dividendenanspruch unabhängig von der Vereinbarung einer Sperrfrist zustehen. Sperr- oder Haltefristen stehen einem Zufluss von Arbeits-

lohn in diesem Fall nicht entgegen (BFH-Urteil vom 30. September 2008, BStBl II 2009 S. 282). Die Erlangung der wirtschaftlichen Verfügungsmacht erfordert nicht, dass der Arbeitnehmer in der Lage sein muss, den Vorteil sofort durch Veräußerung der Aktien in Bargeld umzuwandeln.

Wegen der grundsätzlichen Zukunftsbezogenheit bei dieser Form der Mitarbeiterbeteiligung wird das Besteuerungsrecht am geldwerten Vorteil auf den Zeitraum zwischen der Einräumung und der Erlangung der wirtschaftlichen Verfügungsmacht (i. d. R. bei Wegfall der Verfügungsbeschränkung) aufgeteilt. Dieser ist somit als Erdienungszeitraum zugrunde zu legen. Kein Zukunftsbezug ist gegeben, wenn die Beteiligung aufgrund von Tätigkeiten in der Vergangenheit gewährt wird und die Übertragung nicht von weiteren Bedingungen wie z. B. der Fortsetzung des Arbeitsverhältnisses bis zu einem bestimmten Zeitpunkt, abhängig ist (sog. unverfallbare „Restricted Stocks"). 299

Die vorgenannten Ausführungen bezüglich des Zuflusses (s. Tz. 5.5.6.2, Rz. 274 ff.) und der Aufteilung (s. Tz. 5.5.6.3, Rz. 279 ff.) gelten entsprechend. 300

5.5.6.5 Anwendung im Lohnsteuerabzugsverfahren

Die Lohnsteuer entsteht nach § 38 Abs. 2 Satz 2 EStG in dem Zeitpunkt, in dem der Arbeitslohn dem Arbeitnehmer zufließt. Der nach § 38 EStG abzugspflichtige Arbeitgeber hat grundsätzlich auch den geldwerten Vorteil aus der Optionsausübung nach den im Zuflusszeitpunkt gegebenen Verhältnissen der Lohnsteuer zu unterwerfen. Die Verpflichtung zum Lohnsteuerabzug trifft ein inländisches Konzernunternehmen als inländischen Arbeitgeber i. S. des § 38 Abs. 1 EStG nach § 38 Abs. 1 Satz 3 EStG auch dann, wenn die ausländische Konzernobergesellschaft die Aktienoptionen gewährt (sog. Arbeitslohn von dritter Seite). 301

Einzelheiten sind im BMF-Schreiben zur „Ermittlung des steuerfreien und steuerpflichtigen Arbeitslohns nach den Doppelbesteuerungsabkommen sowie nach dem ATE im Lohnsteuerabzugsverfahren" vom 14. März 2017, BStBl 2017 I S. 473 geregelt. 302

5.5.7 Kaufkraftausgleich, Standortbonus und Sicherung des Wechselkurses

Gleicht der Arbeitgeber die gegenüber dem bisherigen Ansässigkeitsstaat höheren Lebenshaltungskosten im Tätigkeitsstaat durch Zahlung eines Auslandsverwendungszuschlags/Kaufkraftausgleiches aus und sind die in § 3 Nr. 64 EStG genannten Beträge überschritten, liegt nach innerstaatlichem Recht 303 steuerpflichtiger Arbeitslohn vor, der nach den DBA ausschließlich der Tätigkeit im Tätigkeitsstaat zuzuordnen ist.

304 Der Standortbonus ist eine zusätzliche Vergütung, mit der i. d. R. die Bereitschaft eines Arbeitnehmers zu internationalen Einsätzen, insbesondere an schwierigen Standorten mit vom Wohnsitzstaat abweichenden Lebensbedingungen, gewürdigt werden soll. Vorbehaltlich der Rz. 339 handelt es sich nach innerstaatlichem Recht um Arbeitslohn, der abkommensrechtlich der Tätigkeit im Tätigkeitsstaat direkt zuzuordnen ist.

305 Wird Arbeitslohn in der Währung des Tätigkeitsstaates ausgezahlt, ist er bei Zufluss nach dem von der Europäischen Zentralbank veröffentlichten monatlichen Euro-Durchschnittsreferenzkurs umzurechnen (BFH-Urteil vom 3. Dezember 2009, BStBl II 2010 S. 698; H 8.1 (1-4) „Ausländische Währung" LStH).

306 Gleicht der Arbeitgeber Wechselkursschwankungen in gewissen Zeitabständen aus, indem er wechselkursbezogen einen Mehrbetrag ermittelt, den er an den Arbeitnehmer auszahlt oder einen Minderbetrag ermittelt, den er vom Arbeitnehmer zurückfordert, ist dieser Mehr- oder Minderbetrag in demselben Verhältnis aufzuteilen, in dem das wechselkursgesicherte Gehalt auf den Ansässigkeitsstaat und den Tätigkeitsstaat entfällt.

5.5.8 Entgeltumwandlung zugunsten eines Arbeitszeitkontos

307 Unter den Begriff der Arbeitszeitkonten in diesem Sinne fallen nur sog. Zeitwertkonten (Arbeitsentgeltguthaben). Hierbei vereinbaren Arbeitgeber und Arbeitnehmer, dass künftig fällig werdender Arbeitslohn anstelle einer sofortigen Auszahlung auf einem Zeitwertkonto betragsmäßig erfasst und dem Arbeitnehmer erst im Rahmen einer späteren Freistellung von der weiterhin geschuldeten Arbeitsleistung ausgezahlt wird. Der steuerliche Begriff des Zeitwertkontos entspricht insoweit einer Wertguthabenvereinbarung i. S. des § 7b SGB IV. Die Voraussetzungen für die Anerkennung einer Zeitwertkontenvereinbarung und ihre Besteuerung sind im BMF-Schreiben vom 17. Juni 2009, BStBl 2009 I S. 1286 geregelt. Dies gilt auch bei einem im Ausland ansässigen Arbeitnehmer, der mit seinem dortigen Arbeitgeber eine Zeitwertkontenvereinbarung geschlossen hat und vorübergehend im Inland tätig ist. In diesem Fall wird auch im Rahmen der beschränkten Steuerpflicht (§ 49 Abs. 1 Nr. 4 Buchstabe a EStG) der Zufluss des Arbeitslohns zu einem späteren Zeitpunkt erfasst. Für Vereinbarungen über die Einrichtung von Zeitwertkonten bei Arbeitnehmern, die zugleich als Organe einer Körperschaft bestellt sind (Vorstandsmitglieder, Geschäftsführer) s. BMF-Schreiben vom 8. August 2019, BStBl 2019 I S. 874.

Auf Zahlungen aus Zeitwertkonten an den Arbeitnehmer ist Art. 15 OECD-MA anzuwenden. Das Besteuerungsrecht des Ansässigkeitsstaates besteht danach nur insoweit nicht, als der Arbeitnehmer im anderen Vertragsstaat tätig wird und hierfür Vergütungen bezieht, für die dem Tätigkeitsstaat das Besteuerungsrecht zusteht. Ausgehend von dem engen Veranlassungszusammenhang zwischen Auslandstätigkeit und Vergütungsbezug steht das Besteuerungsrecht für Auszahlungen aus dem Zeitwertkonto dem Vertragsstaat zu, dem das Besteuerungsrecht in der Einbringungsphase aufgrund der ausgeübten Tätigkeit zustand (Erdienungsprinzip). 308

BEISPIEL 1: Arbeitgeber und Arbeitnehmer A sind im Inland ansässig und schließen eine Zeitwertkontenvereinbarung. In 01 wird A für insgesamt 120 (Aufenthalts- und Tätigkeits-)Tage in die ausländische Betriebsstätte seines Arbeitgebers im DBA-Staat B entsandt. Den regulären Arbeitslohn trägt die ausländische Betriebsstätte. Vereinbarungsgemäß wird A nur die Hälfte des Arbeitslohns ausgezahlt, der auf die Auslandstätigkeit entfällt. Der restliche Betrag wird seinem Zeitwertkonto gutgeschrieben; weitere Wertgutschriften erfolgen nicht. In 05 nimmt A sein Guthaben in Anspruch und wird für 60 Arbeitstage von der Verpflichtung zur Arbeitsleistung unter Fortzahlung seiner (seit 01 unveränderten) Bezüge in voller Höhe freigestellt. 309

Lösung:

Dem DBA-Staat B steht nach Art. 15 Abs. 1 Satz 2 und Abs. 2 Buchstabe c OECD-MA das Besteuerungsrecht für diejenigen Vergütungen zu, die A für seine Tätigkeit dort bezogen hat. Dies gilt unabhängig davon, ob der Betrag dem Arbeitnehmer im regulären Zahlungsturnus zufließt oder der Zuflusszeitpunkt durch die Gutschrift auf dem Zeitwertkonto wirksam in die Zukunft verlagert wird. Vorliegend steht dem Staat B das Besteuerungsrecht an den Zahlungen aus dem Zeitwertkonto im Jahr 05 zu. Deutschland stellt die Vergütungen unter Progressionsvorbehalt von der Steuer frei, soweit nicht § 50d Abs. 8 oder 9 EStG anzuwenden sind.

Das Besteuerungsrecht des Tätigkeitsstaates wird nicht dadurch berührt, dass die Voraussetzungen für die steuerliche Anerkennung der Zeitwertkontenvereinbarung später ganz oder teilweise entfallen (BMF-Schreiben vom 17. Juni 2009, BStBl 2009 I S. 1286 „planwidrige Verwendung“). Andererseits steht dies auch einer Berücksichtigung der Zahlungen im Rahmen des Progressionsvorbehalts im VZ des Zuflusszeitpunkts nicht entgegen. 310

Soweit sich der Wert des Arbeitszeitguthabens aus anderen Gründen als den vereinbarten Lohngutschriften erhöht hat, z. B. infolge einer vom Arbeitgeber zugesagten Verzinsung oder aufgrund der erfolgreichen Anlage des Arbeitsentgeltguthabens am Kapitalmarkt (s. § 7d Abs. 3 SGB IV), stellt dieser Wertzuwachs keine Gegenleistung für die im anderen Staat ausgeübte Tätigkeit dar. Insoweit verbleibt das Besteuerungsrecht für Vergütungen, die unter Art. 15 OECD-MA fallen, beim Ansässigkeitsstaat. Vorgenannte Zinsen erhöhen 311 das Guthaben des Zeitwertkontos und sind bei tatsächlicher Auszahlung an den Arbeitnehmer als steuerpflichtiger Arbeitslohn im Ansässigkeitsstaat zu erfassen.

312 Bringt der Arbeitnehmer sowohl nach DBA freigestellten als auch steuerpflichtigen Arbeitslohn in sein Zeitwertkonto ein, gilt im Zeitpunkt der Auszahlung des Arbeitsentgeltguthabens stets der steuerfreie Arbeitslohn als zuerst verwendet. Ist der steuerfreie Arbeitslohn in mehreren Staaten erdient worden, ist er nach den einzelnen Tätigkeitsstaaten aufzuteilen. In diesem Fall gilt bei der Auszahlung des steuerfreien Arbeitslohns aus dem Arbeitsentgeltguthaben der zuerst erdiente steuerfreie Arbeitslohn als zuerst verwendet.

313 **BEISPIEL 2:** Arbeitgeber und Arbeitnehmer A sind im Inland ansässig und schließen eine Zeitwertkontenvereinbarung. Im Jahr 01 wird A insgesamt für 40 (Aufenthalts- und Tätigkeits-)Tage in die ausländische Betriebsstätte seines Arbeitgebers im DBA-Staat B entsandt. Seinen Arbeitslohn trägt die ausländische Betriebsstätte. Vereinbarungsgemäß erhält A für die Auslandstätigkeiten einen Lohnzuschlag i. H. v. 50 %. Dieser wird seinem Zeitwertkonto gutgeschrieben. Der reguläre Lohn wird ausgezahlt. Im Jahr 02 führt A seinem Zeitwertkonto im Inland erdiente Wertgutschriften zu, die eine Freistellung von 20 Arbeitstagen unter Fortzahlung der Bezüge in voller Höhe erlauben. Im Jahr 03 wird A zu den gleichen Konditionen wie im Jahr 01 für 40 (Aufenthalts- und Tätigkeits-)Tage in die ausländische Betriebsstätte seines Arbeitgebers im DBA-Staat C entsandt. Im Jahr 05 nimmt A sein gesamtes Zeitwertguthaben in Anspruch und wird für 60 Arbeitstage von der Verpflichtung zur Arbeitsleistung unter Fortzahlung seiner Bezüge in voller Höhe freigestellt.

Lösung:

Die Entgeltzahlung für die ersten 20 Tage der Freistellung von der Arbeitspflicht speist sich aus dem im DBA-Staat B erdienten steuerfreien Arbeitslohn. Der steuerfreie Arbeitslohn für die folgenden 20 Tage rührt aus der Tätigkeit im DBA-Staat C her. Erst in den letzten 20 Tagen kommt das durch die Inlandstätigkeit erdiente steuerpflichtige Arbeitsentgeltguthaben zur Auszahlung.

314 Im vorstehenden Beispiel ist die Versteuerung im Veranlagungsverfahren 05 auch dann nachgewiesen, wenn der Tätigkeitsstaat den auf dem Zeitwertkonto gutgeschriebenen Lohn einer Besteuerung in 01 unterworfen hat und dies belegt wird (§ 50d Abs. 8 bzw. 9 EStG).

315 Aufgrund der oft langen Zeitspanne zwischen dem Erwerb der Lohnforderung und ihrem Zufluss kommt in diesen Fällen den steuerlichen Nachweispflichten eine besondere Bedeutung zu. Die Feststellungslast trifft im Lohnsteuerabzugsverfahren beide Beteiligte (Arbeitgeber und Arbeitnehmer). § 90 Abs. 2 AO verankert die Verantwortung für die Aufklärung und Beweismittelvorsorge unter den dort genannten Voraussetzungen (s. auch Tz. 5.2, Rn 225, 226). Soweit der Tätigkeitsstaat die Arbeitszeitkontenvereinbarung nicht anerkennt und stattdessen von einem unmittelbaren Zufluss des gutgeschriebenen Ar-

beitslohns ausgeht, reicht es für Zwecke des § 50d Abs. 8 EStG aus, die steuerliche Erfassung im Tätigkeitsstaat zu diesem Zeitpunkt nachzuweisen.

Die vorstehenden Grundsätze finden auf sog. Gleitzeitkonten keine Anwendung, die lediglich der Ansammlung von Mehr- oder Minderarbeitszeit dienen und zu einem späteren Zeitpunkt ausgeglichen werden. Der Zufluss des Arbeitslohns richtet sich nach den allgemeinen Regeln. 316

5.5.9 Steuerausgleichsmechanismen zwischen Arbeitnehmer und Arbeitgeber

5.5.9.1 Steuerausgleich („Tax-Equalization") und Steuerschutz („Tax-Protection" / „Hypo Tax")

Während einer Auslandstätigkeit werden zwischen Arbeitgebern und ihren Arbeitnehmern regelmäßig Steuerausgleichsvereinbarungen geschlossen. Dabei sind der Steuerausgleich („Tax-Equalization", kurz: TEQ) sowie der Steuerschutz („Tax-Protection") die üblichen Methoden. Die einer Arbeitnehmerentsendung zugrundeliegende Steuerausgleichsmethode ergibt sich aus der allgemeinen Entsenderichtlinie des Arbeitgebers (z. B. Konzernbetriebsvereinbarung zu Auslandsentsendungen) sowie den individuell geltenden arbeitsvertraglichen Regelungen (Entsendevertrag/-vereinbarung). 317

Bei der sog. „Tax-Equalization" soll der Arbeitnehmer unabhängig von den im Einsatzstaat geltenden Steuersätzen mit der gleichen Höhe an Steuern belastet werden, die zu entrichten wäre, wenn er im Heimatland verblieben wäre. 318

Bei der sog. „Tax-Protection" werden nur eventuelle Steuernachteile im Einsatzstaat durch den Arbeitgeber ausgeglichen, d. h. der Arbeitgeber übernimmt die Mehrsteuern, wenn diese im Einsatzstaat höher als im Heimatland sind. Sofern der Steuersatz im Einsatzstaat jedoch geringer als im Heimatland ist, kommt der Steuervorteil nicht dem Arbeitgeber, sondern dem Arbeitnehmer zugute. 319

Bei beiden Verfahren kann dem Arbeitnehmer im Rahmen seiner Gehaltsabrechnung eine sog. hypothetische Steuer („Hypo Tax") einbehalten werden. Der Arbeitgeber übernimmt dafür im Gegenzug die (im Einsatzstaat) anfallende tatsächliche Steuer. Der endgültige Betrag der hypothetischen Steuer wird jedoch regelmäßig erst nach Ablauf des Kj. ermittelt, sodass im Veranlagungsverfahren Veränderungen bei der Höhe des Arbeitslohns möglich sind. 320

321 Bei der hypothetischen Steuer handelt es sich nicht um die tatsächlich entrichtete Steuer im Heimat- oder Einsatzstaat, sondern um eine fiktive Rechengröße im Innenverhältnis zwischen Arbeitnehmer und Arbeitgeber, die den Bruttoarbeitslohn mindert. Soweit vom Arbeitgeber eine hypothetische Steuer einbehalten wird, liegt ein Gehaltsabschlag vor, sodass insoweit auch kein Arbeitslohn zufließt. Die Höhe der hypothetischen Steuer ist abhängig von der zwischen Arbeitgeber und Arbeitnehmer getroffenen Einzelvereinbarung und wird regelmäßig unter Berücksichtigung der steuerlichen Verhältnisse des Arbeitnehmers berechnet (z. B. Steuerklasse, Kinderfreibeträge, Werbungskosten, Sonderausgaben etc.).

322 Die hypothetische Steuer wird nicht an die Finanzbehörde abgeführt. Eine Arbeitgeberbescheinigung über den Einbehalt einer hypothetischen Steuer ist daher kein Besteuerungsnachweis i. S. des § 50d Abs. 8 EStG. Maßgebend hierfür sind allein die vom Arbeitgeber gezahlten tatsächlich anfallenden Steuern.

323 Die vom Arbeitgeber für den Arbeitnehmer tatsächlich gezahlte Einkommensteuer ist in voller Höhe jeweils dem Staat (Ansässigkeits- oder Tätigkeitsstaat) als Arbeitslohn zuzuordnen, in dem sie anfällt. Übernimmt der Arbeitgeber darüber hinaus auch Steuern, die auf andere Einkunftsquellen (z. B. weiterer Arbeitgeber) oder andere Einkunftsarten (z. B. Einkünfte aus Kapitalvermögen oder Einkünfte des Ehegatten) erhoben werden, ist der hierauf entfallende Betrag abkommensrechtlich nach den allgemeinen Grundsätzen aufzuteilen. Die allgemeinen Grundsätze gelten auch für die vom Arbeitgeber im Rahmen einer Nettolohnvereinbarung übernommenen Sozialversicherungsbeiträge. Dies gilt unabhängig davon, an welchen Sozialversicherungsträger im Ansässigkeits- oder Tätigkeitsstaat die Beiträge bzw. Zuschüsse gezahlt werden. Insbesondere erfolgt keine direkte Zuordnung nach Tz. 5.3, Rz. 227 aufgrund des Sitzes eines Sozialversicherungsträgers.

324 In Fällen der grenzüberschreitenden Arbeitnehmertätigkeit ist zunächst zu prüfen, ob eine Netto- oder Bruttolohnvereinbarung mit dem Arbeitgeber getroffen wurde. Unter einer Nettolohnvereinbarung ist die Abrede zu verstehen, dass der Arbeitgeber dem Arbeitnehmer ein festgelegtes Nettogehalt auszahlt und sich zugleich verpflichtet, sämtliche oder bestimmte gesetzliche Abgaben (Steuer- und Sozialversicherungsbeiträge) für den Arbeitnehmer zu tragen (BFH-Urteil vom 28. Februar 1992, BStBl 1992 II S. 733). Der Abschluss einer Nettolohnvereinbarung soll klar und einwandfrei feststellbar sein (BFH-Urteil vom 14. März 1986, BStBl 1986 II S. 886). Bei Steuerausgleichsmethoden mit Vereinbarung einer hypothetischen Steuer ist grundsätzlich von einer Netto-

lohnvereinbarung bzw. einer partiellen Nettolohnvereinbarung, bezogen auf die im Einsatzstaat anfallende Steuer, auszugehen.

Im Anschluss ist zu prüfen, ob ein zum Lohnsteuerabzug verpflichteter Arbeitgeber i. S. des § 38 Abs. 1 EStG vorhanden ist: 325

Vorliegen eines inländischen Arbeitgebers (Rz. 325 bis 328): Ein zum Lohnsteuerabzug verpflichteter inländischer Arbeitgeber i. S. des § 38 Abs. 1 EStG liegt in den Fällen der internationalen Arbeitnehmerentsendung vor, wenn das in Deutschland ansässige aufnehmende Unternehmen den Arbeitslohn für die ihm geleistete Arbeit wirtschaftlich trägt oder nach dem Fremdvergleichsgrundsatz hätte tragen müssen (§ 38 Abs. 1 Satz 2 EStG). 326

Sofern dieser inländische Arbeitgeber den Nettolohn auszahlt, ist der Nettolohn des jeweiligen Lohnzahlungszeitraums (= Auszahlungsbetrag), i. d. R. der Arbeitslohn eines Kalendermonats auf einen Bruttolohn „hochzurechnen", sog. „Gross up" (vgl. R 39b.9 LStR). Übernimmt der Arbeitgeber Einkommensteuernachzahlungen des Arbeitnehmers, führt dieser Betrag im Zeitpunkt der Zahlung zum Zufluss von weiterem Arbeitslohn, der auf einen Bruttobetrag „hochzurechnen" ist (BFH-Urteil vom 3. September 2015, BStBl 2016 II S. 31). 327

Aus der Summe der hochgerechneten Arbeitslöhne der einzelnen Lohnzahlungszeiträume (laufende Arbeitslohnzahlungen und ggf. sonstige Bezüge) errechnet sich der gesamte hochgerechnete Brutto-Jahresarbeitslohn eines Kj. Dieser hochgerechnete Betrag ist als steuerpflichtiger Bruttoarbeitslohn unter Nr. 3 bzw. als nach DBA steuerfreier Arbeitslohn unter Nr. 16 a (bei unbeschränkter Steuerpflicht des Arbeitnehmers) in der elektronischen Lohnsteuerbescheinigung auszuweisen. 328

Es liegt kein inländischer Arbeitgeber vor: Sollte der Arbeitgeber im Inland nicht zum Lohnsteuerabzug verpflichtet sein (kein inländischer Arbeitgeber i. S. des § 38 Abs. 1 EStG) und die Zahlung an den Arbeitnehmer in Form einer Nettolohnvereinbarung erfolgen, ist im Rahmen der Veranlagung abweichend von den Rz. 326 bis 328, nur der im jeweiligen Kj. ausgezahlte Nettolohn in die Einkommensteuerveranlagung einzubeziehen (Zuflussprinzip des § 11 EStG). Erst wenn die angefallenen Steuerbeträge später vom ausländischen Arbeitgeber ersetzt werden, ist dieser Betrag erneut der Besteuerung im Rahmen der Einkommensteuerveranlagung zu unterwerfen. Eine Hochrechnung des übernommenen Betrags erfolgt in diesen Fällen nicht. Erhält der Arbeitnehmer ausnahmsweise von seinem Arbeitgeber bereits während des laufenden Kj. Zuschüsse, um seine gegenüber dem Finanzamt fälligen Vorauszahlungen leisten zu können oder überweist der Arbeitgeber die Vorauszahlungen im abgekürzten Zahlungsweg direkt an die für die Veranlagung des Arbeitnehmers zu- 329 ständige Finanzbehörde, liegt auch insoweit bereits zugeflossener Arbeitslohn vor. Eine Hochrechnung ist ebenfalls nicht vorzunehmen.

330 Da die tatsächliche Steuerbelastung in diesen Fällen regelmäßig nicht identisch mit der vom Arbeitgeber einbehaltenen hypothetischen Steuer ist, hat dies nachfolgend dargestellte Auswirkungen auf die steuerliche Behandlung im Inland:

331 **BEISPIEL 1: INLÄNDISCHER ARBEITGEBER** Im Jahr 01 wird ein Nettolohn i. H. v. sechs Monaten je 2.000 € und sechs Monaten je 3.000 € ausgezahlt. Der Jahresnettolohn beträgt demnach 30.000 €. Aus der Einkommensteuerveranlagung für das Jahr 01 ergibt sich eine Nachzahlung von 800 €. Im Entsendevertrag zwischen Arbeitnehmer und Arbeitgeber wurde ein Nettolohn vereinbart, sodass der inländische Arbeitgeber dem Arbeitnehmer diesen Betrag im Jahr 02 ersetzt.

Lösung:

Die vom Arbeitgeber übernommene Einkommensteuernachzahlung ist im Zeitpunkt des Zuflusses (Jahr 02) auf einen Bruttobetrag hochzurechnen (BFH-Urteil vom 3. September 2015, BStBl II 2016 S. 31). Der Arbeitgeber führt die hierauf entfallende Lohnsteuer an das Finanzamt ab. Daneben ist die Einkommensteuerveranlagung des Arbeitnehmers für das Jahr 01 entsprechend zu korrigieren. Sofern sich im Veranlagungsverfahren eine Erstattung ergibt, führt diese zu negativem Arbeitslohn, der nicht auf einen Bruttobetrag hochgerechnet werden kann (BFH-Urteil vom 30. Juli 2009, BStBl II 2010 S. 148).

332 **BEISPIEL 2: INLÄNDISCHER ARBEITGEBER – INBOUND-FALL** Ein im anderen DBA-Staat ansässiger Arbeitnehmer wird von seinem ausländischen Arbeitgeber nach Deutschland entsandt. Der Arbeitnehmer wird für eine inländische Betriebsstätte des ausländischen Arbeitgebers tätig oder übernimmt die Funktion eines ständigen Vertreters i. S. des § 13 AO.

Der Arbeitgeber hat mit dem Arbeitnehmer für das Jahr 01 die Zahlung von Nettolöhnen vereinbart. Aus den Nettosummen der einzelnen Kalendermonate (12 x 2.000 €) ergibt sich eine Jahresnettosumme von 24.000 €. Die hochgerechneten Beträge der einzelnen Kalendermonate ergeben eine Jahresbruttosumme von (12 x 3.200 €) = 38.400 €.

Die Einkommensteuernachzahlung für das Jahr 01 i. H. v. 1.000 € wird im Jahr 02 vom Arbeitgeber auf das Konto des Arbeitnehmers überwiesen. Daraus errechnet sich ein hochgerechneter Betrag von 1.500 €. Dieser hochgerechnete Betrag ist der dazugehörende Bruttoarbeitslohn, der neben dem laufenden Lohn im Lohnkonto und auf der Lohnsteuerbescheinigung des Jahres 02 zu erfassen ist.

Lösung:

In die Einkommensteuerveranlagung sind folgende Beträge einzubeziehen:

Jahr 01:	38.400 € (hochgerechneter laufender Arbeitslohn 01)
Jahr 02:	1.500 € zzgl. hochgerechneter laufender Arbeitslohn 02 zzgl. ggf. hochgerechnete vom Arbeitgeber übernommene ESt-Vorauszahlung/en

ABWANDLUNG: KEIN INLÄNDISCHER ARBEITGEBER – INBOUND-FALL ▶ Wie Beispiel 2, jedoch ist der Arbeitgeber nicht i. S. des § 38 Abs. 1 EStG zum Lohnsteuerabzug verpflichtet. 333

Lösung:

Der Nettoarbeitslohn i. H. v. 24.000 € ist im Rahmen der Einkommensteuerveranlagung des Arbeitnehmers in Deutschland im Jahr 01 anzusetzen. Die sich ergebende deutsche Einkommensteuernachzahlung z. B. i. H. v. 3.100 €, die vom ausländischen Arbeitgeber im Jahr 02 gezahlt wird, ist im Jahr der Zahlung 02 durch den Arbeitgeber beim Arbeitnehmer als geldwerter Vorteil zu erfassen (BFH-Urteil vom 6. Dezember 1991, BStBl II 1992 S. 441).

In die Einkommensteuerveranlagung sind folgende Beträge einzubeziehen:

Jahr 01:	24.000 € (laufender Nettolohn 01)
Jahr 02:	3.100 € zzgl. laufender Nettolohn 02 (zzgl. ggf. vom Arbeitgeber übernommene ESt-Vorauszahlungen)

BEISPIEL 3: OUTBOUND-FALL MIT ÜBERNAHME EINER HÖHEREN AUSLÄNDISCHEN STEUER ▶ Ein im Inland ansässiger Arbeitnehmer wird von seinem inländischen Arbeitgeber zu einer ausländischen Tochtergesellschaft im DBA-Staat A abgeordnet, die auch die Lohnkosten wirtschaftlich trägt. Der Arbeitnehmer behält seinen inländischen Wohnsitz bei. Im Entsendevertrag zwischen Arbeitnehmer und Arbeitgeber wurde die Steuerausgleichsmethode „Tax-Equalization“ vereinbart. Der Bruttolohn des Arbeitnehmers beträgt monatlich 3.000 €. Der monatliche Nettoarbeitslohn (ohne Berücksichtigung der Sozialversicherungsabzüge) vor Beginn der Entsendung beträgt 2.421 € (= 3.000 € abzgl. 579 € Lohnsteuer). Der Arbeitnehmer soll weiterhin den gleichen Nettobetrag erhalten, sodass die hypothetische Steuer während der Entsendung 579 € pro Monat beträgt. Im DBA-Staat A sind monatlich 800 € tatsächliche Steuern für den Arbeitslohnbezug des Arbeitnehmers fällig. 334

Lösung:

Die Lohnabrechnung im Inland sieht vereinfacht wie folgt aus:

Bruttoarbeitslohn	3.000 €
abzgl. hypothetische Steuer im Heimatstaat	579 €
Nettoauszahlungsbetrag	2.421 €

Für Zwecke des Progressionsvorbehalts nach § 32b Abs. 1 Satz 1 Nr. 3 EStG ist der im Ausland erzielte Arbeitslohn wie folgt zu ermitteln:

Nettoauszahlungsbetrag	2.421 €
zzgl. vom Arbeitgeber übernommene tatsächliche Steuern im Einsatzstaat	800 €
Bruttoarbeitslohn	3.221 €

Der Betrag von monatlich 3.221 € ist für Zwecke des Progressionsvorbehalts bei der Ermittlung der deutschen Einkommensteuer anzusetzen. Der Arbeitgeber wird für den Zeitraum der Entsendung mit monatlich 221 € zusätzlich belastet, da er für die Begleichung der tatsächlich anfallenden Steuer im Ausland (800 €) die vom Arbeitnehmer im Innenverhältnis einbehaltene hypothetische Steuer (579 €) nutzt und diese die tatsächliche Steuer nicht deckt.

335 **BEISPIEL 4: OUTBOUND-FALL MIT ÜBERNAHME EINER NIEDRIGEREN AUSLÄNDISCHEN STEUER** ▶ Wie Beispiel 3, jedoch beträgt die monatliche Steuerbelastung im Ausland 250 €.

Lösung:

Die Lohnabrechnung sieht vereinfacht wie folgt aus:

Bruttoarbeitslohn	3.000 €
abzgl. hypothetische Steuer im Heimatstaat	579 €
Nettoauszahlungsbetrag	2.421 €

Für Zwecke des Progressionsvorbehalts nach § 32b Abs. 1 Satz 1 Nr. 3 EStG ist der im Ausland erzielte Arbeitslohn wie folgt zu ermitteln:

Nettoauszahlungsbetrag	2.421 €
zzgl. vom Arbeitgeber übernommene tatsächliche Steuern im Einsatzstaat	250 €
Bruttoarbeitslohn	2.671 €

Der Betrag von monatlich 2.671 € ist für Zwecke des Progressionsvorbehalts bei der Ermittlung der deutschen Einkommensteuer anzusetzen.

Der Arbeitgeber wird für den Zeitraum der Entsendung um monatlich 329 € entlastet, da er für die Begleichung der tatsächlich anfallenden Steuer im Ausland (250 €) die vom Arbeitnehmer im Innenverhältnis einbehaltene hypothetische Steuer (579 €) nutzt und diese die tatsächliche Steuer um 329 € übersteigt.

336 **BEISPIEL 5: VEREINBARUNG EINER „TAX-PROTECTION"** ▶ Wie Beispiel 3 (Rz. 334), jedoch wurde im Entsendevertrag zwischen Arbeitnehmer und Arbeitgeber die Steuerausgleichsmethode „Tax-Protection" vereinbart.

Lösung:

Da die monatliche Steuer im Ausland 800 € beträgt, ist die Steuerbelastung höher als im Inland. Der Arbeitgeber übernimmt daher die im Ausland anfallende Mehrsteuer. Sofern die „Tax-Protection" über den Abzug der hypothetischen Steuer und die Übernahme der tatsächlichen Steuer erfolgt, entspricht der Lösungsweg dem zu Beispiel 3 (Rz. 334).

337 **ABWANDLUNG:** ▶ Sachverhalt wie Beispiel 4, jedoch wurde die „Tax-Protection" vereinbart. Aufgrund der geringeren Steuersätze im Ausland sollen die Steuervorteile (monatlich 329 €) beim Arbeitnehmer verbleiben.

Lösung:

Beträgt die monatliche Steuer im Ausland 250 €, ist die Steuerbelastung niedriger als im Inland. Erfolgt die Durchführung der „Tax-Protection" über den Abzug der hypothetischen Steuer und der Übernahme der tatsächlichen Steuer, ist darauf zu achten, dass der vom Arbeitgeber erstattete Betrag (monatlich 329 €) als Arbeitslohn anzusetzen ist.

Die Lohnabrechnung im Inland stellt sich vereinfacht wie folgt dar:

Bruttoarbeitslohn	3.000 €
abzgl. hypothetische Steuer im Heimatland	579 €
Nettoauszahlungsbetrag	2.421 €

Für Zecke des Progressionsvorbehalts nach § 32b Abs. 1 Satz 1 Nr. 3 EStG ist der im Ausland erzielte Arbeitslohn wie folgt zu ermitteln:

Auszahlungsbetrag	2.421 €
zzgl. der tatsächlich übernommenen Steuern	250 €
zzgl. des Erstattungsbetrages	329 €
Bruttoarbeitslohn	3.000 €

Sofern der Erstattungsbetrag erst im Folgejahr (ggf. als Einmalbetrag) zufließt, ist er in diesem VZ zu berücksichtigen. Auf § 50d Abs. 8 und 9 EStG wird in diesem Zusammenhang hingewiesen.

5.5.9.2 Treuhandmodelle

Von dem vorstehend dargestellten System zu unterscheiden sind Treuhandmodelle, bei denen die Arbeitnehmer freiwillig Beiträge in ein gemeinsames Treuhandvermögen leisten, ohne dass der Arbeitgeber eine Zuschuss- oder Insolvenzpflicht hat und aus diesem Treuhandvermögen die ausländischen Steuern beglichen werden. In diesen Fällen gelten die in das gemeinsame Treuhandvermögen (sog. Steuertopf) von den Arbeitnehmern eingebrachten Beträge, die aus dem geschuldeten Arbeitslohn finanziert werden, als sog. Einkommensverwendung. Denn der Arbeitnehmer hat mit der Einbringung der Beträge Rechtsansprüche gegenüber einem fremden Dritten (Treuhandvermögen) erworben. Damit führen die eingebrachten Beträge nicht zu einer Minderung des Bruttoarbeitslohnes. Die Aufteilung des ungekürzten Bruttoarbeitslohnes in einen steuerpflichtigen- und steuerfreien Teil erfolgt nach allgemeinen Grundsätzen. Im Gegenzug bewirkt die Finanzierung der anfallenden Steuer im Ausland oder in Deutschland aus dem Treuhandvermögen keinen Zufluss von Arbeitslohn. 338

5.5.10 Entsendezulagen

Dient eine Entsendezulage dem Ausgleich von Kosten und Erschwernissen, die durch die Tätigkeit im Staat des aufnehmenden Unternehmens entstehen, ist die Zulage dieser Tätigkeit direkt zuzuordnen. Dagegen ist eine Entsendezulage i. S. der Tz. 5.4, Rz. 228 ff. aufzuteilen, wenn sie eine Vergütung für die Tätigkeit für das aufnehmende Unternehmen darstellt. Die Abgrenzung hat nach den Umständen des Einzelfalls zu erfolgen. 339

Eine widerlegbare Vermutung spricht für eine Zuordnung zum aufzuteilenden verbleibenden Arbeitslohn, wenn die Entsendezulage gewährt wird, obwohl die Tätigkeit über mehrere Monate ausschließlich im Ansässigkeitsstaat des Arbeitnehmers (z. B. im Homeoffice) ausgeübt wird.

5.5.11 Übernahme von bestimmten Aufwendungen durch den Arbeitgeber

340 Die Steuerfreiheit bestimmter Einnahmen nach § 3 EStG (hier z. B. Nr. 13 und 16) ist zu beachten; einige nach § 3 EStG steuerfreie Einnahmen unterliegen nicht dem Progressionsvorbehalt.

341 Zahlungen, die der Arbeitgeber im Hinblick auf einen künftigen internationalen Einsatz des Arbeitnehmers aufwendet, stellen i. d. R. Arbeitslohn dar, der nach Tz. 5.3, Rz. 227 abkommensrechtlich direkt dem Tätigkeitsstaat zuzuordnen ist. Dies sind z. B. Kosten:

- für eine Orientierungsreise, um dem Arbeitnehmer einen Einblick in die Lebensbedingungen am Einsatzort zu geben (z. B. für Unterkunft, Mietwagen, Reisekosten oder Verpflegung),
- für Visa sowie Arbeits- oder Aufenthaltsgenehmigungen,
- für Sprachunterricht oder interkulturelles Training in Bezug auf den rechtlichen, kulturellen, sozialen und wirtschaftlichen Rahmen am Einsatzort (Ausnahmen s. R 19.7 Abs. 2 Satz 4 LStR),
- für medizinische Vorsorge oder sonstige Hilfestellungen und Informationen (u. a. Eröffnung von Bankkonten, Wohnraumbeschaffung).

342 Dies gilt auch für:

- Übergangszuschüsse, die der Arbeitgeber als zusätzliche Leistung an bestimmten Einsatzorten zahlt, um höhere Kosten des Arbeitnehmers in der Orientierungsphase auszugleichen oder
- Ausgleichszahlungen des Arbeitgebers für Verluste des Arbeitnehmers aus privaten Veräußerungen im Wohnsitzstaat anlässlich des internationalen Einsatzes.

343 Übernimmt der Arbeitgeber während des Einsatzes Aufwendungen für den Arbeitnehmer im Tätigkeitsstaat (z. B. für die Unterbringung, die Verpflegung, den Umzug oder den Dienstwagen) oder im Ansässigkeitsstaat (z. B. für die Beibehaltung der bisherigen Wohnung oder deren Aufgabe) oder für Fahrten zwischen beiden Staaten (z. B. „Home-Leave") und dies nur in Fällen des internationalen Einsatzes, liegt insoweit i. d. R. Arbeitslohn vor, der nach Tz. 5.3, Rz. 227 abkommensrechtlich direkt dem Tätigkeitsstaat zuzuordnen ist. Soweit eine Leistung jedoch nicht auf Fälle des internationalen Einsatzes beschränkt ist und auch dem Ansässigkeitsstaat nach Tz. 5.3 nicht direkt zugeordnet werden kann, ist eine Aufteilung i. S. der Tz. 5.4, Rz. 228 ff. vorzunehmen. Dies gilt entsprechend für Zuschüsse, die der Arbeitgeber dem Arbeitnehmer zum Ausgleich für dessen Aufwendungen im Zusammenhang mit

dem Einsatz zahlt (z. B. Unterstützungsleistungen für den Arbeitnehmer und dessen Familie, Zuschüsse bei Anschaffungen). Diese Informationen gehen regelmäßig aus den monatlichen Gehaltsabrechnungen („Payslips") inklusive Schattengehaltsabrechnungen („Shadow-Payroll") des Arbeitnehmers aus dem In- und Ausland hervor.

Die Übernahme von Steuerberatungskosten durch den Arbeitgeber führt i. d. R. 344 zum Zufluss eines geldwerten Vorteils i. H. der tatsächlichen Kosten (inklusive Umsatzsteuer). Hierzu gehören insbesondere sämtliche Leistungen, die mit der Erstellung der Einkommensteuererklärung des Arbeitnehmers oder seiner Angehörigen in Verbindung stehen (z. B. Erstellung der Steuererklärung, Vorbereitungsgespräche, Beantwortung der Fragen des Finanzamts, Steuerbescheidprüfung und Einspruchsverfahren, Beantragung Kindergeld, Beratungsleistungen, VIP-Services etc., BFH-Urteil vom 3. September 2015, BStBl II 2016 S. 31). Der in diesem Zusammenhang zugeflossene Arbeitslohn ist grundsätzlich dergestalt direkt zuzuordnen, dass die Kosten für die Erklärungsabgabe im ggf. bisherigen Ansässigkeitsstaat ausschließlich der Tätigkeit im ggf. bisherigen Ansässigkeitsstaat und die Kosten für die Erklärungsabgabe im Tätigkeitsstaat ausschließlich der Tätigkeit im Tätigkeitsstaat zuzurechnen sind. Erfolgt die Übernahme der Steuerberatungskosten jedoch im ausschließlichen wirtschaftlichen Zusammenhang mit der im Inland oder im Ausland ausgeübten Tätigkeit (z. B. aufgrund ausdrücklicher und auf die Dauer der Entsendung beschränkter Vereinbarung im Entsendevertrag), so ist der hieraus resultierende Lohn ausschließlich dieser Tätigkeit zuzuordnen.

Übernimmt der Arbeitgeber, der mit dem Arbeitnehmer unter Abtretung der 345 Steuererstattungsansprüche eine Nettolohnvereinbarung abgeschlossen hat, die Steuerberatungskosten für die Erstellung der Einkommensteuererklärungen des Arbeitnehmers, wendet er damit regelmäßig keinen Arbeitslohn zu (BFH-Urteil vom 9. Mai 2019, BStBl 2019 II S. 785). Arbeitslohn liegt dagegen regelmäßig vor, soweit die Steuerberatungskosten anderen Einkunftsarten (z. B. Kapitalvermögen oder Vermietung und Verpachtung) als den aus dem Arbeitsverhältnis zum Arbeitgeber oder verbundenen Unternehmen (§ 15 AktG) erzielten Einkünften aus nichtselbständiger Arbeit zuzuordnen sind.

Wird für die Steuerberatungskosten eine pauschale Vergütung je Arbeitneh- 346 mer oder für alle Arbeitnehmer vereinbart, bestehen grundsätzlich keine Bedenken, wenn aus Vereinfachungsgründen auf die Erfassung der anteilig den anderen Einkunftsarten zuzuordnenden Steuerberatungskosten verzichtet wird.

347 Betreffen die Aufwendungen jedoch nur Arbeitgeberleistungen (z. B. Erstellung der Lohnabrechnung und Lohnsteueranmeldung, Steuerausgleichsberechnungen (TEQ), Beratungsleistungen im Zusammenhang mit sozialversicherungsrechtlichen Fragen etc.) handelt es sich um Aufwendungen im sog. überwiegenden betrieblichen Interesse, die beim einzelnen Arbeitnehmer zu keiner Bereicherung führen und insoweit keinen Zufluss von Arbeitslohn darstellen.

348 Stellt der Arbeitgeber dem Arbeitnehmer einen Dienstwagen zur Verfügung, ist der hieraus resultierende geldwerte Vorteil für Privatfahrten und der für Fahrten zwischen Wohnung und erster Tätigkeitsstätte nach dem Veranlassungszusammenhang zuzuordnen. Der anlässlich der Fahrten zwischen Wohnung und erster Tätigkeitsstätte entstehende geldwerte Vorteil ist direkt der Tätigkeit im Ansässigkeitsstaat oder im Tätigkeitsstaat nach Tz. 5.3, Rz. 227 zuzuordnen. Wird dagegen der Dienstwagen allgemein ohne Abhängigkeit von einer bestimmten Tätigkeit im Aus- oder Inland überlassen, handelt es sich um Arbeitslohn, der nicht direkt zugeordnet werden kann (s. Tz. 5.4, Rz. 228 ff.).

349 Übernimmt der Arbeitgeber Aufwendungen für die Reintegration des Arbeitnehmers in den früheren Ansässigkeitsstaat (z. B. für die Unterbringung, die Verpflegung, den Rückumzug) und war der zurückliegende Einsatz in dem anderen Staat von vornherein befristet, liegt insoweit i. d. R. Arbeitslohn vor, der nach Tz. 5.3, Rz. 227 abkommensrechtlich direkt dem Tätigkeitsstaat zuzuordnen ist. Erfolgte dagegen der Einsatz in dem anderen Staat unbefristet, ist die Rückkehr in den Ansässigkeitsstaat regelmäßig durch eine neue Tätigkeit im Ansässigkeitsstaat veranlasst. In diesem Fall sind die Aufwendungen des Arbeitgebers für die Reintegration des Arbeitnehmers in den Ansässigkeitsstaat ggf. dieser neuen Tätigkeit zuzuordnen.

5.6 Außerhalb des vom Arbeitgeber eingerichteten Arbeitsplatzes ausgeübte Tätigkeiten

350 Die unter der Tz. 5.4.2 Rz. 233 ff. dargestellten Grundsätze zur Aufteilung des Besteuerungsrechts über den Arbeitslohn zwischen zwei oder mehreren Staaten sind auch auf Sachverhalte anzuwenden, in denen der Arbeitnehmer seine Tätigkeit oder einen Teil seiner Tätigkeit außerhalb des für ihn im Betrieb eingerichteten Arbeitsplatzes (z. B. Tätigkeiten in den Wohnräumen des Arbeitnehmers oder im Homeoffice) ausübt. Art. 15 OECD-MA sieht hierfür keine besonderen Regelungen vor. Dem folgend enthalten auch deutsche DBA i. d. R. keine Sonderregelungen. Abweichend hiervon können sich aus den Grenzgängerregelungen (vgl. Tz. 1.2.2.2, Rz. 29) andere Rechtsfolgen für die Tätigkeitausübung im Homeoffice ergeben. Zu untertägigen Homeoffice-Aktivitäten, vgl. Tz. 5.4.2, Rz. 244.

BEISPIEL: TÄTIGKEIT IM HOMEOFFICE ▸ Der ausschließlich in Deutschland ansässige Arbeitnehmer D arbeitet für einen in Dänemark ansässigen Arbeitgeber 40 Stunden pro Woche an fünf Tagen die Woche. Von Montag bis Mittwoch übt D die Tätigkeit am betrieblichen Arbeitsplatz in Dänemark aus. Donnerstags arbeitet D vier Stunden in Dänemark und vier Stunden im Homeoffice. Freitags arbeitet D sechs Stunden ausschließlich im Homeoffice. 351

Lösung:

Für D sind in diesen Wochen fünf tatsächliche Arbeitstage zu zählen. Davon übt er 3,5 Tage in Dänemark (Montag bis Mittwoch ganztägig und Donnerstag halbtägig) und 1,5 Tage in Deutschland (Donnerstag halbtägig, Freitag ganztägig) aus. Der Freitag ist ungeachtet der verkürzten Arbeitszeit als voller tatsächlicher Arbeitstag zu berücksichtigen. Soweit nicht § 50d Abs. 8 oder 9 EStG anzuwenden sind, kann der Arbeitslohn, der auf die Arbeitstage in Dänemark entfällt, nach Art. 15 Abs. 1 Satz 2 i.V. m. Art. 24 Abs. 1 Buchstabe a DBA-Dänemark steuerfrei gestellt werden. Soweit der Arbeitslohn auf die im Inland ausgeübten Arbeitstage entfällt, steht dem Ansässigkeitsstaat Deutschland das Besteuerungsrecht zu (Art. 15 Abs. 1 Satz 1 erster Halbsatz DBA-Dänemark).

6 Abkommensrechtliche Beurteilung bestimmter Auslandstätigkeiten

6.1 Organe von Kapitalgesellschaften

Bei der Besteuerung der Organe von Kapitalgesellschaften ist zwischen den geschäftsführenden und den überwachenden Organen zu unterscheiden. 352

Die Vergütungen von geschäftsführenden Organen (z. B. Vorstände und Geschäftsführer) von Kapitalgesellschaften fallen regelmäßig in den Anwendungsbereich des Art. 15 OECD-MA. Der Ort der Geschäftsleitung oder der Sitz der Gesellschaft ist für die Aufteilung des Besteuerungsrechts ebenso wenig relevant wie der Ort, an dem die Tätigkeit „verwertet" wird, da die Mitglieder der Geschäftsleitung abkommensrechtlich ihre Tätigkeit grundsätzlich an dem Ort ausüben, an dem sie sich persönlich aufhalten (BFH-Urteil vom 5. Oktober 1994, BStBl II 1995 S. 95). Soweit der innerstaatliche Besteuerungsanspruch nicht durch diese abkommensrechtliche Regelung beschränkt wird, unterliegt der Arbeitslohn gemäß § 49 Abs. 1 Nr. 4 Buchstabe c EStG auch dann der beschränkten Einkommensteuerpflicht, wenn die geschäftsführenden Organe ihre Aufgaben im Ausland erfüllen. 353

Davon abzugrenzen sind jedoch die Vergütungen der überwachenden Organe von Kapitalgesellschaften (z. B. Aufsichts- und Verwaltungsräte). Dabei handelt es sich innerstaatlich um Einkünfte aus selbständiger Tätigkeit i. S. des § 18 EStG, die abkommensrechtlich unter den Anwendungsbereich des Art. 16 354

OECD-MA fallen. Das Besteuerungsrecht wird regelmäßig dem Ansässigkeitsstaat der Kapitalgesellschaft zugewiesen. Die Doppelbesteuerung wird durch die Anrechnungsmethode vermieden. Soweit der innerstaatliche Besteuerungsanspruch nicht durch die abkommensrechtliche Regelung beschränkt wird, unterliegen die Vergütungen gemäß § 49 Abs. 1 Nr. 3 EStG nur dann der beschränkten Einkommensteuerpflicht, wenn die Tätigkeit im Inland ausgeübt oder verwertet wird oder worden ist oder für die Tätigkeit im Inland eine feste Einrichtung oder eine Betriebsstätte unterhalten wird.

355 In einigen Staaten ist es üblich, dass bestimmte Organe von Kapitalgesellschaften sowohl geschäftsführende als auch überwachende Aufgaben wahrnehmen (z. B. Schweizer Verwaltungsrat, kanadisches Board of Directors). In diesem Fall sind die Vergütungen unter Beachtung von Fremdüblichkeitsgrundsätzen aufzuteilen (BFH-Urteil vom 14. März 2011, BStBl II 2013 S. 73). Soweit die Einnahmen auf die geschäftsführenden Tätigkeiten entfallen, ist das Besteuerungsrecht nach Art. 15 OECD-MA zuzuweisen. Der übrige Teil fällt unter die Anwendung des Art. 16 OECD-MA.

356 Abweichend von den vorstehend genannten Grundsätzen wird in einigen DBA geregelt, dass das Besteuerungsrecht an den Geschäftsführervergütungen dem Ansässigkeitsstaat der Gesellschaft zusteht (z. B. Art. 16 DBA-Belgien, Art. 16 Abs. 2 DBA-Kasachstan, Art. 15 Abs. 2 DBA-Niederlande, Art. 16 DBA-Österreich, Art. 16 Abs. 2 DBA-Polen, Art. 16 DBA-Schweden, Art. 15 Abs. 4 DBA-Schweiz, s. auch Tz. 1.2.2.3, Rz. 30). Bezüglich der Anwendung des Methodenartikels in Zusammenhang mit Art 15 Abs. 4 DBA-Schweiz wird auf das BMF-Schreiben vom 3. Dezember 2013, BStBl 2013 I S. 1610 hingewiesen.

357 Abfindungen wegen Auflösung des Arbeitsverhältnisses unterfallen ebenfalls den vorgenannten Sonderregelungen (BFH-Urteil vom 30. September 2020, BStBl II 2021 S. 275). Soweit gemäß dem anzuwendenden DBA auf die Eigenschaft als Geschäftsführer abzustellen ist, unterliegt die gesamte zugeflossene feste und variable Vergütung einschließlich einer Abfindungszahlung den vorgenannten Sonderregelungen (z. B. Art. 16 Abs. 2 DBA-Polen). Auf das Ende der tatsächlichen Ausübung (z. B. durch Freistellung, Aufkündigung des Geschäftsführervertrages oder Löschung im Handelsregister) kommt es insoweit nicht an (BFH-Urteil vom 30. September 2020, BStBl II 2021 S. 275). Soweit auf die konkrete Tätigkeit der Geschäftsführertätigkeit abzustellen ist, endet die Anwendung des Art. 15 Abs. 4 DBA-Schweiz für Organe von Kapitalgesellschaften bereits dann, wenn die Tätigkeit als leitender Angestellter nachweislich tatsächlich nicht mehr ausgeübt wird (i. d. R. ab Antrag auf Löschung aus dem Handels-

register oder Aufkündigung des Geschäftsführervertrages). Ab diesem Zeitpunkt greift der allgemeine Artikel über unselbständige Arbeit (Art. 15 OECD-MA).

BEISPIEL 1: Der ausschließlich in Deutschland ansässige X arbeitet als Geschäftsführer für eine niederländische Kapitalgesellschaft und als Aufsichtsrat einer belgischen Kapitalgesellschaft. Seine Tätigkeit übt er zu 1/3 in den Niederlanden, zu 1/3 in Belgien und zu 1/3 in Drittstaaten aus. 358

Lösung:

Nach Art. 16 Abs. 1 DBA-Belgien bzw. Art. 15 Abs. 2 DBA-Niederlande steht ungeachtet dessen, ob X in geschäftsführender oder in überwachender Funktion tätig ist, dem jeweiligen Ansässigkeitsstaat der Kapitalgesellschaft das Besteuerungsrecht zu. Dies würde auch dann gelten, wenn X in Deutschland tätig wäre. Nach dem DBA-Niederlande 2012 gilt zudem die Besonderheit, dass die Doppelbesteuerung auch für geschäftsführende Organe nach Art. 22 Abs. 1 Buchst. b Doppelbuchstabe cc durch die Anrechnungsmethode vermieden wird.

In einigen DBA sind aufgrund unterschiedlicher Übersetzungen des Art. 16 zum Teil Organe genannt, die lediglich geschäftsführenden und keinen überwachenden Charakter haben. Da geschäftsführende Tätigkeiten nach deutscher Auffassung jedoch regelmäßig unter Art. 15 OECD-MA fallen, führt dies zu Qualifikationskonflikten, die im Verständigungsverfahren (s Tz. 11) zu lösen sind. Soweit eine doppelte Nichtbesteuerung droht, kann der ausländische Staat – vorbehaltlich einer innerstaatlichen Rechtsgrundlage – mittels einer Spontanauskunft über die drohende Nichtbesteuerung informiert werden. 359

BEISPIEL 2: Der ausschließlich in Deutschland ansässige A ist Geschäftsführer einer in Österreich ansässigen GmbH. A erhält einen Arbeitslohn i. H. v. 120.000 € pro Jahr. Die Tätigkeit übt er an 100 Tagen in Österreich und an 50 Tagen im Homeoffice Deutschland aus. A wird ab September für 90 Tage 360

a) widerruflich von der Arbeit freigestellt;

b) unwiderruflich von der Arbeit freigestellt.

Zum Zeitpunkt der Freistellung hält sich A in Deutschland auf.

Lösung:

Nach Art. 16 Abs. 2 DBA-Österreich steht für alle Vergütungen, die „in der Eigenschaft als Mitglied der Geschäftsführung" erzielt werden, dem Ansässigkeitsstaat der Kapitalgesellschaft das Besteuerungsrecht zu (hier: Österreich). Da Art. 16 Abs. 2 DBA-Österreich keine Vergütung für eine ausgeübte Tätigkeit verlangt, spielt es keine Rolle, ob die Arbeitsfreistellung widerruflich oder unwiderruflich erfolgt und wo sich A während der Arbeitsfreistellung aufhält (s. Tz. 6.2, Rz. 361, 362).

Der Arbeitslohn ist daher vollständig in Deutschland unter Progressionsvorbehalt steuerfrei (Art. 23 Abs. 1 Buchstabe a DBA-Österreich), sofern keine Rückfallklauseln anzuwenden sind (BFH vom 30. September 2020, BStBl II 2021 S. 275).

6.2 Sich-zur-Verfügung-Halten[1],[2]

361 Soweit die Arbeitsleistung in einem Sich-zur-Verfügung-Halten (z. B. Bereitschaftsdienst, Zeiträume der widerruflichen Arbeitsfreistellung im Zusammenhang mit der Beendigung des Arbeitsverhältnisses) besteht, ohne dass es zu einer Tätigkeit kommt, wird die Arbeitsleistung dort erbracht, wo sich der Arbeitnehmer während der Dauer des Sich-zur-Verfügung-Haltens tatsächlich aufhält (BFH-Urteil vom 9. September 1970, BStBl 1970 II S. 867).

362 Im Falle einer unwiderruflichen Arbeitsfreistellung findet dagegen keine Tätigkeitsausübung statt, sodass nach Art. 15 Abs. 1 Satz 1 OECD-MA grundsätzlich der Ansässigkeitsstaat das Besteuerungsrecht an den übrigen Vergütungen innehat. Zeiten der unwiderruflichen Arbeitsfreistellung sind regelmäßig nicht in den Erdienungszeitraum von Vergütungen aus unselbständiger Arbeit einzubeziehen, da eine Ausübung der Tätigkeit nicht mehr stattfinden kann.

6.3 Vorruhestandsgelder

363 Als Vorruhestand wird der Zeitraum zwischen dem Ausscheiden aus dem Berufsleben und dem Erreichen des gesetzlichen Renteneintrittsalters bezeichnet. Laufend ausgezahlte Vorruhestandsgelder haben immer Versorgungscharakter. Sie sind daher dem Art. 18 OECD-MA zuzuordnen und danach im Ansässigkeitsstaat zu besteuern.

364 Erdiente kapitalisierte Vorruhestandsgelder, bei denen ein Versorgungscharakter angenommen werden kann, weil sie kurz (maximal 1 Jahr) vor dem Eintrittsalter nach dem Recht des Quellenstaats in eine gesetzliche Rentenversicherung gezahlt werden, sind dem Art. 18 OECD-MA zuzuordnen. Das Besteuerungsrecht steht daher dem Ansässigkeitsstaat zu.

365 Bei Einmalzahlungen zur Ablösung eines bereits im Arbeitsvertrag vereinbarten Anspruchs auf Vorruhestandsgeld, denen kein Versorgungscharakter beigemessen werden kann, weil sie nicht in einem nahen zeitlichen Zusammenhang vor Erreichen der gesetzlichen Altersgrenze gezahlt werden, handelt es

1 Vgl. Protokoll vom 6. Juli 2023 zur Änderung des Abkommens vom 23. April 2012 zwischen der Bundesrepublik Deutschland und dem Großherzogtum Luxemburg zur Vermeidung der Doppelbesteuerung und Verhinderung der Steuerhinterziehung auf dem Gebiet der Steuern vom Einkommen und vom Vermögen; Stand 2023 noch nicht in Kraft getreten.

2 Vgl. Protokoll vom 21. August 2023 zur Änderung des Abkommens vom 11. August 1971 zwischen der Bundesrepublik Deutschland und der Schweizerischen Eidgenossenschaft zur Vermeidung der Doppelbesteuerung auf dem Gebiete der Steuern vom Einkommen und vom Vermögen; Stand 2023 noch nicht in Kraft getreten.

sich grundsätzlich um Vergütungen aus unselbständiger Arbeit i. S. des Art. 15 Abs. 1 OECD-MA, für die dem Tätigkeitsstaat das Besteuerungsrecht zusteht.

Werden solche Einmalzahlungen aber in einem nahen zeitlichen Zusammenhang mit dem Erreichen des gesetzlichen Renteneintrittsalters geleistet, d. h. innerhalb eines Jahres vor diesem Zeitpunkt, unterfallen sie nicht mehr Art. 15 Abs. 1 OECD-MA. Die Zuordnung des Besteuerungsrechts erfolgt dann über Art. 18 OECD-MA. Liegen andere Umstände für Versorgungsleistungen aus einer Sozialversicherung vor, wie z. B. Berufsunfähigkeit, kann auch bei einem nicht engen zeitlichen Zusammenhang mit dem gesetzlichen Renteneintrittsalter ein Versorgungscharakter der Einmalzahlung angenommen werden und das Besteuerungsrecht nach Art. 18 OECD-MA zuzuordnen sein. 366

Ist ein laufendes Vorruhestandsgeld dagegen nicht in einem Arbeitsvertrag vereinbart und somit nicht durch eine bestimmte Tätigkeit erdient, sondern wird der Anspruch erst im Zusammenhang mit der Auflösung eines Dienstverhältnisses begründet, steht das Besteuerungsrecht nach Art. 18 OECD-MA nicht dem Tätigkeitsstaat, sondern dem Ansässigkeitsstaat im Zeitpunkt der Zahlung zu. 367

6.4 Konkurrenz- oder Wettbewerbsverbot

Vergütungen an den Arbeitnehmer für ein Konkurrenz- oder Wettbewerbsverbot fallen unter Art. 15 OECD-MA. Es handelt sich hierbei um Vergütungen, die für eine in die Zukunft gerichtete Verpflichtung gezahlt werden und nicht der Abgeltung und Abwicklung von Interessen aus dem bisherigen Rechtsverhältnis dienen (BFH-Urteil vom 12. Juni 1996, BStBl 1996 II S. 516). Die Arbeitsleistung, das Nicht-Tätigwerden, wird in dem Staat erbracht, in dem sich der Arbeitnehmer während der Dauer des Verbotes aufhält. Die Fiktion eines Tätigkeitsortes unabhängig von der körperlichen Anwesenheit, beispielsweise in dem Staat, in dem der Steuerpflichtige nicht tätig werden darf, ist nicht möglich (BFH-Urteil vom 5. Oktober 1994, BStBl II 1995 S. 95). Hält sich der Arbeitnehmer während dieses Zeitraums in mehreren DBA-Staaten auf, ist das Entgelt entsprechend aufzuteilen. 368

Im Verhältnis zu Österreich werden Zahlungen anlässlich eines im Rahmen der Auflösung des Dienstverhältnisses vereinbarten Wettbewerbsverbots (Karenzentschädigung) dem vormaligen Tätigkeitsstaat in dem Verhältnis zugewiesen, in dem die für die zuvor ausgeübte Tätigkeit bezogenen Einkünfte dort der Besteuerung unterlegen haben (§ 5 KonsVerAUTV, BStBl I 2011 S. 144). Im Verhältnis zur Schweiz sind die Besonderheiten der Konsultationsvereinbarung zu Abfindungen (BStBl I 2010 S. 268) auf Zahlungen im Zusammenhang mit einem bei Auflösung eines Dienstverhältnisses vereinbarten Wettbewerbsverbot sinngemäß anzuwenden. 369

6.5 Altersteilzeit nach dem Blockmodell

370 Für Arbeitnehmer besteht im Rahmen des Altersteilzeitgesetzes unter bestimmten Voraussetzungen die Möglichkeit, ihre Arbeitszeit zu halbieren. Beim sog. Blockmodell schließt sich dabei an eine Phase der Vollzeitarbeit (Arbeitsphase) eine gleich lange Freistellungsphase an. Das Arbeitsverhältnis besteht bis zum Ende der Freistellungsphase weiter fort. Der Arbeitgeber zahlt dem Arbeitnehmer für die von ihm geleistete Tätigkeit Arbeitslohn.

371 Den Anspruch auf Zahlung des Arbeitslohns während der Freistellungsphase erwirbt der Arbeitnehmer dabei durch seine Tätigkeit in der Arbeitsphase.

372 Der Arbeitslohn in der Arbeits- und in der Freistellungsphase stellt eine Vergütung i. S. des Art. 15 OECD-MA dar. In der Freistellungsphase handelt es sich dabei einheitlich um nachträglich gezahlten Arbeitslohn (BFH-Urteil vom 12. Januar 2011, BStBl 2011 II S. 446), der nach den Grundsätzen der Tz. 5.4 aufzuteilen ist. Dabei ist als Erdienungszeitraum der Zeitraum der Arbeitsphase zugrunde zu legen.

373 Der Arbeitslohn wird durch den sog. Aufstockungsbetrag erhöht. Dabei wird der Aufstockungsbetrag nicht für die im Ausland geleistete Tätigkeit gezahlt, sondern für die Bereitschaft des Arbeitnehmers, eine Altersteilzeitvereinbarung mit dem Arbeitgeber einzugehen. Diese ist unabhängig von der Auslandstätigkeit des Arbeitnehmers vereinbart. Der Wert der Auslandsarbeit des Arbeitnehmers wird durch die Zahlung des Aufstockungsbetrags nicht erhöht, da der Arbeitnehmer im Ausland keine andere Tätigkeit erbringt als diejenige, die er ohne Altersteilzeitvereinbarung erbringen würde. Als solche Vergütung fällt der Aufstockungsbetrag als Arbeitslohn nicht in das Besteuerungsrecht des Tätigkeitsstaates, sondern verbleibt ausschließlich beim Ansässigkeitsstaat. Ist Deutschland der Ansässigkeitsstaat, ist eine Steuerbefreiung nach § 3 Nr. 28 EStG (s. auch R 3.28 Abs. 3 LStR) zu prüfen.

374 Dies gilt auch für Grenzgänger i. S. des Art. 13 Abs. 5 DBA-Frankreich, des Art. 15 Abs. 6 DBA-Österreich und des Art. 15a DBA-Schweiz, unabhängig davon, dass ein Grenzgänger während der Freistellungsphase nicht mehr regelmäßig über die Grenze pendelt.

375 **BEISPIEL 1:** Der inländische Arbeitnehmer A ist für seinen im Inland ansässigen Arbeitgeber B tätig. Zwischen A und B ist für die Jahre 01 und 02 eine Altersteilzeit nach dem Blockmodell vereinbart, d. h. das erste Jahr umfasst die Arbeitsphase und das zweite Jahr die Freistellungsphase. A arbeitet im Jahr 01 an 60 Arbeitstagen in einer Betriebsstätte seines Arbeitgebers in Korea. Der Arbeitslohn wird während dieser Zeit von der Betriebsstätte getragen. Die übrigen 180 Arbeitstage ist A im Inland

tätig. Seinen inländischen Wohnsitz behält A bei und auch die Freistellungsphase verbringt A ausschließlich im Inland.

Lösung:

In 01 steht Korea als Tätigkeitsstaat des A das Besteuerungsrecht anteilig für 60/240 der Vergütungen zu, da die Voraussetzung des Art. 15 Abs. 2 Buchstabe c DBA-Korea nicht erfüllt ist. Deutschland stellt die Vergütungen insoweit unter Progressionsvorbehalt frei, soweit nicht § 50d Abs. 8 bzw. 9 EStG anzuwenden sind. Für die übrigen 180/240 der Vergütungen steht Deutschland das Besteuerungsrecht zu. Entsprechend dieser Aufteilung in der Arbeitsphase steht das Besteuerungsrecht für die Vergütungen des A in der Freistellungsphase in 02 zu 60/240 Korea und zu 180/240 Deutschland zu. Da der Aufstockungsbetrag nicht für die Tätigkeit in Korea gezahlt wird, verbleibt das Besteuerungsrecht diesbezüglich im Ansässigkeitsstaat Deutschland. Die Steuerfreiheit ist unter Beachtung von § 3 Nr. 28 EStG und R 3.28 Abs. 3 LStR zu prüfen.

BEISPIEL 2: Der in Dänemark ansässige Arbeitnehmer A ist für seinen im Inland ansässigen Arbeitgeber B tätig. Zwischen A und B ist für die Jahre 01 und 02 eine Altersteilzeit nach dem Blockmodell vereinbart, d. h. das erste Jahr umfasst die Arbeitsphase und das zweite Jahr die Freistellungsphase. A arbeitet während der Arbeitsphase ausschließlich in Deutschland. 376

Lösung:

In 01 steht Deutschland als Tätigkeitsstaat des A das Besteuerungsrecht an den Vergütungen in vollem Umfang zu, da die Voraussetzungen des Art. 15 Abs. 2 Buchstabe a und b DBA-Dänemark nicht erfüllt sind. Dementsprechend steht auch das Besteuerungsrecht für die Vergütungen des A in der Freistellungsphase in 02 nur Deutschland zu. Da der Aufstockungsbetrag nicht für die Tätigkeit in Deutschland gezahlt wird, verbleibt das Besteuerungsrecht diesbezüglich im Ansässigkeitsstaat Dänemark.

BEISPIEL 3: Arbeitnehmer A ist für seinen im Inland ansässigen Arbeitgeber B tätig. Zwischen A und B ist für die Jahre 01 und 02 eine Altersteilzeit nach dem Blockmodell vereinbart, d. h. das erste Jahr umfasst die Arbeitsphase und das zweite Jahr die Freistellungsphase. Im Jahr 01 hat A seinen Wohnsitz in Deutschland und arbeitet auch ausschließlich im Inland. Anfang 02 zieht A nach Spanien. 377

Lösung:

In 01 unterliegt A im Inland der unbeschränkten Steuerpflicht. Es liegt kein grenzüberschreitender Sachverhalt vor, sodass ein DBA nicht zu beachten ist. In 02 in der Freistellungsphase unterliegt A mit den Vergütungen für die ehemals in Deutschland geleistete Tätigkeit der beschränkten Steuerpflicht in Deutschland, weil insoweit inländische Einkünfte i. S. des § 49 Abs. 1 Nr. 4 Buchstabe a EStG vorliegen. Nach Art. 14 Abs. 1 DBA-Spanien steht für diese Vergütungen ausschließlich Deutschland das Besteuerungsrecht zu, da die Tätigkeit in der Arbeitsphase in Deutschland ausgeübt wurde und die Voraussetzungen des Art. 14 Abs. 2 DBA-Spanien nicht erfüllt sind. Da der Aufstockungsbetrag nicht für eine Tätigkeit im In- oder Ausland gezahlt wird, unterliegt er im Jahr 01(Arbeitsphase) der Besteuerung im Ansässigkeitsstaat Deutschland und im Jahr 02 (Freistellungsphase) der Besteuerung im Ansässigkeitsstaat Spanien.

6.6 Betriebliche Altersversorgung

378 Eine betriebliche Altersversorgung nach dem BetrAVG liegt vor, wenn dem Arbeitnehmer aufgrund seines Arbeitsverhältnisses vom Arbeitgeber Leistungen oder Beiträge zur Absicherung mindestens eines biometrischen Risikos (Alter, Tod, Invalidität) zugesagt werden und Ansprüche auf diese Leistungen erst mit dem Eintritt des biologischen Ereignisses fällig werden (§ 1 BetrAVG). Die Zusage des Arbeitgebers muss somit einem im BetrAVG geregelten Versorgungszweck dienen, die Leistungspflicht nach dem Inhalt der Zusage durch ein im Gesetz genanntes biologisches Ereignis ausgelöst werden und durch die vorgesehene Leistung ein im Gesetz angesprochenes biometrisches Risiko teilweise übernommen werden (BMF-Schreiben vom 12. August 2021, BStBl 2021 I S. 1050). Im Rahmen einer betrieblichen Altersversorgung ist zwischen der Anspar- und der Leistungsphase zu unterscheiden. In der Ansparphase vom Arbeitgeber geleistete Beiträge oder Zuschüsse zu einer externen betrieblichen Altersversorgung stellen nach innerstaatlichem Recht Arbeitslohn dar, wenn der Arbeitnehmer gegenüber der Versorgungseinrichtung, an die der Arbeitgeber die Beiträge leistet, einen unentziehbaren Rechtsanspruch auf die Leistung erwirbt. Das Besteuerungsrecht dieser Beiträge zu einer betrieblichen Altersversorgung bestimmt sich regelmäßig nach Art. 15 OECD-MA. Soweit keine Steuerfreiheit, z. B. nach § 3 Nr. 63 EStG (vgl. Rz. 36 ff. BMF-Schreiben vom 12. August 2021, BStBl 2021 I S. 1050), besteht, ist das Besteuerungsrecht nach den Grundsätzen der Tz. 5.4, Rz. 228 aufzuteilen. Bei einer internen Durchführung der betrieblichen Altersversorgung (z. B. Direktzusage durch den Arbeitgeber) liegt in der Ansparphase nach innerstaatlichem Recht kein Arbeitslohn vor.

379 Das Besteuerungsrecht in der Leistungsphase richtet sich bei interner oder externer Durchführung der betrieblichen Altersversorgung i. d. R. nach Art. 18 oder 21 OECD-MA (s. Tz. 1.2.2.3, Rz. 31). Dies gilt i. d. R. auch dann, wenn der vertraglich vereinbarte Versorgungsfall (Alters-, Invaliditäts-, oder Hinterbliebenenversorgung nach dem BetrAVG eingetreten ist und die Versorgungsleistung in einem Einmalbetrag ausgezahlt wird. Ist der Versorgungsfall hingegen nicht eingetreten, gelten die allgemeinen Grundsätze der Rz. 261 (Einmalzahlung zur Abfindung einer Ruhegehaltsanwartschaft).

7 Besonderheiten bei Berufskraftfahrern

7.1 Allgemeines

Berufskraftfahrer halten sich während der Arbeitsausübung in oder bei ihrem Fahrzeug auf (BFH-Urteil vom 31. März 2004, BStBl 2004 II S. 936). Das Fahrzeug ist daher ihr Ort der Arbeitsausübung. Der Ort der Arbeitsausübung des Berufskraftfahrers bestimmt sich nach dem jeweiligen Aufenthalts- oder Fortbewegungsort des Fahrzeugs (BFH-Beschluss vom 1. Juni 2022, BStBl 2022 II S. 646). Zu den Berufskraftfahrern i. S. dieses Schreibens zählen auch Auslieferungsfahrer, nicht aber Reisevertreter. Fahrten zwischen der Wohnung und dem Standort des Fahrzeugs gehören nicht zur beruflichen Tätigkeit des Berufskraftfahrers i. S. der DBA. 380

7.2 Arbeitgeber im Inland

Sind der Berufskraftfahrer und der Arbeitgeber im Inland ansässig und wird der Arbeitslohn nicht von einer ausländischen Betriebsstätte getragen, ist der Anwendungsbereich der DBA nicht betroffen, soweit die Vergütungen aus unselbständiger Arbeit auf Tätigkeiten des Berufskraftfahrers in Deutschland entfallen. Diese Vergütungen unterliegen der inländischen unbeschränkten Einkommensteuerpflicht. 381

Soweit der Berufskraftfahrer seine Tätigkeit in einem anderen Staat ausübt, ist anhand der 183-Tage-Klausel zu prüfen, welchem der beiden Vertragsstaaten das Besteuerungsrecht für die auf das Ausland entfallenden Einkünfte zusteht. 382

Die Berechnung der 183-Tage-Frist ist dabei für jeden Vertragsstaat gesondert durchzuführen. In Abweichung von den Regelungen in Tz. 4.2.2, Rz. 109 führt die von einem Berufskraftfahrer ausgeübte Fahrtätigkeit dazu, dass auch Anwesenheitstage der Durchreise in einem Staat bei der Ermittlung der 183-Tage-Frist als volle Tage der Anwesenheit in diesem Staat zu berücksichtigen sind. Durchquert der Fahrer an einem Tag mehrere DBA-Staaten, so zählt dieser Tag für Zwecke der Ermittlung der 183-Tage-Frist in jedem dieser Staaten als voller Anwesenheitstag. 383

Für die Ermittlung und Zuordnung des Arbeitslohns gelten die Ausführungen der Tz. 5.2 bis 5.5 (Rz. 225 bis Rz. 349) entsprechend. Hält sich der Berufskraftfahrer an einem Arbeitstag nicht ausschließlich im anderen Staat auf (z. B. an Reisetagen), so ist das Arbeitsentgelt für diesen Arbeitstag zeitanteilig aufzuteilen. Dies muss ggf. im Schätzungswege erfolgen. Hierbei ist die tatsäch- 384 liche Arbeitszeit für diesen Tag zugrunde zu legen. Steht dem anderen Staat kein Besteuerungsrecht nach Art. 15 Abs. 2 Buchstabe a OECD-MA zu, ist das Arbeitsentgelt nicht aufzuteilen.

385 **BEISPIEL:** Der in München wohnhafte Berufskraftfahrer A nimmt seine Fahrt morgens in München auf und fährt über Österreich nach Italien. Von dort kehrt er am selben Tage über die Schweiz nach München zurück.

Lösung:

Bei Berufskraftfahrern sind auch Tage der Durchreise als volle Anwesenheitstage im jeweiligen Staat zu berücksichtigen. Für die Ermittlung der 183-Tage-Fristen nach den jeweiligen DBA ist damit für Österreich, Italien und die Schweiz jeweils ein Tag zu zählen.

7.3 Arbeitgeber oder arbeitslohntragende Betriebsstätte im Ausland

386 In den Fällen, in denen der Berufskraftfahrer in Deutschland, sein Arbeitgeber aber in dem anderen Vertragsstaat ansässig ist, steht Deutschland das Besteuerungsrecht für die Vergütungen des Berufskraftfahrers aus unselbständiger Arbeit zu, soweit die Vergütungen auf Tätigkeiten des Berufskraftfahrers im Inland entfallen.

387 Soweit der Berufskraftfahrer seine Tätigkeit in dem Staat ausübt, in dem der Arbeitgeber ansässig ist, ist die Anwendung des Art. 15 Abs. 2 OECD-MA ausgeschlossen, da die Voraussetzungen des Art. 15 Abs. 2 Buchstabe b OECD-MA nicht vorliegen. Mit jedem Tätigwerden des Berufskraftfahrers im Ansässigkeitsstaat des Arbeitgebers steht diesem als Tätigkeitsstaat insoweit das Besteuerungsrecht zu (Art. 15 Abs. 1 OECD-MA).

388 Übt der Berufskraftfahrer seine Tätigkeit in einem Drittstaat aus, d. h. weder in Deutschland noch in dem Staat, in dem der Arbeitgeber ansässig ist, steht das Besteuerungsrecht für die auf den Drittstaat entfallenden Arbeitsvergütungen im Verhältnis zum Ansässigkeitsstaat des Arbeitgebers Deutschland als Ansässigkeitsstaat des Berufskraftfahrers zu. Besteht mit dem jeweiligen Drittstaat ein DBA, ist im Verhältnis zu diesem Staat nach diesem DBA zu prüfen, welchem Staat das Besteuerungsrecht zusteht. Soweit die Tätigkeit im jeweiligen Drittstaat an nicht mehr als 183 Tagen ausgeübt wird, verbleibt das Besteuerungsrecht regelmäßig bei Deutschland.

389 Die vorstehenden Ausführungen gelten sinngemäß für die Fälle, in denen der Arbeitgeber in Deutschland oder in einem Drittstaat ansässig ist, die Arbeitsvergütungen aber von einer Betriebsstätte im Tätigkeitsstaat getragen werden (s. Tz. 4.4, Rz. 213 ff.). Für die Ermittlung und Zuordnung des Arbeitslohns gel-

ten die Ausführungen der Tz. 5.2 bis 5.5, Rz. 224 bis 349 entsprechend. Hält sich der Berufskraftfahrer an einem Arbeitstag nicht ausschließlich im anderen Staat auf (z. B. an Reisetagen), so ist das Arbeitsentgelt für diesen Arbeitstag zeitanteilig aufzuteilen. Dies muss ggf. im Schätzungswege erfolgen. Hierbei ist die tatsächliche Arbeitszeit für diesen Tag zugrunde zu legen.

BEISPIEL: Der im Inland ansässige Arbeitnehmer A ist für seinen in Österreich ansässigen Arbeitgeber als Berufskraftfahrer tätig. Im Jahr 01 war A das ganze Jahr über im Inland tätig. Lediglich zwei Arbeitstage hat A in Österreich und zwei Arbeitstage in Italien verbracht. A ist kein Grenzgänger i. S. von Art. 15 Abs. 6 DBA-Österreich. 390

Lösung:

Deutschland hat als Ansässigkeitsstaat des A das Besteuerungsrecht für die Vergütungen, die auf die Arbeitstage entfallen, an denen A seine Tätigkeit in Deutschland ausgeübt hat (Art. 15 Abs. 1 DBA-Österreich). Zudem hat Deutschland das Besteuerungsrecht für die Vergütungen, die auf die in Italien verbrachten Arbeitstage entfallen, da sich A nicht mehr als 183 Tage in Italien aufgehalten hat (Art. 15 Abs. 2 DBA-Italien). Dagegen wird Österreich das Besteuerungsrecht für die Vergütungen zugewiesen, die auf die Tage entfallen, an denen A in Österreich seine Tätigkeit ausgeübt hat (Art. 15 Abs. 1 Satz 2, Abs. 2 Buchstabe b DBA-Österreich). Insoweit stellt Deutschland die Einkünfte unter Progressionsvorbehalt frei (Art. 23 Abs. 1 Buchstabe a DBA-Österreich), soweit nicht § 50d Abs. 8 bzw. 9 EStG anzuwenden sind.

7.4 DBA mit Sonderregelung zu Berufskraftfahrern[1]

Die in Art. 14 Abs. 3 DBA-Spanien enthaltene Sonderregelung für Personal auf Schiffen und Flugzeugen umfasst auch Personal auf Straßenfahrzeugen im internationalen Verkehr (Tz. 8, Rz. 392 ff.). 391

8 Personal auf Schiffen und Flugzeugen

8.1 Allgemeines

Die DBA enthalten für Einkünfte des Bordpersonals von Seeschiffen und Luftfahrzeugen im internationalen Verkehr sowie des Bordpersonals von Binnenschiffen häufig gesonderte Bestimmungen. 392

Die meisten von Deutschland vereinbarten DBA enthalten eine Bestimmung, welche Art. 15 Abs. 3 OECD-MA 2014 entspricht. Danach steht für Einkünfte aus unselbständiger Tätigkeit des Bordpersonals von Luftfahrzeugen und von 393

1 Vgl. Protokoll vom 6. Juli 2023 zur Änderung des Abkommens vom 23. April 2012 zwischen der Bundesrepublik Deutschland und dem Großherzogtum Luxemburg zur Vermeidung der Doppelbesteuerung und Verhinderung der Steuerhinterziehung auf dem Gebiet der Steuern vom Einkommen und vom Vermögen; Stand 2023 noch nicht in Kraft getreten.

Seeschiffen, die im internationalen Verkehr betrieben werden, sowie von Binnenschiffen das Besteuerungsrecht dem Vertragsstaat zu, in dem sich der Ort der tatsächlichen Geschäftsleitung des die Luftfahrt oder Schifffahrt betreibenden Unternehmens befindet (z. B. Art. 15 Abs. 3 DBA-Dänemark, Art. 13 Abs. 2 DBA-Frankreich, Art. 14 Abs. 3 DBA-Spanien). Art. 15 Abs. 3 OECD-MA 2014 folgt der Regelung für Unternehmensgewinne aus dem Betrieb von Schiffen und Luftfahrzeugen entsprechend Art. 8 OECD-MA 2014. Folglich kann regelmäßig der Vertragsstaat die Vergütungen an das Bordpersonal besteuern, bei dem sie die Bemessungsgrundlage für die Gewinnbesteuerung mindern. Ein Schiff oder Luftfahrzeug wird von dem Unternehmen betrieben, welches die Beförderungsleistung erbringt.

394 Was unter „internationalem Verkehr" zu verstehen ist, ergibt sich i. d. R. aus den allgemeinen Begriffsbestimmungen des jeweils anzuwendenden DBA (vgl. Art. 3 Abs. 1 Buchstabe e OECD-MA). In abkommensrechtlicher Hinsicht ist bei Schiffen als Binnenverkehr jeder „Verkehr" zu Wasser anzusehen, der ausschließlich auf Binnengewässern stattfindet, die geografisch innerhalb des Festlandes liegen, d. h. auf Flüssen, Kanälen oder Seen. Wird das Bordpersonal von Schiffen oder Luftfahrzeugen sowohl im Binnenverkehr als auch im internationalen Verkehr tätig, ist eine Aufteilung im Verhältnis der Einsatzzeiten sachgerecht.

395 Liegen die Voraussetzungen einer gesonderten Bestimmung für Vergütungen von Bordpersonal im anzuwendenden DBA nicht vor, weil z. B. kein Betrieb im internationalen Verkehr vorliegt, gelten die allgemeinen Bestimmungen entsprechend Art. 15 Abs. 1 und 2 OECD-MA (s. Tz. 3, Rz. 99 und Tz. 4, Rz. 101 ff.).

396 Mit der Neufassung des Art. 15 Abs. 3 im OECD-MA 2017 hat sich die Zuweisung des Besteuerungsrechts und der Anwendungsbereich der Bestimmung geändert. Nach der Neufassung wird zwischen Schiffen im internationalen Verkehr und Schiffen im Binnenverkehr nicht mehr unterschieden. Diese Bestimmung gilt damit auch für Vergütungen für an Bord von Binnenschiffen ausgeübte unselbständige Arbeit, wenn diese im internationalen Verkehr i. S. des Art. 3 Abs. 1 Buchstabe e OECD-MA 2017 betrieben werden. Zudem wird das Besteuerungsrecht ausschließlich dem Ansässigkeitsstaat des Besatzungsmitglieds zugewiesen und nicht mehr dem Staat, in dem sich der Ort der Geschäftsleitung des Luftfahrt- oder Schifffahrtsunternehmen befindet (z. B. Art. 14 Abs. 3 DBA-Vereinigtes Königreich 2010, Art. 15 Abs. 3 DBA-USA).

397 Im Verhältnis zu den Niederlanden ist zu beachten, dass vor dem VZ 2016 und ab dem VZ 2017 der Geschäftsleitungsstaat des Unternehmens das Besteuerungsrecht nach Art. 10 Abs. 3 DBA-Niederlande a. F. bzw. Art. 14 Abs. 4 DBA-

Niederlande 2012 i.d.F. des Protokolls vom 11. Januar 2016 (BGBl. II S. 866) hat. Im VZ 2016 steht nach Art. 14 Abs. 4 des in diesem VZ gültigen DBA-Niederlande 2012 vorbehaltlich der Übergangsregelung des Art. 33 Abs. 6 DBA-Niederlande 2012 dem Ansässigkeitsstaat des Arbeitnehmers das Besteuerungsrecht zu.

Einige DBA enthalten eine von Art. 15 Abs. 3 OECD-MA 2014 abweichende Bestimmung (z. B. Art. 15 Abs. 3 DBA-Schweiz, s. Tz. 8.2.2, Rz. 410) oder sehen anstelle der Freistellungsmethode die Anrechnungsmethode vor (z. B. Art. XVII Abs. 2 Nr. 2 Buchstabe a Doppelbuchstabe dd DBA-Griechenland oder Art. 23 Abs. 1 Buchstabe b Doppelbuchstabe ee DBA-Österreich). Soweit ein DBA keine Sonderregelung für das Bordpersonal von Schiffen und Luftfahrzeugen enthält, sind die allgemeinen Bestimmungen entsprechend Art. 15 Abs. 1 und 2 OECD-MA anzuwenden (z. B. DBA mit Liberia und mit Trinidad und Tobago s. Tz. 8.2.1, Rz. 403 ff.). Mit einigen Staaten bestehen darüber hinaus Sonderabkommen betreffend die Einkünfte von Schifffahrts- und/oder Luftfahrtunternehmen, die auch Bestimmungen für die Vergütungen des Bordpersonals enthalten können (z. B. Abkommen mit der Insel Man und Saudi-Arabien). 398

Die Anwendung der gesonderten Bestimmungen für reguläres Bordpersonal von Schiffen oder Luftfahrzeugen ist nicht auf die tatsächlich an Bord ausgeübte Tätigkeit beschränkt, sondern umfasst auch die damit zusammenhängenden Tätigkeiten am Boden bzw. an Land, wie z. B. das sog. „Briefing" und den Sicherheitscheck (BFH-Urteil vom 20. Mai 2015, BStBl 2015 II S. 808). 399

Personal einer Betreibergesellschaft von Fahrzeugen im Wasser- oder Luftverkehr, das jedoch nach den Gesamtverhältnissen des Einzelfalls nicht als reguläres Bordpersonal angesehen werden kann, wie z. B. Hafenarbeiter oder Lotsen, fällt nicht unter die gesonderte Bestimmung des Art. 15 Abs. 3 OECD-MA. 400

In Fällen der Vercharterung eines vollständig ausgerüsteten und bemannten Schiffes oder Luftfahrzeugs können sowohl der Vercharterer (unabhängig von der Nutzung durch den Charterer) als auch der Charterer als Betreiber Gewinne aus Beförderungsleistungen i. S. des Art. 8 OECD-MA erzielen. Entsprechendes gilt im Falle einer Untervercharterung. Auch hier ist ggf. der Vertragsstaat zur Besteuerung der Vergütungen an die Besatzungsmitglieder nach Art. 15 Abs. 3 OECD-MA 2014 berechtigt, in dem der Ort der Geschäftsleitung desjenigen Unternehmens liegt, das als wirtschaftlicher Arbeitgeber anzusehen ist. Nur ein solches Unternehmen kann für die Anwendung einer Art. 15 Abs. 3 OECD-MA 2014 maßgeblich sein. Welches Unternehmen der wirtschaftliche Arbeitgeber ist, ist im Einzelfall unter Berücksichtigung des wirtschaftlichen Gehalts und der tatsächlichen Durchführung der jeweils zugrundeliegenden 401

Vereinbarungen zu prüfen. In Fällen der Vercharterung durch ein verbundenes Unternehmen gelten die Kriterien gemäß Tz. 4.3.3.3, Rz. 151 und anderenfalls die Kriterien gemäß Tz. 4.3.4.1, Rz. 191. Vorstehendes gilt nicht für den Vercharterer, der das Schiff oder Luftfahrzeug leer vermietet (z. B. sog. „Bare-Boat-Charter").

402 Die Anwendung des Art. 15 Abs. 3 OECD-MA 2014 setzt voraus, dass das maßgebliche Unternehmen i. S. des Art. 8 OECD-MA wirtschaftlicher Arbeitgeber und Betreiber des Schiffs oder Luftfahrzeugs ist, auf welchem der Arbeitnehmer tätig wird (BFH-Urteil vom 11. Februar 1997, BStBl 1997 II S. 432). Sind Arbeitnehmerverleihunternehmen (sog. Shipmanagement- oder Crewingunternehmen) wirtschaftliche Arbeitgeber, ist Art. 15 Abs. 3 OECD-MA 2014 nicht anzuwenden, da diese Unternehmen das Schiff oder Luftfahrzeug nicht selbst betreiben (BFH-Urteil vom 10. November 1993, BStBl II 1994 S. 218). Für die Anwendung des DBA-Zypern siehe Tz. 8.2.5 Rz. 413.

8.2 Beispiele für Regelungen, die vom OECD-MA 2014 abweichen

8.2.1 DBA-Liberia/DBA-Trinidad und Tobago

403 Das DBA-Liberia enthält keine besondere Regelung für Vergütungen des Bordpersonals von Schiffen oder Luftfahrzeugen, daher sind die allgemeinen Regelungen des Art. 15 Abs. 1 und 2 DBA-Liberia anzuwenden. Demnach gilt Folgendes:

404 Gemäß Art. 15 Abs. 1 DBA-Liberia steht das Besteuerungsrecht dem Ansässigkeitsstaat zu, es sei denn, die Tätigkeit wird im anderen Vertragsstaat ausgeübt. Soweit in Deutschland ansässige Besatzungsmitglieder ihre Tätigkeit auf einem Schiff unter liberianischer Flagge ausüben und sich das Schiff im Hoheitsgebiet von Liberia oder auf hoher See aufhält, ist Liberia als Tätigkeitsstaat anzusehen. Nach Seerecht wird eine Tätigkeit in internationalen Gewässern dem Staat zugeordnet, dessen Flagge das Schiff trägt. Hält sich das Schiff dagegen im Hoheitsgebiet Deutschlands auf, steht das Besteuerungsrecht für die darauf entfallenden Einkünfte Deutschland zu, weil insoweit der Ansässigkeitsstaat des Arbeitnehmers zugleich dessen Tätigkeitsstaat ist. Hält sich das Schiff in den Hoheitsgewässern von Drittstaaten auf, kann das deutsche Besteuerungsrecht aufgrund eines DBA zugunsten eines dritten Staates beschränkt sein.

Für den Teil der Einkünfte, für den Art. 15 Abs. 1 DBA-Liberia dem Tätigkeitsstaat Liberia das Besteuerungsrecht zuweist, fällt nach Art. 15 Abs. 2 DBA-Liberia nur dann das Besteuerungsrecht an Deutschland zurück, wenn die dort genannten Voraussetzungen kumulativ erfüllt sind. Dabei sind bei der Berechnung der Aufenthaltstage i. S. des Art. 15 Abs. 2 Buchstabe a DBA-Liberia auch solche Tage als volle Tage in Liberia mitzuzählen, in denen sich das Schiff nur zeitweise im Hoheitsgebiet von Liberia oder auf hoher See aufhält. 405

Die Ermittlung des steuerpflichtigen bzw. steuerfreien Arbeitslohns erfolgt in einem weiteren Schritt gemäß Tz. 5, Rz. 223 ff.; soweit Vergütungen nicht direkt zugeordnet werden können, sind sie nach Tz. 5.4, Rz. 228 aufzuteilen. Hält sich der Arbeitnehmer an einem Arbeitstag nicht vollständig im Hoheitsgebiet von Liberia oder auf hoher See auf, sind nach Tz. 5.4, Rz. 228 die Vergütungen im Wege der Schätzung zeitanteilig zuzuordnen. 406

Die vorstehenden Ausführungen gelten sinngemäß für die Anwendung des DBA-Trinidad und Tobago. Allerdings ist eine Steuerfreistellung nach dem DBA-Trinidad und Tobago derzeit ausgeschlossen (§ 1 Abs. 3 Satz 2 StAbwG i.V. m. § 2 StAbwV, s. Tz. 1.1, Rz. 6). 407

Bei einer Tätigkeit auf einem unter liberianischer Flagge fahrenden Schiff ist zu beachten, dass Liberia von seinem ihm zustehenden Besteuerungsrecht keinen Gebrauch macht. 408

Die Rückfallklausel des § 50d Abs. 8 EStG (s. Tz. 2.3.2.2, Rz. 68, 70) kommt demnach nicht zur Anwendung. Liberia stellt für Arbeitnehmer, die auf Schiffen unter liberianischer Flagge tätig werden, eine entsprechende Bescheinigung aus (vgl. Anlage 2). Diese liberianische Bescheinigung ist anzuerkennen. Dieser Bescheinigung ist eine Bescheinigung des Arbeitgebers beizufügen, in der die Angaben für den jeweiligen Steuerpflichtigen bestätigt werden (Dauer der Tätigkeit, Schiffsname, Bestätigung, dass unter liberianischer Flagge fahrend). Eine Anwendung des § 50d Abs. 9 Satz 1 Nr. 2 EStG kommt ebenfalls nicht in Betracht, weil Seeleute, die in Liberia unbeschränkt steuerpflichtig sind, dort auch nicht besteuert werden. (vgl. Anlage 2). 409

8.2.2 DBA-Schweiz

Art. 15 Abs. 3 Satz 1 DBA-Schweiz regelt die Besteuerung der Vergütungen des Bordpersonals entsprechend Art. 15 Abs. 3 OECD-MA 2014. Art. 15 Abs. 3 Satz 2 DBA-Schweiz enthält zudem eine Rückfallklausel zugunsten des Ansässigkeitsstaates. Können nach Art. 15 Abs. 3 Satz 1 DBA-Schweiz die Vergütungen eines in Deutschland ansässigen Besatzungsmitglieds in der Schweiz besteuert wer- 410 den, sind diese Vergütungen nur nach Art. 24 Abs. 1 Nr. 1 Buchstabe d i.V. m. Art. 15 Abs. 3 DBA-Schweiz von der deutschen Besteuerung auszunehmen, soweit sie auf eine Tätigkeit entfallen, die tatsächlich in der Schweiz ausgeübt wurde (BFH-Urteil vom 22. Oktober 2003, BStBl II 2004 S. 704). In den Fällen, in denen die Arbeit tatsächlich nicht in der Schweiz ausgeübt wurde, wird nach Art. 24 Abs. 1 Nr. 2 DBA-Schweiz die Doppelbesteuerung durch Anrechnung der anteiligen schweizerischen Quellensteuer vermieden. Eine Arbeitsortfiktion in der Schweiz wie bei den sog. leitenden Angestellten i. S. des Art. 15 Abs. 4 DBA-Schweiz kommt nicht in Betracht (BFH-Urteile vom 22. Oktober 2003, BStBl II 2004 S. 704 und vom 11. November 2009, BStBl II 2010 S. 781).

8.2.3 DBA-Griechenland 1966

411 Nach Art. XI Abs. 5 DBA-Griechenland ist für Vergütungen des Bordpersonals von Seeschiffen entscheidend, wo sich der Registerhafen des jeweiligen Schiffes befindet. Ist Deutschland der Ansässigkeitsstaat, wird die Doppelbesteuerung nach Art. XVII Abs. 2 Nr. 2 Buchstabe a Doppelbuchstabe dd DBA-Griechenland durch die Anrechnungsmethode vermieden.

8.2.4 DBA-Vereinigtes Königreich 2010

412 Nach Art. 14 Abs. 3 DBA-Vereinigtes Königreich 2010 können Vergütungen, die eine Person für eine an Bord eines im internationalen Verkehr betriebenen Seeschiffs oder Luftfahrzeugs ausgeübte unselbständige Arbeit bezieht, nur im Ansässigkeitsstaat dieses Besatzungsmitglieds besteuert werden. Soweit das Vereinigte Königreich als Ansässigkeitsstaat die Vergütungen besteuern kann, ist die Regelung des Art. 24 DBA-Vereinigtes Königreich (sog. Remittance-base-Klausel; s. Tz. 9, Rz. 418) zu beachten.

8.2.5 DBA-Zypern 2011

413 Nach Art. 14 Abs. 4 DBA-Zypern 2011 hat im Ergebnis der Vertragsstaat das Besteuerungsrecht für den Arbeitslohn von Bordpersonal, in dem sich der Ort der tatsächlichen Geschäftsleitung des Arbeitgebers befindet (Nr. 4 des Protokolls zu Artikel 14 des DBA-Zypern 2011). Art. 14 Abs. 4 DBA-Zypern 2011 entspricht im Wesentlichen Art. 15 Abs. 3 OECD-MA 2014 und beinhaltet nach dem OECD-MK auch den wirtschaftlichen Arbeitgeber. Eine Besonderheit besteht jedoch darin, dass der Arbeitgeber nicht selbst internationalen See- oder Luftverkehr betreiben muss. Arbeitgeber i S. Nr. 4 des Protokolls zu Art. 14 DBA-Zypern 2011 ist, wer wirtschaftlicher Arbeitgeber des Steuerpflichtigen ist. Bei Überlassung von Arbeitnehmern durch Crewingunternehmen ist dies i. d. R. das aufnehmende Unternehmen (Entleiher), vgl. Tz. 4.3.4, Rz. 191 ff.

8.2.6 DBA-Insel Man 2009

Nach Art. 3 Abs. 4 Satz 1 DBA-Insel-Man-Schifffahrt können Vergütungen für eine unselbständige Arbeit an Bord eines im internationalen Verkehr betriebenen Schiffes in der Vertragspartei besteuert werden, in der sich der Ort der Geschäftsleitung des Unternehmens befindet, das die Schifffahrt betreibt (Art. 2 Abs. 1 Buchstaben e und j DBA-Insel-Man-Schifffahrt). 414

Gemäß Art. 3 Abs. 4 Satz 2 DBA-Insel-Man-Schifffahrt können die Vergütungen jedoch auch in der Vertragspartei besteuert werden, in der das Besatzungsmitglied ansässig ist. Eine Doppelbesteuerung wird nach Art. 3 Abs. 4 Satz 3 DBA-Insel-Man-Schifffahrt in diesem Fall durch die Vertragspartei, in der das Besatzungsmitglied ansässig ist, durch Anrechnung der nach Art. 3 Abs. 4 Satz 1 DBA-Insel-Man-Schifffahrt erhobenen Steuer vermieden. 415

8.2.7 DBA-Saudi-Arabien (Luftfahrt) 2007

Nach Art. 4 Abs. 1 DBA-Saudi-Arabien (Luftfahrt) können Vergütungen für unselbständige Arbeit, die an Bord eines Luftfahrzeugs ausgeübt wird, das von einem Luftfahrtunternehmen eines Vertragsstaats im internationalen Verkehr betrieben wird, nur in diesem Staat besteuert werden. 416

Nach Art. 4 Abs. 2 DBA-Saudi-Arabien (Luftfahrt) sind Vergütungen, die ein Arbeitnehmer (Bodenpersonal) eines Luftfahrtunternehmens eines Vertragsstaats für unselbständige Arbeit in einer in dem anderen Vertragsstaat gelegenen Einrichtung dieses Unternehmens bezieht, für einen Zeitraum von vier Jahren nach seiner ersten Ankunft in dem anderen Staat von der Steuer befreit, vorausgesetzt, er ist Staatsangehöriger des erstgenannten Staates und war nicht unmittelbar vor Ausübung seiner unselbständigen Arbeit im anderen Staat ansässig. Diese Befreiung gilt nur für vier Arbeitnehmer pro Kj. und pro Unternehmen. 417

9 Rückfallklauseln nach DBA

Um zu vermeiden, dass Vergütungen in keinem der beiden Vertragsstaaten einer Besteuerung unterliegen, enthalten einige DBA Bestimmungen, die gewährleisten sollen, dass Einkünfte oder Einkunftsteile nicht unversteuert bleiben. Diese Bestimmungen sind in den Abkommen unterschiedlich ausgestaltet; überwiegend handelt es sich um sog. „Subject-to-tax-Klauseln“, „Remittance-base-Klauseln“ oder um „Switch-over-Klauseln“. Nähere Ausführungen dazu enthält das BMF-Schreiben vom 20. Juni 2013, BStBl 2013 I S. 980. 418

419 Insbesondere die nachfolgenden DBA enthalten eine Rückfallklausel (Stand 1. Januar 2023):

- Art. 22 Abs. 2 Buchstabe e Nr. ii DBA-Armenien,
- Art. 22 Abs. 2 Buchstabe e Nr. i DBA-Australien,
- Art. 22 Abs. 1 Buchstabe a und Buchstabe e Doppelbuchstabe aa DBA-Bulgarien,
- Art. 21 Abs. 1 Buchstabe e Nr. 1 DBA-Finnland,
- Art. 23 Abs. 1 Buchstabe a und Buchstabe e Doppelbuchstabe aa DBA-Vereinigtes Königreich,
- Art. 23 Abs. 2 Buchstabe e Doppelbuchstabe aa DBA-Irland,
- Nr. 16 Buchstabe d des Protokolls zu Art. 24 DBA-Italien,
- Art. 22 Abs. 2 Buchstabe e Nr. i und ii DBA-Japan,
- Art. 22 Abs. 1 Buchstabe e Doppelbuchstabe aa DBA-Luxemburg,
- Art. 22 Abs. 1 Buchstabe e Doppelbuchstabe aa DBA-Niederlande,
- Art. 23 Abs. 2 Buchstabe e Doppelbuchstabe aa DBA-Norwegen,
- Art. 23 Abs. 1 Satz 2 DBA-Schweden,
- Art. 22 Abs. 2 Buchstabe a und Buchstabe e Nr. i DBA-Spanien,
- Art. 23 Abs. 2 Buchstabe e Doppelbuchstabe aa und f DBA-Tunesien,
- Art. 22 Abs. 1 Buchstabe a und Buchstabe e Doppelbuchstabe aa DBA-Ungarn
- Art. 23 Abs. 4 Buchstabe b DBA-USA.

420 DBA-Rückfallklauseln, nach denen „Einkünfte" aufgrund ihrer Behandlung im anderen Vertragsstaat nicht von der Bemessungsgrundlage der deutschen Steuer ausgenommen werden, sind auch auf Teile von Einkünften anzuwenden (s. Tz. 56.1 OECD-MK zu Art. 23 Abs. 4 OECD-MA, der im Rahmen der Einschränkung der Freistellungsmethode für die Auslegung des Abkommensbegriffs „Einkünfte" („Income") ausdrücklich auf einzelne Einkunftspositionen und Vermögensgegenstände („an item of income or capital") abstellt). Für Veranlagungszeiträume ab dem VZ 2017 ergibt sich dies auch aus § 50d Abs. 9 Satz 4 EStG.

421 **BEISPIEL:** Der in Deutschland ansässige Arbeitnehmer A wird in den Niederlanden für einen dort ansässigen Arbeitgeber tätig. Er übt seine Tätigkeit ausschließlich in den Niederlanden aus. Sein Arbeitslohn wird in den Niederlanden nach der dortigen „Experten- bzw. 30%-Regelung" besteuert, d. h., dass neben weiteren steuerlichen Vergünstigungen 30 % seines Arbeitslohns in den Niederlanden steuerfrei bleiben.

Lösung:

Das Besteuerungsrecht über den Arbeitslohn steht den Niederlanden zu, weil Arbeitnehmer A seine Tätigkeit ausschließlich dort ausübt. Soweit der Arbeitslohn aufgrund der „Expertenbzw. 30%-Regelung" in den Niederlanden keiner Besteuerung unterliegt, ist die „Subject-to-tax-Klausel" des DBA-Niederlande (Art. 22 Abs. 1 Buchst. a Satz 1 DBA-Niederlande) anzuwenden. Die Anwendung der „Subject-to-tax-Klausel" des DBA-Niederlande wird nicht dadurch ausgeschlossen, dass die Niederlande einen Teil des Arbeitslohns besteuern (§ 50d Abs. 9 Satz 4 EStG).

10 Konsultationsvereinbarungen

Konsultationsvereinbarungen i. S. des Art. 25 Abs. 3 OECD-MA zwischen den zuständigen Behörden der Vertragsstaaten sowie Verordnungen zur Umsetzung von Konsultationsvereinbarungen i. S. des § 2 Abs. 2 AO werden durch die vorstehenden Regelungen nicht berührt. 422

11 Streitbeilegungs- und Vorabverständigungsverfahren

Die vorstehenden Regelungen stehen der Umsetzung eines Ergebnisses aus einem Streitbeilegungsverfahren nicht entgegen. 423

Zur Beantragung und Einleitung eines Streitbeilegungsverfahrens (Verständigungsverfahren und Schiedsverfahren) vgl. BMF, Schreiben v. 21.2.2024 - IV B 3 - S 1304/21/10005 :003 BStBl 2024 I S. 254. 424

Um zu einem frühen Zeitpunkt Rechts- und Planungssicherheit für die steuerliche Beurteilung eines zukünftigen grenzüberschreitenden Sachverhalts zu erhalten, hat der Abkommensberechtigte die Möglichkeit, ein Vorabverständigungsverfahren i. S. des § 89a AO gegen Gebühr zu beantragen. Gegenstand eines Vorabverständigungsverfahrens können sämtliche Fragen der Auslegung und Anwendung von DBA sein, die im Zeitpunkt der Antragsstellung noch nicht verwirklichte Sachverhalte betreffen. Auch der zum Steuerabzug verpflichtete Arbeitgeber ist berechtigt, einen Antrag auf Einleitung eines Vorabverständigungsverfahrens zu stellen (§ 89a Abs. 1 Satz 7 AO). 425

12 Anwendungsregelungen

Das BMF-Schreiben vom 3. Mai 2018, BStBl 2018 I S. 643 und das BMF-Schreiben vom 22. April 2020, BStBl 2020 I S. 483 werden aufgehoben und durch dieses Schreiben ersetzt. 426

Die vorstehenden Regelungen sind in allen offenen Fällen anzuwenden, sofern gesetzliche Regelungen dem nicht entgegenstehen. 427

Stand der Doppelbesteuerungsabkommen und anderer Abkommen im Steuerbereich sowie der Abkommensverhandlungen am 1. Januar 2024

BMF v. 15.1.2024 IV B 2 - S 1301/21/10048 :003 BStBl 2024 I S. 193 Diese Verwaltungsanweisung ist nicht von Anwendungsbeschränkungen der aktuell gültigen „BMF-Positivliste“ tangiert.

DBA allgemein

Hiermit übersende ich eine Übersicht über den gegenwärtigen Stand der Doppelbesteuerungsabkommen (DBA) und anderer Abkommen im Steuerbereich sowie der Abkommensverhandlungen.

Wie die Übersicht zeigt, werden verschiedene der angeführten Abkommen nach ihrem Inkrafttreten rückwirkend anzuwenden sein. In geeigneten Fällen sind Steuerfestsetzungen vorläufig durchzuführen, wenn ungewiss ist, wann ein unterzeichnetes Abkommen in Kraft treten wird, das sich zugunsten des Steuerschuldners auswirken wird. Umfang und Grund der Vorläufigkeit sind im Bescheid anzugeben. Ob bei vorläufiger Steuerfestsetzung der Inhalt eines unterzeichneten Abkommens bereits berücksichtigt werden soll, ist nach den Gegebenheiten des einzelnen Falles zwischen BMF und Ländern abgestimmt zu entscheiden.

Durch das am 7. Juni 2017 unterzeichnete **Mehrseitige Übereinkommen vom 24. November 2016 zur Umsetzung steuerabkommensbezogener Maßnahmen zur Verhinderung der Gewinnverkürzung und Gewinnverlagerung** (BEPS-MLI) soll eine Modifikation der von ihm erfassten Steuerabkommen entsprechend den von den jeweiligen Vertragsstaaten bei ihrer Ratifikation des BEPS-MLI getroffenen Auswahlentscheidungen erfolgen.

Von deutscher Seite wurden die Steuerabkommen mit den folgenden Staaten für eine Modifikation durch das BEPS-MLI benannt: Frankreich, Griechenland, Italien, Japan, Kroatien, Luxemburg, Malta, Österreich, Rumänien, Slowakei, Spanien, Tschechien, Türkei und Ungarn.

Das BEPS-MLI wurde nach Zustimmung der deutschen gesetzgebenden Körperschaften (BGBl 2020 II S. 946) im Dezember 2020 ratifiziert und trat für die

Bundesrepublik Deutschland am 1. April 2021 in Kraft. Aufgrund der von der deutschen Seite getroffenen Auswahlentscheidung zu Artikel 35 Absatz 7 BEPS-MLI wird die Modifikation eines vom BEPS-MLI erfassten Steuerabkommens aus Gründen der Rechtssicherheit und -klarheit jedoch erst nach Abschluss eines nachfolgenden Anwendungsgesetzgebungsverfahrens und entsprechender Notifizierung gegenüber der OECD als Verwahrer des BEPS-MLI wirksam werden.

Zur Rechtslage nach dem **Zerfall der Sozialistischen Föderativen Republik Jugoslawien (SFRJ)** ist auf Folgendes hinzuweisen:

Vereinbarungen über die Fortgeltung des DBA mit der SFRJ vom 26. März 1987 wurden geschlossen mit der:

- Republik Bosnien und Herzegowina (BGBl 1992 II S. 1196),
- Republik Serbien (Namensänderung; ehem. Bundesrepublik Jugoslawien BGBl. 1997 II S. 961),
- Republik Kosovo (BGBl 2011 II S. 748) und
- Montenegro (BGBl 2011 II S. 745).

Zur Rechtslage nach dem **Zerfall der Sowjetunion** ist auf Folgendes hinzuweisen:

Vereinbarungen über die Fortgeltung des DBA mit der UdSSR vom 24. November 1981 wurden geschlossen mit der:

- Republik Moldau (BGBl 1996 II S. 768).

Zur Rechtslage nach der **Teilung der Tschechoslowakei** ist auf Folgendes hinzuweisen:

Vereinbarungen über die Fortgeltung des DBA mit der Tschechoslowakischen Sozialistischen Republik vom 19. Dezember 1980 wurden mit der Slowakischen Republik und mit der Tschechischen Republik getroffen (BGBl 1993 II S. 762).

Hongkong wurde mit Wirkung ab 1. Juli 1997 ein besonderer Teil der VR China (Hongkong Special Administrative Region). Das allgemeine Steuerrecht der VR China gilt dort nicht. Damit ist das zwischen der Bundesrepublik Deutschland und der VR China abgeschlossene DBA vom 28. März 2014 in Hongkong nicht anwendbar. Vorgenannte Ausführungen zu Hongkong (außer Luftfahrtunternehmen) gelten in entsprechender Weise auch für **Macau** nach dessen Übergabe am 20. Dezember 1999 an die VR China (Macau Special Administrative Region).

Aufgrund des besonderen völkerrechtlichen Status von **Taiwan** wurde ein Steuerabkommen nur von den Leitern des Deutschen Instituts in Taipeh und der Taipeh Vertretung in der Bundesrepublik Deutschland unterzeichnet. Das Gesetz vom 2. Oktober 2012 zum diesbezüglichen Abkommen vom 19. und 28. Dezember 2011 zwischen dem Deutschen Institut in Taipeh und der Taipeh Vertretung in der Bundesrepublik Deutschland zur Vermeidung der Doppelbesteuerung und zur Verhinderung der Steuerverkürzung hinsichtlich der Steuern vom Einkommen und vom Vermögen ist veröffentlicht (BGBl 2012 I S. 2079; BStBl 2013 I S. 20). Das Abkommen ist nach seinem Inkrafttreten (BGBl. 2012 I S. 2461; BStBl 2013 I S. 33) ab 1. Januar 2013 anzuwenden.

Mit dem Protokoll vom 18. Januar 2023 zur Änderung des Abkommens vom 14. Juli 1992 zwischen der Bundesrepublik Deutschland und dem Königreich **Schweden** zur Vermeidung der Doppelbesteuerung bei den Steuern vom Einkommen und vom Vermögen sowie bei den Erbschaft- und Schenkungsteuern und zur Leistung gegenseitigen Beistands bei den Steuern wurden die Bestimmungen zur Besteuerung von Nachlässen, Erbschaften und Schenkungen aufgehoben, da Schweden seit 2004 keine Erbschaft- und Schenkungsteuer erhebt.

Die **Russische Föderation** hat mit Verbalnote vom 8. August 2023 ohne konkrete Angabe einer Rechtsgrundlage mit sofortiger Wirkung und bis auf Weiteres die „Aussetzung" von Artikel 5 bis 22 und 24 des Abkommens zwischen der Bundesrepublik Deutschland und der Russischen Föderation zur Vermeidung der Doppelbesteuerung auf dem Gebiet der Steuern vom Einkommen und vom Vermögen vom 29. Mai 1996 (BGBl 1996 II S. 2711) in der Fassung des Änderungsprotokolls vom 15. Oktober 2007 (BGBl 2008 II S. 1399) sowie der Nummern 2 bis 7 des Protokolls zu diesem Abkommen mitgeteilt. Dies betrifft sämtliche im DBA und ergänzend im Protokoll zum DBA erfasste Einkunftsarten sowie die Suspendierung des Diskriminierungsverbots nach Artikel 24 DBA in Verbindung mit dem Protokoll zum DBA. Diese einseitige Suspendierung führt völkerrechtlich nicht zu einer Aufhebung des Abkommens, so dass dieses weiterhin besteht. Jedoch werden ab dem 1. Januar 2024 deutsche Besteuerungsrechte durch das DBA mit der Russischen Föderation aufgrund des § 1 Absatz 3 Satz 2 Steueroasen-Abwehrgesetz (BGBl 2021 I S. 2056) in Verbindung mit der Verordnung zur Durchführung des § 3 des Steueroasen-Abwehrgesetzes vom 23. Dezember 2021 (BGBl 2021 I S. 5236) in der Fassung der Zweiten Verordnung zur Änderung der Steueroasen-Abwehrverordnung (BGBl 2023 I Nr. 375) nicht mehr berührt.

Auf das Abkommen zwischen der Bundesrepublik Deutschland und **Trinidad und Tobago** zur Vermeidung der Doppelbesteuerung auf dem Gebiete der Steuern vom Einkommen und zur Förderung des internationalen Handels und der internationalen Investitionstätigkeit vom 4. April 1973 (BGBl 1975 II S. 679; BStBl 1975 I S. 698) findet seit dem 1. Januar 2022 das Steueroasen-Abwehrgesetz in Verbindung mit der Steueroasen-Abwehrverordnung Anwendung. Nach § 1 Absatz 3 Satz 2 des Steueroasen-Abwehrgesetzes werden deutsche Besteuerungsrechte durch das DBA nicht berührt.

Stand der Doppelbesteuerungsabkommen und anderer Abkommen im Steuerbereich 1. Januar 2024

I. Geltende Abkommen

Änderungen sind durch seitliche Striche gekennzeichnet

Abkommen		Fundstelle				Inkrafttreten				Anwendung grundsätzlich
		BGBl. II		BStBl I		BGBl. II		BStBl I		
mit	vom	Jg.	S./Nr.[1]	Jg.	S.	Jg.	S./Nr.[1]	Jg.	S.	ab
1. Abkommen auf dem Gebiet der Steuern vom Einkommen und vom Vermögen										
Ägypten	08.12.1987	1990	278	1990	280	1991	1 042	1992	7	01.01.1992
Albanien	06.04.2010	2011	1 186	2012	292	2012	145	2012	305	01.01.2012
Algerien	12.11.2007	2008	1 188	2009	382	2009	136	2009	396	01.01.2009
Argentinien	13.07.1978/	1979	585	1979	326	1979	1 332	1980	51	01.01.1976
	16.09.1996	1998	18	1998	187	2001	694	2001	540	01.01.1996
Armenien	24.11.1981	1983	2	1983	90	1983	427	1983	352	01.01.1980
	29.06.2016	2017	1 077	2018	222	2017	1560	2018	238	01.01.2018
(DBA mit UdSSR gilt fort, BGBl. 1993 II S. 169)										
Aserbaidschan	25.08.2004	2005	1 146	2006	291	2006	120	2006	304:1	01.01.2006
Australien	24.11.1972	1974	337	1974	423	1975	216	1975	386	01.01.1971
	12.11.2015	2016	1.114	2017	121	2017	48	2017	139	01.01.2017
Bangladesch	29.05.1990	1991	1 410	1992	34	1993	847	1993	466	01.01.1990
Belarus (Weißrussland)	30.09.2005	2006	1 042	2007	276	2007	287	2007	290	01.01.2007
Belgien	11.04.1967/	1969	17	1969	38	1969	1 465	1969	468	01.01.1966
	05.11.2002	2003	1 615	2005	346	2003	1 744	2005	348	01.01.2004
Bolivien	30.09.1992	1994	1 086	1994	575	1995	907	1995	758	01.01.1991
Bosnien und Herzegowina	26.03.1987	1988	744	1988	372	1988	1 179	1989	35	01.01.1989
(DBA mit SFR Jugoslawien gilt fort, BGBl. 1992 II S. 1 196)										
Bulgarien	25.01.2010/	2010	1 286	2011	543	2011	584	2011	558	01.01.2011
	21.07.2022	2023	213							01.01.2024
China	10.06.1985	1986	446	1986	329	1986	731	1986	339	01.01.1985
(ohne Hongkong und Macau)	28.03.2014	2015	1 647	2016	1 130	2016	1 005	2016	1 144	01.01.2017
Costa Rica	13.02.2014	2014	917	2016	1 169	2016	1 159	2016	1 182	01.01.2017
Côte d'Ivoire	03.07.1979	1982	153	1982	357	1982	637	1982	628	01.01.1982

1 Ab 2023.

Abkommen		Fundstelle				Inkrafttreten				Anwendung grundsätzlich
		BGBl. II		BStBl I		BGBl. II		BStBl I		
mit	vom	Jg.	S./Nr.[1]	Jg.	S.	Jg.	S./Nr.[1]	Jg.	S.	ab
Dänemark	22.11.1995/	1996	2 565	1996	1 219	1997	728	1997	624	01.01.1997
	01.10.2020	2021	483	2022	207	2022	103	2022	214	01.01.2022
Ecuador	07.12.1982	1984	466	1984	339	1986	781	1986	358	01.01.1987
Estland	29.11.1996/	1998	547	1998	543	1999	84	1999	269	01.01.1994
	15.12.2020	2021	562			2021	923			01.01.2022
Finnland	05.07.1979	1981	1 164	1982	201	1982	577	1982	587	01.01.1981
	19.02.2016/	2017	466	2017	1 527	2017	1 369	2017	1 539	01.01.2018
	18.11.2019	2020	754	2021	344	2021	228	2021	346	01.01.2022
Frankreich	21.07.1959/	1961	397	1961	342	1961	1 659	1961	712	01.01.1957
	09.06.1969/	1970	717	1970	900	1970	1 189	1970	1 072	01.01.1968
	28.09.1989/	1990	770	1990	413	1991	387	1991	93	01.01.1990
	20.12.2001/	2002	2 370	2002	891	2003	542	2003	383	01.01.2002
	31.03.2015	2015	1 332	2016	515	2016	227	2016	526	01.01.2016
Georgien	01.06.2006/	2007	1 034	2008	482	2008	521	2008	494	01.01.2008
	11.03.2014	2014	940	2015	177, 178	2015	62	2015	181	01.01.2015
Ghana	12.08.2004	2006	1 018	2008	467	2008	51	2008	481	01.01.2008
Griechenland	18.04.1966	1967	852	1967	50	1968	30	1968	296	01.01.1964
Indien	19.06.1995	1996	706	1996	599	1997	751	1997	363	01.01.1997
Indonesien	30.10.1990	1991	1 086	1991	1 001	1991	1 401	1992	186	01.01.1992
Iran, Islamische Republik	20.12.1968	1969	2 133	1970	768	1969	2 288	1970	777	01.01.1970
						1970	282			
Irland	30.03.2011/	2011	1 042	2013	471	2013	332	2013	487	01.01.2013
	03.12.2014/	2015	1 322	2016	196	2016	135	2016	199	01.01.2016
	19.01.2021	2021	947	2022	219	2022	103	2022	222	01.01.2022
Island	18.03.1971	1973	357	1973	504	1973	1 567	1973	730	01.01.1968
Israel	21.08.2014	2015	1 301	2016	1 116	2016	1 160	2016	1 129	01.01.2017
Italien	18.10.1989	1990	742	1990	396	1993	59	1993	172	01.01.1993
Jamaika	08.10.1974	1976	1 194	1976	407	1976	1 703	1976	632	01.01.1973
Japan	22.04.1966/	1967	871	1967	58	1967	2 028	1967	336	01.01.1967
	17.04.1979/	1980	1 182	1980	649	1980	1 426	1980	772	01.01.1977
	17.02.1983	1984	194	1984	216	1984	567	1984	388	01.01.1981
	17.12.2015	2016	956	2016	1 306	2016	1 230	2016	1 323	01.01.2017
Jersey	04.07.2008	2009	589	2010	174	2010	38	2010	178	01.01.2010
	07.05.2015	2015	1 326	2016	272	2016	227	2016	276	29.08.2014

1 Ab 2023.

Abkommen		Fundstelle				Inkrafttreten				Anwendung grundsätzlich
		BGBl. II		BStBl I		BGBl. II		BStBl I		
mit	vom	Jg.	S./Nr.[1]	Jg.	S.	Jg.	S./Nr.[1]	Jg.	S.	ab
Kanada	19.04.2001	2002	671	2002	505	2002	962	2002	521	01.01.2001
Kasachstan	26.11.1997	1998	1 592	1998	1 029	1999	86	1999	269	01.01.1996
Kenia	17.05.1977	1979	606	1979	337	1980	1 357	1980	792	01.01.1980
Kirgisistan	01.12.2005	2006	1 066	2007	233	2007	214	2007	246	01.01.2007
Korea, Republik	10.03.2000	2002	1 630	2003	24	2002	2 855	2003	36	01.01.2003
Kosovo	26.03.1987	1988	744	1988	372	1988	1 179	1989	35	01.01.1989
(DBA mit SFR Jugoslawien gilt fort, BGBl. 2011 II S. 748)										
Kroatien	06.02.2006	2006	1 112	2007	247	2007	213	2007	260	01.01.2007
Kuwait	04.12.1987/	1989	354	1989	150	1989	637	1989	268	01.01.84–31.12.97
	18.05.1999	2000	390	2000	439	2000	1 156	2000	1 383	01.01.1998
Lettland	21.02.1997	1998	330	1998	531	1998	2 630	1998	1 219	01.01.1996
Liberia	25.11.1970	1973	1 285	1973	615	1975	916	1975	943	01.01.1970
Liechtenstein	17.11.2011/	2012	1 462	2013	488	2013	332	2013	507	01.01.2013
	27.10.2020	2021	566	2022	183	2021	1294	2022	185	01.01.2022
Litauen	22.07.1997/	1998	1 571	1998	1 016	1998	2 962	1999	121	01.01.1995
	30.09.2022	2023	212							01.01.2024
Luxemburg	23.04.2012/	2012	1 403	2015	7	2014	728	2015	21	01.01.2014
	06.07.2023	2023	334							01.01.2024
Malaysia	23.02.2010	2010	1 310	2011	329	2011	464	2011	344	01.01.2011
Malta	08.03.2001/	2001	1 297	2002	76	2002	320	2002	240	01.01.2002
	17.06.2010	2011	275	2011	742	2011	640	2011	745	01.01.2002
Marokko	07.06.1972	1974	21	1974	59	1974	1 325	1974	1 009	01.01.1974
Mauritius	07.10.2011/	2012	1 050	2013	388	2013	331	2013	402	01.01.2013
	29.10.2021	2022	530	2023	328	2023	50	2023	331	01.01.2023
Mexiko	09.07.2008/	2009	746	2014	1.223	2010	62	2014	1 238	01.01.2010
	08.10.2021	2022	534	2023	1599	2023	250	2023	1602	01.01.2024
Moldau, Republik	24.11.1981	1983	2	1983	90	1983	427	1983	352	01.01.1980
(DBA mit UdSSR gilt fort, BGBl. 1996 II S. 768)										
Mongolei	22.08.1994	1995	818	1995	607	1996	1 220	1996	1 135	01.01.1997
Montenegro	26.03.1987	1988	744	1988	372	1988	1 179	1989	35	01.01.1989
(DBA mit SFR Jugoslawien gilt fort, BGBl. 2011 II S. 745)										

1 Ab 2023.

Abkommen		Fundstelle				Inkrafttreten				Anwendung grundsätzlich
		BGBl. II		BStBl I		BGBl. II		BStBl I		
mit	vom	Jg.	S./Nr.[1]	Jg.	S.	Jg.	S./Nr.[1]	Jg.	S.	ab
Namibia	02.12.1993	1994	1 262	1994	673	1995	770	1995	678	01.01.1993
Neuseeland	20.10.1978	1980	1 222	1980	654	1980	1 485	1980	787	01.01.1978
Niederlande	12.04.2012/	2012	1 414	2016	47	2015	1 674	2016	75	01.01.2016
	11.01.2016/	2016	866	2017	69	2016	1 352	2017	72	01.01.2017
	24.03.2021	2021	735	2022	1279	2022	467	2022	1283	01.01.2023
Nordmazedonien	13.07.2006/	2010	1153	2011	313	2011	462	2011	327	01.01.2011
	14.11.2016	2017	814	2018	710	2018	230	2018	713	01.01.2019
Norwegen	04.10.1991/	1993	970	1993	655	1993	1 895	1993	926	01.01.1991
	24.06.2013	2014	906	2015	245	2015	346	2015	252	01.01.2015
Österreich	24.08.2000/	2002	734	2002	584	2002	2 435	2002	958	01.01.2003
	29.12.2010/	2011	1 209	2012	366	2012	146	2012	369	01.01.2011
	21.08.2023	2023	335							01.01.2024
Pakistan	14.07.1994	1995	836	1995	617	1996	467	1996	445	01.01.1995
Philippinen	09.09.2013	2014	822	2016	252	2016	262	2016	266	01.01.2016
Polen	14.05.2003	2004	1 304	2005	349	2005	55	2005	363	01.01.2005
Portugal	15.07.1980	1982	129	1982	347	1982	861	1982	763	01.01.1983
Rumänien	04.07.2001	2003	1 594	2004	273	2004	102	2004	286	01.01.2004
Russische Föderation	29.05.1996/	1996	2 710	1996	1 490	1997	752	1997	363	01.01.1997
	15.10.2007	2008	1 398	2009	831	2009	820	2009	834	01.01.2010
Sambia	30.05.1973	1975	661	1975	688	1975	2 204	1976	7	01.01.1971
Schweden	14.07.1992/	1994	686	1994	422	1995	29	1995	88	01.01.1995
	18.01.2023	2023	307							01.01.2024
Schweiz	11.08.1971/	1972	1 021	1972	518	1973	74	1973	61	01.01.1972
	30.11.1978/	1980	751	1980	398	1980	1 281	1980	678	01.01.1977
	17.10.1989/	1990	766	1990	409	1990	1 698	1991	93	01.01.1990
	21.12.1992/	1993	1 886	1993	927	1994	21	1994	110	01.01.1994
	12.03.2002/	2003	67	2003	165	2003	436	2003	329	01.01.02/ 01.01.04
	27.10.2010	2011	1 090	2012	512	2012	279	2012	516	01.01.11/ 01.01.12
Serbien	26.03.1987	1988	744	1988	372	1988	1 179	1989	35	01.01.1989
(Namensänderung; ehem. Bundesrepublik Jugoslawien); (DBA mit SFR Jugoslawien gilt fort, BGBl. 1997 II S. 961)										

1 Ab 2023.

Abkommen		Fundstelle				Inkrafttreten				Anwendung grundsätzlich
		BGBl. II		BStBl I		BGBl. II		BStBl I		
mit	vom	Jg.	S./Nr.[1]	Jg.	S.	Jg.	S./Nr.[1]	Jg.	S.	ab
Simbabwe	22.04.1988	1989	713	1989	310	1990	244	1990	178	01.01.1987
Singapur	28.06.2004/	2006	930	2007	157	2007	24	2007	171	01.01.2007
	09.12.2019	2020	1 187	2022	24	2021	437	2022	30	01.01.2022
Slowakei	19.12.1980	1982	1 022	1982	904	1983	692	1983	486	01.01.1984
(DBA mit Tschechoslowakei gilt fort, BGBl. 1993 II S. 762)										
Slowenien	03.05.2006/	2006	1 091	2007	171	2007	213	2007	183	01.01.2007
	17.05.2011	2012	154	2013	369	2013	330	2013	372	30.07.2012
Spanien	03.02.2011	2012	18	2013	349	2013	329	2013	363	01.01.2013
Sri Lanka	13.09.1979	1981	630	1981	610	1982	185	1982	373	01.01.1983
Südafrika	25.01.1973	1974	1 185	1974	850	1975	440	1975	640	01.01.1965
Syrien	17.02.2010	2010	1 359	2011	345	2011	463	2011	358	01.01.2011
Tadschikistan	27.03.2003	2004	1 034	2005	15	2004	1 565	2005	27	01.01.2005
Thailand	10.07.1967	1968	589	1968	1 046	1968	1 104	1969	18	01.01.1967
Trinidad und Tobago	04.04.1973	1975	679	1975	697	1977	263	1977	192	01.01.1972
Tschechien	19.12.1980	1982	1 022	1982	904	1983	692	1983	486	01.01.1984
(DBA mit Tschechoslowakei gilt fort, BGBl. 1993 II S. 762)										
Tunesien	23.12.1975	1976	1 653	1976	498	1976	1 927	1977	4	01.01.1976
	08.02.2018	2018	710	2020	264	2020	154	2020	279	01.01.2020
Türkei	16.04.1985	1989	866	1989	471	1989	1 066	1989	482	01.01.1990
	19.09.2011	2012	526	2013	373	2013	329	2013	387	01.01.2011
Turkmenistan	24.11.1981	1983	2	1983	90	1983	427		352	01.01.1980
(DBA mit UdSSR gilt fort, Bericht der Botschaft Aschgabat vom 11. August 1999 – Nr. 377/99)										
	25.08.2016	2017	573	2018	206	2017	1 559	2018	221	01.01.2018
Ukraine	03.07,1995	1996	498	1996	675	1996	2 609	1996	1 421	01.01.1997
Ungarn	28.02.2011	2011	919	2012	155	2012	47	2012	168	01.01.2012
Uruguay	09.03.2010	2011	954	2012	350	2012	131	2012	365	01.01.2012
Usbekistan	07.09.1999/	2001	978	2001	765	2002	269	2002	239	01.01.2002
	14.10.2014	2015	1 198	2016	267	2016	263	2016	271	01.01.2016
Venezuela	08.02.1995	1996	727	1996	611	1997	1 809	1997	938	01.01.1997

1 Ab 2023.

Abkommen		Fundstelle				Inkrafttreten				Anwendung grundsätzlich
		BGBl. II		BStBl I		BGBl. II		BStBl I		
mit	vom	Jg.	S./Nr.[1]	Jg.	S.	Jg.	S./Nr.[1]	Jg.	S.	ab
Vereinigte Arab. Emirate	01.07.2010	2011	538	2011	942	2011	873	2011	955	01.01.2009 bis 31.12.2021
Vereinigtes Königreich	30.03.2010/	2010	1 333	2011	469	2011	536	2011	485	01.01.2011
	17.03.2014/	2015	1 297	2016	192	2016	136	2016	195	01.01.2016
	12.01.2021	2021	666	2022	215	2022	124	2022	218	01.01.2022
Vereinigte Staaten	29.08.1989	1991	354	1991	94	1992	235	1992	262	01.01.1990
	01.06.2006	2006	1 184	2008	766	2008	117	2008	782	01.01.07/ 01.01.08
(Bekanntmachung der Neufassung 04.06.2008)		2008	611/ 851	2008	783					
Vietnam	16.11.1995	1996	2 622	1996	1 422	1997	752	1997	364	01.01.1997
Zypern	18.02.2011/	2011	1 068	2012	222	2012	117	2012	235	01.01.2012
	19.02.2021	2021	731	2022	143	2022	4	2022	146	01.01.2022
2. Abkommen auf dem Gebiet der Erbschaft- und Schenkungsteuern										
Dänemark[2]	22.11.1995	1996	2 565	1996	1 219	1997	728	1997	624	01.01.1997
Frankreich	12.10.2006	2007	1 402	2009	1 258	2009	596	2009	1 266	03.04.2009
Griechenland	18.11.1910/ 01.12.1910	1912	173[3]			1953	525	1953	377	01.01.1953
Schweden[2]	14.07.1992[4]	1994	686	1994	422	1995	29	1995	88	01.01.1995
Schweiz	30.11.1978	1980	594	1980	243	1980	1 341	1980	786	28.09.1980
Vereinigte Staaten	03.12.1980/	1982	847	1982	765	1986	860	1986	478	01.01.1979
	14.12.1998	2000	1 170	2001	110	2001	62	2001	114	15.12.2000
(Bekanntmachung der Neufassung 21.12.2000)		2001	65	2001	114					

1 Ab 2023.

2 Die Erbschaftsteuer bzw. Vorschriften zur Rechts- und Amtshilfe sind in den unter I.1. bzw. II.1 aufgeführten Abkommen enthalten.

3 Angabe bezieht sich auf RGBl bzw. RStBl.

4 Aufhebung der Bestimmungen zu Nachlässen, Erbschaften und Schenkungen mit Änderungsprotokoll vom 18.01.2023 ab 01.01.2024.

Abkommen		Fundstelle				Inkrafttreten				Anwendung grundsätzlich
		BGBl. II		BStBl I		BGBl. II		BStBl I		
mit	vom	Jg.	S./Nr.[1]	Jg.	S.	Jg.	S./Nr.[1]	Jg.	S.	ab
3. Sonderabkommen betreffend Einkünfte und Vermögen von Schifffahrt (S)- und Luftfahrt (L)-Unternehmen[2]										
Brasilien (S) (Protokoll)	17.08.1950	1951	11			1952	604			10.05.1952
Chile (S) (Handelsvertrag)	02.02.1951	1952	325			1953	128			08.01.1952
Hongkong (L)	08.05.1997	1998	2 064	1998	1 156	1999	26	2000	1 554	01.01.1998
Hongkong (S)	13.01.2003	2004	34	2005	610	2005	332	2005	613	01.01.1998
Insel Man (S)	02.03.2009	2010	968	2011	510	2011	534	2011	511	01.01.2010
Jemen (L)	02.03.2005	2006	538	2006	229	2007	214	2007	231	01.01.1982
Kamerun (L)	24.08.2017	2018	466	2021	219	2021	85	2021	221	01.01.2021
Kolumbien (S, L)	10.09.1965	1967	762	1967	24	1971	855	1971	340	01.01.1962
Panama (S,L)	21.11.2016	2017	1 072	2018	8	2017	1 511	2018	12	01.01.2017
Paraguay (L)	27.01.1983	1984	644	1984	456	1985	623	1985	222	01.01.1979
Saudi-Arabien (L)	08.11.2007	2008	782	2009	866	2009	1 027	2009	869	01.01.1967
Venezuela (S, L)	23.11.1987	1989	373	1989	161	1989	1 065	1990	2	01.01.1990
4. Abkommen auf dem Gebiet der Rechts- und Amtshilfe und des Informationsaustauschs										
Andorra	25.11.2010	2011	1 223	2017	81	2012	146	2017	88	01.01.2013
Anguilla	19.03.2010	2010	1 381	2012	100	2011	948	2012	107	01.01.2012
Antigua und Barbuda	19.10.2010	2011	1 212	2017	388	2012	737	2017	395	01.01.2013
Bahamas	09.04.2010	2011	642	2012	267	2012	63	2012	274	01.01.2012
Bermuda	03.07.2009	2012	1 306	2013	692	2013	330	2013	702	01.01.2013

1 Ab 2023.

2 Siehe auch Bekanntmachungen über die Steuerbefreiungen nach § 49 Abs. 4 EStG (und § 2 Abs. 3 VStG):
Äthiopien L (BStBl 1962 I S. 536),
Afghanistan L (BStBl 1964 I S. 411),
Brasilien S, L (BStBl 2006 I S. 216),
Chile L (BStBl 1977 I S. 350),
Fidschi S (BStBl 2015 I S. 1087),
Irak S, L (BStBl 1972 I S. 490),
Jordanien L (BStBl 1976 I S. 278),
Katar L (BStBl 2006 I S. 3),
Libanon S, L (BStBl 1959 I S. 198),
Malediven L (BStBl 2015 I S. 675),
Oman S, L (BStBl I 2018, 1036),
Papua-Neuguinea L (BStBl 1989 I S. 115)
Seychellen L (BStBl 1998 I S. 582),
Sudan L (BStBl 1983 I S. 370) und
Vereinigte Arabische Emirate S, L (BStBl 2022 S. 640)
Zaire S, L (BStBl 1990 I S. 178).

Abkommen		Fundstelle				Inkrafttreten				Anwendung grundsätzlich
		BGBl. II		BStBl I		BGBl. II		BStBl I		
mit	vom	Jg.	S./Nr.[1]	Jg.	S.	Jg.	S./Nr.[1]	Jg.	S.	ab
Britische Jungferninseln	05.10.2010	2011	895	2012	283	2012	53	2012	291	01.01.2012
Cookinseln	03.04.2012	2013	665	2017	289	2014	102	2017	296	01.01.2014
Dänemark[2]	22.11.1995	1996	2 565	1996	1 219	1997	728	1997	624	01.01.1997
Gibraltar	13.08.2009	2010	984	2011	521	2011	535	2011	527	01.01.2011
Grenada	03.02.2011	2013	654	2017	405	2013	1 649	2017	412	01.01.2014
Guernsey	26.03.2009	2010	973	2011	514	2011	535	2011	520	01.01.2011
Insel Man	02.03.2009	2010	957	2011	504	2011	534	2011	509	01.01.2011
Italien	09.06.1938	1939	124[4]	1939	377[4]	1956	2 154	1957	142	23.01.1939
Jersey	04.07.2008	2009	578	2010	166	2010	38	2010	177	01.01.2010
Kaimaninseln	27.05.2010	2011	664	2011	841	2011	823	2011	848	01.01.2012
Liechtenstein	02.09.2009	2010	950	2011	286	2011	326	2011	292	01.01.2010
Monaco	27.07.2010	2011	653	2017	73	2012	92	2017	80	01.01.2012
Montserrat	28.10.2011	2012	1 321	2017	396	2014	517	2017	404	01.01.2015
Niederlande	21.05.1999	2001	2	2001	66	2001	691	2001	539	23.06.2001
Österreich	04.10.1954	1955	833	1955	434	1955	926	1955	743	26.11.1955
San Marino	21.06.2010	2011	908	2013	684	2012	147	2013	691	01.01.2012
Schweden[2]	14.07.1992	1994	686	1994	422	1995	29	1995	88	01.01.1995
St. Kitts und Nevis	19.10.2010	2015	1 286	2017	297	2016	1 242	2017	304	01.01.2017
St. Lucia	07.06.2010	2011	264	2013	760	2013	559	2013	767	01.01.2014
St. Vincent und Grenadinen	29.03.2010	2011	253	2011	777	2011	696	2011	784	01.01.2012
Turks und Caicos Inseln	04.06.2010	2011	882	2012	275	2012	116	2012	282	01.01.2012
Vereinigte Staaten	31.05.2013	2013	1 362	2014	242	2014	111	2014	264	11.12.2013

1 Ab 2023.

2 Die Erbschaftsteuer bzw. Vorschriften zur Rechts- und Amtshilfe sind in den unter I.1. bzw. II.1 aufgeführten Abkommen enthalten.

II. Künftige Abkommen und laufende Verhandlungen

Abkommen mit	Art des Abkommens[1]	Sachstand[2]	Geltung für Veranlagungssteuern[3] ab	Geltung für Abzugsteuern[4] ab	Bemerkungen
1. Abkommen auf dem Gebiet der Steuern vom Einkommen und vom Vermögen					
Ägypten	R-A	P: 09.11.2012	KR	KR	
Albanien	R-P	V:			
Angola	A	V:			
Äthiopien	A	V:			
Argentinien	R-P	P: 25.10.2019	KR	KR	
Bangladesch	R-A	V:			
Belgien	R-A	P: 15.03.2018	KR	KR	
Benin	A	V:			
Botsuana	A	V:			
Brasilien	A	V:			
Burkina Faso	A	V:			
Chile	A	V:			
China	R-P	V:			
Costa Rica	R-P	V:			
Ecuador	R-A	P: 19.10.2012	KR	KR	
Griechenland	R-A	V:	KR	KR	
Hongkong	A	V:			
Indien	R-P	V:			
Iran	R-A	P: 12.12.2018	KR	KR	
Island	R-A	V:			
Israel	R-P	P: 24.05.2019	KR	KR	
Jersey	R-P	V:			
Jordanien	A	V:			

1 A Erstmaliges Abkommen
R-A: Revisionsabkommen als Ersatz eines bestehenden Abkommens
R-P: Revisionsprotokoll zu einem bestehenden Abkommen
E-P: Ergänzungsprotokoll zu einem bestehenden Abkommen

2 V: Verhandlung
P: Paraphierung
U: Unterzeichnung hat stattgefunden, Gesetzgebungs- oder Ratifikationsverfahren noch nicht abgeschlossen

3 Einkommen-, Körperschaft-, Gewerbe- und Vermögensteuer
KR: Keine Rückwirkung vorgesehen

4 Abzugsteuern von Dividenden, Zinsen und Lizenzgebühren
KR: Keine Rückwirkung vorgesehen

Abkommen mit	Art des Abkommens[1]	Sachstand[2]	Geltung für		Bemerkungen
			Veranlagungssteuern[3] ab	Abzugsteuern[4] ab	
Kanada	R-P	V:			
Katar	A	V:			
Kirgisistan	R-P	V:			
Kolumbien	A	V:			
Korea, Republik	R-P	P: 18.04.2018	KR	KR	
Kosovo	A	V:			
Kroatien	R-P	P: 11.06.2013	KR	KR	
Kuwait	R-P	V:			
Lettland	R-P	U: 29.09.2022	KR	KR	
Libanon	A	V:			
Liberia	R-A	V:			
Malaysia	R-P	V:			
Moldau	R-A	V:			
Montenegro	R-A	V:			
Namibia	R-P	V:			
Neuseeland	R-P	V:			
Niederlande	R-P	V:			
Nigeria	A	V:			
Norwegen	R-P	P: 27.04.2023	KR	KR	
Oman	A	U: 15.08.2012	KR	KR	ab 1985 für int. Verkehr
	R-P	V:			
Pakistan	R-A	V:			
Polen	R-P	P: 02.06.2022	KR	KR	
Portugal	R-A	P: 26.10.2017	KR	KR	

1 A Erstmaliges Abkommen
R-A: Revisionsabkommen als Ersatz eines bestehenden Abkommens
R-P: Revisionsprotokoll zu einem bestehenden Abkommen
E-P: Ergänzungsprotokoll zu einem bestehenden Abkommen

2 V: Verhandlung
P: Paraphierung
U: Unterzeichnung hat stattgefunden, Gesetzgebungs- oder Ratifikationsverfahren noch nicht abgeschlossen

3 Einkommen-, Körperschaft-, Gewerbe- und Vermögensteuer
KR: Keine Rückwirkung vorgesehen

4 Abzugsteuern von Dividenden, Zinsen und Lizenzgebühren
KR: Keine Rückwirkung vorgesehen

Abkommen mit	Art des Abkommens[1]	Sachstand[2]		Geltung für		Bemerkungen
				Veranlagungssteuern[3] ab	Abzugsteuern[4] ab	
Ruanda	A	V:				
Rumänien	R-P	V:				
Russische Föderation	R-P	P:	08.10.2019	KR	KR	
San Marino	A	V:				
Schweiz	R-P	U:	21.08.2023	KR	KR	
Senegal	A	V:				
Serbien	A	V:				
Slowakei	R-A	V:				
Slowenien	R-P	V:				
Sri Lanka	R-A	P:	24.08.2012	KR	KR	
		V:				
Südafrika	R-A	U:	09.09.2008	KR	KR	
	R-P	P:	16.09.2019	KR	KR	
Trinidad und Tobago	R-A	P:	16.01.2015	KR	KR	
Tschechien	R-A	V:				
Tunesien	R-P	V:				
Ukraine	R-A	V:				
Vietnam	R-P	V:				
2. Abkommen auf dem Gebiet der Erbschaft- und Schenkungsteuern						
3. Sonderabkommen betreffend Einkünfte und Vermögen von Schifffahrt (S)- und Luftfahrt (L)-Unternehmen						
4. Abkommen auf dem Gebiet der Amtshilfe und des Informationsaustauschs						
Aruba	A	U:	29.06.2017	KR	KR	
Bahamas	E-P	V:				
Barbados	A	P:	30.11.2011	KR	KR	
Brasilien	A	V:				

1 A Erstmaliges Abkommen
R-A: Revisionsabkommen als Ersatz eines bestehenden Abkommens
R-P: Revisionsprotokoll zu einem bestehenden Abkommen
E-P: Ergänzungsprotokoll zu einem bestehenden Abkommen

2 V: Verhandlung
P: Paraphierung
U: Unterzeichnung hat stattgefunden, Gesetzgebungs- oder Ratifikationsverfahren noch nicht abgeschlossen

3 Einkommen-, Körperschaft-, Gewerbe- und Vermögensteuer
KR: Keine Rückwirkung vorgesehen

4 Abzugsteuern von Dividenden, Zinsen und Lizenzgebühren
KR: Keine Rückwirkung vorgesehen

Abkommen mit	Art des Abkommens[1]	Sachstand[2]	Geltung für Veranlagungssteuern[3] ab	Geltung für Abzugsteuern[4] ab	Bemerkungen
Brunei	A	V:			
Dominica	A	U: 21.09.2010	KR	KR	
Panama	A	P: 13.05.2013	KR	KR	
Vereinigte Staaten	A	U: 14.08.2020	KR	KR	

1 A Erstmaliges Abkommen
R-A: Revisionsabkommen als Ersatz eines bestehenden Abkommens
R-P: Revisionsprotokoll zu einem bestehenden Abkommen
E-P: Ergänzungsprotokoll zu einem bestehenden Abkommen

2 V: Verhandlung
P: Paraphierung
U: Unterzeichnung hat stattgefunden, Gesetzgebungs- oder Ratifikationsverfahren noch nicht abgeschlossen

3 Einkommen-, Körperschaft-, Gewerbe- und Vermögensteuer
KR: Keine Rückwirkung vorgesehen

4 Abzugsteuern von Dividenden, Zinsen und Lizenzgebühren
KR: Keine Rückwirkung vorgesehen

Merkblatt zu internationalen Verständigungs- und Schiedsverfahren (Streitbeilegungsverfahren) auf dem Gebiet der Steuern vom Einkommen und vom Vermögen

Mein Schreiben vom 15. Januar 2024 - IV B 3 - S 1304/21/10005 :003 (2023/1154793) -

BMF v. 21.2.2024 IV B 3 - S 1304/21/10005 :003 BStBl 2024 I S. 254
Diese Verwaltungsanweisung ist nicht von Anwendungsbeschränkungen der aktuell gültigen „BMF-Positivliste“ tangiert.

In der Anlage übersende ich Ihnen die Neufassung des Merkblatts zu internationalen Verständigungs- und Schiedsverfahren (Streitbeilegungsverfahren) auf dem Gebiet der Steuern vom Einkommen und vom Vermögen.

Merkblatt zu internationalen Verständigungs- und Schiedsverfahren (Streitbeilegungsverfahren) auf dem Gebiet der Steuern vom Einkommen und vom Vermögen

Unter Bezugnahme auf das Ergebnis der Erörterungen mit den Vertretern der obersten Finanzbehörden der Länder gilt für internationale Streitbeilegungsverfahren auf dem Gebiet der Steuern vom Einkommen und vom Vermögen folgendes Merkblatt:

A Allgemeines

1 Allgemeines zu internationalen Streitbeilegungsverfahren

1.1 Rechtsgrundlagen und Rechtsnatur

Internationale Streitbeilegungsverfahren im Sinne dieses Merkblatts umfassen 1
internationale Verständigungs- und Schiedsverfahren auf dem Gebiet der Steuern vom Einkommen und vom Vermögen. Sie beruhen auf den folgenden Rechtsgrundlagen:

- Artikel zu Verständigungs- und ggf. Schiedsverfahren des zwischen den betroffenen Vertragsstaaten anzuwendenden DBA (vgl. Art. 24 VerhGl.),
- dem Übereinkommen vom 23. Juli 1990 über die Beseitigung der Doppelbesteuerung im Falle von Gewinnberichtigungen zwischen verbundenen

Unternehmen (90/436/EWG)[1] (im Weiteren als „EU-Schiedskonvention" bezeichnet) und

- dem EU-Doppelbesteuerungsabkommen-Streitbeilegungsgesetz (EU-DBA-SBG)[2].

2 Internationale Streitbeilegungsverfahren sind zwischenstaatliche Verfahren auf Antrag eines oder mehrerer Steuerpflichtiger zur übereinstimmenden Anwendung von DBA oder der EU-Schiedskonvention. Nicht Gegenstand dieses Merkblatts sind diejenigen Verfahren nach DBA, für die kein Antragsrecht Steuerpflichtiger vorgesehen ist (vgl. insbesondere Art. 24 Abs. 3 VerhGl.).

3 Vorabverständigungsverfahren nach § 89a AO sind von diesem Merkblatt grundsätzlich nicht betroffen. Allerdings können die Grundsätze dieses Merkblatts aufgrund der Vergleichbarkeit der Verfahren sinngemäß übertragen werden, soweit § 89a AO dieser Übertragung nicht entgegensteht.

4 Dieses Merkblatt bezieht sich, soweit es Ausführungen zu Streitbeilegungsverfahren nach dem Verständigungsartikel eines DBA enthält, auf die VerhGl[3]. Das zwischen den betroffenen Vertragsstaaten anzuwendende DBA kann hiervon abweichen und ist stets vorrangig zu beachten.

5 Liegen die in der jeweiligen Rechtsgrundlage festgelegten Voraussetzungen vor, sind der Zugang zu einem Verständigungsverfahren und – sofern vorgesehen – die Einleitung eines Schiedsverfahrens gesetzlich verankerte Rechte des Steuerpflichtigen, wenn nicht ausdrücklich ein Ermessen der Verwaltung hinsichtlich der Durchführung von Verständigungs- oder Schiedsverfahren besteht. Ein solches Ermessen kommt insbesondere in Betracht, wenn die Rechtsgrundlage für ein Verfahren als Kann-Vorschrift formuliert ist (vgl. z. B. Art. 25 Abs. 6 DBA Kanada 2002).

6 Ein Antrag auf Einleitung eines gesetzlich normierten Schiedsverfahrens kann von den zuständigen Behörden der Vertragsstaaten insbesondere abgelehnt werden, wenn

- bei einem Verfahren nach einem DBA Einschränkungen nach dem zwischen den betroffenen Vertragsstaaten anzuwendenden DBA vorliegen (vgl. z. B. Art. 25 Abs. 6 DBA Kanada 2002),

1 Fundstelle: https://eur-lex.europa.eu/legal-content/DE/TXT/?uri=CELEX%3A01990A043620141214&qid=1606379314083 (konsolidierte Fassung)

2 Fundstelle: http://www.gesetze-im-internet.de/eu-dba-sbg/index.html

3 Fundstelle: https://www.bundesfinanzministerium.de/Content/DE/Standardartikel/Themen/Steuern/Internationales_Steuerrecht/Allgemeine_Informationen/2013-08-22-Verhandlungsgrundlage-Doppelbesteuerungsabkommen-Steuern-vom-Einkommenund-Vermoegen.html

- bei einem Verfahren nach der EU-Schiedskonvention die Voraussetzungen des Art. 8 Abs. 1 der EU-Schiedskonvention erfüllt sind,
- bei einem Verfahren nach dem EU-DBA-SBG die Voraussetzungen des § 20 Abs. 1 oder 2 EU-DBA-SBG erfüllt sind (siehe auch Rz. 177).

Die jeweiligen Rechtsgrundlagen enthalten Bestimmungen, nach denen die zuständige Behörde in Deutschland mit den zuständigen Behörden anderer Staaten unmittelbar verkehren kann, um eine Einigung über Einzelfälle herbeizuführen, die die Besteuerung in Deutschland oder in einem anderen Staat betreffen. Die Verständigungsklauseln der DBA und der EU-Schiedskonvention sind durch die jeweiligen Zustimmungsgesetze innerstaatliches Recht geworden. 7

Im Einzelfall können auch multilaterale Verfahren in Betracht kommen. Ob ein multilaterales Verfahren möglich und sachgerecht ist, hängt von den Rechtsgrundlagen und den Gegebenheiten des Einzelfalls ab. 8

1.2 Verhältnis der Streitbeilegungsverfahren zueinander

Ist bereits ein Verfahren nach einem DBA beantragt worden und wird im Anschluss für denselben Sachverhalt ein Verfahren nach der EU-Schiedskonvention beantragt, so lehnt das BZSt das später beantragte Verfahren ab, wenn nicht der früher nach dem DBA gestellte Antrag zurückgenommen wird. Dasselbe gilt im umgekehrten Fall, wenn zuerst ein Verfahren nach der EU-Schiedskonvention beantragt wurde. 9

Bei gleichzeitiger Beantragung eines Verständigungsverfahrens sowohl nach dem Verständigungsartikel eines DBA als auch nach der EU-Schiedskonvention setzt das BZSt eine angemessene Frist, in der sich der Antragsteller schriftlich für eines der beiden Verfahren entscheiden soll. Entscheidet sich dieser innerhalb der gesetzten Frist nicht, legt das BZSt den Antrag nach pflichtgemäßem Ermessen zugunsten des Antragstellers aus. 10

Sobald die betroffene Person ein Verfahren nach dem EU-DBA-SBG initiiert, sind zuvor beantragte bzw. bereits eingeleitete Verfahren nach einem DBA oder der EU-Schiedskonvention von Amts wegen zu beenden (§ 4 Abs. 4 Satz 1 EU-DBA-SBG). Nach Einlegung der Streitbeilegungsbeschwerde oder nach Beendigung des Verfahrens nach dem EU-DBA-SBG ist ein Antrag auf Durchführung eines Verfahrens nach einem DBA oder der EU-Schiedskonvention als unzulässig abzulehnen (vgl. § 4 Abs. 4 EU-DBA-SBG). Entsprechend ist auch bei gleichzeitiger Beantragung eines Verfahrens nach dem EU-DBA-SBG und eines Verfahrens nach einem DBA oder der EU-Schiedskonvention zu verfahren. In 11 diesen Fällen sind die Anträge auf Durchführung eines Verfahrens nach einem DBA oder der EU-Schiedskonvention abzulehnen. Dieser Vorrang gilt nur, soweit das EU-DBA-SBG anwendbar ist (§ 33 EU-DBA-SBG, siehe auch Rz. 146 und Rz. 147).

1.3 Verhältnis der Streitbeilegungsverfahren zu innerstaatlichen Rechtsbehelfen

12 Einem Antrag auf Einleitung eines Verständigungsverfahrens steht nicht entgegen, dass zum Gegenstand des Streitbeilegungsverfahrens nach deutschem Steuerrecht oder nach dem Recht des anderen Staates ein Rechtsbehelf anhängig oder der Rechtsweg noch nicht erschöpft ist. Zu bedenken ist jedoch, dass das innerstaatliche Recht mancher Staaten es nicht zulässt, eine Verständigungsvereinbarung einzugehen oder umzusetzen, die zu einem von der Entscheidung eines innerstaatlichen Gerichts abweichenden Ergebnis führt. Der Antragsteller sollte daher ggf. zuvor prüfen, welches der Verfahren er verfolgen möchte.

13 Informationen zu zuständigen Behörden und Verfahrensvorschriften ausländischer Staaten enthält die OECD-Sammlung „Country Profiles on Mutual Agreement Procedures“[1].

14 Es ist zulässig, gleichzeitig ein innerstaatliches Rechtsbehelfsverfahren und ein internationales Streitbeilegungsverfahren über denselben Streitgegenstand zu führen (Rz. 12). Dabei sollte jedoch insbesondere Folgendes berücksichtigt werden:

a) Die Umsetzung von Verständigungsvereinbarungen erfolgt bei Verfahren nach allen drei Rechtsgrundlagen unter dem Vorbehalt der Rücknahme ggf. in Deutschland oder im Ausland anhängiger Rechtsbehelfe, soweit diese Rechtsbehelfe den Gegenstand der Verständigung betreffen (siehe auch Tz. 4.1).

b) Bei Verfahren nach einem DBA muss auf die ggf. im jeweils anzuwendenden DBA geregelten Rechtsfolgen geführter nationaler Rechtsbehelfe geachtet werden (vgl. Art. 24 Abs. 5 Satz 2 DBA Japan 2016).

c) Wird bei Verfahren nach der EU-Schiedskonvention der Besteuerungsfall im Rahmen eines eingelegten Rechtsbehelfs einem Gericht vorgelegt, beginnt die in Art. 7 Abs. 1 Satz 1 EU-Schiedskonvention genannte Zweijahresfrist (siehe Rz. 132) erst zu dem Zeitpunkt, an dem die in letzter Instanz im

1 Abrufbar unter http://www.oecd.org/tax/dispute/country-map-profiles.htm

Rahmen der innerstaatlichen Rechtsbehelfe ergangene Entscheidung rechtskräftig geworden ist (Art. 7 Abs. 1 Satz 2 EU-Schiedskonvention).

Können nach dem innerstaatlichen Recht eines der beteiligten Vertragsstaaten die zuständigen Behörden nicht von Entscheidungen der Gerichte abweichen, setzt das Schiedsverfahren voraus, dass das Unternehmen in diesem Vertragsstaat Rechtsbehelfe, soweit sie sich auf den Gegenstand des Schiedsverfahrens beziehen, zurücknimmt oder darauf verzichtet (Art. 7 Abs. 3 EU-Schiedskonvention).

d) Bei einem Verfahren nach dem EU-DBA-SBG beginnen die folgenden Fristen erst mit Ablauf des Tages, an dem eine im Rechtsbehelfsverfahren Deutschlands bzw. des anderen Staates ergangene Entscheidung rechtskräftig geworden ist, dieses Verfahren auf andere Weise endgültig abgeschlossen oder dieses Verfahren ausgesetzt oder ruhend gestellt oder das Ruhen des Verfahrens angeordnet worden ist:

   - Frist zur Entscheidung über die Zulassung der Streitbeilegungsbeschwerde (§ 8 Abs. 1 EU-DBA-SBG, siehe auch Rz. 165),
   - Frist, die den zuständigen Behörden zur Lösung der Streitfrage im Verständigungsverfahren zur Verfügung steht (Einigungsfrist; § 13 Abs. 3 EU-DBA-SBG, siehe auch Rz. 171).

   Wenn in dem anderen Mitgliedstaat der EU ein innerstaatliches Urteil ergangen ist und dieser Mitgliedstaat nicht von dieser rechtskräftigen Entscheidung abweichen kann, ist das Verfahren von Amts wegen zu beenden (§§ 16 Abs. 3, 20 Abs. 4 EU-DBA-SBG).

1.4 Verhältnis der Streitbeilegungsverfahren zu Quellensteuer-Erstattungsverfahren

Ein Streitbeilegungsverfahren ersetzt nicht das Verfahren zur Erstattung einbehaltener Quellensteuer. 15

Das Recht zur Vornahme des Quellensteuerabzugs (für Steuern auf Dividenden, Zinsen, Lizenzgebühren oder sonstige von einer im anderen Vertragsstaat ansässigen Person bezogene Einkünfte, dazu gehören auch Einkünfte aus nichtselbständiger Arbeit) wird durch die DBA in der Regel nicht berührt. Fast alle neueren deutschen DBA enthalten entsprechende klarstellende Regelungen (siehe Art. 27 VerhGl.). Auch ohne eine solche Klarstellung im DBA gilt, soweit im spezifischen DBA nicht ausdrücklich abweichend geregelt, dass die Vornahme des Quellensteuerabzugs – auch in Fällen, in denen dem Quellenstaat nach dem DBA das Besteuerungsrecht nicht zugewiesen ist – nicht ge- 16 gen das Abkommen verstößt, wenn der Quellenstaat seiner Verpflichtung im Rahmen eines Erstattungsverfahrens nachkommt (vgl. BFH vom 21. Mai 1997 - I R 79/96, BStBl 1998 II S. 113). Ein Antrag auf Einleitung eines Verständigungsverfahrens hinsichtlich des Quellensteuerabzugs, ohne dass zuvor der Weg eines eingerichteten Erstattungsverfahrens beschritten worden wäre, ist deshalb in der Regel als unbegründet abzulehnen.

17 Ist im Ausland für Einkünfte, die dem Steuerabzug vom Kapitalertrag oder dem Steuerabzug, vergleichsweise dem inländischen § 50a EStG, unterliegen, ein Erstattungsverfahren eingerichtet, das im Wesentlichen dem Verfahren nach § 50c Abs. 3 EStG entspricht, ist ein solches Verfahren vom Antragsteller vorrangig in Anspruch zu nehmen. Das gilt auch für andere Verfahren, z. B. wenn die im Wege des Steuerabzugs einbehaltene Einkommensteuer (z. B. durch Abzug vom Arbeitslohn) im Rahmen eines Veranlagungsverfahrens, das für beschränkt Steuerpflichtige entsprechend § 50 Abs. 2 Satz 2 EStG durchzuführen wäre, angerechnet oder erstattet wird oder eine Erstattung vergleichbar der Regelung in § 37 Abs. 2 AO (Zahlung ohne rechtlichen Grund) erlangt werden kann. Ist ein entsprechendes Verfahren deshalb nicht erfolgreich, weil der Antragsteller die hierfür geltenden Voraussetzungen nicht beachtet hat, insbesondere die Erstattung nicht nach den im jeweiligen DBA oder, soweit dort keine Fristen für Erstattungsanträge geregelt sind, nach den im innerstaatlichen Recht des Quellenstaats geltenden Fristen beantragt hat, so liegt darin ebenfalls keine gegen das Abkommen verstoßende Besteuerung. Auch in einem solchen Fall ist ein Antrag auf Einleitung eines Verständigungsverfahrens hinsichtlich des Quellensteuerabzugs daher unbegründet.

18 Wird ein Erstattungsantrag aus anderen als den oben genannten Gründen von der jeweiligen zuständigen Behörde abgelehnt, ist die Ablehnung des Erstattungsantrags eine Maßnahme, die zu einer dem Abkommen nicht entsprechenden Besteuerung führen kann. Vorbehaltlich des Vorliegens der weiteren Voraussetzungen ist ein insofern gestellter Antrag auf Einleitung eines Verständigungsverfahrens dann begründet. Gegenstand des Verfahrens ist die Auslegung oder Anwendung des betreffenden Abkommens oder Übereinkommens (siehe Rz. 32).

19 Wird über einen unter Beachtung der Regeln eines eingerichteten Erstattungsverfahrens gestellten und materiell begründeten Erstattungsantrag nicht in angemessener Zeit entschieden, stellt dies eine nicht dem Abkommen entsprechende Besteuerung dar. Welche Bearbeitungszeit angemessen ist, hängt von den Umständen des Einzelfalls ab. In der Regel sind Bearbeitungszeiten bis zu zwei Jahren nicht als unangemessen anzusehen. Da in solchen Fällen

Schwierigkeiten bestehen, für den Beginn der Frist für einen Antrag auf Einleitung eines Verständigungsverfahrens an etwas anderes als den ursprünglichen Quellensteuerabzug anzuknüpfen, sollte dieser Antrag so rechtzeitig gestellt werden, dass die Antragsfrist auch bei unterstelltem Fristbeginn zum Zeitpunkt des Quellensteuerabzugs noch eingehalten wird.

Das Freistellungsverfahren ist ein Verfahren, in dem in der Regel vor Einbehalt der Quellensteuer das Absehen vom Quellensteuerabzug herbeigeführt werden kann. Ein ganz oder teilweise erfolglos gebliebenes Freistellungsverfahren führt grundsätzlich nicht dazu, dass das Bestreiten eines Erstattungsverfahrens nicht mehr erforderlich wäre. Somit wäre in diesem Fall ein Antrag auf Einleitung eines Verständigungsverfahrens unbegründet. 20

Besondere Schwierigkeiten können sich ergeben, wenn ein Steuerpflichtiger, auf dessen Rechnung im Quellenstaat ein Quellensteuerabzug durchgeführt wurde, im Ansässigkeitsstaat zunächst die entsprechenden Einkünfte als nach DBA freizustellen oder die Quellensteuer als anrechenbar erklärt, der Ansässigkeitsstaat aber später zu einer anderen abkommensrechtlichen Beurteilung gelangt. 21

Auch in diesen Fällen gilt, dass ein Streitbeilegungsverfahren nicht das Verfahren zur Erstattung oder Ermäßigung einbehaltener Quellensteuer ersetzt. Ist also der Quellenstaat nach dem DBA zur Steuerfreistellung verpflichtet und deshalb die Versagung der Freistellung oder Anrechnung durch den Ansässigkeitsstaat abkommensgemäß, dann ist ein diesbezüglicher Antrag auf Einleitung eines Verständigungsverfahrens als unbegründet abzulehnen, wenn zuvor keine Erstattung im Quellenstaat beantragt wurde. 22

Kann in solchen Fällen ausnahmsweise, auch unter Berücksichtigung von § 110 AO oder vergleichbaren ausländischen Vorschriften, nach dem Versagen der Freistellung oder Anrechnung durch den Ansässigkeitsstaat kein fristgerechter Erstattungsantrag mehr gestellt werden, weil zum Zeitpunkt des Versagens der Freistellung oder Anrechnung durch den Ansässigkeitsstaat die Frist für einen Erstattungsantrag im Quellenstaat bereits abgelaufen war, gilt Folgendes: 23

a) Im Grundsatz gilt auch in einem solchen Fall, dass die Vornahme des Quellensteuerabzugs nicht als Verstoß gegen das Abkommen einzustufen ist, wenn ein Erstattungsverfahren im Sinne der Rz. 17 Satz 1 und 2 eingerichtet war. Hat der Antragsteller die Regeln dieses Erstattungsverfahrens nicht beachtet, liegt auch im Ausbleiben einer Erstattung der Quellensteuer keine dem Abkommen nicht entsprechende Besteuerung vor. Dies gilt insbesondere, wenn die Erstattung nicht gemäß den im jeweiligen DBA oder, soweit dort keine Fristen für Erstattungsanträge geregelt sind, gemäß den im innerstaatlichen Recht des Quellenstaats geltenden Fristen beantragt wurde. Dass dem Antragsteller ein möglicher Erstattungsanspruch erst zum Zeitpunkt der Versagung der Freistellung oder Anrechnung durch den Ansässigkeitsstaat bewusstgeworden sein könnte, ändert hieran grundsätzlich nichts. Ist auch die Versagung der Freistellung oder Anrechnung durch den Ansässigkeitsstaat abkommensgemäß, dann liegt insgesamt keine gegen das Abkommen verstoßende Besteuerung vor, und ein Antrag auf Einleitung eines Verständigungsverfahrens ist als unbegründet abzulehnen.

b) Ist in einem solchen Fall Deutschland der Ansässigkeitsstaat und wird in Deutschland unter Hinweis auf die Doppelbesteuerung ein Antrag auf Einleitung eines Verständigungsverfahrens gestellt, wird das BZSt sich an die zuständige Behörde des Quellenstaats mit der Frage wenden, ob dort eine Möglichkeit zur Beseitigung der Doppelbesteuerung, ggf. auch durch Billigkeitsmaßnahmen, gesehen wird. Sieht die zuständige Behörde des Quellenstaats unter Verweis auf den nicht rechtzeitig gestellten Erstattungsantrag keine solche Möglichkeit und hält das BZSt die Besteuerung in Deutschland für zutreffend, wird das BZSt den Antrag als unbegründet ablehnen. Das BZSt wird dann prüfen, ob die Beseitigung einer Doppelbesteuerung nach einer Regelung entsprechend Art. 24 Abs. 3 Satz 2 VerhGl. in Betracht kommt.

c) Ist in einem solchen Fall Deutschland der Quellenstaat, wird im ausländischen Ansässigkeitsstaat unter Hinweis auf die Doppelbesteuerung ein Antrag auf Durchführung eines Verständigungsverfahrens gestellt, und leitet die ausländische zuständige Behörde dann ein Verständigungsverfahren gegenüber Deutschland ein, so kann das BZSt im Einzelfall zur Vermeidung der Doppelbesteuerung eine Verständigungsvereinbarung abschließen, die die Erstattung der deutschen Quellensteuer vorsieht, obwohl innerhalb der Ausschlussfrist für Erstattungsanträge keine Erstattung beantragt wurde. Hierbei ist der Grad der Fahrlässigkeit hinsichtlich des Verstreichenlassens der Ausschlussfrist für den Erstattungsantrag zu beachten.

d) Die vorstehenden Grundsätze gelten entsprechend, wenn die Frist für einen Erstattungsantrag zum Zeitpunkt des Versagens der Freistellung oder Anrechnung durch den Ansässigkeitsstaat zwar noch nicht abgelaufen war, aber so kurz vor dem Ablauf stand, dass zwischen dem Bekanntwerden des Versagens der Freistellung oder Anrechnung durch den Ansässigkeitsstaat und dem Ablauf der Frist für einen Erstattungsantrag nicht ausreichend Zeit für den Steuerpflichtigen verblieben ist, sich über das Erstattungsverfahren zu informieren und einen entsprechenden Erstattungsantrag zu stellen. Davon wird in der Regel ausgegangen, wenn weniger als drei Monate zwischen dem Bekanntwerden des Versagens der Freistellung oder Anrechnung durch den Ansässigkeitsstaat und dem Ablauf der Frist für einen Erstattungsantrag liegen.

1.5 Allgemeiner Regelungsgehalt der verschiedenen Streitbeilegungsverfahren

1.5.1 Streitbeilegungsverfahren nach DBA

Die Verständigungsklauseln der DBA sehen in der Regel vor, dass ein Verständigungsverfahren eingeleitet werden kann, wenn eine Person dies beantragt und darlegt, dass Maßnahmen eines Vertragsstaats oder beider Vertragsstaaten für sie zu einer dem Abkommen nicht entsprechenden Besteuerung führen oder führen werden, und dem durch Maßnahmen des betreffenden Staates nicht abgeholfen werden kann. 24

Wenn in dem zwischen den betroffenen Vertragsstaaten anzuwendenden DBA ein Schiedsverfahren vereinbart ist, können regelmäßig noch offene Fragen des Falls – i. d. R. auf Antrag – einem Schiedsgremium vorgelegt werden (siehe Rz. 110). 25

1.5.2 Verfahren nach der EU-Schiedskonvention

Die EU-Schiedskonvention gilt im Verhältnis zu anderen Mitgliedstaaten der EU. Die Verständigungsklausel der EU-Schiedskonvention (Art. 6) sieht ein Verständigungsverfahren nur zu Fragen der Gewinnabgrenzung zwischen verbundenen Unternehmen und der Gewinnaufteilung bei Betriebsstätten vor. Im Gegensatz zu den Verfahren nach DBA und EU-DBA-SBG sind andere Fragen zur abkommenswidrigen Besteuerung nicht von der Verständigungsklausel der EU-Schiedskonvention erfasst. Insbesondere die Frage des Bestehens einer Betriebsstätte und Fragen der Ansässigkeit können nicht Gegenstand eines Verfahrens nach der EU-Schiedskonvention sein. 26

Einigen sich die zuständigen Behörden innerhalb der Zweijahresfrist (Art. 7 Abs. 1 EU-Schiedskonvention) nicht über die Beseitigung der Doppelbesteuerung, wird im Regelfall zwingend die Schiedsphase (sog. Schlichtungsverfahren) eingeleitet. 27

1.5.3 Verfahren nach dem EU-DBA-SBG

28 Das EU-DBA-SBG ist ausschließlich zur Beilegung von Streitigkeiten zwischen Deutschland und einem oder mehreren anderen Mitgliedstaaten der EU anwendbar.

29 Die Durchführung eines Verständigungsverfahrens nach dem EU-DBA-SBG setzt voraus, dass eine betroffene Person im Sinne des § 2 Abs. 1 Nr. 7 EU-DBA-SBG dies durch Einreichen einer „Streitbeilegungsbeschwerde" im Sinne des § 4 EU-DBA-SBG beantragt und darlegt, dass Streitigkeiten zwischen Deutschland und einem oder mehreren anderen Mitgliedstaaten der EU durch die Auslegung und Anwendung von Abkommen und Übereinkommen entstehen, die die Beseitigung der Doppelbesteuerung vom Einkommen und ggf. Vermögen vorsehen. Die Darlegung einer Streitigkeit zwischen Steuerpflichtigem und Verwaltung genügt nicht. Es muss dargelegt werden, dass eine Maßnahme im Ergebnis zu einer Streitfrage zwischen den Verwaltungen geführt hat oder führen wird.

30 Führt das Verständigungsverfahren nach dem EU-DBA-SBG innerhalb der Einigungsfrist zu keiner Einigung, kann die betroffene Person innerhalb der gesetzlichen Frist des § 17 Abs. 1 EU-DBA-SBG ein Schiedsverfahren beantragen (i. d. R. Einsetzung eines „Beratenden Ausschusses"; die zuständigen Behörden können sich aber auch für einen „Ausschuss für Alternative Streitbeilegung" entscheiden). Bei weiterhin ausbleibender Einigung der zuständigen Behörden müssen sich diese dann an die im Schiedsverfahren abgegebene Stellungnahme des „Beratenden Ausschusses" oder des „Ausschusses für Alternative Streitbeilegung" halten.

1.6 Verfahrensgegenstände und Verfahrensziele der verschiedenen Streitbeilegungsverfahren

31 Verfahrensgegenstände sind die aus dem DBA oder der EU-Schiedskonvention abzuleitenden völkerrechtlichen Ansprüche der jeweiligen Vertragsstaaten; diese richten sich auf eine dem zwischen den betroffenen Vertragsstaaten geltenden DBA oder der EU-Schiedskonvention entsprechende steuerliche Behandlung des Antragstellers. Die Überprüfung, ob die Tatbestandsvoraussetzungen einer Vorschrift des innerstaatlichen Rechts erfüllt sind, also die Frage der richtigen Anwendung des innerstaatlichen Rechts (ob z. B. ein Steuerpflichtiger nach § 49 EStG der beschränkten Steuerpflicht unterliegt oder die Voraussetzungen einer Schätzung nach § 162 AO vorliegen), ist in der Regel keine Frage über die Auslegung oder Anwendung des betreffenden Abkommens

oder Übereinkommens. Gegenstand des Streitbeilegungsverfahrens ist vielmehr die Frage, ob die Ausübung eines innerstaatlichen Besteuerungsrechts (z. B. ein beschränktes Besteuerungsrecht gem. § 49 EStG oder das Ergebnis einer Schätzung nach § 162 AO) durch ein DBA beschränkt wird.

Ziel der Streitbeilegungsverfahren ist es, den Anspruch des Antragstellers auf 32 abkommens- bzw. übereinkommensgemäße Besteuerung im Rahmen der jeweiligen Rechtsordnungen zu verwirklichen.

In Fällen, in denen aufgrund schwierig zu ermittelnder tatsächlicher Umstände 33 – zum Beispiel zur Vermeidung eines unverhältnismäßig hohen Ermittlungsaufwands – eine tatsächliche Verständigung über den der Steuerfestsetzung zugrundeliegenden Sachverhalt (BMF-Schreiben vom 30. Juli 2008, BStBl 2008 I S. 831, ergänzt durch die BMF-Schreiben vom 15. April 2019, BStBl 2019 I S. 447 sowie vom 23. Juni 2023, BStBl 2023 I S. 1074) abgeschlossen wird, ist es in einem späteren Verständigungs- oder Schiedsverfahren regelmäßig nicht mehr möglich, den Sachverhalt nachträglich beweissicher festzustellen. Die deutsche Finanzverwaltung wird im Verständigungsverfahren, soweit die auf dem Rechtsgrundsatz von Treu und Glauben beruhende Bindungswirkung einer tatsächlichen Verständigung reicht, keine Abweichung von der darin geregelten Sachverhaltsfestlegung akzeptieren.

1.7 Zuständigkeiten

Das BMF hat die Ausübung der Funktion der zuständigen Behörde für den Be- 34 reich der Streitbeilegungsverfahren nach den DBA, der EU-Schiedskonvention und dem EU-DBA-SBG auf das BZSt übertragen (siehe § 5 Abs. 1 Satz 1 Nr. 5 FVG und das BMF-Schreiben vom 23. Mai 2022, BStBl 2022 I S. 838), sowie § 2 Abs. 1 Nr. 5 EU-DBA-SBG). Das BMF behält sich vor, in Einzelfällen mitzuwirken oder ein Verständigungsverfahren selbst zu führen.

Das BZSt handelt grundsätzlich im Einvernehmen mit der zuständigen obers- 35 ten Landesfinanzbehörde oder mit der von dieser beauftragten Behörde (im Weiteren als „zuständige Landesfinanzbehörde“ bezeichnet).

Aufgabe der Landesfinanzverwaltung ist es, die Einigung in Form einer Ver- 36 ständigungsvereinbarung bzw. eine (abschließende) Entscheidung der zuständigen Behörden (nach Art. 12 EU-Schiedskonvention und nach § 18 EU-DBA-SBG) innerstaatlich umzusetzen (vgl. Tz. 4).

37 Die Kontaktdaten des BZSt für Anträge und Anfragen zu Verständigungs- und Schiedsverfahren lauten wie folgt:

Bundeszentralamt für Steuern
Verständigungsverfahren
An der Küppe 1
53225 Bonn

Fax:	0228 406-3118
Telefon:	0228 406-0
E-Mail:	vv_sv@bzst.bund.de
DE-Mail:	vv_sv-DeMailPF@bzst.bund.de

B Allgemeine Ausführungen zu Verständigungsverfahren

2 Einleitung des Verständigungsverfahrens

2.1 Antragstellung

38 Das Verständigungsverfahren setzt einen Antrag voraus. Dieser ist schriftlich einzureichen oder zur Niederschrift zu erklären. In dem Antrag ist deutlich zu machen, auf welche Rechtsgrundlage für Streitbeilegungsverfahren der Antrag gestützt wird.

39 Der Steuerpflichtige kann sich durch einen Bevollmächtigten vertreten lassen.

40 Der Antrag kann auch von einem Haftungsschuldner gestellt werden, soweit er durch die abkommensbzw. übereinkommenswidrige Besteuerung unmittelbar betroffen ist (d. h. soweit ein an ihn gerichteter Haftungsbescheid erlassen wurde).

41 Liegt lediglich ein Antrag des Haftungsschuldners vor, ist das Verständigungsverfahren auf die Frage nach der materiell-rechtlichen Begründetheit des Haftungsbescheids beschränkt.

42 Betrifft ein Sachverhalt mehrere in Deutschland ansässige Personen und kann der Sachverhalt nur einheitlich steuerlich beurteilt werden (wie beispielsweise bei Organschaften und Personengesellschaften), soll das Verständigungsverfahren nur von allen betroffenen Personen gemeinsam beantragt werden; Verfahrenshandlungen sollen in diesen Fällen nur gemeinsam vorgenommen werden. Hierfür soll ein gemeinsamer Vertreter benannt werden. Die Antragsteller sind angehalten, einen gemeinsamen Empfangsbevollmächtigten zu bestel-

len, der ermächtigt ist, für sie sämtliche Verwaltungsakte und Mitteilungen in Empfang zu nehmen.

Wird im Falle einer Personengesellschaft der Antrag nicht von allen Gesellschaftern gestellt oder sind nicht alle Gesellschafter abkommens- bzw. übereinkommensberechtigt (siehe Rz. 44), können im Feststellungsbescheid steuerliche Folgen auf Grundlage des Verständigungsverfahrens nur für antragstellende bzw. abkommens- oder übereinkommensberechtigte Gesellschafter gezogen werden. 43

Personengesellschaften sind nach Art. 4 Abs. 1 VerhGl. keine in Deutschland ansässigen Personen, da sie nicht aufgrund ihres Wohnsitzes, ihres ständigen Aufenthalts oder eines anderen steuerlichen Merkmals steuerpflichtig sind. Sie können daher im Regelfall keinen Antrag auf Durchführung eines Verständigungsverfahrens stellen. Abkommens- bzw. übereinkommensberechtigt ist jedoch jeder einzelne Gesellschafter einer Personengesellschaft, wenn er mindestens in einem der Vertragsstaaten ansässig ist (vgl. BMF-Schreiben vom 26. September 2014 zur Anwendung der DBA auf Personengesellschaften, BStBl 2014 I S. 1258). Bei fehlender Abkommens- bzw. Übereinkommensberechtigung eines einzelnen Gesellschafters einer Personengesellschaft besteht die Möglichkeit der Prüfung durch das BZSt, ob die Beseitigung einer Doppelbesteuerung nach einer Regelung entsprechend Art. 24 Abs. 3 Satz 2 VerhGl. in Betracht kommt. Nach den Sonderregelungen einzelner DBA können auch Personengesellschaften als ansässige Personen gelten (Hinweis auf Anlage des BMF-Schreibens vom 26. September 2014, BStBl 2014 I S. 1258). 44

Personengesellschaften, die nach § 1a KStG zur Körperschaftsbesteuerung optiert haben, sind entsprechend Art. 4 Abs. 1 VerhGl. in Deutschland ansässige Personen, wenn sie ihre Geschäftsleitung im Inland haben. Nur sie selbst sind daher abkommens- bzw. übereinkommensberechtigt und können einen Antrag auf Durchführung eines Verständigungsverfahrens stellen. 44 a

Der Antrag ist i. d. R. bei der zuständigen Behörde des Ansässigkeitsstaats einzureichen. Ist die Ansässigkeit strittig, kann der Antrag in jedem der möglichen Ansässigkeitsstaaten eingereicht werden. In Diskriminierungsfällen kann der Antrag i. d. R. auch bei der zuständigen Behörde des Staates eingereicht werden, dessen Staatsangehöriger der Antragsteller ist (vgl. Art. 24 Abs. 1 Satz 1 i.V. m. Art. 3 Abs. 1 Nr. 9 VerhGl.). Ein Antrag auf ein Verständigungsverfahren nach der EU-Schiedskonvention kann auch im Betriebsstättenstaat gestellt werden, vorausgesetzt, es handelt sich um die Betriebsstätte eines Unternehmens mit Sitz in einem Mitgliedstaat der EU. 45

46 Sind mehrere Steuerpflichtige betroffen (z. B. eine Mutter- und eine Tochtergesellschaft), soll der Antrag zweckmäßigerweise in allen Ansässigkeitsstaaten aller betroffenen Steuerpflichtigen eingereicht werden. Soweit die zuständigen Behörden der betroffenen Staaten unterschiedliche Voraussetzungen an den Antrag stellen, ist S.ns der Steuerpflichtigen sicherzustellen, dass die beteiligten Behörden dieselben Informationen erhalten.

47 Auf die mehrfache Antragstellung ist im Antrag hinzuweisen. Hierzu sollte dem BZSt eine Kopie des Antrags bei der zuständigen Behörde des anderen Staates übermittelt werden.

48 Für einen Antrag nach dem EU-DBA-SBG ist das Verständigungsverfahren (d. h. die Streitbeilegungsbeschwerde) zwingend bei allen zuständigen Behörden der betroffenen Mitgliedstaaten der EU gleichzeitig und mit den gleichen Angaben einzureichen (§ 4 Abs. 2 EU-DBA-SBG; siehe hierzu Rz. 155), sofern nicht die Verfahrenserleichterung für natürliche Personen und kleinere Unternehmen in Anspruch genommen werden kann (§ 28 EU-DBA-SBG; siehe hierzu Rz. 150).

49 Die in Deutschland zuständige Behörde ist nur das BZSt (Hinweis auf Rz. 34). Dessen Zuständigkeit bezieht sich ausschließlich auf die Streitbeilegungsverfahren. Weitere Anträge und Rechtsbehelfe, die das Besteuerungsverfahren betreffen, sind nicht von dieser Zuständigkeit umfasst.

50 Das BZSt leitet dort gestellte Anträge auf Verständigungsverfahren der ausländischen zuständigen Behörde zunächst zur Kenntnis zu bzw. informiert diese über den Eingang des Antrags. Das BZSt bestätigt dem Antragsteller den Eingang seines Antrags und leitet den Antrag unverzüglich der für die Besteuerung des Antragstellers zuständigen Landesfinanzbehörde, in der Regel mit der Bitte um Stellungnahme, zu.

51 Die zuständige Landesfinanzbehörde teilt in ihrer Stellungnahme auch ihre Einschätzung zur Zulässigkeit des Antrags und zur vom Antragsteller geltend gemachten abkommens- bzw. übereinkommenswidrigen Besteuerung mit.

2.2 Antragsfrist

52 Die geltenden Antragsfristen sind in den Abschnitten zu den jeweiligen Rechtsgrundlagen aufgeführt. Siehe hierzu Tz. 8.2 (Verfahren nach DBA), Tz. 10.2 (Verfahren nach der EU-Schiedskonvention) und Tz. 15.2 (Verfahren nach dem EU-DBA-SBG).

53 Für im Inland einzureichende Anträge ist für die Fristwahrung der Zeitpunkt des Antragseingangs beim BZSt maßgeblich.

Kann eine Verständigungsvereinbarung nach dem Recht eines ausländischen Staates dort zeitlich nicht unbegrenzt umgesetzt werden, sollte dies vom Antragsteller bezüglich des Zeitpunktes seiner Antragstellung bedacht werden. 54

2.3 Inhalt des Antrags

Für die Zulässigkeit eines Antrags auf Einleitung eines Verständigungsverfahrens ist insbesondere die Geltendmachung erforderlich, dass eine abkommens- bzw. übereinkommenswidrige Besteuerung vorliegt oder droht. Eine abkommens- bzw. übereinkommenswidrige Besteuerung droht beispielsweise bereits dann hinreichend konkret, wenn im Rahmen einer laufenden Betriebsprüfung in einer schriftlichen Prüfungsfeststellung oder in einem Teilbericht eine entsprechende Besteuerung angekündigt wird, auch wenn die Prüfung im Übrigen noch nicht abgeschlossen ist und die Umsetzung in Steuerbescheide noch aussteht. Das Vorliegen bzw. das Drohen einer abkommens- bzw. übereinkommenswidrigen Besteuerung ist glaubhaft und nachvollziehbar darzulegen. 55

Beispiele für eine dem Abkommen bzw. Übereinkommen nicht entsprechende Besteuerung: 56

- Einkünfte, die in einem der Staaten aufgrund eines DBA bzw. Übereinkommens nicht zu versteuern sind, werden dort zur Besteuerung herangezogen;
- die in einem Staat zu besteuernden Einkünfte sind nicht zutreffend auf der gemeinsamen Rechtsgrundlage des DBA bzw. Übereinkommens abgegrenzt worden; dies gilt bei international verbundenen Unternehmen nach dem Grundsatz des Fremdverhaltens selbst dann, wenn Sonderklauseln im Sinne des Art. 9 Abs. 2 VerhGl. im DBA fehlen;
- die Besteuerung in einem der Staaten verstößt gegen ein Diskriminierungsverbot des DBA;
- einer der Staaten ist bei der Gewährung von Steuerentlastungen aufgrund eines DBA in einer Weise säumig, die die Rechte nach dem DBA nachhaltig beeinträchtigt;
- ein Qualifikationskonflikt verursacht eine Doppelbesteuerung, die ihrer Art nach durch das DBA vermieden werden soll.

57 Der Antrag hat die folgenden Angaben und Unterlagen zu enthalten:

- Name, Anschrift (Sitz), Steuernummer und örtlich zuständiges Finanzamt des Antragstellers (soweit einschlägig auch ausländische zuständige Finanzbehörde);
- eine Erläuterung zur Antragsberechtigung;
- detaillierte Angaben zu den für den Fall relevanten Tatsachen und Umständen;
- Angaben zu den vom Antrag betroffenen Besteuerungszeiträumen;
- Kopien der Steuerbescheide, des Betriebsprüfungsberichts oder vergleichbarer Dokumente, die zu der behaupteten Doppelbesteuerung geführt haben oder zu führen drohen, sowie weiterer bedeutsamer Dokumente (z. B. Verträge, Anträge auf Erstattung/Ermäßigung ausländischer Quellensteuer); dies gilt auch dann, wenn diese der örtlich zuständigen Behörde (Finanzamt) bereits vorliegen;
- Angaben über im Ausland gestellte Erstattungsanträge und – soweit verfügbar – die Antwort des ausländischen Staates;
- detaillierte Angaben zu etwaigen außergerichtlichen oder gerichtlichen Rechtsbehelfsverfahren und etwaigen den Fall betreffenden Gerichtsurteilen im In- und Ausland sowie Angaben, ob und ggf. in welcher Höhe die Aussetzung der Vollziehung beantragt wurde;
- eine Darlegung S.ns des Antragstellers, inwiefern nach seiner Auffassung die Besteuerung im In-oder Ausland nicht dem Abkommen bzw. Übereinkommen entspricht;
- den Antrag des Abkommensberechtigten;
- bei Anträgen nach dem EU-DBA-SBG die zusätzlich in § 5 EU-DBA-SBG genannten Unterlagen, soweit sie nicht bereits in dieser Rz. aufgeführt sind;
- in Fällen der Gewinnabgrenzung zwischen verbundenen Unternehmen und bei Betriebsstätten zusätzlich:
  - Name, Anschrift (Sitz), Steuernummer und örtlich zuständiges Finanzamt (soweit einschlägig auch ausländische zuständige Finanzbehörde) des oder der anderen Beteiligten an den betreffenden Geschäftsvorfällen;
  - Einzelheiten über die Beziehungen zwischen dem antragstellenden Unternehmen und den anderen Beteiligten an den betreffenden Geschäftsvorfällen;

- eine Darlegung S.ns des antragstellenden Unternehmens, inwiefern nach seiner Auffassung der Fremdvergleichsgrundsatz nicht beachtet wurde;
- in Betriebsstättenfällen: Betriebsstättengewinnaufteilung inkl. Hilfs- und Nebenrechnung und
- Benennung des Sitzstaats der obersten Muttergesellschaft (dabei kann sich an dem international gängigen Begriff der „Ultimate Parent Entity" orientiert werden).

Werden bei Antragsstellung nicht alle in Rz. 57 – bei Verfahren nach der EU-Schiedskonvention zusätzlich alle in Rz. 121 – in Bezug genommenen Angaben und Unterlagen vorgelegt, kann dies dazu führen, dass der Antrag als verfristet abgelehnt wird. 58

Ändern sich für den Fall relevante Tatsachen oder Pflichtangaben gem. Rz. 57 nach der Antragstellung, ist der Antragsteller verpflichtet, unverzüglich alle zuständigen Behörden hiervon zu unterrichten. 59

Der Antrag ist grundsätzlich in deutscher Sprache zu stellen. 60

Zusätzlich sollte der Antragsteller eine Übersetzung in eine gemeinsame Arbeitssprache der zuständigen Behörden (regelmäßig Englisch), zwischen denen das Verständigungsverfahren geführt werden soll, zur Verfügung stellen. 61

Der Antragsteller kann den Antrag auch in der gemeinsamen Arbeitssprache der zuständigen Behörden stellen, wenn das BZSt und die jeweils zuständige Landesfinanzbehörde dem zuvor einvernehmlich zugestimmt haben. Wird das Einvernehmen erst nachträglich hergestellt, so gilt ein Antrag, der nur in einer gemeinsamen Arbeitssprache der zuständigen Behörden gestellt wurde, für Zwecke der Wahrung von Antragstellungsfristen als zum Zeitpunkt des Eingangs und für Zwecke des Beginns von Fristen als zum Zeitpunkt der Herstellung des Einvernehmens gestellt. Im Übrigen gelten § 87 Abs. 3 und 4 AO. Auf Anforderung der Finanzbehörden hat der Antragsteller in jeder Phase des Verfahrens von ihm eingereichte Unterlagen (ggf. teilweise) auf seine Kosten zu übersetzen (§ 87 Abs. 2 Satz 2 und 3 AO). 62

Für Verfahren nach dem EU-DBA-SBG ist § 3 EU-DBA-SBG (Verfahrenssprache) zu beachten. 63

2.4 Einleitung des Verständigungsverfahrens bei Antragstellung im Inland und Rechtsschutz

64 Vor Einleitung des Verständigungsverfahrens durch das BZSt gegenüber der ausländischen zuständigen Behörde ist zu prüfen, ob dem Begehren des Antragstellers der Sache nach durch innerstaatliche Maßnahmen abgeholfen werden kann. Hierbei kommt als verfahrensrechtliche Möglichkeit zur Änderung ansonsten bestandskräftiger deutscher Steuerbescheide auch die unionsrechtskonforme Auslegung des § 174 Abs. 1 und 2 AO in Betracht (siehe hierzu AEAO zu § 174, Nr. 5). Gegebenenfalls ergreifen die zuständigen deutschen Finanzbehörden von Amts wegen die notwendigen Maßnahmen. Das BZSt informiert den Antragsteller und die zuständige Behörde des anderen Vertragsstaats unverzüglich über diese Entscheidung.

65 Ergibt die Prüfung des BZSt, dass der Antrag zulässig und die Einwendung begründet ist (d. h. auch aus Sicht des BZSt eine abkommenswidrige Besteuerung vorliegt) und dieser nicht durch innerstaatliche Maßnahmen entsprochen werden kann, leitet es das Verständigungsverfahren i. d. R. durch Übersendung eines Positionspapiers gegenüber der ausländischen zuständigen Behörde ein.

66 Lehnt das BZSt einen Antrag auf Einleitung eines Verständigungsverfahrens ab, unterrichtet es unverzüglich den Antragsteller, die ausländische zuständige Behörde und die zuständige Landesfinanzbehörde über diese Entscheidung.

67 Die Ablehnung des Antrags auf Einleitung eines Verständigungsverfahrens ist ein Verwaltungsakt im Sinne des § 118 AO, gegen den der Einspruch nach § 347 Abs. 1 Nr. 1 AO statthaft ist.

2.5 Vorgehen bei nur im Ausland beantragten Verständigungsverfahren

68 Das BZSt leitet von einer ausländischen zuständigen Behörde erhaltene Anträge oder die von dort erhaltene Information über den Eingang eines solchen Antrags unverzüglich an die zuständige Landesfinanzbehörde zur Kenntnis weiter. Bei Erhalt eines Positionspapiers der ausländischen zuständigen Behörde leitet das BZSt dieses unverzüglich i. d. R. mit der Bitte um Stellungnahme weiter.

69 Auch bei nur im Ausland beantragten Verständigungsverfahren prüft das BZSt die formellen Voraussetzungen (z. B. die fristgerechte Antragstellung).

2.6 Besonderheit bei Verfahren nach EU-DBA-SBG

70 Für Verfahren nach dem EU-DBA-SBG ist § 13 EU-DBA-SBG zu beachten. Siehe zum Rechtsschutz bei Zurückweisung der Streitbeilegungsbeschwerde Rz. 168.

2.7 Aussetzung der Vollziehung und Stundung

Aus den allgemeinen Regeln der AO ergibt sich, dass ein Antrag auf Aussetzung der Vollziehung (gem. § 361 AO) nur i.V. m. einem Einspruch beantragt werden kann. Hinsichtlich der Aussetzung der Vollziehung und der Stundung gelten die allgemeinen gesetzlichen Regelungen. Für die Gewährung einer Aussetzung der Vollziehung (gem. § 361 AO) oder einer Stundung ist das örtlich zuständige Finanzamt zuständig. 71

3 Durchführung des Verständigungsverfahrens

3.1 Allgemeine Verfahrensgrundsätze

Das BZSt führt das Verständigungsverfahren in unmittelbarem Verkehr mit der zuständigen Behörde des anderen Staates nach internationaler Staatenpraxis. Die Einzelheiten richten sich nach den Verhältnissen des Einzelfalls und dem Gebot der Zweckmäßigkeit. Es gelten die allgemeinen Verfahrensgrundsätze. 72

Personenbezogene Daten sowie fremde Betriebs- und Geschäftsgeheimnisse, die der deutschen Finanzverwaltung im Rahmen eines Verständigungsverfahrens bekannt werden, unterliegen dem Steuergeheimnis (§ 30 Abs. 2 AO). Für die im Rahmen eines Verständigungsverfahrens zwischenstaatlich ausgetauschten Informationen gilt auch im Ausland die im DBA bzw. Übereinkommen selbst verankerte Geheimhaltungspflicht der Bestimmungen zum zwischenstaatlichen Informationsaustausch. 73

Das BZSt unterrichtet die zuständige Landesfinanzbehörde über den Inhalt und den Fortgang des Verfahrens. Die zuständige Landesfinanzbehörde informiert das BZSt über Entwicklungen in dem Besteuerungsfall, soweit sie für das Verständigungsverfahren relevant sind. 74

Schreiben in englischer Sprache sowie Anlagen werden – sofern nicht im Einzelfall notwendig – nicht in die deutsche Sprache übersetzt. Schreiben ausländischer Finanzbehörden in einer anderen fremden Sprache werden vom BZSt in die deutsche Sprache übersetzt. Der Übersetzungsbedarf wird im Einzelfall zwischen dem BZSt und der zuständigen Landesfinanzbehörde abgestimmt. 75

3.2 Sachverhaltsaufklärung und Herbeiführung einer Einigung

Sollte im Rahmen der Durchführung eines Verständigungsverfahrens eine weitergehende Sachverhaltsermittlung notwendig werden – insbesondere bei Sachverhalten, die nicht einer inländischen Außenprüfung unterlegen haben – 76 ist der Sachverhalt von Amts wegen zu ermitteln (§ 88 AO). Der Antragsteller ist zur – u.U. erhöhten – Mitwirkung verpflichtet (§§ 90 ff. AO) und wird hiervon durch die Eröffnung eines Verständigungsverfahrens nicht entbunden. Die Durchführung eines Verständigungsverfahrens kann Anlass sein, in Abweichung vom Regelfall des § 90 Abs. 3 Satz 5 AO, die Vorlage gem. § 90 Abs. 3 AO zu erstellender Aufzeichnungen auch außerhalb einer Außenprüfung zu verlangen. Zu den Mitwirkungspflichten nach § 90 AO siehe auch das BMF-Schreiben vom 3.12.2020 (BStBl 2020 I S. 1325).

77 Im Rahmen des Verständigungsverfahrens ist auch das Ergebnis der Ermittlung des Sachverhalts durch die Finanzbehörden des anderen Staates heranzuziehen.

78 Ergeben sich bei der Ermittlung des Sachverhalts durch die deutschen und die ausländischen Finanzbehörden Widersprüche, kann durch abgestimmte Ermittlungen beider Verwaltungen oder durch Verständigungsgespräche der Versuch einer Auflösung dieser Widersprüche unternommen werden.

79 Zur Ermittlung des Sachverhalts und zur Herbeiführung einer Verständigung kann

- ein mündlicher Meinungsaustausch mit der zuständigen Behörde des anderen Staates durchgeführt werden;
- eine besondere Kommission aus Vertretern der zuständigen Behörden für einen solchen Meinungsaustausch gebildet werden;
- eine aufgrund besonderer Erfahrung ausgewählte Person bestimmt werden, um die Einigung zu fördern, z. B. durch ein Sachverständigengutachten.

3.3 Mitwirkung und Rechte des Antragstellers

80 Beteiligte des Verständigungsverfahrens sind nur die zuständigen Behörden der Vertragsstaaten. Informationen über von diesen geäußerten oder erhaltenen Rechtsauffassungen werden Dritten grundsätzlich nicht erteilt. Dem Antragsteller obliegt es, durch die Darlegung seiner Verhältnisse, Bezeichnung und ggf. Beibringung seiner Beweisunterlagen zu dem Verfahren beizutragen. Das BZSt soll den Antragsteller über den Stand und Fortgang des Verfahrens unterrichten. Der Antragsteller kann

- Anträge stellen;
- sich zu den für die Verständigung erheblichen Tatsachen und Rechtsfragen äußern;
- sich durch einen Bevollmächtigten vertreten lassen.

Das BZSt unterrichtet den Antragsteller über das Ergebnis des Verfahrens. 81

Zu der Frage, ob der Antragsteller zur Rücknahme von Rechtsbehelfen bereit ist, hat sich dieser erst zu äußern, wenn ihm ein Verständigungsvorschlag mitgeteilt worden ist. 82

3.4 Einigung

Die Einigung erfolgt zwischen den zuständigen Behörden. Sie erfolgt im Allgemeinen schriftlich (z. B. durch einen abschließenden Briefwechsel). 83

4 Umsetzung der Einigung

4.1 Zustimmung des Antragstellers

Die Umsetzung der Einigung (Verständigungsvereinbarung bzw. in den Fällen des Art. 12 EU-Schiedskonvention und § 18 EU-DBA-SBG die Entscheidung der zuständigen Behörden) steht unter dem Vorbehalt, dass 84

- sich der Antragsteller (und in Verrechnungspreisfällen ggf. auch das betroffene verbundene Unternehmen) mit der getroffenen Zuordnung der Besteuerungsrechte, auch der Höhe nach, und mit deren Umsetzung schriftlich einverstanden erklärt (Zustimmung);
- eingelegte und noch offene (in- und ausländische) Rechtsbehelfe, soweit sie sich auf den Gegenstand des Streitbeilegungsverfahrens beziehen und sich nicht anderweitig erledigen, zurückgenommen werden und
- der Antragsteller gegenüber der örtlich zuständigen Finanzbehörde vor Bekanntgabe des die Verständigungsvereinbarung bzw. Entscheidung der zuständigen Behörden umsetzenden Bescheides (§ 354 Abs. 1b AO bzw. § 18 Abs. 5 Satz 1 EU-DBA-SBG) auf einen Rechtsbehelf verzichtet, soweit damit diese Einigung zutreffend umgesetzt wird (Teilverzicht).

Lag dem Verfahren ein Antrag in Deutschland zugrunde, unterrichtet das BZSt den Antragsteller über den Inhalt der Einigung und den Zustimmungsvorbehalt. Dasselbe gilt, wenn von der Einigung Personen betroffen sind, die im von der Einigung umfassten Zeitraum der Besteuerung in Deutschland unterlegen haben (z. B. ein verbundenes Unternehmen in Deutschland), auch wenn dem Verfahren nur ein Antrag im Ausland zugrunde lag. 85

Das BZSt setzt dem Antragsteller bzw. der oder den betroffenen Person(en) eine angemessene Frist (mindestens 60 Tage) für die in Rz. 84 aufgeführte Zustimmung, die Rücknahme ggf. eingelegter und noch offener Rechtsbehelfe und den Rechtsbehelfsverzicht. Die Zustimmung ist gegenüber dem BZSt zu 86 erklären. Die Rücknahme eingelegter und noch offener Rechtsbehelfe ist jeweils dort zu erklären, wo diese Rechtsbehelfe anhängig sind (z. B. ein Einspruch gegenüber dem zuständigen Finanzamt und eine Klage gegenüber dem zuständigen Gericht). Der Rechtsbehelfsverzicht bzw. Teilverzicht hinsichtlich der die Einigung umsetzenden Steuerbescheide ist gegenüber dem örtlich zuständigen Finanzamt zu erklären.

87 Der Antragsteller bzw. die betroffene(n) Person(en) informieren das BZSt über die Rücknahme eingelegter und noch offener Rechtsbehelfe und Rechtsbehelfsverzichte bzw. Teilverzichte.

88 Die Umsetzung der Einigung kann auch unter dem Vorbehalt entsprechender Erklärungen ausländischer betroffener Personen gegenüber der ausländischen zuständigen Behörde oder ausländischen Gerichten stehen.

89 Erklären sich der Antragsteller oder die betroffene(n) Person(en) nicht innerhalb der gesetzten Frist, kann dies je nach den Umständen des Einzelfalls dazu führen, dass die Verständigung im In- und Ausland endgültig nicht umgesetzt wird.

90 Die Mitteilung über den Inhalt der Einigung ist kein Verwaltungsakt gemäß § 118 AO, da es sich um eine reine Informationsmitteilung ohne Regelungsgehalt handelt. Die Mitteilung kann deshalb nicht mit einem Einspruch angefochten werden. Es bleibt dem Antragsteller jedoch unbenommen, der Einigung nicht zuzustimmen.

91 Eine unter den in Rz. 84 genannten Vorbehalten stehende Einigung auf Grundlage eines Verfahrens nach der EU-Schiedskonvention oder des zwischen den betroffenen Vertragsstaaten anzuwendenden DBA wird vom örtlich zuständigen Finanzamt nur umgesetzt, wenn die in Rz. 84 genannten Voraussetzungen erfüllt sind. Das BZSt informiert die zuständige Landesfinanzbehörde, sobald die Voraussetzungen für die Umsetzung vorliegen und teilt ihr den Zeitpunkt des Wirksamwerdens der Verständigungsvereinbarung mit (vgl. Rz. 93 Satz 4).

92 Für Verständigungsvereinbarungen und abschließende Entscheidungen auf Grundlage eines Verfahrens nach dem EU-DBA-SBG gelten § 15 und § 18 EU-DBA-SBG.

4.2 Bestandskraft von Bescheiden und Verjährung

93 Die Verständigungsvereinbarung kann nach § 175a Satz 1 AO ungeachtet der Bestandskraft deutscher Bescheide umgesetzt werden. Für Verfahren nach dem EU-DBA-SBG gilt § 175a AO gem. § 15 Abs. 3 Satz 2 EU-DBA-SBG entsprechend. Die Festsetzungsfrist endet nach § 175a Satz 2 AO insoweit nicht vor

Ablauf eines Jahres nach dem Wirksamwerden der Verständigungsvereinbarung. Die Verständigungsvereinbarung wird mit Ablauf des Tages der letzten Unterschrift der Zustimmung wirksam.

§ 175a Satz 2 AO enthält eine aufschiebend bedingte Ablaufhemmung. Der Ablauf der Festsetzungsfrist ist im möglichen Umfang der Bindungswirkung der Verständigungsvereinbarung solange gehemmt, wie nach den für die Durchführung und den Abschluss einer Verständigungsvereinbarung maßgeblichen völkerrechtlichen Vereinbarungen die Einleitung eines Verständigungsverfahrens ungeachtet der nach nationalem Recht maßgebenden Festsetzungsfrist möglich ist. 94

Der Antrag auf Einleitung eines Verständigungsverfahrens bei einer inländischen Finanzbehörde hemmt den Ablauf der Festsetzungsfrist nach Maßgabe des § 171 Abs. 3 AO, wenn damit gleichzeitig die Änderung des Steuerbescheids beantragt wird. 95

5 Verständigungsverfahren und zwischenstaatlicher Auskunftsaustausch

Die Auskunftsklauseln der DBA und die Bestimmungen des EUAHiG finden auch im Verständigungsverfahren Anwendung. Soweit die Auskunftsklausel des zwischen den betroffenen Vertragsstaaten anzuwendenden DBA oder das EUAHiG es zulassen, können auch im Verständigungsverfahren alle erforderlichen Informationen ausgetauscht werden. Die Grundsätze des „Merkblatts zur zwischenstaatlichen Amtshilfe durch Auskunftsaustausch in Steuersachen" (BMF-Schreiben vom 29. Mai 2019 (BStBl 2019 I S. 480 – Stand 1. Januar 2019)) sind zu beachten. 96

6 Vermeidung und Milderung einer verbliebenen Doppelbesteuerung im Anschluss an ein Verständigungsverfahren

Im Falle eines Scheiterns des Verständigungsverfahrens unterrichtet das BZSt unverzüglich den Antragsteller und die zuständige Landesfinanzbehörde über diese Entscheidung. 97

Sind die Voraussetzungen des § 34c Abs. 6 Satz 6 EStG erfüllt, erfolgt die Milderung der Doppelbesteuerung nach § 34c Abs. 3 EStG im Wege des Abzugs der festgesetzten und gezahlten und um einen entstandenen Ermäßigungsanspruch gekürzten ausländischen Steuer bei der Ermittlung der Einkünfte, soweit sie auf Einkünfte entfällt, die der deutschen Einkommensteuer unterlie- 98 gen. Der Abzug ist gem. § 34c Abs. 6 Satz 6 2. Halbsatz EStG jedoch ausgeschlossen, wenn die Besteuerung ihre Ursache in einer Gestaltung hat, für die wirtschaftliche oder sonst beachtliche Gründe fehlen, oder das Abkommen dem anderen Staat die Besteuerung dieser Einkünfte gestattet. Billigkeitsmaßnahmen aufgrund sachlicher Unbilligkeit scheiden in den Fällen des § 34c Absatz 6 Satz 6 EStG regelmäßig aus.

99 Liegt kein Fall des § 34c Abs. 6 Satz 6 EStG vor, kann das örtlich zuständige Finanzamt auf Antrag prüfen, ob eine (ggf. verbleibende) Doppelbesteuerung unter den Voraussetzungen des § 163 AO aus sachlichen Billigkeitsgründen gemindert oder vermieden werden kann. Solche Billigkeitsmaßnahmen kommen insbesondere dann nicht in Betracht, wenn der Steuerpflichtige verfahrensrechtliche Vorschriften nicht beachtet hat (vgl. Rz. 17) sowie regelmäßig in Fällen, in denen der Steuerpflichtige

- seinen steuerlichen Pflichten im In- oder Ausland nicht ausreichend nachgekommen ist (z. B. mangelhafte Mitwirkung bei der Sachverhaltsaufklärung),
- falsche Angaben in einem steuerrechtlichen oder sonstigen Verwaltungsverfahren (z. B. in einem Arbeitsbewilligungsverfahren) gemacht hat (z. B. Scheindomizil),
- der Einigung nicht oder nicht fristgerecht zugestimmt oder die übrigen Voraussetzungen der Rz. 84 nicht oder nicht fristgerecht erfüllt hat (vgl. Rz. 86 bzw. § 15 Abs. 2 Satz 2 EU-DBA-SBG), oder
- ein Schiedsverfahren nicht beantragt hat, obwohl die Voraussetzungen hierfür vorlagen,

und hierdurch die eingetretene Doppelbesteuerung mitverursacht worden ist. Eine sachliche Billigkeitsmaßnahme entfällt regelmäßig auch dann, wenn der Steuerpflichtige als im anderen Vertragsstaat ansässig gilt oder zu gelten hat.

Die gesonderten Zuständigkeitsregelungen und die Mitwirkung des BMF bei Billigkeitsmaßnahmen sind zu beachten.

7 Kosten

100 Die Vertragsstaaten tragen die ihnen durch das Verständigungsverfahren entstandenen Kosten selbst. Dem Antragsteller entstandene Kosten werden nicht erstattet.

C Streitbeilegungsverfahren nach einem DBA

Die Bestimmungen dieses Abschnitts sind anzuwenden auf Anträge auf Einleitung eines Verständigungsverfahrens nach einem DBA (vgl. Tz. 1.5.1). 101

8 Einleitung des Verständigungsverfahrens

8.1 Antragstellung

Das Verständigungsverfahren setzt einen Antrag des Abkommensberechtigten 102 voraus. Wird ein Verständigungsverfahren nach einem DBA begehrt, ist in dem Antrag deutlich zu machen, dass dieser auf die Verständigungsklausel des zwischen den betroffenen Vertragsstaaten anzuwendenden DBA gestützt wird.

8.2 Antragsfrist

Die Verständigungsklauseln der meisten DBA enthalten eine für dieses DBA 103 maßgebliche Frist für die Antragstellung. Im größten Teil dieser Abkommen ist geregelt, dass der Antrag innerhalb von drei Jahren nach der ersten Maßnahme unterbreitet werden muss, die zu einer dem Abkommen nicht entsprechenden Besteuerung führt[1]. Beruht die Besteuerung auf Besteuerungsmaßnahmen der deutschen und ausländischen Finanzverwaltung, ist die Bekanntgabe der letzten Besteuerungsmaßnahme maßgebend.

Ist im zwischen den betroffenen Vertragsstaaten anzuwendenden DBA keine 104 Antragsfrist festgelegt, stimmt die deutsche Finanzverwaltung grundsätzlich einer Einleitung des Verständigungsverfahrens nicht zu, wenn der Steuerpflichtige eine Zeit von mehr als vier Jahren zwischen der Bekanntgabe der maßgebenden Besteuerungsmaßnahme und seinem Antrag hat verstreichen lassen und nicht besondere Umstände eine frühere Geltendmachung ausgeschlossen haben.

8.3 Inhalt des Antrags

Der Antrag hat die in Rz. 57 aufgeführten Angaben und Unterlagen zu enthalten. 105

Das BZSt prüft, ob die zur Einleitung des Verständigungsverfahrens notwendi- 106 gen Informationen gem. Rz. 57 vorliegen und fordert ggf. den Antragsteller zeitnah zur Übermittlung der fehlenden sowie u. U. weiterer Informationen

1 Eine Zweijahresfrist ist in den DBA mit Belgien, Indonesien, Italien, Kanada, Pakistan, Portugal und Venezuela enthalten.

auf. Die Anforderung soll innerhalb von drei Monaten nach Eingang des Antrags erfolgen. Fristen, die für die eventuelle Einleitung eines Schiedsverfahrens gelten, beginnen erst – soweit nicht anders geregelt – wenn alle vom BZSt angeforderten Unterlagen vorliegen und der Antrag damit vollständig ist.

106 a Beantragen mehrere Arbeitnehmer ein Verständigungsverfahren durch einen gemeinsamen Bevollmächtigten, in dem sie eine abkommenswidrige Besteuerung für gleichgelagerte Sachverhalte im Zusammenhang mit einer Tätigkeit für denselben inländischen und/oder ausländischen Arbeitgeber geltend machen, kann das BZSt (zunächst) auf die Anforderung weiterer ergänzender Unterlagen verzichten, wenn zumindest für einen Antragsteller alle in Rz. 57 in Bezug genommenen Angaben und Unterlagen fristgerecht eingereicht wurden, eine Identifizierung der übrigen Antragsteller für beide Vertragsstaaten möglich ist und die vom jeweiligen Antrag betroffenen Besteuerungszeiträume erkennbar sind. Die so gestellten Anträge gelten, soweit sie gleichgelagerte Sachverhalte betreffen, aus deutscher Sicht als innerhalb der Antragsfrist gestellt. Die übrigen Antragsvoraussetzungen (vgl. insbesondere Rz. 15 ff.) bleiben davon unberührt.

107 Dem BZSt bleibt es unbenommen, ergänzende Informationen zu einem späteren Zeitpunkt anzufordern.

9 Schiedsverfahren

9.1 Einleitung des Schiedsverfahrens

108 Soweit dies nach dem zwischen den betroffenen Vertragsstaaten anzuwendenden DBA vorgesehen ist, kann als unselbständiger Teil des Verständigungsverfahrens ein Schiedsverfahren in Betracht kommen, wenn innerhalb eines im DBA bestimmten Zeitrahmens keine Einigung der zuständigen Behörden zustande gekommen ist.

109 Das Schiedsverfahren muss i. d. R. vom Abkommensberechtigten beantragt werden, Antragsfristen und Voraussetzungen an diesen Antrag können in diesen Fällen dem zwischen den betroffenen Vertragsstaaten anzuwendenden DBA entnommen werden.

110 Die Anlage zu diesem Merkblatt enthält eine Übersicht über Schiedsklauseln in deutschen DBA und ggf. vorhandene Verständigungsvereinbarungen über die Anwendung des Schiedsverfahrens. Die DBA sind auf der InternetS. des Bundesministeriums der Finanzen abrufbar[1].

---

1 https://www.bundesfinanzministerium.de/Web/DE/Themen/Steuern/Internationales_Steuerrecht/Staatenbezogene_Informationen/staatenbezogene_info.html

9.2 Kosten des Schiedsverfahrens

Gegebenenfalls vorhandene Regelungen zu den entstandenen Kosten eines Schiedsverfahrens finden sich in dem jeweils anzuwendenden DBA bzw. in einer anzuwendenden Verständigungsvereinbarung über die Anwendung des Schiedsverfahrens. 111

In der Regel tragen die Vertragsstaaten die ihnen durch das Verständigungs- bzw. Schiedsverfahren entstandenen Kosten selbst. Die dem Abkommensberechtigten entstandenen Kosten werden nicht erstattet. 112

D Streitbeilegungsverfahren nach der EU-Schiedskonvention

Die Bestimmungen dieses Abschnitts sind anzuwenden auf Anträge auf Einleitung eines Verständigungsverfahrens nach Art. 6 Abs. 1 der EU-Schiedskonvention (vgl. Tz. 1.5.2). 113

10 Einleitung des Verständigungsverfahrens

10.1 Antragstellung

Das Verständigungsverfahren setzt nach Art. 6 Abs. 1 der EU-Schiedskonvention einen Antrag des betroffenen Unternehmens voraus. In diesem Antrag ist deutlich zu machen, dass dieser auf die EU-Schiedskonvention gestützt wird. Der Antrag ist nur zulässig, wenn geltend gemacht wird, dass die in Art. 4 der EU-Schiedskonvention genannten Grundsätze nicht beachtet worden sind (Art. 6 Abs. 1 Satz 1 EU-Schiedskonvention). 114

Der Antrag soll zweckmäßigerweise in allen Ansässigkeitsstaaten der betroffenen Steuerpflichtigen gestellt werden. Entsprechendes gilt, wenn eine Betriebsstättengewinnaufteilung nach Art. 4 Nr. 2 der EU-Schiedskonvention in Frage steht. Eine Betriebsstätte eines Unternehmens eines Vertragsstaats, die in einem anderen Vertragsstaat gelegen ist, gilt für Zwecke der EU-Schiedskonvention als Unternehmen dieses anderen Vertragsstaats (Art. 1 Abs. 2 EU-Schiedskonvention). 115

Zur Vermeidung von Verzögerungen sollte ein schriftlicher Antrag in dreifacher Ausfertigung eingereicht werden. 116

10.2 Antragsfrist

117 Der Antrag ist nach Art. 6 Abs. 1 Satz 2 der EU-Schiedskonvention innerhalb von drei Jahren nach der ersten Mitteilung der Maßnahme zu unterbreiten, die eine Doppelbesteuerung im Sinne des Art. 1 der EU-Schiedskonvention, z. B. infolge einer Verrechnungspreiskorrektur, herbeigeführt hat oder herbeiführen könnte. Diese Frist beginnt mit der Bekanntgabe des ersten Bescheides, der zu einer Doppelbesteuerung führt (z. B. geänderter Steuerbescheid).

118 Für Fälle, die das Vereinigte Königreich betreffen, gilt die EU-Schiedskonvention nur bis zum Ende der Übergangsphase am 31. Dezember 2020. Anträge, die nach diesem Datum eingehen, sind abzulehnen.

10.3 Inhalt des Antrags

119 Der Antrag hat die in Rz. 57 aufgeführten Angaben und Unterlagen zu enthalten.

120 Bei einem Verfahren nach der EU-Schiedskonvention gehört zu den Mindestangaben auch eine Zusage des Unternehmens, dass es so umfassend und so schnell wie möglich alle Nachfragen einer zuständigen Behörde beantworten und den zuständigen Behörden die erforderlichen Unterlagen zur Verfügung stellen wird.[1]

121 Eine ausführlichere Darstellung der standardmäßig benötigten Angaben und Unterlagen kann auf der InternetS. des BZSt[2] abgerufen werden.

122 Das BZSt prüft, ob die zur Einleitung eines Verständigungsverfahrens notwendigen Angaben und Unterlagen gemäß Rz. 119 und Rz. 120 vorliegen und fordert ggf. das Unternehmen innerhalb von zwei Monaten nach Eingang des Antrags zur Übermittlung der fehlenden Angaben und Unterlagen, sowie u. U. weiterer Informationen, auf. Auf Rz. 132 wird hingewiesen.

123 Dem BZSt bleibt es unbenommen, ergänzende Informationen zu einem späteren Zeitpunkt anzufordern.

---

1 Überarbeiteter Verhaltenskodex zur wirksamen Durchführung des Übereinkommens über die Beseitigung der Doppelbesteuerung im Falle von Gewinnberichtigungen zwischen verbundenen Unternehmen (2009/C 322/01), Ziffer 5 Buchstabe a Absatz vii https://eur-lex.europa.eu/legal-content/DE/TXT/?uri=celex:42009X1230(01).

2 https://www.bzst.de/SharedDocs/Downloads/DE/Merkblaetter/uebersicht_erforderliche_unterlagen_unternehmer.pdf?__blob=publicationFile&v=2

10.4 Einleitung des Verständigungsverfahrens bei Antragstellung im Inland

Ergibt die Prüfung, dass der Antrag zulässig und hinreichend begründet ist 124
und können die zuständigen deutschen Finanzbehörden keine zufriedenstellende Lösung herbeiführen, leitet das BZSt das Verständigungsverfahren nach Art. 6 Abs. 2 der EU-Schiedskonvention gegenüber den zuständigen Behörden der anderen an dem Fall beteiligten Vertragsstaaten ein. Dies soll spätestens vier Monate nach dem späteren der nachfolgenden Zeitpunkte erfolgen:

a) Datum des Steuerbescheids, mit dem die endgültige Entscheidung über die Einkommenserhöhung festgesetzt oder festgestellt worden ist, oder

b) Datum, an dem der Antrag des Unternehmens sowie die Informationen gem. Rz. 122 dem BZSt vorliegen.

Wird von Rechtsbehelfen nach dem deutschen Steuerrecht oder dem Recht der 125
anderen an dem Fall beteiligten Vertragsstaaten Gebrauch gemacht, liegt eine endgültige Entscheidung über die Einkommenserhöhung zu dem Zeitpunkt vor, zu dem die in letzter Instanz ergangene Entscheidung rechtskräftig geworden ist.

Das BZSt unterrichtet das antragstellende Unternehmen über die Einleitung 126
des Verständigungsverfahrens und teilt diesem mit, an welchem Tag die Zweijahresfrist gem. Art. 7 Abs. 1 der EU-Schiedskonvention begonnen hat. Auf Rz. 132 wird hingewiesen.

Zum Vorgehen bei nur im Ausland beantragten Verständigungsverfahren sie- 127
he Tz. 2.5.

11 Durchführung des Verständigungsverfahrens

11.1 Allgemeine Verfahrensgrundsätze

Die Vertragsstaaten sind an den Fremdvergleichsgrundsatz des Art. 4 der EU- 128
Schiedskonvention gebunden. Dieser entspricht dem Fremdvergleichsgrundsatz des Art. 9 Abs. 1 und des Art. 7 Abs. 2 der VerhGl.

11.2 Verfahrensablauf

Das BZSt richtet sich hinsichtlich des Verfahrensablaufs, einschließlich der zu 129
erstellenden Positionspapiere, nach dem überarbeiteten Verhaltenskodex zur wirksamen Durchführung des Übereinkommens über die Beseitigung der Doppelbesteuerung im Falle von Gewinnberichtigungen zwischen verbundenen

Unternehmen[1]. Die dort genannten Fristen sollen regelmäßig eingehalten werden.

130 Die zuständigen Landesfinanzbehörden übermitteln die von ihnen erbetenen Stellungnahmen, soweit möglich, spätestens einen Monat vor Ablauf der im Verhaltenskodex für das BZSt als deutsche zuständige Behörde vorgesehenen Fristen.

12 Schiedsverfahren

12.1 Allgemeines

131 Führt das Verständigungsverfahren nicht innerhalb von zwei Jahren zu einer Einigung, so sind die zuständigen Behörden der beteiligten Vertragsstaaten verpflichtet, einen Beratenden Ausschuss einzusetzen und dessen Stellungnahme einzuholen (sog. Schlichtungsverfahren gem. Art. 7 EU-Schiedskonvention). Die zuständigen Behörden können die Frist von zwei Jahren im Einvernehmen mit den beteiligten Unternehmen verlängern (Art. 7 Abs. 4 EU-Schiedskonvention).

132 Die in Art. 7 Abs. 1 der EU-Schiedskonvention genannte Frist von zwei Jahren beginnt an dem Tag, an dem der Fall erstmals einer der zuständigen Behörden (BZSt oder im Falle der Antragstellung bei einer ausländischen Finanzverwaltung, die zuständige Behörde dieses anderen Vertragsstaats) unterbreitet worden ist. Dabei ist der Fall zu dem späteren der nachfolgend genannten Zeitpunkte als erstmals einer der zuständigen Behörden unterbreitet anzusehen:

- Datum des Steuerbescheids, mit dem die endgültige Entscheidung über die Einkommenserhöhung festgesetzt oder festgestellt worden ist;
- Tag des Eingangs sämtlicher der unter Rz. 119 und Rz. 120 genannten Angaben und Unterlagen bei der zuständigen Behörde sowie jeder weiteren Information, die die zuständige Behörde innerhalb von zwei Monaten nach Eingang des Antrags des Unternehmens angefordert hat.

133 Innerstaatliche Rechtsbehelfe können dazu führen, dass die in Rz. 131 und Rz. 132 genannte Frist später beginnt oder im Ergebnis ein Schiedsverfahren vollständig ausgeschlossen ist. Insoweit wird auf Rz. 14 Buchstabe c hingewiesen.

---

1 Überarbeiteter Verhaltenskodex zur wirksamen Durchführung des Übereinkommens über die Beseitigung der Doppelbesteuerung im Falle von Gewinnberichtigungen zwischen verbundenen Unternehmen (2009/C 322/01), Ziffer 5 Buchstabe a Absatz vii https://eur-lex.europa.eu/legal-content/DE/TXT/?uri=celex:42009X1230(01).

12.2 Einsetzung des Beratenden Ausschusses

Sofern die zuständigen Behörden der an dem Fall beteiligten Vertragsstaaten nichts anderes vereinbaren, ergreift der Vertragsstaat, der den ersten Steuerbescheid, d. h. die endgültige Entscheidung der Finanzverwaltung über die Einkommenserhöhung oder eine gleich bedeutende Maßnahme erlassen hat, die zu einer Doppelbesteuerung im Sinne des Art. 1 der EU-Schiedskonvention geführt hat oder führen könnte, die Initiative zur Einsetzung des Beratenden Ausschusses und organisiert dessen Sitzungen in Absprache mit den zuständigen Behörden der anderen an dem Fall beteiligten Vertragsstaaten. 134

Das BZSt übermittelt dem Beratenden Ausschuss vor seiner ersten Sitzung alle den Fall betreffenden sachdienlichen Unterlagen und Informationen, insbesondere sämtliche Dokumente, Berichte, Korrespondenzen und Schlussfolgerungen aus dem Verständigungsverfahren. 135

12.3 Zusammensetzung des Beratenden Ausschusses

Der Beratende Ausschuss besteht in der Regel aus einem unabhängigen Vorsitzenden, je zwei Vertretern der zuständigen Behörden und einer geraden Anzahl – i. d. R. zwei – unabhängigen Personen (Art. 9 Abs. 1 EU-Schiedskonvention). Die Mitglieder des Beratenden Ausschusses unterliegen den Geheimhaltungsvorschriften des Art. 9 Abs. 6 der EU-Schiedskonvention. 136

12.4 Rechte und Pflichten der betroffenen Unternehmen

Die betroffenen Unternehmen haben ein Recht auf Anhörung oder Vertretung (Art. 10 Abs. 2 EU-Schiedskonvention). Es steht ihnen frei, zur Sach- und Rechtslage gegenüber dem Beratenden Ausschuss Stellung zu nehmen und die ihnen notwendig erscheinenden Beweismittel und Schriftstücke vorzulegen (Art. 10 Abs. 1 EU-Schiedskonvention). Auf Aufforderung des Beratenden Ausschusses sind die betroffenen Unternehmen verpflichtet, Auskünfte zu erteilen oder Beweismittel oder Schriftstücke vorzulegen und vor dem Ausschuss zu erscheinen oder sich dort vertreten zu lassen. Stellungnahmen und Unterlagen, die von einem betroffenen Unternehmen erstmals im Schiedsverfahren abgegeben oder vorgelegt werden, sind von diesem in die Verfahrenssprache(n) gemäß Rz. 60 ff. zu übersetzen. 137

12.5 Stellungnahme des Beratenden Ausschusses und Entscheidung der zuständigen Behörden

138 Der Beratende Ausschuss gibt seine Stellungnahme binnen sechs Monaten ab. Er ist hierbei an den Fremdvergleichsgrundsatz des Art. 4 der EU-Schiedskonvention gebunden (Art. 11 Abs. 1 EU-Schiedskonvention). Die Stellungnahme ergeht mit einfacher Mehrheit seiner Mitglieder (Art. 11 Abs. 2 EU-Schiedskonvention).

139 Die Frist zur Abgabe der Stellungnahme beginnt an dem Tag, an dem der Vorsitzende bestätigt, dass die Ausschussmitglieder alle sachdienlichen Unterlagen und Informationen entsprechend Rz. 119 von allen zuständigen Behörden der an dem Fall beteiligten Vertragsstaaten erhalten haben.

140 Nach Abgabe der Stellungnahme des Beratenden Ausschusses haben die zuständigen Behörden der an dem Fall beteiligten Vertragsstaaten sechs weitere Monate Zeit, sich zu einigen. Sie können von der Stellungnahme des Beratenden Ausschusses abweichen, sofern auch dann die Doppelbesteuerung vermieden wird. Können sie sich nicht auf eine abweichende Regelung einigen, sind sie an die Stellungnahme des Beratenden Ausschusses als Schiedsspruch gebunden (Art. 12 Abs. 1 EU-Schiedskonvention).

12.6 Bekanntgabe der Stellungnahme des Beratenden Ausschusses und der Entscheidung der zuständigen Behörden

141 Nachdem die an dem Fall beteiligten zuständigen Behörden eine Entscheidung über die Vermeidung der Doppelbesteuerung getroffen haben, übermittelt die zuständige Behörde, der der Fall unterbreitet wurde, jedem der beteiligten Unternehmen die Entscheidung der zuständigen Behörden und die Stellungnahme des Beratenden Ausschusses.

142 Bezüglich der Umsetzung der Entscheidung gilt Tz. 4.

12.7 Weitere Einzelheiten zum Schiedsverfahren

143 Hinsichtlich weiterer Einzelheiten zum Schiedsverfahren nach der EU-Schiedskonvention wird auf den überarbeiteten Verhaltenskodex zur wirksamen Durchführung des Übereinkommens über die Beseitigung der Doppelbesteuerung im Falle von Gewinnberichtigungen zwischen verbundenen Unternehmen[1] hingewiesen.

---

1 Überarbeiteter Verhaltenskodex zur wirksamen Durchführung des Übereinkommens über die Beseitigung der Doppelbesteuerung im Falle von Gewinnberichtigungen zwischen verbundenen Unternehmen (2009/C 322/01), Ziffer 5 Buchstabe a Absatz vii https://eur-lex.europa.eu/legal-content/DE/TXT/?uri=celex:42009X1230(01).

13 Kosten des Schiedsverfahrens

Die Verfahrenskosten des Beratenden Ausschusses werden von den an dem Fall beteiligten Vertragsstaaten zu gleichen Teilen getragen (Art. 11 Abs. 3 EU-Schiedskonvention). Zu diesen gehören die Verwaltungskosten des Beratenden Ausschusses sowie die Honorare und Auslagen der unabhängigen Personen. 144

Kosten, die den betroffenen Unternehmen im Zusammenhang mit dem Schiedsverfahren entstehen, werden den Unternehmen nicht ersetzt (Art. 11 Abs. 3 EU-Schiedskonvention). 145

E Streitbeilegungsverfahren nach dem EU-DBA-SBG

14 Allgemeines

Das EU-DBA-SBG ist grundsätzlich erstmals für Steuerjahre, die am oder nach dem 1. Januar 2018 beginnen, anwendbar (§ 33 EU-DBA-SBG). Nur insoweit gilt auch der Vorrang des EU-DBA-SBG (siehe Rz. 11). 146

Die deutsche zuständige Behörde hat zum Zeitpunkt der Veröffentlichung dieses Merkblatts mit keiner zuständigen Behörde eines anderen Mitgliedstaats vereinbart, auf Grundlage von § 33 Abs. 2 EU-DBA-SBG die Verfahren nach dem EU-DBA-SBG auch auf Streitbeilegungsbeschwerden anzuwenden, die vor dem 1. Juli 2019 oder in Bezug auf frühere Steuerjahre als 2018 eingereicht werden. Betrifft eine Streitbeilegungsbeschwerde, die ab dem 1. Juli 2019 eingereicht ist, sowohl Steuerjahre ab 2018 als auch frühere Steuerjahre, so wird die deutsche zuständige Behörde bei Vorliegen eines entsprechenden Antrags gemeinsam mit der zuständigen Behörde des anderen betroffenen Mitgliedstaats im Einzelfall und ohne Präzedenzwirkung erwägen und ggf. vereinbaren, dieses Verfahren nach dem EU-DBA-SBG auch auf diese früheren Steuerjahre anzuwenden. 147

Die Antragsvoraussetzungen und Verfahrensabläufe mit allen geltenden Fristen für ein Verständigungsverfahren sind dem EU-DBA-SBG[1] zu entnehmen. Hervorzuheben sind die nachfolgend aufgeführten Punkte zur Anwendung dieses Gesetzes und zur Regelung von Verfahrensabläufen.[2] 148

---

1 Fundstelle: http://www.gesetze-im-internet.de/eu-dba-sbg/index.html

2 Weiterführend wird auf die Gesetzesbegründung zum Gesetzesentwurf hingewiesen (abrufbar im gemeinsamen Dokumentations- und Informationssystem von Bundestag und Bundesrat (DIP)), https://dip21.bundestag.de/dip21/btd/19/121/1912112.pdf.

149 Der Antrag auf Durchführung eines Streitbeilegungsverfahrens nach dem EU-DBA-SBG (Streitbeilegungsbeschwerde, Rz. 154), ggf. die Rücknahme dieses Antrags (Rz. 158), die Antwort auf Ersuchen um zusätzliche Informationen (Rz. 163), der Antrag auf Einsetzung eines Beratenden Ausschusses (Schiedsverfahren, Rz. 174) und ggf. die Rücknahme dieses Antrags (im Weiteren zusammengefasst als „Benachrichtigungen" bezeichnet) sind gleichzeitig und mit gleichem Inhalt an alle zuständigen Behörden der betroffenen Mitgliedstaaten zu übermitteln.

14.1 Verfahrenserleichterungen für natürliche Personen und kleinere Unternehmen

150 Sind die Voraussetzungen des § 28 Abs. 1 EU-DBA-SBG für die in § 28 EU-DBA-SBG aufgeführten Verfahrenserleichterungen für natürliche Personen und kleinere Unternehmen erfüllt, kann der Antragsteller die in Rz. 149 genannten Benachrichtigungen, abweichend von dem dort genannten Grundsatz, auch nur bei der zuständigen Behörde des Mitgliedstaats einreichen, in dem die betroffene Person ansässig ist (in Deutschland beim BZSt).

151 Das in § 28 Abs. 1 Nr. 2 EU-DBA-SBG enthaltene Größenmerkmal muss zum Ende des letzten abgeschlossenen Veranlagungszeitraums vor Antragstellung erfüllt sein, damit die Rechtsfolgen der Vorschrift eintreten können. Der Antragsteller hat gegenüber dem BZSt das Vorliegen der Voraussetzungen darzulegen. Ergibt eine Prüfung, dass die Größenmerkmale im jeweiligen Fall überschritten sind, weist das BZSt den Antragsteller innerhalb von drei Monaten auf die Verpflichtung zur zeit- und inhaltsgleichen Antragstellung in allen betroffenen Mitgliedstaaten hin.

152 Ist in Fällen der Verfahrenserleichterung im Sinne des § 28 EU-DBA-SBG Deutschland der Ansässigkeitsstaat, teilt das BZSt den zuständigen Behörden der anderen betroffenen Mitgliedstaaten gleichzeitig und innerhalb von zwei Monaten nach Eingang der in Rz. 149 genannten Benachrichtigungen deren Inhalt mit (§ 28 Abs. 2 EU-DBA-SBG). Sobald eine Mitteilung durch das BZSt erfolgt ist, gilt eine Benachrichtigung mit dem Ablauf des Tages, an dem die Mitteilung abgesendet wurde, als an alle betroffenen Mitgliedstaaten übermittelt (§ 28 Abs. 3 EU-DBA-SBG).

153 In Fällen der Verfahrenserleichterung im Sinne des § 28 EU-DBA-SBG gelten die zusätzlichen Informationen im Sinne der Rz. 163 zum Zeitpunkt ihres Eingangs im BZSt in allen betroffenen Mitgliedstaaten als zugegangen (§ 28 Abs. 4 EU-DBA-SBG). Das BZSt übermittelt unverzüglich eine Kopie der einge-

gangenen Informationen den zuständigen Behörden aller anderen betroffenen Mitgliedstaaten (§ 28 Abs. 5 EU-DBA-SBG).

15 Einleitung des Verständigungsverfahrens

15.1 Antragstellung

Das Verständigungsverfahren setzt einen Antrag der betroffenen Person im Sinne des § 2 Abs. 1 Nr. 7 EU-DBA-SBG voraus (Streitbeilegungsbeschwerde). In diesem Antrag ist von der betroffenen Person deutlich zu machen, dass sie ein Verfahren nach dem EU-DBA-SBG anstrebt. 154

Die Streitbeilegungsbeschwerde ist bei allen zuständigen Behörden der betroffenen Mitgliedstaaten gleichzeitig einzulegen und mit den gleichen Angaben einzureichen (§ 4 Abs. 2 EU-DBA-SBG). Bei zeitversetztem Eingang kommt es in den betroffenen Mitgliedstaaten zu verschiedenen Fristläufen. Auf die Ausnahmeregelung in Rz. 150 wird hingewiesen. 155

Das BZSt übersendet dem Antragsteller innerhalb von zwei Monaten nach Zugang der Streitbeilegungsbeschwerde eine Eingangsbestätigung (§ 6 Abs. 1 EU-DBA-SBG). Es soll im Rahmen dieser Eingangsbestätigung auf die zwingende Regelung der gleichzeitigen Antragstellung in allen betroffenen Mitgliedstaaten und, sofern nicht bereits im Antrag auf die Verfahrenserleichterungen für natürliche Personen und kleinere Unternehmen Bezug genommen wird, auf die Ausnahmeregelungen in § 28 EU-DBA-SBG hinweisen. 156

Innerhalb von zwei Monaten nach Zugang unterrichtet das BZSt die zuständigen Behörden der anderen betroffenen Mitgliedstaaten über den Eingang einer Streitbeilegungsbeschwerde (§ 6 Abs. 2 EU-DBA-SBG). 157

Der Antragsteller kann den Antrag jederzeit schriftlich zurücknehmen. Auf Rz. 149 und Rz. 150 wird hingewiesen. Durch die Rücknahme der Streitbeilegungsbeschwerde werden alle diesbezüglichen Verfahren nach dem EU-DBA-SBG mit sofortiger Wirkung beendet (§ 11 EU-DBA-SBG). 158

15.2 Antragsfrist

Die Streitbeilegungsbeschwerde ist innerhalb von drei Jahren, nachdem der betroffenen Person die erste Mitteilung der Maßnahme, die im Ergebnis zu einer Streitfrage geführt hat oder führen wird, bekannt gegeben worden ist, einzureichen (§ 4 Abs. 3 EU-DBA-SBG). 159

Zum Verständigungsverfahren kommt es erst, wenn alle zuständigen Behörden der betroffenen Mitgliedstaaten die Streitbeilegungsbeschwerde zugelas- 160 sen haben. Dazu ist es i. d. R. erforderlich, dass in den betroffenen Mitgliedstaaten eine fristgerechte Streitbeilegungsbeschwerde eingereicht wird. Auf Rz. 150 wird hingewiesen.

15.3 Inhalt des Antrags

161 Der Antrag hat die in § 5 EU-DBA-SBG aufgeführten Angaben und Unterlagen zu enthalten.

162 Das BZSt prüft, ob die zur Einleitung des Verständigungsverfahrens notwendigen Informationen gem. Rz. 57 bzw. Rz. 161 vorliegen und fordert ggf. die Person, die die Streitbeilegungsbeschwerde eingelegt hat, innerhalb von drei Monaten nach dem Eingang der Streitbeilegungsbeschwerde zur Übermittlung der fehlenden sowie u. U. weiterer Informationen auf (§ 7 Abs. 1 EU-DBA-SBG).

163 Dieses Informationsersuchen ist innerhalb von drei Monaten, gerechnet ab dem Tag, der auf den Tag folgt, an dem das Informationsersuchen der betroffenen Person bekannt gegeben worden ist, zu beantworten. Die betroffene Person hat eine Kopie ihrer Antwort auf das Informationsersuchen gleichzeitig und mit gleichem Inhalt auch den zuständigen Behörden der anderen betroffenen Mitgliedstaaten zu übermitteln (§ 7 Abs. 2 EU-DBA-SBG).

164 Dem BZSt bleibt es unbenommen, ergänzende Informationen zu einem späteren Zeitpunkt anzufordern. Der Ablauf der Einigungsfrist (Rz. 171) wird durch diese späteren Informationsersuchen nicht gehemmt. (§ 14 EU-DBA-SBG).

15.4 Einleitung des Verständigungsverfahrens und Rechtsschutz

165 Das BZSt trifft innerhalb von sechs Monaten ab Eingang der Streitbeilegungsbeschwerde eine Entscheidung über ihre Zulassung oder Zurückweisung. Hat das BZSt ein Informationsersuchen im Sinne der Rz. 162 gestellt, so beginnt die Frist erst an dem Tag, der auf den Tag folgt, an dem die Antwort zugegangen ist (§ 8 Abs. 1 Satz 1 und 2 EU-DBA-SBG).

166 Hat die betroffene Person ein Rechtsbehelfsverfahren nach dem nationalen Recht eines der betroffenen Mitgliedstaaten eingeleitet, so ist die Anlaufhemmung der Frist zur Entscheidung über die Zulassung aus Rz. 14 Buchstabe d bzw. § 8 Abs. 1 Satz 3 EU-DBA-SBG zu beachten.

167 Hat das BZSt mit Ablauf der in Rz. 165 genannten Frist keine Entscheidung über die Zulassung oder Zurückweisung der Streitbeilegungsbeschwerde getroffen, so gilt die Beschwerde als zugelassen (§ 8 Abs. 4 EU-DBA-SBG).

Wurde die Streitbeilegungsbeschwerde von der zuständigen Behörde mindestens eines Mitgliedstaats, jedoch nicht von allen Mitgliedstaaten zurückgewiesen, kann die betroffene Person die Einsetzung des Beratenden Ausschusses beantragen, damit dieser über die Zulassung der Streitbeilegungsbeschwerde entscheidet. Der Antrag ist nur zulässig, wenn gegen die Zurückweisung der Streitbeilegungsbeschwerde kein Rechtsbehelf gegeben ist, kein nationales Rechtsbehelfsverfahren anhängig ist oder auf ein solches Rechtsbehelfsverfahren verzichtet wurde (§ 10 Abs. 1 EU-DBA-SBG). Bezüglich dieses Schiedsverfahrens gilt Tz. 16 entsprechend. 168

Wenn in einem betroffenen Mitgliedstaat die Zurückweisung der Streitbeilegungsbeschwerde durch die zuständige Behörde im nationalen Rechtsweg rechtskräftig bestätigt wurde und die Verwaltung des betroffenen Mitgliedstaats von dieser Entscheidung nicht abweichen darf, ist ein Antrag im Sinne der Rz. 168 ausgeschlossen (§ 9 Abs. 2 EU-DBA-SBG). 169

Hat der Beratende Ausschuss entschieden, dass ein Antrag im Sinne der Rz. 168 zulässig ist, wird i. d. R. das BZSt das Verfahren einleiten (§ 10 Abs. 5 Satz 1 EU-DBA-SBG). 170

16 Schiedsverfahren

16.1 Antragstellung

Die Einigungsfrist für ein Verständigungsverfahren beträgt zwei Jahre ab dem Zugang der letzten Mitteilung über die Zulassung der Streitbeilegungsbeschwerde durch die zuständigen Behörden der betroffenen Mitgliedstaaten bei der betroffenen Person. In Fällen der Ersetzung der Zulassung durch den Beratenden Ausschuss (Rz. 168) beginnt die Einigungsfrist an dem Tag, der auf den Tag folgt, an dem die Mitteilung über die Zulassung der Streitbeilegungsbeschwerde durch den Beratenden Ausschuss der betroffenen Person zugegangen ist (§ 13 Abs. 2 EU-DBA-SBG). 171

Hat die betroffene Person ein Rechtsbehelfsverfahren nach dem nationalen Recht der betroffenen Mitgliedstaaten eingeleitet, so ist die Anlaufhemmung der in Rz. 14 Buchstabe d bzw. § 13 Abs. 3 EU-DBA-SBG genannten Einigungsfrist zu beachten. 172

Wurde innerhalb der Zweijahresfrist keine Einigung über die Lösung der Streitfrage erzielt, teilt das BZSt der betroffenen Person unverzüglich die Gründe hierfür mit (§ 16 Abs. 1 EU-DBA-SBG). 173

174 Die betroffene Person kann im Falle einer fehlenden Einigung die Einsetzung des Beratenden Ausschusses (Schiedsverfahren) beim BZSt beantragen (§ 17 Abs. 1 Satz 1 EU-DBA-SBG).

175 Die betroffene Person hat diesen Antrag schriftlich und innerhalb von 50 Tagen nach Bekanntgabe der Mitteilung über die fehlende Einigung bei den zuständigen Behörden aller betroffenen Mitgliedstaaten gleichzeitig und mit gleichen Angaben einzureichen (§ 17 Abs. 1 Satz 2 EU-DBA-SBG). Auf Rz. 150 wird hingewiesen.

176 Im Falle der Rz. 168 beginnt die 50-Tage-Frist mit dem Tag, der auf den Tag folgt, an dem der betroffenen Person die gerichtliche Entscheidung bekannt gegeben wurde, welche die Zurückweisung der Streitbeilegungsbeschwerde durch eine zuständige Behörde der betroffenen Mitgliedstaaten ersetzt (§ 10 Abs. 2 Satz 1 EU-DBA-SBG).

177 Das BZSt kann den Antrag auf Einsetzung des Beratenden Ausschusses im Einzelfall ablehnen, wenn es bei der Streitfrage nicht um eine Frage der Doppelbesteuerung geht (z. B. bei vorgetragenem Verstoß gegen die Diskriminierungsverbote, bei einem im Abkommen bzw. Übereinkommen festgelegten ausschließlichem Besteuerungsrecht oder lediglich bei „virtueller" Doppelbesteuerung; siehe auch Rz. 6).

178 Im Falle der Ablehnung des Antrags informiert das BZSt unverzüglich die betroffene Person und die zuständigen Behörden der anderen betroffenen Mitgliedstaaten (§ 20 Abs. 2 EU-DBA-SBG).

16.2 Einsetzung und Zusammensetzung des Beratenden Ausschusses

179 Der Beratende Ausschuss muss innerhalb von 120 Tagen nach Eingang des Antrags eingesetzt werden (§ 22 Satz 1 EU-DBA-SBG). Dieser besteht i. d. R. aus einem Vorsitzenden, jeweils einem Vertreter der zuständigen Behörde jedes betroffenen Mitgliedstaats und jeweils einer unabhängigen Person, die von der zuständigen Behörde eines jeden betroffenen Mitgliedstaats aus der in § 26 EU-DBA-SBG genannten Liste ausgewählt wird (§ 21 EU-DBA-SBG).

180 Die Vertreter der zuständigen Behörden der betroffenen Mitgliedstaaten und die benannten unabhängigen Personen wählen innerhalb der 120-Tage-Frist aus der in § 26 EU-DBA-SBG genannten Liste von Personen einen Vorsitzenden, der, sofern von diesen Personen nicht anders vereinbart, ein Richter sein muss (§ 24 Abs. 5 EU-DBA-SBG).

181 Nach Einsetzung des Beratenden Ausschusses informiert der Vorsitzende die betroffene Person unverzüglich hierüber (§ 22 Satz 2 EU-DBA-SBG).

Mitglieder des Beratenden Ausschusses, die keine Amtsträger im Sinne des § 30 Abs. 1 i.V. m. § 7 AO sind, haben als amtlich zugezogene Sachverständige das Steuergeheimnis zu wahren (§ 23 Abs. 5 EU-DBA-SBG). 182

16.3 Rechte und Pflichten der betroffenen Person

Eine betroffene Person kann dem Beratenden Ausschuss für Zwecke des 183 Schiedsverfahrens jegliche Informationen, Nachweise oder Unterlagen vorlegen, die für die Stellungnahme relevant sein könnten, sofern die zuständigen Behörden aller betroffenen Mitgliedstaaten zustimmen. Sie hat auf Anfrage des Beratenden Ausschusses alle Informationen, Nachweise und Unterlagen vorzulegen, die für die Stellungnahme erforderlich sind (§ 23 Abs. 1 und 2 EU-DBA-SBG).

Eine betroffene Person kann auf eigenen Antrag und mit Zustimmung der zu- 184 ständigen Behörden aller betroffenen Mitgliedstaaten vor dem Beratenden Ausschuss selbst erscheinen oder sich vertreten lassen. Auf entsprechende Aufforderung des Beratenden Ausschusses hat diese Person oder ihr Vertreter vor dem Beratenden Ausschuss zu erscheinen (§ 23 Abs. 4 EU-DBA-SBG).

Die betroffene Person und ihre Vertreter verpflichten sich, sämtliche Informa- 185 tionen einschließlich der Unterlagen, von denen sie während eines Verfahrens Kenntnis erhalten, geheim zu halten (§ 23 Abs. 6 Satz 1 EU-DBA-SBG). Der Beratende Ausschuss soll damit vor Beeinflussung durch öffentliche Kommentare zu einem laufenden Schiedsverfahren geschützt werden.

16.4 Stellungnahme des Beratenden Ausschusses und abschließende Entscheidung durch die zuständigen Behörden

Der Beratende Ausschuss gibt seine Stellungnahme spätestens sechs Monate 186 nach dem Tag der Einsetzung gegenüber dem BZSt und den zuständigen Behörden der anderen betroffenen Mitgliedstaaten in schriftlicher Form ab (§ 17 Abs. 3 Satz 1 EU-DBA-SBG).

Ist nach Auffassung des Beratenden Ausschusses die Streitfrage so beschaffen, 187 dass die Abgabe einer Stellungnahme mehr als sechs Monate in Anspruch nehmen wird, so kann er beschließen, diese Frist um drei Monate zu verlängern. In diesem Fall setzt er die zuständigen Behörden aller betroffener Mitgliedstaaten und die betroffene Person über die Verlängerung in Kenntnis (§ 17 Abs. 3 Satz 3 und 4 EU-DBA-SBG).

Das BZSt einigt sich mit den zuständigen Behörden der anderen betroffenen 188 Mitgliedstaaten innerhalb von sechs Monaten nach Übermittlung der Stellungnahme des Beratenden Ausschusses darüber, wie die Streitfrage zu lösen ist. Dabei kann eine von der Stellungnahme abweichende Entscheidung getroffen werden. Erzielen die zuständigen Behörden keine Einigung über die Lösung der Streitfrage, sind sie bei der Entscheidung an die Stellungnahme des Beratenden Ausschusses gebunden (§ 18 Abs. 1 und 2 EU-DBA-SBG).

16.5 Bekanntgabe der Stellungnahme des Beratenden Ausschusses und der Entscheidung der zuständigen Behörden

189 Das BZSt gibt der betroffenen Person die abschließende Entscheidung über die Lösung der Streitfrage bekannt. Erfolgt die Bekanntgabe nicht innerhalb von 30 Tagen, gerechnet ab dem Tag, der auf den Tag folgt, an dem die Entscheidung getroffen worden ist, gilt § 347 Abs. 1 Satz 2 AO entsprechend (§ 18 Abs. 3 EU-DBA-SBG).

190 Die abschließende Entscheidung der zuständigen Behörden wird umgesetzt, sofern die betroffene Person innerhalb von 60 Tagen nach dem Tag der Bekanntgabe der Entscheidung mit gesondertem Schreiben gegenüber dem BZSt schriftlich oder zur Niederschrift auf die Einlegung von Rechtsbehelfen gegen die Steuerbescheide, die die abschließende Entscheidung umsetzen, für den Fall verzichtet, dass die Ergebnisse des Streitbeilegungsverfahrens zutreffend umgesetzt werden (§ 18 Abs. 5 Satz 1 EU-DBA-SBG). Nach Ablauf der Frist gilt das Verfahren als beendet (§ 18 Abs. 5 Satz 4 EU-DBA-SBG).

191 Das BZSt informiert auf dem Dienstweg das örtlich zuständige Finanzamt über den Rechtsmittelverzicht (§ 18 Abs. 5 Satz 2 EU-DBA-SBG).

192 § 15 Abs. 1 Satz 2, Abs. 2 und Abs. 3 EU-DBA-SBG (zur Umsetzung von Verständigungsvereinbarungen) gelten entsprechend (§ 18 Abs. 5 Satz 3 EU-DBA-SBG). Insbesondere hat die betroffene Person Maßnahmen zu treffen, die laufenden nationalen Rechtsbehelfe, soweit sie sich auf den Streitgegenstand beziehen, einzustellen.

17 Kosten des Schiedsverfahrens

193 Die beteiligten Vertragsstaaten tragen die durch die Einsetzung und die Tätigkeiten des Beratenden Ausschusses oder des Ausschusses für Alternative Streitbeilegung entstandenen Kosten zu gleichen Teilen (§ 31 Abs. 1 EU-DBA-SBG). Die der betroffenen Person entstandenen Verfahrenskosten werden von der Bundesrepublik Deutschland nicht ersetzt (§ 31 Abs. 2 EU-DBA-SBG).

194 Wenn die betroffene Person eine Streitbeilegungsbeschwerde nach § 11 EU-DBA-SBG zurückgenommen oder wenn der Beratende Ausschuss die Zurück-

weisung der Streitbeilegungsbeschwerde nach § 10 EU-DBA-SBG bestätigt hat, sind die Kosten im Sinne des § 31 Abs. 1 EU-DBA-SBG von der betroffenen Person selbst zu tragen, soweit das BZSt und die zuständigen Behörden der anderen betroffenen Mitgliedstaaten der Kostentragung durch die betroffene Person im jeweiligen Fall zustimmen (§ 31 Abs. 3 EU-DBA-SBG).

F Anwendungsregelung und Veröffentlichung

Dieses Merkblatt tritt an die Stelle des Merkblatts vom 27. August 2021 (BStBl 2021 I S. 1495) und wird im Bundessteuerblatt veröffentlicht. 195

Anlage (siehe Rz. 110)

Übersicht über Schiedsklauseln in deutschen DBA und ggf. vorhandene Verständigungsvereinbarungen über die Anwendung des Schiedsverfahrens Stand: 1. Januar 2024

DBA	DBA-Regelung	Verständigungs-vereinbarung über die Anwendung des Schiedsverfahrens	Quelle
EU/EWR-Staaten			
Frankreich	Art. 25 Abs. 5 Auf Antrag des Steuer-pflichtigen.	Nein	
Liechtenstein	Art. 25 Abs. 5 bis 7 Von Amts wegen.	Nein	
Niederlande	Art. 25 Abs. 5 Auf Antrag des Steuer-pflichtigen.	Ja	BStBl 2016 I S. 71
Österreich	Art. 25 Abs. 5 Auf Antrag des Steuer-pflichtigen.	Verweis auf Art. 239 EG-Vertrag (= Art. 273 AEUV)	
Nicht EU/EWR-Staaten			
Armenien	Art. 24 Abs. 5 Auf Antrag eines der Vertragsstaaten.	Nein	
Australien	Art. 25 Abs. 5 Auf Antrag des Steuer-pflichtigen.	Nein	

DBA	DBA-Regelung	Verständigungsvereinbarung über die Anwendung des Schiedsverfahrens	Quelle
Japan	Art. 24 Abs. 5 (siehe auch Protokoll Nr. 10) Auf Antrag des Steuerpflichtigen.	Nein	
Jersey	Art. 9 Abs. 5 Mit Zustimmung beider Vertragsparteien.	Nein	
Kanada	Art. 25 Abs. 6 Mit Zustimmung beider Vertragsstaaten.	Nein	
Mauritius	Art. 25 Abs. 5 Auf Antrag des Steuerpflichtigen.	Nein	
Schweiz	Art. 26 Abs. 5 ff. Von Amts wegen.	Ja	BStBl 2017 I S. 379 BStBl 2019 I S. 1014 BStBl 2022 I S. 1228
Singapur	Art. 26 Abs. 5 Auf Antrag des Steuerpflichtigen.	Nein	
USA	Art. 25 Abs. 5 und 6 i.V. m. Protokoll Nr. 22 Von Amts wegen.	Ja	BStBl 2009 I S. 345
Vereinigtes Königreich	Art. 26 Abs. 5 Auf Antrag des Steuerpflichtigen.	Ja	BStBl 2011 I S. 956

Ermittlung des steuerfreien und steuerpflichtigen Arbeitslohns nach den Doppelbesteuerungsabkommen sowie nach dem Auslandstätigkeitserlass im Lohnsteuerabzugsverfahren

BMF-Schreiben vom 14. März 2017 (BStBl I S. 473) BMF v. 8.10.2024 IV C 5 - S 2367/23/10001 :001

Diese Verwaltungsanweisung ist nicht von Anwendungsbeschränkungen der aktuell gültigen „BMF-Positivliste" tangiert.

Dieses Schreiben ersetzt das BMF-Schreiben vom 14. März 2017 (BStBl 2017 I S. 473). Die nachfolgenden Grundsätze sind im Lohnsteuerabzugsverfahren für den laufenden Arbeitslohn anzuwenden, der für einen nach dem 31. Dezember 2024 endenden Lohnzahlungszeitraum gezahlt wird, und für sonstige Bezüge, die nach dem 31. Dezember 2024 zufließen. Bis dahin wird es aus Vereinfachungsgründen auch nicht beanstandet, wenn die Regelung in R 39b.5 Absatz 2 Satz 4 LStR nicht berücksichtigt wird.

I. Aufteilung des Arbeitslohns nach den Doppelbesteuerungsabkommen

Nach den Rz. 228 ff. des BMF-Schreibens vom 12. Dezember 2023 (BStBl 2023 I S. 2179) zur steuerlichen Behandlung des Arbeitslohns nach den Doppelbesteuerungsabkommen (DBA) ist der nicht direkt zuordenbare, verbleibende Arbeitslohn nach der Zahl der tatsächlichen Arbeitstage innerhalb eines Erdienungszeitraums aufzuteilen. Nach Erörterungen mit den obersten Finanzbehörden der Länder gelten ergänzend zu den Regelungen des BMF-Schreibens vom 12. Dezember 2023 (a. a. O.) im Lohnsteuerabzugsverfahren für die Aufteilung des Arbeitslohns nach den DBA in einen steuerfreien und einen steuerpflichtigen Arbeitslohn die nachfolgenden Grundsätze.

In diesem BMF-Schreiben wird vereinfachend davon ausgegangen, dass der Arbeitslohn monatsweise gezahlt wird. Dessen ungeachtet ist für die Ermittlung der konkreten Lohnsteuer im Einzelfall der jeweilige Lohnzahlungszeitraum (Tag, Woche, Monat, ggf. Jahr) zu bestimmen. Unabhängig von den Regelungen dieses BMF-Schreibens sind weitere Besonderheiten (wie z. B. grenzüberschreitende Tätigkeit geschäftsführender Organe - Rz. 180 ff. und Rz. 356 des BMF-Schreibens vom 12. Dezember 2023, a. a. O.) zu beachten.

1. Ermittlung des steuerfreien und des steuerpflichtigen Arbeitslohns

1 Zahlt der Arbeitgeber seinem Arbeitnehmer Arbeitslohn, der nach einem DBA teilweise steuerfrei und teilweise steuerpflichtig ist, so hat der Arbeitgeber für den nach § 38 Absatz 3 EStG vorzunehmenden Lohnsteuerabzug zunächst den im jeweiligen Zeitraum, für den im Einzelfall Arbeitslohn gezahlt wird, direkt zuordenbaren Arbeitslohn zu ermitteln und entsprechend als steuerfrei oder steuerpflichtig zu behandeln. Sodann hat der Arbeitgeber den verbleibenden und nicht direkt zuordenbaren Arbeitslohn in einen steuerfreien und einen steuerpflichtigen Teil aufzuteilen.

2 Als unmittelbar aufgrund einer konkreten inländischen oder ausländischen Arbeitsleistung direkt zuordenbarer Arbeitslohn kommen z. B. Reisekosten, Überstundenvergütungen, Zuschläge für Sonntags-, Feiertags- und Nachtarbeit, Auslandszulagen, die Gestellung einer Wohnung im Tätigkeitsstaat und Unterstützungsleistungen für die mitumziehende Familie in Betracht (siehe auch Rz. 227 des BMF-Schreibens vom 12. Dezember 2023, a. a. O.).

3 Der Gesamtarbeitslohn abzüglich des direkt zugeordneten Arbeitslohns ist der verbleibende Arbeitslohn. Zum verbleibenden Arbeitslohn gehören z. B. neben den laufenden Vergütungen auch Zusatzvergütungen, die auf die nichtselbständige Arbeit des Arbeitnehmers innerhalb des Erdienungszeitraums entfallen (z. B. sonstige Bezüge wie Weihnachts- und Urlaubsgeld; vgl. Rz. 15 f.).

2. Aufteilung des verbleibenden laufenden Arbeitslohns

4 Nach dem BMF-Schreiben vom 12. Dezember 2023 (a. a. O.) ist der nicht direkt zuordenbare, verbleibende Arbeitslohn im Lohnsteuerabzugsverfahren und bei der Veranlagung zur Einkommensteuer stets nach den im In- und Ausland verbrachten tatsächlichen Arbeitstagen innerhalb eines Erdienungszeitraums aufzuteilen. Der für die Aufteilung des laufenden Arbeitslohns maßgebliche Erdienungszeitraum ist in der Regel das Kalenderjahr (siehe Rz. 237 f. des BMF-Schreibens vom 12. Dezember 2023, a. a. O.).

Während des Kalenderjahres werden beim laufenden Lohnsteuerabzug für den einzelnen Kalendermonat zur Aufteilung des nicht direkt zuordenbaren Arbeitslohns im Hinblick darauf, dass die endgültigen Werte zu diesem Zeitpunkt nicht bestimmt werden können, folgende Alternativen zugelassen:

a) Aufteilung nach tatsächlichen Arbeitstagen im gesamten Beschäftigungszeitraum innerhalb eines Kalenderjahres

Anhand der am Ende des einzelnen Kalendermonats bekannten Tatsachen (bei vorzeitigen Lohnabrechnungen vgl. auch Rz. 11 und 16) werden im Rahmen einer Prognose die voraussichtlichen tatsächlichen Tage im In- und Ausland ermittelt und ins Verhältnis zu den voraussichtlichen Gesamtarbeitstagen des gesamten Beschäftigungszeitraums innerhalb des Kalenderjahres gesetzt. Die maßgeblichen Tage können dadurch ermittelt werden, dass die möglichen Arbeitstage nach Abzug der bekannten Urlaubstage sowie bereits angefallener Krankheitstage angesetzt werden. Künftige Krankheitstage sind nur dann zu berücksichtigen, wenn sie nach den bekannten Verhältnissen voraussichtlich anfallen werden, z. B. nach Angabe in einer vorliegenden Arbeitsunfähigkeitsbescheinigung. Dieser Aufteilungsmaßstab wird auf den einzelnen Kalendermonat angewandt. 5

b) Aufteilung nach tatsächlichen Arbeitstagen im einzelnen Kalendermonat

Alternativ können die tatsächlichen Arbeitstage des einzelnen Kalendermonats für die Aufteilung des Arbeitslohns herangezogen werden. 6

c) Aufteilung nach pauschal angesetzten Arbeitstagen im gesamten Beschäftigungszeitraum innerhalb eines Kalenderjahres

Alternativ können für die Aufteilung des Arbeitslohns pauschal 20 Arbeitstage je Kalendermonat im In- und Ausland angesetzt werden und diese mit den tatsächlichen ausgeübten Arbeitstagen im In- und Ausland ins Verhältnis gesetzt werden. Der pauschale Ansatz der Gesamtarbeitstage verringert sich verhältnismäßig, wenn der Arbeitnehmer typischerweise an weniger als 5 Arbeitstagen in der Kalenderwoche tätig ist (Teilzeitarbeit). Dieser Aufteilungsmaßstab wird auf den einzelnen Kalendermonat angewandt. Ändert sich die Prognose zu den voraussichtlich anfallenden Arbeitstagen im In- und Ausland (z. B. wegen Verlängerung der Entsendung oder einer Erhöhung von Homeoffice-Tagen im Ausland), ist der neu ermittelte Aufteilungsmaßstab ab diesem Kalendermonat anzuwenden; vgl. Rz. 12. 7

d) Aufteilung nach pauschal angesetzten Arbeitstagen im einzelnen Kalendermonat

Alternativ können auch die pauschal mit 20 angesetzten Gesamtarbeitstage des einzelnen Kalendermonats für die Aufteilung des Arbeitslohns herangezo- 8 gen werden. Der pauschale Ansatz der Gesamtarbeitstage verringert sich verhältnismäßig, wenn der Arbeitnehmer typischerweise an weniger als 5 Arbeitstagen in der Kalenderwoche tätig ist (Teilzeitarbeit).

e) Aufteilung nach vereinbarten Arbeitstagen im einzelnen Kalendermonat

9 Die für den Kalendermonat vereinbarten Arbeitstage im In- und Ausland werden mit den tatsächlichen ausgeübten Arbeitstagen im Ausland ins Verhältnis gesetzt. Dieser Aufteilungsmaßstab wird für die Aufteilung des Arbeitslohns des konkreten Kalendermonats angewandt.

Die vertraglich vereinbarten Arbeitstage sind die Kalendertage pro Kalendermonat abzüglich der Tage, an denen der Arbeitnehmer laut Arbeitsvertrag nicht verpflichtet ist, zu arbeiten (z. B. Urlaubs- und Wochenendtage) oder für die ein erkrankter Arbeitnehmer keine Lohnfortzahlung erhält. Es kommt weder auf die Zahl der Kalendertage (365), noch auf die Steuertage im Kalenderjahr (360) an. In einem anderen Staat verbrachte Tage, die nicht zu den vereinbarten Arbeitstagen rechnen (z. B. Aufenthalt aus privaten Gründen), werden bei der Berechnung der steuerfreien Einkünfte nicht berücksichtigt.

f) Abrechnung nach einheitlichen Grundsätzen

10 Innerhalb eines Dienstverhältnisses während des Kalenderjahres darf der Arbeitgeber nur nach einheitlichen Grundsätzen abrechnen. Zwischen den Alternativen a bis e (Rz. 5 bis 9) darf nicht unterjährig gewechselt werden.

3. Ermittlung der Verhältnisse zur Lohnabrechnung

11 Der Zeitpunkt für die Ermittlung der Verhältnisse zur Lohnabrechnung ist der Tag, an dem der Zeitraum endet, für den jeweils der laufende Arbeitslohn gezahlt wird (R 39b.5 Absatz 1 Satz 3 i.V. m. Absatz 2 Satz 1 LStR). Für Lohnzahlungen und Lohnabrechnungen vor dem Ende des vorgenannten Zeitraums können aus Vereinfachungsgründen die zu diesem Zeitpunkt bekannten Verhältnisse zu Grunde gelegt werden (R 39b.5 Absatz 1 Satz 4 i.V. m. Absatz 2 Satz 1 LStR).

4. Änderung der Verhältnisse

12 Ändert sich die Prognose für die Anzahl der tatsächlichen Arbeitstage in einem folgenden Kalendermonat, ist der neu ermittelte Aufteilungsmaßstab ab diesem Kalendermonat anzuwenden. Die bisher vorgenommenen Lohnabrechnungen können bis zur Überprüfung am Ende des Kalenderjahres oder bei Beendigung des Dienstverhältnisses (vgl. Rz. 17) unverändert bleiben.

5. Beginn und Beendigung des Dienstverhältnisses während des Kalendermonats

Beim Beginn oder bei einer Beendigung des Dienstverhältnisses im Laufe eines Kalendermonats ist regelmäßig ein verkürzter Lohnzahlungszeitraum zu beachten. Zu den Einzelheiten siehe R 39b.5 Absatz 2 Satz 3 und 4 LStR und H 39b.5 (Teilweise steuerpflichtiger Arbeitslohn im Inland) LStH. Dies gilt unabhängig davon, ob der Arbeitnehmer der unbeschränkten oder der beschränkten Einkommensteuerpflicht unterliegt. Zu Lohnzahlungen vor Ende des Zeitraums, für den jeweils der laufende Arbeitslohn gezahlt wird, vgl. Rz. 11. 13–14

6. Zuordnung und Aufteilung von sonstigen Bezügen

Kann ein sonstiger Bezug (§ 38a Absatz 1 Satz 3 EStG und R 39b.2 Absatz 2 LStR) entweder dem steuerfreien oder dem steuerpflichtigen Teil direkt zugeordnet werden (z. B. projektbezogene Erfolgsvergütung im Zusammenhang mit einer steuerbefreiten Tätigkeit im Ausland oder Sonderzahlung für eine Tätigkeit im Inland), erfolgt eine vollständige Steuerfreistellung (mit Progressionsvorbehalt) oder eine vollständige Besteuerung im Inland. Ist eine solche Zuordnung nicht möglich (z. B. für Urlaubs- oder Weihnachtsgeld), ist eine Aufteilung im Kalenderjahr nach den vorstehenden Rz. 5 und 7 (Anteil an den Gesamtarbeitstagen im Beschäftigungszeitraum des Kalenderjahres) vorzunehmen. Die sonstigen Bezüge sind im Kalenderjahr des Zuflusses nach den Verhältnissen des Erdienungszeitraums aufzuteilen; vgl. Rz. 236 ff. des BMF-Schreibens vom 12. Dezember 2023 (a. a. O.). 15

Maßgeblich für diese Aufteilung sind die dem Arbeitgeber bekannten Tatsachen zum Ende des Kalendermonats des Zuflusses (R 39b.6 Absatz 1 Satz 2 LStR). Aus Vereinfachungsgründen können jedoch auch die im Zeitpunkt der Lohnabrechnung bekannten Tatsachen zu Grunde gelegt werden. 16

7. Lohnsteuerberechnung bei einem verkürzten Lohnzahlungszeitraum (sog. Teillohnzahlungszeitraum)

Bei monatlichen Lohnzahlungen können die zur Umrechnung des Arbeitslohns zur tageweisen Lohnsteuerberechnung maßgeblichen Tage (sog. Steuertage) nach dem Verhältnis der Kalendertage zu den Gesamtarbeitstagen ermittelt werden; Bruchteile können auf volle Tage abgerundet werden. Es bestehen keine Bedenken, die Gesamtarbeitstage pauschal mit 20 Arbeitstagen anzuset- 16a zen, so dass für Zwecke der Umrechnung des Arbeitslohns der voraussichtlich tatsächliche Arbeitstag mit dem Faktor 1,5 angesetzt werden kann (30 Kalendertage / 20 Gesamtarbeitstage). Der pauschale Ansatz der Gesamtarbeitstage verringert sich verhältnismäßig, wenn der Arbeitnehmer typischerweise an weniger als 5 Arbeitstagen in der Kalenderwoche tätig ist (Teilzeitarbeit).

16b Alternativ kann der Arbeitgeber auch die Anwesenheitstage des Arbeitnehmers im Inland (Arbeitstage und Nichtarbeitstage) als Steuertage berücksichtigen. In diesem Fall hat der Arbeitnehmer die Anwesenheitstage im Inland glaubhaft zu machen.

8. Überprüfung der im Kalenderjahr durchgeführten Lohnabrechnungen

17 Der Arbeitgeber hat den innerhalb eines Kalenderjahres durchgeführten Lohnsteuerabzug am Ende des Kalenderjahres oder bei Beendigung des Dienstverhältnisses zu überprüfen und bei Abweichungen zu korrigieren. Ab diesem Zeitpunkt ist der Arbeitgeber in der Lage, die tatsächlichen In- und Auslandstage im Beschäftigungszeitraum des Kalenderjahres zu ermitteln, die bei der Überprüfung der Lohnabrechnungen anzusetzen sind. Ein Wahlrecht wie unter Pkt. 2. Buchstaben a bis e (Rz. 5 bis 9) dargestellt, besteht bei der (abschließenden) Überprüfung nicht. Es ist stets die Anzahl der tatsächlichen Arbeitstage im In- und Ausland zu berücksichtigen. Dies gilt sowohl für die Aufteilung des verbleibenden Arbeitslohns als auch für die Ermittlung der Lohnsteuer nach der sog. Tagestabelle bei Anwendung der Ermittlungsmethode nach Rz. 16a (siehe R 39b.5 Absatz 2 Satz 3 und 4 LStR und H 39b.5 [Teilweise steuerpflichtiger Arbeitslohn im Inland] LStH). In Fällen der Ermittlung der sog. Steuertage nach Rz. 16b wären außerdem die Anwesenheitstage des Arbeitnehmers im Inland zu berücksichtigen.

18–19 Dabei ist die Korrektur des bisherigen Lohnsteuerabzugs bei unbeschränkt sowie bei beschränkt Steuerpflichtigen für den jeweiligen Kalendermonat vorzunehmen. Dies gilt unabhängig davon, ob das Dienstverhältnis das ganze Kalenderjahr oder nur einen Teil des Kalenderjahres bestanden hat. Soweit der Lohnsteuerabzug Abgeltungswirkung nach § 50 Absatz 2 Satz 1 EStG hat, wie bei beschränkt Steuerpflichtigen, hat die Korrektur besondere Bedeutung. Die Regelungen des § 41c EStG und R 41c.1 LStR sind anzuwenden. Auch bei einer Korrektur des bisherigen Lohnsteuerabzugs hat die Ermittlung der Lohnsteuer nach der sog. Tagestabelle für sämtliche Kalendermonate des Kalenderjahres bzw. des Beschäftigungszeitraums zu erfolgen (siehe R 39b.5 Absatz 2 Satz 3 und 4 LStR und H 39b.5 [Teilweise steuerpflichtiger Arbeitslohn im Inland] LStH).

Der Arbeitgeber hat die zu viel erhobene Lohnsteuer an den Arbeitnehmer zu erstatten. Noch nicht erhobene Lohnsteuer hat der Arbeitgeber nachträglich einzubehalten. Soweit der Arbeitgeber auf Grund einer Änderung des Lohnsteuerabzugs nach Ablauf des Kalenderjahres nachträglich Lohnsteuer erstattet oder einbehält, handelt es sich um Lohnsteuer des abgelaufenen Kalenderjahres, die zusammen mit der übrigen einbehaltenen Lohnsteuer des abgelaufenen Kalenderjahres in einer Summe in der Lohnsteuerbescheinigung zu übermitteln oder anzugeben ist. Die nachträglich erstattete bzw. einbehaltene Lohnsteuer ist für den Anmeldungszeitraum, gegebenenfalls getrennt nach den Kalenderjahren in denen der Arbeitslohn bezogen wird oder als bezogen gilt, anzugeben und abzuführen, in dem sie erstattet oder einbehalten wurde (§ 41a Absatz 1 Satz 1 Nummer 1 EStG). 20

9. Zusammenfassendes Beispiel einer ganzjährigen Beschäftigung mit Abrechnung nach den voraussichtlichen tatsächlichen Arbeitstagen im Kalenderjahr und Überprüfung (vgl. Rz. 5)

Sachverhalt 21

Der in Deutschland wohnende Arbeitnehmer B arbeitet im Kalenderjahr 01 i. d. R. an 5 Tagen pro Woche und erhält einen Arbeitslohn von monatlich 5.000 €. Darüber hinaus erhält er im Juli 01 eine Erfolgsprämie (sonstiger Bezug) für das laufende Kalenderjahr von 10.000 € und im Dezember 01 ein Weihnachtsgeld (sonstiger Bezug) von 8.000 €. Arbeitsvertraglich stehen ihm 30 Urlaubstage zu. Es ist geplant, dass B im Kalenderjahr 01 insgesamt an 60 Tagen im Ausland tätig werden soll.

Im Oktober 01 erkrankt B und fällt tatsächlich an 10 Arbeitstagen aus. Nach seiner Rückkehr im Oktober 01 stellt sich heraus, dass B an zusätzlichen 20 Arbeitstagen ins Ausland reisen soll, so dass im Kalenderjahr 01 voraussichtlich 80 Auslandsarbeitstage anfallen werden. Um bestehende Projekte abzuschließen, entscheidet sich B im Dezember 01 dazu, 5 Urlaubstage in das Kalenderjahr 02 zu übertragen.

Der auf die Tätigkeit im Ausland entfallende Arbeitslohn ist nach dem anzuwendenden DBA im Inland steuerfrei. Weil der ausgezahlte Arbeitslohn nicht direkt zugeordnet werden kann, ist er durch eine Verhältnisrechnung aufzuteilen.

Der Arbeitgeber ermittelt den Aufteilungsmaßstab für die einzelnen Kalendermonate nach den voraussichtlichen tatsächlichen Arbeitstagen im gesamten Beschäftigungszeitraum innerhalb eines Kalenderjahres (vgl. Rz. 5).

Zusammenfassung für das Kalenderjahr 01

Voraussichtliche Urlaubstage nach Kenntnis des Arbeitgebers bis November:	30
voraussichtliche Urlaubstage nach Kenntnis des Arbeitgebers ab Dezember:	25
(B darf 5 Urlaubstage in das Kalenderjahr 02 übertragen) Krankheitstage im Oktober:	10
voraussichtliche tatsächliche Auslandstage nach Kenntnis des Arbeitgebers bis September:	60
voraussichtliche tatsächliche Auslandstage nach Kenntnis des Arbeitgebers ab Oktober:	80
Arbeitslohn monatlich:	5.000 €
Erfolgsprämie für das laufende Kalenderjahr (ausgezahlt im Juli):	10.000 €
Weihnachtsgeld (ausgezahlt im Dezember):	8.000 €

Berechnung

Ermittlung des Aufteilungsmaßstabs

Prognosezeitpunkt	**Mögliche Arbeitstage p. a.**	**Voraussichtliche Urlaubstage p. a.**	**Tatsächlich angefallene Krankheitstage p. a.**	**Verbleibende tatsächliche Arbeitstage p. a.**	**Anteil Ausland (steuerfrei)**	**Anteil Inland (steuerpflichtig)**
ab Januar	254	30	0	224	60/224	164/224
ab Oktober (Krankheit und Erhöhung der Auslandstage)	254	30	10	214	80/214	134/214
ab Dezember (Übertrag Urlaub nach 02)	254	25	10	219	80/219	139/219

Ermittlung des steuerfreien und des steuerpflichtigen Arbeitslohns (während des laufenden Kalenderjahres)

Monat	Bruttoarbeitslohn in €	Steuerfreier Anteil	Steuerfreier Bruttoarbeitslohn in €	Steuerpflichtiger Anteil	Steuerpflichtiger Bruttoarbeitslohn in €
Januar	5.000,00	60/224	1.339,29	164/224	3.660,71
Februar	5.000,00	60/224	1.339,29	164/224	3.660,71
März	5.000,00	60/224	1.339,29	164/224	3.660,71
April	5.000,00	60/224	1.339,29	164/224	3.660,71
Mai	5.000,00	60/224	1.339,29	164/224	3.660,71
Juni	5.000,00	60/224	1.339,29	164/224	3.660,71
Juli lfd. Arbeitslohn	5.000,00	60/224	1.339,29	164/224	3.660,71
Juli sonst. Bezug	10.000,00	60/224	2.678,57	164/224	7.321,43
August	5.000,00	60/224	1.339,29	164/224	3.660,71
September	5.000,00	60/224	1.339,29	164/224	3.660,71
Oktober	5.000,00	80/214	1.869,16	134/214	3.130,84
November	5.000,00	80/214	1.869,16	134/214	3.130,84
Dezember lfd. Arbeitslohn	5.000,00	80/219	1.826,48	139/219	3.173,52
Dezember sonst. Bezug	8.000,00	80/219	2.922,37	139/219	5.077,63

Infolge des anhand der Prognose für das Kalenderjahr 01 ermittelten Aufteilungsmaßstabs wird in jedem Kalendermonat sowohl steuerfreier als auch steuerpflichtiger Arbeitslohn bezogen. Folglich ist die Lohnsteuer in jedem Kalendermonat nach der sog. Tagestabelle zu ermitteln (siehe R 39b.5 Absatz 2 Satz 3 und 4 LStR und H 39b.5 (Teilweise steuerpflichtiger Arbeitslohn im Inland) LStH).

Für die Umrechnung des im Kalendermonat bezogenen steuerpflichtigen Arbeitslohns zur tageweisen Lohnsteuerberechnung ist das nach der Prognose für die ganzjährige Beschäftigung ermittelte Verhältnis der Arbeitstage in Deutschland zu den Gesamtarbeitstagen zugrunde zu legen.

Für den einzelnen Monat ergeben sich - am Beispiel des Monats Januar 01 - folgende Ermittlungsschritte:

30 Tage x 164/224 = 21,96 Tage, abgerundet auf 21 Tage
Für einen Betrag von 174,32 € (3.660,71 € / 21 Tage) ist die Tageslohnsteuer zu ermitteln und diese mit 21 zu vervielfachen.

Am Ende des Kalenderjahres errechnet sich für das gesamte Kalenderjahr 01 folgender Anteil an steuerfreiem bzw. steuerpflichtigen Arbeitslohn, der nicht direkt zuordenbar ist:

Anteil steuerfrei:	80/219
Anteil steuerpflichtig:	139/219

Mit diesem Aufteilungsmaßstab ist für jeden Kalendermonat eine Überprüfung, und gegebenenfalls eine Berichtigung der bisherigen Lohnabrechnungen vorzunehmen. Dieser vorgenannte Aufteilungsmaßstab gilt auch für den im Juli 01 und Dezember 01 zugeflossenen sonstigen Bezug. Eine Korrektur nach den Berechnungsgrundsätzen des § 42b EStG ist nicht zulässig.

Ermittlung des steuerfreien und des steuerpflichtigen Arbeitslohns (am Ende des Kalenderjahres)

Monat	**Bruttoarbeitslohn in €**	**Steuerfreier Anteil**	**Steuerfreier Bruttoarbeitslohn in € (bisheriger Wert)**	**Steuerpflichtiger Anteil**	**Steuerpflichtiger Bruttoarbeitslohn in € (bisheriger Wert)**
Januar	5.000,00	80/219	1.826,48 (1.339,29)	139/219	3.173,52 (3.660,71)
Februar	5.000,00	80/219	1.826,48 (1.339,29)	139/219	3.173,52 (3.660,71)
März	5.000,00	80/219	1.826,48 (1.339,29)	139/219	3.173,52 (3.660,71)
April	5.000,00	80/219	1.826,48 (1.339,29)	139/219	3.173,52 (3.660,71)
Mai	5.000,00	80/219	1.826,48 (1.339,29)	139/219	3.173,52 (3.660,71)
Juni	5.000,00	80/219	1.826,48 (1.339,29)	139/219	3.173,52 (3.660,71)

Monat	Bruttoarbeitslohn in €	Steuerfreier Anteil	Steuerfreier Bruttoarbeitslohn in € (bisheriger Wert)	Steuerpflichtiger Anteil	Steuerpflichtiger Bruttoarbeitslohn in € (bisheriger Wert)
Juli lfd. Arbeitslohn	5.000,00	80/219	1.826,48 (1.339,29)	139/219	3.173,52 (3.660,71)
Juli sonst. Bezug	10.000,00	80/219	3.652,97 (2.678,57)	139/219	6.347,03 (7.321,43)
August	5.000,00	80/219	1.826,48 (1.339,29)	139/219	3.173,52 (3.660,71)
September	5.000,00	80/219	1.826,48 (1.339,29)	139/219	3.173,52 (3.660,71)
Oktober	5.000,00	80/219	1.826,48 (1.869,16)	139/219	3.173,52 (3.130,84)
November	5.000,00	80/219	1.826,48 (1.869,16)	139/219	3.173,52 (3.130,84)
Dezember lfd. Arbeitslohn	5.000,00	80/219	1.826,48 (1.826,48)	139/219	3.173,52 (3.173,52)
Dezember sonst. Bezug	8.000,00	80/219	2.922.37 (2.922,37)	139/219	5.077,63 (5.077,63)

Da für den Monat Dezember 01 bereits der zutreffende Aufteilungsmaßstab angesetzt wird, führt die Überprüfung hier zu keiner Änderung. Für die Monate Januar 01 bis November 01 sind die Lohnabrechnungen hingegen zu korrigieren.

Am Beispiel des Monats Januar 01 ergibt sich folgende korrigierte Ermittlung:

30 Tage x 139/219 = 19,04 Tage, abgerundet auf 19 Tage
Für einen Betrag von 167,03 € (3.173,52 € / 19 Tage) ist die Tageslohnsteuer zu ermitteln und diese mit 19 zu vervielfachen.

Aufgrund der Differenz zum bisherigen Lohnsteuerabzug ist die Lohnabrechnung für den Monat Januar 01 zu korrigieren.

10. Beispiel für eine nicht ganzjährige Beschäftigung

22 **Sachverhalt**

Arbeitnehmer B ist beim Arbeitgeber A im Kalenderjahr 01 vom 1. Januar bis zum 31. Oktober beschäftigt (5 Arbeitstage pro Woche) und erhält einen Arbeitslohn von monatlich 5.000 €, der jeweils zum 25. eines Monats gezahlt wird. Es ist geplant, dass B im Kalenderjahr 01 vom 1. Februar bis zum 15. April an insgesamt 50 Tagen im Ausland tätig wird. Arbeitsvertraglich stehen ihm bis zum Ende des Dienstverhältnisses am 31. Oktober 01 insgesamt 25 Urlaubstage zu. B möchte vom 16. April bis 30. April an 10 Arbeitstagen Urlaub nehmen. Ab dem 1. Mai soll B wieder im Inland arbeiten (voraussichtlich an 20 Tagen im Monat).

Im Juli erhält B ein Urlaubsgeld (sonstiger Bezug) von 2.000 €. Am 2. September erkrankt B (19 Arbeitstage Krankheit). Vom 1. Oktober bis zum 24. Oktober nimmt B seinen Resturlaub (15 Arbeitstage). Am 25. Oktober arbeitet B im Inland. Um weitere Projekte zu betreuen, arbeitet B unvorhergesehen vom 26. Oktober bis zum 31. Oktober im Ausland in der Betriebsstätte seines Arbeitgebers (4 Arbeitstage), sodass im Beschäftigungszeitraum insgesamt 54 Auslandsarbeitstage bei der ausländischen Betriebsstätte anfallen.

Der auf die Tätigkeit im Ausland entfallende Arbeitslohn ist nach dem anzuwendenden DBA im Inland steuerfrei. Weil der ausgezahlte Arbeitslohn nicht direkt zugeordnet werden kann, ist er durch eine Verhältnisrechnung aufzuteilen.

<u>Zusammenfassung für den Beschäftigungszeitraum 01</u>

Voraussichtliche Urlaubstage nach Kenntnis des Arbeitgebers bis Oktober:	25
Krankheitstage im September:	19
voraussichtliche tatsächliche Auslandstage nach Kenntnis des Arbeitgebers bis September:	50
voraussichtliche tatsächliche Auslandstage nach Kenntnis des Arbeitgebers im Oktober:	54
Arbeitslohn monatlich:	5.000 €
Urlaubsgeld für das laufende Kalenderjahr, ausgezahlt im Juli:	2.000 €

10.1 Variante 1: Aufteilung nach den voraussichtlichen tatsächlichen Arbeitstagen des jeweiligen Kalendermonats

Ermittlung des Aufteilungsmaßstabs und Abrechnung nach den voraussichtlichen tatsächlichen Arbeitstagen des jeweiligen Kalendermonats: 23

Der Arbeitgeber ermittelt den Aufteilungsmaßstab für die einzelnen Kalendermonate nach den voraussichtlichen tatsächlichen Arbeitstagen des einzelnen Kalendermonats.

Prognosezeitraum	**Mögliche tatsächliche Arbeitstage im Monat**	**Voraussichtliche Urlaubstage im Monat**	**Tatsächlich angefallene Krankheitstage im Monat**	**Verbleibende tatsächliche Arbeitstage im Monat**	**Arbeitstage Ausland (steuerfrei)**	**Arbeitstage Inland (steuerpflichtig)**
Januar	20	0	0	20	0	20
Februar - März	20	0	0	20	20	0
April	20	10	0	10	10	0
Mai - August	20	0	0	20	0	20
im September (Krankheit)	20	0	19	1	0	1
im Oktober (Erhöhung der Auslandstage)	20	15	0	5	4	1
Summe	200	25	19	156	54	102

Ermittlung des steuerfreien und des steuerpflichtigen Arbeitslohns (während des Beschäftigungsverhältnisses):

Prognosezeitraum	**Mögliche tatsächliche Arbeitstage im Monat**	**Voraussichtliche tatsächliche Arbeitstage im Monat (Nenner für Ausland und Inland)**	**Voraussichtliche tatsächliche Arbeitstage Ausland im Monat (Zähler für Ausland)**	**Verbleibende voraussichtliche tatsächliche Arbeitstage Inland im Monat (Zähler für Inland)**	**Bruttoarbeitslohn Anteil Ausland (steuerfrei) in €**	**Bruttoarbeitslohn Anteil Inland (steuerpflichtig) in €**
Januar (nur Inland)	20	20	0	20	0	5.000
Februar (nur Ausland)	20	20	20	0	5.000	0
März (nur Ausland)	20	20	20	0	5.000	0
April	20	10	10	0	5.000	0
Mai	20	20	0	20	0	5.000
Juni	20	20	0	20	0	5.000
Juli lfd. Arbeitslohn	20	20	0	20	0	5.000
Juli sonst. Bezug (deshalb hier Prognose für den gesamten Beschäftigungszeitraum)	200	175	50	125	2.000 x 50/175 = 571,43	2.000 x 125/175 = 1.428,57
August	20	20	0	20	0	5.000

Prognosezeitraum	**Mögliche tatsächliche Arbeitstage im Monat**	**Voraussichtliche tatsächliche Arbeitstage im Monat (Nenner für Ausland und Inland)**	**Voraussichtliche tatsächliche Arbeitstage Ausland im Monat (Zähler für Ausland)**	**Verbleibende voraussichtliche tatsächliche Arbeitstage Inland im Monat (Zähler für Inland)**	**Bruttoarbeitslohn Anteil Ausland (steuerfrei) in €**	**Bruttoarbeitslohn Anteil Inland (steuerpflichtig) in €**
September (1 Arbeitstag im Inland)	20	1	0	1	0	5.000
Oktober (4 Arbeitstage im Ausland)	20	5	4	1	4.000	1.000

Für die Monate Januar 01, Mai 01, Juni 01, August 01 und September 01 ist die Lohnsteuer nach der sog. Monatstabelle zu berechnen, da an jedem Tag des Kalendermonats Arbeitslohn bezogen wird, der dem inländischen Lohnsteuerabzug unterliegt.

Für die Monate Februar 01, März 01 und April 01 ist keine Lohnsteuer einzubehalten, da an keinem Tag des Kalendermonats steuerpflichtiger Arbeitslohn bezogen wird.

Für die Monate Juli 01 und Oktober 01 ist die Lohnsteuer nach der sog. Tagestabelle zu ermitteln, da zusätzlich zum steuerpflichtigen Arbeitslohn auch Arbeitslohn bezogen wird, der nicht dem inländischen Lohnsteuerabzug unterliegt.

Am Ende des Beschäftigungszeitraums errechnet sich für den Beschäftigungszeitraum vom 1. Januar 01 bis 31. Oktober 01 folgender Anteil an steuerfreiem bzw. steuerpflichtigem Arbeitslohn, der nicht direkt zuordenbar ist:

Anteil steuerfrei:	54/156
Anteil steuerpflichtig:	102/156

Mit diesem Aufteilungsmaßstab ist für jeden Kalendermonat von Januar 01 bis Oktober 01 eine Überprüfung und ggf. eine Berichtigung der bisherigen Lohnabrechnungen vorzunehmen. Dieser vorgenannte Aufteilungsmaßstab gilt auch für den im Juli 01 zugeflossenen sonstigen Bezug.

Die Differenz beim steuerpflichtigen Arbeitslohn beruht auf den Änderungen der Verhältnisse während des Beschäftigungszeitraums, da der Arbeitgeber zunächst die voraussichtlichen tatsächlichen Arbeitstage des einzelnen Kalendermonats angesetzt hat. Da die Überprüfung nach den Verhältnissen des Beschäftigungszeitraums vom 1. Januar 01 bis zum 31. Oktober 01 abweichende Werte ergab, sind die einzelnen Lohnabrechnungen noch vor Übermittlung der Lohnsteuerbescheinigung durch den Arbeitgeber zu berichtigen (§ 41c Absatz 1 EStG). Eine Korrektur nach den Berechnungsgrundsätzen des § 42b EStG ist nicht zulässig.

<u>Ermittlung des steuerfreien und des steuerpflichtigen Arbeitslohns (nach Beendigung des Beschäftigungszeitraums):</u>

Monat	**Arbeitslohn in €**	**Steuerfreier Anteil**	**Steuerfreier Arbeitslohn in € (bisheriger Wert)**	**Steuerpflichtiger Anteil**	**Steuerpflichtiger Arbeitslohn in € (bisheriger Wert)**
Januar	5.000,00	54/156	1.730,77 (0)	102/156	3.269,23 (5.000)
Februar	5.000,00	54/156	1.730,77 (5.000)	102/156	3.269,23 (0)
März	5.000,00	54/156	1.730,77 (5.000)	102/156	3.269,23 (0)
April	5.000,00	54/156	1.730,77 (5.000)	102/156	3.269,23 (0)
Mai	5.000,00	54/156	1.730,77 (0)	102/156	3.269,23 (5.000)
Juni	5.000,00	54/156	1.730,77 (0)	102/156	3.269,23 (5.000)
Juli lfd. Arbeitslohn + sonstiger Bezug	7.000,00	54/156	2.423,08 (0 + 571,43)	102/156	4.576,92 (5.000 + 1.428,57)

Monat	Arbeitslohn in €	Steuerfreier Anteil	Steuerfreier Arbeitslohn in € (bisheriger Wert)	Steuerpflichtiger Anteil	Steuerpflichtiger Arbeitslohn in € (bisheriger Wert)
August	5.000,00	54/156	1.730,77 (0)	102/156	3.269,23 (5.000)
September	5.000,00	54/156	1.730,77 (0)	102/156	3.269,23 (5.000)
Oktober	5.000,00	54/156	1.730,77 (4.000)	102/156	3.269,23 (1.000)

Für die Monate Januar 01 bis Oktober 01 sind die Lohnabrechnungen zu korrigieren.

Am Beispiel des Monats Januar 01 ergibt sich folgende korrigierte Ermittlung:

30 Tage x 102/156 = 19,62 Tage, abgerundet auf 19 Tage
Für einen Betrag von 172,06 € (3.269,23 € / 19 Tage) ist die Tageslohnsteuer zu ermitteln und diese mit 19 zu vervielfachen. Aufgrund der Differenz zum bisherigen Lohnsteuerabzug ist die Lohnabrechnung für den Monat Januar 01 zu korrigieren.

10.2 Variante 2: Aufteilung nach den voraussichtlichen tatsächlichen Arbeitstagen des gesamten Beschäftigungszeitraums innerhalb eines Kalenderjahres

Ermittlung des Aufteilungsmaßstabs und Abrechnung nach den voraussichtlichen tatsächlichen Arbeitstagen des Beschäftigungszeitraums im Kalenderjahr (während des Beschäftigungsverhältnisses) 24

Der Arbeitgeber ermittelt den Aufteilungsmaßstab für die einzelnen Kalendermonate nach den voraussichtlichen tatsächlichen Arbeitstagen im gesamten Beschäftigungszeitraum. Für den steuerpflichtigen Arbeitslohn ist die Lohnsteuer in jedem Kalendermonat nach der sog. Tagestabelle zu ermitteln.

Prognosezeitpunkt	Mögliche Arbeitstage	Voraussichtliche Urlaubstage	Tatsächlich angefallene Krankheitstage	Verbleibende tatsächliche Arbeitstage	Anteil Ausland (steuerfrei)	Anteil Inland (steuerpflichtig)
Januar bis August	200	25	0	175	50/175	125/175
September (Krankheit)	200	25	19	156	50/156	106/156
Oktober (Erhöhung der Auslandstage)	200	25	19	156	54/156	102/156

Ermittlung des steuerfreien und des steuerpflichtigen Arbeitslohns

Monat	Arbeitslohn in €	Steuerfreier Anteil	Steuerfreier Arbeitslohn in €	Steuerpflichtiger Anteil	Steuerpflichtiger Arbeitslohn in €
Januar	5.000,00	50/175	1.428,57	125/175	3.571,43
Februar	5.000,00	50/175	1.428,57	125/175	3.571,43
März	5.000,00	50/175	1.428,57	125/175	3.571,43
April	5.000,00	50/175	1.428,57	125/175	3.571,43
Mai	5.000,00	50/175	1.428,57	125/175	3.571,43
Juni	5.000,00	50/175	1.428,57	125/175	3.571,43
Juli lfd. Arbeitslohn	5.000,00	50/175	1.428,57	125/175	3.571,43
Juli sonst. Bezug	2.000,00	50/175	571,43	125/175	1.428,57
August	5.000,00	50/175	1.428,57	125/175	3.571,43
September	5.000,00	50/156	1.602,56	106/156	3.397,44
Oktober	5.000,00	54/156	1.730,77	102/156	3.269,23

Am Ende des Beschäftigungszeitraums errechnet sich für den Beschäftigungszeitraum vom 1. Januar 01 bis 31. Oktober 01 folgender Anteil an steuerfreiem bzw. steuerpflichtigem Arbeitslohn, der nicht direkt zuordenbar ist:

Anteil steuerfrei: 54/156

Anteil steuerpflichtig: 102/156

Mit diesem Aufteilungsmaßstab ist für jeden Kalendermonat von Januar 01 bis Oktober 01 eine Überprüfung und ggf. eine Berichtigung der bisherigen Lohnabrechnung vorzunehmen. Weil für den Kalendermonat Oktober 01 bereits der zutreffende Aufteilungsmaßstab angesetzt wird, führt die Überprüfung zu keiner Änderung.

Die Differenz beim steuerpflichtigen Arbeitslohn beruht auf den Änderungen der Verhältnisse während des Beschäftigungszeitraums. Da die Überprüfung nach den Verhältnissen des Beschäftigungszeitraums vom 1. Januar 01 bis zum 31. Oktober 01 abweichende Werte ergab, sind die einzelnen Lohnabrechnungen – ohne Oktober 01 – noch vor Übermittlung der Lohnsteuerbescheinigung durch den Arbeitgeber zu berichtigen (§ 41c Absatz 1 EStG). Eine Korrektur nach den Berechnungsgrundsätzen des § 42b EStG ist nicht zulässig.

Ermittlung des steuerfreien und des steuerpflichtigen Arbeitslohns (nach Beendigung des Beschäftigungszeitraums):

Monat	**Arbeitslohn in €**	**Steuerfreier Anteil**	**Steuerfreier Arbeitslohn in €**	**Steuerpflichtiger Anteil**	**Steuerpflichtiger Arbeitslohn in € (bisheriger Wert)**
Januar	5.000,00	54/156	1.730,77 (1.428,57)	102/156	3.269,23 (3.571,43)
Februar	5.000,00	54/156	1.730,77 (1.428,57)	102/156	3.269,23 (3.571,43)
März	5.000,00	54/156	1.730,77 (1.428,57)	102/156	3.269,23 (3.571,43)
April	5.000,00	54/156	1.730,77 (1.428,57)	102/156	3.269,23 (3.571,43)
Mai	5.000,00	54/156	1.730,77 (1.428,57)	102/156	3.269,23 (3.571,43)

Monat	Arbeitslohn in €	Steuerfreier Anteil	Steuerfreier Arbeitslohn in €	Steuerpflichtiger Anteil	Steuerpflichtiger Arbeitslohn in € (bisheriger Wert)
Juni	5.000,00	54/156	1.730,77 (1.428,57)	102/156	3.269,23 (3.571,43)
Juli lfd. Arbeitslohn + sonstiger Bezug	7.000,00	54/156	2.423,08 (1.428,57 + 571,43))	102/156	4.576,92 (3.571,43 + 1.428,57)
August	5.000,00	54/156	1.730,77 (1.428,57)	102/156	3.269,23 (3.571,43)
September	5.000,00	54/156	1.730,77 (1.602,56)	102/156	3.269,23 (3.397,44)
Oktober	5.000,00	54/156	1.730,77 (1.730,77)	102/156	3.269,23 (3.269,23)

Für die Monate Januar 01 bis September 01 sind die Lohnabrechnungen zu korrigieren.

Am Beispiel des Monats Januar 01 ergibt sich folgende korrigierte Ermittlung:

30 Tage x 102/156 = 19,62 Tage, abgerundet auf 19 Tage
Für einen Betrag von 172,06 € (3.269,23 € / 19 Tage) ist die Tageslohnsteuer zu ermitteln und diese mit 19 zu vervielfachen. Aufgrund der Differenz zum bisherigen Lohnsteuerabzug ist die Lohnabrechnung für den Monat Januar 01 zu korrigieren.

II. Steuerliche Behandlung von Arbeitnehmereinkünften bei Auslandstätigkeiten (Auslandstätigkeitserlass)

25–26 Die vorgenannten Grundsätze zur Aufteilung des Arbeitslohns sind auch bei der steuerlichen Behandlung von Arbeitnehmereinkünften bei Auslandstätigkeiten nach dem Auslandstätigkeitserlass vom 10. Juni 2022 (BStBl 2022 I S. 997) anzuwenden.

III. Anwendung der Regelungen des § 50d Absatz 8 und 9 EStG sowie der Rückfallklauseln nach den DBA

Bei Lohneinkünften, die nach einem DBA in einem ausländischen Staat besteuert werden können, wird die unter Progressionsvorbehalt (§ 32b Absatz 1 Satz 1 Nummer 3 EStG) erfolgende Freistellung von der deutschen Steuer eines unbeschränkt Steuerpflichtigen nur gewährt, wenn die Voraussetzungen hierfür nach § 50d Absatz 8 und 9 EStG gegeben sind. 27

Der Steuerpflichtige muss für die Freistellung regelmäßig nachweisen, dass sämtliche seiner ausländischen Einkünfte und Einkunftsteile im ausländischen Staat besteuert wurden und er die ausländischen Steuern entrichtet hat oder dass der Staat, dem nach dem DBA das Besteuerungsrecht zusteht, auf dieses Besteuerungsrecht verzichtet hat. § 50d Absatz 8 EStG ist im Lohnsteuerabzugsverfahren grundsätzlich nicht anzuwenden. Auch die sich aus der Anwendung des § 50d Absatz 9 EStG ergebenden Änderungen der Bemessungsgrundlage müssen aus Vereinfachungsgründen nicht im Rahmen des Lohnsteuerabzugsverfahrens geprüft und durchgeführt werden. Gleiches gilt für die Anwendung der im jeweiligen DBA enthaltenen Rückfallklauseln (siehe Rz. 418 ff. des BMF-Schreibens vom 12. Dezember 2023, a. a. O.).

IV. Zahlung des Arbeitslohns in ausländischer Währung

Die einzubehaltenden sowie die beim zuständigen Betriebsstättenfinanzamt anzumeldenden und abzuführenden Lohnsteuerbeträge sind stets in Euro auszuweisen. Wird der zu besteuernde Arbeitslohn in einer ausländischen Währung gezahlt, ist dieser vor Ermittlung der Lohnsteuer in einen Euro-Betrag umzurechnen. Umrechnungsmaßstab ist – soweit vorhanden – der auf den Umrechnungszeitpunkt bezogene Euro-Referenzkurs der Europäischen Zentralbank. Lohnzahlungen sind bei Zufluss des Arbeitslohns anhand der von der Europäischen Zentralbank veröffentlichten monatlichen Euro-Durchschnittsreferenzkurse umzurechnen, denen die im BStBl I veröffentlichten Umsatzsteuer-Umrechnungskurse entsprechen (BFH vom 3. Dezember 2009, BStBl II 2010 S. 698). Der für den jeweiligen Kalendermonat angesetzte Referenzkurs ist auch dann beizubehalten, wenn der Arbeitslohn nach den Rz. 16 f. nach einem anderen Maßstab aufgeteilt wird. 28

29 Die mit dem Umtausch verbundenen Kosten und Gebühren sind der privaten Lebensführung des Arbeitnehmers zuzuordnen und können daher nicht arbeitslohnmindernd oder als Werbungskosten berücksichtigt werden (BFH vom 24. Juni 2009, BStBl 2009 II S. 1000).

Dieses Schreiben wird im Bundessteuerblatt I veröffentlicht.